教育学年報 10

教育学の最前線

藤田英典・黒崎勲・片桐芳雄・佐藤学✣編

世織書房

はじめに

黒崎　勲

教育行政＝制度研究をめぐる一〇年

筆者は『教育学年報』創刊号において「教育法学と教育行政学との正当な関係においては、教育法学の理解の範囲が教育制度問題の一部をのみカバーするものとなり、逆に、教育制度問題のすべてを教育法学の方法でカバーしようとすることは、教育制度研究を形式化させることになる。教育行政研究は新しい主題の下で行われることが要請される」と述べた。

教育行政学のパラダイムを独占するかのように展開された一九七〇年代以降の教育法学の展開には新しい動向が見られる。二〇〇〇年の教育法学会記念シンポジウムにおける戸波江二の報告（「国民教育権論の現況と展望」『日本教育法学会年報』三〇、二〇〇一年）は国民の教育権論の意義を正面から再検討するものとなった。ここで戸波はそれまで教育法学内部に形成されてきた、国民の教育権論の主流的パラダイムの有効性に疑問を提起してきた諸研究を総括する形で、問題点を整理している。さらに、戸波報告を引き継ぐ形で、二〇〇二年の教育法学会課題研究における足立英郎の報告（「学校選択制・学校多様化の憲法学的検討」『日本教育法学会年報』三二、二〇〇三年）は、議論をさらに一歩進めている。その結論は、先の戸波報告に対する堀尾輝久の批判を名指す形で、次のように国民の教育権論の主流的パラダイムを全面的に批判するものであった。

公教育の国家的・社会的な意義を、したがって政治的・道徳的な価値観教育を、そのような教育内容への国家＝教育行政の関与・決定それ自体を原理的に否定し、逆に教師を全面的に信頼するという理論は、おそらく欧米には存在しないであろう。「国民主権を前提にするかぎり国民の教育権論を否定することはできない」（日本教育法学会第三〇回総会記念シンポジウムにおける堀尾輝久発言）という議論が成り立たないことも明白である（一四一頁）。

足立はこうした立論を、「奥平康弘・樋口陽一・浦部法穂・水島朝穂・内野正幸・長谷部恭男・西原博史等の憲法学における国民の教育権論に対する批判的な視点と認識とを共有しつつ、また教育学・教育行政学の認識枠組みについては黒崎勲による批判から学びながら、国民の教育権論に代わる公教育論の枠組みを提示してみたい」（一三七―八頁）としている。筆者の学校選択制度研究は、この間進めてきた教育行政＝制度の理論構築の作業の一環であり、本論冒頭に引用した教育学年報創刊号の論考において表明した問題関心、対象設定、方法意識といったものに従うものであるが、そうした研究に対して応答的な教育法学の新しい動向が生まれていることに瞠目している。同じく教育法学者の横田守弘（「教育を受ける権利と学校選択」『ジュリスト』一二四四、二〇〇三年五月一―一五日）は、「サッチャリズムは福祉国家像を否定して『品質保証国家』という新たな国家像を産み出し、労働党政権下の教育政策が『品質保証国家』を完成させたのだ」（一一七頁）とする大田直子（「サッチャーリズムの教育改革―イギリス」『岩波講座現代の教育』一二、岩波書店、一九九八年）の指摘を興味深いとしつつ、これと並んで筆者の学校選択制度研究の内容を詳細に紹介し、検討を加えている。この論文において、横田は、教育学年報の誌上を賑わしてきた筆者と藤田英典との論争をとりあげ、「二つの学校選択を区別する黒崎の主張は理論的刺激を与えるものであるが、藤田が日本で学校選択を導入する場合に危惧される問題として指摘する事柄そのものにも一定の説得力を感じる」（一一九頁）と、的を射るようなコメントを行っている。

他方、国民の教育権論の主流となるパラダイムの側からは、例えば教育法学会編集の叢書『講座現代教育法』のいくつかの論文に筆者の学校選択論に対する批判が見られる。このうち、勝野正章「教師の教育権理論の課題」（『講座現代教育法』二、三省堂、二〇〇一年）は「黒崎勲氏の公立学校選択論に対する批判的検討を通して」との副題を掲げて、筆者の理論に対する本格的な批判を試みたものである。

勝野は、筆者の学校制度論の核心部分を、次のように把握する。

「抑制と均衡」原理による学校選択という概念が示すように、ここでは教師の専門的自由を助長する契機としてではなく、むしろ抑制する機能を実質的に果たすものとして学校選択が位置づけられている。

専門的指導性を民衆統制のもとに従属させることとしてみるのではなく、それぞれが民主主義的であるために相互に不可欠な内的契機であることを踏まえた「抑制と均衡」として考えられなくてはならない。「抑制と均衡」がこのようなものとしてとらえられてはいない点が、公立学校選択論のもっとも深刻な理論的問題ではないだろうか（一三三頁）。

しかし、筆者（黒崎）の主張は、「抑制と均衡の原理による学校選択という概念が示すように」、教師の専門性と親の選択の自由をふたつの「権利」として同時に認めることで、この二つの「権利」を相互に牽制する（抑制と均衡）機能をもたせようとするものである。この主張を「専門的指導性を民衆統制のもとに従属させる」と批判するのは、単純に言えば、論者の誤解である。しかし、勝野の誤解は必然的なものである。「民主主義理論に即した専門性の概念」という言葉で、勝野論文はこれまでの「教師の教育権」の枠組みを自明の前提としているからである。勝野はこの点を率直に、「国家権力との関係についていえば、教師の教育の自由を尊重することが教育の中立性の『民主主義的』保障であることは、一九五八年の勝田守一・堀尾輝久による『国民教育における『中立性』の問題』以来すでに、理論的には十分論じ尽くされてきたことである」（一四一頁）と表明している。現在の錯綜する教育問題を四〇年前に遡って理論的に解明されているとする発言の大胆さには驚く他ない。その枠組みを自明のものとすれば、教師の専門性を抑制と均衡のメカニズムのなかにおくことは、教師の自由を「抑制する機能」をもつものとなろう。先の引用部分は誤解というよりは、勝野のなかにある「教師の教育権」の枠組みの絶対化（国民の教育権論の主流的パラダイムの核心である）から派生した理解の躓きをしめすものであろう。

たしかに筆者の議論は、勝野論文が述べるように、国民の教育権論における「教師の教育権」の無制約の保障に対する批判に発している。しかし、これを民衆統制に従属させるという制約を与えることで解決しようとするものではない。それは単純な解決策であり、そうであれば抑制と均衡などと称する必要はない。シカゴ学校改革法による学校改革のメカニズムをこそ専門的指導性を民衆統制に従属させる論理として定式化し、これと対比的に公立学校選択の改革メカニズムを分析しようとした筆者の理論展開がまったく理解されていないのは、「教師の教育権」論の枠組みを反省的な考察の対象とせず、これを自明視する勝野の思惟の制約に起因するものであろう。

教育法学のパラダイムを築き上げた兼子仁は、議論の総集ともいえる著作（兼子仁・市川須美子編著『日本の自由教育法学』学陽書房、一九九八年）において、本論が言及する教育法学の動向にふれて、次のように論じている。

こんにち「父母の教育権」を人権的に重視する学説によって、「教師の教育・職務活動の全体に対し、父母の教育意思が生かされ、教育関与が保障されなければならない」と唱えられている。問題はその「関与」の法制的、法論理的な意味内容を明確にすることに有ろう（筆者の回答は前記の『教育要求権』解釈である）。このような「関与」の語を法的意味あいまいなままに用いる傾きは、国家教育権説において国の教育「関与」権が意識的に唱えられているところに現われているので、注意を要しよう（七三頁）。

ここでは国民の教育権論の主流的パラダイムがほぼそのまま繰り返されており、さらに〈自由な教師にしか自由への教育はできない〉との命題が絶対化されるという形で、むしろ、先に述べたような教育制度研究に応答的であろうとする教育法学の新しい動向とは対比的な方向性が固執されている。そこには、規範的であることは教育法学の理論としてむしろ当然であるとの姿勢が貫かれているように思われる。教育の諸関係に即して、教育関係主体の間の権利の調整を問題とするという論点についていえば、兼子教育法学の理論的アイディアは「教育要求権」解釈につきることが自ら明らかにされているのだが、その内容について兼子は、自らの次の一節への参照を指示している。

親の教育権は学校教育とのかかわりでは、子ども・生徒の私事決定権や教育選択の自由のほかは、学校教師に対する教育要求権（教育に関する質問・発言・要望の権利）として存すると解され、それに対応して教師各人はみずから責任をかけた教育的応答をなすべく義務づけられるとともに、必要な教育人権の行使等を行なう。通常の学校教育自治における親と教師間の不一致ないし紛争は、教師教育権の濫用の有無をめぐる教育人権間の対立状況であるので、人権衝突調整の考え方で臨むべきことになる……教育法規範的に教育人権間の対立とその調整的保障の必要が指摘されてしかるべきである（三四―五頁）。

しかし、この問題提起はすでに兼子の『教育法〈新版〉』（有斐閣、一九七八年）において、「親・父母が学校教育内容に関して要求を出していくという手続法的な『要求権』を持つことは、教師・学校の最終的な教育決定権と両立する」（三〇一頁）と言われていたものから一歩も先に進むものではない。

教育学年報創刊号の論考において筆者は「学校選択の理念を理解し、その制度のあり方を考えることは今後の課題としたいが、それが国民の教育権論の規範論的な枠組みからは行いえない課題であることは、すでにあきらかになったといってよいだろう」と結論した。教育学年報の本号に掲載した筆者の論文は、ここに述べた教育行政研究の新しい主題意識のもとで自覚的に取り組んできたものの一部である。本号掲載の論考が対象とする新しいタイプの公立学校をめぐる政策動向は、わが国の公立学校の法制度（の改廃）に直接に深く関わるものである。同論考の論述においてしばしば触れたように学校教育を公の性質をもつものと規定し、学校教育の供給主体を限定し、私立学校に対しても公立学校と同一の規定によって公共性を求める現行教育法制が新しいタイプの公立学校の導入という発想の実現を困難にしている。自由な学校供給の要求とは兼子の整理によれば国民の教育の自由の中心に位置づくはずのものである。新しいタイプの公立学校の導入という政策アイディアに賛成するにせよ、反対するにせよ、こうしたアクチュアルな教育法関係問題に対して国民の教育権論の主流のパラダイムからは如何なるアプローチをもって臨むことができるのか。教育法学の限界を指摘した筆者の先の結論がなお妥当性をもちえているのかどうか。教育法学と教育行政学の正当な関係の構築という問題を提起したものとして、この一〇年間の教育法学の動向に手応えを感じつつ、教育法学の展開を見守りたいと思う。

教育学年報をめぐる一〇年

教育学年報創刊以後一〇年、筆者が専門とする教育行政＝制度研究について、教育学年報を舞台とした筆者の研究活動と当該分野とのかかわりについて述べた。それはあくまで、筆者の専攻領域に限定した「教育学年報をめぐる一〇年」の状況である。筆者以外の編集委員もまた、それぞれに、一〇年にわたる教育学年報との関係を軸に、自らの研究活動と当該分野の研究の展開とのかかわりを述べることが可能である。一〇年間、多少の紆余はあったけれども、すべての編集委員が、教育学年報を通して、それぞれの仕方で、そして筆者の場合以上に、その専門分野に大きなインパクトを与え、その専攻領域における研究の進展に寄与してきたといってよいだろう。また、教育学年報が同じテーマで専攻領域を異にする編集委員が共通に論考を寄せるというスタイルを原則としたことそれ自体が、教育研究の徒な細分化の傾向に対して別の可能性を開くものであったといえるように思う。編集委員の間で論争が生まれたことはその結果であったと感じている。

教育学年報第一〇号は「教育学の最前線」を特集テーマとして、これまで教育学年報に論考を寄せてくださったすべての執筆者にお誘いをさしあげて、その研究の最先端の成果を論じるという趣旨で準備を始めた。お誘いを差し上げた方の数は優に一〇〇人を越えた。こちらの住所の控が不備でお誘いの届かなかった方、あるいはこの間の特集号の執筆依頼のなかで諸般の事情により寄稿がかなわなかった方で、今回特に論考を寄せてくださった方などがおられるが、執筆の意思を表明して原稿執筆に取り組んでくださった方の数は三〇人を越えた。期日までに原稿を寄せてくださったのは本号に掲載した二一人の方々である。

特に教育学以外の領域に属する研究者から本号に寄稿があったことを、「教育への理論的関心を諸科学の展開のなかに積極的に位置づける」ことを基本的スタンスとしてきた教育学年報編集委員会として、大変嬉しく思っている。また、教育学年報の早い時期に投稿者として登場し、本号にその後の研究の発展の成果を寄せてくださった、私どもからいえばより若い世代に属する研究者の寄稿にも励まされるものがある。

「年報を出すたびに修士論文をひとつ書くような思いにさせられてきた」というのは、総括編集委員会での佐藤学の発言であるが、すべての編集委員の気持ちでもある。教育学年報の発行は編集委員にとって、相当に緊張と負担を求められる仕事であった。教育学年報のメリットは分野を異にする編集委員が競って同一テーマで論考を寄せるということとともに、若い世代（とは限らないが）の研究者の新鮮な問題提起の発表の場になっているところにあったと考えている。最終号の本号にもその問題提起に注目すべきものをもつ投稿論文を掲載することができた。投稿論文の掲載の可否を判定する審査はどの学術雑誌の審査でも苦労の多い仕事であるが、教育学年報編集委員会での論文審査は常に明快なものであったように感じている。これも総括編集委員会で藤田英典が想起させたように、どの論文の審査においても編集委員の間で意見の大きな分かれはなかった。教育学年報が創刊時に掲げた「新しい問題の成立は、それにふさわしい方法の確立を要請する。新しい方法への関心は、新しい世代の登場を促し、それによって担われる」という精神に立てば、自ずから論文評価の基準は明確になっていたということだと思う。もちろん、残念ながら採用にいたらなかった論文のなかにも、誌面の事情が許せば、発表の場を提供したいと思わせるものがあった。そうした方々が別の機会を得て、その研究を発展させていったものと信じている。

教育学年報は「戦後教育学の枠組みを自覚的に問い直す新しい研究者世代の形成のためのホームグラウンドとなることを願って創刊」された。「多くの方々がわれわれの試みに参画してくださるよう心から期待してやまない」と創刊号に記したが、この一〇年間、われわれの予想以上に、はるかに多くの方々が、論文執筆者として、論文投稿者として、読者として、情報提供者として、さらには批判者としても、教育学年報という企画に「参画」してくださったことを実感している。森田尚人を筆頭編者として教育学年報という企画を開始したとき、この事業について一〇年、一〇号という時期を区切ったのは、この事業が困難であり、それほど長く続けることができるだろうかという心配（ここでは一〇年続けることは願望であった）を一方でもち、他方で、成功した場合には、いかなる組織にもマンネリズムに陥る契機があり、既成の権威を身にまとうという誘惑があることを自戒しようということであった。幸いにして、教育学年報は後者の形で一〇号の刊行を迎えることができたように思う。片桐芳雄がいみじくももらしたように、編集委員会としては、大げさに言えば、歴史的な仕事をなかばやり遂げたという達成感をもっている。教育学年報に期待を寄せ、参画し、支援してくださった方々に、改めて、心から感謝を申しあげたい。

昨年の第九号の「あとがき」で、「来年の教育学年報の編集作業をしながら、次の一〇年間の教育学年報のあり方を模索していきたいと思う」と記した。そのことについては、本号のあとがきを参照していただきたいと思う。

目次

Ⅱ　研究論文

〈紹介〉

I 教育学の最前線

フィンランドの教育

佐藤　学

フィンランドの教育は二一世紀の始まりの一つの象徴であり、グローバリゼーションの時代における教育改革の一つの典型である。

フィンランドの教育が世界の教育関係者の注目を一挙に集めたのは、二〇〇〇年にOECDが加盟二八カ国と非加盟四カ国の一五歳の生徒を対象に行った国際学力テスト（PISA調査）の結果であった。その「読解力リテラシー」のテストにおいて、フィンランドは他の諸国を大きく引き離し一位であった（第一位・フィンランド：五四六点、第二位・カナダ：五三四点、第三位・ニュージーランド：五二九点、第四位・オーストラリア：五二八点、第五位・アイルランド：五二七点、第六位・韓国：五二五点、第七位・イギリス：五二三点、第八位・日本：五二二点、以下略）。

フィンランドの教育の優秀性は、平均点がトップであったことに示されているだけではない。フィンランドの成績上位グループの比率はどの国よりも高く、生徒間や学校間や地域間の学力格差はどの国よりも低く、生徒の社会的背景が学力に及ぼす影響はどの国よりも低かった。まさに理想的な教育が実現していると言ってよいだろう。調査報告は明示的には述べていないが、フィンランドの成績上位グループの比率や成績が、エリート教育の水準の高さを誇っていたドイツ（第二二位）を凌駕していたこと、さらにフィンランドの生徒一人当たりの公教育費がOECD加盟国の平均レベルであることを考慮すれば、教育投資の効率性においてもトップの位置にあると言ってよいだろう。

PISA調査の特徴は、調査対象国の教育内容の共通部分をテストで測定するIEA調査とは異なり、二一世紀に必要とされる学力を「読解リテラシー」「数学リテラシー」「科学リテラシー」として措定した学力の国際比較を行った点にある。OECDは、現在の子どもが大人になる二〇二〇年において、加盟三〇カ国の製造業の生産高は二倍になるが、工場労働者の労働人口に占める比率は一〇%から二%程度にまで激減すると予想している。産業主義社会からポスト産業主義社会への移行であり、二一世紀の社会は知識が高度化し複合化し流動化する社会であるという。PISA調査は、知識が高度化し複合化し流動化する社会において必要とされる学力の国際比較を行ったのである。その調査結果が公表されると、OECD諸国に「PISAショック」が席巻した。もっとも衝撃を受けたドイツを始めヨーロッパ諸国の教育学者や教育政策の関係者がフィンランドを訪問し、その成功の秘密の中に「二一世紀型の教育」を探り出そうとしている。

フィンランドの教育関係者とOECDの研究者たちは、フィンランドの成功の秘密を「質（quality）と平等（equality）」の相補的な追求として教訓化している。フィンランドは、一九七〇年代以降、中等教育の三分岐システムを廃止し、コンプレヘンシブ化（総合化）を最も積極的に推進し、トラッキング（能力別・進路別指導）の廃止を徹底した国であった。フィンランドは世界で最も貧富の格差の少ない国であり、教育機会の平等の徹底を推進した国と言ってよい。PISA調査の結果はこの平等化と総合化の教育改革の所産であると、フィンランドの教師や教育行政関係者や教育学者は誰もが口をそろえて言う。

これまでの教育改革において「質」と「平等」は対立的に扱われてきた。「質」において卓越性（excellence）の教育を追求すれば「平等」が損なわれると考えられてきたし、「平等」を追求すれば「質」が損なわれると考えられてきた。しかし、フィンランドの教育の成功は「質」と「平等」の追求は対立的なものではなく相補的なものであることを実証している。フィンランドだけが「質」と「平等」の相補性を表現しているのではない。第一位から第八位までの国はすべて三分岐システムとトラッキング（能力別編成）を克服し廃止してきた国々であり、三分岐システムとエリート教育に固執しているドイツ、スイス、オーストリアはいずれも下位に転落している。

もちろんフィンランドの成功の秘密を「質と平等」の相補性だけに帰着させることはできない。特殊な言語と極寒の地という条件から他のヨーロッパの諸国と比べて移民の数が少ないという条件、ロシアとスウェーデンの植民地化にある自治領としての長い歴史を有し、母国語のリテラシーへの関心が高いという歴史的背景、二つの言語（フィンランド語九四％、スウェーデン語六％）を国語とする言語環境、福祉国家の特徴である子どもの教育と文化と医療に対する手厚い保護と充実した図書館サービス、世界で最小と言われる貧富の格差、希望者の一〇分の一しか教師になれない大学院レベルでの教師教育などは、フィンランドの教育水準の高さを保証する文化的社会的基盤である。

しかし同時に、フィンランドの教育それ自体の中に「二一世紀型の教育」の優秀性を確認することも重要である。私自身が二度の訪問調査で確認したことは、フィンランドの教育が、個性と共同性の相補性、中央集権と地方分権の相補性を追求しており、この点が他の福祉国家と異なっている点である。

フィンランドの教育改革はソ連と東欧の崩壊による深刻な経済危機のもとで推進された。ソ連と東欧を主な輸出国とするフィンランドにとって、ベルリンの壁の崩壊とソ連の崩壊による経済の損失は大きく、一九九四年には失業率は二〇％近くにまで達している。その経済危機を克服する方策として、公務員の就職を拡大し（福祉国家では公務員の拡大も経済を活性化する公共投資になる）、教育費を増額して（教育費は「消費」ではなく「投資」と考えられている）教育改革を推進した。フィンランドの教育行政は、財政を扱う教育省とカリキュラムと教師教育を扱う国家教育委員会との二本柱で構成されているが、国家教育委員会を中心に地方分権化と規制緩和を推進し、国家教育委員会の権限を地方行政と学校と教師に委譲し、学校の自律性と教師の自由を拡大する改革が推進された。この改革において、中央の権限は地方と学校に譲渡されたが、財政的責任は国家が継続している点が重要である。地方分権化と規制緩和が徹底された現在でも、公教育費の三分の二は国家予算によって支えられている。

＊

学校を訪問し教室を観察すると「二一世紀型の教育」の特徴が明瞭に読み取れる。産業主義社会の教育からポスト産業主義社会の教育への移行を反映して、学びの「量」の追求から「質」の追求への転換が顕著に見られた。それを象徴するのが、小学校における複式授業であり、小学校と中学校におけるプロジェクト学習であろう（写真参照）。

ヘルシンキ郊外の小さな町ハウスヤルピの小学校を訪問した。子どもは約六〇人、若いフォーク・シンガーのような素敵な男性校長と二人の女性教師、それに給食をつくる女性一人がスタッフである。約二〇人ずつが三つのクラスに分かれ、校長も一つのクラスを担任している。三つのクラスは、いずれも複式学級である。その一、二年生の教室を参観した（写真上）。

社会科の地図学習の授業である。四人ずつがテーブルに座り、右側が二年生、左側が一年生である。どちらも地図を描きながら学習しているが、よく見ると、一年生と二年生の作業は異なっている。一年生は住んでいる町の地図作り、二年生はフィンランドの地図作りである。しかし、一年生と二年生は、作業の途中で、小声でつまづいたことや発見したことを相互に話し合っている。この話し合いに一年生と二年生の差はない。作業の内容は異なるのに、まるで同一学年の授業が行われているようである。

二度目の訪問のときは大きな色紙に手で細かくちぎった新聞紙を貼り付けてフクロウをつくる美術の授業が行われていたが、この授業では一、二年生は同一の作業を四人ずつのグループで進めていた。どのフクロウも額縁に入れて飾りたいほど、みごとな出来映えだった。作り終えたグループの子どもたちは、それぞれ作品を廊下に展示し始めた。その日の夜、保護者の企画でディスコ・パーティーが学校で開かれ、着飾った子どもたちと親たちは廊下のフクロウに見とれていた。

「学校はコミュニティの文化のセンターである」と校長は語る。三年生の女の子の家庭を訪ねてみることにした。フィンランドの小学生は、充分に話せなくても英語で語りかけると通じるから、コミュニケーションは容易である。平均的な労働者の家庭でも、北欧スタイルの木作りの素敵な住宅であり庭も広い。この家族も湖の近くに別荘を持っていて、土日は、別荘で過ごすと言う。共働きの夫婦だが、両親とも午後四時には帰宅して、子どもたちと一緒のときを過ごす。子どもの趣味の第一は読書であり、実際、スーパーやコンビニよりも図書館（室）が多いといわれるほど、小さな図書館が住居地の随所にある。PISA調査においても、フィンランドの子どもの読書量は調査対象国の中でトップであり、女の子の六〇％以上が読書を趣味としていた。こういう家庭環境と読書環境が高い学力の基盤となっている。

翌日、ヘルシンキから電車で三時間の都市ユヴァスキュラの中学校を訪問した。ＰＩＳＡ調査で好成績をおさめた学校である。この中学校の授業づくりをリードしているのがエスコラ先生の社会科のプロジェクト学習の実践である。参観した中学校一年生の教室では「中南米の地理」が学習されていた（写真下）。二、三人の生徒がグループをつくり、それぞれ中南米の一つの国を運んで、その国の人口、風土、産業、文化を調べて表にまとめる学びが進行していた。この単元の中心主題は「なぜ中南米の国々は貧困に苦しんでいるか」にある。十二時間をかけて展開されるプロジェクト学習の途中で、エスコラ先生は、途中、各国のＧＮＰの表を配布し、各国の輸出品と輸入品の資料を配布している。

数日後、各グループの発表とともに「なぜ中南米の国々は貧困に苦しんでいるか」という主題について全員で話し合いがもたれた。生徒たちは、貧しい国々の生産物が農作物中心であることから、自然の条件と市場の条件によって最も価格変動を受けやすい農業に依存した国ほど、貧困が深刻であることをつきとめてゆく。これが中学校一年生かと驚嘆するほどの高度の推論にもとづいた議論が続く。プロジェクト学習は、エスコラ先生の授業に見られるような質の高い学びをすべての生徒に実現している。

どの子も五キロ以内で通学できるように学校を設立することを法律で規定されているフィンランドでは、必然的に学校は小規模になり、小学校では複式学級が圧倒的になる。小学校の児童数は通常六〇名程度であり、一つの教室は複式でも二〇名程度である。複式学級は知識や学びの「量」においては不利に作用するが、「質」においては有効に作用する。同じ内容を二年間繰り返して学ぶことは知識と学びの発展性を保障するからである。「量」から「質」への転換が求められるポスト産業主義社会において複式の効果は大きい。ちなみに第二位のカナダも複式学級が数多く見られる国である。

中学校の教室は通常一六人、生徒たちは三人か四人のグループでプロジェクト（大単元）による協同学習を展開している。実際、プロジェクト学習を積極的に導入している中学校においてＰＩＳＡ調査は好成績を収めたと言う。仲間と共に情報や知識を探索し活用し表現する活動が学びの中心になるからである。

＊

フィンランドの教育と経済のつながりも興味あるテーマである。フィンランドの経済の活況は、携帯電話を制覇したノキアによって語られることが多いが、フィンランドの労働者の九四％は中小企業で働いている。フィンランドは北欧家具や食器や服飾デザインにおける先進国である。フィンランドと並んで経済の活況を示す北イタリアを数年前に調査したが、北イタリアでも服飾やハンドバッグなどのデザイン産業が活況の基礎であり、企業数が世帯数の二倍に達していた。グローバリゼーションは大企業とドルが世界を席巻するイメージで語られがちだが、貨幣よりも人的能力（コンピテンス）が価値をもつ時代であり、もう一つの可能性として創造的な知識と技術を活用した中小企業が活性化する時代でもあるのだ。

フィンランドの教育は文字通り「二一世紀の教育」の象徴であり、グローバリゼーションのもとで進行するポスト産業主義社会の教育の象徴である。

新しいタイプの公立学校制度立案過程の一考察

黒崎　勲

1　教育政策立案過程分析の課題と方法

教育政策を「権力に支持された教育理念」とし、これに対比させて「権力の支持する教育理念とは異なる教育理念を、民間の社会的な力が支持して、その実現を図ろうとする」ものを教育運動と呼ぶとしたのは宗像誠也（1954=1969）である。この有力な概念規定に誘導されるように、わが国の教育政策を対象とする研究のほとんどは、政党政治の多数派が確固とした教育理念を法制化して実施するという単純化されたイメージにもとづいて、もっぱらイデオロギー的対立の構図のなかで、政策化される教育理念の当否を論ずるものとなっている。そこでは往々、教育理念は権力側と民間側のそれとに類別され、立案の意図は政策の結果と同一視される。しかし、教育政策の現実過程は政党政治の多数派ができあがった理念を権力的に実施するものと単純化されうるものではない。個々の教育政策は複合的な教育理念の葛藤を反映するものである。また政策立案の意図が思わざる結果に帰着する偶発性や制度化された政策が実施上、立案意図とは相対的に独自の意図によって解釈されるといった柔軟性を視野にいれなければ、教育政策の実相は把握できない。

こうした観点からの教育政策分析の実例として、Rainwater & Yancy (1967) および Ball（1990）が優れた示唆を与えている。前者は一九六〇年代のアメリカ合衆国における貧困との闘いの一環として登場する「結果の平等」理念を提起したモイニハン・レポートが政策化されるプロセスで生じた政策理念の捩れと支持グループの離反の諸相を描き出したものである(1)。後者は、サッチャー政権の教育改革の鍵となった一九八八年教育改革法の成立過程を、キース・ジョセフとケネス・ベーカーという個性的な二人の教育大臣のリーダーシップの差異と確執に即して考察するものであった。いずれの研究においても、特定の教育政策がその成立過程で、複合的な理念の交錯を通して具体的な内容を与えられ、さらに実施過程においては諸決定の解釈行為を媒介にして政策の方向が左右されるものであることが検証されているといえよう。本論は、こうした教育政策分析の方法に示唆を得ながら、新しいタイプの公立学校（コミュニティ・スクール）の導入という、現在進行中の教育改革政策の意義について分析を試みようとするものである。

2　新しいタイプの公立学校の設置と新しいタイプの学校運営の実験

1　問題の所在

総合規制改革会議は平成一三年一二月一一日に「規制改革の推進に関する第一次答申」を行った。そこでは重点六分野のひとつに教育があげられ、特に「コミュニティ・スクール導入のための法制度整備に向けた実践研究の推進」が謳われている。総合規制改革会議は平成七年四月一九日の規制緩和小委員会の設置を端緒とするが、その教育改革に対する提言が一貫して市場原理の導入、選択と競争による公立学校の改革を理念としていることは周知のところである。前記答申においても、「新しいタイプの公立学校」を「伝統的な公立学校との共存状態を作り出すことにより、健全な緊張感のもと、それぞれの学校間における切磋琢磨を生み出」すところに意義を与え、これと並んで、初等中等教育における評価と選択の促進を項目に掲げて、「学校選択制度の導入推進（略）〈一四年度中に措置〉」を挙げている。これらの内容は、平成一四年三月二九日に「規制改革推進三か年計画（改定）の概要」として、そのまま閣議決定されている。

こうした総合規制改革会議の答申および閣議決定を受けて文部科学省は「新しいタイプの学校運営の在り方に関する実践研究」として平成一四年度に三、〇〇〇万円の予算をもって新規事業を行うこととした。平成一四年度新しいタイプの学校運営の在り方に関する実践研究には一五都道府県三指定都市から三〇件の応募があり、このうち七件が指定されることになった。その主な研究テーマは、以下の通りである。

○学校の裁量権の拡大［●校長公募、校長の意向を尊重した教職員人事、学校による非常勤職員の公募●学校裁量経費の支出●柔軟なカリキュラム編成、教材選定や学級編制などにおける校長の意向尊重］

○推進体制［●地域学校協議会（学校運営への参画、教育方針の決定、教育活動の評価等）］

○学校と地域との連携［●学校支援コーディネータの配置・活用●外部（地域）人材の活用●地元産業界との連携］

一見して分かるように、これらの研究テーマは市場原理の導入あるいは学校選択・競争による学校改革という理念に照応するものではない。むしろ、これらの実践研究のテーマになっているのは自律した学校の運営とともに、地域学校協議会の例にみられるように、学校運営への地域社会の参加であろう。閣議決定の基礎となった総合規制改革会議の理念が学校選択にありながら、その法制度整備のための実践研究が事実上、学校の地域参加をテーマとするものとなっている。閣議のレベルでの政策立案と文部科学省のレベルでの政策実施との間には、大きな捩れ、あるいはギャップが存在しているのである。この政策ギャップはどのようにして生まれ、また、どのような背景をもつものであろうか。こうした政策立案過程の捩れ、あるいは政策理念上のギャップを解明することが本論の課題である。

2　政策立案過程の特異点とインタビュー対象者の範囲

現在進行中の新しいタイプの公立学校の導入という政策提言をめぐっては、これまでのわが国の教育政策の進行と対比した場合、いくつかの顕著な特異点が見いだされる。なにより、この提言が政府の審議機関である教育改革国民会議の提言の実質化でありながら、その実現に向けては野党・民主党が早くから議員立法による成立を準備していること、規制緩和の原理にしたがって学校選択の推進が閣議決定されていながら、成立のための実践研究においては明らかに別の理念が追求されていること、さらに、チャータースクールとコミュニティ・スクールという類似的な、しかし場合によっては対比的な二つの学校改革構想が歴然とした識別なしに、一括される場合があることなどが注目されるのである。

本論が示唆を得る前記の二つの政策分析研究はいずれも政策立案者に対するインタビューあるいは個人文書を分析の対象とするものであった。本論も、この間の新しいタイプの公立学校導入の政策立案に関わった関係者からのインタビューを主たる考察の対象としたい。インタビューは二〇〇二年六月から一二月にかけて筆者が行ったものである。政策立案過程の特異性を反映して、インタビューの対象は副大臣、政務官、与党の国会議員、省庁の上級公務員だけでなく、野党の国会議員、議員立法を支援する議会法制局スタッフ、そして政策立案に深い影響を与え続けている民間団体の関係者にも及んでいる。インタビューはすべてICレコーダーによって録音され、逐語的に記録された。紙幅の制約から本論が直接分析の検討対象として言及するのは自民党国会議員二名、民主党国会議員二名、二つの省庁の審議官・企画官クラスの上級公務員二名のインタビュー記録である。

3　日本型チャータースクール構想のダイナミズム

1　チャータースクール構想等研究グループの提言

新しいタイプの公立学校の設置という政策アイデアは、保岡興治衆議院議員の提唱によってわが国の教育政策の舞台に登場した。平成一〇（一九九八）年三月に発足した自由民主党教育改革実施本部チャータースクール構想等研究グループは、一一年二月一〇日の第一回の研究会に教育ジャーナリスト大沼安史氏を招き、ヒヤリングを行っている。以後、半年間に一二回の研究会を重ねている。そこでは、日本型チャータースクールを標榜する「湘南に新しい公立学校を創り出す会」から二度のヒヤリングを行うなど、チャータースクールの構想を日本の教育の場に実現させるための検討が精力的に進められた。平成一一年八月一〇日にまとめられた最終報告は、次のような提言を含むものであった。

「（要旨）文部省が課題を定める現行の研究開発学校制度を改め、設置者である市町村教育委員会等が主体的に設定した課題について文部大臣の指定を受けて研究開発を行うボトムアップ型の研究開発学校制を導入する。研究開発に要する経費については、必要な場合には国が助成する。また、新しい研究開発学校においては、通学区域を弾力化する。」

同報告は、本文において、こうした研究開発学校は文部省が課題を定めて委嘱する従来の仕組みを改めて、「市町村教育委員会（等）が主体的に設定した課題について文部大臣の指定を受けて研究開発を行う新しいタイプの」ものであること、また、「公立学校においては、市町村が自らの判断で、上述した、新しい研究開発学校を活用するとともに、通学区域の弾力化を組み合わせることにより、創意を生かした教育課程による教育を行う学校を、既存の学校と選択可能なかたちで設置することが可能となる」と、述べていた。これは一般にはチャータースクールという学校選択制度による新しいタイプの公立学校を研究開発学校という特例の形で実現に移すための提言と理解された。

アメリカ公立学校制度において注目を集めるチャータースクールが、何故、わが国の教育法制度においては、そのものとして、実施できないのか。保岡議員が接触した文部省の見解は、次のようなものであった。

「**A上級公務員**　公立学校というのは日本の場合でしたら、教育委員会が、自治体が責任をもって運営している。そこに期間を限定するとはいっても、財政、カリキュラム、まるまる、手を挙げた団体に完全にまかせてしまうという体制が、果たして……なじむかということが非常に疑問だったんです。加えて、公立でありながら、つまり全面的に公費に依存しながら、その期間の間というものは私学よりはるかに自由な学校制度をつくるということは、私学との均衡からしても、全然逆転しているのではないか。」

教育基本法は学校教育について、公立私立を問わず、これを「公の性質をもつ」とし、わが国の教育法制は、形式的には公立学校と私立学校とに対してほぼ同じ法規範を適用するものとなっている(2)。この点で、私立学校をほぼ完全に法規制の外に置く、アメリカの公立学校制度とはまったく異なっている。自由な教育を要求しながら、公費による維持を求めるチャータースクールの構想は、公費による援助が部分的にとどまりながら、公立学校とほぼ同じ法規制を受ける私立学校の在り方との均衡を問題視されることによって、ほとんど認められる余地がないというのが、現行教育法制を遵守する見解である。

こうした私学との均衡に配慮しながら、チャータースクールの趣旨を現実的に生かそうとするところに保岡グループの検討の課題があった。そして、研究開発学校という特例として、さらに、私学にもまた申請のチャンスを与えるという形式的な平等を保障する形で、チャータースクールの実質的な設置に道を開くというのが保岡提言の内容となった。

2　研究開発学校としてのチャータースクール

たしかに、チャータースクールを研究開発学校という特例の形で実施しようとするのは、前述の日本の公教育原理の特質から来る制約を回避するひとつのアイデアである。すでに現行の研究開発学校制度は学習指導要領によらない教育課程による教育を研究開発、つまり実験的な試みとして行うことを認めている。この特例を、学校運営全体に応用できるならば、その限りでチャータースクールの実施と同じものとなろう。

「A　保岡先生としてはチャータースクールそのものをおやりになりたいわけだけれども、すぐには無理ですと、まずは実験からということで、『政治主導でもっとできるだろう』と言われながら……運用の限界まで頑張ってあの辺ではないかと申し上げました。」

保岡議員の提言は、与党議員の政策提言として、文部省との密接な協議によるものであった。文部省は、この報告書の発表をまって、ただちに研究開発学校制度の実施要項を改正して、この政策提言に対応する新しい制度を導入することを決定した。朝日新聞は「文部省は、学習指導要領の制約から離れて、教育委員会や現場の教員らの発想を生かして独自の授業を進める学校を実験的に認める方針を固めた」（八月一一日）と報じている。

こうした新制度のもとで、しかし、保岡提言が予定していたような日本型チャータースクールのための実験は始まらなかった。平成一二年度に開始された研究開発学校のなかにそれにふさわしい実質をもつものは含まれていない。保岡グループの検討の過程でこれに積極的に協力した「湘南に新しい公立学校を創り出す会」の関係者には研究開発の申請を出す機会が与えられなかった。それは、新制度がボトムアップ型研究開発学校制度であるといっても、あくまで既存の学校が申請の主体であり、市町村教育委員会等を通じて応募するという形式が、学校を横断する有志の試みには機会を与えなかったのである。この意味で、保岡提言は、日本型チャータースクールに道を開く論理的な可能性は残しつつも、事実上、日本型チャータースクールを生み出すことにはならなかったのである。

では、保岡議員と文部省の協議の結果合意されたという新しいボトムアップ型の研究開発学校制度には、どのような意味があったのだろうか。それは大胆な政策提言を換骨奪胎して事実上無力化するといういわゆる官僚的対処にすぎなかったのであろうか。事実はそうではなかった。関係者は、次のように注目すべき発言をしている。

「A　ちょうどそのときに初等中等教育の接続に関する中教審答申がでたんですけど……学校段階毎の区切りだとか、そういうところをもっと柔軟化していく。……発端はチャータースクールだったかもしれないけれど、それは別としても、そろそろ学校制度の全体を通じて、縦の接続だとか横との、学内学外の対応などを含めて、大改革というか変革が求められるという時期がきていて、そういう実験をしなければいけないという雰囲気を私たちはもっていましたので、（研究開発学校というのは）いいチャンスだと思いました。」

周知のように一九七一年の中教審答申は学制の全面的な再検討を掲げて、先導的試行という改革手法を提案していた。答申は、注目すべきことに、次のように指摘していた。「先導的な試行の実施にあたって……公立の実施校を設ける場合には、その学区内で入学を希望しない者は通常の学校を選択できるようにすることなどがたいせつである」。

この答申は、とくに六・三制学校体系を見直すとの提言が戦後教育改革の評価をめぐる厳しい対立構図のなかで激しい反発に遇い、スムーズな実行には至らなかった。そして、一九八〇年代には臨時教育審議会の設置があり、文部省はその後の教育改革のイニシアチブを十分に掌握できずにいたといえる。保岡グループのチャータースクールの検討は、図らずも、文部省の改革を志向するグループに学制改革の実験の機会を与えるものとなったのである。

「**黒崎**　新しい研究開発学校の制度はいわゆる四六答申（一九七一年の中教審答申）が提言した先導的試行の提案と形がとても似ていますが？

A　私は、新しい研究開発学校の制度のことを、研究開発学校の協力者の先生方にご説明するときに、覚えておりますが、四六答申に時代が追いついたのだ、そう申し上げたことがございます。……その（先導的試行という）言葉を繰り返しては使っておりませんが、私どもは同じようなことだと思っております。」

平成一二年度の研究開発学校制度の見直しの根拠として、文部省は各学校段階の接続関係の見直しを提言した平成一一年一二月の中教審答申を挙げていたが、このことは形式的なことではなかったのである。保岡グループの検討に接した文部省側の対応は、チャータースクールの構想がもつ現行学校制度見直しのインパクトを、学制改革のための実験的モデルの構築という、一九七一年答申以来の積年の課題を達成するものとして活用するものであったといえよう。平成一二年度の研究開発学校の研究テーマを平成一一年度のそれと比較してみるならば、個別の研究テーマとしてはそれほど前年と変っていないが、各学校段階間の接続関係に即して研究テーマを整理する形式には、前年度までのものとの明白な違いを、すなわち学制改革のための基礎となる試行という文部省の意図をみることができよう。

逆に、チャータースクールの導入を企図していた保岡議員にとって、こうした文部省の意図を受け入れさせた要因は何であったろうか。チャータースクールの導入という観点からみた場合、研究開発学校というアイデアは、どのような意義をもつものであったのだろうか。成功例として有名なニューヨーク市イーストハーレムの学校選択制度が開始されたとき、選択の対象となった新しいオプションスクールは、当初は六校にすぎなかった（Fliegel 1993, p.47）(3)。チャータースクールの発想もまたおなじであるが、こうした学校選択制度による公立学校改革は既存の公立学校のネットワークの外側に少数の例外的に実験を試みる学校を配置し、その成果を既存の公立学校のネットワークにフィードバックさせようとするものである。そうであれば、研究開発学校の導入が現行公立学校制度に及ぼしうるインパクトは実質的にチャータースクールそのものの導入による場合と変わりがないとも考えられよう。保岡議員にとって、研究開発学校として新しいタイプの学校を「既存の学校と選択可能なかたちで設置する」ことができれば、チャータースクールの導入によって「学校教育全体を個性化、活性化させる」(「チャータースクール構想等研究グループ最終報告」)という目的は、ある程度成就することになると考えられたのであろう。

「**保岡**　最終的にはボトムアップ型の研究開発学校制度ということで実を結ぶというか、それをとりあえずの答とするというところで一応検討を終えたんです。われわれとしてはチャータースクールに取り組むという姿勢でずっときているんですけど、なかなか文部省は堅いですね。……おそらくボトムアップの研究開発校というのはカリキュラムを超えた提言ができる。」

研究開発学校としての新しいタイプの公立学校の設置は、保岡議員にとっては、チャータースクールを日本の現行教育法制の枠組みの中で、もっともスムーズに実現する方途であった。他方、文部省にとって、このアイデアは、教育改革のイニシアチブの回復を図る実験的な試みを実行するための正統化の根拠となった。チャータースクール構想等研究グループの提言は、保岡議員にとっては〈学校選択による学校制度改革のための実験〉であったが、文部省にとってそれは〈学制改革の実験のための学校選択の受容〉だったのである。

3　残された課題

日本型チャータースクールの導入という観点からいえば、研究開発学校のアイデアについて、次の諸点が強調されるべきであった。

第一の問題は、設置主体を既存の学校設置者とするのではなく、新しい実験を担う設置主体を意識的に形成する仕組みをつくりあげる必要があったということである。チャータースクールを実践するというニーズは確実にある。「湘南に新しい公立学校を創り出す会」はその明示的な一例である。しかし、既存の市町村教育委員会および既存の公立学校を単位としてのみ研究開発学校の申請・応募を認めるということが、こうした有志グループには研究開発の実験の機会を与えなかったのである。

第二の問題は、保岡グループの報告に挙げられながら実施に移されていないのであるが、こうした研究開発学校については目的意識的に「これに就学を希望する保護者や生徒の希望を尊重して、市町村の全域など広域の通学区域を設定」するということである。これによって、実験に付随して学校選択制度を導入することになる研究開発学校の試みは、初めて学校選択のための実験という意義をもつことになるのである。

4 新しい公立学校（コミュニティ・スクール）政策の提言と変容

自民党チャータースクール等構想研究グループの提言とその実施のための文部省特別研究開発校の計画の間にあったのは〈学校選択のための実験〉と〈学校改革の実験のための学校選択の受容〉との葛藤であった。では、総合規制改革会議の新しいタイプの公立学校の導入の提言と文部科学省の新しいタイプの学校運営の研究開発学校計画との間の政策理念の捩れは、これを再現するものなのであろうか。事態はより複雑な展開を内包するものである。なぜなら、保岡提言に対する対応の場合とは異なって、今回の文部科学省が採択した研究開発学校のテーマは、いずれも総合規制改革会議の提言にあるコミュニティ・スクール構想が検討課題として示しているものであるからである。総合規制会議第一次答申は、「地域学校協議会（仮称）」の設置、「学校の管理運営について、学校の裁量権を拡大し、保護者、地域の意向が反映され、独自性が確保されるような法制度整備に向けた」実践研究の推進を求めているのである。このかぎりで、総合規制改革会議の提言と文部科学省の研究開発学校のテーマとの間には捩れも、齟齬もないともいえるのである。とすれば、選択の理念が参加の理念に変形されるという政策の捩れの原因はどこに存在するのであろうか。それは、コミユニティ・スクール構想のアイデア自体のなかにあったとするのが、本論の仮説である。

1　コミュニティ・スクール構想：教育改革国民会議の提言

コミュニティ・スクールの構想は教育改革国民会議第二分科会の金子郁容主査のアイデアとして知られている。二〇〇一年の中間報告は、次のように説明している。

「ここで言っている〝コミュニティ・スクール〟とは、地域独自のニーズに基づいて市町村が設置し、地域が運営に参画する公立学校の仮の呼び名である。市町村が校長を募集、有志が応募するか、有志による提案を市町村が審査する。市町村はまた、学校ごとの地域学校協議会を設置する。協議会は地元代表を一定以上含むものとし、学校をモニターし評価する。（以下省略）」

この提言は、「現状認識」の部分において「特に公立学校は、努力しなくてもそのままになりがちで、内からの改革がしにくい。比喩的にいえば『お客がくることが決まっているまずいレストラン』となってはならない」と述べていた。この比喩は学校選択論者が決まって用いるものである。こうして、教育改革国民会議のコミュニティ・スクールの提言は学校選択の理念による公立学校の改革を目指すものと受け取られたのである。第二分科会の議事において、藤田英典委員は学校選択制度による学校改革の典型的なプログラムとしてチャータースクールをとりあげ、コミュニティ・スクールがそれと類似のものであると論じたが、金子主査の応答は当初まさにコミュニティ・スクールがそうした学校選択制度による学校改革のプログラムであると思わせるものとなっていた。

「【藤田委員】イメージとして、コミュニティ・スクールって書いてあるんですけど、アメリカのチャータースクールに近いように思うんですが。

【金子主査】チャータースクールも参考になります。

【藤田委員】そうなりますと、……これは矛盾をはらんでいる可能性があるように思えます。学校運営チームは……

チャータースクールと同じように有志の集まりなわけですよ。ところが、地域学校協議会は有志ではなくて、その地域単位、しかも、これは市単位の大きい地域ですね。……その間の矛盾が表面化する可能性があるんじゃないですか。……そうなるとチャータースクールと同じようなものに実は近づいていくように思うんですね。

【金子主査】チャータースクールと同じで悪いという理由はないのではないですか。」（第5回分科会）

さらに金子は、学校選択の理念については当然の前提であるとの態度を示していた。

「【金子主査】選択制についてはいかがですか。僕は選択制をしなきゃおかしいと思いますけれども。」（第6回分科会）

これらは選択制度に執拗に反対した藤田英典委員との討論の形をとって進行した分科会での主査の発言の一節である。そして、一貫してコミュニティ・スクール構想に賛成していたのは規制緩和小委員会以来、学校選択制度の導入に強い意欲を見せていた大宅映子委員であった（私学との均衡という制度技術上の難点から一定の留保を置いていたが）。こうして教育改革国民会議におけるコミュニティ・スクールの構想は、学校選択の理念による公立学校改革のスタンスに立つものであったと理解するのが妥当であろう。

しかし、金子主査の発言は、選択の理念による公立学校改革の代表的なプログラムであるチャータースクールとの関係に関して、不明確な態度に立ち戻るのである。

「【藤田委員】コミュニティ・スクールという言葉にも一つの、あるあいまいさが入っていまして、やっぱりチャータースクールなんですよ。アメリカなんかでの。（略）

【金子主査】アメリカのチャータースクールと、僕の言っているのはだいぶ違う。」（第6回分科会）

藤田委員が指摘するように、教育改革国民会議における金子主査のコミュニティ・スクールの構想は確かに曖昧な点が多かった。文部科学省の関係者は、やや揶揄的にコミュニティ・スクール構想の不明確さについて、次のように述べている。

「**A**　チャータースクールに非常によく似ていますよ。ただ、ぼかしているところがあって、曖昧なところがいっぱいありますが。……コミュニティ・スクールというキャッチフレーズありきで、だんだん変遷成長してきた概念なんで、把握しにくいんですよ。」

「**B上級公務員**　チャータースクールの方が今の問題をはっきりと捉えていますよね。それを金子先生がコミュニティ・スクールに名前を変えちゃったものですから混沌として、質も変わったと金子先生はおっしゃるんですが、私等にはまだ納得がいかないんです。」

第二分科会でのコミュニティ・スクールをめぐる議論は金子主査にとって必ずしも順調には進行しなかった。そしてそれはこの構想をめぐる不明確さをいっそう増幅するものとなった。最終的に分科会は主査の「熱意」は無視しえないとする空気によって辛うじて結論に到達したというのが公開された議事録からも読み取れるのである。

教育改革国民会議では現行公立学校制度に「風穴」を開けるような大胆な改革手法が求められており、選択制度がその手法として注目されていた。しかし、同時に選択制度による学校改革の理念による典型的な手法であるチャータースクールとも距離を意識的に置こうとする金子主査のコミュニティ・スクール構想とは、なんであったのか。

2　コミュニティ・ソリューションと市場原理

コミュニティ・スクールの構想の前提として金子主査が提唱する理念はコミュニティ・ソリューションである。それは「大きな政府」か「小さな政府」かという対抗軸ではなく、「これからは『小さい政府とグローバル・マーケット』か『コミュニティ・ソリューション』か、という議論になるだろう」とするものである。金子（一九九六＝二〇〇二、一〇三頁）はイギリスの新労働党政権に期待を表明して、「トニー・ブレアが志向しているものも『大きな政府』ではなく、コミュニティ・ソリューションに近いものと思われる」と述べている。当時慶応義塾大学ＳＦＣの同僚として金子主査とともにコミュニティ・スクールの構想を発案した鈴木寛現参議院議員（民主党）は、インタビューに答えて、次のように述べている。

「**鈴木**　金子さんは、岩波（書店）から『コミュニティ・ソリューション』という本をだしています。ここに一番最初の発芽があるんですが、要は政府の失敗と市場の限界、この二つの問題を同時に解かなくてはいかんと……コミュニティ・ソリューションという概念を整理したのは金子さんなんです。じゃ、コミュニティ・ソリューションを教育の現場にあてはめていくとコミュニティ・スクールではないかと（私が発案しました）。」

注目すべきことは、鈴木議員がコミュニティ・スクールの構想について、これをチャータースクールとは別の発想によるものとしていることであった。

「**鈴木**　当然われわれはチャータースクールのことは知っていましたが、日本版チャータースクールと言われるのは、われわれは心外というか、（その）理解は半分（の理解）だと感じます。この構想を日本版チャータースクールと言われたくないと思っています。ラーニング・コミュニティを現場にいかにつくっていくかということが主眼であって、ある意味ではLMSというイギリス型の学校理事会がかなりの権限をもって現場で決めていくという、それぞれの個別状況を学びの場にして学習のニーズの受け皿にしていく、そこに地域も保護者もはいっていくということにイメージとしては近いと思います。（略）いわゆる臨教審以来の自由主義とはわれわれは一線を画しているつもりなんですね。」

コミュニティ・スクールの提言は現行体制に風穴をあけるという狙いをもつものではあるが、市場原理、あるいは自由主義とは別の理念によるものであり、したがってチャータースクールとは一線を画すものであるというのがコミュニティ・スクール提唱者の趣旨であった。では、それはどのような学校の創設であり、どのような意味で、現行体制に対する改革の「風穴」なのであろうか。

「**黒崎**　『コミュニティ・スクール構想』を文字通りに読めば教育委員会制度のオリジナルな理念を繰り返すようなものになると感じるのですが？

鈴木　一九五六年地方教育行政法を非常に問題視している……一九四八年から一九五五年まで教育委員会法というものがありました。あの教育委員会法が想定していたイメージ……考え方としては一九四八年から一九五五年のフレームワークに戻すということがかなり（私たちの）政策的なイメージとしては近いです。あそこで考えていたことを今ならできるであろうと。」

選択制度の導入として注目される新しいタイプの公立学校の創設の提言が、提唱者の趣旨からすれば教育の民衆統制（および専門的指導性との調和）の理念による公選制教育委員会の制度をモデルとするものであったということを知るのは、相当に新鮮な驚きである。これにしたがえば、その構想自体については、教育改革国民会議第二分科会の席上で藤田委員などから批判的に問い詰められるべきものではなかったことになる。

「**鈴木**　東大の藤田先生を始めとして、教育の世界を単なるマーケットに委ねるべきではない、あるいは臨教審からでてきた動きに対する根強い有力な学界側からの批判があることは、論文読めばわかります。執拗に藤田先生は誤解されていると思うんです。（略）僕らは単にマーケットをいれたらよいという話ではないということはおさえておきたい。」

しかし、コミュニティ・スクールの構想を市場原理の導入から区別するという見解は、教育改革国民会議などの場ではその提唱者から明快に語られることはなかった。むしろ、すでに述べてきたように金子主査の発言は意識的にコミュニティ・スクールの提言を選択制度の導入と結びつけるものであった。それはなぜであろうか。

「**鈴木**　選択の導入については、金子さんは所与のものと考えていると思います。」

「**鈴木**（コミュニティ・スクールの提言は）市場原理を導入しようとする人々の考え方とは根本的に違う。ただ、部分集合で、重なっている。それは（政策実現のための）コストパフォーマンスがいいというのは重要な要素ではありますから。」

こうしてコミュニティ・ソリューションという形をとった、教育委員会制度のオリジナルな理念の再生を図る動きと、規制緩和による公立学校制度改革の刺激を求める動きが、現行制度に改革の「風穴」をあけるための「部分集合」として結びついて、コミュニティ・スクールの構想は教育改革国民会議の提言となったのである。

3 コミュニティ・スクールとチャータースクールの区別

新しいタイプの公立学校としてのコミュニティ・スクールがもともとの提唱者の意図においては、学校選択制度の提言でも、市場原理の提唱でもないというのを知ることは新鮮な驚きを伴うものとはいえ、地域が参画する公立学校の構想を規制緩和の政策志向に即して提唱することについては、そこに政策立案過程に関するリアリズムがあることを理解することはできる。たしかに権力の支持する教育理念としての教育政策の立案過程において、議会の多数派に属さない政策グループの行動様式としては、政策実現の「部分集合」を意識的に拡大していくような関与や柔軟性は必要であろう。

金子主査によるコミュニティ・スクール構想の説明が当初から「まずいレストラン」の比喩にも表われていたように、終始、規制緩和の理念と整合的であることを意識していたのは明らかである。同時に、コミュニティ・スクールの構想を単純に規制緩和、市場原理の導入によって正当化されるべきプランではないとする提唱者の思いは、この構想に対して、終始曖昧なものとして疑念をもたせることになった。それは、自らコミュニティ・ソリューションと名付ける独特の市民参加(教育の民衆統制)の論理によって意義づけられるべきコミュニティ・スクールの構想を、規制緩和を志向する政策の主流に「部分集合」化させようとする戦略に付随するリスクであったように思われる。

先にコミュニティスクールの提言は政府与党よりもむしろ野党民主党のなかで熱心に実現が目指されていると述べた。民主党コミュニティ・スクールWTの責任者である加藤公一衆議院議員は、コミュニティ・スクールの構想を素直に、次のように理解している。

「**加藤** 多分、鈴木寛(議員)はコミュニティということに相当こだわってお話されたんじゃないかと思うんですけど、その趣旨に別に僕の考え方がずれているわけではないんですが、さすがにそこまでコミュニティという言葉に対する僕の思い入れがあるわけではない。……いわゆるアメリカのチャータースクール……それをまったく同じ仕組みを日本にもってこられるかというと、どうもうまくいく自信がないものですから、そうであれば、日本型で、かついままでの公教育とは違う、自由度の高い学校というものを模索できないかと。そうすると日本型のコミュニティ・スクールというものがあって、金子先生、鈴木寛（議員）が言い続けてきたことと一〇〇%同意ではないんですが、これが母体となって磨いていけばいいけるんじゃないか。」

ここではチャータースクールとコミュニティ・スクールとの制度理念上の区別は大きな問題になっていない。チャータースクールではなくコミュニティ・スクールの用語が選択されていることについて、外国の制度の単純な模倣を避けるという一般的な意味以上の意味付けはなされていない。したがって、この概念整理においては、コミュニティ・スクールは日本版チャータースクールとして把握されているのである。そこには先に鈴木議員が明快に指摘したコミュニティ・スクールを日本版チャータースクールと厳格に区別するといった発想は見いだせない。チャータースクールとコミュニティ・スクールとの制度理念上の区別が、政策実現の「コストパフォーマンス」を意識する提唱者の議論のなかで隠されたものとなったために、コミュニティ・スクールをいわば日本型のチャータースクールと把握することは、コミュニティ・スクールの提言を素直に受け止めるものにとってはきわめて自然なものとなったということができる。インタビューに応じた文部科学省の関係者がしきりにコミュニティ・スクール構想の曖昧さを指摘し、金子主査に藤田委員が繰り返し反対したのも、チャータースクールとコミュニティ・スクールとの関係について、こうした理解に立っていたからである。たしかに鈴木議員が述べるように、藤田委員の、コミュニティスクールをチャータースクールと同一視する議論は、提唱者からすれば「執拗な誤解」によるということができるであろう。しかし、それはコミュニティ・スクールの構想を規制緩和の政策理念と「部分集合」的に重ねることで実現を図ろうとしたこの提言の提唱者の側の戦略が誘発したリスクであった。

4　規制緩和とコミュニティ・ソリューション

では逆に、政治権力の支持を直接に背景とすることができるはずの総合規制改革会議が、規制緩和という理念に意識的に与するわけではないコミュニティ・スクールの提言を受け容れたのは、どのような理由によるものであったのだろうか。すでに冒頭に言及した総合規制改革会議の第一次答申は、次のように述べていた。

「新たなタイプの公立学校である『コミュニティ・スクール（仮称）』の導入については、地域のニーズに機動的に対応し、一層特色ある教育活動を促し、また伝統的な公立学校との共存状態を作り出すことにより、健全な緊張感のもと、それぞれの学校間における切磋琢磨を生み出し、結果的に学区全体の公立学校の底上げにつながることが期待されるものである」。

「地域のニーズに機動的に対応する」というのが金子主査あるいは鈴木議員がコミュニティ・スクールに期待するものであったとすれば、総合規制改革会議の力点は「伝統的な公立学校との共存状態を作り出すことにより、健全な緊張感のもと、それぞれの学校間における切磋琢磨を生み出す」ところにあったのであろう。伝統的な公立学校とは別の、新しいタイプの公立学校が設置され、公立学校の間に競争が生まれるメカニズムを導入することが規制緩和を理念とする総合規制改革会議の狙いであった。こうした観点からすれば、新しいタイプの公立学校それ自体が市場原理あるいは親の選択の自由という理念によって価値付けられている必要は必ずしもない。伝統的な公立学校の独占的地位の基盤を崩壊させるために、総合規制改革会議の側にもコミュニティ・スクールの提言を「部分集合」として受容するメリットがあったのである。

5　その後の展開

閣議決定となった総合規制改革会議の第一次答申が描き出す規制緩和を志向する新しいタイプの公立学校の導入と、

学校の地域参加の道を追求する文部科学省による新しいタイプの学校運営の実践研究との間の政策理念の齟齬に解釈の光をあてることが本論の課題であった。ここまでの考察を通して、コミュニティ・スクール構想に含まれる提唱者の意図と政治権力の直接的な支持を背景とする政策理念の間の「部分集合」の重なり、双方が意図的に追求する政策実現のための「コストパフォーマンス」が、こうした政策理念の齟齬の原因となったことはすでに明らかであろう。そして注目すべきことは、文部科学省がコミュニティ・スクールの提唱者の意図と総合規制改革会議の政策理念との「部分集合」が生み出す政策理念の曖昧さを、自らの伝統的な教育改革のイニシアチブの回復の根拠としていることであろう。コミュニティ・スクールの提言が含む曖昧さに再三再四言及する文部科学省の関係者の発言は、そうした意図に即したものであるように思われる。コミュニティ・スクールの提言をチャータースクールの方向を含むものとするのか、自律的な学校経営という理念の範囲に収めるのか。これが新しいタイプの公立学校の導入の提言をめぐる現在の具体的な争点となっているのである。

「B　官僚制に進化した公立学校制度に風穴をあける……その手段として金子先生の考えておられるようなコミュニティ・スクールをつくるのか、あるいは school-based management でご議論いただいているような、自分たちの学校という感覚をとりもどすことによって金子先生が願っているものを実現するのか、そこは手法がいろいろありうる。」

これは政策実現の「コストパフォーマンス」を重視してコミュニティ・スクールの提言が戦略上曖昧な装いをとっていることをむしろ論拠として、コミュニティ・スクールの実質を文部行政の主導する、あるいは許容しうる範囲内に収めようとするものと理解することができる。先に指摘したように、新しいタイプの学校運営の実践研究として進められている研究開発学校が掲げるテーマは、コミュニティ・スクールの提言が研究を要すると明示しているものであった。その限りで、文部科学省は閣議決定を踏まえて実践研究を進めているといいうるのである。

他方、学校選択の理念を改革の主動的な理念とするグループからは、総合規制改革会議が採用した教育改革国民会議のコミュニティ・スクールの提言について、厳しい批判が加えられている。保岡議員とともに自民党のなかでチャーター・スクールの実現に努力している下村博文衆議院議員（法務大臣政務官）は、次のように語っている。

「**下村**　金子先生にも鈴木寛さんにも、わが国ではチャーター・スクールというのは無理だという前提がある。やはりアメリカ的なチャーター・スクールを導入するようにしなければ本当の意味での、今の現実に困っている子どもたちを……イギリス版コミュニティ・スクールではシステム的に救済できないのではないか。……学校評議員制度というのを文部科学省が進めているんですが……既存の公立学校をある意味で地域ということで個性化というふうにもっていけば、日本でもコミュニティ・スクールというものはすぐにでもとりいれることができると、（その程度に）文部科学省は考えているのでしょう。」

下村議員の発言には、すでにコミュニティ・スクール構想をめぐるこの間の文部科学省の対応のスタンスが把握されている。

5　まとめ

新しいタイプの公立学校の導入をめぐる政策立案過程は、政党政治の多数派が、できあがった政策理念を法制化するという単純な過程ではなかった。コミュニティ・スクールの構想は臨教審以来の政策の主流となっている市場原理の導入という装いをもちながら、そのオリジナルな提唱のなかにはこれとは対照的ともいえる一九四八年の教育委員会法の精神が含まれていた。こうしてコミュニティ・スクールの提言は、「部分集合」として重なり合う規制緩和の理念とコミュニティ・ソリューションの理念の曖昧な連携・確執のなかで、その具体的内容を形成されつつあるといえる。従来の改革イニシアチブの回復を試みる文部科学省は、こうしたコミュニティ・スクールの提言の曖昧さを活用するかのように、実務的な対応において教育改革の課題を独自に解釈し、そのための研究開発を進めている。それはチャーター・スクール構想の提言を四六答申以来の学制改革の実験の機会に読み替えた経緯を想起させるものである。総合規制改革会議の規制緩和を理念とする新しいタイプの公立学校の導入の政策提起が、文部科学省の自律的学校運営と学校運営への地域参加を理念とする新しいタイプの学校運営の研究開発の実施として具体化するという政策理念の捩れは、このようにして生まれたものであるといえよう。わが国の教育政策の立案過程として顕著な特異性をもつコミュニティ・スクール導入政策の立案過程は、複合的な教育理念の葛藤を反映し、立案意図が解釈によって異なる内容に帰着する柔軟性を伴った、本来の意味での典型的な政策立案過程を経緯するものであるともいえるのである。

議員立法の動きと並行して進行する法制化の過程でコミュニティ・スクール法案が具体的にどのような内容のものとなるのか。この問題については次の研究課題としたい。

1　モイニハン・レポートの詳細については黒崎（一九八九）を参照。

2　教育基本法第六条のコンメンタールとしては平原（一九七五）を参照。

3　フリーゲルはニューヨーク市第四コミュニティ学区教育委員会次長としてこの地域の公立学校改革に指導的役割をはたした人物である（黒崎　一九九四、参照）。

参考文献

Ball, Stephen 1990, *Politics and Policy Making in Education*, Routledge.

Fliegel, Seymour 1993, *Miracle in East Harlem*, The Timmes Book.

平原春好　一九七五「学校教育」（宗像誠也編著『改訂・新版　教育基本法』新評論）。

金子郁容　一九九九＝二〇〇二『コミュニティ・ソリューション』岩波書店。

金子郁容　二〇〇〇『コミュニティ・スクール構想』岩波書店。

黒崎勲　一九八九『教育と不平等』新曜社。

黒崎勲　一九九四『学校選択と学校参加』東京大学出版会。

宗像誠也　一九五四＝一九六九『教育行政学序説〈増補版〉』有斐閣。

Rainwater, Lee, & William Yancy (eds.) 1967, *The Moynihan Report and the Politics of Controversy*, The M.I.T. Press.

インタビュー（日時、場所）

保岡興治衆議院議員（自民党）：二〇〇二年一一月一九日（金）一六：〇〇〜一六：四〇、自民党本部。

下村博文衆議院議員（自民党）：二〇〇二年九月六日（金）一〇：〇〇〜一一：〇〇、合同庁舎法務大臣政務官室。

鈴木寛参議院議員（民主党）：二〇〇二年六月一四日（金）一四：一五〜一五：一五（第一回）、六月二五日（火）一五：〇〇〜一六：〇〇（第2回）、参議院議員会館。

加藤公一衆議院議員（民主党）：二〇〇二年七月三〇日（火）一一：三〇〜一二：三〇（第一回）、八月九日（金）一三：〇〇〜一四：〇〇（第2回）、衆議院第二議員会館。

A上級公務員：二〇〇二年七月一六日（火）一一：〇〇〜一二：三〇、合同庁舎四号館。

B上級公務員：二〇〇二年七月九日（火）一〇：三〇〜一二：〇〇、文部科学省。

＊この論考は、近著『新しいタイプの公共学校——コミュニティ・スクール立案過程と選択による学校改革』（同時代社＝日日教育文庫、二〇〇四年二月四日刊行予定）の第一章を要約したものである。教育学年報の刊行日程が遅れたために発表時期が重なることとなった。読者の寛恕を請いたい。

（くろさき・いさお／東京都立大学人文学部教授）

「日本型教育論」の可能性

片桐芳雄

1　はじめに——「教育の日本的特質」

竹内洋は、『日本のメリトクラシー——構造と心性』のなかで、欧米と比較しつつ日本のメリトクラシー構造を分析して、戦前の官吏登用試験や旧制高等学校、戦後の公務員試験の面接試験において合格者に求められた能力は、「人物」や「常識」であり、これは要するに、国民文化（日本人らしさ）への同調度であったと述べ、さらに「日本型メリトクラシー」の特徴について、次のような興味深い指摘をしている。

フランスでもイギリスでも日本でも選抜装置に変換器が内蔵されていることにかわりはないが、入力される項目が異なっているわけだ。葛藤理論や社会的再生産理論がいう支配階級文化の能力への変換ではなく、超階級的国民文化への同調性が能力に変換している。円満な人格（rounded individual）はイギリスでは階級文化であるときに日本では国民文化である。こうしたことは、文化資本としての階級文化ではなく、文化資本としての日本人らしさを示唆する。社会的再生産理論は選抜過程をつうじて文化の差異化＝威信の再生産がおこなわれること（文化的再生産

→選抜→社会的再生産→文化的再生産）を示したが、日本では選抜をつうじてむしろ国民文化（日本人らしさ）＝文化の同質性が再生産されていく。社会的再生産理論がいう排除の論理が階級文化からの逸脱であるときに、日本型選抜の排除の論理は国民文化からの逸脱である。象徴的暴力は前者では「野卑」「下品」として、後者では「生意気」「変人」としてくりだされる。階級文化とちがって、国民文化（日本教）は階級遍在的なモラルである。階級文化は属性主義的であるが、国民文化は業績主義的である。日本人らしさという国民文化はどのような階級集団も習得可能だからだ(1)（傍点・原文）。

フランス・イギリスにおける、「支配階級文化」の能力への変換に対して、日本における「超階級的国民文化」の能力への変換。前者における、文化資本としての階級文化に対して、後者における、文化資本としての国民文化（日本人らしさ）の存在。前者において、選抜過程をつうじて再生産される「文化の差異化＝威信」に対して、後者において再生産される「国民文化（日本人らしさ）＝文化の同質性」。そしてさらに前者の階級文化が属性主義的であるのに対して、後者の国民文化は業績主義的であり、どの階級集団によっても習得可能であるがゆえに、エリートと大衆の心理的距離を短縮し、これが大衆の勤勉（努力）主義の源泉になった、とされる。

一方、苅谷剛彦は『階層化日本と教育危機――不平等再生産から意欲格差社会へ』のなかで、現代日本に広く流布する「教育の場面における、能力や成績にもとづく序列化を忌避する心情」(2)、あるいは社会意識としての「日本的平等観」(3)を問題にする。苅谷は、アメリカやイギリスでの「差別的待遇」に関する議論は、いずれも階級や人種・性別などの社会的カテゴリーによる個人の不当な扱いを問題にしているのであって、日本のように、学力による序列化を、「能力主義的差別」教育や「差別＝選別教育」として指弾する議論は見当たらない、と言う。そして、戦後日本におけるメリトクラシーの大衆的規模での拡大が、「能力の可変性への信仰」（八九頁）を生み出し、前述の心情を流布させたのであろう、とする。

他方、志水宏吉は、日本とイギリスとの中等教育における学校文化の比較研究を行っている(4)。ここで志水が注目するのは、学校文化の表層レベルに観察される「フォークウェイズ」とともに、その深層にある「教育のエートス」である(5)。そして、日本の中学校の学校文化を描き出すキーワードとして「指導」をとりあげ、結論的に、次のように述べている。

いずれにしても「指導」という概念が、狭くは中学校の教育、広くは日本の教育全般を考える上での重要な鍵となることは間違いない。生徒たちとの情的つながりや信頼関係を重視し、知的な発達と人格的成長を一体的に捉えようとする基本的な構えを日本の教師は有しており、それがわが国の学校教育の独特の風土を支える背景となっているのである(6)。

志水は、「教育のエートス」として、「わが国の学校教育の独特の風土」を問題にしているのである。

このように、主として欧米との比較の視点をもとに行われた、「日本のメリトクラシー」や「階層化日本と教育危機」の構造や「学校文化」の比較研究に関する最近の優れた教育社会学の研究成果が、ともにその実証的な調査研究の知見の果てに、「国民文化（日本人らしさ）」や「序列化を忌避する心情（日本的平等観）」や「わが国の学校教育独特の風土」にたどりついていることは、きわめて興味深いことである。

しかしながらこれらの知見は、そこで抽出された「教育の日本的特質」というべきものについて、志水が率直に、「ここで言う『教育のエートス』の歴史的起源や変化の方向性を的確に位置づけることは、そもそもきわめて難しい」(7)と述べているように、その意味について、歴史的視点から積極的には論じていない。これらの研究が、歴史的研究を本来の目的とするものでないのであるから当然である。しかし注などに記されたコメントからは、それぞれの見解らしきものが浮かび上がる。

竹内洋は、前の引用部分にある「日本教」について、その直前の個所で「イザヤ・ベンダサン、山本七平訳『日本教について』文春文庫、一九七五年」を注記しているところを見ると、「国民文化」や「日本人らしさ」を超歴史的にとらえているかのようである。苅谷剛彦は、前述のように述べながら、注記のなかで、「戦前に同様な見方が広範に存在していたかどうかは、今後の研究にまたれるところである」と、右の「信仰」や「心情」が生起した時期については留保をしている。しかし、「戦前期においても中等教育を受けられなかった者が、引け目や劣等感を抱いていた可能性は高い。にもかかわらず、そのような感情を、『差別されている』と認識していたかどうか。『差別』という認識と結びつくためには、教育機会から排除されていることの不当性を主張できるだけの『民主主義』的基盤が必要だろう。そうだとすれば、本章で対象とする能力主義的―差別教育観も戦後の産物であったと考えられる」(8)と述べているところから見ると、「信仰」や「心情」(「日本的平等観」)の生成時期として、「戦後」を想定しているようである。志水宏吉の場合は、前記のコメントに続けて、「予想としては、佐藤(学―引用者)の言う一九三〇年代の『日本型システム』の成立が、それと密接に関連しているだろうと思われるが、その部分についての考究は今後の課題としたい」(9)と述べている。

もとよりこれら三人が言う、「国民文化」や「日本的平等観」や「教育のエートス」といった概念が対象とする問題は異なっている。竹内や苅谷が問題とするのは、日本社会に広く存在する日本人の心性や心情であり、志水が問題にするのは日本の学校文化を支えるエートスである。しかしいずれにせよ、これらの概念の歴史的把握が、「三者三様だ」と、日本教育史研究者である私としては、他人事のように評するわけにはいかない。これら概念の、歴史的生成と変化の解明こそ、日本教育史研究者が担わなければならない課題であるからである。ならば、日本教育史研究は、これら教育社会学者の知見に応えうる、いかなる知見を準備しているか。これを述べる前に、もう少し、ここで問題となっている「教育の日本的特質」とも言うべきものに関する、日本教育史研究プロパー以外の見解を紹介しよう。ひとつは志水が言及している佐藤学のそれであり、もう一つは教育心理学の東洋のものである。

教育の「日本型システム」についてしばしば言及している佐藤学は、例えば次のように述べる。

企業における「日本型システム」と呼ばれる特有の雇用形態（労資協調、年功序列制、終身雇用制）が、戦前の大政翼賛運動を通して形成され戦後にも持続したように、教育における「日本型システム」（中央集権的な官僚主義と効率主義、画一主義的な平等主義と集団主義）も大政翼賛運動を基盤として登場し国民学校体制（一九四一年）において制度化されるが、その制度の基本的骨格は、戦後も継承されて今日を迎えている(10)。

佐藤は、現在の「学級崩壊」に見られるような日本の学校と教室の危機は、この「日本型システム」崩壊の危機（あるいは希望）ととらえることができるとする。そして、教室の「日本型システム」を、一九二〇年代に手塚岸衛が「国体」のミニチュアとして組織した「学級王国」に典型を見るように、「一九二〇年代に自由教育の実験学校で創出され、一九三〇年代に総動員体制とともに公立学校に普及した『自主性』『主体性』『協同自治』『協同経営』などを特徴とする経営様式」(11)ととらえ、学校経営の「日本型システム」は、「校長と教職員が『和の精神』で結ばれた学校集団、個々人の創造性よりも集団的協調を重視する学校経営、協同自治による集団的経営、および、分業組織による全体主義的な経営」と、とらえる。これを一言で表現すれば、前掲の引用に言う「中央集権的な官僚主義と効率主義、画一主義的な平等主義と集団主義」というわけである。

佐藤の、教育の「日本型システム」理解は、このように教育行政、学校経営、教室経営のシステムの総体として、また、企業における「日本型システム」と相関させて、さらにはより広く「東アジア型」の教育を想定しその原型としてとらえている(12)点で、いまだ仮説的な提示にとどまっているとは言え、スケールの大きなものであるが、ここでは、佐藤が、「日本型システム」を一九二〇年代に生成し、一九三〇年代に普及し、戦後まで継承されたものとしてとらえている(13)ことを確認しておこう。

教育心理学の東洋による日本人とアメリカ人の発達に関する比較研究も注目に値する(14)。東は日米の心理学的な実証的比較研究の成果をもとに、子どもの意欲の根底に組み込まれている「受容的勤勉性」（日）と「自主的選好性」（米）、しつけと教育の方法における「滲み込み型」（日）と「教え込み型」（米）、道徳的判断における「気持ち主義」（日）と「律法主義」（米）等々を対応させることによって、日米のしつけと教育についての考え方や方法の違いを鮮やかに典型化した。

もとより東は、「日本人」「アメリカ人」というように集合的に概括することの意義と限界に自覚的であると同時に、ここで典型化されたそれぞれの特色が、日本人の場合にはアジアへ、アメリカ人の場合はヨーロッパへと、連続性を持つものであることにも眼を配っている。

日米のしつけと教育観の差異を規定するのは、歴史的に形成された両社会の文化的差異である。東は「鎖国の国」と「開拓の国」という対語によって、江戸時代に、アメリカと対比される日本の社会文化的特質が熟成されたとする。フロンティアを持ち拡大しつつ流動的な共和国として誕生したアメリカに対して、日本は、社会的流動性が制約された鎖国のなかで求心的にその特質を熟成させた、という(15)。

東は、尾藤正英の研究（『江戸時代とは何か』岩波書店、一九九二年）に拠りながら、江戸時代を、「日本的特質」の生成期と見なしているのである。

2 「教育の日本的特質」と日本教育史研究——佐藤秀夫と森川輝紀

さて以上のような教育学の諸分野の研究が明らかにしている「教育の日本的特質」というべきものについて、特にその歴史的特質について、当の日本教育史研究はどのような知見を提示しているかと言えば、その成果は意外と乏しい、と言わざるを得ない。

日本教育史研究は、日本の教育に、固有の歴史的特質があることを当然の、あるいは不問の前提としているがゆえに、あえてそれを対象化するまでもない、と見なしているかのごとくである。当事者としての私自身の観察としてより真実に近いと思われるのは、日本教育史に関するさまざまな個別事象を明らかにすることに忙しく、その総体を論ずる余裕がない、と言うのが正直なところであろう。個々の木を見て、総体としての森を見ず、である。

もとより、日本の教育の歴史的特質について本格的な検討を加えた成果がないわけではない。そのなかから、佐藤秀夫と森川輝紀の研究を紹介しよう。

佐藤秀夫の「明治期における小学校観の成立——小学校における課程編制の形成過程を中心として」(16)は、史料に基づく厳密な実証を武器に、日本における近代学校成立期の学校観を、小学校を中心に論じたものである

佐藤は、本論文の序で、「明治以降の初等教育制度が、民衆の間に自立的に存立してきた教育の組織に立脚して形成されたというよりは、むしろその自発性・主体性を奪いとったうえで『国家ノ事務』(井上毅)として政府の主導下に編成されたものである以上、当時の小学校観を研究するためには、まず権力側の学校観がテーゼとして提出されなければならない」(17)と述べているように、本論文は、教育政策立案者側の学校観を明らかにすることに主眼を置きながら、それとの対応で、政策を受け止めた民衆の学校観にも考察を加えている。

佐藤は、一八八六年第一次小学校令において森有礼文相によって奨励された四年制の尋常小学科より低度の修業期間三年以内の小学簡易科、一八九〇年第二次小学校令において四年制尋常小学校とは別に小学簡易科に対応するものとして設けられた三年制尋常小学校、あるいは一九〇〇年第三次小学校令において二年制、三年制、四年制の高等小学校のうち特に設置が奨励された最も短期の二年制高等小学校、これらいずれもが、文部省の奨励にもかかわらず、設置数の上で不振を極めたことを具体的数値によって明らかにし、政府の構想する小学校観と民衆のそれとの間に、「大きなずれ」があったと述べている。

佐藤の表現をそのまま借りれば、簡易科については、「社会階層の分化促進機能を初等教育制度レベルから通して貫徹しようとする政策措置は、結果として一頓挫せざるをえなくなったのであった」(18)のであり、三年制尋常小学校に

ついては、「一般的な就学不振の状況下にあってなおその子どもを就学させうるような親達にとっての教育への基本動因（ドライブ）は、『立身治産』ないしは階層上昇への期待に他ならなかったといえる」[19]のであり、二年制高等小学校については、「教育とりわけ高等小学校レベルの普通教育を階層上昇のルートとみ、したがって〈限度〉いっぱいの教育を受けられるよう、その制度保障を求める親の側の要望が作用していたと判断される」[20]のである。

佐藤はここで、「民度適応」の標語のもとに民衆の修学程度を低く抑えようとする政府側と、学校を階層上昇の手段と見なして少しでも高い修学の機会を得ようとする民衆の願望とのズレを明らかにするとともに、初等教育段階から社会階層の分化に対応した多元的（複線的）な課程を構想し志向した政府側——彼らがモデルとしたヨーロッパがまさにそれであった——に対して、民衆の側がその単一化・一元化を志向していたことをも明らかにしている。

結果において佐藤によれば、「初等教育の基礎（普通）教育性を制度外面上に一層きわだたせると同時に、その実質上にもつ階層選別化機能を、より強く制度内面の潜在機能として底流化させる」[21]、あるいは、「多元化を制度の内面機能として潜在的に包摂しつつも、制度の外面にあっては単一化が進行する」[22]小学校制度が出来上がった、ということになるのである[23]。

佐藤秀夫は、この論文から約二〇年後に書いた「近代日本の学校観再考」では、「日本の学校形成史上の特徴」のひとつとして「『人民自為』の系譜」をあげ、井上毅の言うように教育を「国家ノ事務」とする国家教育権論の優位のもとでも、「人民自為」の系譜が「決して絶滅されたわけではなかった」と述べている[24]。佐藤の言う「『人民自為』の系譜」とは、一八七〇年代後半の第一次教育令、八〇年代後半の森文政期における私立小学校の増加、一九〇〇年代初頭の小学校教科書の各学校自主採択制とそれに関連しての小学校職員会議法制化の試み、一九一〇年代後半から二〇年代にかけての大正自由教育の公立学校への浸透、第二次大戦直後の教育改革動向などである。そのうえで佐藤は、次のように述べている。

> 日本近代の公教育体制は、「自為」の内実が、専制性の強い国家権力の民衆統治政策によって民主や自由の本来的なレヴェルから大きく距離をおいたものに変型されてしまったものにせよ、「自為」の表現を通じての民衆の協同や参加を調達することに奔走することなくしては、自己自身の実現がありえなかったし、民衆の方もさまざまなレヴェルにおいて、協同や参加の行動とひきかえに、自分（たち）の教育上の利益をそこからひき出そうとしてきた(25)。

佐藤はここに、「日本近代学校のもつ独特の民衆的性格」(26)を見出すのである。

一九七二年の論文において明治以降の初等教育制度の形成が、国家主導によって行われたことを強調し、それと民衆との「ずれ」を問題にした佐藤は、二〇年後の論文においては、むしろ民衆の、教育制度形成過程への「協同」「参加」の側面を強調しているのである。すなわち、

> だが、先述してきた日本公教育における「人民自為」論の系譜から考えるとき、学校教育における「公」と「私」との関係は、従来指摘されてきたような単純な構造、「公」の圧倒的な優位と「私」の被抑圧という構図だけではとらえきれない性格をもっているといわざるをえない（七頁、傍点引用者）。
>
> 権力側の働きかけや気配りだけではなく、民衆の側、とくに都市中間層以上や農山村中流層以上からのかなりの程度積極的な支持・協同が存在し、かつそれを媒介にして一般民衆層からの期待や願望をかちうることによって、日本近代公教育の急速な普及と定着とが可能になった（同前、傍点引用者）。
>
> 一八八〇年代後半から小学校制度においてしばしば立ち現れた中等教育への予備コース設定構想が遂に未発に終ってしまったこと、中学校（旧制）において顕著だった異種異差の拒否と同種異差の容認（中学校の多種化に反対し、単種での一流・二流の実在は認める傾向）、さらには一九四三年の中等学校令において部分的に実行に移され、

戦後改革で四八年に全面化した単種の高等学校（新制）制度の成立などはいずれも、この学歴取得上の「選抜される」機会の平等化、いいかえれば「特別に優遇された」コースの設定を社会的な不公正とみなし（「飛び級(ママ)」などはもってのほか！）、「野に遺材なからしむ」を理想態とする、民衆の主張に押されて実現されたものみることができる（八頁、傍点引用者）。

このように佐藤秀夫は「日本近代学校」に対して、「期待」や「願望」や「主張」をする民衆の、「被抑圧という構図だけではとらえきれない性格」を強調する。しかしそうだとすれば、そのような民衆を生み出す歴史的条件とは何なのであろうか。そうに問うことによって、前述の、竹内洋や苅谷剛彦や志水宏吉や、あるいは佐藤学や東洋の見解との接点が広がる。

しかしそれを論ずる前に、もう一つの日本教育史研究の成果、元田永孚、井上哲次郎、吉田熊次の三者の「国民道徳論」を、「伝統」と「近代化」の相克という視点で論じた森川輝紀の所論(27)を検討しよう。

森川は、教育勅語への道は「近代化と風俗習慣（伝統）の葛藤を統合する試み」(28)であった、としたうえで、元田永孚は「教育勅語に自らの国体論を盛り込み、最後に『勝利』を納めたの感すら(ママ)ある」とする。そして、保守主義者、儒教主義者として時代に孤立したかに見える元田の主張は、「決して孤立したものではなく、近代国家（天皇制国家）の形成にあたって、あるいは近代化に揺れる共同体の基層にあって、響きあうものを秘めていた」(29)と述べる。

ここでわれわれが注目すべきは、森川が、天皇制国家を近代国家に等値していることに加えて、やや躊躇をしながら述べるように、果たして元田の主張が、最後に「勝利」を収めたか否か、とともに、もしそうであるとするなら、元田の主張が響きあったと森川が述べるところの「共同体の基層にあるもの」とは何か、である。

森川によれば、元田永孚は、自身明言しているように朱子学徒であり朱子学的教化論に確信をもつ者であった(30)。元田は「個人の道徳性にもとづく社会秩序と法にもとづく国家的秩序の差異を認めず、前者に後者を収斂させる朱子学的立場をと」り、「この道徳性にもとづく社会秩序の形成とその前提としての仁の普遍性の確認こそが元田の機軸であった」と述べる(31)。元田永孚の朱子学的教化論（道心論）は、人間の個別性と能力不同を説く徂徠学に対立し、明治以後の森有礼と対決する。森川によれば、元田は、朱子学を深く学ぶとともに、肥後実学党を標榜するにふさわしく、時代の現実と格闘しながら、熊沢蕃山を介して神道論をとりこみ、万世一系の有徳であるべき君主・天皇による政教の一致を主張するのである。

『国民道徳論の道』に収められた森川輝紀の元田永孚論は、勤務大学の紀要に「元田永孚論ノート」と題して、都合七年間四回にわたって掲載された論文がもとになっている。教育史研究者なら、誰でも関説しながら、しかしどちらかと言えば敬遠気味の元田永孚をとりあげ、正面から丹念に、その主張の発展・展開のあとをあとづけ、わたしは多くを教えられたが、長期にわたって分載された、「ノート」の原題にふさわしく、と言うべきか、叙述は錯綜して重層しており、必ずしも読みやすいものではない。

たとえば、元田が「勝利」した教育勅語が前提とする共同体的国家の担い手として期待されたのは名望家層であったが、森川によれば、「第一次世界大戦後の階級・階層の自立にともなう名望家体制の崩壊は、元田的徳治論の喪失過程でもあった。その基盤を失うとともに、元田的徳治論は、『教化』論としてファナティックに主張されることになる」(32)、とされる。しかし他方、「元田の徳育論は、この日本社会の基層の心性に対応した祖先崇拝という実践的方法と結びつくことによって、命脈を保つことになったといえよう」(33)と言い、「旧来のものを墨守する反応的行為としての伝統主義ではなく、過去の世界への反省と方法的統御をともなう近代的現象である保守主義の思想に重なるが故に、元田の教学論は生活世界のリアリティに響きあうのであった」(34)とも言われる。ここで、前者の引用にある「日本社会の基層の心性に対応した祖先崇拝」は柳田國男の昭和初年の記述（『明治大正史』）を考慮に入れてのことであり、後者の引用の「近代的現象である保守主義の思想」はマンハイムを念頭に置いてのことである。とするなら元田の思想は、第一次大戦後にも（「その基盤を失う」にもかかわらず）、「生活世界のリアリティに響きあう」ものを持っていたことになる。この「響きあう」もの、とはいったい何であろうか。

しかし森川は、これについて十分な考察をしていない。わずかに、丸山真男を借りながら「日本社会の基層に『執拗低音』として流れ続けた音」(35)と言い、また尾藤正英を介して美濃部達吉の「一般的社会意識」(36)論＝法律と道徳とは截然と区別できないとする非西洋的な共同体的国家観、をあげるのみである(37)。

森川の著書は「日本の教育」の本質を問うものである。これを読む者は、そこから、「日本の教育」の本質に迫る、多くの疑問とともに、それに答える数々の示唆を得ることができる、であろう。しかし、いずれにせよここで、元田が、「執拗低音」なり「一般的社会意識」なりと呼ぶべきものと共振することによって、教育勅語を作成することができ、かつ、これが近代の「日本の教育」の本質を規定した、と「国民道徳論の道」を検討した森川が結論している、ということを確認しておこう。

3 「教育の日本的特質」の歴史的起源

さて、本稿においてわたしは、教育社会学の竹内洋、苅谷剛彦、志水宏吉、教育方法学の佐藤学、教育心理学の東洋、そして日本教育史研究の佐藤秀夫と森川輝紀らの「教育の日本的特質」とも言うべきものに関する所論（以下、これを「日本型教育論」と呼ぼう）を紹介してきた。

これらの日本型教育論をあえて単純化して左の表のように並べてみる。すると、もとよりすべての所論をカヴァーできるものではないが、「教育の日本的特質」をめぐって、各々に共通する見解が浮かび上がってくる。事実か、幻想かは、とりあえず問わないとして、日本社会は共同体的であり、したがってその社会は均質化と一元化を求め、さらに言えば超階級的であろうとする、というものである。そのような、事実か幻想かにもとづき、「教育の日本的特質」が形成され、また逆に、この「教育の日本的特質」によって、そのような、事実か幻想が再生産されているのではないか。

その事実か幻想は、能力の可変性への「信仰」（苅谷によれば）を生み出し、志水の言う「教育のエートス（指導）」をも強化する。そしてこれは東の言う「日本のしつけと教育（受容的勤勉性、滲み込み型、気持ち主義等）」という事実をもたらすのである。

竹内　洋	国民文化（日本人らしさ）
苅谷剛彦	序列化を忌避する心情（日本的平等観）
志水宏吉	教育のエートス（指導、生徒たちとの情的つながりや信頼関係を重視し、知的な発達と人格的成長を一体的に捉えようとする基本的な構え）
佐藤　学	教育における日本型システム（中央集権的な官僚主義と効率主義、画一主義的な平等主義と集団主義）
東　　洋	日本のしつけと教育（受容的勤勉性、滲み込み型、気持ち主義等）
佐藤秀夫	日本近代学校の民衆的性格（単一化・一元化志向、民衆の「協同」「参加」）
森川輝紀	日本人民の生活世界のリアリティに響きあうもの（元田永孚の国民道徳論、美濃部達吉の「一般的社会意識」論、非西洋的共同体的国家論）

しかしこのような「教育の日本的特質」（あるいはその基盤）の歴史的起源という点については、論者によって相当に異なっている。苅谷は戦後を、佐藤学は一九二〇～三〇年代を、東は鎖国の時代すなわち江戸時代を、そして佐藤秀夫は論点はやや異なるのだが古代までさかのぼって学校観の変遷を語っている(38)。もとより、歴史的起源についての各論者の論点は異なる。しかしいずれにせよここでは、同じく「教育の日本的特質」を論じながら、歴史的起源についての見解が区々であることに表れているように、その本格的歴史的検討は、今後の検討課題とされている、ということを確認すれば十分である。

それでは「教育の日本的特質」及びその基盤の歴史的起源をどのように考えたらよいか、わたし自身も、まったく手さぐり状態なのだが、東洋と森川輝紀が言及している尾藤正英の所論を手がかりにして、考えてみよう。

尾藤正英は『江戸時代とはなにか――日本史上の近世と近代』のなかで、大日本帝国憲法の近代的（あるいは自由主義的）解釈とされる天皇機関説を主張した美濃部達吉が、それ故に、一九三五年の天皇機関説事件で貴族院議員辞任に追い込まれながら、真の近代や自由主義が実現するはずの敗戦後には、逆に明治憲法にもとづく天皇制を擁護したのは何故か、と問う。その説得的な論証の過程は省略するが、尾藤は、美濃部達吉の天皇機関説は大日本帝国憲法の制作者伊藤博文の天皇観とも共通するもの、つまり明治憲法の正統的解釈と認められるものであるとともに、単にドイツなど外国の学説に依拠したものではないのではないかと説く。すなわち、「主権を君主（天皇）にではなく、国家にあるとしながら、しかもその国家の権力を絶対的なものとはせず、慣習法や理性法（自然法）によって国家も拘束されるとし、さらにその慣習法などの背景には『一般的社会意識』があって、法も道徳もともにここに存立の根拠をもっている」(39)との美濃部の主張は、その国家観において、また法と道徳観において、欧米の近代法学の説くところとは、異なるのではないかと言うのである。

そして尾藤は、次のように述べる。

このことは、自発的な個人の道徳意識によって維持されるべき社会の秩序と、政治的な制度としての国家の秩序との間に、本質的な相異があるとは、美濃部が考えていなかったことを意味している。それは社会の内部で人々の自発的な意志に基いて構成される各種の共同体（例えば村や町）と、ほとんど同じ性格をもつ組織として、美濃部が国家を考えていたということであろう。

（中略）美濃部の主張の基礎には、個人の私的な利益の追求を、それが個人の正当な権利の行使であったとしても、公共の利益に反する場合には、悪とみる価値観があったと考えられるが、それこそまさに、共同体の内部での共通の（すなわち公共的な）利害関係を、個人の利害よりも優先させる、共同体的な社会意識の表れであり、それが右のように君主の統治権についても適用されている点からすれば、美濃部は国家を一種の共同体とみなしていたと考えざるをえないのである(40)。

このような意味で美濃部は、日本を、共同体的な社会意識を持つ共同体的国家と見なしており、彼の天皇機関説は、これを基礎に主張されたというのである。そしてさらに尾藤は、「このようにみると、ドイツなど外国の思想を強く受けているとして批難された美濃部の学説が、実際にはむしろ、欧米の法思想とは異質な性格をもつ、共同体的国家観に立脚していたことが、注目されなければならない。そしてその国家観は、美濃部によれば、日本古来の伝統と合致していた」(41)と、注目すべき見解を表明している(42)。

「日本古来の伝統」。これは当然、森川が関説した丸山真男の「執拗低音(バッソ・オスティナート)」とも重なるものである。尾藤はこれを、江戸時代については自らの研究に、中世、古代については網野善彦と吉田孝の研究に拠りながら、「美濃部の共同体的国家観が、かれ自身の主張したように、日本の歴史的伝統に基いていたことが、事実認識として必ずしも成立し得ないものではなかった」(43)と言う。

「日本古来の伝統」や「日本の歴史的伝統」を持ち出すことには慎重でなければならない。このようなナショナル・アイデンティティの語りは、国民国家のイデオロギーにほかならないからである。しかし江戸時代についての尾藤正英の所論は説得的である。

尾藤は、日本における「役(やく)」の観念に注目する。「役」を、漢音の「エキ」と訓むとき、「労役」「苦役」「使役」等々、外部の権力などによって強制された逃れがたい義務といった意味になる。これに対して呉音の「ヤク」と訓むときは、「役人」「役所」あるいは「役目」「役割」等々、他から課されたかもしれないがむしろ自発的に責任を持って、さらに場合によっては誇りや名誉すら感じて遂行する義務といった意味になる。尾藤によれば、「役」の、後者のような意味は、中国語の原義にはない。つまり「役」本来の意味は、これを日本で漢音の「エキ」と訓むときの意味である。しかし日本では、呉音「ヤク」と訓むような意味でも、この語は広く使われている。そしてそれは、一五、六世紀ごろ以降の新しい国家が成立したころ、すなわち「公儀」の観念が生まれてきたころからではないかと言う。

「公儀」の語は、言うまでもなく、中国古典にはない日本固有の用法である。一般に、江戸時代の幕府を意味するとされるが、朝廷、あるいはより広く、天皇の権威によって支えられた国家の公権力、といった意味でも使われる。

要するに公儀とは、国家の公権力の意味であって、それは当時は実際には武家によって掌握されていたから、各地の大名や豊臣政権など武家の政府が公儀と呼称されるのが普通になっていたのであったが、その公権力の本来の主体は、やはり天皇であり、いわば武家の政権は、それが天皇の国家の公権力を分有し、もしくはそれを全面的に代表しているとみられる限りにおいて、公儀とよばれていたといえるのであろう(44)。

「役(やく)」は、このような「公儀」によって与えられ、また、「公儀」に対する奉仕でもあり義務でもあった。それは、農民にも武士にも町人にも、さらに大名にも将軍にも、天皇にさえ与えられた(45)。まさに役割は「分担」されたのである。

前の引用に言うように、武家の政権は「天皇の国家の公権力を分有し」たにすぎない。ならばこそ、大名自身が、農村支配に関して領内に下した法令(一六七七年・津藩藤堂家)のなかで「我等は当分の国主、田畑に於ては公儀の物」と、領内の土地・人民がより高次の公権力(「公儀」)に属するものであるのに対して、自らの支配が一時的に(「当分」)分担された「役」の行使であることを表明したのであり、明治維新に際しての版籍奉還が比較的容易に行われたのであった(46)。このような「公儀」の観念は、共同体的国家観として明治憲法にも受け継がれたのであり、美濃部達吉の、天皇を機関とする説も、かかる歴史的事実を「日本古来の伝統」として継承するものであった、ということになる。

江戸時代についてのこのような尾藤正英の見解は、わたし自身にはじゅうぶん説得的なのだが、そもそも江戸時代研究としてどの程度妥当性をもつものかどうか、他の研究を参照しながらさらに検討が必要である。そのことを留保したうえで、現時点において、とりあえず、次のようなことは言えるのではないか。

まず苅谷剛彦の言う、現代日本に広く流布する「教育の場面における、能力や成績にもとづく序列化を忌避する心情」や「日本的平等観」は、戦後日本が生み出したというようなものではない。その歴史的起源は、はるかに古いと見なければならない。苅谷の言うように、「差別」という明確な認識は、民衆の権利の自覚(「民主主義」的基盤の成立—

苅谷）なしには生まれないかもしれない。しかし、その「心情」や「信仰」の起源は、より古く、そしてより根深いものであろう。

したがって佐藤学の言う教育の「日本型システム」も、その基盤を考えるならばより古くさかのぼって考える必要がある。中央集権的な官僚主義や効率主義も、前述の「共同体的国家観」のなかでより急速に形成されたと考えられるからである。佐藤秀夫の言う民衆の側の単一化志向や一元化志向も、あるいは「協同」「参加」の願望も、これに掉さしたであろう。より限定して、学校教育の「日本型システム」と言うのであれば、これはすでに佐藤秀夫が説得的に論じていることでもあるが、その直接の起源は一八九〇年代の「学級」の成立に見るべきではないか。

このように考えてくると、「教育の日本的特質」の起源は、もとより「教育」をいかに定義するかという重要な問題が残るけれども、近世以前にさかのぼらなければならないだろう。なかでも東洋が、「鎖国の国」と「開拓の国」と対比した江戸時代は有力なエポックとなるであろう。東の言うように、「この時期の日本は封建制とはいえ、ヨーロッパの封建時代と異なり、強い中央政権が全国に対する統制力を持ち、世襲的な身分役割体系による官僚統治が行なわれ、社会的流動性が低く、外に対してはきわめて閉鎖的であった」(47)からである。もとより最近の江戸時代研究は、この時代の社会的流動性が決して低くはなく、また、外に対して閉鎖的とは言えないことを強調する。しかし、たとえば北アメリカと比較すれば、東のように言わざるを得ないであろう。

しかし、江戸時代が重要なエポックであったとしても、「教育の日本的特質」の基盤としての共同体的国家観ということになると、尾藤が言うように、さらにさかのぼらねばならないのであろう。

ここで想起すべきは、本稿注三八に引用した、「高度な文明をもつ大陸の縁辺に適当な距離をもって離れて位置する一かたまりの列島という地理的歴史的条件が、海の彼方からの新文化への憧憬と、受容した外来文化の自在な自国化との、史的周期を作り出したといえる」との佐藤秀夫の指摘である。周知のように同様の指摘は、丸山真男もしている。

そうすると、日本はかつてのミクロネシア群島、メラネシア諸島たるべくあまりに中国大陸に近く、朝鮮の運命を辿るべくあまりに中国から遠いという位置にある、ということになります。そびえ立つ「世界文化」から不断に刺激を受けながら、それに併呑されない、そういう地理的位置にあります。私は朝鮮型を洪水型といい、日本を雨漏り型というのです。洪水型は、高度な文明の圧力に壁を流されて同じ文化圏に入ってしまう。ところが、逆にミクロネシア群島になると、文化の中心部から「無縁」もしくはそれに近くなる。日本はポツポツ天井から雨漏りがして来るので、併呑もされず、無縁にもならないで、これに「自主的」に対応し、改造措置を講じる余裕をもつことになる(48)。

ここでの「朝鮮型」への言及には肯んじ得ない。「朝鮮型」が「世界文化」としての中国に「併呑」されているとは、とても言えないからである(49)。それはともあれ「日本的なもの」を執拗に追究した丸山が、その果てに、「原型」とも、「古層」とも、また「執拗低音（バッソ・オスティナート）」とも言うものの存在を認め、このようなものの存在根拠の説明を日本の地理的な位置、丸山自身の表現では「地政治学的要因」に求めているのは、きわめて興味深い(50)。しかし、「地理的位置」というのであれば、単に大陸からの距離だけではなく、この気候や地形等風土的条件をも考えるべきだろう。和辻哲郎の言う「人間存在の風土的規定」(51)である。

もっとも和辻の『風土』には、時代の制約であろうか、あまりに単純化され、また偏頗な考察もあって、理解不能の記述も少なくないのであるが、日本をモンスーン域の一つとしてとらえ、「湿潤」のもたらす自然の恵みと暴威（梅雨・台風、水（大雨・大雪）、四季、樹木等々）、あるいは山の多い地形がこの列島の人々（「日本の人間」）に与えた「特殊構造」に関する記述は、いま読んでも新鮮で示唆されるところが少なくない。

さて、「教育の日本的特質」の歴史的起源を求めて、日本の「地理的位置」や「風土」を持ち出すとは、あまりに素朴で陳腐な常識論に堕しすぎる、と嗤われるであろうか。しかし、自然的地理的条件が人間に与える影響は、科学が発達する近代以前であれば、一層無視することはできないのではないだろうか。そして、大なり小なりの人間集団が、それぞれの「文化」を形成し、国民国家が誕生した近代に「民族」という概念をも生み出したのである。かくして、「民族の歴史的伝統」や「歴史的特質」、「国民性」や「国民文化」が、国民国家のイデオロギーとして生み出された。それは共同の「幻想」であり、共同体の「想像」ではあるが、それにとどまるものではない。自然的地理的条件をも含めた「事実」によって規定されているからである(52)。

4　おわりに――「日本型教育論」の可能性

本稿では、先行研究の成果に学びながら、「教育の日本的特質」というべきものの存在を確認し、さらに、これまた先行研究に学びながら、その歴史的条件を検討してきた。その結果、「教育の日本的特質」とその基盤を明らかにしようとすれば、すなわち「日本型教育論」の検討のためには、「歴史」を規定する自然的地理的条件をも考慮に入れなければならいのではないかと考えるにいたった。しかしそれでは、あまりに問題を広げすぎるのではないか、との批判も起こりうるだろう。さらには、そもそもこのように「日本型教育論」を論ずることが、容易に、国民国家のイデオロギーに回収されるのではないか、との危惧もあり得るだろう。

しかし、現代日本のさまざまな教育事象を検討するためには、単に外国の経験に学ぶだけではなく、日本の歴史の中にそれを解く鍵を求めることが、より積極的におこなわれる必要があるのではないか。これこそ日本教育史研究が担わなければならない課題であり、日本の教育を内在的に理解する道でもある。

「日本型教育論」の検討は、日本の教育事象を解くためだけに有効なのではない。日米比較をした東洋が、次のような重要なことを言っている。少し長いが、引用させていただく。

さて、日本と外国との差異が認められる場合、それが何であれ、「どちらがよい」という価値判断を誘発しやすい。当然のことである。そして日本では、明治以来欧米を模範にしてきたことなどのため、欧米との差異があると日本の方が遅れているのだととりやすい傾向がある。今でも「ヨーロッパでは」「アメリカでは」で始まる比較には、彼を優とし我を劣とする含意を伴う場合が多い。

たしかに、欧米文明の長い蓄積に、なかなかかなわないと思うことは多い。経済的に優位に立ったぐらいで「日本はもうすっかり追いついた」と思ったとしたら、夜郎自大というべきだろう。また日本の社会的行動のスタイルが、個人の可能性や社会の風通しを無用に制約していることも認めなければならない。日本および日本人の閉鎖性は、経済的にも通信、交通の面でも世界がひとつになりつつある中で、どうしても克服されなければならないだろう。

しかし一方、アメリカの合理性や進取性は、また激しい自立主義は、多分にどこにも自由に移動し進出できる開拓社会と初期資本主義を前提としていた。そして今、アメリカも含め全世界で開拓する余地はなくなり、互いに生活圏を侵さないように生かし合わなければならないようになってきている。世界的に「ゼロサム」に近づいてきているわけである。ゼロサム社会を前提にした日本の社会行動のあり方に、特に相互依存性の積極的な受容など再評価すべき面もまた少なくないのではないかと思う(53)。

地球がどんどん狭くなっている、すなわち地球全体が「ゼロサム社会」化している現代において、鎖国の時代にその原型を培った「教育の日本的特質」は、むしろ再評価すべき面もあるのではないか、と東は言うのである。

もとより、交通機関の発達による国境を越えた大量の人々の往来、IT技術の開発にもとづく大量にして容易な情報の交換・流通、そして科学技術の発達による居住環境の改善（平準化）、これらのわたしたちを取り巻く環境の急激な変化は、自然的地理的条件を、過去に比べれば、急速に無意味にしていくだろう。しかし歴史的条件は、そう簡単に変容または消滅するものではない。その意味で、「世界のなかの日本型システム」(54)という視点をも導入しつつ「日本型教育論」を積極的に検討することが、重要な課題となるであろう(55)。

1 竹内洋『日本のメリトクラシー——構造と心性』(東京大学出版会、一九九五年)二三四—二三五頁。
2 苅谷剛彦『階層化日本と教育危機——不平等再生産から意欲格差社会へ』(有信堂、二〇〇一年)六八頁。
3 同前、一五頁。
4 志水宏吉『学校文化の比較社会学——日本とイギリスの中等教育』(東京大学出版会、二〇〇二年)。
5 同前、八頁。
6 同前、三一四頁。
7 同前、三〇四頁。
8 苅谷剛彦・前掲書、九五頁。
9 志水宏吉・前掲書、三〇四頁。
10 佐藤学「教育史像の脱構築へ」(『教育学年報』六、世織書房、一九九七年)一二六頁。
11 佐藤学「新しい公共圏の創出へ」(『教育学研究』第六六巻第一号、一九九九年三月、『学びの快楽』世織書房、一九九九年、所収)一八—一九頁。
12 佐藤学「子どもたちは何故『学び』から逃走するか」(『世界』二〇〇〇年五月号)、同「グローバリゼーションの中の東アジア型教育」(『教育学研究』第六九巻第一号、二〇〇二年三月)等。
13 佐藤学「学校という装置——『学級王国』の成立と崩壊」(栗原彬ほか編『越境する知』四、東京大学出版会、二〇〇〇年)には、「日本型システム」の継承された戦後についてのより詳しい検討がある。
14 東洋『日本人のしつけと教育——発達の日米比較にもとづいて』(東京大学出版会、一九九四年)。
15 ちなみに東は、日米の特質を、単純な優劣や発展段階の先後として論ずることには警戒的である。この点については本稿末尾であらためて述べる。

16 佐藤秀夫「明治期における小学校観の成立――小学校における課程編制の形成過程を中心として」(野間教育研究所紀要第二七集『学校観の史的研究』野間教育研究所、一九七二年、所収)。
17 同前、六三―六四頁。
18 同前、八七頁。
19 同前、九四頁。
20 同前、一一八頁。
21 同前、一一六頁。
22 同前、一〇四頁。
23 この指摘は、戦後の「大学」及び「高等学校」の、名称(外面)の単一性とその内実の多様(差異・格差・序列)性をも想起させて興味深い。
24 佐藤秀夫「近代日本の学校観再考」(『教育学研究』第五八巻第三号、一九九一年九月)四頁。
25 同前。
26 同前、八頁。
27 森川輝紀『国民道徳論への道――「伝統」と「近代化」の相克』(三元社、二〇〇三年)。
28 同前、一一頁。
29 同前、二一頁。
30 同前、二三頁。
31 同前、三三頁。
32 同前、三三頁。
33 同前、一一五―一一六頁。
34 同前、一一六頁。
35 同前、一三頁。
36 念のため付記すれば、美濃部達吉自身は、尾藤正英の参照する『憲法講話』において、「一般社会的意識」の語は使っているが(有斐閣書房、一九一八年版、四三九頁)、「一般的社会意識」の語は使用していない。なお美濃部は、右の個所で次のように述べている。「吾々は国家の命令には従はなければならぬ、之に服従するの義務があると云ふ事を意識して居るが為に、此の一般的意識に基いて国家の命令が法たる効力を有するのであります。それであるから法も道徳も結局吾々の一般社会的意識に存立の根拠を有つて居ることに於ては全く同様であります。其の区別の在る所は唯道徳的意識と法律的意識とに多少の性質の差異が有るといふに止まるのであります」（傍点引用者）。

37 森川輝紀・前掲書、二二頁。

38 「高度な文明をもつ大陸の縁辺に適当な距離をもって離れて位置する一かたまりの列島という地理的歴史的条件が、海の彼方からの新文化への憧憬と、受容した外来文化の自在な自国化との、史的周期を作り出したといえる。（中略）つまり、その時々の支配層の動向を中心に焦点をあてるならば、外来性に起原をもつ文化の受容によって支配の正当性を固めようとする努力の一環として古代天皇制国家の時代から第二次大戦後の教育改革に至るまで、日本では学校の『制度』の創設や改革が教育そのものの創設・改革を意味してきたと表現しうるような、長くかつ根強い学校の歴史が形づくられてきたとみることができる」（佐藤秀夫・前掲一九九一年論文、二頁）。

39 尾藤正英『江戸時代とはなにか——日本史上の近世と近代』（岩波書店、一九九二年）二三一頁。なお、かつてわたしも、東洋の前掲書に示唆されて、尾藤のこの著書に触れたことがある（「日本教育史における近代問題」『近代教育フォーラム』第四号、近代教育思想史研究会、一九九五年）。

40 同前、二三二—二三三頁。

41 同前、二三三頁。

42 なお、美濃部達吉の法哲学を検討したものに、尾藤も引証している長尾龍一『日本法思想史研究』（創文社、一九八一年）所収の「美濃部達吉の法哲学」という論文がある。ここでは美濃部達吉の法哲学の根底に孟子に対する親近感に見られるような「オプティミズムの人間観・歴史観・世界観」（二一二頁）があることが指摘されていて、示唆に富む。なお森川輝紀によれば、元田永孚も「孟子の性善説にたつ人間観・政治観に確信をもつことになる」（森川・前掲書、二一八頁）とされており、注目すべきである。

43 尾藤正英・前掲書、二三九頁。

44 同前、六〇頁。

45 同前、三九頁。「禁中並（ならびに）公家諸法度」第一条「天子諸芸能之事、第一御学問也」。

46 同前、六二頁。

47 東洋・前掲書、九頁。

48 丸山眞男「原型・古層・執拗低音」（『丸山眞男集』第一二巻、岩波書店、一九九六年）一四一—一四二頁。

49 丸山眞男の「洪水型」によれば、同じくヴェトナムも中国に「併呑」された、と言うことになるのであろうが、それは歴史的事実に反することは明らかである。近いがゆえに「流されない壁」を必死になって造る、ということもあるのである。

50 もっともこの点が、日本文化論への傾斜として、丸山眞男の「本質的な限界」、あるいは「勇み足」として、丸山評価において最も論争的なテーマとなっているところであるが、ここではそれに立ち入らない。石田雄・姜尚中『丸山眞男と市民社会』（世織書房、一九九七年）等参照。

51 和辻哲郎『風土——人間学的考察』（岩波文庫、一九七九年）一八頁以下。

52 たとえば高取正男は、日本の伝統的家屋には個室がないが、欧米ではある。このような事実を、家長の権限の強さや個人主義の発達と関係させて論ずることがあるが、他方、食器は、日本では各個人が使用するものが決まっているのに、欧米ではそうではない。したがって、各地域の人々の精神の問題に入るまえに、湿度の高さや建築材料が木か石・煉瓦か等、「自然と風土の条件とふかく関連しあっている建築の材料とか、構造の問題として考えられねばならない」と述べている（『日本的思考の原型——民俗学の視角』平凡社ライブラリー、一九九五年、二〇頁）。

53 東洋・前掲書、一九—二〇頁。

54 濱口恵俊を代表者とする国際日本文化研究センターの共同研究をまとめた本の書名。参照、濱口恵俊編著『世界のなかの日本型システム』新曜社、一九九八年。

55 「日本型教育論」を検討するとき、これまで比較のモデルが欧米でありすぎた。この点で、本稿では、全く紹介することができなかったが、中村高康・藤田武志・有田伸編著『学歴・選抜・学校の比較社会学——教育からみる日本と韓国』（東洋館出版社、二〇〇二年）は、貴重な研究成果である。ここで抽出される韓国の教育システムが、次元によって、欧米と比較される日本のそれに似てくるのも興味深い。

(かたぎり・よしお/日本女子大学人間社会学部教授)

教育基本法成立の歴史的意味
——戦後教育の象徴とその表象

佐藤　学

1　はじめに

教育の歴史は再びリセットされようとしている。教育基本法の成立が軍国主義教育を「刷新」したとすれば、教育基本法改正案は、民主主義教育に「終焉」をもたらそうとしている。教育基本法は戦後教育改革の象徴であった。大日本帝国憲法における教育思想の核心が教育勅語において表象されたとすれば、日本国憲法における教育思想の核心は教育基本法において表現されてきた。大日本帝国憲法発布（一八八九年）の翌年に教育勅語が渙発され、日本国憲法発布（一九四六年）の翌年に教育基本法が公布されたのは、決して歴史の偶然ではない。大日本帝国憲法が教育勅語を内在的に要請していたように、日本国憲法は内在的に教育基本法を要請していた。それぞれの法制的な内在的連関とその構造転換の歴史的意味が問われなければならない。

大日本帝国憲法がプロイセンの法学者の指導のもとで起草されながら、第一条が「万世一系ノ天皇」の主権を謳うというドイツ法学者には同意しがたい条文で規定されたように、日本国憲法は連合軍総司令部の指導のもとで起草され、第一章に「象徴天皇制」という特異な条文を盛り込んでいる。教育勅語が道徳規範によって教育全体を統制するシステムを形成したように、教育基本法も教育の理念や価値を規定する特異な法律によって「教育基本法制」と呼ばれる教育全体を統制する法規範と法システムを構成した。教育基本法の性格を歴史的に理解するためには、大日本帝国憲法と教育勅語の関係が日本国憲法と教育基本法の関係に変換した構造を認識する必要がある。

教育基本法と憲法との相即的関係は、教育基本法改正が憲法改正と密接不離の関係で議論されてきた歴史を回顧すれば明瞭である。今準備が進められている教育基本法改正も、憲法調査会の設置（二〇〇〇年一月）に連動して組織された小渕首相の私的諮問機関・教育改革国民会議（二〇〇〇年一月）において提起され、憲法改正論議と併行した展開を遂げてきた（堀尾・二〇〇二）。その策動の中心には新保守主義を代表する中曽根元首相を中心とする一群のナショナリストたちがいる。彼らは、なぜ教育基本法の改正を必要としているのだろうか。

中曽根康弘・西部邁・松井孝典・松本健一『論争・教育とは何か』（文春新書、二〇〇〇年）は、教育基本法改正を推進するイデオロギーを示す文献の一つである。著者たちは、教育荒廃の原因を憲法と教育基本法による「洗脳」に求め、グローバリズムにおける「世界主義」と「個人主義」が国家を解体に導く危機感を露にして、教育基本法の骨格をなす「個人の尊厳」と「国際主義」を否定している。そして「『公徳』のない教育基本法より『教育勅語』が上である」（西部）とまで明言され、「能力の不平等」（西部）が強調され、「読み書き算盤としつけの徹底」（中曽根）が叫ばれ、「国語」と「歴史」の教育の重要性が謳われている。ここで着目したいのは、同書全体の基調をなす中曽根の次の発言である。

（敗戦直後の）アメリカの方針は、なにより戦前の価値をすべて否定し、日本を解体しようというものでした。……私は現行憲法も教育基本法も、その制定の根源を尋ねれば、それは旧日本解体の一つの政策の所産とみています。「平和」「民主主義」「国際協調」「人権尊重」という立派な徳目を身につけた人間を育てよと書かれているが、日本民族の歴史や伝統、文化、あるいは家庭には言及せず、国家、あるいは共同体に正面から向き合ってはいない。つまり、教育基本法は立派な徳目は書かれているけれども、それはブラジルでもアルゼンチンでも韓国でも適用される。ようするに「蒸留水みたいな人間をつくれ」ということであって、立派な魂や背骨を持った日本人を育てようということではないのです（中曽根・西部・松井・松本『論争・教育とは何か』文春新書、一一～一二頁）。

「平和」や「民主主義」や「国際協調」や「人権尊重」を追求する人間が、なぜ「立派な魂や背骨を持った日本人」ではないのか。教育基本法は無国籍の「蒸留水」のようだと言うが、フランスの教育法はシャンパンの臭いがすると言うのか。そう問いただしたくなるが、ここで問い直したいのは、この発言が歴史の改竄をいくつも含んでいることである。

まず、アメリカの占領政策は「戦前の価値をすべて否定」するものでもなければ「日本を解体しよう」というものでもなかった。むしろ逆である。マッカーサーによる占領政策は、ポツダム宣言の実施を使命としていたが、同時に裕仁の戦争責任の免責と天皇制の存続を基本戦略としていた（鈴木・一九八三）。裕仁に対する国内外の責任追及から裕仁を擁護し天皇制の存続に最も尽力したのはマッカーサーであった。占領期をとおして裕仁の退位の機会は何度もあったが、マッカーサーはその機会をことごとくつぶしている。この歴史の事実を中曽根発言は意図的に改竄している。教育基本法が公布された一九四七年に衆議院議員となり、サンフランシスコ講和条約が発効する直前の一九五二年一月の衆議院予算委員会で「敗戦」の道義的責任（侵略戦争の責任ではない）において裕仁の「退位」を単独で求めた中曽根が、占領政策における天皇制擁護の経緯を知らないわけがない。かつて、マッカーサーに庇護を求めた裕仁に対して、ナショナリストとして道徳的義憤を表明したのは、中曽根その人ではなかったか。前記の中曽根発言には、右翼ナショナリストの節操なき変節と歴史の意図的な改竄が臆面もなく語られている。

私は別の論文で、教育基本法が「アメリカ帝国主義と象徴天皇制との戦略結婚が産み落としたファントム」であると述べた（佐藤・二〇〇三）。そのトラウマは現在も続いている。したがって、この小論で探究するのは教育基本法成立の

〈歴史的意義〉ではない。その〈歴史的意味〉である。教育基本法は憲法とどのような関係をもって成立したのか。その成立は占領政策とそれへの抵抗においてどのような意味をもち、どのような歴史的意味を担ったのか。そして憲法と教育基本法の関係は、大日本帝国憲法と教育勅語の関係をどう構造的に変容させるものになったのだろうか。

2 大日本帝国憲法と教育勅語

大日本帝国憲法と教育勅語の関係は天皇制国家体制と教育の関係を直接的に表現していた。その関係を概括しておこう。大日本帝国憲法が、山県有朋首相の命を受けた伊藤博文が、ロエスレル、シュタイン、モッセなどプロイセンの法学者の指導のもとで井上毅に起草させたことは広く知られている。草案を起草したのは井上毅であり、事実上、ロエスレルとの協同作業であった。当時プロイセンは「鉄血宰相ビスマルク」による軍部政権の時代であり、大日本帝国憲法の起草に協力したロエスレル、シュタイン、モッセらは軍部政権以前の絶対君主制への復帰を希求する憲法学者たちであった。

天皇制こそ欧州の絶対君主制の翻訳であり、法制的・思想的植民地化の所産であった。大日本帝国憲法の制定はその総仕上げの作業に他ならない。しかし、その翻訳には重要なズレが存在した。プロイセンの法学者が構想した絶対君主制の精髄は、第三条「天皇ハ神聖ニシテ侵スベカラズ」とそれに基づく「君主大権」の考え方に最もよく表現されている。この第三条は、ロエスレルの草案では第二条「天皇ハ神聖ニシテ侵スベカラザル帝国ノ主権者ナリ」と規定されていた。「神聖ニシテ侵スベカラズ」は、立憲君主制における君主の政治責任の免責条項であった。しかし、伊藤と井上はこの条文に対して難色を示した。伊藤と井上にとって天皇の神聖性は、万世一系の神性に根拠をおくものであって、憲法によって法的に定められるという解釈は容認しがたいものであった。そもそも「神聖」という言葉自体が「神聖ローマ帝国」などの表現に見られるように、ヨーロッパの帝政に由来しており、当時は翻訳語としてなじみの薄い言葉であった。しかし、「神聖ニシテ侵スベカラズ」の条文は議会に拘束されない君主の「大権」の法的根拠であり、君主の政治責任の免責の法的根拠として立憲君主制に不可欠であった。

結局、伊藤と井上は、ロエスレルの草案第二条から「帝国ノ主権者ナリ」を削除し、新たに第一条として「大日本帝国ハ万世一系ノ天皇之ヲ統治ス」を挿入する。しかし、この第一条に、ロエスレル、シュタイン、モッセら外国人顧問全員は頑なに反対した。王権の起源を神話で示す「万世一系ノ天皇」という主権者の規定は、近代法の常識を甚だしく逸脱し、政治と宗教（祭紀）を一体化する王権に帰着させてしまうからである。

井上毅は、この第一条と第三条の矛盾をどう解決したのだろうか。その解決策の一つが第一条の「統治ス」という概念であり、もう一つが「教育勅語」の起草であった。

第一条の「統治ス」は、井上が古事記と日本書記から抽出した「治ス（シラス・知らす）」という概念によって基礎づけられている。ロエスレルの草案とは異なり、大日本帝国憲法は天皇の「大権」を「主権」（sovereign）の概念で規定していない点が重要である。第一条は「統治」という概念で天皇の主権を示し、その「統治」は「皇祖皇宗ノ後裔ニ貽シタマヘル統治」と憲法の「告文」で基礎づけられている。この「統治」という言葉に井上の絶妙な論理が隠されている。「統治」は「治ス（シラス）」という日本古来の政治形態を表現し、西欧の君主制のような「支配と従属」「統制と服従」という君主と臣民の対立関係を超越した意味を付与された。伊藤と井上が外国人顧問全員の反対を押し切って強引に起草した第一条は、天皇の神聖性を「万世一系ノ天皇」という神話によって自然的に基礎づけ、同時に「主権」概念を条文から排除し「治ス（シラス）」に淵源をもつ「統治」で天皇の主権を表現することによって「君臣一体」の政治形態を創作したのである。

大日本帝国憲法は、第一条の「万世一系ノ天皇」という王権の規定と「統治」概念による「君臣一体」の政治形態の創作により、社会契約に立脚する近代法の範疇を逸脱し、宗教的王権による道義的国家という特有の「国体」を現前させることとなった。大日本帝国憲法は、教育勅語による道義的正統化を内在的に必要としたのである。

井上が、中村正直による教育勅語草案に真っ向から反対し、元田永孚の協力をえて起草に乗り出したのは当然と言えよう。国家神道の宗教的王権と「君臣一体」の統治を結合する大日本帝国憲法を起草した井上にとって、クリスチャンの中村正直が起草する国家道徳は許されるものではなかった。「万世一系」に王権の「神聖性」の根拠を規定し、その一方で「統治」の概念で天皇個人の主権と「君臣一体」の政治を創出するためには、「国体」の統一性を道徳によって規定する必要があった。したがって教育勅語の最重要部分は、冒頭の「朕惟フニ」に続けて記された第一段の次の文であろう。

「我カ皇祖皇宗国ヲ肇ムルコト宏遠ニ徳ヲ樹ツルコト深厚ナリ我カ臣民克ク忠ニ克ク孝ニ億兆心ヲ一ニシテ世世厥ノ美ヲ済セルハ此レ我カ国体ノ精華ニシテ教育ノ淵源亦実ニ此ニ存ス」

教育勅語の成立過程については、井上と共に起草にあたった元老元田を中心に解釈する研究（海後宗臣）とその背後の山県の指導性を強調する解釈（稲田正次）によって開拓されてきたが、大日本帝国憲法と教育勅語との関係を考察の中心に設定する際には、両者の起草にあたった井上を基軸として考察すべきだろう。

そもそも井上は教育勅語の制定に消極的であった。いやしくも立憲君主制の国家において、君主が臣民の内面の自由に干渉することは許されることではなかったからである。教育勅語が、法令でも勅令でもなく「勅語」という最も緩やかな形式で表現されたのは、その結果である。井上が教育勅語に政治的権威を付与しようとする元田の思惑に最後まで抵抗し、学習院か教育会への下付という一回性のものにとどめる画策を行ったことや、政治的統制力を付与する国務大臣の「副署」を付さなかったことは、先行研究がすでに指摘してきたとおりである（八木・二〇〇一、佐藤（秀）・二〇〇一）。井上にとっては教育勅語の渙発より大日本帝国憲法の立憲主義の擁護こそが重大であった。同時に井上は、大日本帝国憲法第一条「大日本帝国ハ万世一系ノ天皇之ヲ統治ス」という国体の「威徳」（憲法発布勅語）の基礎を教育勅語で明示する必要があった。その基礎こそ天皇の「教育大権」の基礎をなし、第一条の正統性を道義的に根拠づけるからである。

この解釈は、教育勅語を儒教倫理と国粋主義の統合と見なす通説的な解釈と齟齬するものであろう。井上の意図を中心に解釈すると、元田の儒教倫理と国粋主義による解釈の枠を越え、教育勅語が含みもつ近代性を考慮しなければならなくなるからである。事実、教育勅語は儒教倫理の近代化という性格が濃厚である。たとえば「孝」よりも「忠」を優位におく近代性、さらに決定的なのは「教育勅語」の「普遍性」として今も称賛される「父母ニ孝ニ兄弟ニ友ニ夫婦相和シ朋友相信シ」という通常「儒教の五倫」と言われる徳目にしても、孟子の五倫五常では兄弟については「長幼に序あり」であって「友」という平等な関係ではない。夫婦についても儒教倫理では「夫婦に別あり」であるが、教育勅語では「和」という対等な関係に修正されている。朋友についても五倫五常では「信」一字であるのに対して、教育勅語では「相信シ」と相互性が強調されている。つまり、儒教倫理が濃厚なこの箇所でさえ、その儒教倫理は近代化されている（八木・二〇〇一）。

教育勅語が、その後の歴史においてどのようなイデオロギー機能をはたしたかは今は問わない。教育基本法との関連で問うべきは教育勅語が行政的に機能した勅令や省令との関係である。しかし、教育勅語が記載された勅令と省令は驚くほど少なく、一つの勅令と一つの省令が存在するのみである。その一つは、教育勅語渙発の翌年に制定された「小学校祝日大祭日儀式規定」（一八九一年、文部省令第四号）であり、第一条（二）に「学校長若シクハ教員、教育ニ関スル勅語ヲ奉読ス」と記されている。もう一つは「国民学校令施行規則」（一九四一年）の「修身」に「教育ニ関スル勅語ニ則リ」と記されている。その意味で、教育勅語の行政的な効力は、総司令部による「修身・日本歴史及ビ地理停止ニ関スル件」（一九四五年十二月）と文部省による儀式における教育勅語奉読禁止の通達（一九四六年一〇月）により形式的には失効している。

3 「国体護持」と占領政策

教育勅語第一段に登場する「国体」という概念に注意する必要がある。渙発当時「国体」という言葉は「政体」と対になって使用され、「国民性」を意味する nationality の訳語として定着していた。その「国体」概念が法文に登場するのは「治安維持法」(一九二五年)であり、「治安維持法」において「国体」は「私有財産制」と同様、national body を意味する国家体制として法的に定義されたのである。

「国体」概念の変化とその法文化の歴史を明確にしておくことは、教育基本法の歴史的意味を認識する上で重要である。ポツダム宣言受諾の準備が開始された一九四五年七月頃から連合軍総司令部の占領統治が終了する一九五二年まで、皇室と政府が第一義的に重視したのは「国体護持」であった。そもそもポツダム宣言受諾が一ヶ月近くも遅延したのは、軍部の強硬姿勢もさることながら「国体護持」と「三種の神器」に固執する裕仁が、敗戦後に予想される連合軍総司令部による国体解体の危険と国内の共産主義革命の危険の双方を抑制する一縷の希望を、ソ連のスターリンとの交渉に託していたからである。実際、裕仁と宮廷グループは近衛文麿を特使としてモスクワに派遣する可能性を在ソ連の日本大使の交渉によって何ヶ月も追求し、満州国の譲渡と関東軍のシベリアでの強制労働を交渉条件とする密約を計画し準備していた(Bix, 2001)。

他方、アメリカ国務省とマッカーサー総司令部も、占領政策を円滑に進め革命を防止するため、天皇の戦争責任を免罪し天皇制を占領統治において活用する方針を終戦直前に決定していた。マッカーサー総司令部の占領政策は日本本土のみならず朝鮮半島、沖縄、小笠原諸島に及んでいたが、朝鮮半島、沖縄、小笠原諸島における政策が決して「民主化」ではなかったことに留意する必要がある。マッカーサーは、東京に降り立った日から占領統治が終わるまで、裕仁に替わって帝王として君臨し、裕仁を熱く「抱きしめて」(John Dower)皇室と政府の「国体護持」の希望を支持し擁護したのである。マッカーサーと裕仁との夫婦あるいは親子のような関係は、裕仁がマッカーサーを訪問した瞥見の日からサンフランシスコ講和条約締結による別離まで一度も壊れることはなかった。それどころか、マッカーサーは裕仁の戦争責任を免罪することに全力を傾注し、皇族によって裕仁の退位が進言されたときも、裕仁自身が退位の可能性をほのめかしたときも、政府の高官や知識人や文化人によって退位の要求が公言されたときも、それらすべての退位要求を拒否して裕仁の皇位を擁護し続けた。裕仁の戦争責任の免罪と天皇制の存続こそが、マッカーサーにおいてはポツダム宣言実施の前提であり占領政策の一貫した基軸であった。

もちろん、この戦略結婚がいつも蜜月の関係で進行したわけではないし、その過程にはさまざまな確執と葛藤と矛盾が存在し、双方の狡猾な策略と妥協が含まれていた。しかし、占領期をとおして、この戦略結婚は、ポツダム宣言の遂行、象徴天皇制への移行による「国体の護持」、裕仁の戦争責任の免罪、国民の戦争責任の免罪、アジアへの侵略戦争と植民地支配の免罪、米軍による沖縄の全面占領、戦争放棄と米軍の常駐、共産主義革命の弾圧、対米従属の軍事的政治的経済的同盟関係の樹立という一連の進行を確実なものとした。象徴天皇制と平和主義と民主主義を奇跡のように合体させた日本国憲法は、この戦略結婚の貢物であり、永久の契りを確約する指輪であった。しかも、この戦略結婚は、ポツダム宣言から冷戦体制へと移行する国際情勢を背景として、アメリカの帝国主義的で新植民地主義的な支配と日本国内の民主主義革命の二つを同時並行的に推進するものとなった。そこに戦後日本の幸運もあり悲劇もある。

そのシナリオは、皇室と政府においては早くも「終戦の詔勅」(玉音放送)において準備されていた。「終戦の詔書」は「米英支蘇四国」のポツダム宣言を受諾する旨を告げる放送であったが、ポツダム宣言を受諾しながら「米英二国ニ宣戦セル」理由を説き起こして、アジア太平洋戦争を真珠湾攻撃以降の太平洋戦争に限定し、戦争の正当性を「帝国ノ自存ト東亜ノ安定」に求めて侵略戦争ではなかったと明言している。しかも、ポツダム宣言受諾の理由を「敵ハ新ニ残虐ナル爆弾ヲ使用シ」と原子爆弾の使用によって「我カ民族ノ滅亡ヲ招来スルノミナラス延テ人類ノ文明ヲモ破却スヘシ」と人類の救済のためと宣言している。さらに「東亜ノ解放ニ協力セル諸盟邦ニ対シ遺憾ノ意」を表した上で、自らについて「常ニ爾臣民ト共ニ在リ」と臣民との一体性を説き、「国体ノ精華ヲ発揚シ世界ノ進運ニ後レサラムコト」を訴えている。この詔書に「敗戦」という表現は一片もない。

戦後直後の文部省の方針も「国体護持」であった(岡本・一九九五)。一九四五年九月一五日の「新日本建設ノ教育方針」は「軍国主義思想」の除去を指示していたが、方針の中心は「益々国体ノ護持ニツ努ムルコト」に置かれていた。「国体」概念が法令に登場し法的に定義されたのは、一九二五年の治安維持法においてであった。治安維持法において定義された「国体」は、先述したように「nationality(国民性)」ではなく「national body(国家体制)」であった。したがって、法システムとしての「国体」は、「人権指令」(一九四五年一〇月)による治安維持法の失効措置において消滅したことになる。「人権指令」の翌日に皇室内閣である東久邇内閣は総辞職するが、その意味は「国体護持」に失敗した責任を東久邇稔彦がとったものと見てよいだろう。

「国体護持」は、憲法改正過程においても皇室と政府の基本政策であった。東久爾内閣の後を受けた幣原内閣はもともと憲法改正に消極的であり、商法学者・松本国務大臣を主任として組織された憲法問題調査委員会も大日本帝国憲法をわずかに修正しただけの改正案(二月四日松本案)を準備し、「憲法改正要綱」(二月八日松本案)にまとめて総司令部に提出した。この政府改正案では第一条から第四条までほとんど変更されておらず、第三条「天皇ハ神聖ニシテ侵スヘカラス」が「天皇ハ至尊ニシテ侵スヘカラス」に変更されているのみであった。

「至尊」(supreme)という用語は意味深長である。大日本帝国憲法第三条の「神聖」規定(ロエスレル起草)に伊藤と井上が批判的であったことを想起しよう。伊藤と井上にとって天皇の神聖性は神話の歴史に由来するものであって法律で規定されるべきものではなかった。この矛盾を回避するために、伊藤と井上はプロイセンの顧問法学者全員の反対を押し切って第一条「大日本帝国ハ万世一系ノ天皇之ヲ統治ス」を挿入したのである。「神聖」を「至尊」に変更する修正は、もともと伊藤と井上が構想した条文に合致している。つまり、皇室と政府にとって戦後の「民主化」とは、治安維持法制定以前の日本に回帰すること以上の意味を持ってはいなかった。

そのことを端的に示しているのが、憲法問題調査委員会の松本「改正試案」が脱稿される一月四日直前の一月一日の「新日本建設ニ関スル詔書」(通称、天皇の人間宣言)である。「新日本建設ニ関スル詔書」は、CIEダイク局長とヘンダーソン教育課長と日本側の合作であり、天皇が神格を否定し人間へと生まれ変わる公式声明であった。しかし、その文面には、それ以上の意図が隠されている。詔書は明治天皇の「五箇条ノ御誓文」の引用から書き起こされている。この部分は裕仁によって挿入された部分であり、その趣旨は「新日本建設」における民主主義の起点を明治天皇の「五箇条ノ御誓文」に求めることを宣言して、戦争責任の免責をはかることにあった。裕仁の判断は巧妙である。「五箇条ノ御誓文」の「広ク会議ヲ興シ万機公論ニ決スヘシ」は、そもそも人民主権の民主主義を宣言したものではなく、藩閥政治の出発を宣言したものであり、しかも「五箇条ノ御誓文」は人民に対して誓われたものではなく、万世一系の皇統に対する祭儀として誓われたものであった。その「五箇条ノ御誓文」を民主主義政治の出発点として定位し、裕仁は、次のように自らの神格を否定している。

「朕ハ爾等国民ト共ニ在リ常ニ利害ヲ同シウシ休戚ヲ分タント欲ス爾等国民トノ間ノ紐帯ハ終始相互ノ信頼ト敬愛トニ依リテ結ハレ単ナル神話ト伝説トニ依リテ生セルモノニ非ス」

ここで重要なのは、「人間宣言」が大日本帝国憲法第一条の「統治」概念の正統な解釈に即して行われていることである。井上がロエスレル草案第三条の「主権」概念を抹消し、新たに挿入した第一条の「統治」の概念で天皇の主権を規定したことを想起しよう。伊藤と井上が「主権」概念の使用を忌避したのは、君主制における君主と臣民の「支配と従属」「統制と服従」の対立的関係を排除して「君臣一体」の国体を創作したからである。その根拠を井上は古事記と日本書紀における「治ス(シラス)」に求め、「君臣一体」の政治形態を「治ス」を意味する「統治ス」という用語で表記していた。「人間宣言」における「君民一体」の存在規定による「神格」の否定は、大日本帝国憲法第一条の「統治ス」の本義にもどることを意味していたのである。

こうして「新日本建設ノ詔書」(人間宣言)にせよ、憲法問題調査委員会による第三条「神聖」の「至尊」への修正にせよ、「新日本建設」どころか大日本帝国憲法の本義に回帰する目論見として展開していた。幣原首相の貢献が大と言われる憲法第九条制定の経緯についても同様の検討が必要である。幣原が第九条のアイデアをマッカーサーに進言したかどうかは別として、裕仁の戦争責任の免罪を第一義としたマッカーサーによる政治戦略によって第九条が成立したことは明瞭である（古関・二〇〇二）。幣原の進言と協力において重要なことは、幣原が憲法第九条をケロッグ・ブリアン協定（一九二八年）への回帰と認識していたことである。幣原における戦争責任の解決とは、戦争による紛争の解決と軍事力の行使を禁じたケロッグ・ブリアン協定に調印したときの日本に歴史を逆戻りさせることに他ならなかった。

日本社会党案（一九四六年二月二三日）でさえも「主権は国家〈天皇を含む国民協同体〉に在り」「統治権は之を分割し、主要部を議会に、一部を天皇に帰属（天皇大権大幅制限）せしめ、天皇制を存置す」と定めていた。極東委員会の開催と東京裁判の準備を間近に控え、裕仁の戦争責任の免罪の窮地に立たされたマッカーサーが、皇室と幣原内閣と松本委員会（憲法問題調査委員会）の復古的対応に絶望し、トルーマン大統領にも国務省にも相談せず独断で憲法草案の作成に乗り出したのは当然であった。憲法問題調査委員会の改正案に対する新聞や世論による批判の高まりは、マッカーサーの決断の最大の確証となった。マッカーサー原案はわずか一週間で作成され、「政府案」として国会審議へと移される。そして古関彰一が指摘するように、マッカーサー原案は、裕仁の勅諭において、つまり裕仁の主導による政治の民主化と戦争の放棄を内外に示す擬態において公表された（古関・二〇〇二）。こうして、象徴天皇制と基本的人権と戦争放棄で特徴づけられる新憲法制定によって、マッカーサー総司令部と皇室と幣原内閣は戦後最大の危機を乗り越えたのである。

4　憲法における教育規定

憲法制定過程において教育勅語と教育法制はどのような展開をとげたのであろうか。教育勅語は「神道指令」（一九四五年一二月一五日）と「修身・歴史・地理停止」指令（同年一二月三一日）において根拠を喪失し、国民学校令施行規則及び青年学校規定の一部停止（一九四六年三月三日）によって修身における教育勅語の趣旨が無効化し、さらに国民学校令施行規則の一部改正（同年一〇月九日）における式日行事の君が代の合唱、御真影奉拝、教育勅語奉読に関する規定の削除によって行政的に失効した。

しかし、教育勅語はもともと国務大臣の副署を伴わない勅語、つまり天皇の個人的な意見表明の形式をとっていた。そのため、教育勅語のイデオロギー機能は持続し、その対策として「新勅語」作成の準備が総司令部と日本政府の間で議論されていた。他方、戦前の勅令主義から戦後の法律主義への転換が憲法改正と併行して進行する。大日本帝国憲法において教育は天皇の「大権」とされ、財政に関するもの以外はすべて勅令と省令によって統制されていた。新憲法制定にあたって法律主義への移行は急務であった。

憲法は第二六条において、次のように教育を規定している。

「すべて国民は、法律の定めるところにより、その能力に応じて、ひとしく教育を受ける権利を有する。

2　すべて国民は、法律の定めるところにより、その保護する子女に普通教育を受けさせる義務を負ふ。義務教育は、これを無償とする。」

教育基本法の制定過程に関する研究は多数存在するが、憲法第二六条の制定過程に関する研究は少ない。第二六条は、マッカーサー原案にはなく、国会審議において挿入された条項である。第二六条は、国民の「教育を受ける権利」と、その「普通教育」を受けさせる保護者の「義務」を示し、併せて「義務教育」の「無償」を規定している。

第二六条のルーツは、制定前の数々の憲法案の中に見出すことができる。毎日新聞が一九四六年二月一日にスクープした「憲法問題調査委員会一試案」においては「第三〇条の二　日本臣民は法律の定むる所に従ひ教育を受けるの権利及義務を有す」と記されている。しかし、総司令部に提出された「憲法改正要綱」（松本案）に教育条項は記されていない。「憲法改正要綱」において教育は戦前どおり天皇の「大権」と見なされていたのである。

最も保守的と言われる日本進歩党の憲法案「憲法改正問題」（二月一四日）は「統治権行使の原則」の第八項で「教育ノ制度ニ関スル重要ナル事項ハ法律ニ拠ル」と記し、制度に限定して法律主義を導入する構想を示していた。日本社会党の「新憲法要綱」（二月二三日）では「国民の権利義務」の第十項において「就学は国民の義務なり、国は教育普及の施設をなし、文化向上の助成をなすべし」と記し、教育を「義務」において規定していた。六月二八日に公表された日本共産党の「日本人民共和国憲法草案」は、天皇制を廃止し「日本国は人民共和制国家である」（第一条）「日本人民共和国の主権は人民にある」（第二条）と規定したことで知られている。その第三七条は、次のように教育機会の保障を規定しているが、「権利」として教育を規定しているわけではない。

「すべての人民は教育をうけ技能を獲得する機会を保障される。初等および中等学校の教育は義務制とし、費用は全額国庫負担とする。上級学校での就学には一定条件の国庫負担制を実施する。企業家はその経営の便宜のために被傭者の就学を妨げることはできない。」

教育の「権利」規定は、一九四五年一一月に組織された憲法研究会の高野岩三郎元東大教授の「憲法改正私案要綱」（一二月二八日作成）に見られる。憲法研究会は、高野を中心として評論家の室伏高信、元東大教授の森戸辰男、憲法史研究者の鈴木安蔵ら学識経験者によって結成され、一二月二六日に国民主権に基づいて天皇の権限を「国家的儀礼」に限定する「憲法改正試案」をまとめている。その「憲法改正試案」は教育条項を含んではいなかったが、「国民ハ民主主義並平和思想ニ基ク人格完成社会道徳確立諸民族トノ協同ニ努ムルノ義務ヲ有ス」と記していた。その二日後に作成された高野の「憲法改正私案要綱」は、「天皇制ニ代ヘテ大統領ヲ元首トスル共和制ノ採用」を提唱して「日本国ノ主権ハ日本国民ニ属スル」「日本国ノ元首ハ国民ノ選挙スル大統領トス」と定めるユニークな案であったが、その条文の一つで「国民ハ教育ヲ受クルノ権利ヲ有ス」と規定していた。この高野の「憲法改正私案要綱」が第二六条の直接的な起源と言ってよいだろう。

政府が三月九日に公表した「憲法改正草案要綱」は、第二四条において「国民ハ凡テ法律ノ定ムル所ニ拠リ其ノ能力ニ応ジ均シク教育ヲ受クルノ権利ヲ有スルコト　国民ハ凡テ其ノ保護ニ係ル児童ヲシテ初等教育ヲ受ケシムルノ義務ヲ負フモノトシ其ノ教育ハ無償タルコト」と規定している。この案は四月一七日、ひらがな口語文体に改められ、第二四条は「すべて国民は、法律の定めるところにより、その能力に応じて、ひとしく教育を受ける権利を有する。すべての国民は、その保護する児童に初等教育を受けさせる義務を負ふ。初等教育は、これを無償とする」と表記され、さらにその後、「児童」が「子女」に、「初等教育」が「普通教育」に修正されて成文へと至っている。

なお第二六条の修正過程においては、成人学校や夜間学校に関わっていた教員連合が義務教育を六年間の無償の初等教育に制限する文言の削除を国会に要求し、文言の修正を実現したという経緯がある。この運動は九年間の義務教育の実現の推進力となり、第二六条の「能力に応じて」という文言によって無償の義務教育の後の教育機会を保障する基礎となった。第二六条は、社会権の一部として教育権を規定する二〇世紀の憲法の先進性を表現しているだけでなく、「日本国憲法」の中でもっとも民意を反映した条文であった。その歴史的文脈に即して理解するならば、「能力に応じて」は、能力による差別を含意するのではなく、「教育を受ける権利」の保障を表現する文言なのである。

5　教育基本法の成立と「教権の独立」

マッカーサーの憲法草案において教育は、第二四条の社会権の一部に「無償の普遍的な義務教育が確立されるべきである」（Free, universal and compulsory education should be established.）と述べられていただけであった。マッカーサー原案が最小限の教育条項しか持たなかった理由は、アメリカ憲法が教育条項を持たないのと同様、地方分権の教育行政を構想し教育法令の立法主体を都道府県行政に求めていたからであろう。教育の地方分権化は米国教育施設団の勧告の一つであった。その間隙を縫って登場したのが、田中耕太郎文相による「教育根本法」の構想であった。

田中耕太郎の「教育根本法」は「教権の独立」に基づいていた。田中耕太郎が「教育根本法」の構想を表明したのは、憲法改正を審議した第九〇回帝国議会においてである。森戸辰男の「教権の確立」を憲法の条文に加える提案に対し、田中耕太郎は「立法技術」において「相当困難」であると述べ、「教育に関する根本法」を制定する意向を表明している（六月二七日）。この発言が田中の「教育根本法」構想の表明とされるが、この構想の性格を理解する上で重要なのは、帝国議会衆議院憲法改正委員会第四回（七月三日）における杉本勝次と大島多蔵の質問に対する田中の答弁である。憲法に「教育憲章とも言うべき一箇条」を掲げることを提唱した杉本の質問に対し、田中は「教権の独立」を主張し「教育憲章」は「教育根本法」によるべきであると反論している。杉本についで大島は、二〇世紀に制定された多くの憲法が教育の条文を含んでいることから、教育に関する一章を設け「教育の自主性」「教育の機会均等」「教育の義務制」の三項について条文化する提案を行った。この大島の意見に対しても、田中は「憲法全体の体裁」から不都合であり、「教権の独立」という立場から憲法とは別に「教育根本法」を立法するのがふさわしいと答弁している。田中において「教育根本法」は「教権の独立」構想の具体に他ならなかった。

田中の「教権の独立」論については、八月二七日の貴族院本会議において南原繁によって疑義が表明されている。南原は「文化国家の使命」として、「憲法に於きまして、其の教育の全般に通じた根本方針並に国家に対する任務を規定する必要はなかったか」と田中文相に問いただし、「教権の確立」が「文教官僚主義」を招く危険を指摘しつつ、「教権の確立」はむしろ「地方分権化の問題」であり「教育根本法」に解消すべきではないと主張した。

南原の疑義は、田中の「教権の独立」に対する真っ当な批判と言うべきだろう。そもそも「教権の独立」は、天皇の「教育大権」を戦後の法律主義においてどう改革するかという問題であり、司法と同等の「教権の独立」を保障することとは文部省による官僚的統制の温存につながるからである。しかも「教権の独立」を地方分権化によって実現する南原の主張は、「教育大権」を地方行政に委ねたドイツの戦後改革とも符合している。しかし、この南原の質問に対する答弁においても、田中は司法と並ぶ「教権の独立」構想に固執し続けている。

なぜ、田中は憲法に教育の条文を入れるのを頑なに拒否したのだろうか。森戸、杉本、大島にとって教育は社会権の一部であったのに対して、田中にとっての教育は社会権や政治に解消されるべきものではなく、人権や政治から独立した道徳哲学に基づく自律的な領域であり、憲法の条文としてはふさわしくないものであった。田中において「教育根本法」とは教育の自律性（autonomy）を法制化する「教育憲章」に他ならなかった。「教育根本法」は「教権の独立」（教育の自律性）に法的基礎を与えるものとして構想されたのである。

田中文相が教育基本法と憲法の作成に携わる文部大臣の立場にありながら、最も頑迷な教育勅語の擁護者の一人であった事実に留意しよう。そもそも田中が東京大学法学部教授の任を継続したまま文部省学校教育局長の任を引き受けたのは、大日本帝国憲法の改正において「国体護持」の使命に法哲学の立場から応えるためであった。実際、ＣＩＥによる「教育勅語」の無効化の圧力に対して最も頑強に抵抗したのは田中であった。田中によれば「教育勅語」は「我が国の醇風美俗と世界人類の道義的な核心に合致するもの」で「自然法と言うべき」ものであり、戦後においても「決して無視されてはならない」規範であった（地方教学課長会議での訓示、一九四六年二月）。田中文相個人においては教育勅語の規範の擁護と「教育根本法（基本法）」の作成とは矛盾してはいなかった（久保・一九九四）。

「教権の独立」は、田中文相のみならず「教育基本法」の作成にあたった教育刷新委員会の知識人や政治家、および田中のもとで教育基本法の立法を主導した田中二郎（文部省参与・東京大学法学部教授）を始めとする文部官僚にも共有されていた。「教権の独立」が国家主義と軍国主義の教育に対する反省によって主張されたことは明らかである。しかし同時に、「教権の独立」が、近衛内閣が新体制運動の一環として一九三六年に組織した革新的知識人のグループ、昭和研究会の一組織であった教育改革同志会において提起された標語であった歴史を忘れてはならないだろう。教育改革同志会の提唱した「教権の独立」は天皇の教育大権に基礎づけられ、大政翼賛運動における教育改革の標語の一つとなった。

「教権の独立」が文部省の官僚的統制に帰結する危険性を総司令部とＣＩＥはかぎとっていた。「教育基本法」の骨子が報告された際、トレーナーは「教育の自主性（autonomy of education）」に質問を寄せ、ＣＩＥと文部省の連絡をつとめる関口審議室長は「政治からの自主独立（freedom from politics）」と答えたが、トレーナーは、教育者だけによる「教育の自主性」は「危険」であると指摘している（一一月一二日）。

田中文相の「教権の独立」構想は教育基本法の内容の骨格を形成しただけでなく、その制定過程にも具現化された。一九四六年八月一〇日に設置された教育刷新委員会は、米国教育使節団の日本教育家委員会を母体にして組織され、内閣総理大臣「所轄」の委員会であった。内閣総理大臣「所轄」の委員会は先例がなく、「所轄」の形式において行政府に対する独立性が確保されていた。教育刷新委員会は連合国総司令部に対しても独立していた。この独立性は委員会と総司令部と文部省の「連絡委員会（Steering Committee）」によって制限されたとは言え、教育基本法の作成における教育刷新委員会の主導権を保障する基礎となった。さらに第一回総会で田中文相が述べたように、教育刷新委員会は「教育家」を中心に「あらゆる分野における代表的な権威者を網羅し」、「全然官僚的な要素を含んでいない」という意味でも「独立性」を示していた。教育刷新委員会そのものが田中文相の「教権の独立」を体現していたのである。

6　「人格の完成」という教育目的

「教権の独立」を名実ともに体現した教育基本法は、憲法と同様の前文を掲げ、しかも理念と規範を条文で規定した特殊な法律として成立する。この特殊性は、田中文相自身が表現したように「教育勅語」に代替する理念が法律で制定される必要があったこと、および並行して準備されていた教育諸法令を憲法と連係させる「基本法」が必要とされた事情による。

教育基本法の特殊な性格は、第一条の「教育の目的」に集約的に表れている。「人格の完成」を「教育の目的」とする規定は、法制的あるいは思想的にどのように正統化されたのだろうか。教育刷新委員会の審議による原案が、第一条の「教育の目的」を「人格の完成」ではなく「人間性の開発」と表記していたことはよく知られている（林・一九九八）。

務台理作や森戸辰男が「人間性の開発」を強く主張したのは、「人格の完成」という規定に軍国主義教育に加担した新カント主義哲学の残影を読み取り、国家主義との親和性を読み取ったからである。しかし、文部省は「人格の完成」に固執し、再三にわたって「人間性の開発」を「人格の完成」へと修正し立法化している。なぜ、田中耕太郎は「人間性の開発」を忌避し「人格の完成」に固執したのだろうか。

教育基本法をつぶさに検討すれば、教育目的に関して二つの表現が併存している。その一つは前文にあり、「普遍的にしてしかも個性ゆたかな文化の創造をめざす教育」という表現によって「文化の創造」が教育の目的とされている。英文においても「文化の創造をめざす教育」が education which aims to creation of culture と翻訳されていることから、「文化の創造」が教育目的とされていることは明らかである。もう一つは第一条「教育の目的」の「人格の完成」の表記である。第一条の「人格の完成」は、もちろん前文の規定より本質的である。そして、この「人格の完成」を教育目的とする思想に、教育を「人づくり」と定義する日本特有の教育概念を読むことも可能である。

一方、教育基本法と同時に成立した学校教育法において、教育目的は「普通教育」と表現された。「普通教育」(general education)は、一般に教育の公共性を表現する概念であり、学制(一八七二年)から第一次小学校令(一八八六年)までの公教育の目的規定に符合している。第二次小学校令(一八九〇年)から国民学校令(一九四一年)まで、小学校令第一条の目的は「普通教育(人民の教育)」と「国民教育(国民の教育)」と「道徳教育(臣民の教育)」の三つで表現されており、この三層構造を「皇国民の練成」において一元的に統合したのが国民学校令であった(佐藤・一九九五)。学校教育法の「普通教育」という目的規定は、国民学校令の教育目的を教育勅語制定以前の教育目的にもどすことを意味していた。

それでは、なぜ、教育基本法第一条は「教育の目的」を「人格の完成」と表現したのだろうか。この問いに答えるためには、教育基本法が憲法の具体化として成立したことを踏まえる必要がある。「人格の完成」は憲法のどの部分に対応しているのだろうか。

第一条の「人格の完成」と憲法との対応関係については、教育刷新委員会の議事録も文部省関連の文書も明確な回答を与えてはいない。「第九十二帝国議会に於ける予想質問答弁書」（文部省調査局、一九四七年三月一二日）は、「人格」について「人の人たる所以即ち人間的存在を非人間的存在から区別する諸種の特性の集合的統一調和を意味する」と記し、「完成」の意味は「普遍的価値を自然性として個性の中に実現すること」と表記している。

この答弁書に見られる「人格の完成」が、田中耕太郎の哲学に立脚していることは明瞭である。「国体」と教育勅語の擁護者であった田中耕太郎は、同時に敬虔なカソリック教徒であり、キリスト教に特徴的な「完成主義（perfectionism）」の思想、すなわち不完全な人間が完全な神に近づくことを最高の理想とする思想を抱いていた。田中は後に著した『教育基本法の理論』（一九六一年）において「人格の概念は人間が動物と神との間の中間的存在であり、自由によって自己の中にある動物的なものを克服して、神性に接近する使命を担っていることを内容とする」と述べ、「神は人間の最高の理想」と言う（田中・一九六一）。その意味で、「人格の完成」の公式の英訳「full development of personality」はＣＩＥを欺く言葉ではなかったか。田中の解釈による「人格の完成」は超越性の志向を含んでおり、「perfection of personality」と翻訳するのが正確である。しかし、同書においても「人格の完成」が憲法のどこに対応しているのかは示されていない。

教育基本法の立法技術を主導した田中二郎が明言しているように、教育基本法は憲法との対応を意識して法文化された。そして、制定後のコメンタールにおいて文部省は、「人格の完成」について「個人の尊厳」を謳った憲法第十三条「すべて国民は、個人として尊重される」との対応を公式の解釈として提起する（辻田＋田中・一九四七）。この解釈は、その後、文部省の公式見解として定着したと言ってよい。だからこそ教育基本法は、教育勅語の復活を求める人々によって「個人主義」と批判され続けてきた。しかし、ここで問うているのは、教育基本法制定過程における「人格の完成」と憲法との対応関係についてであって、制定後の文部省の公式の解釈ではない。少なくとも田中耕太郎は、『教育基本法の理論』において「人格の完成」を個人主義やヒューマニズムに性格づける解釈を拒否している。

私は、田中耕太郎の立法意志において、「人格の完成」に対応した憲法の条項は第一条の象徴天皇制にあったと解釈している。その根拠は二つある。一つは法哲学上の「人格」概念であり、大日本帝国憲法の法哲学を基礎づけたプロイセンの法哲学者シュタインにおける「人格」概念である。シュタインの法哲学と国家学を研究した瀧井一博は、シュタインの「人格」概念について次のように記している。

現実に繰り広げられている社会問題を是正し、そこに共同体的統一をもたらすには、「個別的人格（einzelne Personlichkeit）」の上に立つ「一般的人格（allgemeine Personlichkeit）」としての「国家」による市民社会への積極的な介入が必要とされ、そしてそのような具体的活動、すなわち行政を通じて、国家は現実の市民社会を「国家的市民の社会＝国家公民社会（Staatsbourgerliche Gesellshaft）」へと蕎動すべきことが期待される（瀧井一博『ドイツ国家学と明治国制』）。

「個別的人格」に「共同体的統一」をもたらす「一般的人格＝国家公民」としての「人格」概念は、教育基本法第一条の「教育は人格の完成をめざし、平和的な国家及び社会の形成者として」という論理に符合している。しかも「個別的人格」の総意によって統合された「一般的人格（国家）」の「共同体的統一」は、憲法第一条の象徴天皇制を国民主権と併行して規定する論理にも符合している。田中が「人格の完成」に「超越性」と「神性」を付与したのは、憲法第一条の象徴天皇制との対応を企図したからではないだろうか。

もう一つの根拠は、教育目的を「人格の完成」に求めるアイデアと「人格の完成」という用語の由来である。教育目的を「人格の完成」と規定するアイデアは、田中耕太郎によるオリジナルな発案ではない。教育勅語の影響力に手をこまねいた総司令部が密かに準備した新勅語「大東亜戦後ノ教育ニ関シテ下シ給ヘル勅語」（通称「京都勅語草案」、一九四五年一二月五日）において、戦後教育の総括的な目的は「人格ノ完成」として表現されていた。この新勅語は、「君民一体」の「国体の清華」を謳い、「道義的立憲国」としての日本の再建を平和主義と民主主義の教育で達成することを求めていたが、その教育を総括する目的として「人格ノ完成」を提唱していた。この「京都勅語草案」は、米第六軍本部軍政部のシーフェリン海軍中佐の依頼に基づいて同志社大学の神学科主任のクリスチャン有賀鐵太郎が起草している。有賀も田中と同様、クリスチャンであったが、同時に天皇制と教育勅語の擁護者であった。教育勅語の擁護を頑強に主張する田中に困惑したCIEが、「旧勅語を否定するよりも、新勅語の発布により、田中文相の面目を立てることができる」と一九四六年八月六日の「覚書」に記していること、および、米国教育使節団の来訪に向けて組織された日本教育家委員会が新勅語を要請する奏申を行い、新勅語の構想は教育刷新委員会で否定されるまで持続していたことを考慮すれば、文部大臣である田中が、CIEから「京都勅語草案」を提示されて知っていたと想像するのが自然であろう。しかし、田中耕太郎が文部省の公式見解において「人格の完成」を憲法第一条に対応させることはなかった。

田中耕太郎の後を受けて文相に就任した高橋誠一郎は衆議院本会議において、第一条の「人格の完成」は「個人の尊厳と価値」を示す趣旨であると答弁し、第十三条との対応関係をほのめかしている。高橋は、第三条（教育の機会均等）は憲法第一四条第一項と第二六条第一項、第四条（義務教育）は憲法第二六条第二項、第五条（男女共学）は憲法第一四条第一項、第九条（宗教教育）は憲法第二〇条と対応していると答弁しているが、第一条と憲法との対応関係について明示的には答えていない。しかし、教育勅語との関連については高橋文相も田中の見解を継承し、「私も教育勅語とこの教育基本法との間には、矛盾と称すべきものはないと考えている」と答弁し、「これ（教育勅語）に代えるに新しいものをもってするという考えはもっていない」と述べている。「この法案（教育基本法）の中には、教育勅語のよき精神が引きつがれている」とも言う。「人格の完成、これがやがて祖国愛に伸び、世界人類愛に伸びて行くものと考える」という高橋の言葉が示すように、「人格の完成」は、教育勅語と教育基本法の断絶を埋める伸縮自在な概念として活用されていた。文部省において憲法第一三条との対応で「人格の完成」を解釈する見解が安定するのは、国会において「教育勅語等の排除に関する決議」および「教育勅語等の失効確認に関する決議」（一九四八年六月一九日）がなされた後のことである。

7　教育基本法成立の歴史的意味

教育基本法は「教育憲章」あるいは「教育憲法」として制定された。しかし「教育憲章」と言おうが「教育憲法」と言おうが、他の法律と比べて特別の法的効力をもっているわけでもなければ、その改正に特別の手続きを必要とするものでもない。このような特殊な法律が定められた背景には、田中耕太郎を中心とする文部官僚による「教権の独立」構想があった。「教権の独立」に対する評価は二分されるだろう。「教権の独立」は国家権力からの教育の自律を宣言するが、それと同時に、文部省の独断的で官僚的な統制を存続させる基礎にもなりうる。「教権の独立」に固執した文部省は、天皇の「教育大権」の解決策を地方分権化に求めたＣＩＥの政策に消極的であり、中央主導の官僚主義的統制を制度的に弱めることはなかった。

「教権の独立」によって構想された「教育憲章」「教育憲法」としての教育基本法は、近代法としての枠組みを超え、個人の思想や信条の自由に抵触する教育の目的や理念や規範および道徳や倫理まで法律で規定している。「人格の完成」を「教育の目的」とする第一条はその象徴である。

教育の理念や規範を法律で規定する教育基本法が、法システムとして成立しえたのは、文化共同体としての国家（文化国家）が憲法によって正統化されていたからである。文化国家の最たるものは大日本帝国憲法下の「国体」であろう。その「国体」が治安維持法失効によって法制的に消滅した後に復活したのが、「文化国家」の概念であった。「文化国家」は戦時下において「大東亜共栄圏」を建設し「八紘一宇」を推進する国家の意味で汎用された概念であるが、戦後においては軍事国家に対立する概念として教育文献に頻繁に登場する。戦後直後の「文化国家」の概念は、津田左右吉、和辻哲郎、南原繁らの知識人の論稿が示すように、天皇を歴史と文化の統合の象徴とする国家すなわち「国体」概念を代替する意味を担っていた。教育基本法の制定過程で、草案の「文化国家」という用語はCIEの指示により「文化的な国家」へと修正された。この修正は「国体」と「文化国家」との連続性を断つためであった。「文化国家」が「文化的な国家」へと修正されたとは言え、「教育憲章」であり「教育憲法」である教育基本法の規範的性格は、文化共同体としての国家（文化国家）を前提としており、憲法との関連で言えば「天皇は日本国の象徴であり日本国民の統合の象徴」という第一条によって支えられていた。このことは、教育基本法の平和主義と民主主義とは矛盾しない。裕仁の戦争責任の免責を第一義に掲げたマッカーサーの占領政策において象徴天皇制と平和主義と民主主義が一体であったことは、すでに示したとおりである。

最後に、教育基本法「改正」を叫ぶ人々による史実の歪曲と思想の無節操について指摘しておこう。「改正」論者の主張は大別して二つある。一つは教育基本法を占領下における「押し付け」とする主張であり、もう一つは教育基本法が教育勅語を補完するものとして成立したという主張である。たとえば、「新しい教育基本法を求める会」（西澤潤一会長、高橋史朗事務局長）は、「教育勅語を補完するもの」として教育基本法が成立したと主張することによって、教育勅語の延長線上に教育基本法「改正」を位置づける主張を展開している。その「要望書」は、次のように言う。

「古来、私たちの祖先は、皇室を国民統合の中心とする安定した社会基盤の上に、伝統尊重を縦軸とし、多様性包容を横軸とする独特の文化を開花させてきました。教育の第一歩は、先ずそうした先人の遺産を学ぶところから発しなければなりません。」

教育基本法の「押し付け」論の誤りは明瞭だろう。総司令部とCIEは新勅語の準備は進めていたが、教育基本法の構想は持っていなかった。教育基本法の制定は「教権の独立」を構想した田中耕太郎文部大臣によって提案され、田中二郎文部省参与の主導によって立法化された（古野・二〇〇三）。草案を準備した教育刷新委員会の組織と審議も「教権の独立」において進められたのであり、内閣法制局における法案の準備過程でCIEの修正要求が出されはしたものの、「押し付け」によって法案が成立したわけではない。教育基本法制定の根拠となった「教権の独立」は、総司令部とC

ＩＥの予測の枠を超えており、むしろ「危険」と見なされていた。しかし「押し付け」論と同様、「自主制定」論も誤りである。教育基本法の制定は憲法の制定よりも自主性が大きいとは言え、占領政策の一環として遂行された以上、憲法と同様、日本政府と総司令部の合作として位置づけるべきだろう。

「改正」論者のもう一つの主張である教育基本法を「教育勅語を補完するもの」（高橋・二〇〇一）あるいは「教育勅語を擁護する関係で制定されたもの」（杉原・一九八三）という解釈はいくつも矛盾を含んでいる。教育勅語が、修身・歴史・地理の停止、国民学校令施行規則の一部削除および式日の儀式における教育勅語奉読の禁止によって行政的効力を失っていたことはすでに示したとおりである。教育基本法の成立時点で教育勅語が法的行政的に失効している以上、「擁護する」ことも「両立する」こともありえない。ましてや「教育基本法は教育勅語を補完するものとして成立した」（高橋）というのは論外である。

「改正」論者の「補完」「両立」論は、田中文相と高橋文相の国会答弁を根拠としている。しかし、田中も高橋も法的行政的に「補完」と「両立」を述べているのではない。教育勅語と教育基本法の理念やイデオロギーの「補完」性と「両立」性を述べているに過ぎない。しかし、もともと文書の形式から言って、明治天皇の個人的な意見表明に過ぎない教育勅語と、国会において立法された教育基本法とは、およそ次元を異にしている。

法的行政的に言えば、教育基本法が「教育勅語」を代替するものとして成立し機能したことは明瞭であろう。そうだとすれば、教育基本法を「教育勅語を補完するもの」とする認識および「両立するもの」とする認識は、田中耕太郎文相や高橋誠一郎文相の国会答弁と同様、道徳と倫理というイデオロギーによる「補完」と「両立」を意味するものということになる。しかし、この「補完」論と「両立」論はおよそ無意味である。なぜなら、「教育勅語」は明治天皇の個人的な意見表明に過ぎず、国会において審議され立法化された法律と同列に並べて議論すること自体が無意味である。

さらに付言すれば、理念やイデオロギーとして見ても、教育勅語は大日本帝国憲法と密接不離の補完関係にあり、日本国憲法と相即的関係にある教育基本法が「補完」したり「両立」することは不可能である。教育勅語の理念とイデオロギーは大日本帝国憲法に基礎をおいていたのだから、大日本帝国憲法の失効と同時に教育勅語の効力も制度的には失われている。ちなみに教育勅語の復活を求める人々も存在するが、大日本帝国憲法の復活と切り離して教育勅語の復活を提唱すること自体が無意味である。

あるいは「改正」論者は、教育基本法が教育勅語の影響が払拭されていない状況で成立した事態を「補完」もしくは「両立」と表現しているのだろうか。そうだとすれば、当時の雰囲気の一面を常識的に述べているだけであって何も言ってないに等しい。

「改正」論者は史実に即した主張をすべきである。「日本文化の伝統」を天皇制と教育勅語に求めるならば、天皇制の存続に腐心したマッカーサーの占領政策を高く評価すべきであり、教育勅語の普遍性に固執した田中耕太郎の「教権の独立」を基礎とする教育基本法の制定を高く評価すべきだろう。もし「改正」論者がポツダム宣言と占領政策による「国体」の崩壊を道徳と倫理の崩壊として断罪しているのであれば、「国体」を崩壊にまで導いた裕仁とその側近の道義的政治的責任を追求すべきだろう。さらに「改正」論者が「日本古来の伝統」に政治と教育の基礎を求めているのであれば、明治以後の天皇制と教育勅語が、欧州の君主制と国家倫理の模倣と翻訳に他ならないことを認識すべきだろう。あるいは「改正」論者が、教育基本法による平和主義と民主主義の教育を嫌悪し、戦前のような教育勅語による教育への回帰を渇望しているとすれば、敗戦後の占領下において、アジア太平洋戦争以前の日本への回帰の可能性は存在しなかった事実を認識すべきである。また、現在の政治と教育の荒廃がアメリカによる「洗脳」の結果であると言うのであれば、憲法や教育基本法の改正の前に、対米従属関係の根幹を構成している安保条約の廃棄を主張すべきだろう。いずれにせよ、「改正」論者の主張は歴史認識においても思想においても稚拙であり、一貫性を欠いている。

教育基本法は、アメリカ帝国主義と象徴天皇制の戦略結婚によって産み落とされたファントム（妖怪・鬼っ子）であった。このファントムは、憲法第二六条で規定された人権としての教育を教育システム全体に一貫させる機能をはたし、平和主義と民主主義の教育に法的基礎を与えてきた。しかし、教育基本法は文部官僚による高い評価と熱心な宣伝（宮地＋安達・一九四九）にもかかわらず、成立直後から教育勅語の復活を求める保守的政治家から攻撃の標的とされ、しかも文部省外の教育関係者からは一九五〇年代後半まで無視され続けてきた。文部官僚以外の人によって教育基本法の価値に言及した最初の書物は、一九五七年の長田新編『教育基本法——教育研究サークルのために』であり、制定一〇年後のことである。

教育基本法の宙吊り状態は裁判の判例においても明瞭である。教育基本法による判例は一九五〇年代は皆無であり、一九六〇年代においても少数の判例が見出されるに過ぎない。しかし、一九七〇年代以降、教育基本法を判例とする件数は急に増加し、その状況は今日まで持続している（平原・一九九八）。このことは、アメリカ帝国主義と象徴天皇制の戦略結婚によって誕生した「ファントム」としての教育基本法が、文部省主導の民主教育の衰退によって宙吊り状態になり、やがて人々の闘いによって新たな生命を獲得するという戦後民主主義の弁証法を体現していて興味深い。私たちが教育基本法を擁護しているのは、制定後の闘いによって新たに吹き込んだ生命の部分なのである（中野・二〇〇三）。

しかし教育基本法はもう一つの「ファントム」を抱え込んでいた。理念や規範や道徳を法で規定する性格である。本稿が示してきたように、教育基本法の規範法としての性格は、憲法の第一章（象徴天皇制）に連動しており、教育基本法の第一条と第二条は、憲法第一章とともに廃棄されるべきものと言えよう。逆に言えば、象徴天皇制が存続する限り、規範法としての教育基本法は存続し続ける基礎を持っている。しかし、現在、国会に上程されようとしている「改正」案は、憲法との対応関係を切断し憲法に超越した規範法として、教育の目的と理念と規範と道徳を法律で定めることが企てられている。この「改正」を正統化できる根拠は、法的にも政治的にも教育的にも存在しない。「改正」が国会で現実化したときには、教育基本法の「擁護」から「廃止」へと闘いを転換すべきだというのが、本論が描出した教育基本法成立の複雑な歴史から導き出される結論である。

〈参考文献〉

岡本遼司「教育改革と民主主義観」中村政則・天川晃・尹健次・五十嵐武士編『戦後日本・占領と戦後改革(4)戦後民主主義』岩波書店、一九九五年
長田新ほか著『教育基本法——教育研究サークルのために』新評論、一九五七年
久保義三『昭和教育史——天皇制と教育の史的展開（下）』三一書房、一九九四年
古関彰一『「平和国家」日本の再検討』岩波書店、二〇〇二年
古野博明「教育基本法とはどんな法律か——教育基本法制定過程が示しているもの」子どもと教科書全国ネット21編『ちょっと待ったあ！教育基本法「改正」』学習の友社、二〇〇三年
佐藤秀夫「教育基本法と『伝統』——教育基本法制定過程に関わる今日的論の批評」日本教育学会『教育学研究』第六八巻四号、二〇〇一年一二月
佐藤学「『個性化』幻想の成立＝国民国家の教育言説」森田・藤田・黒崎・片桐・佐藤編『個性という幻想：教育学年報(4)』世織書房、一九九五年
佐藤学「教育基本法『改正』というトラウマ」『現代思想』二〇〇三年四月号
鈴木英一『日本占領と教育改革』勁草書房、一九八三年
鈴木英一・平原春好編『資料・教育基本法五〇年史』勁草書房、一九九八年
杉原誠四郎『教育基本法の成立——「人格の完成」をめぐって』日本評論社、一九八三年
Dower, John, *Embracing the Defeat : Japan in the Wake of the World War II*, Norton and Company, 1999.（ジョン・ダワー著、三浦陽一、高杉忠明、田代泰子訳『敗北を抱きしめて（上・下）』岩波書店、二〇〇一年）
高橋史朗「教育基本法の五〇年史」西澤潤一編『新教育基本法：6つの提言』小学館文庫、二〇〇一年、所収
瀧井一博『ドイツ国家学と明治国制——シュタイン国家学の軌跡』ミネルヴァ書房、一九九九年
竹下栄治・岡部史信著『憲法制定史（資料と論点）』小学館文庫、二〇〇〇年
田中耕太郎『教育基本法の理論』有斐閣、一九六一年
辻田力・田中二郎監修・文部省内教育法令研究会著『教育基本法の解説』国立書院、一九四七年

中野光『もっと生かそう教育基本法』つなん出版、二〇〇三年
西澤潤一編『新教育基本法――6つの提言』小学館文庫、二〇〇一年
林量俶「教育基本法の教育目的――『人格の完成』規定を中心に」川合章・室井力編『教育基本法――歴史と研究』新日本出版社、一九九八年
平原春好「教育基本法制の形成と展開」前掲・鈴木英一・平原春好編『資料・教育基本法五〇年史』勁草書房、一九九八年
Bix, Herbert B., *Hirohito and the Making of Modern Japan*, Harper Collins, 2000,（ハーバート・ビックス著、吉田裕監修『昭和天皇（上・下）』講談社、二〇〇二年）
堀尾輝久『いま、教育基本法を読む』岩波書店、二〇〇二年
宮地茂・安達健二「教育刷新委員会について――終戦後における教育刷新の主要動向」森戸辰男他著『新教育基本資料とその解説』学芸教育社、一九四九年
八木公正『天皇と日本の近代（上＝憲法と現人神、下＝「教育勅語」の思想）』講談社現代新書、二〇〇一年

（さとう・まなぶ／東京大学大学院教育学研究科教授）

ホモ・エドゥカンスの教育的無意識と〈自己〉の大きな物語

●教育研究の最前線へ

――宮澤康人

はじめに

前線には、「梅雨前線」のような、のどかな自然現象もあるが、「最前線」というと、探検か戦争、とりわけ戦場を連想する。特定の敵があってそれとの戦いの最前線、というイメージである。ところが、どの学問領域においても、対峙すべき敵が見えにくくなっている現状において、教育研究の敵を特定するのはきわめて困難である。それを見定めること自体が研究課題となる。

「敵」は見えにくいというより、多様化し拡散しているだけかもしれない。しかし、少なくとも複合的であろう。当然、戦線も多様でありうる。となると、このテーマは、研究者一人ひとりが、自覚するしないにかかわらず、何と戦っているか、それをさらけだすものにならざるをえない。

敵を見定めるには、できるだけ視界を広げる必要がある。これまで教育学が、自分の守備範囲を越えると見なしてきた現実と課題を視野に入れなくてはならない。それはたぶん、人間をテーマにするかぎり、どの学問もさけるわけにはいかない共通の課題に行き着くであろう。

「敵」はどれほど複合的であっても、その根源にあるのは、人間の自然に対する敵対であり、それに基盤をもつ人間相互の敵対ではないか、と私は考えるようになった。これは言い換えると、人間の身体・環境系の危機という問題である。自然の一部である人間が、自分の身体を含む自然という、より大きな自己(=地球生命圏)に対立する悲劇的状況とも言える。

例えば、『もう抗生物質では治らない』という本が注目を浴びた。研究者も薬品会社も日夜新しい抗生物質の開発に励んでいる。ところが、細菌はそれをはるかに上回る進化を遂げる。人間の一世代にあたる三〇年の間に一五万回も世代交代をして、その度に抗生物質への抵抗力を強めていく、という。何のことはない、人間は最新の科学技術を駆使して、敵の戦力強化に手をかしているのである。現にどんな抗生物質も効かない病気が増えつつある。いまの戦略では人間は必ず負けるという予測が出始めたという。これは、かつては生態系のなかで共存してきた敵を絶滅し、自然の独裁者になろうとする人類の野心の敗北であり、近代医学のパラダイム転換を迫る事態である。そればかりか、近代人の生き方=文化を問い直す問題を提起している。

また例えば、「過労死」の問題がある。これは日本だけの問題ではなく、アメリカ合衆国でも、あらゆる産業、企業規模、職種、年齢層で深刻化していることを、ジル・A・フレイザーは報告している(『窒息するオフィス――仕事に強迫されるアメリカ人』。他にセネット)。過労社会は、もちろん市場原理に基づく、国際規模での企業間競争の産物であるが、それに拍車をかけるのは、電子メールや携帯電話の普及などいわゆるIT革命によって、仕事と家庭生活や休暇との境界線が消失したことである、という。しかしその一方には、リストラと失業の増大があり、とりわけ、急速に複雑化する職場の即戦力になれない若者の失業が世界的に増大している。過労と失業の同時進行は、もはや経営学や保健衛生学の範囲に収まる問題ではない。

さらに例えば、いま世界には、限られた大地空間を占有しあい、有限な自然資源を奪いあう、経済的かつ軍事的争いがくり返され、そこに強力な武器を含む高度な科学技術が「活用」されている。異文化集団、国民国家相互の憎悪はつのる一方である。これはすでに、国際政治学などの問題領域を越える。

以上の例は、それぞれ次元が違う現実のように見えるだけでなく、教育研究には直接関わりがないように見える。しかし、そのような見かけをまず突き破り、一見次元の違う問題を相互に関連づけ、教育の問題として引き受ける工夫なしには、研究の最前線は見えてこないであろう。それには、ホモ・ファーベル＝ホモ・エドゥカンスという人間像に注目することが突破口の一つになるのではないか。これがまず、以下に主張したいことである。

前述の現実問題が専門の枠を越えることから明らかなように、危機と戦う知恵も、教育学の遺産の枠を越えなければならない。教育と教育学の内側に眼を配るだけでは見えてこないものを見るために、現代の最先端を行くと思われる研究分野の知識と発想を参照する必要がある。その分野は、私の課題にとっては生命学、とくに脳神経科学と発生進化学ではないかと思える。

1　ホモ・ファーベルとホモ・エドゥカンス

どの学問にも、たとえ暗黙のうちにせよ、前提とされる人間像がある。例えば、近代の社会科学を代表する経済学のホモ・エコノミクス（経済人）はそれにあたる。

ホモ・エコノミクスは、「人間とは本来利己的であり、合理的に自己の経済的利益を求めて行動する動物であるとするもの。スミスの『諸国民の富』（一七七六）の背後にある人間像」を指す（『社会学小辞典』）。また、「ホモ・エコノミクスは、近代のデカルト主義的合理人の経済面での現れである」（同前）と言われる。もし、損を承知で理由もなしに、同じ商品を高い値段で購入したり、わざわざ利子の安い銀行に預金する人間がふつうであるとすれば、経済学の理論は成り立たない。

教育学においてホモ・エコノミクスに対応する人間像は何か。イヴァン・イリイチにおいては、ホモ・エドゥカンドゥス（homo educandus）がそれにあたることになる。それは、「知るべきこと、するべきことをすべて何でも教えられなければならない存在」（イリイチ、訳書九五。傍点原著者）と定義されている。これは、「教え」の対象として人間を受け身の存在と見る人間像である。カントの有名な定義に似通うが、もしかするとヘルバルトの陶冶性の概念にも一脈通ずるところがあるかもしれない(1)。

イリイチによると、これまで、「教育史家は、人間の文化のあるところならどこでも、世代から世代へと受け渡されるべき知識のストックがあるかのように語ります。かれは、この教育への［依存］欲求なるものが、いかなる段階をふんで歴史的に存在するにいたったかを研究しようともしません」（イリイチ、九八）とのことである。歴史研究が、実証的と言いつつ、どれほど既存の偏見に縛られて偏見を無自覚に再生産しているか、ということへの批判である。

しかも、注目すべきことに、そのようなホモ・エドゥカンスは、「西洋の伝統のそとにあるいかなる社会にも類を見ないもの」（九七）であり、そのうえ、西洋においてもそれほど古いものではない。その出現は、「情報とプログラミングを必要とする人間という点から社会が組織されて」くる時代のことであり、それは、「『ホモ・エコノミクス（経済人）』の歴史の、これまでなおざりにされてきた側面として理解されなければなりません」（九三）と指摘したのちイリイチは、ホモ・エドゥカンドゥスの歴史は、「スベテノ人ニ、スベテノコトヲ完全ニ教エル　omunibus, omunia omunio docendi 企図」を提唱したコメニウスとともに始まると言う（九五）(2)。

経済学も教育学も、西欧の工業化文明が必要としたイデオロギーであると考えれば、類似の性格をもつのはなにも不思議ではない。このイデオロギーは、地球生命圏という自然世界を、自らの認識枠組みの外部に放逐して、人間だけで構成される知の世界を設定しておきながら、そのことの非現実性を自覚しない。あるいは隠す。この経緯は、学説史的にあらためて検証を要する課題である。

しかし、いまここで問題にしたいのは、そのことではなく、イリイチが想定する教育学的人間像は転倒しているのではないか、ということである。前出の「合理的に自己の経済的利益を求めて行動する」ホモ・エコノミクスの主体性、能動性に見合うのは、「教えられる」という受動性ではなく、むしろ「教える」という能動性である。現に、イリイチ自身も、「スベテノ人ニ、スベテノコトヲ完全ニ教エル企図」というコメニウスの言葉こそが「ホモ・エドゥカンドゥス」の概念を定義している、と言う（イリイチ、九五—九六）。そのとおりであるならば、「教育されるべき」という受け身の人間に先行して、能動的な、「教育する人間」＝教育の主体がいるはずである。そしてそれこそが、人間を受け身の学習者に追い込む主役であろう。その教育主体をホモ・エドゥカンスと呼ぶことができるのではないか。

ホモ・エドゥカンスは、ラテン語で文字どおり「教育する人間」を意味し、先のホモ・エドゥカンドゥスの能動形である。アメリカ合衆国の教育史家、R・フリーマン・バッツが、人類学者の言葉にヒントをえて、『西欧の教育』において中心にすえた概念で、人類の特徴を、教育する能力というところにみる。すなわち、人間文化の特性は「教え」にあるととらえるのである。

ホモ・エドゥカンスの能動性に直接対応するのは、ホモ・エコノミクスよりもむしろホモ・ファーベル（制作人）であろう。これも、ホモ・エコノミクスと並んで、近代産業社会を支える主要な人間像である。

ホモ・ファーベルとは、「人間が自然界・人間界から自立して、自然と人間を対象化し、（それに）技術的工学的に立ち向かい、この世界を人間にとって望ましいものに……作り替えるべきである、と考える人間観」である（『平凡社大百科』）。

ホモ・ファーベルとホモ・エドゥカンスという人間観には共通して、対象に働きかけて対象を変容させるという人間の能動性の強調がある(3)。

この人間観は、〈私〉を自然の外部に超越する主体と意識し、自然を利用と加工の対象とみなす。世界は、〈私〉を中核にすえた、同心円の拡大としての人類だけによって構成されている、という錯覚をまねく世界観である。ホモ・ファーベルには、人間が、人間以外の生物の生命に依存して生きているという意識はもとより、それと共生しているという感覚さえ乏しい。

この意味で、合理的実践主体という近代人のイメージは、工業生産者をモデルとしており、近代は工業文明の時代である。工業文明の担い手たちは、自らを加工主体であると認識することによって、自然は加工される客体であると見るようになる。ここに、人間と自然との関係を、主体と客体の関係と観る世界観ができあがる(4)。

このように、〈私〉が自然のなかの一部にすぎないという事実を忘れさせるのが、ホモ・ファーベルの人間観である。ところが、そういうホモ・ファーベルを意識的に、そして効果的に形成することこそが、近代以降の教育の主要な目的であり、それを担う人間像がホモ・エドゥカンスであった。ホモ・エドゥカンスは、ホモ・ファーベルの教育思想版ととらえることができる。

この生産行為は、近代科学の中心に機械論的物理学があったことに対応して、機械加工モデルで考えられやすい。そういう背景があって、O・F・ボルノーは、「教育的雰囲気」論によって近代教育学を批判する。「教育的雰囲気」の概念は、「教育理解の『第三の可能性』、つまり『新しい教育学的な根本カテゴリーの可能性』」をはらんでいる、とボルノーは自負している、という(宮野、一六三)。「第三の可能性」とは、「これまでのところ教育学は、教育そのものの本質を、手仕事的行為との類推で『つくること』(Machen)と把握するか、あるいは、人間の発達を有機体の成長と同一視して『成長させること』(Wachsenlassen)と考えるか、そのいずれかであった」。その二つに対する第三という意味である。

前者の立場、つまり「教育学の技術論的見解」(die technologische Auffassung der Paedagogik)では、あくまでも教育活動の計画的遂行が主眼であって、雰囲気的なものは二次的、場合によっては妨害的と見なされざるをえなかった。また後者の立場、換言すれば、「教育学の有機論的見解」(die organologische Auffassung der Paedagogik)にあっては、成長の内的法則に関心が集中し、外的雰囲気はどうしても軽視される傾向にあった」(宮野、一六三)。

たしかに、教育学において、教え込みの伝統(instructional tradition)と(自己)発達の伝統(developmental tradition)という二つの対立的な系譜を認めるのは、ほぼ常識となっている。ボルノーの問題提起は、その常識的対立を止揚するかのように見える。

ところが、ホモ・ファーベル＝ホモ・エドゥカンスの観点から巨視的に見ると、ボルノーの見取り図は、近代教育の基本性格を捉えそこなっているように思われる。その理由を納得いくように説明するには、教育思想史、科学史、技術史の長い記述をしなければならない。ここでは思い切り簡潔に、次の二点を指摘したい。

第一に、「成長させること」も実は、「させる」という主体の働きかけがあるかぎり、形をかえた加工の一種と見なすことができる、ということである。第二に、近代科学の源泉には、ボルノーが把握しているらしい、機械論（物理学的）と生気論（生物学的）の二つだけではなく、錬金術（化学的）という第三の源泉がある。しかも、この第三の源泉こそが、生物学と物理学という、対照的な自然観に根ざした学問を結びつけ、ホモ・ファーベルの自然観（自然を加工対象とみなす自然観）へと統合する媒介者の位置を占めるのであろう、ということである。そして実は、その錬金術＝化学が近代教育方法学の認識モデルだったのではないか、と考えられる。

化学の認識方法がホモ・ファーベル的であることは、物理学の機械的自然観とは相いれないと思われた生物現象に、化学の方法を適用した生化学が成立したこと、それを経由して、その先に生物物理学が成立したことによっても明らかである。その延長上に出現した遺伝子操作は、遺伝子への物理的働きかけによって、生物の生得的性格をかえようとする科学技術である（柳沢）。

さらに、化学工学とよばれる制作の技術学がある。それは、機械工学とはたしかに性格が違う。機械加工は、物に直接、外力を加え、それを物理的に変形させる。それに対して化学工業は、物質自体に変化を起こさせる環境である装置を設定する。つまり対象に間接的に働きかける。但しこれには、植物栽培の場合と同じレベルではないにせよ、やはり変化を待つという時間的要素が含まれる。この間接的制作の技術が生物に適用されると、生物の内部の化学変化を起こさせる環境を制作する技術となる。生物の発生を促進したり方向づけるのである。

以上の文脈でみると、ボルノーの「教育的雰囲気論」は、生物に対する間接的・媒介的制作の技術と同型のものに見える。教育的雰囲気を「つくる」のは、どれほど間接的であっても、やはりホモ・ファーベルの加工技術である(5)。そこには教育主体は見えにくい。隠されているとも言える。しかし、ホモ・エドゥカンスがそこに働いていることは見誤りようがない。こういうことがわかると、教えと学びを単純に対立させて、教えから学びへの転換を主張する議論は根拠を失う。人為的「教育」に対して自然的「学習」を対置するのではなく、生物の発生や成熟に不可欠の時間的契機の重要性に着目するか否かが問題なのである(6)。

加工主体という人間像は、デカルトのコギト(理性的に考える主体)とも共通する要素をもつ。コギトは西洋近代の諸学に共通する人間像だが、ホモ・ファーベル、ホモ・エコノミクス、ホモ・エドゥカンスはいずれも、合理的に考え、主体的に行動する人間という点では、コギトに貫かれている。すなわちホモ・サピエンスである。

コギト・エルゴ・スム(私は思考する、ゆえに私は存在する)という命題は、デカルト哲学の第一原理であるだけに、その解釈をめぐるその後の論議は簡単ではない。例えば、「思考するがゆえに存在する」と「私は思考する者である」は、デカルト自身は同じ事態の二つの面と見ているにもかかわらず、違った意味を含むという指摘(桂、三〇)なども ある。

しかしここでは、その原理が、人間の精神だけを主体と認めることによって、その他の一切を客体化する主客二元論であること、それゆえ、精神の主体である私にとって、自己の身体も物体として、客体化する心身二元論であること、このふたつを確認すれば足りる。それにくわえて、リクールが指摘したように、その「一人称単数性」に注目して、私という個の思考の確実性への信頼があること、および、ハイデガーが理解するように、「私は、私が思考するのを思考する」という、コギトのメタ意識性を強調しておけばなおいいであろう。

コギトは自己の身体を対象化する。体操という概念は自己の身体を訓練の対象とするところに成立するであろうが、イエズス会創立者のロヨラに『霊操』という著書がある。

「霊操」(exercicios spirituales)と言われる理由は、散歩したり、歩いたり、走ったりすることを体操(exercicios corporales)

と言うように、霊操は魂を準備し、調えるあらゆる方法のことである」（訳書、五八）(7)。

しかし、霊操と体操のこのアナロジーにはずれがある。体操の場合には身体を操作する主体は精神であるが、霊操の場合には、人間の内面は、「隠れた二つの勢力、神と悪霊」（四九）によって二重化されている。デカルトと対比すると、「デカルトの自己は……意識的自己であるが、『霊操』の自己は行為的自己である」（四六）とも言われる(8)。

ロヨラの「霊操」から神を消去するとデカルトの「自己省察」になる、と見なすのは飛躍であろうか。しかし、後者は超越者なしの自己操作のように現代の私たちには見える。近代のホモ・エドゥカンスの系譜は、デカルトを経て「霊操」に遡るとさえ言うことができる(9)。

ホモ・エドゥカンスは、このようにして、単に他者を教育する主体ではなく、自己教育主体でもある。そこにおいて、自己は多重化され、自己の身体ばかりか自己の精神さえも他者化される。それゆえ、ホモ・エドゥカンスは、自己を制作する主体を制作する主体である、というメタの重層的関係構造をもつ概念である。これは、人間を単に学習主体と捉える単純系の概念とは全く違う捉え方である。

デカルト、コメニウス以後の教育研究は、ホモ・エドゥカンスの意図を具体化し、その方法を探究する歴史ではなかったか。児童心理学も、本来の動機はそうでなかったにしても、ホモ・ファーベル＝ホモ・エドゥカンスの観点からすると、加工対象の性質を利用して加工の効率や精度をよくする材料力学と類似して見える。子供を理解する知は、いつも子供を操作する技術へと転化する水路が近代社会では用意されているのである(10)。

2　教育の目的意識性と教育的無意識

教育を定義するとき、目的意識性という要件を省くことはできない。とりわけホモ・エドゥカンスの立場からはそうである。いわゆる「消極教育」においてさえ、「自然がする教育（＝発育）」を妨げないという目的があり、その目的に沿って干渉を控える、という主体の抑制の意識を働かせるわけだから、これも合目的的で意識的な行為である。それゆえ、「教育的無意識」という概念を設定することは、教育の通常の定義への挑戦となる。しかしその際、「無意識」そのものが、近代意識であるコギトの成立を待って発見されたということを見落とすべきでない。

〈無意識〉は、文字どおりに取ると、意識されないことであるから、観察もされなければ、記録もされず、データの取りようのない対象である。それゆえ、経験科学の対象になりえない神秘的概念、という誤解があらゆる分野の研究者の間であとを絶たない。しかし、〈無意識〉を主題化する学問は、けっして思弁的な知ではなく、まして神秘主義とは違う。むしろ、自由連想法、投影法テスト、夢や神話の分析、芸術作品の分析など様々な手法を駆使して、「意識には達しない深い心的過程」に迫ろうとする新しい経験科学である。それは、ニュートン力学を中核とした近代物理学の機械的唯物論の世界観＝人間観に揺さぶりをかけ、科学主義が直面する、人間理解の壁（主体客体の二項対立図式、心身二元論、関係を合理的コミュニケーションに限る等々の）を突破する可能性を内蔵している。

こういうことは、エレンベルガーの大著『無意識の発見』が、詳細な思想史研究に基づいて説得的に語っているとおりである。

「力動精神医学発達史」という副題をもつこの本において、エレンベルガーは、力動精神医学の「遠祖」をたずねて、シャーマンの原始療法にまで遡る。ギリシアの「精神修養法」ももちろん視野に入る(11)。そして、中世以降の「祓魔術（エクソルシスム）と動物磁気と催眠術と主な現代力動精神医学体系との間に、中断のない連鎖があることを証明できる」（訳書上、ii）と書いている。

しかし、力動精神医学の直接の成立史は、一七七五年から記述される。ということは、無意識の発見史は啓蒙の時代とともに始まるという意味である。エレンベルガーは、「フロイト、ユングの基本的な考え方が、（中略）ロマン派哲学者、ロマン派精神医学者の概念の一部に、驚くほど類似性があること」（同、iv）を指摘している。ロマン主義が、啓蒙主義という近代の代表思想の成立を前提にしてそれに背く、いわば近代の鬼子であることはよく知られているが、フロイトが最初、神経生理学者として出発したこと、そして終生、科学主義的な決定論者であったことに、エレンベルガーは再三注意を促している。

啓蒙とはLumières, Enlightenment, Aufklarung、文字どおり明るくすることであり、世界の隅々まで、光に照らし出して理解しようとすることである。見えることが理解することであるという考え方は、視覚優位の意識の捉え方といえるが、これは、「事実（＝眼に見える証拠）」に基づく実証という、近代の学問に普遍的な方法と共通する。思想のレベルだけではない。啓蒙の時代のあと、照明器具の発明と普及が続き、人々は明るい夜の生活を享受することになる(12)。

照明のおかげで、人間は暗さの世界への想像力を失った。闇への畏怖の感覚ばかりでなく、照明のあてられない世界は原理的に言って存在しない、とさえ考えるようになった。意識を視覚モデルで捉えるかぎりこれも必然の成りゆきかもしれない(13)。無意識の世界に鈍感になることと無意識の発見は、正反対のようでいて実は、いずれも啓蒙を要因とする現象である。

そういう無意識の根源に身体があり、環境があり、生命圏があるのではないか、という想定を次に問題にしたい(14)。これは、自我と身体の関連、自己と環境の関連を問い直すことでもある。こういう問題が、近代文化の限界を越えるために重要であることを全く認めない人は少ないだろう。ところが、近代を批判する教育理論においてさえ、身体・環境系の問題を原理的に取りあげる試みがこれまできわめて弱かったように思われる(15)。

身体・環境系という文脈の中で自己を考え直すには、まず、私の身体とはなにか、それを問う必要がある。ホモ・ファーベル＝ホモ・エドゥカンスは、私以外の世界をすべて対象化し、その対象に働きかけ、それを変えていく。ここで重要なのは、その対象には、外部環境としての社会と自然だけでなく私自身の身体も含まれることである。

「私の身体」は、私にとって自明であるかのようにふつう思われている。胃が痛いとき、痛むのは私の胃であって、あなたの胃でも彼の胃でもない。他者の痛みは、想像力によって共感できても共有はできない。それが当然であって、自他の区別の感覚をなくすのはむしろ異常とされる。けれども、身体の自己の境界線は自明とは言いがたい。

例えば、中絶権を認める論拠に、女性は子宮の所有者であるから自己の胎盤の処分を、ちょうど盲腸虫様突起を切除するのと同様に、自由に自己決定できるというのがある。これに対して、胎児は生命をもつ人格であるから中絶は殺人である、という批判があることはよく知られている。この対立状況自体が、実はホモ・ファーベルやコギトという近代的主体意識が作りだしたものである。私は他者の身体を道具視するばかりか、自己の身体まで、私の欲望達成の、もしくは福祉の手段化する。

アメリカ合衆国のフェミニスト法学者、ドゥルシラ・コーネルは、「寸断された自己とさまよえる子宮」という論文において、中絶権を自由権や所有権から基礎づけるのとは違った仕方を探究している。まず、中絶は胎児への殺人であるとする胎児の人権論に対しては当然、それは「女性をたんなる胎児にとっての環境に還元してしまう」という批判論を支持する。そのうえで、女性に「自己としての身体のまとまり」を与えることの重要性を強調する。女性の「自己性」の構成は、「ひとつの全体的身体としての女性の自己」としてイメージされるべきである。そういう自己こそが自己決定権をもつ主体であると論じる。

コーネルの議論は、「女性の自己感覚を不可避的に継続的に掘り崩すような分裂化をしいる」(九四)中絶権の否定論に対する批判としては有効である。しかし、身体を他者と見なす自我の病に陥った近代人、身体は私であると感じられなくなった、コギト以後の近代人にとっては、コーネルと逆方向からの議論も必要になるのではないか(16)。

たしかに、コギトである私にとって、私の思いどおりにならない身体は、内なる他者である。しかも私を苦しめることもある厄介な他者である。例えば、私の心臓や消化器は私の意志とは無関係に機能し続ける。逆に、私の願望を裏切って、勝手に痛んだり機能不全を起こす。内分泌学の藤田恒夫に言わせると、「腸は実に賢い器官で、脳の命令や調節とは無関係に、(非常に多様で微妙な)内容物の化学的、機械的情報を検出して適切な対応をとりつづける」(藤田、七)。実際、植物人間の例にも見られるように、「(脳や脊髄の)神経からの連絡を絶たれても、腸は正確に働いてくれる」。そこからさらに、腸は独自の神経中枢をそなえ、脳から独立して活動する、第二の脳である、とまで主張する神経生物学者がいる（Gershon, p.17）。

さらに、私の内臓には、脳に対立する働きをするものさえある。例えば免疫系がそれである。身体には、病原性の微生物が侵入したときにそれをいちはやく感知し、排除する働きがそなわっている。しかし、それは、「単に微生物から体を守る生体防御のための働きではなくて、基本的には『自己』と『自己でないもの（非自己）』を識別して、『非自己』を排除して『自己』の全体性を守るという機構である」（多田、九）。このことがもたらす恐るべき結果を示す衝撃的な実験がある。

ウズラの脳をニワトリに移植すると、ニワトリはウズラの行動様式を起こしはじめる。ところが、数週間以内にすべて死んでしまう。これは、移植されたウズラの脳の中にニワトリの免疫系の細胞が入り込んで脳細胞を破壊するためである。この実験の意味を多田富雄は次のように説明している。

ニワトリの中では「自分の行動様式を決定する脳の『自己』と、身体の全体性を監視している免疫系の『自己』が共存していた」。ところが、移植されたウズラの脳は、免疫系にとっては異物であり、しかも身体の一部にすぎないので排除の対象となる。しかし脳を破壊された動物もそう長く生き延びることはできない。脳と免疫系の対立による共倒れ現象ともいえる。

以上から理解せざるをえないのは、第一に、個体生命においても自己は一元的とは言いがたいということである。脳の自己、腸の自己、免疫の自己、子宮の自己、その他にもまだ発見されていない自己があるに違いない。第二に、意識の場、精神活動の場であると見られた脳も身体の一部であり、しかも個体生命の全体を支配できない一部にすぎないということである。

この点から見ると、人間のコミュニケーションをコンピューターモデルで捉えることの不十分さは明らかである。認知科学の一部には、コミュニケーションを、コンピュータ相互の明示的な記号情報のやりとりであるかのように扱う議論がある。しかしそのような議論は、脳が首から下の身体から自立して生存し、機能するかのような錯覚に基づくと思われる。もちろん、コンピューターモデル論者も、エネルギーとしての電源があることを無視してはいない、と抗弁するだろう。けれども、すでに見たとおり、身体は脳にとって電源以上のものである。人間のコミュニケーションは、脳中枢神経同士のそれではなく、第二の脳である腸はいうにおよばず、免疫系、そして未知の自己までも含む、身体全体が関わる関係である。ここに相互の無意識の関係の重要性という問題があらわれる。ちなみに、コンピューターモデルの学習論は、「子どもはことばをからだで覚える」ことをしばしば忘れさせる理論と言える（正高。ゲレロ他）。

身体だけでなく、意識レベルにおいても、私とは別の自己が存在する[17]。この問題に浅野智彦は、精緻な物語論的探究を試みている。探究の背景には、「自己を徹底的に関係へと還元しようと」する「関係主義的な」「社会学的自己論（例えばミードやゴフマン）」になじんだあげくの、それへの不満がある、という。関係主義には、「自己の自己自身への関係、自己言及的な関係についての思考が欠けているのではないかという疑念である」（浅野、二五五―二五六）。

浅野の主張は、「第一に、自己は、自分自身について物語ることを通して産み出されるということ、そして第二に、自己物語はいつでも『語り得ないもの』を前提にし、かつそれを隠蔽しているということである」（浅野、四）と要約される。いずれも簡潔にして示唆に富む命題であるが、本論考の文脈では、物語と自己が同時生成することに注目しておかなくてはならない。物語る主体が、自己に先だって実体的に存在するのではない、ということである。さらに、〈別の自己〉の存在も浅野において示唆されているがここでは立ち入らない。

関係主義以後の自己論で、これほど繊細、鋭利、かつ実践的でもある論述が、教育学ではなされているのだろうか。浅野の成果に触発されて、私なりに考えたのは、以下のようなことである。

まず、自己への物語論的接近には、関係主義への不満というモチーフがあるにもかかわらず、関係の視点が内蔵されている。物語が生成する場は、閉じた個体の内部ではなく、他者との関係でもある。浅野はとうぜんそれも考慮しているが、私たちはそれをさらに明確に、自己と他者と自己自身という三者関係として捉える枠組みを考えることもできる。

第二に、物語論、とりわけ「意識体験の学」である現象学の系譜を引くそれが、物語は意識的自己によってつくられるという前提に固執するとしても、そういう限定にしばられる必要はない。精神分析で言う無意識の物語生成力を重視する行き方をとってみたい。

第三に、物語論は一般に、一定の言語能力を獲得した人間だけを想定しているかのように見えるが、子供、とくに幼児の物語能力をどのようにとらえたらいいのだろうか。これは、自己の物語論に発生論的視点をどのように組み込むかという問題でもある。

要するに、他者との無意識の関係をふくめ、それを発生的に見るという課題があらわれるが、これには、従来の自己の物語論の枠をはるかに越える難問が横たわっているように思われる。例えば前出の中絶権をめぐる議論である。

コーネルは、「身体を所有物と見なすことと、自分の身体を自分自身だと感じることの間」の「大きな違い」をこそ自覚する必要がある、と強調している。身体や生命の私的所有から出発して自己決定権を主張する議論は、フェミニズムが批判してきた「女性の身体の容器扱い」の枠組みと相通じてしまうからである（コーネル、九六—九七）。たしかに、コーネル論文の訳者、後藤浩子が言うように、フェミニズムは、「個人を独立した生命所有者と見なす生命倫理学の議論」（という近代主義）に引き込まれないようにしなければならない。

しかし、「個人を独立した生命所有者と」見なさないとすれば、そこから、生命体の（単位の）境界線をどこに引くかという難問が生じてくる。例えば、生命の所有者の範囲は、一方ではタテの世代関係の連鎖を通して、過去の先祖や未来の子孫という人類史の範囲だけでなく、生物の進化史へと時間的に広がる。また他方では、個体の身体はミクロコスモスとして、地球生命圏はもちろん、それを越えてさらに宇宙へと空間的に連続して行く。これは、身体の系統発生と宇宙性、つまり身体の大きな時間・空間の文脈が問題になるということである。この二つの問題を考えるうえで、比較解剖学者、三木成夫の洞察は実に示唆的である。

「人類の生命記憶」という副題をもつ『胎児の世界』において三木は、たった一つの細胞である受胎卵の時点から誕生まで、ヒトは母の胎内で羊水につかり続けるという事実に注意をうながす。羊水の成分は、かつて地球上に生命が誕生したときの「太古の海」と同じであるという。いま生きる一人の女性の胎内に、四〇億年前の環境が保存されているのである。

「太古の海」で三〇億年の進化を経て脊椎動物となった生命体の一部は、一〇億年まえに海の外への脱出をはかる。それがたいへん危険な試みであることは、現存の魚が陸上で生存できないのを見れば明らかである。脱出には一億年もかかり、それに失敗した無数の種が絶滅した。両生類はその過渡期の産物の子孫である。

この上陸のドラマは、現存する動物の卵細胞の中に記憶されている、と三木は言う。「古生代のおわりの一億年をかけた脊椎動物の上陸のドラマ」（三木、九六）が、ニワトリの場合には受精後四日目に再現される。そのことを、たまごを使って検証したのち三木は、ヒトの場合にも、三二から三八日目にそれにあたる時期があるという仮説をだしている。

このように、胎児は二九〇日の間に、いわば生命の四〇億年の進化を追体験する。もちろん無意識のうちに。しかしその無意識の記憶がどれだけ深い痕跡を残しているかは、まだ人間には全くわかっていない。このようなことまで視野に入れた発達論はあるのだろうか。女性の排卵が月の公転の周期に一致するのを誰しも一度は不思議に思う。あれほど遠くにある天体が、どのようにして、体内の奥深くに潜む卵細胞の行動に影響を及ぼしうるのか。三木は、「卵細胞のもつ地球誌的な生命の記憶」という言い方をする。それだけではない。生物リズムを代表する食と性に関わる臓器はすべて、天体の運行のリズムと交響していると言い、その背景に、「宇宙的な内蔵記憶」があるとも言う（三木、一四七—一四八。湯浅）。

たしかに三木説には、これまで神秘主義のレッテルを貼られ、科学者から無視されてきた、ヘルメス科学のミクロコスモス論に通ずるところがある。さらに、悪名高いヘッケルの反復説にも酷似するのではないだろうか。

「個体発生は系統発生を繰り返す」という、ヘッケルの反復説は長い間、生物学者や心理学者にとってタブーであった。しかし、S・J・グールドの大著『個体発生と系統発生——進化の観念史と発生学の最前線——』が一九七七年に出現して以降、状況は変わったように思われる。このような理論史が、「第一級の進化学者」によって書かれたことが重要である。現代の発生進化学の思想は、いわゆる前成説か後生説かといった単純な対立をはるかに越えている。「進化とは」、養老孟司によると、「要するに『個体発生過程の歴史的変遷』とみなすことができる」。というのも、「現在のわれわれ、すなわちヒトの特定の一個体とは、生物の発生以来数億年にわたる、膨大な数の個体発生の繰り返しの、とりあえずの最終段階である。当然のことだが、進化は時間的に連続した過程であり、どこも途切れてはおらず、その『時間的単位』が個体発生なのである」（養老、一九九一b、二四二）。つまり、個体発生（というミクロの歴史）は系統発生（というマクロの歴史）に全面的に制約されている、というか包摂されている。系統発生（進化）と個体発生の関連を問うことは、発生進化論の最前線の課題なのである(18)。

このように、個体生命と全体生命が連続するという見方は、生態学においても早くから主張されていた。心身を二元化したコギトの立場からすれば、身体は他者である。その身体観にたいして、身体＝環境とする生態学的な見方は対極をなす身体観であろう。今西錦司は次のように言う。

環境とはそこで生物が生活する世界であり、生活の場である。しかしそれは単に生活空間といったような物理的な意味のものでなくて、生物の立場からいえばそれは生物自身が支配している生物自身の延長である。もちろんこういったからといって環境は生物が自由につくり自由に変え得るものではないのである。環境をどこまでも生物の自由にならない、その意味において生物自身に対立するものと見るならば、その環境はわれわれの身体の中にまで入り込んで来ているばかりでなくて、実はわれわれの身体さえ自由につくり自由に変えることができないという点では、これを環境の延長と見なすこともできるであろう。生物の中に環境的性質が存在し、環境の中に生物的性質が存在するということは生物と環境とが別々の存在でなくて、もとは一つのものから分化発展した、一つの体系に属していることを意味する（今西、七三）。

このような生態学的な身体＝環境の思想は様々な問題を提起する。

⑴前出のフェミニズムでは、子宮を環境と見るのは、否定的なことであった。しかしそれは、環境を自己と断絶、あるいは敵対した他者ととらえていることによる。それに対しては、環境は身体の延長であるから、拡大された自己として大切にするというように、発想を逆転することもあり得る。

⑵環境と身体を連続的にとらえる発想は、近代の主体・客体二元論を克服する方向を目指しているが、他方では、自我の確立や個の尊重と一体化した人権の思想を脅かす契機を内蔵している。

以上のように、無意識は豊かな探究の可能性をはらむ概念である。そうであるとして、では、そこに「教育的」という限定をつける意味はどこにあるのか。詳しく説明する余裕はないが、「教育的無意識」という言葉を私が思いつくことになったきっかけに、F・ジェームスンの『政治的無意識』という野心的な著述があった。ところがその「政治」概念は、私には広すぎるばかりか曖昧に思えた。ジェームスンは一度も定義を下していないが、その「政治的」は、ほとんど「社会的・文化的」という意味にとれる。現に政治的無意識を、「人間社会による歴史的（に累積されてきた文化の）矛盾の集団的否定・抑圧」と言い換えて理解する人もいる（ダウリング、一五四）。これは、社会や文化のすべてを政治へと単純化する一種の還元論である。そういうわけで、社会・文化の機能全体のなかで、教育はどういう独自な位置をしめるのか、という問題がとうぜん浮かび上がる。教育的抑圧は政治的抑圧とどのように違うのか。そういうことを考えるために、それだけでも、「教育的無意識」という概念を立てる意味はあるだろう。「無意識」を精神分析学的マルクス主義に閉じこめておく必要はない（詳しくは宮澤、二〇〇四）。

いまさらくり返すまでもないことだが、ヒトは、意識しないうちからすでに関係の中に存在する。例えば胎児は、男と女のある関係の結果によって、当の胎児の意志と関わりなく存在を始める。子供の初期の発達は、養育者をはじめとする周囲の大人に身体化された文化によって全面的に条件づけられている。子供は、言葉と言葉が指示する以上の文化を、周囲の大人との五感（聴覚・視覚・触覚はいうにおよばず味覚や嗅覚）を通した日常の接触によって、無意識のうちに身体化する。ところが、大人たちの文化自体も、大人が子供だった時代に、その親世代の影響を受けて身体化した文化であり、歴史的に蓄積され、共有されてきた文化である。ここには、共時的で通時的な共同体、つまりヨコとタテの、さらにはナナメへの広がりをもつ共同体が存在している（「ナナメの関係」について詳しくは宮澤、二〇〇四）。

このようにして、生きる上で不可欠の文化は、世代から世代へと、教えるという自覚なしに伝えられる。この関係には世代間の圧倒的な力の差異があるので、大人は、知らぬ間にも重大な教育作用をしている。「教育的無意識」とは、このような、主として世代間の、非対称的な無意識の関係作用を主題化するための発見概念である。

これまで述べてきたことはとくに新しい考え方ではない。近代の教育と教育学に対する批判論が、これまで様々な形で、すでに提起してきたことである。しかしそのテーマには、まだ適切な名称が与えられていなかったように思われる。

つぎに、これまでの1と2の議論をうけて、「ホモ・エドゥカンスの教育的無意識」が、「〈自己〉の大きな物語」を作るという課題を要請するようになる筋道を論ずる予定であったが、紙数の都合で、筋道を省略し、課題の輪郭を素描するにとどめる。

3　〈自己〉と〈生命圏〉の大きな物語

環境・身体問題は、現代文明にとって死活の重大問題であるばかりでなく、教育にとって原理的問題であるはずなのに、どういうわけか、それを原理論に位置づけるのが難しい。これは私だけのことではないらしい。教育哲学の到達水準を示したと評価された『現代教育学の地平』（二〇〇一）でも、身体論とエコロジーは正面からはとりあげられない。ほぼ一〇年に及ぶこの『教育学年報』にしても、特集はもとより個別論文としてもこのテーマを取りあげていない。たしかに、生活指導論などで子供の身体の危機を報告したものは他のところに少なからずある。また総合科目の一部において環境教育の実践研究は盛んである。しかし、教育の原理論において身体・環境系の問題を主題化したものを、今のところ私は知らない。なぜそうなのか。そのこと自体も最前線の研究に値する課題であろう。

すぐ思いつく理由は、教育学における自然哲学の貧困である。それについては折に触れて言及したことはある。しかし、これは教育学だけのことではなさそうである。たとえば、『現代思想の冒険者たち』シリーズに取りあげられた三四人のうちに、身体・環境係を主題に論じられた思想家が一人もいないように思われる。これには、「二つの文化」の分裂問題としてすでに一九六〇年代に世界的規模で論じられた、人文・社会科学と自然科学の乖離の問題の延長という面があるが、そのこととも関わって、思想（史）研究者の目が、人類社会の内部にだけ向けられていることの現れではないだろうか(19)。人文・社会研究の人文主義的偏向（資料素材と分析方法の両面にわたる文字言語専一主義）とも言える（小林）。

人間研究の内向性については、本稿でもすでに論及したとは思うが、ここでは、もう少し具体的に、(1)〈自己〉のイメージの狭小さと、(2)大きな物語論への志向の放棄、この二点をあげてみたい。いずれも、ここまでの論議の延長上にある論点である。

(1)〈自己〉のイメージの拡大

フロイトの無意識概念の有効性を認める人でも、ユングの集合的、あるいは普遍的無意識の概念には否定的なことが多い。しかし、ここでユングを取りあげるのは、ユングの世界観や方法論を全面的に受けいれるという意味ではなく、〈自己〉の大きな物語を主題化するにはそのほうが向いていると見えるからである。もうひとつの理由は、大方の推測とは反対に、将来の生命科学にむしろ受け入れられやすいようにさえ思われるからである。後者から行こう。

例えば精神医学の木村敏は、レオポルト・ソンディの一九三〇年代の「家族的無意識」の理論に言及しながら次のように言う。

ソンディの理論は、「個人の一見『主体的』な行動を制約する『無意識』の要因として、個体発生の途上での幼児期の性体験を重視するフロイトの『個人的無意識』と、人類の系統発生に内在する社会的文化構造の『原型』を問題とするユングの『集団的無意識』とのいわば中間にあり、個人の欲動の運命についてある種の『遺伝』を想定する『家族的無意識』の理論として位置づけられている」（木村、一八四）が、「最近の進化論や生物行動学が、ソンディとはまったく無関係に、遺伝子による個体の行動の制御という考えを展開している」（木村、一九〇）。それを見ると、ユングの集合的無意識にさえも、遺伝生物学的根拠がないとは言えない。そして、「人と人との関係を表面的な意識の動きだけで説明したり、『無意識』を持ち出すにしてもそれを純粋に心理的な仮説として考える時代は、もはや過去のものとなったようである」（木村、一九九）と述べている。

ユングの集合的無意識は、普遍的無意識とも呼ばれ、内容的には「元型」と言い換えられる。『ユング心理学辞典』の定義によると、「元型（archetype）」とは「**こころ**（psyche）の中の遺伝的に受け継がれた部分であり、**本能**に結びついたこころの行動を構造化するための型である。それ自体は表象不可能であり、表現形態を通してのみ明らかになる仮説的な存在である」（四四）。

これに関連して、ユングの自己の概念も独特である。「自己（self）は、単に中心というだけではなく、意識も**無意識**も包括する全体圏（whole circumference）である。すなわち、**自我**（ego）が意識的な心（mind）の中心であるように、自己はその全体圏の中心である」（Jung, 135. 訳、六五）。

ユングの集合的無意識は、「遺伝的に受け継がれた部分」とあるところから、身体に深く関わる概念と見ることができる。ただこれは、「遺伝」概念の修正ぬきには受け入れがたい考え方かも知れない。しかしいずれにしても、集合的無意識は、身体・環境系の問題をミクロかつマクロに考えるうえで、きわめて示唆にとむ概念である。

もう一つの論点も、木村の助けを借りることになる。木村は、統合失調症（精神分裂病）（森山）をヒトの個別化の（際に生ずる）病ととらえる。その意味は私なりに要約すると、本来は自律性をもつ意識的主体ではなかったヒト個体が、文明化された社会のなかで、その社会の自立した成員として、即ち自我として生きることを強いられる。ところが、それが成功しないときに生ずる病ということになる。これが私には、C・G・ユングの「個性化」や「自己実現」の理論に似通うように映る。

ユング派のノイマンもすでに、そのような観点から、『意識の起源』という、大きな物語を書いているが、ユング派とは別の観点から、ジュリアン・ジェインズも、『双脳精神の崩壊と意識の起源』において、同じテーマをとりあげている。「これは真に画期的な研究であり、そこで主張されている革新的で論争的なテーゼは、詳しく批判的に読まれなければならない」と、ブルース・マズリッシュは評している（Mazlish, 263n. 14）。バランスのとれた目配りでつとに定評のある思想史家の言だけに傾聴に値する。

ジェインズの仮説は衝撃的であった。「三〇〇〇年前の人類は意識を持っていなかった」（ノーレットランダーシュ、三七九）と言うのである。そして、「もしこの推測が正しければ、話し、判断し、推理し、問題を解決する、つまり、現代の私たちがとる行動のほとんどを、まったく意識を持たない状態で行う人類が存在しえたことは、ほぼ確実である」（Jaynse, 47）という。例えばホメロスの中の英雄たちは、意識を持たない人間たちであり、内から聞こえる神々の言葉に従って行動する、自動人形のように現代の私たちには見える人間である。

意識を持つことになった人間はその後、ホモ・ファーベル、ホモ・サピエンスへと進化する。その人間には、人間以外の生物の生命に依存して生かされているという意識はもとより、それと共生しているという感覚さえ乏しい。だからこそ、テクノロジーによって自然の生態系・地球生命圏を平気で破壊し、そのあげく、自分たちの生存も危うくしておきながら、それを建設とか進歩と称する。

近代文明において、人間と人間の関係が成り立ちにくいどころか、敵対するようになった根源には、人間と自然の関係の矛盾がある。自然と敵対することによって自己と敵対する人類の基本的自己矛盾こそが、あらゆる「関係性」の危機の本質である。それゆえ、自然との関係を改めるという問題を視野に入れずに、人間関係（ここには当然、マクロの民族間の対立関係が含まれる）だけをよくすることはできない。

(2) 大きな物語論への再志向

大きな物語の崩壊はすでに自明とする見方には、幾重にも及ぶ錯誤があることは論じたことがあるのでくり返さない(宮澤、一九九四、三三一—三三七。他に蓮實)。意識的自己は物語なしには生きられないどころか、生成さえしないことはすでに見た。個体発生の物語は、系統発生の大きな物語を呼び込む、あるいは願望するという筋道を、これまで本論において、不十分ながら論じてきたつもりである。ここでは、環境教育問題に直接関わる大きな物語の一例として、安田喜憲らの『環境と文明の世界史』に言及したい(他に松井)。

これも、人類文明史の常識を次々とくつがえす、衝撃的な本である。「人類の歴史は、自分たちが自然環境に生かされていることを忘れた(諸文明の)滅亡への道でもあった」ことを、環境考古学、比較文明史による新しい豊富な事実に照らして語っている。例えば、西洋世界における、「ゲルマンの森を農耕・牧畜地に変えた修道院の破壊行為」から、「中世ペストの大流行は森林破壊と動物殺戮の報い」といった記述が続き、そういったことの帰結として、「〃人類の欲望〃が地球環境に敗北する時代がやって来た」という歴史的診断が下される。

破滅を免れるためには、「近代工業技術文明で上昇したエネルギーを、いかにスローダウンして軟着陸させるか、つまり循環型の社会」への革命を図る他に道はない。しかしそれは絶望的に困難な事業なので、世界の大部分は破局を迎えるだろうと予測されている。もちろん、「軟着陸させるシナリオづくりに国を挙げて取り組んでいる」オランダやデンマークなどの例も挙げられている(石他、二六三—二六四)。

しかし、酸性雨や大気汚染に国境がないことを考えると、一国軟着陸には限界があるように思われる。さらに気がかりなのは、事態が目に見える形で悪化したときに、エコファシズムの政治体制が、国内的にも対外的にも出現する可能性である。それを阻止するには、軟着陸のシナリオをできるだけ早く周到に用意しなければならない。

このシナリオ自体がすでに一つの大きな物語である。こういった大きな物語の作成に教育研究も、なんらかの形で関与できるし、するべきだと私は考える。

おわりに

教育学の前提に、はたしてホモ・エドゥカンスという人間像があるのか。それは、ホモ・ファーベル、ホモ・サピエンス等々、近代文化を支える他の人間像と共通の基盤の上に成立しているのか。さらに、ホモ・エドゥカンスは、機械加工モデルを越えて、生命の成熟する時間を待つ、媒介的制作の概念へと変容させることはどこまでどのようにして可能か（ビジネス文化＝忙しさの文化の批判については辻）。これらを確かめることは、教育研究の少なくとも一つの最前線をなすであろう。

ホモ・エドゥカンスを理論的に止揚するには、「教育的無意識」という概念がたぶん不可欠になる。この概念は、目的意識性を必須の要件としている教育学の定義に対する挑戦を意味する。「教育的無意識」への理解を深めるには、〈身体・環境系〉がキーコンセプトになるであろう。脳神経科学や発生進化学など、生命科学の最前線が提供する知識や発想に学びながら、教育研究の立場から、〈身体・環境系〉論を展開することが求められる。

「ホモ・エドゥカンスの教育的無意識」に注目することは、意識の起源、さらにそれを越える〈自己〉の発生（そして消滅）の「大きな物語」を共同して制作する必要を自覚する道へと続いて行くように思われる。それはあくまでも、孤立した個人のではなく、〈ある範囲の集団〉の共同事業としてしか計画されえないだろう。「大きな」という形容詞が〈自己〉と「物語」の両方にかかることは言うまでもない。これは、未曽有の物語を作ること、というよりむしろ、物語を作るプロセスを作ることである。そのプロセスを用意することが、教育研究もその一角を占めるはずの〈自己・環境系〉研究の重要な課題となるであろう(20)。

1　その流れに、ランゲフェルトの概念もあることを今井康雄氏から教示を受けた。

2　脱学校論者イリイチの教育学批判は、マルクスの経済学批判に対応する性格をもつ。『資本論』の副題は、「経済学批判」であった。本来は反経済学であったマルクスの人間＝社会理論が、その後、「マルクス主義・経済学」という自己矛盾した知となることによって、自己の学問的前提そのものを批判する契機を見失った。

3　この人間観の生成には、西洋のキリスト教を背景にした、少なくとも二つの独自な文化史的系譜がある。一つは牧畜者の文化（ユダヤ教の司牧文化）であり、もう一つは職人＝制作者の文化（中世都市文化）である（宮澤、二〇〇一、一二三以下）。

4　このことは、農業と工業を対比するとわかりやすい。農業において生産を最終的に左右するのは、人間の労働よりも土地の肥沃度や天候など自然環境である。それに反して工業の場合には、制作者の意図が直接に実現される。生産者はあらかじめ計画した設計図にしたがって自然素材を加工し、それが製品に実現される

5　ただし機械加工とは異質の芸術制作（ポイエイシス）の概念を追究する方向もある。

6　〝「自然」とは一時代前の文化である〟とも言われるように、工業化段階における農本主義、農業時代における狩猟文化等々、ノスタルジアとしての自然イメージがある。

7　訳者は、これを「禅体験と非常に似たものである」（一五）と言う。しかし、心身一如の禅と霊肉二分論のキリスト教の間には決定的な違いがあるように思う。

8　ここでは行為とは意識が筋肉に命令する上下の関係と見られる。心を心自身によって統御できるのかという疑問もある。心が心に直接働きかけることの困難は個体内レベル（意志を支えるメタ意志の問題）と個体間レベルの両方においてある。

9　『霊操』は「霊操を授ける人」に授け方を指南した指導書であり、「霊的伝承」の方法の書である。「この霊的伝承から近代教育が生まれ」（四一）たとも言われる。しかし、「魂を準備し、調える」という考え方は、『霊操』より百年あまりまえの『キリストにならいて』（de Imitatione Christi）まで遡ることもできるかもしれない。なお、デカルト思想を主題化できない教育思想史研究にはたぶん教育概念の狭さがある。相馬伸一『教育思想とデカルト哲学』はデカルト哲学を教育思想に関連づけようとする力作であるが関心は本稿とは異なる。

10 ヘルバルトの、方法としての心理学という位置づけ方もそのことに関連するのではないか。

11 これは、フーコーの遺著の第三部『自己への配慮』と対象が重なる。ところが、フーコーはエレンベルガーに言及していない。

12 闇の追放は人類の熱望であった。これを啓蒙思想の単なる普及の結果にすぎないと見るのは思想中心主義史観の偏向であろう。闇の追放が、それ自体として人類の生き方に与えた深い影響を探究しなければならない。暗さの追放は、醒めている時間（意識の時間）だけが生きている時間と見なす思想とあいまって、現代人の夜更かしを招いた。先頃、子供の慢性的寝不足こそが、現代の子供問題の諸悪の根源と指摘する小学校教諭の投稿論文が朝日新聞にあった。

13 子供の発見には、意のままにならぬ子供という素材の、大人とは違う性質の発見（いわば材料工学レベルでの発見）のほかに、「子供の無意識」と関係しあう「大人の無意識」の発見がある。後者は、照明をあてるという発想そのものが死角を作り出すというパラドックスに鋭敏である。

14 無意識と身体の関連については現象学のリクールも、「フロイト的無意識は身体だ、とは言わない」と留保しつつ「考えうる無意識にとっても存在的モデルとなる」と言う（リクール、四一四）。

15 身体なき身体論の横行とも言えるが、さらに身体・環境系を主題とした教育原理論は皆無なのではないか。

16 逆に自我にとらわれて他者を拒む身体の問題がある。そのことを女性の立場から扱った作品にエンスラーの『ワギナ・モノローグ』がある。これはすでにダイアローグであるが、ここからさらに、身体の触れあうコミュニケーション共同体へのイメージが広がる。もうひとつ、コーネルらの身体・自己観には、一代限りの単独者のイメージしかなく、世代間の関係が見えないが、この点は例えば、鯨岡峻の「関係発達論」が世代間の関係の発達を主題化するのと対照的である。世代関係の連鎖は個体発生と系統発生を接合する物語を内包している。

17 二重人格どころか、『二四人のビリー・ミリガン』に端を発する「多重人格障害」（のちに「解離性同一性障害」と改称）というものさえある。

18 養老はさらに、「形態学の立場からいえば、ヘッケルの反復説が力をもつのは、それが『発見法』としての意味をもつからである」（二四〇）とも言う。その発見能力は、心理学にも教育学にも有用であろう。ちなみに、養老の『唯脳論』は独我論のように誤解されやすいが実は独我論批判である。身体あっての脳という点を強調している。

19　これも人類史のなかで都市化・情報化の傾向が局限に近づきつつある現代文明の症候群かもしれないが、都市と情報に二重に囲いこまれた知識人はその属性から言って、たぶん症候を感知できにくい立場にいる。養老孟は都市を唯脳化社会と見なし、中枢神経と身体の関係を都市と農村の関係に対応させてとらえている。

20　ホモ・エドゥカンスを実践的にも止揚するには、ホモ・ファーベル支配の帰結である過労と失業の同時進行にブレーキをかける文化（生き方）を支える別の物語を作る必要がある。これは、ネオキャピタリズムに対抗して、サボタージュという形をとる文化革命となるのではなかろうか。その核心に消費者教育とメディアリテラシーという主題が現われるにちがいない。冒頭の抗生物質の例が象徴するように、生命圏の独裁者となって人類の敵を根絶やしにするというホモ・ファーベル的戦略は、至るところで壁にぶつかりつつある。その方向とは逆に、生物として人間に備わる自然治癒力を回復して、病原菌とさえ共生する人間の生き方を探り直さなくてはなるまい。

引用参考文献

浅野智彦、二〇〇一『自己への物語論的接近——家族療法から社会学へ』勁草書房。
Butts, R. Freeman, 1973 (1947). *The Education of the West-A Formative Chapter in the History of Civilization.*
Cornell, D., 1995. *Dismembered Selves and Wandering Wombs* (The Imaginary Domain).（後藤浩子訳、一九九八「寸断された自己とさまよえる子宮」『現代思想』一九九八・八）
Dowling, W. C. Jameson, 1984. *Althusser, Marx : An Introduction to "The Political Unconscious".*（辻麻子訳、一九九三『ジェイムスン、アルチュセール、マルクス』未来社）
Ellenberger, H., 1970. *The Discovery of the Unconscious.*（木村敏・中井久夫監訳、一九八〇『無意識の発見——力動精神医学発達史』弘文堂）
Ensler, Eve, 1998. *The Vagina Monologues.*（岸本佐知子訳、二〇〇二『ヴァギナ・モノローグ』白水社）
藤田恒夫、一九九一『腸は考える』岩波書店。

Gershon, M. D., 1999. *The Second Brain.*（古川奈々子訳、二〇〇〇『セカンドブレイン』小学館、但し抄訳）

Gould, Stephen J., 1977. *Ontogeny and Phylogeny.*（仁木帝都・渡辺政隆訳、一九八七『個体発生と系統発生』工作社）

Guerrero, Laura, et als (eds.), 1999. *The Nonverbal Communication Reader*, 2nd edition.

蓮實重彦、一九八九『小説から遠く離れて』日本文芸社。

今西錦司、一九七二『生物の世界』講談社（弘文堂、一九四一）。

石弘之・安田喜憲・湯浅赳男、二〇〇一『環境と文明の世界史』洋泉社。

Jameson, F., 1981. *The Political Unconscious-Narrative as a Socially Symbolic Act.*（大橋洋一・木村茂雄・太田耕人訳、一九八九『政治的無意識』平凡社）

Jaynes, Julian, 1990 (1976). *The Origin of Consciousness in the Breakdown of the Bicameral Mind.*（これには北村和夫の未公刊の要約がある）

Jung, C. G., 1928. *Die Beziehungen zwischen dem Ich und dem Unbewussten.*（松代洋一・渡辺学訳、一九八四『自我と無意識』思索社）

木村敏、二〇〇〇「無意識と主体性——遺伝子のゲシュタルトクライス」『偶然性の精神病理学』岩波書店。

木村敏、二〇〇二「個別性のジレンマ——記憶と自己」『講座生命六』河合文化教育研究所。

北村和夫、二〇〇〇『環境教育と学校の変革——ひとりの教師として何ができるか』農文協。

小林亜子、二〇〇二「『未だ名付けられざる歴史学』の歴史——フィリップ・アリエスと『心性』・『集合的非意識』・『表象』の歴史」『教育と社会研究』一橋大学教育学研究室、第21号。

鯨岡峻、一九九九『関係発達論の構築——間主観的アプローチによる』ミネルヴァ書房。

Laplanche, Jean et Pontalis, J.-B., 1967. *Vocabulaire de la Psychanalyse.*（村上仁監訳、一九七七『精神分析用語辞典』みすず書房）

Loyola, Ignacio de, 1525-. *Ejercicios Espirituales.*（門脇佳吉訳、一九九五『霊操』岩波書店）

正高信男、二〇〇一『子どもはことばをからだで覚える』中央公論社。

松井孝典、二〇〇三『宇宙人としての生き方——アストロバイオロジーへの招待』岩波書店。

Mazlish, Bruce, 1993. *The Fourth Discontinuity.*（吉岡洋訳、一九九六『第四の境界』ジャストシステム）

三木成夫、一九八三『胎児の世界』中央公論社。

三木成夫、一九八九『生命形態の自然誌』うぶすな書院。

宮澤康人、一九九四「大人と子供の関係史の展望――メタ教育学としての教育関係史の可能性――」『大人と子供の関係　第一論集』大人と子供の関係史研究会。

宮澤康人、一九九八『大人と子供の関係史序説』柏書房。

宮澤康人、二〇〇一「〈関係システム〉が生みだす〈教育主体〉」『大人と子供の関係史　第四論集』大人と子供の関係史研究会。

宮澤康人、二〇〇一「教育関係のエロス性と教育者の両性具有」『母性と父性の人間科学』コロナ社。

宮澤康人編著、二〇〇二『教育文化論――発達の環境と教育関係――』放送大学教育振興会。

宮澤康人、二〇〇四予定「教育関係の誤認と教育的無意識」（高橋勝他編『人間形成論における関係性』川島書店）。

宮野安治、一九九六『教育関係論の研究』渓水社。

森山公夫、二〇〇二『統合失調症』筑摩書房。

中井久夫、一九九〇（一九八三）『治療文化論』岩波書店。

中村雄二郎、二〇〇〇『デジタルな時代』岩波書店。

Norretranders, Tor, 1991. *The User Illusion : Cutting Consciousness down to Size.*（柴田裕之訳、二〇〇二『ユーザーイリュージョン　意識という幻想』紀ノ国屋書店）

Ricœur, Paul, 1965. *De l'interpretation, essai sur Freud.*（久米博訳、一九八二『フロイトを読む』新曜社）

Ricœur, Paul, 1990. *Soi-meme comme un autre.*（久米博訳、一九九六『他者のような自己自身』法政大学出版）

Sennett, R., 1998. The Corrosion of Character-The Personal Consequences of work in the New Capitalism.（斉藤秀正訳、一九九九『それでも新資本主義についていくか』ダイヤモンド社）

相馬伸一、二〇〇一『教育思想とデカルト哲学』ミネルヴァ書房。

多田富雄、一九九八『免疫・「自己」と「非自己」の科学』日本放送出版協会。

辻信一、二〇〇一『スロー・イズ・ビューティフル――遅さとしての文化』平凡社。

柳沢桂子、一九九六『遺伝子医療への警鐘』岩波書店。

Young, J. Z., 1966. *The Memory Sysytem of the Brain.*（中村嘉男・時実利彦訳、一九七〇『脳と記憶』みすず書房）

養老孟司、一九九一（一九八五）『ヒトの見方』筑摩書房。

養老孟司、一九九一「個体発生と系統発生」『講座進化』第四巻、東京大学出版。

湯浅泰雄、一九九四『身体の宇宙性』岩波書店。

（本稿には『教育文化論』の拙稿および「教育関係の誤認と教育的無意識」の一部と重複する記述がある。）


（みやざわ・やすと／放送大学教授）

ペダゴジーと世代

●教育学は世代概念をどう扱うか

鈴木 剛

はじめに

教育学は世代概念をどう扱うか。最近の教育論のなかに現れた世代に関わるいくつかの議論に喚起された問題意識がそれである。一般に世代論が学問を離れた「常識」水準に低迷する傾向をもつのに対し、主に社会学が「世代」を社会科学的概念として理論的に位置づけてきた。教育学は、人間の成長・発達に結びついて加齢や世代の問題を論じ、文化の伝承・伝達に関わって「世代の問題」に言及してきた。この意味で教育学は従来からも世代を論じてきたと言えよう。だが他方では、教育学の事・辞典類に「世代」は鍵概念（キー・コンセプト）としての定位置を確保してはいない(1)。今日、世代概念への関心や世代論への言及を含む教育論の展開があり、しかもそれが近年に至って「世代と教育」ともいうべき論点を形成しているのはなぜか、その理論内容の特徴はなにか。この点を検討するのが本稿の目的である。

とは言っても本稿が扱う対象は限られたものである。どういう議論を扱うか、その議論の基本的論点を列挙する。その第一は、世代概念に伴う二つの観点の違いとそれらの関連、第二は、世代間のライフサイクルの交叉の問題、第三に、「世代間コミュニケーション」論の主張内容、そして第四に、大人—子供の世代関係と「教育関係」概念との連関。以下これらの諸点を主な論者に即して検討し、最後に筆者の課題を述べる。

1　世代概念に伴う二つの観点とその関連

世代概念には、①「コーホート（cohort）」の観点にもとづく出生・結婚・卒業など歴史的ないし時間的同時性に関係して用いられるものと、②おそらく生物学的根拠を基礎にもつ親子関係・親族関係に関連して用いられるもの、という二つの概念が区別されるのが一般的であろう。教育学は後者の枠組みに基づいて専ら研究対象を論じてきたともいえそうだが、実はそう単純ではない。前者の枠組みでもまた、歴史や社会の文化伝達と青年期問題としての教育を論じて来たのである。両者はおそらく相互に関連しあうはずの観点であろうし、教育学における世代論的関心は、双方の観点をカテゴリカルには峻別しない言説群として展開されるばあいもあるだろう。本稿では前記①の観点を「世代」論、②のそれを〈世代〉論と表記して、二つの観点の違いを予め強調しておく。

世代概念に二つの観点の区別を見たが、このこと自体を研究方法論上の問題として指摘する社会学の青年研究の動向に注目しよう。青年研究にライフコースアプローチを採用する方法、すなわち従来のコーホートによる「世代」の観点に加えて、家族・親子関係としての〈世代〉論的アプローチを統合するという問題意識から、そこでは次のように述べられている。「これまでほとんど結合されなかった社会学の二つの領域、すなわち青年社会学と家族社会学を引き合わせることを可能にした」(2)と。比喩的に述べれば、「青年と社会」というテーマが、「親と子」または「家族と教育」というテーマを取り込みながら展開しているのが、社会学における青年研究の一つの動向として理解される。

こうした動きは逆に、わが国の最近の教育論の展開にも反映し、青年期教育の問題における親子関係論・家族論という観点の重要性を垣間見せてくれるのだが、それにしても、社会学的青年研究がこうした方法論上の展開を新たな動きとして改めて指摘せざるを得ないのには、それ相応の理由があるらしい。その理由とは、社会学における「世代概念の混乱」である。「多くの社会学文献では、今なお世代という概念が混乱して使われたまま」(3)だというのである。こうした概念上の混乱が、世代を科学的に論じた社会学の功労者マンハイムにあるという指摘である。実際、世代概念に科学的に検討の作業が施される学問論上の端緒がディルタイを経てマンハイム社会学において現れ、「青年論としての世代論」へと展開をみせていく。こうして世代の問題は青年論としての、言い換えれば、世代と社会階級との関連としての側面に関心が集中する一方で、親子関係に由来する世代概念の側面が後景に退いていったのだといえよう(4)。

世代概念は、「世代」に焦点化され、〈世代〉はいわばその埒外に置かれた。今日、その修正が図られていると言えばよいのだろうか。こうした社会学の動向は、おそらく教育論の展開にも一定の影響を与えるに違いない。それは教育学における青年期研究と家族研究の統合的な視点を要請することだろう。わが国においても、教育研究のテーマの中に青年の「離家」(5)、「世代間の関係的自立」(6)といったテーマを論じ、〈世代〉問題としての教育が論じられるといった傾向を生むに至っている。

2　世代間のライフサイクルの交叉——鈴木聡氏の「世代継承サイクル」論を中心に

そうした動向の一つとして鈴木聡氏の「世代継承サイクル」論をとりあげよう。近年、世代間のライフサイクルの交叉という観点から教育を捉え直す試みが生まれているが、その背景には世代関係の様相に対する危機意識が働いている。現代人が直面するライフサイクルの危機の下では、〈世代〉連鎖における思春期と「思秋期」との交叉が問題の焦点となり、子とともに親自身の自立の困難が指摘されている。鈴木氏は現代社会における「世代継承サイクルの異変」を論じた。「『世代継承サイクル』とは、一つの人生サイクルがもう一つの新たな人生（子ども）を生み出し、相互のライフサイクルが絡みあって紡がれていく世代連鎖のプロセスである」(7)。

この世代連鎖のプロセスの危機をいかに把握するかが示される。すなわち、従来の社会化理論は家族に社会化のエージェントの役割をみてきたが、そこには完成モデルとしての「成人期」の安定性と規範性が前提とされていた。しかし、現代日本においては「企業社会の統合秩序のもとで設けられたライフサイクルが崩れつつあり、広く親世代もまた、葛藤にみちた『危機の渡り』に直面している」(8)と言う。親世代は、子ども世代の大人社会への参入を促すための文化装置を自前で保持できずにおり、そうした文化や規範を子ども世代に示すことができない。「子どものイノセンスの表出を受け止め、いわば『子どもじみた大人』に停滞すること」を強いられ、そして、「個の自立と自己責任を厳しくせまる今日の社会が、この世代継承サイクルにおける大人自身の成熟過程をはばんでいる」(9)と指摘されている。そこでは「子どもの社会化の媒体となる『家族の文化』の内実が欠如」し、かつ「大人世代自身の抱えた不安の、子ども世代への投影」(10)といった事態が生じ、二つの世代の間には「相互の欲望が絡まりあった心理的暗闘」(11)が展開されている、と言うのだ。

こうした危機の認識に立ちつつ次に、「親世代から子ども世代へと伝達・相続されてきた伝統的な意味での階級・階層文化」に代り、「家族の文化」とは異質なる「新たな文化の創出形態」(12)が課題として提出される。その文化とは、親世代のそれとは異なる子ども世代の「手探りのコミュニケーション」による「社会づくりの模索」としてしか達成されえない子どもの文化・青年の文化である。世代間の「相互の緊張をはらんだ向き合い方」(13)を条件とする「世代間の出会いの場から」生まれる文化――。こうした新たな文化形成が近代学校批判の延長線上にどのようなかたちで展望されうるのか、氏は具体的に述べているわけではない(14)。しかし、親子関係、〈世代〉関係の舞台たる「家族の文化」の解体・消失の下での残された課題の性格を、鈴木氏はこのような〈移行期〉(15)世代の文化形成論としての「世代」論＝青年期教育論として描こうとしていたわけである。

こうした課題の捉え方には、一方では親と子、大人と子どもの〈世代〉問題を、他方では時代（文化）と青年期（発達）との関係としての「世代」問題をみるという、教育論における二つの世代論の意識的な関連付けが見られるのである。氏は、子ども世代が「二つの社会的関係」ないし「二つの異なった社会的関係」を生きているという観点を提出し、自己の主張を理論化する根拠を見出しているのだが、それをピアジェによる道徳発達法則（他律から自律へ）についての再把握に求めている。「すなわち一方は、大人―子どもという世代間（タテ）関係に由来する道徳であり、他方は互いに対等な者たちからなる社会的関係に由来する道徳である」(16)という見方がそれであるが、これら「二つの道徳」を継時的な発達段階ではなく、「二つの異なった社会的関係に由来する二つの対立する道徳観」(17)として捉え直し、その同時性を強調するのである。子ども世代自身の内に生きられる「二重化された社会関係」を映し出し、〈移行期〉世代が生きる世界をアクチュアルに描こうとの企図とそれは結びついた方法的観点であった(18)。

こうした議論の枠組みを、氏は先にもみたライフサイクル論から開始していると同時に、〈世代〉関係にも足場をおいて展開している。鈴木氏が一方を「タテ関係」と言い、他方を「ヨコ関係」とも呼ぶ関係、さらに「ナナメの関係」などとも呼ぶのはそうした〈世代〉間関係を基礎とする史的状況展開をも展望するためでもあったのだろう。「大人と子どもの関係」が単にタテ関係と規定されるのでなく、もっと構造的・歴史的に把握されることが目指されており、この関係の「危機」や「異変」を脱する方向を「治療文化」概念（中井久夫）や「斜めの関係」（笠原嘉）を介して課題化しようとしている。その治療文化概念の先に氏が何を見たのか、それを今となっては十分にくみ尽くすことはできないが、以下のような叙述の中に〈世代〉論的方向性を垣間見ることができる。そのまま引用しよう。

> ここで指摘しておきたいのは、子ども・青年をとりまく親族関係に注目する中井や笠原の視点は、マクロな「大人と子供の関係史」からみるとき、単に「精神医学の資産」にとどまらない意味をもっているということである。私たちは今日、大人と子どもの関係を論じるとき、えてして親と子の関係をモデルとした純粋なタテ関係を出発点におきがちである。だが、西洋教育史家の宮澤康人が論じてきたように、かつての西洋中世の「全き家」のような生活共同体においては、子どもは直系の「タテの関係」の他に、実の親以外の大人との多様な「ナナメの関係」をもち、また年長―年少関係を含む同世代間の多様な「ヨコの関係」をもっていた。それが全体として子どもを社会

化する機能を担っていたわけである。そうであれば、宮澤がいうように、人類の歴史における「大人と子供の関係の祖型(原形)」は、決して純粋な直系の親子関係にあるのではなく、多様で夾雑な「ナナメの関係」を含む親族関係にこそおくべきなのだ(19)。

鈴木氏が根拠とする宮澤氏の「大人と子供の関係(史)」論については改めて後に扱うが、以上ここでは、「ナナメの関係」をも含む「タテ関係」としての〈世代〉関係に定位する氏の認識を確認できた。

3 「世代間コミュニケーション」論の主張内容——尾関周二氏の議論から

社会の再生産過程が、教育機能の抑圧的・権力的性格の強化を伴って進行する現代にあっては、教育の矛盾が「若い世代」に集中して現れる可能性があると捉え、その現象を「世代間コミュニケーションの病理」(20)として把握する試みがある。そうした議論の一環として、〈世代〉関係の問題を「世代間コミュニケーション」(21)として論じる主張内容がある。それを社会哲学の議論に広げて位置づけるとどうなるか。そうした観点から触れておくべき議論は、尾関周二氏の「世代間コミュニケーション」論である。尾関氏のコミュニケーション哲学のなかに、最近になって〈世代〉間コミュニケーションの視点が自覚的に導入されているのが注目される。

氏の体系的なコミュニケーション哲学(22)からすると、「世代間コミュニケーション」はどのような位置づけを与えられるのだろうか。「人間と自然の物質代謝」(労働)と「人間と人間の精神代謝」(コミュニケーション行為)との対比で言えば、それは後者に位置づけられつつ、しかも「社会の文化的・精神的再生産」の行為を担うものとなろう。そうした基本的枠組みの上で、氏の「世代間コミュニケーション」論の主張の特徴を何点かにまとめて把握してみよう。

第一は、そもそも人間社会のコミュニケーション全般が、「社会の文化的・精神的再生産」を担うものとすれば、「世代間コミュニケーション」は、その「中軸」ないし「基軸」を成すということ。すなわち〈世代〉関係という特殊なコミュニケーションとしての性格が一般的コミュニケーションから区別されていること。そしてこれが人類史的な視点から規定されていること。

第二に、生態学的な観点から〈世代〉間のコミュニケーションの危機が捉えられていること。それは、〈自然のエコロジー〉に類比すべき〈精神・文化のエコロジー〉の危機でもある。つまり、地球生態系の再生産（自然―人間の関係）と同様に進行する、人類社会における精神・文化の再生産（人間―人間関係）の危機、エコロジーの危機として捉えられるということ。

第三に、現代における世代間コミュニケーションは、親子関係を中核とする「親密圏」のあり方に焦点化されるとともに、その「民主化」の課題と一体的に把握されるべきこと。「親密圏の民主化」という課題は、「相互主体的」ないし「相互人格化」として実現する方向をとること。

第四に、「親密圏」あるいは世代間コミュニケーションの危機の内実は、近代社会と資本主義の歴史的展開によって規定されるとともに、今日的に特殊日本的な性格すなわち「企業社会の論理の親密圏への浸透」と、場合によっては「家父長的な支配」を伴い進行すること。以上であろう。

ここで、「親密圏」とコミュニケーションの問題連関を示す氏の説明を以下に引用しよう。

現在、親密圏は経済・政治システムの論理の浸透によって従来からの従属性・抑圧性を一層加重している傾向もあり、従って、相互人格的なあり方を求める欲求や動きと衝突して矛盾を内向させている。こういった親密圏の問題性もまた、コミュニケーションの視点からより明らかになるように思われる。親密圏のコミュニケーションは、常に具体的な状況の脈絡に依拠しており、そこにおける従属関係によって規定された非対称的コミュニケーションの性格をもっているからである。したがってまた、フーコーが日常のコミュニケーションの中に自明な形で作用してきたミクロな権力を暴こうとしたこともこうした視点からその意義を一定理解することができよう。もちろん、忘れてはならないのは、親密圏を巡る関心は、その民主化の関心傾向と同時に共同性欲求への退行的な代償的な要素もまた含んでいることである(23)。

こうした視角から、〈世代〉間コミュニケーションが分析される。例えば現代日本の親子関係、特に母子関係に現れる「共依存」・「共依存的支配」関係を、「共同性欲求に関わる一種の病理形態」であると同時に「親密圏の民主化・相互主体化に至る過程における疎外形態」でもあると捉え、そして「親密圏の民主化」の課題がわが国の場合、「共依存的支配」と「家父長的支配」双方のレベルが密接に絡み合って問題を複雑にしていると分析する。これらは、第三、四点目に示した内容を説明するものだ。

次に、問題がよりマクロの視点から捉えられている第一、第二の論点について見てみよう。近代以降の資本主義の発展の問題、すなわち貨幣や権力のシステム論理の生活世界への浸透といった「システムによる生活世界の内的植民地化」（ハーバマス）から派生する問題が分析される。「世代間コミュニケーション」は、巨視的な人類史的な視点から「社会の文化的・精神的再生産の中軸（基軸）」(24)と規定されるのだが、その根拠に挙げられるのが他ならぬドゥモースによる以下の仮説であり、次節で説明するようにそれは宮澤康人氏がいち早く注目した箇所でもある。この主張の意義にわれわれも注目しておきたいと思う。

精神構造はつねに子ども期という細いパイプを通して世代から世代へと伝達されるほかはない。だから、ある社会の子育ての慣習は、その社会の文化的特性の一覧表にあらわれる単なる一項目とはいえない。子育ての慣習はまさしく、文化を構成するほかのすべての要素を伝達し、発展させる条件であり、歴史のほかのすべての面において私たちがどこまで到達できるか、その限界をきめる位置にある(25)。

「社会的・文化的再生産」一般でなく、世代間コミュニケーションをその再生産の「基軸」あるいは「中軸」と尾関氏が規定したのは、この引用からもわかるように、「子ども期という細いパイプ」でありながら、そこを経由してしか歴史的人間の「精神構造」が次世代に伝達されえないという、固有の位置づけが付与されるべき特殊なコミュニケーションだからである。その意義・特質は、〈世代〉関係の固有性にもとづくコミュニケーションにこそ認められるのであった。人類社会のコミュニケーション行為一般においても、子どもの人格形成や知の伝達・再生産についての一般的な説明は可能だとしても(26)、そうしたレベルには解消できない特殊なコミュニケーション形式としての〈世代〉関係の意義が、「世代間コミュニケーション」として位置づけられたわけである。

こうした、「自然のエコロジー」と対比的に論じられる「精神・文化のエコロジー」としての世代の再生産を担う〈世代〉間コミュニケーション、これがマクロの視点で見れば近代以降大きく変化を来たしたこと、すなわち、共同体の解体によって「子ども期の細いパイプ」に通うべき〈世代〉関係のありように生じた変質が問題化されるのである。拡大家族から核家族への変化、近代学校による教育の独占など、その歴史的過程に生じたものは、一言でいえば「社交性＝ソシアビリテ（sociabilité）」（アリエス）の消失である。尾関氏によると、「『ソシアビリテ』と呼ばれる空間に含まれる多様な世代間コミュニケーションもまた近代以降衰退したと考えられる」(27)というのである。そして、括弧書きながらではあるが、こうした世代間コミュニケーションに含まれていた「コミュニケーションの多様性の喪失」が、エコロジカルな意味においても生物の多様性の消失と類比しうる重要な問題性を投げかけていると示唆している。ここで主張されている「多様な世代間コミュニケーション」、あるいは世代間コミュニケーションにみられた「コミュニケーションの多様性」とはなにか。それは既に、前記の鈴木氏も触れていた、〈世代〉関係における「タテ・ヨコ・ナナメの関係」の多様性ということになろう。そこで次に、こうした意味での〈世代〉関係とは何かを理解するために、「教育関係」の特質の解明という視点からこれに接近する、宮澤氏における「大人と子供の関係（史）」論に触れてみよう。

4　〈世代〉関係と「教育関係」概念の連関――宮澤康人氏の議論から

ところで、大人、子ども、世代、関係、そして世代関係といった諸概念の自明性の問い直しという問題意識からみれば、教育学のパラダイムが「大人と子どもの世代関係としての教育」と押さえられる場合にも、その理解の内容も前提も決して確定的ではない、という点を考慮しておくべきだろう(28)。そういう観点からしても、宮澤氏の議論は有益な内容を含む。氏の議論は、既に鈴木氏が典拠として挙げていたように、「大人と子供の関係の祖型（原形）」としての親子関係(29)を、〈世代〉関係論の出発点に置く。ドゥモース著『親子関係の進化』の解説論文で、その訳者でもある宮澤氏は、そこから受けとる示唆の一つとして「子育てという文化の一領域に、文化一般のなかでの独自の位置を与えていること」（強調は宮澤）を挙げている。

すなわち先に、尾関氏も決定版として依拠し引用していた部分、「精神構造はつねに子ども期という細いパイプを通して世代から世代へと伝達されるほかはない。（以下略）」というドゥモースによる本文序文に示された五つめの仮説に関する意義の確認である。氏は、「実はこの一節だけでもドゥモースの著作は翻訳するに値する、と私が考えた、と言ったら言い過ぎであろうか」と述べ、「ドゥモースが、世代間の関係を『細いパイプ』とイメージした上で、それは文化の『単なる一項目』ではない、とその独特さを強調したことに私は大いに共鳴した」(30)と記している。

もともと歴史家としての宮澤氏が、教育史と全体史の間にあって「大人と子供の世代間関係」が死角に入りやすい構造をもつことを意識し、「〈大人と子供の関係〉を正面にすえた歴史叙述はこれまで皆無に近かった」と反省し、「大人と子供の世代間関係の歴史的変化を記述する認識枠組をつくること」を教育史研究の仕事と自覚する過程で、前記のドゥモースの仮説が注目された。この認識枠組みをつくる作業は、教育学にとっても歴史学にとっても大きな意義をもちうることを、教育学と教育史研究を歴史的に回顧しつつ述べ（宮原誠一の「教育の再分肢説」、上原専禄の「立体構造論」に触れ)、ドゥモースの仮説(命題)の意義をそこに位置づけなおしているのが注目される。ヨーロッパの子供史と親子関係の教育史の開拓者の一人ドゥモースの仮説は、「『大人の人間を対象にした歴史』とは別の歴史の可能性を示唆する」ものであるとして、その意義が以下のように述べられている。

すなわち、文化の内容は文化の伝達のされ方によって条件づけられているがゆえに、子育てをめぐる大人世代と子供世代の関係(という一見部分的とみえる文化)こそが、文化全体の性格を左右する、と主張しているのである(31)。

こうした歴史学の方法概念にかかわる「大人と子供の世代間関係」という認識枠組みは、当然のことながら氏も言うように「教育学のパラダイムの自己変革」を要求することとなるが、そこから導かれる視点が宮澤氏の「教育関係史」ということになろう。「大人と子供の関係の祖型(原形)」(=純粋なタテ関係)とともに、「タテ・ヨコ・ナナメの関係」としての多様な世代間関係への着目による「教育関係(史)」認識の深化が課題となる。「大人と子供の関係史」と「教育関係史」との関連という史的モチーフを氏は次のように描いている。「その中心的モチーフは、子供の成長をとりまく、タテ・ヨコ・ナナメの多様な関係から、タテの『純粋な』関係が、近代化とともに析出してくる、そしてやがてそれが、析出の延長線上に衰退していく、という見方である」(32)。

こうして、「大人と子供の関係史」と「教育関係史」との関連・交叉という問題をイメージするとき、「世代間のタテ関係に近い、叔父甥関係や先輩後輩関係はもちろんのこと、ヨコの関係とみなされる兄弟姉妹関係や仲間関係、そのほか、医者患者関係や祭司信徒関係のように、親子や師弟の関係とアナロジーで語られることが多い関係」にも、そしてまた、「たんなる不平等とは性格を異にする、対等でない関係」としての「企業や軍隊の上司と部下の関係」、「医者と患者、聖職者と平信徒、男と女の関係」なども視野に入れられる。そしてこれらの関係群の存在が、「大人と子供という、生物学的根拠をもった非対等の関係」とどのような作用を及ぼしあうかが関心の視野に入ってくるのである(33)。

こうした視界の下で、「教育関係」の史的研究が宮澤氏の当面の課題となるのだが、その迂回路として定められた「教育関係」イメージの多様性への「目配せ」ないし「発語訓練」作業が「教育における三者関係」論である。目指された本格的な展開の端緒として選ばれたものが、ジラールの「欲望の三角形」理論・欲望の模倣とモデル＝ライバル」論といわれる三項関係論であるので、この点に触れよう。それは、コミュニケーション的社会理論および二項関係図式に慣らされた思考方法を批判的に見る。氏はその意義を以下のように述べる。「ジラールの理論は、ブーバー流の『我と汝』関係などに代表される、人間関係を二項図式と平和状態においてとらえる社会理論に真っ向から対立している。かれは、人間関係をつねに三角関係において、しかも心理的な力の対立のみならず、物理的な力の対立（暴力）を基本においてとらえようとする。その点で、口当たりはいいが骨抜きの、コミュニケーション論的人間＝社会論に飽き足りない者にとって、啓示的とも言うべきインパクトがある」(34)。

欲望が個人に内在するとの考えは、フィクションすぎない。欲望は個人に内在するものなのではなくて、他者（モデル＝ライバル）の模倣の過程において生ずる。したがって、欲望は対象との関係においてではなくて、欲望の媒介者であるモデルとの関係において捉えられることになる。「欲望主体はモデルと同一物を欲望することになるから、欲望を貫徹しようとすれば、モデルは主体の欲望を妨げる障害物（ライバル）に変わる。このような他者をモデル＝ライバルという」（『命題コレクション・社会学』）というのが説明だ。

宮澤氏は、「教育関係」のような教育主体と学習主体との二項関係で説明されるような関係のなかに、隠された三者関係を考察することが課題だと言っている。教師をもし媒介者と考えたとき（佐藤学氏の説）、教育関係は前の三項関係図式ではいかに説明できるのか。もし、教師の「あこがれにあこがれる」のが学びなのだ（斉藤孝氏の説）とすればどうなのか、等々。興味深い議論が展開されうるのではないかと言う。ジラールの議論では、嫉妬のようなネガティブな側面や無意識の次元が強調されていることから、「いわゆる社会化は、それが主体より優位にある者の欲望を無意識に模倣することである限り、常に模倣の病を潜在させている、という認識がもたらされる」[35]として、模倣、媒介、無意識など――従来、教育学によって否定的に扱われてきた――諸概念が、「教育関係」認識において今後注目されると氏は述べている。

「教育関係」概念は〈世代〉関係概念といかに接合する可能性があるのか、最後にこの点に触れておこう。宮澤氏の議論の一つは、「教育主体」の成立根拠を「教育関係」を分析するなかで問うことにある。ホモ・ファーベル＝合理的加工主体としての、また、ホモ・エドゥカンスとしての「教育する人間」が「教育主体」の理念型である。教育主体の考察は当面、教師論（＝教育する人）として設定される必然性もあるのだが、教師について〈世代〉関係の視点から見るとき、以下のようにいわれている点が興味深い。「教師は、〈大人〉と〈子供〉の関係システムの変容過程において、そこから析出された大人である。それゆえ、大人の共同体規範を代理して子供に対面することを強いられた、特殊なおとなである」[36]。第三項的に排除された存在としての、歴史的に成立した特殊な教育主体としての教師の姿がこのように描かれている。

5　「系譜関係」としての〈世代〉論とペダゴジー――むすびに代えて

〈世代〉間の内に保たれるべき多様な関係、歴史的に見れば、多様で豊かさに満ちていたはずの〈世代〉間の諸関係ないしコミュニケーションを、蘇生・回復すべき、と単に主張したい訳ではない。〈世代〉関係の〈世代〉関係としての存立条件を、今一度根底から問い直す足場と視界を確認したいと考えたのである。また、コーホート・同時代性の観点からの「世代」論が重要ではない、と結論付けたのでもない。そうではなくて、ペダゴジーとしての教育学は、鈴木氏が宮澤氏の議論の中に着目した「大人と子供の関係の祖型（原形）」としての〈世代〉関係にこそ、まずは定位すべきであると主張したいのである。この〈世代〉関係をめぐってなされる理論作業としてのライフサイクル論（「世代」

関係との関連を含む)、コミュニケーション論、そして「教育関係」論の諸相がどのようなものであるか、その様相の一端を描くのが本稿の作業内容であったと言いうるだろう。

ペダゴジーの意味を多義的に解釈する向きもあるが、私はそういう方向をとらない。例えば「医者と患者、精神病医といわゆる精神病患者、建築家と設計者といった諸関係を含む」「象徴統制(symbolic control)」がなされるプロセスとしての「教育=ペダゴジーとして教育実践概念」を分析の対象となし、「文化の再生産 - 生産が生じる規定的文脈として」の〈教育〉実践の広い定義としてペダゴジーを構想する教育社会学(B・バーンスティン)(37)の方向もありうるだろう。ただしかし、本来のペダゴジーの語の由来に立ち返るなら、教育学にはやはり、〈世代〉関係に定位し、これを研究対象の中心に置く必然性があると主張したい。だが問題は、単にその静的な関係図式を描くのでもなく、語義的な議論に没入することでもない。それを回避しようとするなら、本稿がみてきたような①「世代」論との関連を問う理論視角、②ライフサイクル論、③コミュニケーション論、④「教育関係」論等を複合的に視野に入れ、〈世代〉関係を統合的に考察することが重要となるだろう。

さて、それらの理論視角の中でも殊に、宮澤氏の教育関係論の主張に見られた諸論点、すなわち無意識、コミュニケーション論批判、三項関係の視点に注目してみると、いずれの論点をも包括するP・ルジャンドル氏の議論が興味深い議論として立ち現れてくる。親子の間に広がる世代間の病理の背景には「人間を組み立ててきた枠組みの崩壊」(38)がある、そう主張する氏の議論によれば、現代の親子関係の問題は単なる家族問題でなく、「系譜関係(filiation)」を扱う「国家の系譜学的研究」として理論化されてくる。〈世代〉関係の理論は世代間におけるライフサイクルの交錯の問題という水準を越え、人間という種(espèce)=人類とその制度性の問題へと押し広げられる。「語る生き物」に固有の言語・表象・無意識の問題がそこでは扱われる。その議論のために用いられる概念装置の中心に、組み立て(montage)、第三項(Tiers)、準拠(Référence)、制度(institution)、表象(Représentation)、禁止(Interdit)などがあるのだが、そうした諸概念を駆使するルジャンドル氏の研究は、法制史と精神分析といった人間の外部と内部、制度と自我、あるいは社会と主体性とをトータルに問題にする壮大な方法論に支えられており、その全体像を把握するためにはまた別の機会を必要とする。

西谷修氏の翻訳と紹介を借りて言えば、「新しく生まれる諸世代の再生産とその人間化の最前線に現れる厄介な諸問題に対する根本的批判」(39)が、ルジャンドル氏の仕事である。このばあい「人間化」とは、「生き物の次元」のみならず「表象の次元」と「規範的次元」とが絡み合った「語る生き物」としての人間の「制度化」としての「世代の再生産」を意味している。単なる「繁殖」ではなく、制度と規範と言語とに媒介された「世代の再生産」、更には〈世代〉関係の再生産としての〈Reproduction〉、そこに作動するはずのものこそが、「エディプス的問題構成のうちに展開する論理」すなわち「〈父〉の原理の構造が帰するところのモンタージュ」の法則である。氏はそれを「語る生き物の象徴的決定主義（le déterminisme symbolique de l'animal parlant）」(40)と呼ぶ。「ドグマ人類学（anthoroporogie dogmatique）」と呼ばれる氏固有の体系的主張の中でそれは展開されることになるのだが、そこでは「社会における言語の第三項（Tiers）構造」という観点が押しだされることになる。「ドグマ的秩序、そこからあらゆる社会において禁止（Interdit）の編成がもたらされることになるのだが、その秩序はつまるところ、言語の第三項（Tiers）を制定してそれに規範的効力を生み出させることに帰結する。自己に対する視線の西欧的なスタイルのために、コミュニケーション理論はまさにこの点を見誤っている」(41)。

「『ドグマ空間』を舞台に、規範システムと主体の『制度的形成』の検討をとおして、この現代の人間と社会の成立ちを再解釈しよう」(42)というのが「ドグマ人類学」の試みなのだと西谷氏は言うのだが、その「ドグマ（人類）学」とは何か、当のルジャンドル氏は次のように簡潔に述べている。『ドグマ学』というのは突き詰めて言ってしまえば表象の論理なのです。要するに形のないものを表象のモンタージュを通して演出する。そして目に見える、あるいは理解しうる形を与えるわけですから。この語はキリスト教化されることで表面的には変質してしまいましたが、ギリシャ語の語源から見れば、もともとそういうものを指している」(43)、と。例えば、殺人と近親相姦は「人の精神に住みついているもの」であるが、「転移され、文明化されるために」あり、「ふつうはそれを避ける無意識の主体というものが機能している」のであり、要するに、「禁止」によって設定される「第三項」と無意識的主体の象徴機能の連関の中でこそ、主体は形成され、「制度」は構築されるものと考えられる。言い換えれば、「文明的である、文明化されている（civilisé）ということは、結局はファンタスム（幻想）と現実とがしっかり切断されているということ」であり、それを可能とするような「準拠の組み立て」こそが、主体のうちに構築されねばならず、それこそが制度化された人間の条件なのだということ。現代社会では〈世代〉関係のなかに「準拠のモンタージュ」の機能不全と「規範のセルフサービス」化が進行している[44]、という危機意識である。

今そのメカニズムを跡づける余裕はないが、象徴的次元の組み立て（モンタージュ）によって可能となる倫理の構築（人間化）と制度的主体の形成の理論として、〈世代〉の「再生産」を対象とする研究が設定されたわけである。その研究はまた、西洋社会における「権力の系譜学（généalogie du pouvoir）」として、政治学の根幹を成すものと位置づけられている。少し長文だが、以下に引用しよう。

> 国家の親族的機能の研究は、科学主義的管理原則の不透明さから出発せざるを得ない〈政治〉の考察へと、私たちを導いていく。穏やかにかつ実際に、私たちの眼下で揺れ動く新たな世代の創出のあり方が左右される、その権力の組み立てという事実を理解するための研究が、この〈政治〉研究である。さしあたり今、一つの事実を想起することから結論を述べよう。制度性とは人類の生の与件なのだということ。西洋の古典的伝統に由来する国家は、古く、あるいは粗野な権力に倣って〈禁止〉を操作しつつ、生の原理を配置する任務を負うのである——この生の原理とは、親子関係の規範的言説と、この言説への省察を通じてのみ私たちが接近可能な、人間の再生産に関する不透明なその問題なのであるが——。次のようにもまた言えよう。国家の親族的機能は一種の政治機能の社会的付属物などではなくて、その核心を構成するものなのだ、と。というのも、系譜的表象なしには、すなわち、西洋が

〈父〉の概念によって指名する差異化の原理の表象なしには、国家は一貫した基礎を持ちえず、法的実践のためのいかなる〈準拠〉規範をも持ちえないのであるから。西洋文化に由来する法的観念それ自身は、カテゴリーの制度化した論理と〈父〉の表象の制度による論理を経由するのである。すべての社会における最後の賭け金が、〈子(fils)〉——それが男であれ女であれ——の再生産のシステム内での因果法則の表象に賭けられている(45)。

親子関係すなわち〈世代〉関係とは、本質的に制度的で象徴的、そして何より系譜的(généalogique)な関係であるという問題が、確認されねばならない。このことを、彼の理論は大掛かりなスケールで展開するのだが、本稿ではその一端の紹介に止まるほかない。改めて別の機会を期すこととしたい。

1 教育学関連の辞書・事典類にこのタームが項目として現れるのは、管見の限り極最近のことに属する。その記述は専ら社会学の観点からのものに止まる。岩内亮一・萩原元昭・深谷昌志・本吉修二編『教育学用語辞典』(第三版)、学文社、一九九五年、及び、安彦忠彦・新井郁男ほか編『新版・現代学校教育事典』ぎょうせい、二〇〇二年を参照。前者の執筆は門脇厚司氏、後者は社会学者の中野収氏による。

2 Gill Jones and Claire Wallance, *Youth, Familly, and Citizenship*, 1992. 宮本みち子監訳・徳本登訳『若者はなぜ大人になれないのか——家族・国家・シチズンシップ』新評論、一九九六年、三六頁。

3 同、二四頁。

4 拙稿「世代間コミュニケーション試論(その一)」『愛知教育大学研究報告』第五〇輯(教育科学編)、二〇〇一年、参照。

5 中山一樹「世代間葛藤と離家の条件」『暴力の時代と倫理——唯物論研究年誌』第四号、唯物論研究会編、一九九九年、所収。

6 平塚真樹「男—女、親—子の自己形成をめぐる今日的ジレンマ」『教育・共同・平等——唯物論研究年誌』

第三号、唯物論研究会編、一九九八年、所収。
7 鈴木聡『世代サイクルと学校文化――大人と子どもの出会いのために』日本エディタースクール出版部、二〇〇二年、四二頁。
8 同、四五頁。
9 同、四二頁。
10 同、四七頁。
11 同前。
12 同書、四六頁。
13 同、四七頁。
14 そのテーマについて探求半ばにして他界した鈴木氏にとって、「治療文化」論がその端緒になっているのだと思われるが、それが彼の学校文化論・学校づくり戦略との課題といかに媒介されうるのかは定かではない。なお、同書における関口昌秀氏の解説を参照。
15 鈴木氏は、「家族と学校まるがかえの〈学童期〉とは区別される〈移行期〉の出現」と、このタームを使用し、現代における「〈成人期〉への渡り」のライフステージとしてその「世代」固有の特徴を描こうとした。同書、一一一―一一四頁。
16 同、三七頁。
17 同前。
18 この点で鈴木氏が触発を受けたものとして、藤本卓氏の「世代の自治」論が挙げられている。藤本卓「子どもの意見表明権と世代の自治」『高校生活指導』一三九号他。なお、「世代と教育」という観点からは特に、藤本「教育と世代間関係の問題」『日本の科学者』Vol. 35. 二〇〇〇年三月、日本科学者会議編、参照。
19 同、六五頁。
20 『日本の科学者』vol. 34. 一九九九年四月号、「特集：世代間コミュニケーションの病理」参照。
21 「世代間コミュニケーション」というタームは様々な意味に使用可能だが、ここでは親子関係ないし大人と子供の関係に固有な、すなわち本稿でいう〈世代〉関係に成り立つコミュニケーションを表す概念内容として理解する。また（注四）の拙稿を参照されたい。そこで筆者はさしあたり、世代間のコミュニケーション的契機をJ・デューイの主張に依拠してみた。ところで「世代間コミュニケーション」論は同時に、コミュニケーション論批判の契機をも媒介すべきもののように思われる。本稿もまた、そうした理論作業の一環として位置づけられよう。なお、やまだようこ氏の議論も、世代間のライフサイクルの交叉の視点から「生成継承性 generativity」（エリクソン）を中心概念に位置づける教育論＝「世代間コミュニケーション」論の構想の一つであるが、このターム自身への関心はむしろ薄いといえる。「エリクソンの子どもたちと生成継承性（ジェネラティヴィティ）――もう一人のニールと、親としてのエリクソン」（『教育学年報八』特集：子ども問題、世織書房、二〇〇一年）参照。

22 コミュニケーションというタームおよび思想（コミュニケーション観）にかかわる氏の基本的立場については、尾関周二著『言語的コミュニケーションと労働の弁証法』大月書店、一九八九年、特に二一―三三頁を参照。なお、教師‐生徒の関係を核とする「教育」の本質に関するコミュニケーション論的把握についても同書は論じているが、同氏においてこの「教育」把握と「世代間コミュニケーション」との関連を詰める議論はまだ展開されていない。

23 尾関周二「世代間コミュニケーション・民主化・エコロジー」前出『日本の科学者』vol. 34. 一九九九年四月号、「特集：世代間コミュニケーションの病理」二二頁。

24 同、二三頁。

25 同前。

26 同前。そこでは「世代間コミュニケーション」は、それ固有の範疇では把握されることはなく、「学習」と「社会化」という範疇が当てはめられることになろう。なお、J・ハーバマス、清水太吉・木前利秋共訳「史的唯物論の再構成に向けて」『思想』No. 695. 岩波書店、一九九九年四月号を参照。

27 尾関、同論文、二四頁。

28 この「パラダイム」が、とくに教育（哲学）研究者集団の下で「確固とした限定的なイメージ」を共有しているのかどうか、またはそれが「曖昧なままに共有されてきたパラダイム」であるのかどうか、などの議論について『教育哲学研究』第六九号、二〇頁を参照。そこで田中毎実氏は、その学会研究討議『ライフサイクルの危機と教育理論の再構築――「老いと死」、「出産と性」、「時間論」から――』の「総括的報告」の中で議論を整理しているが、その前提認識として以下のように述べている。「今日の高度産業社会では、……たとえば性、出産、こどもであること、大人であること、老い、世代関係、生涯、生命、一生、時間などの人間存在のライフサイクルの関わる諸概念もまた、理解の共通性や自明性を急速に失ってきている」(同一七頁)。

29 〈世代〉関係の出発点を親子関係にではなく、親族関係に置くべきだという宮澤氏の指摘については、宮澤康人「大人と子供の関係史の展望」『大人と子供の関係史』第一論集、大人と子供の関係史研究会編、一九九四年、四一頁。

30 L・ドゥモース著、宮澤康人他訳『親子関係の進化——子ども期の心理発生的歴史学』海鳴社、一九九〇年、二一六—七頁。後に宮澤康人著『大人と子供の関係史序説——教育学と歴史的方法』柏書房、一九九八年に収録。

31 宮澤康人著『大人と子供の関係史序説——教育学と歴史的方法』柏書房一九九八年、九—一〇頁。

32 同、一四頁。また、P・アリエスの基本的な問題提起を「ソシアビリテの探求」と把握するのが、こうした教育史理解と関連してくる。アリエスのそれを「近代の子供史を、子供の囲い込み、あるいは、幼児ではない未成年者(というカテゴリーにほうりこまれた者)への管理・支配の強化の過程」(一〇一頁)と見るのは早計であり、中心課題を次のように見るべきだという判断が示されている。「ここには、親密者同士の愛を求める自己隔離(アリエスにおいて、近代はただちに個の析出ないしは孤立を意味しない。むしろ近代的な愛によって結ばれた一対の女と男の析出ないし孤立である)によって、けっきょく相互に孤立化するのが近代人である、というアリエスの基本的近代認識があらわれている。この点からみるならば、子供の囲い込みは、大人の自己囲い込みに必然的に伴う、その一部にすぎない、ということになる。ここからもやはりアリエスの中心的主題は『ソシアビリテ』の探求である、とみなさざるをえない」(一〇二頁)。

33 同、六—八頁。

34 宮澤康人「〈関係システム〉が生みだす〈教育主体〉——教育関係の歴史研究への回り道——」『大人と子供の関係史』第四集、「特集：教師論と関係史」二〇〇一年、大人と子供の関係史研究会、所収、九五頁。

35 同前。

36 同、一頁。

37 バジル・バーンスティン著、久冨善之他訳『〈教育〉の社会学理論』法政大学出版局、二〇〇〇年。長谷川裕氏による解題を参照。原著は Basil Bernstein, *Pedagogy, Symbolic Control and Identity*, Research Critique, 1996.

38 朝日新聞、二〇〇〇年五月二一日、夕刊を参照。

39 Pierre Legendre, *LeçonVIII : Le Crime du Caporal Lortie, Traité sur le Père*, Fayard, 1989. ピエール・ルジャンドル著、西谷修訳『Ｐ・ルジャンドル第Ⅷ講　ロルティ伍長の犯罪――〈父〉を論じる』人文書院、一九九八年、五四頁。

40 Pierre Legendre, *LeçonIV, suite2, Filiation : fondement généalogique de la psychanalyse*, par Alexandra Papageorgiou Legendre, Fayard, 1990, p.173.

41 Pierre Legendre, *Sur la Question dogmatique en Occident, Aspects theoriques*, Fayard, 1999, p.33.

42 西谷、前掲訳書、二八五頁。

43 ピエール・ルジャンドル、西谷修「〝なぜ〟の開く深淵を生きる――宗教・法・主体」坂口ふみ・小林康夫・西谷修・中沢新一編『宗教の解体学』（シリーズ・宗教への問、第五巻）、岩波書店、二〇〇〇年、一四〇頁。

44 同、一三八―一四〇頁を参照。

45 Pierre Legendre, *LeçonVI : Les Enfants du Texte, Étude sur la fonction parentale des États*, Fayard, 1992, p.435.

（すずき・つよし／北星学園大学文学部教授）

近代イギリス民衆教育史の再検討

●宗教教育の視角から

村岡健次

はじめに

日本の現行憲法は、その第二〇条において何人にたいしても信仰の自由を保障し、「国及びその機関は、宗教教育その他いかなる宗教的活動もしてはならない」と定めて公立学校における宗教教育を禁止している。だが所変われば品変わるで、わたしたち日本人にはしごく当然とおもえるこのような規定も、イギリスでは通用しない。というのもこの国では、一九四四年のバトラー教育法によって現行の義務教育制度が定められてこの方、宗教教育が義務教育課程で必修とされ今にいたっているからである。教育史を比較史の立場から研究しようとするものにとっては、このことは、このような事実が存在するということだけでもう十分注目に値するといえるだろう。

ところがこの「注目すべき事実」は、一九四五年の戦後この方、わが国における近代イギリス民衆教育史研究のなかでは、つい最近にいたるまでついぞ正面から取り上げられることがなかった。このような事態が生まれた理由としては、一つには一般に宗教、とくに一神教のキリスト教が日本の研究者にとってはどこかなじみにくく、敬遠されがちだという事情もあるのかもしれない。現に教育史にかぎらず近代イギリス史研究の分野では、キリスト教が正面から取り上げられるのは、概してそれが政治史の動向を決定的に左右した一六世紀の宗教改革から一七世紀のピューリタン・名誉革命にいたる時期についてだけで、とりわけ一九世紀以降については、一部の宗教関係者を除けば、一般の宗教史研究者はほとんどいないのが実情なのである。だが理由は思うにそれだけではない。戦後わが国の近代イギリス教育史研究には、疑いもなく宗教教育の問題を意図的に除外しようとする傾向があった。そしてそれが終戦直後に前記憲法第二〇条を生み出したその状況に淵源しているのは見やすい理といえるだろう。戦後わが国の教育は、それまでの国家神道と皇国史観を基調とする超国家主義の学校教育を全否定し、政教分離を規定する新憲法の下、一九四七年の教育基本法と学校教育法にもとづいて民主主義の社会と国家の建設を現実の課題として出発した。この明治維新にも次ぐ時代の大転換期に近代イギリス民衆教育史研究もこの現実的な課題と無関係に存在しえたわけはなく、そこには新時代の息吹がはっきりと刻印されることになったのであった。次ぎにその次第を簡単に振り返ってみようと思う。

1 近代イギリス民衆教育史研究の回顧

戦後の近代イギリス民衆教育史研究が新時代の息吹から刻印されたこととして、いくつかの特徴が指摘されうる。まず終戦直後から一九六〇年代にかけてわが国歴史学界を風靡した大塚史学とマルクス主義は、この研究分野にも大きな影響を与えた。たとえば一九七三年から七五年にかけて出版された梅根悟監修『世界教育史大系』(講談社)のなかの『イギリス教育史』I(一九七四年)の「はしがき」には、川合章氏の次のような文章がある。「近年わが国におけるイギリス教育史研究はようやく活発になり、秀れた著作、論文が次ぎつぎに発表されるようになった。イギリスを《資本主義がもっとも典型的に発達した国》とみる見方が誤りであるにしても、イギリスは資本主義の発展過程、民主主義の思想と制度の発展過程を明らかにしたいと願う者にとって避けて通ることはできない。そして教育が政治、経済と直接間接な結びつきのもとで進展することを考え、そして教育の民主主義的な発展を願うなら、イギリス教育史研究は、外国教育史研究の中心に位置づけられなければならないはずである」。

一読してこの一文に近代化のモデルを資本主義の最先進国イギリスに見出す大塚史学の影響は明らかだろう。そしてそれと並んで「イギリス教育史研究は、外国教育史研究の中心に位置づけられなければならないはずである」という最後のパラグラフもこの際注目に値しよう。というのも歴史学というものは、研究者の意図においては常に sein の学であるべきだというのが常識的な見解といえようが、ここにははっきりと一つの当為（sollen）の要請が語られており、そこには抗しがたい新時代の息吹があったのだ、とわたしには思えるからである。

戦前の講座派の系譜を引く大塚史学はいうまでもなくマルクス主義の史学であったが、ブライアン・サイモン（成田克矢訳）『イギリス教育史』Ⅰ・Ⅱ（亜紀書房、一九七七、八〇年）もマルクス主義の顕著な影響の例として挙げられよう。社会の三大階級（＝伝統的地主階級、ブルジョワジー、労働者階級）それぞれの教育理念を示し、それらの階級闘争の歴史として一九世紀イギリス教育史を叙述した本書は、わたしの経験では、一九七〇―八〇年代のわが国一九世紀イギリス教育史概説の一つのモデルとなった。そして総じていうならば、こういったマルクス主義の影響から宗教、それゆえに宗教教育を評価する方向性は期待できないのはいうまでもあるまい。

だが以上に述べたマルクス主義（大塚史学も含めて）の影響に支援されつつ、戦後の憲法第二〇条と教育基本法・学校教育法の価値意識が近代イギリス民衆教育史研究のありようを決定的に方向づけたのは、近代イギリス民衆教育史を何にも増して「近代公教育の成立と発展の過程」と捉えるその捉え方であった。成田克矢氏はその主著『イギリス教育政策史研究』（御茶の水書房、一九六六年）の冒頭で「近代公教育の成立とその発展の過程を分析することは、つねに教育学・教育史研究における基礎的な主題の一つである。わたしも本書においてイギリスを対象とする教育政策史として……この主題にせまることにした」と述べているが、戦後のわが国近代イギリス民衆教育史研究が成田氏を先頭にひたすら追究したのがこの主題であった。そしてそこで公教育とは「近代国家の一制度」で「国家の働きかけによって生まれてくる民衆教育の体制」と定義された。という次第で戦後のわが国近代イギリス民衆教育史は、その後まもなく生まれてくる社会史や文化史ではなく、すぐれて制度史、政策史の形を採ることになったのだが、その際「近代公教育の成立と発展の過程」を分析するにあたってより具体的に義務教育、無償教育、世俗教育からなる「近代公教育の三原則」がもちこまれ、これら三原則の確立される歴史が「近代公教育の成立と発展の過程」なのだとなかばア・プリオリに理解されることになった。ところでこの「近代公教育の三原則」は、戦後わが国の六三制教育の成立過程やフランスやアメリカ合衆国の場合にはたしかにそれなりに妥当するといいうる。ところがイギリスの場合、この三原則のうちとくに世俗教育のそれは、結論的にいうなら、一九四四年以降まさに公教育で宗教教育が義務化されたのであるから、どう見ても一つの歴史原則として妥当するとはいいがたい。だが戦後支配的となったわが国の近代イギリス公教育史の通説は、たとえこの事実を承知していたとしても、それを不問に付すか、ないし正面から正視することなく、今日にいたったのであった。

それではその戦後支配的になったわが国近代イギリス公教育史の通説は、具体的に何にかかわったのかというと、論点は巨視的にいって二つあるように思う。

一つは「国家の働きかけによって生まれてくる民衆教育の体制」という公教育の定義にもとづき公教育成立の始源に注目してそれを一つの画期とする理解である。この定義にもとづくイギリスの公教育は、一九世紀の初頭、工業化への離陸に対応する形で、ともにヴォランタリな国教会系の国民協会とプロテスタント非国教会系の内外学校協会による精力的な学校建設によって全国的な展開を遂げるが、一八三三年、議会はそれらの学校にたいする国庫助成を決定し、三九年に枢密院教育委員会を設置して教育行政の任にあたらせた。そしてこの役所の初代事務局長に就任したのがケイ-シャトルワースで、彼は教員養成制度を創り出すなどまさに「国家の働きかけ」によって「民衆教育の体制」の基礎を築いた。戦後の近代イギリス公教育史の通説は、始期としてのこれらの事実を重視し、とくにケイ-シャトルワースの業績を高く評価した(1)。

次にもう一つの論点は、一八六二年の改正教育令と七〇年の初等教育法の成立をもう一つの画期として強調する理解である。前者の改正教育令は、いわゆる「出来高払い制」（'payment by results'――国庫助成の額を児童にたいする試験の成績にもとづいて支出する自助節約型の自由主義の制度）を定めた政策として、また後者の初等教育法は、それまでの宗教団体によるヴォランタリな学校に加えて税金にもとづく学校委員会立（＝公立）学校を新たに創出したことで知られている。だが戦後わが国の近代イギリス公教育史の通説がこれらの政策を画期として強調する論点は多少異なっている。その通説によれば、国庫助成の開始とケイ‐シャトルワースによる改革は、公教育成立の画期ではあっても従来からの学校の教育内容を大きく変革するものではなかった。助成を受けた学校ではその後3 Rsの世俗教育がより拡大したとしても、伝統的な宗教教育があいかわらず継続して行われていた。この状況にたいし改正教育令と初等教育法は、国庫助成の対象を世俗教育の領域に限定する一方、宗教教育については、初等教育法により良心条項（Conscience Clause）とクーパー‐テンプル条項（'Cowper-Temple Clause'――この法律が設立した学校委員会立学校における宗教教育は、非宗派のそれでなければならないことを規定した）だけを定めてこれを各学校の自由裁量に任せるという改革を行い、公教育における「世俗教育の原則」を大きく一歩前進させた。ここに改正教育令と初等教育法が近代イギリス公教育史にもつより大きな画期性がある、というのがその通説の理解であった(2)。

だがこの改正教育令と初等教育法に関する通説の理解については、この際次の点を補足しておく必要がある。それは、なるほどこれら二つの政策は世俗教育と宗教教育を切り離し、前者のみに国庫助成の対象を限定したが、宗教政策については各学校当局の自由裁量に任せるという自由放任政策をとったのであって決してそれを禁止したわけではなかった、という点である。つまり宗教教育は一八七〇年の初等教育法以後も国家の自由放任政策の下で継続していたのが実情だったのである。だが戦後の近代イギリス公教育史の通説は、国庫助成の対象が世俗教育に限定された側面のみを力説してその意義を認め、自由放任に委ねられたその後の宗教教育の実情にはもはや研究の歩を進める必要性を感じなかった。この研究態度の背後には、明らかに世俗教育という近代化原則のみに価値を認め、宗教教育をひたすらその前進の前に克服されるべき負の存在として捉える当為の歴史学の認識があった、といえるだろう。

＊

以上、戦後わが国における近代イギリス民衆教育史の研究を回顧し、わたしなりにその特徴を指摘してみた。それではこの従来の通説をどう受けとめればよいのか、次にわたしの考えを要約しておきたい。

まずいっておかなければならないことは、わたしは以上に述べた通説の意義を否定するものではまったくない、いやそれどころか、これらの通説とそれを生み出した諸研究の成果は、これからも近代イギリス民衆教育史研究にとって不可欠な先行研究として尊重されなければならないと考えている、ということである。それは誰が考えても当然のことであり、ご理解いただけると思う。ただわたしのいいたいのは、歴史には時代や社会によっていろいろな見方があるということ、そしてわたしのよって立つ比較史の立場からするなら、近代イギリス民衆教育史を公教育の成立史とみる従来の通説は、たとえそれが教育学上いかに重要で基礎的なものであるとしても、それだけでは近代イギリス民衆教育史の一面を照射したにすぎず、もしそれでこと足れりとするなら、どこまでいっても歴史の全体像にはいたりえない、ということなのである。宗教教育史の研究はこれまであまり行われておらず、それゆえ近代イギリス民衆教育史のうえで宗教教育がどれほど重要であるかは、現状では、多くがなお今後の課題として残されている。だがそれが重要な意義をもっていることは、繰り返しになるが、さしあたり一九四四年以後義務教育課程で宗教教育が必修となっている現状を想起するだけで疑う余地はない、といえるだろう。

それでは宗教教育の視角からするとき、近代イギリス民衆教育史についていったい何がいえるのだろうか。本稿では、さしあたりもっとも重要と思える二つの点に触れることにしたい。一つは宗教教育が世俗教育の拡大と並んで終始近代イギリス民衆教育史の二本柱であったという事実を確認すること、もう一つは、一九四四年以降それまで自由放任に委ねられていた宗教教育がなぜ国家権力の直接的行使である義務教育に転換したのかという問題についてである。以下順次章を改めて見ていこうと思う。

2　近代イギリスの民衆教育における宗教教育

近代イギリス民衆教育の歴史は、次の四時期に分けて理解されてきた。

(1)一六九八年のキリスト教知識普及協会の成立から一八一一年の国民協会・一八一四年の内外学校協会の成立まで
(2)国民協会・内外学校協会の成立から一八七〇年の初等教育法の成立まで
(3)初等教育法の成立から一九四四年のバトラー教育法の成立まで
(4)バトラー教育法の成立から現代まで

次にこれら四時期につき宗教教育の事実を確認し、それぞれの時期の宗教教育の概況をみることにしよう。

(1)の時期

この時期の学校による組織的な民衆教育としてここで想定されているのは、いうまでもなく一六九八年からキリスト教知識普及協会が展開した慈善学校の運動と一七八〇年代から展開された日曜学校の運動である。これらの学校での教育目的は、主として教義問答集（catechism）にもとづいてキリスト教の教義を教えることで、3 Rsはそれを達成するための方便とみなされ、概して暗唱を含む読みのみが教えられ、書きと算術は不必要として忌避された。つまりそこで行われていたのは、まさに宗教教育そのものであったわけで、それゆえ宗教教育の事実を確認するということでは、もはやこれ以上にいうことはあるまい(3)。

ところで従来の公教育史の通説では、この時期の慈善学校と日曜学校の教育は、たとえ副次的だとしても、読みを中心に3 Rsの教育が行われたという理由で、公教育成立の前史とみなされてきた。だが宗教教育が世俗教育と並ぶもう一本の柱であるという認識に立つなら、この時期は、前史ではなく近代公教育の始期としてたち現れることになる。といってもその場合、公教育の意味もまた転換するわけで、わたしたちとしては、ここでキリスト教と教会が国家とのかかわりでもつ役割と機能に注目する必要がある。およそ国家は社会の秩序を保つために社会道徳の維持に努めなければならないが、キリスト教が社会道徳の基盤をなすヨーロッパにおいては、一六世紀の国民国家成立以降国民の社会道徳を維持する役割は、当該国家の認定した教会の担うところとなった。慈善学校も日曜学校もともに協会というアソシエーションによる運動の形をとってはいるが、それを推進したのはイングランド教会という国教会と、一六八九年の寛容法などによって布教と宗教教育の自由を国家から保証されたプロテスタント非国教徒の諸教会にほかならなかった。とりわけ国教会のイングランド教会は、大主教を頂点とする監督制と全国を網の目に取り込む教区制度を通じて、全国民の出生・婚姻・死亡の登録を管理する一大国家装置であった。こうしてイングランド教会は、国民の民事登録制が成立する一八三六年まで、一方では今述べた教区登録制度と各教区教会の日々の布教活動によって、また商業革命と工業化がもたらす社会の要請にたいしては、プロテスタント非国教徒の諸教会とともに民衆にたいする学校での宗教教育に乗り出すことによって、社会道徳の維持と国民統合の任にあたったのであった。

このように社会道徳（＝キリスト教）の維持が国家の不可欠の機能であり、そのための宗教教育を国家の認定した教会が担ったのであれば、慈善学校と日曜学校の教育を公教育と呼んでも必ずしも不条理ではない、ということになろう。

(2)の時期

この時期は、すでに一言したように、社会の工業化に対応して国民協会と内外学校協会がより大規模な形で民衆教育に乗り出し、当初はベル＝ランカスター方式の助教制（monitorial system）によって、ケイ＝シャトルワースの改革後は師範学校で養成された教員によって、３Rsの世俗教育が本格的に開始されたときであった。だがこの時期においても宗教教育は学校教育の主要な内容をなしており、国民協会の学校では国教会であるイングランド教会の、内外学校協会の学校では非宗派の宗教教育が行われていたことは、すでに従来の通説も述べている通りで、事実として宗教教育が行われていたことは疑いようがない。

一方、政治史ないし宗教史の観点からするならば、この時期は、プロテスタント非国教徒の急進派を先頭に、国教会であるイングランド教会の政教分離をめざす改革運動が展開された激動期で、先述の教区登録制から民事登録制への転換や教会税の廃止（一八六八年）など数々の改革が行われた。宗教史家はこの改革の過程を、「なし崩し的な国教会廃止」（'piecemeal disestablishment'）とさえ呼んでいる。そしてこの国教会改革の激動のなかにあって、国民協会と内外学校協会は、世俗教育もさることながら、それぞれが国教会の教義による宗教教育と非宗派の宗教教育を主張してたがいに譲らず、共存しながらも激しく競い合った。また世俗教育の拡大をめざす世俗の国会議員たちも概して、これらの学校で何らかの宗教教育が行われるのは至極当然と受けとめていた。世俗教育に国庫助成を限定したあの一八六二年の改正教育令も、その助成対象の当該校で宗教教育が行われていることを前提としていたのである（4）。

(3)の時期

この時期には、これもすでに一言した通り、改正教育令の趣旨を受け継いだ一八七〇年の初等教育法が国庫助成を世俗教育のみに限定し、宗教教育の実施は、各学校当局の自由裁量に任された。といっても同法は宗教教育のありようをまったくの野放しにしたのではなく、同法が税金で設立した学校委員会立学校については良心条項とクーパー‐テンプル条項を定めて、そこでの宗教教育は非宗派のそれでなければならないと規定した。これら同法の諸規程は、一八二八―二九年の審査法廃止とカトリック解放に始まった政教分離の運動が教育の分野でまがうかたなくそれを大きく前進させたもので、まさしくイギリス自由主義の成果であった。ちなみにこの法律を成立させた第一次グラッドストン内閣の時期（一八六八―七四年）は、イギリス史上「自由主義の黄金時代」として知られている。なおこのとき設立された学校委員会は、一九〇二年のバルフォア教育法によって廃止されたが、同委員会の機能と義務は、そのときそれに代わって設立された現行の地方教育当局（Local Education Authority—LEAと略される。カウンティを単位とする）にすべて引き継がれたので、宗教教育のありようには、その後バトラー教育法にいたるまで、基本的な変化は生じなかった。

それではいったいこの時期の自由放任の下で、各学校の宗教教育はどのように行われていたのだろうか。だがこの問題については、なお多くを今後の研究に待たねばならないのが実情のようである。そこでここでは、主としてジェイムズ・マーフィーの研究に拠りつつ、宗教教育の継続を示す次の諸点にのみ留意しておきたい。

①国民協会と内外学校協会の学校は、この時期にも、それぞれの宗教教育を継続した。またローマ・カトリック教会の学校も、当然のことながら、ローマ・カトリックの教義にもとづく宗教教育を行っていた。

②学校委員会立学校の宗教教育については、一八八八年の枢密院教育委員会の報告書が次のような数値を挙げている。それによると、二二二五校ある学校委員会立学校のうち宗教教育を行っていない学校はイングランドでは僅か七校、ウェールズでは五〇校で、全体の九七%が所定の宗教教育を行っていた。なおウェールズで宗教教育を行わない学校の数が比較的に多かったのは、プロテスタント非国教徒が多数を占めるこの地域では、宗教教育を牧師と日曜学校と家庭の仕事とみなす風潮が強かったからであった(5)。

③一八九六年以降、公金の助成を受ける学校での宗教教育に反対するキャンペーンがまずH・M・ハインドマンの社会民主連合、それを吸収した労働代表委員会、ついで労働党、また労働組合会議などによって展開された。だがこの運動は労働者組織の内部に分裂の危機を生み(とくにカトリック労働者)、一九一三年に最終的に放棄されてしまった(6)。

公教育における宗教教育の大勢は、自由放任のこの時期にも、こうして継続し、維持されたのであった。

(4)の時期

一九四四年のバトラー教育法から今日にいたる宗教義務教育制については、最近好著が出版された。柴沼晶子・新井浅浩編著『現代英国の宗教教育と人格教育(PSE)』(東信堂、二〇〇一年)がそれで、現代イギリスの義務教育課程における宗教教育のありようが詳しく述べられている。それゆえこの時期の宗教教育の詳細については本書に譲るとして、ここでは行論の都合上、大きく次の二点を指摘するにとどめておきたい。

その第一は、バトラー教育法が定める宗教教育の概要についてである。以下その要点を箇条書きにしておこう。

①宗教教育を管轄するのは地方教育当局（LEA）で、その教育は毎週の宗教の授業と日々の礼拝とからなっている。

②公立校とその運営を公費の補助に頼る私立校の宗教教育は、非宗派の性格のものであることを要し、そのカリキュラムは協定シラバス（agreed syllabus）にもとづいて実施されなければならない。

③協定シラバスは各地方教育当局が招集する協定シラバス協議会が定めるが、この協議会は、国教会、その地方の有力なキリスト教の宗派（ただしローマ・カトリックを除く）、その地方の有力な教員組合、ＬＥＡの四者の代表によって構成される。

④自前の経費で運営される私立校ないし公費の補助が七五％未満の私立校は、独自のシラバスを用いてよい。

⑤児童の保護者には良心条項が適用される。

第二は歴史的な事情で、バトラー教育法はサッチャー保守党内閣時の一九八八年に成立した現行改定教育法で大きな修正を受けた。その最大の要点は、世俗教育の一〇教科について全国共通の統一カリキュラムが定められ、その管轄が地方のＬＥＡから中央の文部省に移されたことで、ＬＥＡの自由裁量権は大きく限定されることになった。だが宗教義務教育を行うことについては議会内に大きな反対はなく、協定シラバスの策定にあたってキリスト教以外の宗教も配慮されるようになったことを除けば、バトラー教育法の諸規定がほとんどそのまま継続して今にいたっている、といってよかろう。

3　現代宗教義務教育制の宗教史的背景

それでは次に一九四四年以降、それまで自由放任に委ねられていた宗教教育は、なぜ国家権力の直接的行使である義務教育に転換してしまったのだろうか。紙幅の関係もあり結論的にいうならば、この背後には二〇世紀、それもとくに第二次大戦終了以降、国民のあいだに急速に進んだ教育ならざる宗教の世俗化、別言するなら教会離れの傾向があり、それがその転換の一要因になっている、というのがわたしの見解である。だがそこに行く前に、一九世紀末葉から二〇世紀にかけて進行したイギリス宗教状況の変化に一言しておくのが順序だろう。

先に述べたように、一九世紀初期から初等教育法が成立する(2)の時期は、政教分離をめぐって国教会のイングランド教会とプロテスタント非国教の諸宗派が激しく対立し、それを反映して公教育の分野でも、国民協会と内外学校協会が宗教教育をめぐって激しく競い合った時代であった。だがこの国教会、非国教会の対立は、七〇年代以降しだいにその厳しさを失って、両者はむしろ平和的共存、そして統一（ecumenism or ecumenicalism）へとその方向を転じ、国民協会と内外学校協会の関係も二〇世紀の戦間期までには対立から協調へと転換した。そうなった一つの理由は、たとえ国教会が王政との結びつきなどによってなお存続したとしても、政教分離の改革はその間に「なし崩し的な国教会廃止」によって実質的な成果を達成したからで、こうして二〇世紀の初めにはプロテスタントという言葉も非国教徒という言葉もその意味を失い、彼らは自らの宗派を自由教会（Free Churches）と称するようになった。また公教育の分野でも、国教会とこの自由教会のあいだに協調の気運が高まり、一九二四年には最初の協定シラバスがケンブリッジシャーで作成された。そしてそれが、その後バトラー教育法で義務化される協定シラバスの一つのモデルとなったのであった(7)。

だがその背後にあってこの間にも、一般世人の教会離れという宗教の世俗化が進行しつつあった。国教会と自由教会の協調も、他面でこの教会離れの進行という状況に触発されていることはまず疑いをいれない。一般の世人、それも大衆の教会離れの現実が最初にクローズアップされたのは、一八五一年三月三〇日に全ブリテンでいっせいに行われた宗教調査であった。この調査は国民の日曜日の教会への出席状況を調べたものだが、その結果この日教会に出席したのは、全人口の四〇%にすぎないことが明らかとなった。といってもその時点での国教・非国教を合わせた教会の座席数そのものが全人口の五七%ほどしかなかったので、前記四〇%の数値をただちに教会離れの数値とみなすのには困難が伴う。だが、それでも多くの国民、それもとくに都市域における労働大衆の教会出席率の低さが明らかとなったのは確かで、ときの宗教関係者に大きな衝撃を与えた。

だがその後一九世紀後半から二〇世紀の第一次大戦時にかけて、教会離れは続いたとしても、その状況は必ずしも悲観的なものではなかった。いやむしろ国教会、自由教会諸派の活動会員数の実数は人口増にあわせて増加しており、ローマ・カトリックの受洗者数にいたっては、右かた上がりの大幅な上昇を記録した。だが戦間期になると、ローマ・カトリックの受洗者数は別として、国教会、自由教会諸派の活動会員数の増加は頭打ちとなり、第二次大戦時から戦後になると、その低下傾向が明白となり、六〇年代にいたってついに急激な落ち込みを経験した。六〇年代というと、ヴェトナム戦争、ヒッピー、フェミニズムの勃興などがただちに想起されるが、イギリスではこの時期に、併せて伝統的な性道徳の崩壊がにわかに表面化し、ピルの普及、婚前交渉・同棲の当然視、離婚率の上昇、同性愛にたいする社会的な寛容といった事態が日常化した。この事態のゆえに近時宗教史家たちは、この時期を「揺れる六〇年代」（'swinging sixties'）とさえ呼んでいる。そしてこの状況を背景に七〇年代以降、今やローマ・カトリックをも含めて教会離れはより一層亢進し、九〇年代には日曜日の恒常的な教会出席者数はついに人口の一割程度となってしまった(8)。現代イギリスのキリスト教会には、かつて一六世紀の国民国家の成立から二〇世紀初めにかけて社会道徳の国家的守護者として君臨した人心把握力はもはやない、といってもさしつかえあるまい。

だがこの教会離れの現象は、なかなか一筋縄ではいかない。というのもそこにはもう一つ無視しえない別の一面があるからである。それは、この教会離れはあくまでも人心の教会離れであって必ずしもキリスト教離れではない、という

表1　神の信仰（Belief in God）〈1998年〉

神の実在を認知し、それを疑わない	21%
疑いをもっているが、神を信じていると思う	23
ときに神を信ずるが、いつもではない	14
人格神は信じないが、ある種の超越的な力は信ずる	14
神が存在するかどうか知らないし、それを認知する方途があるとも思わない	15
神を信じない	10
無解答	3
計	100

表2　下院議員の活動動機　〈1994年〉

宗教が自己の政見の重要な基盤となっている	保守党議員	65%
	労働党議員	49
何らかの恒常的な宗教活動にかかわっている	保守党議員	54
	労働党議員	38

側面である。たとえば表1は、信仰の有無を尋ねた一世論調査の結果だが、この表は過半数を越えるイギリス人の心の片隅に神がなお生き残っていることを示している[9]。また表2は、下院議員の活動の動機を調査したものだが、この表は下院議員の過半数が宗教をなお活動の重要な一動機としていることを物語っている[10]。つまり現代イギリスの過半数を越える人たちは、一般人であれ下院議員であれ、教会には行かなくなってもなお神の存在を信じ、それに頼ろうとしているのだといってよく、それがおそらく歴史的にもこの教会離れという現象の実相なのである。宗教社会学者のグレイス・デイヴィは、それをbelieving without belongingと呼んだが、まさに適切な評言といえるだろう[11]。

さてそこで本題にもどり、バトラー教育法以後における宗教義務教育制についてだが、わたしは、いまだ仮説であるとはいえ、この宗教義務教育制と今のべた第二次大戦後の教会離れの宗教状況とが相互にかかわりあっているのは間違いない、と考えている。社会の道徳律を維持し、社会の秩序を守ることは今も昔も国家の責務であり、これは自明だろう。教会離れはなるほど一九世紀から進んでいた。だが国家は、先に述べた(3)の時期までは、たとえ学校での宗教教育を自由放任にしても、なお社会の道徳律の維持を国教会と伝統的な非国教のキリスト教諸派に期待することができた。だが第二次大戦の終焉時を境に状況が変わった。教会離れの傾向はますます明らかとなり[12]、国教会と非国教の伝統的なキリスト教諸派は、今や社会の道徳律を維持する機能と国民統合の求心力をほとんど失ってしまった。だがにもかかわらず、人心の大勢は、believing without belongingの状況にあり、教会には行かなくなってもなお道徳の基礎としての宗教（＝キリスト教）に信を置かざるをえないのがその実情となっている。だとすれば、社会の道徳律を維持し、社会の秩序を守るためには国家が直接その任に乗り出さなければならないわけで、それがすなわち(4)の時期の宗教義務教育制なのだ、というのがわたしの見解である(13)。わたしとしてはこの仮説を、今後より確実なものにしていきたいと考えている。

1　この通説的な理解を打ち出したものとしては、三好信浩『イギリス公教育の歴史的構造』亜紀書房、一九六八年が際だっている。

2　この通説的な理解については、次の二つの業績が注目に値しよう。岡田与好『経済的自由主義』東京大学出版会、一九八七年の第6章「自由貿易と教育改革――自由競争原理にもとづく《国家教育》の組織化」。大田直子『イギリス教育行政制度成立史――パートナーシップ原理の誕生』東京大学出版会、一九九二年。

3　慈善学校と日曜学校の運動については、次を参照。M. G. Jones, *The Charity School Movement : A Study of Eighteenth Century Puritanism in Action*, Cambridge U.P., 1938. 松塚俊三「イギリス初等教育の歴史的構造――十九世紀ニューカスルの公教育学校とプライベイト・スクール」上『福岡大学人文論叢』二四―一、平成四年。

4　大田直子、前掲書、四六、五八頁。

5　James Murphy, *Church, State and Schools in Britain, 1800-1970*, Routledge & Kegan Paul, 1971, p.69.

6　*Ibid.*, p.100.

7　A. Hastings, *A History of English Christianity 1920-2000*, SCM Press, 2001, pp.418-19.

8　S. Bruce, *Religion in Modern England*, Oxford U.P., 1995, Figure 22 ; Jil Matheson & Carol Summerfield, eds., *Social Trends, 2000Edition*, London : Stationary Office, p.219. 山中弘「イギリスにおける宗教と国家的アイデンテ

ィティ」（中野毅・飯田剛史・山中弘編『宗教とナショナリズム』世界思想社、一九九七年所収）。

9 Matheson & Summerfield, *op. cit.*, p.219.

10 *New Statesman and Society*, 30 Sept. & 7 Oct., 1994.

11 Grace Davie, *Religion in Britain since 1945 : Believing without Belonging*, Blackwell, 1994.

12 宗教史家のメイチンによるならば、イングランド国教会と自由教会は、二〇世紀の初頭来すでに感じられるようになっていた活動会員数の低落傾向をバトラー教育法が阻止してくれるものと期待していた。G.I.T. Machin, *Churches and Social Issues in Twentieth-Century Britain*, Clarendon Press, Oxford, 1998, pp.135-36.

13 わたしは本稿第三節の議論を以前にも述べたことがある。次を参照いただければ幸いである。拙著『近代イギリスの社会と文化』ミネルヴァ書房、二〇〇二年の第十章「イギリス国教会――過去と現在」。

追記 本稿は、二〇〇三年四月五日（土）～六日（日）に同志社大学で開催された第二回比較教育社会史研究会大会で筆者が行った記念講演の草稿に加筆したものである。

（むらおか・けんじ／大手前大学人文科学部教授）

府県学事年報に見る「小学校ニ類スル各種学校」

土方苑子

はじめに

国が法令で定め、正格の学校として普及をはかってきた初等教育機関には、下等小学、尋常小学校、国民学校、そして現在の小学校などがある。しかしこれらの学校で教育を受けなかった子どもも少なくない。とりわけ小学校へ就学することが国民に定着する前にはそうであった。だが、たとえば就学率が六〇％という時、残り四〇％の子どもが何も教育を受けなかったわけではない。家庭や地域でも教育はおこなわれており、さらに何らかの教育機関で教育を受ける場合もあった。近代教育史を正格の学校の普及史としてではなく、このような多様な形態の教育をも含めて描くべきではないかという立場から、正格ではない学校を取り上げてみたい。

このような学校に関心を向けた教育史の先行研究をいくつかあげることができる。たとえば久木幸男は一八九〇年に「公立小学校―私立小学校―小学校類似各種学校―無認可初等私塾―『貧民学校』」という重層構造があったと述べている(1)。また籠谷次郎は私学統制の問題として「学制」公布後にも近世以来の寺子屋や「下々等小学」などの様々な学校形態とそこへの就学があったと述べている(2)。そのほか貧民児童のための夜間小学校や、工場内に設置された教育機関についての先行研究も相当数ある(3)。このように「学制」以降存在した正格ではない初等教育機関をとらえるのに、実態によるもの、経営主体によるものなどいくつか分類の軸が考えられるが、ここでは「小学校ニ類スル各種学校」という法令上の概念とその実態に注目したい。この概念を軸にすることによって近代学校のある側面が見出せるのではないか、という問題意識によっている。

1　制度としての「小学校ニ類スル各種学校」

「各種ノ学校」は一八七九(明治一二)年「教育令」に初めて出現する。第二条「学校ハ小学校中学校大学校師範学校専門学校其他各種ノ学校トス」がそれにあたるが、ここで「各種ノ学校」はその前に置かれた「小学校中学校大学校師範学校専門学校」以外の学校を指していると読める。「学校」は大別すると、学校制度として国が法令上に規定する学校(以下これを「制度化された学校」とよぶ)とそれ以外の「各種ノ学校」からなるという、二分法だといえよう。だがこの「各種ノ学校」についてはその後法令上にほとんど規定されることがなかった。一八八六年以降、学校についての法令は「帝国大学令」「中学校令」「小学校令」など学校種別に作られたが、「各種学校」は「諸学校通則」に一部規定されるにとどまった(4)。その後小学校程度の各種学校だけが、一八九〇年「小学校令」において規定される。第四十条において「市町村ハ幼稚園図書館盲唖学校其他小学校ニ類スル各種学校ヲ設置スルコトヲ得」とあり、第四十一条、第四十二条、第九十四条も関係する条文である(5)。府県は、第四十二条に基づく九一年一一月文部省令第一八号に従って、各種学校の設置廃止に関する規則を制定した。その後、一八九九年「私立学校令」制定の翌年に「諸学校通則」は廃止され(勅令第一三六号)(6)、以後小学校ニ類スル各種学校については「小学校令」に、私立の各種学校については「私立学校令」に拠ることになるが、小学校以外の公立の各種学校についての法令は作られていない。

各種学校が法制上十分には規定されていない状態を裏付けているのが、『文部省年報』上の各種学校についての記述である。一八八〇年以降の『文部省年報』では各種学校は「正格の学校種別に適さないもの」と認識されると同時に、「将来正格の学校に昇格すべく指導する対象」としても位置づけられている(7)。『文部省年報』上で「各種学校」に始めて定義が下されるのは一八九四(明治二七)年である。「各種学校ハ他ノ学校ニ入ラントスル者ニ予備ノ教育ヲ施シ又ハ尋常中学校、小学校等ニ類スル教育ヲ為シ又ハ普通学科ノ一部ヲ授クル等其目的種々ナルヲ以テ学科程度修業年限ノ如キ亦一様ナラス」と述べられる。そして翌年の一八九五(明治二八)年から『文部省年報』は「公私立各種学校」を「小学校ニ類スル各種学校」、「尋常中学校ニ類スル各種学校」、「其他ノ各種学校」に区分して統計を掲載し始めるのである。小学校ニ類スル各種学校についての統計を検討することができるのはこの時期からである。

ところで多田鉄雄は、一八九〇年「小学校令」条文に「小学校ニ類スル各種学校」の語が用いられたことに特別の意味を見出している。多田の主たる関心は執筆時点(一九五四年)の各種学校にあり、この時各種学校は一定のイメージを持つ学校群であった。一九四七年制定の「学校教育法」では、まず第一条で「この法律で、学校とは、小学校、中学校、高等学校、大学、盲学校、聾学校、養護学校及び幼稚園とする」と規定し、さらに第八十三条において「第一条に掲げるもの以外のもので、学校教育に類する教育を行うものは、これを各種学校とする。各種学校は、第一条に掲げる学校の名称を用いてはならない」と規定された。その後一九五六年一二月「各種学校規程」(文部省令第三一号)が制定された。こうして、修業期間は比較的短くてもよい(原則一年以上で、三ヶ月以上一年未満も可能)、和洋裁、簿記、自動車整備、調理、看護婦、保健婦、理容、美容、タイプ、英会話などを教える学校が「各種学校」であるという共通理解が生まれていた。このような状況の下で、多田は各種学校という語が「教育令」でみたような〝制度化された学校以外の学校〟という意味を転換させて、〝ある一定の内実をもつ学校群〟を指すようになったのはいつか、を問題にしたのである。多田は、一八九〇年「小学校令」によって「単に各種の学校を一括した意味を越えて」「一つの学校種類の名称として各種学校なる言葉が用いられるに至った」と述べる(8)。あるいは各種学校とは「初めは特定の学校種類から除外されたものを統計上の便宜から一括した」が、やがて「一つの学校種類を構成するに至った」(9)とも述べている。しかし果たして当初「教育令」が示したような、制度化された学校以外の学校という意味は転換してしまったのだろうか。先に引用したように、戦後の「各種学校規程」も各種学校がどのような科目を教える学校であるということは規程しておらず、前述の各種学校のイメージは実態として形成されてきたものなのである。ということは依然制度化された学校とそうでない学校という二分法が基本的には生き続けているのではないだろうか。つまり各種学校の科目などが限定されていないということは、各種学校にはあらゆる内容の学校を含みうる可能性を現在もなお残しているのではないだろうか。同様に、戦前期各種学校についての特定の法令が制定されなかったことは各種学校を総称しうるような性格が特定できず、結局の所「その他の学校」として一括できることだけが、その基本的な性格だったとも考えられる(10)。また小学校ニ類スル各種学校とそうでない各種学校において相違があるのかどうかも問題である。学校種別の法令中「小学校令」だけに各種学校について定められていたことの特別な意味は現在のところ明らかになしえない。いずれにせよ法令上ほとんど規定されていない各種学校および小学校ニ類スル各種学校であるから、それらが実態としてどのような学校だと認識されていたのかを抜きにして法令上の意味の検討もできないように思う。本稿では小学校ニ類スル各種学校に注目し、その「実態」を明らかにすることを試みる。方法としては、全国府県において刊行された『学事年報』においてどのような学校が小学校ニ類スル各種学校と把握されたのかを明らかにしたい。

　検討に先立ってすでに明らかな点を確認しておきたい。まず「私立学校令」公布後、文部省は例規などの行政指導で、宗教教育をおこなう学校を小学校ニ類スル各種学校であるとした(11)。また教育行政関係書籍では小学校ニ類スル各種学校として、特別学級、尋常夜学校、などがあげられている(12)。けれども実際に存在した個々の具体的な学校についてみていくと、明確な基準があるとは思えない。たとえば同じ工場内の学校でも、東京府の設置申請書では私立小学校として申請されているものと小学校ニ類スル各種学校であるものが混在しており、どのような基準で差異が生まれたか少なくとも文書からはわからない(13)。このような状況のもとで、各時期に何を指して小学校ニ類スル各種学校と呼んだのか、学事年報を材料としてそこにおける小学校ニ類スル各種学校の範囲を明らかにすることが本稿の主要な課題となる。

2　小学校ニ類スル各種学校の概要

初めに『文部省年報』統計値によって変化の概観を述べておきたい。図1は各種学校と小学校ニ類スル各種学校の全国合計値である。小学校ニ類スル各種学校の統計は前述のように一八九五年から始まるが、一九〇三（明治三六）年頃から増加が鈍り初め、一九一六（大正五）年には最大値となって一三一七校となる。この校数は約二万五千校の小学校に対しては五％あまりに過ぎないが、この年の中等学校数合計は約七五〇校であるから約一・七倍にあたり、学校数として一定の重みをもつといえる。その後急激に減少し、全国で二〇〇校足らずという状態になる。また最高値を示す一九一六年以降の三年間は各種学校全体のなかで小学校ニ類スル各種学校が過半を占めている（約五二％）。一九二〇年代以降は各種学校の減少は止まり漸増さえ読みとれるのに、小学校ニ類スル各種学校は減少の一途をたどっていくことになる。

全国合計値では以上のような傾向が読みとれるが、府県別にみると相当大きな違いがある。まず校数であるが、一八九五年から一九三八年までの四四年間の平均の上

図1　各種学校の全体と小学校ニ類スル各種学校　（単位：校）

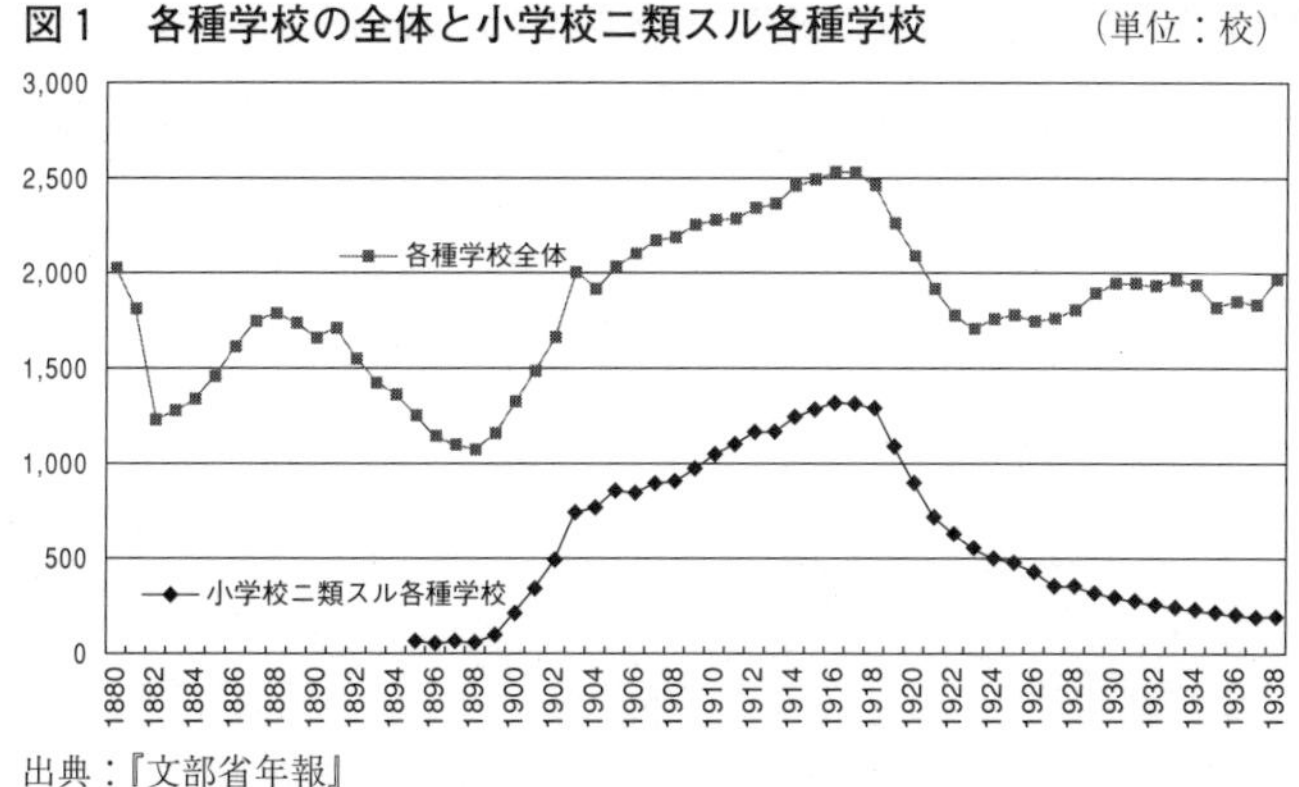

出典：『文部省年報』

表1　小学校ニ類スル各種学校の44年間平均設置数上位10府県

府県名	年平均学校数
兵　庫	119.4
岡　山	67.7
京　都	52.3
東　京	42.6
三　重	32.5
高　知	29.9
和歌山	25.6
長　野	24.9
愛　知	24.2
奈　良	23.6

出典：『文部省年報』

図２　小学校ニ類スル各種学校を50校以上設置した道府県での校数変化　（単位：校）

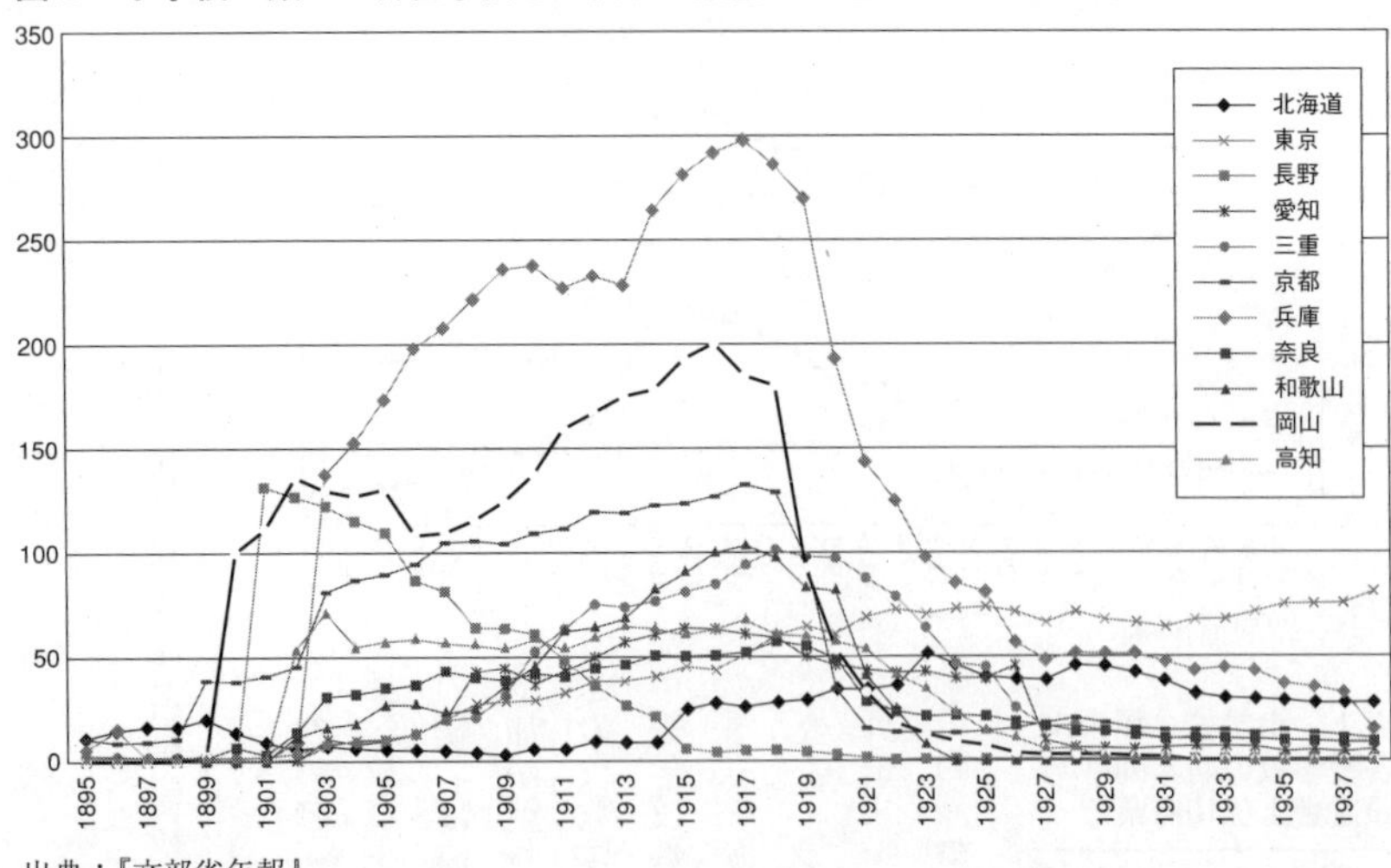

出典：『文部省年報』

位一〇府県は表1のようで、多い府県では平均一〇〇校を越えている。また福岡、香川、宮崎、岩手、宮城、秋田、茨城、大分、沖縄の各県は平均一校以下であり、ほとんど小学校ニ類スル各種学校は設置していない。一年での最大値をみると、図2のように一九一七年の兵庫県で二九七校設置されている。次が一九一六年の岡山県二〇〇校であるから、兵庫県の多さは抜きんでていると言えよう。図2は最大値が五〇校を越えた一一府県の変化の様子である。三つのタイプに分けられ、最も多いのは一九二〇年頃に最大値が来る府県である。しかし、早い時期に最大値を示し減少していく長野県、高知県などのタイプ、東京府、北海道のように一九二〇年代後半に多くなるところもある。小学校ニ類スル各種学校は、統計上も府県により時期により大変多様である。

3　府県学事年報の描く「小学校ニ類スル各種学校」

ここで検討するのは四四道府県の『学事年報』である。検討できたのは一八八〇年代後半から一九一〇年頃までの（表2）五一五冊である。ほとんどの『学事年報』に学校種別にその年の様子が記述形式で報告されている。また年報に「諸学校表（小学校ヲ除ク）」

表2　参照した府県学事年報一覧

府県名	年度(明治)	府県名	年度(明治)	府県名	年度(明治)
北海道	34.36-38	富　山	20-27.29-30	島　根	24-28.31-36
青　森	20-30.33-34.36	石　川	20-34	岡　山	24-34
岩　手	31-38	福　井	30.33-36	広　島	24-31.33.35-37.39-43
宮　城	32	山　梨	34-37	山　口	21-31.33.35-36.43-44
秋　田	17-23.25-29.33-35.37	長　野	25-30.32-41.43	徳　島	21-30.36-40
山　形	24-41	岐　阜	34-39	香　川	24-39
福　島	24-39	愛　知	25-39	愛　媛	25-38
茨　城	30-35	三　重	17-37	高　知	24-39
栃　木	20.23-39	滋　賀	20	福　岡	19-27
群　馬	29-36	京　都	18-21.23-27.29-35	佐　賀	26-38
埼　玉	28-37	大　阪	31-33	長　崎	30-31
千　葉	26.29-34	兵　庫	22-24.31-36.38.40.42	熊　本	31-35.37
東　京	17-18.22-40	奈　良	34-38.42	大　分	21-38
神奈川	31-37	和歌山	27.29.32-36	宮　崎	38-39.42-43
新　潟	23-34	鳥　取	24-44		

注：静岡県、鹿児島県、沖縄県は未見。年度は掲載内容の年度。

と題する学校一覧表が掲載されている場合は各校の詳細（学校名、所在地、設立年、教育課程、教員と生徒数、卒業生数、校長名、授業料など）を知ることができる。諸学校表には専門学校、師範学校、実業学校、高等女学校などの制度化された学校のほか、幼稚園、聾唖学校など独立法令で規定される以前の学校や実業補習学校などを含み、小学校以外の学校すべてが一覧になっている形式のものが多い。制度化されると別に統計がとられる場合もある。諸学校表には学校種別（小学校程度か中学校程度かなど）が掲載されないのが普通であるため、どの学校が小学校ニ類スル各種学校にあたるのか断定できないことが多く、数の上では相当数存在したにもかかわらずここでの検討対象数は少なくならざるをえなかった。したがって明らかなものをできるだけ丁寧に拾い上げていくことを心がけたいと思う。以下小学校ニ類スル各種学校であることが明確である学校に限ってみていくが、それらを大別すると、旧寺子屋や私塾、藩校の系譜を引くもの、中等学校への入学のための予備的な学校、裁縫学校、女学校、貧民学校、慈善学校、夜学校、子守学校、工場内学校などに分けられる(14)。

塾などの系譜をひくもの

一人の教師が自宅で個人教授をする教育機関は近代の学校とは

異なるものと認識されている。漢学などを教授する各種学校は多くがこのようなものであった。そしてほとんど例外なく府県の年報はこれらの各種学校に対し財政的基盤や設備が貧弱でみるべきものがないと批判をおこない、しかもその批判は一九一〇年代まで繰り返されていて、全国的にもこれらの学校が各種学校として長く存在したことが推測される。たとえば茨城県では「各種学校ハ往事ノ所謂私塾ト称スル類ニシテ（引用者中略）教員ハ概ネ私立学校若クハ旧藩黌ニ在テ学ヒタルモノニシテ其管理訓育共ニ充分ト云フヘカラス」（明治三〇年報(15)）と述べ、各種学校とは「往時ノ所謂私塾ト称スルモノ」とものべている（明治三一年報）。このような学校が以下述べるように、小学校ニ類スル各種学校にもあった。

宮崎県には一八七九（明治一二）年創立の各種学校があり、そのうち一校は「略小学校ニ準スヘキ程度」の学校である。これらの学校は「何レモ旧藩立学校ノ系ヲ襲ヘルモノナリ」とある（明治二九年報）。広島県の年報（明治三〇年報）は高田郡有保村礎学館、同井原村遷喬館、豊田郡竹仁村静学館の三つの小学校ニ類スル各種学校について次のような説明をしている。いずれも教師は一人、生徒は男子のみ四五人から六五人である。静学館については「本館ハ小学校同等ノ科目ヲ教授スルモ其程度ハ稍々高尚ナルカ如シ設備ハ十分ナラス教員ハ一人ニシテ小学校本科正教員ノ免許状ヲ有シ特ニ漢学ニ長シ其教授モ漢学ニ傾キ生徒モ亦此学ニ長スルカ如シ生徒現在六十九名アリ卒業生ハ八名アリ多クハ小学校教員トナリ又実業ニ従事ス」。礎学館については「本館ハ六十坪ノ二階ノ一校舎アリ机腰掛ノ如キ器具ハ具フルモ他ノ設備ハ不十分ナリ生徒ハ十名アリテ前年ノ半ナリ教員ハ一名ニシテ資格ナシ三十年四月更迭アリシ以来館勢衰微ニ傾ケリ学科ハ稍高等小学校ニ類スルモ読書ニ於テ最モ重キヲ置ケリ是レ教員ノ長所ニ由レルナリ三十年中卒業生ナシ」。遷喬館については「本館ハ教員ノ自宅ヲ以テ充テ設備等挙クルニ足レス教員ハ小学校本科正教員ノ資格ヲ有シ生徒ハ五十名アリ」。いずれも一人の教員が自宅などで教える学校である。山梨県の明治三六年報では、小学校ニ類スル各種学校は「其設備ハ何レモ寺院民屋ヲ仮用シ校主自ラ教鞭ヲ執ルモノ多シ」と述べる。もっとも次の千葉県の記述（明治二六年報）では、小学校程度の各種学校に二種あるとしている。すなわち各種学校には「高等小学卒業生及ヒ之ニ準スル学力ヲ有スル者ニ稍高等ノ学科ヲ教授」する学校と「尋常小学校卒業生及学齢ヲ超過シ普通ノ学力ヲ有セサルモノヲ教授」する学校の二種があり、前者は尋常中学校程度、後者は「所謂寺小屋ニ類スルモノト小学校ニ類スル学校トアリ」という。小学校ニ類スル各種学校と寺子屋のような学校は区別されているようである。このとき千葉県の諸学校表にでている小学校ニ類スル各種学校は、望陀郡中川村の耕読学舎、東金町の吉井学校、匝瑳郡共興村有信学舎の三校である。有信学舎の教科目は漢学、習字であるが、他の二校は修身、読書、作文、習字などを教えていた。千葉県の小学校ニ類スル各種学校は一八九八(明治三一)年になくなっている。

中等学校への予備校／高等小学校程度の学校／実業学校

中等学校への予備学校や高等小学校程度の学校も小学校ニ類スル各種学校であった。熊本県の鶴城学館は一八九二(明治二五)年に設置された学校であるが、九六年に小学校ニ類スル各種学校と分類され次のように説明されている。「其教科ノ内中学予備科ヲ設クルト雖モ其予科タルヤ概ネ高等小学校ノ学科ヲ基礎トシテ設ケタルモノナレハ寧ロ小学校ニ類スル各種学校ニ編入スルヲ穏当ナリト認メタルニヨル」(明治二九年報)。同校は生徒数も多く三〇〇人くらいいる。佐賀市には小学校ニ類スル各種学校として必習学館(一八九三年設置)、栄城学校(同)の二校があるが「中学校入学ノ予備的教程」と説明されている(明治三三年報)。神奈川県の明治三三年報では中郡、足柄上郡の町村組合が一八九六(明治二九)年設置し、のち中郡の町村組合設置へと変更になった共立学校について述べている。「同校ハ各種学校中ニ於テハ其規模稍大ニシテ生徒百十八人ヲ有セリ其学科ハ英漢数等ノ数科目ニシテ中等教育ニ属スル諸学校ニ入学センオスルモノ、為ニ頗ル便宜ヲ与フルモノ、如シ」と述べられ、受験準備の学校である。この学校は統計表では三一年報までは小学校ニ類スル各種学校に入っているが明治三二年報では其他ノ各種学校にはいっている。

高等小学校程度の学校も小学校ニ類スル各種学校であった。新潟県には九二年設置の羽刈郡椎谷町椎城学校があり、この学校は男子七〇人女子八人で、「椎城学校ハ高等小学校ニ類スル学術ヲ授ケ傍ラ英語ヲ加ヘテ優等ナル普通教授ヲ施サンコトヲ企望スルモノナリ」と説明されている（明治二八年報）。山梨県の明治三四年報では「商業ニ関スル夜学校一校高等小学校ニ準スヘキモノ一校」とあり、高等小学校程度の学校のほか、商業学校に準じた学校も小学校ニ類スル各種学校であった。この商業夜学校は翌年市立商業学校に夜学部ができたため、廃校になった。

裁縫学校

各種学校全体では裁縫学校の数は多く、そのうち多くは「其ノ他」の各種学校に分類されている。女子には家庭外で裁縫を習うという習慣が広く存在していたことがうかがえる。そのことについて和歌山県明治二七年報は、和歌山市立裁縫学校の設置理由として、「従来裁縫教師ト称シ自家ニ在リテ裁縫ヲ教授スル者其教授法ノ不整頓ナルノミナラス往々風俗ヲ紊ルノ悪弊ヲ免カレサルヲ以テ之ヲ矯正」するためだと述べている（但しこれは小学校ニ類スル各種学校ではない）。長野県が一九〇一年に町村立裁縫学校を一挙に一二六校設置したときも、「従来裁縫教師ノ自宅ニ通学シタル者ヲ町村ノ経営スル学校ニ収容シ束脩月謝等私的冗繁ナル関係ヲ除クノミナラス間々裁縫教師ノ自宅ニ於テ悪習ヲ養成セラル、ノ弊ナカラシムルヲ以テ実業補習学校ト相待テ青年子女ノ教養上裨益スル所多シ」と述べている（明治三四年報）。これらは各種学校が裁縫教師のところで裁縫を習うという広く存在した習慣を引き継ぐと共に、また問題点の改善を目ざすものであったことを示している。

都市部には私立の裁縫学校が多いが、県内で一挙に公立の裁縫学校多数を町村立尋常小学校に附設する形で小学校ニ類スル各種学校として設置した県がいくつかある。高知県は一九〇二（明治三五）年に四六校、〇四年に六四校の公立裁縫学校を設置している。奈良県には〇二年に「町村立小学校ニ附設セル女子裁縫学校」（明治三五年報）が一二校生まれている。その後〇三年には二九校、〇九（明治四二）年には三八校と増加し全県にまたがって設置されている。長野県で一挙に一二六校設置されたのは一九〇一年で「小学校令」改正公布にともなっていた。長野県ではすでにやや高等な女子教育として裁縫専修科の設置を奨励し、一九〇〇年には全小学校の四六％に設置されていた。しかし一九〇〇年

「小学校令」の改正により小学校高等科に設置する裁縫専修科は法的根拠を失い、小学校ニ類スル各種学校に改められた。こうして生まれた学校は「女子補習学校」と呼ばれ、〇二年から徐々に実業補習学校に移行する(16)。兵庫県は一九〇三(明治三六)年に一挙に一一〇校を公立小学校に付設、以後二〇〇校台にまで増加した。三重県では数は多くはないが公立の裁縫学校を設置しており、「何レモ裁縫ヲ主トシテ併セテ普通学ヲ教授ス(引用者中略)此ノ種ノ学校ハ其施設簡易ニシテ而カモ女子教育上相当ノ効果アルモノナレバ」と説明している(明治三六年報)。これらの諸県では、図2のうちでも早い時期に増加したタイプとして現れている。このような公立の裁縫学校の意義であるが、全県に設置されていることからも女子への就学奨励の意味があったことは確かである。しかし長野県の事例では貧困による不就学への援助という意味ではなく、高等小学校へ附設されたやや高度な女子の教育機関裁縫専修科からの移行であった(17)。貧富に係わらず女子は就学の習慣が少ないことへの対策とみなすのが適切だと思われる。

同じく公立でも前記町村立だけではなく市立の裁縫学校もある。三重県で最初に掲載される小学校ニ類スル各種学校は四日市市立裁縫学校(一八九九年設置)で「裁縫専ノ修(ママ)ヲ主トシ兼テ女子ニ必須ナル知識技能ヲ授クルヲ目的トス」(明治三二年報)、修業年限三年、生徒数四〇人である。この学校は一年しか諸学校表に出ていない。一九〇四年には同じく市立の津市立裁縫学校が設置された。これらの学校も貧困対策の学校であると明示はしていない。

また裁縫学校の卒業生の進路であるが、山梨県では小学校ニ類スル各種学校の卒業生に対して「裁縫教授ヲ施セル学校ノ卒業者ハ小学校裁縫専科教員タラントスル者多シ」(明治三六年報)と述べている。

女学校

高等女学校についての独立法令「高等女学校規程」が公布されたのは一八九五(明治二八)年で、全国の学校数は九四年一四校、九五年一五校、九九年三七校という状態であった(『文部省年報』)。高等女学校ニ類スル各種学校や其ノ他各種学校としての女学校も多いのだが、小学校ニ類スル各種学校にも裁縫を前面に出さない形での「女学校」を見出すことができる。九五年には鳥取県にキリスト教主義による学校がある。私立鳥取英和女学校といい、「同校ハクリスト主義ノ学校ニシテ未タ進歩ノ状況ナシ而シテ其教師ハ京都同志社卒業又ハ神戸岡山鳥取等ニ於ケル私立英和女学校卒業ノ内国人男女合シテ四名外国人男女各一名ニシテ目下生徒ハ弐拾六名ナリ」（明治二八年報）、「英和女学校ハ小学校ニ類スルモノニシテ学科程度稍高尚ナリ本校ハ『クリスト』主義ニシテ生徒ハ専ラ耶蘇教信徒ノ婦女子ナリ教員モ概ネ耶蘇教伝道師ニシテ総員八名内二名ハ米国人ナリ」（明治二九年報）という。埼玉県では一八八九（明治二二）年に設置された二校の小学校ニ類スル各種学校のうちの一校は北葛飾郡淑徳女学館であった（修業年限三年、生徒数三〇人）。同年に川越慈善学校が設置されたが、共に「不振ノ状況ヲ呈ス」と言われ続け、一九〇一年には川越慈善学校の方はなくなるが、淑徳女学館の方は「稍見ルヘキモノアリ」（明治三四年報）に変わっている。九八年大阪府では堺市立堺女学校（八八年設置、小学校課程）の説明として「尋常小学校卒業以上ノ女子ニ対シ生活ニ必要ナル普通学ヲ授クルヲ以テ要旨トシ学校設備ハ年々其需用ニ応シ設備ヲ施スヲ以テ稍完璧ニ趣ケリ」（明治三一年報）と述べられている。教員は二六人、内一一人は小学校教員の資格をもち他は無資格、生徒は女子四五〇人、一三学級の大きな学校である。この学校は一九〇〇年には廃止され堺市立高等女学校に引き継がれる（明治三三年報）。新潟県では新潟市、古志郡、中頸城郡に小学校ニ類スル各種学校としての女学校が各一校あり、諸学校表などから判断すると新潟女学校、長岡女学校、高陽女学校であった。修業年限は各三、六、四年である（明治三一年報）。生徒数は女子が六〇〜九〇人である。三重県は各種学校が多い県であるが、小学校ニ類スル各種学校の設置は遅い。その三重県で四日市立裁縫学校についで設置されたのは宇治山田町の淑徳学舎で（一九〇〇年設置）、修身、家政、裁縫などの科目が記されている。〇二年には町立に移行する計画が立てられ、〇三年から小学校ニ類スル各種学校のまま宇治山田町立淑徳女学校となった。佐賀県伊万里町松浦女学校は校名は女学校であるが「専ハラ裁縫ヲ教授スル学校ナリ」とある。しかし、教科目は修身、国語、算術、習字、家事、裁縫で校名に裁縫をつけないことにはなにがしかの意味があるのではないかとも思われる（明治三三年報）。すでに述べたように「裁縫学校」を職業学校の一種とみたり、貧困者むけとみることはできないと思うが、かといって「裁縫学校」と

「女学校」の差異を明らかにするだけの材料も以上の事例からはまだ得ることができない。

貧民学校・慈善学校・夜学校

東京市街地の貧民窟が人々の目をひくようになるのは一八八〇年代後半であった。最初に組織だった教育活動によって貧民児童に手をさし述べたのは仏教関係者で、一八八七年夏に各宗派が協同して学校を開設した(18)。京都でも同じ時期に同様な活動がおこなわれている。八七年「府下各宗僧侶協同シテ設クル貧民学校ニシテ学資ヲ給シテ小学簡易科ニ均シキ学科ヲ教授」する学校として洪済学校が設置され、八八年には四校に増えている。また貧民学校教員養成所を設置した点も東京府と同様で、洪済学校教員養成所が作られた。東京府と同様にこの養成所では僧侶が教員となるための講習を受けたと思われる。だがこの京都の学校は各種学校として分類されているが、東京府は小学校簡易科、すなわち小学校であった。

東京、京都に限らず全国的にも、比較的早い時期から小学校ニ類スル各種学校として貧民学校、慈善学校、夜学校が出現している。埼玉県、愛媛県、熊本県、宮崎県に記述がある。埼玉県は一八八九年設置の川越慈善学校がある（明治二八年報）。この学校は修業年限三年、生徒数は九〇人である。熊本県では熊本市内に貧児寮、熊本市郊外に第一、第二八木慈善学校二校がある（明治二八年報）。これらの「小学校ニ類スル各種学校三校ハ主旨トスルトコロ貧児教育ニ在リ」、その活動については「昼間ハ専ラ生業ヲ授ケテ相当ノ賃金ヲ与ヘ夜間ニ於テ簡易ノ方法ニ依リ学業ヲ授ケ貧児寮ハ其生徒ノ多数ハ始終同居恰モ一大家族的ノ生活ヲ為シ昼間ハ年齢ニ依リ相当ノ生計ヲ営ミ夜間ニ至リテ学業ヲ施セリ」とあり、学校というより施設、寮である。

愛媛県には明治二九年報に松山夜学校の説明がある。「其設置ヲ要セシ理由ハ学齢児童ノ保護者貧究ノ故ニ就学セシメ能ハサル子女ノ為ニ夜間ニ於テ尋常小学科（体操ヲ欠ク）ヲ教授スルニアリ」。生徒数三四人で翌年から四年間一覧表から消えるが一九〇一年には復活している。和歌山県では明治三五年報で和歌山市内に三校の小学校ニ類スル各種学校が報告されている。これらの学校は「義務教育ヲ了ラザル者ヲ授クル目的ヲ以テ設立セルモノニシテ夜間数時間小学程度ノ教授ヲナス校主ハ大抵地方有志者ニシテ教授ハ小学校教員ニ嘱託セリ」。公徳夜学校、東亜仏教教会和歌山支部第一夜学校、新町南部夜学校の私立三校で、生徒数はそれぞれ約七〇人、二〇人、五〇人程度で、修業年限四年、いずれも一九〇二年の設立である。

これらは地方都市の貧民学校であるが、工業化の進行とともに大都市にも小学校ニ類スル各種学校として貧民の学校が増加した。明治三一年大阪府年報には北区の愛隣夜学校（尋常小学科）が報告されているが、同校は九五年設立、修業年限三年である。「貧困ナドノ事情ニヨリ就学猶予等ノ許可ヲ得タルモノ若クハ昼間修学シ能ハザル学齢超過ノモノニ対シ尋常小学校程度ノ学科ヲ教授セルモノ」（明治三一年報）と説明されており、生徒数は三一年男四二、女一六人である。

兵庫県には神戸市、姫路市などいくつか工業都市が発達した。明治三一年報では、小学校ニ類スル各種学校は姫路市にある崇徳学校、日ノ本学校の二校で、これらは貧民学校ではないと思われる。前者は明治二〇年設立、修業年限三年、生徒は女三七人、修身、読書、作文、習字、算術外八科、後者は米国人教師による学校で修身読書習字算術英語外六科、生徒は女のみ一八人であった。しかし三二年報になると夜学校が神戸市に三校記載され（葺合夜学校、神戸夜学校、北村夜学校）、明治三四年報には小学校ニ類スル各種学校であることが表記された。神戸市の夜学校はその後増加し、〇三（明治三六）年に九校、〇五年に一五校、〇七年に一六校、〇九年一九校、生徒数は最大四〇〇人を越えている。その説明では「三十六年度ニ於テ細民子弟ノ昼間業務ニ従フカ為メ就学シ能ハサル者ノ為特種夜学校ヲ設立セシメ爾来年々数千円ヲ補助シ来タリシ」「由来神戸市ノ如キ商工業殷盛ニシテ細民労働者ノ多数ナル地ニアリテハ此ノ種ノ教育施設ヲ為スハ最モ適当ナル方策ニシテ市ノ膨張ト共ニ益々発達セシムルノ要アリ且ツ此ノ方策タル現下ノ教育制度ニ於テ市タル自治団体カ当然負フヘキ義務タレハ将来益々的確有効ナルモノタラシメンコトヲ期ス」と行政側は積極的である（明治四〇年報）。これらはすべて私立であり、市が補助して運営し、授業料を取るところはほとんどない。夜学校全体としては小学校ニ類スル各種学校だけではなく其ノ他の各種学校にも増加している。

工場内の学校

工場内の学校にも小学校ニ類スル各種学校がある。一九一六（大正五）年工場法の施行に伴い、行政指導によって工場内へ初等教育をおこなう学校の設置が進んだ。工場内学校の早い時期の例として、大阪府明治三一年報に「堺市段通業組合ノ解散ニ伴ヒ該組合ノ設立ニ係ル学校ヲ廃シタ」ので小学校ニ類スル各種学校が一校減少したとある。一九〇〇年には平野紡績株式会社内に三余学校が設置される。これにより大阪府の小学校ニ類スル各種学校は愛隣夜学校とこの工場内学校の二校になる。三余学校については「平野紡績株式会社ノ設立ニ係リ仝社職工中就学猶予ノ許可ヲ得タル学齢児童及二十五歳以下ノ無学者ニ対シ尋常小学校程度ノ学科ヲ教授スルモノニ係リ其経費ハ会社之ヲ負担シ授業料ヲ徴収セザルハ勿論受業用具ノ如キモ之ヲ貸与又ハ給与セリ」と説明がある（明治三三年報）。生徒数は男八〇人女一五〇人、教科目は修身、読書、算術、作文、習字、唱歌である。奈良県明治三五年報では郡山紡績会社の会社内学校が報告されている。校名は日就学校といい、「一紡績会社ノ職工ヲ教育スル所ニシテ会社内ニ設置シ職工ニ必要ナル学科ヲ教授シツ、アリ」、修業年限四年生徒数は男二八人女一四〇人であった。教科目は修身、国語、算術、習字、作文外一科目である。兵庫県も一九〇九（明治四二）年に三校（鐘紡兵庫女学校生徒数女六〇九人、私立尼崎紡績株式会社付属学校生徒数男六八人女五八人、高砂鐘紡女学校生徒数女一五六人）がある。

子守学校

比較的早い時期の子守学校としては山形県の村立大森子守学校（明治二六年報、修身読書算術の三教科）村立常磐子守学校（明治二八年報）があるがこれらはいずれも小学校ニ類スル各種学校ではない。山形県で始めて小学校ニ類スル各種学校と明記されたのは一九〇一年の裁縫学校である。小学校ニ類スル各種学校である子守学校としては、福島県明治三〇年報の福島町立福島保嬰校がある。「保嬰ノ女児ニシテ教育ナキ者」に保嬰の傍ら普通学を授け、公立小学校に付設し、生徒数は五〇人となっている。兵庫県明治四二年報には龍野子守学校があり、生徒数五五人である。

その他

以上見てきた学校の外、とりわけ一八九九（明治三二）年「私立学校令」公布を契機に宗教関係の小学校ニ類スル各種学校が諸学校表に多数出現する。たとえば京都府では明治三一年報では九校であった小学校ニ類スル各種学校が翌年には三七校になるが、増加の理由として「原因ハ本年私立学校令ノ発布ニ依リ宗教学校ヲモ一般ノ私立学校ト同様ニ取扱フニ至」ったからだと述べられている。これらの学校はこの年にできたわけではなくそれ以前から存在していたが計上されていなかったのだと思われる。この変化は関西各県に多いが、全国に見られる。さらに神奈川県の明治三三年報では、横浜英和女学校の付属幼年学校が掲載されており、聖書科があり宗教科をもつ小学校ニ類スル各種学校である(19)。

また小学校ニ類スル各種学校といっても固定的ではなく、違うカテゴリーの学校に移行する場合がある。先に堺市立女学校等については述べたが、以下は男子の学校の例である。明治三三年宮崎県の年報には高鍋学校について「従来七ケ村ノ組合立ニシテ小学校ニ類スルモノナリシガ本年度ニ於テ之ヲ郡立トナシ中等程度ニ進メタルモノニシテ相当ノ生徒ヲ有セリ」とあり、三五年度には郡立の甲種農学校となった。また神奈川県の前述の共立学校は明治三一年報までは小学校ニ類スル各種学校であったが翌年其ノ他の各種学校となった。さらに三三年報では郡立の各種学校、中郡学校となっており、生徒数は二〇五人で盛大である。しかし〇一年から生徒数が減り始め〇二年には郡立の実業学校となった。〇一年の県立第二中学校開設の影響が考えられる。

おわりに

以上、府県学事年報が記述する一八八〇年代後半から一九一〇年頃までの小学校ニ類スル各種学校についての全国的な見取り図を描いてきた。財政的基盤、対象とする児童の階層、学校の形態の新旧、修業年数、教育の目的などにおいてきわめて多様であって、一八九〇年以降も実態として何か性格を同じくする学校群を指すような（多田の言うよう な）転換があったとはとてもいえない。多様な学校がその時々、その地域の必要に応じて設置されてきたのが各種学校であり、対象時期の小学校ニ類スル各種学校にもそれが指摘できる。では小学校とはどこが異なるのかいくつか確認してまとめとしたい。

まず小学校ニ類スル各種学校の「ニ類スル」とはどういうことだろうか。「小学科」とか「小学課程」という表現から教育内容を問題としていることがうかがえる。さらに、たとえば兵庫県「明治二十三年末」年報では「高等小学校ニ類スルモノ一校尋常小学校ニ似タルモノ二校」と述べているように尋常科・高等科との対応関係で分ける場合もあった。また山形県明治二五年報では、「私立済生学校及各宗私立忠愛学校ヲ私立小学校ニ変更シタル」ため各種学校からは削減したとあり、小学校と同程度のものとして考えられていたことがわかる。また中等学校受験の教育をする学校などは中等学校以下という意味で小学校ニ類スル各種学校であったことは先にみた。つまり教育課程としては小学校と対応するものと考えられていた。だがこの時期には小学校ニ類スル各種学校の卒業をもって即小学校の卒業とはみなされていないことをもってすれば(20)、〝同じ〟だということはできず、例規では〝準ずる〟とも述べられている(21)。そして小学校との対応関係について、文部省は府県からの伺いに対し「目的学科程度」(22)によって区分すべきだと回答しているが、では具体的にどういう内容がそれにあたるかそれ以上詳しく述べたものは見つかっておらず、さらに例規の調査が必要だと考えられる。

では生徒の年齢についてはどうか。貧民の学校については「就学猶予等ノ許可ヲ得タルモノ若クハ昼間修学シ能ハザル学齢超過ノモノ」（兵庫県年報、大阪府明治三三年報）と猶予の許可を得ている者と学齢超過者と限定されている。しかしそれ以前の時期、愛媛県松山夜学校の説明では猶予の許可にはふれていない（明治二九年報）。正格の学校という観念が成立しない間は学齢児童であるかどうかは余り問題にはならなかった可能性がある。その意味で、明治三一年島根県年報が公立学校が整うにつれて私立学校は衰微していくと述べたり、山口県の明治三三年報が「私立学校令」の結果と近年学校の発達により貧弱な学校が避けられるなどと述べていることが示唆的だと思われる。公立学校の発達、特に「私立学校令」による学校区分の明確化などによって、小学校ニ類スル各種学校と公立小学校との相違は明確になり、学齢児童は公立小学校へ就学するという考え方も定着していくのではないだろうか。

小学校概念の厳密化は私立小学校のあり方とも関係する。東京市の低階層を対象とした私立小学校には一九〇〇年代にはいって小学校ニ類スル各種学校に移行するものが出てくる(23)。他方で既述のように工場内学校や子守学校は小学校であったり、小学校ニ類スル各種学校であったりした。このような相似する学校との関係、また府県による分布の相違など、小学校ニ類スル各種学校の実態・意味を明らかにするために検討すべきことは多くある。今回の見取り図をその第一歩として検討を続けたい。

1　久木幸男「慈善洛東学院とその周辺」『横浜国立大学教育紀要』第二二集、一九八二年。

2　籠谷次郎「明治教育の確立と『私学』――教育史の再検討のために――」日本史研究会『日本史研究』一九九号、一九七九年三月。

3　東京市の特殊尋常小学校や工場内学校についての先行研究については、拙著『東京の近代小学校――「国民」教育制度の成立過程――』東京大学出版会、二〇〇二年、第四章を参照されたい。

4　以下本論にとって法令上の変遷は重要な問題であるため、ここではあえて検討せず、先行研究に依拠した記述に止める。各種学校についての法令を検討した先行研究として、ここでは多田鉄雄「各種学校の性格」（『教育社会学研究』第六集、一九五四年）、小金井義が全国各種学校総連合会事務局『各種学校教育』（一九六四年一一月創刊）に約五年間一三回にわたって連載した各種学校の歴史などについての論稿を参照した。

5 「第四十一条　私立ノ小学校幼稚園図書館盲唖学校其他小学校ニ類スル各種学校等ノ設立ハ其設立者ニ於テ府県知事ノ許可ヲ受ケ其廃止ハ之ヲ府県知事ニ上申スヘシ」「第四十二条　第四十条及第四十一条ノ学校等ニ関スル規則ハ文部大臣之ヲ定ム」「第九十四条　幼稚園図書館盲唖学校其他小学校ニ類スル各種学校等ニ就キテハ本令ノ規程ヲ適用スルコトヲ得但尋常小学校設置ノ義務就学ノ義務等ニ関スル規程ハ此限ニ在ラス」

6 小林正泰執筆部分。稲垣外「各種学校の研究――東京市を中心に――」『東京大学大学院教育学研究科紀要』第四一巻、二〇〇二年、二五頁。

7 鵜殿篤執筆部分。同前。

8 多田前掲論文、四七頁。

9 同前、四八頁。

10 従来「学校」といえば制度化された学校、そのなかでも正格の学校をさすことが普通であった。しかし近現代の学校が制度化された学校とそれ以外の学校という二分法で理解することができ、しかも両者に本質的な共通性を見出すことができるならば、学校という概念は大変広くなり、また制度化された学校の特別の性格も指摘しうるのではないかと思われる。

11 一八九九年一〇月普通丙第八六号文部省普通学務局長専門学務局長通牒。拙稿「戦前日本の私立小学校――貧民学校から新学校への転換――」森田尚人他編『教育学年報5』世織書房、一九九七年、三二二頁以下。

12 山崎犀二『日本教育行政法』目黒書店、一九三七年、三〇頁。前掲拙稿をも参照されたい。

13 前掲拙著（注3）一七〇頁以下。

14 府県学事年報が、存在した各種学校のどのくらいの部分を採取し得ているのかも問題である。たとえば同じ一九〇五（明治三八）年度の『東京府学事年報』と『第五回東京市学事一斑』では、同じ東京市内の小学校ニ類スル各種学校であっても前者は一〇校で後者は一四校と相違がある。また長田三男『子守学校の実証的研究』（早稲田大学出版会、二〇〇二年）が収録している小学校ニ類スル各種学校としての子守学校のほとんどは府県学事年報に出ていない。そのような意味で府県学事年報の限界は大きいが、全国を概観できる史料としてきわめて貴重であることも確かである。

15　府県学事年報はタイトルや発刊の年もまちまちでタイトルにある年次と発行年次の関係も府県により異なっている。ここでは掲載内容の年次をもって出典の記載も兼ねることとしたい。

16　長野県の裁縫専修科については長野県『長野県教育史』第一一巻、三二六頁以下、七二二頁以下、および拙著『近代日本の学校と地域社会――村の子どもはどう生きたか――』東京大学出版会、一九九四年、一九二頁以下。

17　多田は各種学校のうちの公立裁縫学校について裁縫専修科からの移行だと述べているが（多田前掲論文、五二頁）、本稿では言及を長野県の事例に止めたい。

18　東京府仏教関係者の貧民学校設置の動向については前掲拙著（注3）九〇頁以下を参照していただきたい。

19　高等女学校や中学校およびこれらの学校に類する各種学校が予科や付属小学校をもっていることも少ないと考えられるが明示的には表記されていないため十分に取り上げられなかった。

20　この点については長田前掲書、二〇一頁以下参照。

21、22　一八九二年二月香川県照会に対する普通・専門両学務局長回答（『文部省普通学務局例規類纂　第一篇』一二三頁）および一八九五年二月島根県照会に対する普通学務局長回答（『文部省普通学務局例規類纂　第二篇』二四五頁など。

23　拙著（注3）一六〇頁以降に事例をあげた。

（ひじかた・そのこ／東京大学大学院教育学研究科教授）

一九五〇～六〇年代における男女共学問題

小山静子

はじめに

わたしはこれまで近代家族論の視点を取り入れながら日本教育史の研究を行ってきたが、この十数年間を振り返ってみると、家族史研究の変容ぶりにある種の感慨を覚えてしまう。というのも、近代家族概念の登場によって、家族史をめぐる認識枠組みは大きく変化したからである。

従来の研究においては、戦前の「家」から戦後の近代的家族・民主的家庭へという図式の下に家族史は語られ、近代的家族とは「自由」「平等」「民主主義」といった価値理念によって特徴づけられた家族を意味していた。しかし近代家族概念の登場は、このような見方とは異なる認識枠組みでもって家族変動をとらえていく。すなわち、近代家族とは、女は家内領域・男は公共領域という性別役割、家族成員相互の強い情緒的関係や子ども中心主義などを特徴とする家族であり、それは、まず第一次大戦ころの都市部の新中間層において成立し、高度経済成長期に全国レベルで普及・定着したとされるのである。その結果、戦後の民法改正——家族制度の廃止を変化の契機とみなしつつも、従来の研究のようにこれを分水嶺とする見方は排されていくことになる。家族史をめぐる二つの認識枠組み、つまり前者だけでなく、後者の見方に対する認識が広まったことが、この十数年間におきた変化だったといえるだろう。

わたし自身は、これまで後者の視点にたって、第一次大戦後を中心に研究をすすめてきたが、最近のわたしの問題関心は、高度経済成長期の家族と教育の問題に向けられている。近代家族論にたてば、このような問題関心が生じるのは当たり前のことなのだが、近代家族化の進行が教育のあり方にどのような変化をもたらしたのか、このことについて考察する必要性を強く感じるようになった。

高度経済成長期の教育といえば、産業界の教育要求に基づいた教育政策や能力主義、高校教育の多様化、とりわけ工業高校の増設、といったことが誰の頭にも浮かぶだろう。しかし近代家族化の進行という視点からすれば、もっと別の側面が見えてくる。たとえば、一九六〇(昭和三五)年の『高等学校学習指導要領』における家庭科の女子のみ必修化、文部省が一九六〇年代に入って展開していく家庭教育充実政策、一九六四(昭和三九)年の短期大学恒久化による女子用高等教育機関としての短期大学の制度的確立、男子向けの工業高校増設と並行して進展した、商業高校における女子生徒の増加とそれにともなう教育内容の変化、女子向けの学科である衛生看護科などの新設。これら一つ一つの事象にはそれぞれの歴史的背景があることはいうまでもない。しかしこれらの事象の背後に共通して見ることができるものは、「女子向き・男子向き」という性別によって分化した教育であり、学校教育終了後働き、結婚や出産を契機として専業主婦になるという女性のライフコースの存在である。

この時期になにゆえこのような教育政策が展開されたのだろうか、そしてそれはどのようなものだったのだろうか。近代家族化、主婦化が進行した高度経済成長期において、高校教育や大学教育がどのように再編され、どのような教育のジェンダー化がもたらされたのか、この問題を改めて問い直していくことが必要なのだと思う。それは従来の研究では見落とされていた高度経済成長期の教育の別の一面を明らかにしていくことにもつながっていくだろう。

本論では、このような問題関心に基づきながら、まずその第一歩として、高等学校における男女共学の見直し問題を検討していきたいと思う。戦後教育改革によって実現した高校の男女共学に対して、一九五〇年代から六〇年代にかけて異議を唱える主張が起こり、男女別学化(1)、共学であっても男女比のアンバランス化という現象がおきたということがよくいわれる。いったいなぜ、どのような視点から、男女共学が問題にされたのだろうか。国会での議論や審議会の答申、あるいは新聞や雑誌の記事などを検討しながら、共学見直し論議の議論枠組みを考察していくことにしたい。

1　風紀問題という視点

わたしは以前に、教育刷新委員会の会議録の分析を通して、教育基本法の男女共学規定がどのような認識のもとに成立したのか検討したことがある(2)。そこで明らかになったことは、第一に男女共学の内実は、女子の教育機会や教育水準の男並み化、女子教育のレベル・アップということであり、男女共学は女子教育の課題として認識されていたこと。したがって、男子にとっての共学化の意義が何であるのか、明確に語られていないこと。第二に共学を実施するに際して、男女の風紀問題や「女らしさ」「男らしさ」の喪失が起こるかもしれないという危惧が抱かれたこと。ただ、「女らしさ」や「男らしさ」は共学によって深まり、男女の相互理解に通じるとも主張され、男女の特性の相違は共学化推進の論理としても使われていた。第三に男女共学教育においても男女の特性に応じた教育の必要性が自覚されていたが、男女の特性に応じた教育というとき、その内実は女子の特性のための教育であり、男子の特性に応じた教育ではなかったこと。

つまり、男子を基準として女子の特性が認識されるというジェンダーの非対称性があり、そこには男女の性別を意識しない「平等な教育」と「女子の特性教育」という認識枠組みが存在していた。

以上が、男女共学規定が成立した時点における共学のとらえ方である。そして高等学校における共学の実施は任意とされ、共学を否定はしないが積極的にも支持しないという文部省の方針の下に、一九四八（昭和二三）年より新制高等学校が発足した。

しかし早くもその数年後の一九五三（昭和二八）年一二月六日、『朝日新聞』には「動揺する男女共学制度」という記事が掲載されている。タイトルからもわかるように、共学が変化しつつあるという現状認識にたって掲載された記事であり、男女共学から別学へ移行したり、共学であっても男女比がアンバランスな高校が存在していることが指摘されていた。そしてその理由として、共学を実施するには学校設備や職員組織が未整備であり、別学の方が財政上の節約になること、別学校であった戦前の伝統への回帰がみられることなどがあげられている(3)。ただこれらの理由が、当時の共学を批判する主な論点というわけではなかった。実は、共学への批判は、もっぱら男女交際の問題、すなわち風紀問題の視点から行われていたのである。

教育刷新委員会の議論にも現れていたが、男女共学を実施するにあたってもっとも根強い反対理由は、思春期の男女がともに学ぶことへの不安や風紀問題への危惧にあった。それゆえ文部省は、早くも一九四七（昭和二二）年一月に、男女間の「正しい」道徳秩序の樹立をめざして純潔教育委員会を設置し、性教育運動を展開している。しかし風紀問題への危惧の念は、時間が経過してもなかなか解消することはなく、一九五〇年代に入っても、共学廃止論と結びつきながらことあるごとに議論されていく。

たとえば、一九五二（昭和二七）年二月の『時事通信・内外教育版』は、文部省が中学や高校における便所、更衣室、保健室などの男女別設置案や男女交際の手引き書を刊行したという記事を掲載している。便所などの男女別設置はごく当たり前のことだと思うのだが、ここで興味深いのは、これらの政策に対して『時事通信・内外教育版』が次のようにコメントしていることである。「これは、さい近高中学校生徒の間に続発している性道徳びん乱事件にかんがみてとられる対策であるとともに、これらが現在の男女共学制の欠陥であるとみる一部の共学廃止論を否定する文部省の意図であろうとみられる」(4)。

ここからは、風紀問題を理由とした共学廃止論が当時存在しており、文部省がそれをかなり意識していたことがわかる。そしてこの問題は、二ヶ月後の第一三国会の衆議院文部委員会でも取り上げられ、小林信一（社会党）は、高校生で人工妊娠中絶手術を受けた者が多数いるという事実について次のように語っている。「一般父兄は、男女共学からしてこういう問題が起きておるのだ、そういうことが言われておるのです。ぼくらは、かえつて男女共学がそういう弊害を除去することに大きな役割を持つておつて、そういうことはないと思いますが、しかし、こういう問題については、はつきりした究明がなされておらないか。一般の誤解は非常に大きいのですが、こういう問題も、文部省としてはどういうふうにお考えになつておりますか」(5)。

このような現実に対して、それを男女共学の結果ととらえる見方が存在する一方で、反対に、男女共学こそがこのような現状を変えることができるとする意見も存在していたことが、この小林の発言からうかがえる。現代に生きるわたしたちは、たとえ中高生が性行為を行い、中絶手術を受けることがあったとしても、それと男女共学とを結びつけてとらえたりはしないが、この当時はそうではなかったこと、それほど共学というものに対する抵抗感が大きかったことがわかる。

そしてこの小林の質問に対する天野貞祐文相の答弁は、次のようなものであった。「こういうことが男女共学から来たという論も……絶無とは言えないだろうと思います。……ほんとうに男女の関係を健全にするとか、女性というものが、ほんとうの意味において人間として完成されるとか、そういうことのためには男女共学というものがよくて、……けれども、これをしいる考えはちつともない」(6)。

つまり、男女共学と性の「乱れ」とは無関係とはいいがたいこと、「健全な」男女の関係性や女性の人間的な完成のためには共学が役立つこと、しかしそれを強制するつもりはないこと、これらが天野文相の見解であった。共学の意義を認めるといいつつも、文相には積極的に共学を推進する意志がないことがわかる。ただここで興味深いのは第二の点である。彼はこの発言の前年にも、「私どもは教育によつて女性の教養の水準を男性程度に高めよう、それが唯一の男女同権の根源になる」(7)と述べていたが、この二つの発言を考え合わせれば、彼にとって男女共学とは、女子教育を男子教育の程度にまで引き上げ、女性の地位を向上させることを意味していたといえるだろう。それゆえ彼は、男女共学が「弊害」を生むと認識しつつも共学を否定しなかったと思われる。

国会でこのようなやりとりがあった二ヶ月後、『教育』は男女共学に関するいくつかの論考を掲載している(8)。そこでもまた、中学生の妊娠中絶事件、高校生の心中事件や家出事件、桃色遊戯、小学生にまでもパンパンごっこや山際・佐文ごっこの流行がみられることなどが指摘されていた。そしてマスコミがその原因を共学に求めるとともに、純潔教育を何もしない学校当局も自己弁護の具として共学を理由にあげていること、教師や親がそれに共鳴していることが述べられている。

このように一九五二年には、青少年の性非行が男女共学と結びつけられて論じられていたのである。そして同様な議論は、一九五五（昭和三〇）年の第二二国会の参議院においても見ることができた(9)。

このような議論の延長上に登場してきたのが、清瀬一郎文相の共学を再検討したいという発言である。一九五六（昭和三一）年七月、清瀬文相が「『男女共学は弊害があるので、考慮すべき段階にきている』と語り、……文相は男女共学のどこに欠陥があるかについてはハッキリ言わなかったが、国情にもあわず、とくに中学校の上級生以上には悪い影響が少なくないとしている」(10)という新聞記事が報道された。清瀬発言は、当時、社会問題化していた「太陽族」の存在に触発されて行われたものであり、彼自身は、調査しなければならないと言っただけだと、国会でこの発言を打ち消すのに躍起になっている(11)。ただ清瀬発言をきっかけとして、従来から根強くあった、風紀問題を理由とした共学反対論が一挙に噴出し、新聞や雑誌、国会では議論が沸騰していった。けれども結局、同年八月に清瀬文相が男女共学を廃止したり、教育基本法を変えたりするつもりはないと述べたことによって(12)議論は沈静化し、これ以降、風紀問題の視点から共学の可否を論じる見方は、ほとんど目にすることができなくなっていくのである(13)。しかしだからといって、男女共学問題が議論されなくなったということではなかった。

2　女子の特性教育という視点

1　コース制の採用

男女共学とは、同一の教室で同じ教師から同一の授業を受けることを意味しているが、風紀問題の視点からの共学見直し論が同一の教室で男女が授業を受けることを問題にしていたのに対して、同一の授業という点から共学を問題視する見方もあった。そしてその声は、家庭科教育関係者の中からまずあがっている。

よく知られているように、高校の家庭科という教科は、発足当初においては、女子が履修するということを念頭におきつつも、一応、男女ともに選択できる選択教科として存在していた。しかしこのことに不満をもつ家庭科の教師たちは、一九五〇年代に入ると家庭科の女子必修運動を展開していく。家庭科の女子必修を求める請願書が、東京都高等学校家庭科教育研究会と全国家庭科教育協会によって一九五二（昭和二七）年に国会へ提出されているが、そこには次のように述べられていた。「知識偏重の思想は、男女共学男女機会均等などの新教育の名のもとに益々その度を加え、高等学校の教育目標である『高等普通教育』は偏頗となり、斯くては本質的な女子教育はどこでなされるであろうか。……大学進学者といえども高等学校の時代に最低限の家庭科を履習（ママ）することは男女の特質を生かすことでこそあれ、男女の本質的平等をおかすものではない」(14)。

すなわち、男女共学や男女の機会均等の名のもとに行われている教育には知識偏重の傾向があり、その結果、「本質的な女子教育」や「男女の特質を生かす」教育がおろそかになっているというのである。ここでの主眼は家庭科の女子必修化であり、共学の問題を直接的に論じているわけではないが、それでも、男女共学教育が女子に対する教育と対立しあうものとして理解され、問題視されていることに注目したい。ただ、このような認識は存在していたものの、家庭科の問題がすぐさま共学の見直しへと直結していったわけではなかった。

清瀬文相発言に揺れていた一九五六（昭和三一）年八月、『時事通信・内外教育版』は、「別学制への希望が大学進学の問題にからんでいること、一般が問題視している風紀上のことは、事実としてほとんど無関係である」(15)という指摘をしている。風紀問題ではなく、大学進学問題、つまり男女生徒の進路の違いが、別学への志向性を強めているというのである。また、共学校でありながら、成績の良い男子生徒（進学組）と成績の悪い女子生徒（就職組）とを分けてクラス編成がなされている場合があることを伝える記事もあった(16)。

しかし考えてみれば、期待されている役割や高校卒業後の進路が男女で大きく異なっていることは、当時にあっては当たり前のことであり、何もこのころから顕在化しはじめたことではなかった。それがなぜ一九五〇年代半ばになって別学（別クラス）への志向性と結びついて論じられるようになったのだろうか。実はそれは、一九五五（昭和三〇）年一二月に行われた、高等学校の学習指導要領の改訂と関係していた。

この学習指導要領の改訂は、一九五二（昭和二七）年一二月の文部大臣による教育課程審議会への諮問、一九五四（昭和二九）年一〇月の教育課程審議会「高等学校教育課程の改善に関する答申」、翌年二月の第二次答申、同年六月の第三次答申に基づいて行われたものである。一九五四年の答申では、「改訂の方針」が明らかにされているが、そこには次のような方針が述べられていた。普通課程では、「上学年に進むにつれて生徒の進路、特性等に応じて分化した学習を行いうるようにすること」、「生徒が自由に科目を選択履習(ママ)するたてまえを改め学校が定めるコースのいずれかを生徒が選択履修することをたてまえとすること」(17)。

これらの答申をうけて、一九五五年一二月五日に『高等学校学習指導要領　一般編』が出され、翌年四月から学年進行によって実施されていく。この学習指導要領の特徴は、何といっても、コース制（進路に合わせた類型的な学習）が採用されたことであり、生徒は特性や進路に応じて、分化した学習を行うことになった。また家庭科については、女子には四単位を履修させることが望ましいとしている。

この学習指導要領の改訂に関して、文部省初等中等教育局中等教育課は、コース制と男女共学制との関係について次のように説明している。「男女共学を変更しようとする意図はもっていない。こんどの改訂でも、男女共学の線を維持するために苦心した（たとえば家庭科の扱い等）。コースを男女別に作ることは予想していない。それを行うことは普通の場合よくないと考える」(18)。教育課程審議会答申は「生徒の進路、特性等に応じて」としか表現しておらず、あからさまに男女別カリキュラムを提唱してはいない。しかし、高校卒業後の生徒の進路が男女で異なっていた当時にあって、コース制の導入が男女別カリキュラムを帰結するのではないかという危惧が抱かれることを文部省は予想していたのであり、だからこそ、このような説明を行ったのだろう。そして一九五五年七月、第二二国会の衆議院文教委員会でも、科目選択制からコース制に切り替われば男女共学はどうなるのかという質問が出されている(19)。

また、新しい学習指導要領が発表された直後の、一九五五年一二月一二日の第二三国会参議院文教委員会で、矢嶋三義（社会党）は、「教科課程の改訂をやれば、これは教育の編成からいって男女共学というものは事実上できなくなる。……男女共学を育てていきたいという立場に立てば、私は今伝えられるところの教科課程の改訂というものはまだまだ検討の余地があると思うのです」(20)と述べ、学習指導要領の改訂を再検討すべきではないかと質問している。これに対する緒方信一（文部省初等中等教育局長）の答弁は次のようなものだった。「男女共学をこわさないために家庭科というものだけを取りはずして、必修ということに今度定めなかったのであります。家庭科、職業科、芸能科、この三つを組み合せまして各単位を必修する、かような制度にいたしましたことは、男女共学を保持していきたいという観点から工夫をいたした点であります」(21)。

このように、緒方はコース制が男女共学に与える影響については何も述べないで、もっぱら家庭科教育のあり方のみに言及し、家庭科は必修でないから問題がおこらない、共学を保持したいから工夫したのだと語っている。しかしこれはまったくの建前論であるにすぎず、現実には次のような状況が生じることが予想された。「改訂教育課程のコース制がはっきりしてくると、旧中学、旧女学校の色合いははっきりわかれてしまうとみられている……共学の是非ということより、生徒の履修にどのくらいの選択の巾があるか、という点であまり巾をもたせられないようになると、いきおい男女別学校にならざるを得ないようになる」(22)。

つまりコース制の導入によって、男女共学問題は、男女の進路の違いに基づく学習内容の選択と密接に関連する問題として位置づけ直され、男女共学問題の位相は質的に変化したのである。ただこの時点では、あくまでも「生徒の進路や特性」という抽象的な言い方がなされているにすぎず、したがって性別の問題も前面に押し出されてはいなかった。しかし次の学習指導要領の改訂時には、もっと具体的に進路や特性が語られるとともに、性別も意識され、それゆえ、男女共学のありようもより重大な問題として論じられていくことになる。

2 女子の分化

一九六〇(昭和三五)年一〇月に新しい学習指導要領が出されたが、これは、一九五九(昭和三四)年七月の教育課程審議会への諮問と、それに対する一九六〇年三月の答申をうけて行われたものである。諮問に際して松田竹千代文相は、次のように諮問の趣旨を説明している。

高等学校の生徒は、その能力から見ても、おかれている境遇や将来の進路などから見ても、さまざまなものを含んでいることであります。知的能力の高い者低い者のあることはもちろん、学業に専念できる全日制の生徒や、勤労のかたわら勉学する定時制、通信教育の生徒もあります。また卒業後の進路についても、ある者は大学に進学し、ある者は産業界の中堅となり、またある者は家庭にとどまるなど、千差万別であります。このような生徒の能力、適性、進路の多様性と、国家社会の要請の複雑性とに応ずるためには、高等学校は、各課程ごとにその特色を明確にするとともに、また生徒の能力や適性に応じた教育をいっそう強化していく必要があろうかと存ずるものであります(23)。

これは、説明されている三点の諮問趣旨のうち、最初に述べられていることであるが、ここでは、生徒の能力、適性、進路の多様性に対応した高校教育の多様化の必要性が明確に語られている。とりわけ「家庭にとどまる」という表現は、女子を意識したものだろう。そして出された新しい学習指導要領は、従来のコース制をさらに徹底したものとなり、女子には、特別な事情がある場合を除いて、家庭科の四単位履修を義務づけている。(特別な事情とは、家庭科教育のための設備が不十分な学校や男子と同じように大学進学をめざす場合をさしており、その場合は二単位である。)

つまり、高校教育の多様化が推し進められていく中で、多様化の一つの指標として性別が取り上げられていったのである。その結果、女子にふさわしい教育とは何かが追究されていった。たとえば、一九六二(昭和三七)年一月の『時事通信・内外教育版』は、文部省が中央産業教育審議会に、普通課程における女子教育のあり方と職業課程における家政科のあり方を諮り、その上で女子教育の振興方策を根本的に再検討したい意向であることを伝えている(24)。そしてこの記事が掲載された一〇ヶ月後の一九六二年一一月、中央産業教育審議会は「高等学校家庭科教育の振興方策について」(25)を答申した。

この答申は実に興味深い内容であったが、まず第一に指摘しておきたいことは、「形式的に平等な教育」と「男女の特性に応じた教育」とを対比した上で、後者の必要性、つまり女子のための家庭科教育の充実を主張していることである。すでに述べたように、共学発足時において、性別を意識しない「平等な教育」と「女子の特性教育」という認識枠組みが存在していた。けれども当時は、家庭科も選択教科であり、女子教育のレベル・アップという観点から、「平等な教育」が重視されていた。しかし一九六〇年前後からの高校教育の多様化という流れは、多様化の一つのあり方として、女子の特性に応じた教育をクローズ・アップさせ、性別を意識しない「平等な教育」は、「形式的に平等な教育」ととらえ直されたのである。

第二にいえることは、女子の特性教育を強調するといっても、単に女子という存在を一括りにして特性教育を主張しているわけではなかったことである。この答申では、普通科、家庭に関する学科、商業科に分けて家庭科教育のあり方が述べられており、さらに普通科は女子が大学に進学する場合としない場合に分けられていた。たとえば、大学に進学する女子に対しては家庭科の四単位必修、進学しない女子に対しては家庭科の一五単位の履修あるいは家政科の設置の促進が提言されている。この提言は実施されることはなかったが、女子にも多様な進路があることを前提にして、その多様性に応じた特性教育のあり方が主張されていたことは、実に興味深い。この答申は男女共学の問題には言及していないが、男女の特性のみならず、女子の進路の多様性にも応じた教育が構想されればされるほど、これを男女共学の下で実施することが困難になることは明らかだろう。

そして特性教育の追求と男女共学との両立の難しさは、文部当局によっても自覚されていた。一九六〇年版の学習指導要領は、一九六三（昭和三八）年四月より学年進行によって実施されたが、この年の二月二〇日、第四三国会で福田繁（文部省初等中等教育局長）は、高等学校における特性教育の強化について、次のように発言している。「ある程度教育内容あるいはやり方につきましていろいろ工夫をしないと、必ずしも男女共学がうまくいかないというような面がでてきて参っておりますことは事実でございます」(26)。ただどんな工夫をするのか、ここでは具体的に述べられてはいないし、その後も何か工夫がされたようには見受けられない。

第三に述べておきたいことは、この答申が、なにゆえ女子の特性教育が必要なのかという問題を学校卒業後の女性の役割という観点から述べていることである。女性が期待されている役割は二つあったが、一つは主婦として、家事・育児や家庭の管理運営にあたることであった。しかもこれらの役割が、家庭生活の「今日的な意義に対処する必要」や、「家庭生活の様式の変化等に対処するための配慮が必要」なものとして認識されていることが大きな特徴である。ちなみに、ここで述べられている家庭生活の「今日的な意義」とは、人間疎外の状況が深刻化していくなかでの家族成員の情緒的結合の重要性のことであり、「家庭生活の様式の変化」とは、家庭電化製品の普及や食品・洋服の商品化などをさしている(27)。もう一つは「人的能力の開発、労働力の恒常的ひっ迫という背景のもとに、女子の長所を生かすことによって女子労働力を積極的に活用する」(28)という観点から生まれた労働力期待である。具体的には、看護婦、栄養士、家庭用品販売などの女性の「能力、適性を生かす職業」が想定されていた。

女子の特性教育ということは、ある意味ではいつの時代においても主張されることであるが、この時期にはこのような女性役割と関連づけられた特性教育が強調されていたのである(29)。そしてこれらの女性役割は、当時の社会的背景から生まれた「新しいもの」として意識されており、けっして従来通りの家事・育児や、家内労働や工場労働を中心とした女性労働を意味してはいなかったことに、注意しなければならない。

このように、一九六〇年前後から、生徒、ひいては女子の特性や進路に応じた教育が強調されていったが、その結果、男女共学をめぐる議論はどのように変化したのだろうか。非常に特徴的なことは、進学する男子にとって女子生徒は受験勉強の「足手まとい」であるという議論、すなわち女子ブレーキ論が登場してきたことである。たとえば、「男子が入学試験に成功するためには就職や短大志望の女子は足手まといである。地方によっては男子校、女子校の区別がはっきりし、同一学校のなかでも男女別の学級がつくられる傾向もある」(30)という記事がある。これ以外にも、受験中心の高校は女子を歓迎しない、就職組の女子を抱えていると進学率が低下する、受験準備のためには、男女をクラス分けした方が能率的、効果的だ、という指摘もなされていた(31)。男子並みの進学をめざさない女子は、まるでお荷物扱いである。もちろん、男子の中にも進学する者もいれば、しない者もいるし、進学しない者の方がむしろ多数派であった。にもかかわらず、進学する男子の「足手まとい」として語られるのは、進学しない男子ではなく、就職したり、短大へ進学する女子なのである。ここにもジェンダーの非対称性が存在するといわざるをえない。

考えてみれば、もともと男女共学とは、男子が享受していた教育機会や教育水準に女子を参入させることを意味していた。だからこそ、男子の教育にブレーキをかけるとされる女子の存在は歓迎されなかったのであろう。今や女生徒は二分され、男子並みの進学をめざさない多数の女生徒は、共学教育から排除される対象とみなされはじめていった。その結果、共学教育とは男子を基準としたものであるという、共学教育の内実が顕になっていくとともに、男子にとって共学とはマイナスの価値をもつものとして意味づけられたのである。

おわりに

戦前において、女子のための教育は、理念的にも、制度的にも、男子のための教育と明らかに異なる原理に基づいて行われており、それは、男子の教育を基準としてみれば、低レベルの教育というるものであった。それゆえ戦後に行われた女子教育改革は、女子にも男子と同様な教育機会や教育水準を保障するために行われたものであったといっても過言ではない。そしてこのことを象徴するものが、男女共学の実施であり、男女共学の教育は、女子教育の向上という観点から価値づけられていたといえるだろう。

このような男女共学に対する意味づけは、共学推進派には一貫して存在していたが(32)、本論で検討してきたことからも明らかなように、共学の下での男女交際のあり方に不安を覚える人の中にも、共学は女子教育の向上に役立つという観点から共学のメリットを自覚している人がいた。

しかし一九五〇年代半ば以降は、男女共学見直し論議の議論枠組みは変化している。すなわち、女子教育の向上という課題は後景に退き、生徒の進路・特性に応じた教育の追求という課題の下で、男女に「平等な教育」は「形式的に平等な教育」ととらえ直されて、「女子の特性教育」が追求されていったのである。性別役割の相違は、男女の進路に応じた教育、女子の特性教育を生み、それは別学（別クラス）化、共学における男女比のアンバランス化をもたらしていく。その結果、共学教育は女子教育の向上という文脈からではなく、性別役割の相違に基づく進路や特性に応じた教育という文脈において議論されるものへと変化していった。

そして注目すべきことは、このような共学をめぐる議論の枠組みの変化が、男子と同様に大学進学をめざす少数の女子とそうでない多数の女子という、女子の分化をもたらしたことである。四年制大学への進学をめざす女子こそが、共学教育に親和性がある存在となり、そうでない大多数の女子は、共学教育において「足手まとい」とみなされていった。

男女共学の実施が、戦前における性による教育上の差別の是正であり、女子教育の向上を意味していたことは間違いない。しかしそれは男子を基準とした教育への女子の参入であり、男子教育を基準とする見方は揺るぎないものとして存在し、その相対化が図られなかったことも事実である。それゆえ、特性の追求は女子の特性の追求となり、男子の進路も多様であるにもかかわらず、女子が男子教育の「足手まとい」とみなされて排除されるなど、常に女子のありようが「問題」とされていった。しかも他方では、戦前と異なり、少数ながらも「男子並み」の進路をめざす女子には、それを保障する体制も存在していた。そういう意味では、教育のありようが、戦前における女子教育と男子教育という二つの原理の並存から、男子教育を基準とし、それでもって女子に対する教育も価値づけるという状況へ変容したといえるのかもしれない。

本論で検討してきたことは、男女共学をめぐる議論枠組みがどのように変化したのかという問題であり、この変化がどのような社会的背景の下におこったのかということを明らかにしてはいない。したがって問題は、なにゆえ性別役割の相違に応じた教育の追求が、一九五〇年代後半から顕在化していったのか解明することであろう。それは、女性や男性が高度経済成長期に期待されていた役割とは何であり、それ以前に期待されていた役割とはどのように違っていたのか、またそれらがどのような教育のありようを生みだしていったのか、という問題を明らかにすることでもある。これらを今後の課題として考察していきたいと思う。

1　本論は、共学がどのように認識されていたのかということを論じたにすぎず、認識されていたことが事実であったのかということは検証していない。しかし、本当に、全国レベルで別学化が進行していたのかという問題は、再検討を要すことのように思われる。というのは、旧制の中学校や高等女学校の姿へ戻る動きがあるが、全国的にみれば共学校の数は増加しているという指摘（「ふえている共学高校」『朝日新聞』一九五六年七月一二日）もあるからである。実態はどうだったのか、今後検討を加えていきたいと思う。

2　拙稿「男女共学論の地平」『教育学年報7　ジェンダーと教育』世織書房、一九九九年、を参照されたい。

3　この新聞記事以外にも、「〝男女共学〟に批判の声」『時事通信・内外教育版』一九五四年一一月一六日、を参照のこと。

4　「男女共学の助長に対策」『時事通信・内外教育版』一九五二年二月一二日。

5　第一三国会衆議院文部委員会、一九五二年四月一八日。なお、少し補足しておけば、人工妊娠中絶手術を一定の条件の下に認めた優生保護法（一九四八〜一九九六年）は、一九五二年五月までは指定医制度ではなく、手術の適否についての審査を行う優生保護審査委員会制度をとっていた。そのため、手術を申請した者の属性が委員会で把握できたのであり、多数の中学生や高校生が手術を受けていることが社会問題化していた。

6　第一三国会衆議院文部委員会、一九五二年四月一八日。

7　第一〇国会衆議院予算委員会、一九五一年二月一三日。

8　一九五二年六月の『教育』には、座談会「男女共学をめぐって」、鈴木庄三郎「男女共学における教師の問題」、加藤地三「共学の存続をおびやかすもの」が掲載されている。

9　一九五五年七月二七日の第二二国会参議院法務委員会では、松村謙蔵文相が男女共学は純潔教育を前提としなければ危ないと発言し、これをうけて中山福蔵（自民党）も男女共学は性の問題に非常に悪い影響を及ぼしていると述べていた。それに対して宮城タマヨ（緑風会）は、女子だけの貞操問題は考えられないと、性の問題がとりわけ女子に対する非難を生みだしていることに異議を唱えている。

10　「男女共学廃止を考慮」『朝日新聞』一九五六年七月一一日。

11　第二四国会衆議院文教委員会、一九五六年七月一六日、参照。

12　「新教委へ干渉するな」『朝日新聞』一九五六年八月二一日、参照。

13　国会会議録を見る限りでは一九五〇年代後半において風紀問題の視点から共学について論じているのは、一九五九年九月一一日の第三二国会衆議院地方行政委員会青少年補導に関する小委員会における川村継義（社会党）の発言だけである。しかも彼は、風紀問題と共学との関係を否定し、別学校の方が問題だという発言をしている。そしてこれに対する反論は何もなされていない。このような発言があるからには、男女の性の「乱れ」を共学と関連づける見方がまだ存在していたのだろうが、一九五六年以降は、それはもはや公然と語られるものではなくなっていたのだろう。

14 「高等学校における家庭科を女子に必修とする件」『家庭科教育』一九五二年八月。

15 「男女共学問題の是非論」『時事通信・内外教育版』一九五六年八月一七日。ほかにも、「崩れ行く高校の男女共学」『朝日新聞』一九五六年五月二日（夕刊）が、同じ趣旨の指摘をしている。また、「学生を先生の立場から」『毎日新聞』一九五六年七月二〇日（夕刊）は、大学進学を希望する女子は、進学率がよい、男子が多い高校に入ろうとする動きがあることを伝えている。

16 金久保通雄「男女共学をこう再検討する」『教育』一九五六年九月、参照。

17 文部省初等中等教育局小学校課『教育課程審議会答申一覧』一九九九年、一二ページ。

18 文部省初等中等教育局中等教育課「高等学校の改訂教育課程実施上の問題点」『中等教育資料』一九五五年五月。

19 一九五五年七月二九日に辻原弘市（社会党）が質問しているが、これに対する文部当局からの返答はなされていない。

20 第二三国会参議院文教委員会、一九五五年一二月一二日。

21 同前。

22 「各県は、どう対処する」『時事通信・内外教育版』一九五六年三月二三日。

23 前掲『教育課程審議会答申一覧』八五ページ。

24 「男女共学制にも波及か」『時事通信・内外教育版』一九六二年一月一六日、参照。

25 この答申の全文は、文部省『産業教育八十年史』一九六六年、五七一～五八三ページ、に掲載されている。

26 第四三国会衆議院予算委員会第二分科会、一九六三年二月二〇日。なお、この時に福田初等中等教育局長と議論しているのは本島百合子（民社党）であるが、彼女は男女別学化を女子教育の低下という観点からとらえていた。

27 詳しくは、前掲『産業教育八十年史』五七四～五七五ページ、を参照のこと。

28 前掲『産業教育八十年史』五七五ページ。

29 この問題はもっと詳細に検討すべき重要な問題である。本論では詳述するゆとりがないので、このような新たな女性への役割期待が生じていることを指摘するにとどめ、稿を改めて論じたいと思う。

30 「〝権利〟としての教育と〝役に立つ〟教育」『時事通信・内外教育版』一九六二年二月一三日。

31 「男女共学論（下）」『朝日新聞』一九六一年一二月一日、前掲「男女共学制にも波及か」、「ゆらぐ高校の男女共学」『朝日新聞』一九六五年六月二三日（夕刊）、を参照のこと。

32 本論では共学推進派の主張を検討していないが、たとえば、長田新「男女共学問題をめぐって」『教育技術』一九五六年九月を参照されたい。

（こやま・しずこ／京都大学大学院人間・環境学研究科教授）

社会科学的言語の危機的状況

●景気循環（恐慌）・戦争・帝国主義

宮崎犀一

過去四〇年に及ぶ世界の政治の地政学的水準は、たとえアメリカが世界唯一の超大国であったにせよ、単純な一極支配ではなく、新しい複雑な諸形態を取ってもいる。すなわち、一方では、世界銀行・ＩＭＦ・ＷＴＯのような超国家的国家間組織、他方では、人権・婦人・人口にかんする国連の諸会議、貿易自由化に反対する最近の国際的動員のような、超国家的ネットワーク。

（ゲーラン・サーボン「二一世紀へ」）(1)

1　米イ戦争前夜

アメリカの経済的下降（economic downturn）はまだ終了していない。長期化する緩慢な成長（というよりたぶん、生産のいっそうの沈滞）は、エンロンやワールド・コムのような類の金融混乱を表出させるだろう。これはまさしく正常な景気循環（business cycle）ではなく、アメリカ史上最大のバブルの破裂である。……酒宴が終わった後の二日酔いはいつもより長引き、普通期待される以上の広がりを示すであろう。……昨年の穏やかな景気後退（recession）は、アメリカ史上最長の持続的拡大（unbroken expansion）に引き続いて起きた。……本調査は、景気循環の性格変化について考察する（『エコノミスト』(2)）。

イギリスの伝統的な経済週刊誌『エコノミスト』が、そのいわゆる「調査報告」記事、「世界経済のサーベイ、まだ終わらぬ景気後退」において、アメリカの景気循環の異常さを痛烈に指摘しただけでなく、「経済統合の進展とグローバリゼーションの拡大」は、前年度すでに「経済的下降の世界的同時化」と「景気循環のいっそうの悪化」、つまり「景気循環の性格変更」をもたらした、と重大な警告を発したのは二〇〇二年一〇月末のことである(3)。

さらに翌年二月にも同誌は、国連安保理内での武力行使「新決議」案と「査察期限延長」案との対抗、世界主要都市での反戦デモの高揚（二月一五日、六〇ヶ国・六〇〇都市・一〇〇〇万人）を目前にして、アメリカと世界の経済危機について深く憂慮する。

「アメリカは、いまだにバブル以降の調整を完了していない。ゴールドマン・サックス社のエコノミスト、ビル・ダッドリ氏によれば、戦争不安が経済軟調化の最大の理由なのではない。むしろ、問題はいっそう深刻である。すなわち、民間部門の巨額債務、設備能力の超過、貯蓄の低下、大量の経常収支赤字という、数年続いたバブル時に形成されたさまざまな過剰。さらにアメリカにおける債務累積の家計、日本におけるデフレと銀行の機能麻痺、ヨーロッパにおける構造的硬直と超緊縮的な財政金融政策。かくして、世界経済は来るべきいかなるショックに対しても恐ろしく脆弱である」(4)。

ほとんど同時期、大西洋の彼方にあっても、有力な経済週刊誌『ビジネス・ウイーク』が、アメリカ証券市場の「過度の激発性」に読者の注意を促している（「カバーストーリ」）。

「北朝鮮の核兵器保有、テロリズムの脅威、イラク侵略の不安」が、こうした恐るべき危険の諸要因であるとしても、実はそれ以上に、「証券市場の全構造の変質」が根本的な原因である。

「大不況以降のどの年よりも、株式はより頻繁かつより激烈に、上下に変動している。……イラク侵略は、アメリカと他の諸国との間の緊張関係を高めることができるだろう。もしも紛争が長期化すれば、アメリカの主要ブランド製品の世界的人気は失墜し、ドルは値下がりし、証券価格は崩落しうるだろう。……だが、仮に市場の弱気が冬眠状態から脱出し、また世界が相対的な平和状態に戻ったとしても、アメリカ市場の不安定性は減少することはないだろう。というのは、証券市場には基本的変化が生じつつあるからである。……アメリカでは、購入↓保有という、これまで何百万の普通の投資家たちが市場を安定化させる主要勢力であったのに、今では彼らは市場から退出しつつある。……これに代って、今日のウオール街は〝トレーダーの市場〟としてのすべての特徴をそなえている」。ヘッジファンド、プログラム取引、短期限定の頻繁な売買、グローバルな時間外取引、等々。

さらに、エンロン社のスキャンダル以降、アメリカ内外の会計管理機関が経理不正予防と称して会計規則を変更しつつあるため、専門家たちは「調査を懼れて株価の低調を市場に警告することを躊躇する」ようになっている。

このほかにも、証券市場は「地政学的リスク」にも配慮しなければならない。二月二四日、ダウ平均株価指数は前日（二三日）の一〇三ポイント上昇につづいて、一六〇ポイント下落へ反転した(5)。

米英両国の代表的な経済専門誌による、このような注目すべき景気診断にも拘らず、ブッシュ政権は、対イラク戦争への準備を着々と進めつつ、戦争の目的や性格を次第に鮮明化し、かつ拡大してゆく。すなわち、二月二六日、大統領は保守系シンクタンクのアメリカン・エンタープライズ研究所（ワシントン）で演説し、〝フセイン後〟のイラク統治形態は連邦制下の「民主主義」あるいは国連管理下の過渡的政権のいずれかであること、イラクでの成功は「中東の和平」への新段階の始まりであり、「新しい指導者」の下での「真に民主的なパレスチナ国家」への進展の開始であること、イラクの新体制は中東地域の他の諸国を劇的に鼓舞する「自由」の範例である、と表明した(6)。

このブッシュの演説に対し、『エコノミスト』は次ぎのように注釈する。「バグダッドへの途はエルサレムへの途につうずる」という見解を初めて公表した「巨大な野心」は、「ブッシュ・ドクトリンの誕生と呼ぶべきか?」。アメリカのイラク侵略による反米感情の拡大、イスラム原理主義の高揚をめぐって、国務省、ヨーロッパ、中東に「懐疑派」や「悲観派」が存在することも無視すべきではない。今後アメリカは、「アメリカや世界を何十年も拘束することになる」中東変革の追求という方向へ自らを束縛することになるだろう。

2 開戦

アメリカは、すでにイラク戦争前の戦闘において敗北した。アメリカは、ほとんどすべての同盟諸国、地球上の他の多くの諸国の反対に直面しながら、初めての先制的戦争に突入しようとしている。九月十一日以降アメリカ支持の側に立ち、未曾有の支持表明を敢行した世界は、今ではアメリカ自身を最大の敵と見なしている。……単独主義の先制攻撃というブッシュ大統領の対外政策は、あまりにも漠然かつ無際限きわまるものであるから、爆撃停止後も世界の経済を激しく圧迫するだろう。……アメリカのこういう対外政策とグローバリゼーションとは両立しない、と企業の社長たちは心配し始めている(ブルース・ヌスボーム「悪い外交の高価な犠牲」(7)。

二〇〇二年秋から続く「イラクへの武力行使」への〝カウントダウン〟も、こうしていよいよ終末を迎える時がくる。二月七日、国連安保理において国連監視検証査察委員会と国際原子力機関がそれぞれ、「査察はなお数ヶ月必要」、「核開発の証拠なし」と報告したのに対し、米・英・スペインは「一七日期限の武装解除を求める修正決議案」を提出した。一六日、米・英・スペイン三国の首脳がポルトガル領アゾレス諸島に集結、ブッシュ大統領は「国連安保理は責任を果たしていないから、米国は立ち上がる」と断言し、「イラクの独裁者」に向かって「即時・無条件の武装解除」

を要求し、「民主主義の要となる人権・法の支配を掲げる政府」の樹立を督促した。二〇日未明の英米「連合軍」による、一方的かつ先制的な首都バグダッドの空爆（米軍のいわゆる「恐怖と衝撃」作戦）によって、ついに戦端は開かれ、イラク大統領サダム・フセインは二四日、「侵略と不正義は誰の目にも明らかである。侵略した軍隊は激しい抵抗にあうだろう」とテレヴィで応ずる。

開戦以降、当事国はもちろん全世界の全民衆が、苛烈な戦争の形状や行方をめぐって、目下激しく辛い思念や感情を経験するようにいわば強迫されつつあることは、改めて言うまでもない。しかしながら、日々応接の暇もないような、こうした当面の経験とは別に、われわれは「より長期な視座」にもあえて立ち向かっていかなければならないだろう。その種の問題群のなかには、たとえば「戦後統治」、あるいは「石油と戦争」、さらに特にアメリカにとっては「大砲とバター」の諸問題が含まれるであろう。これらの諸点について、すでに十分示唆的な見解が示されている。

たとえば、第一の問題、「戦後統治」について、R・J・バロー教授（ハーバード大学、経済学）はいう。イラクの民主化のためには、第一次大戦後イギリスによって引かれた国境線は、南部＝シーア派、中部＝スンニ派、北部＝クルド派というように、同質的人口別という基準で改訂されるべきであり、また主要な貿易相手国を考慮する限り、法貨としてドルではなくユーロを選択することが、「アメリカは邪悪な帝国主義者（evil imperialist）ではない」と宣言する意味で、政治的価値があるだろう(8)。

第二の問題は、もちろん、石油の消費・生産・開発ないし投資とさらに細分されねばならないとしても、その各々について、基本的には戦争期間の長短や、石油依存度の国別相違が作用するだろう。その結果、石油の価格変動・生産水準・投資行動の諸形態と、それらの相関性のすべてにおいて、戦争の影響は国ごとに異なるだろう。

イラクとの紛争がもし二、三ヶ月以内の短期で決着すれば、七十年代に比べて石油依存度が低下しているアメリカでは、「石油起因のリセッション」という一部の警告は「歴史の読み違え」となるだろうが、逆に石油輸入・製造品輸出への依存度が高い日本の場合には、大量備蓄や価格統制により深刻な影響が当面延期されるにせよ、アジア諸国における石油の値上がり→航空運賃・消費財・製造品原料の値上がり→経済成長の鈍化によって、「もし戦争が長期化すればきわめて重大な影響が出るだろう」（野村ホールディング社長・氏家純一）。また強いユーロがこれまで成長を支えてきたヨーロッパでも、「石油価格の三五ドル以上の高騰はインフレ動向の見通しを予測するのを非常に困難にしている」と、ヨーロッパ中央銀行ドイゼンベルク総裁は憂慮する。「ワシントンは戦争に夢中になっているように見えるから、外部の世界は戦争の結果にほとんど影響することがないだろう。だが、経済的下降（economic fallout）に上手に対処することこそが、万人にとっての問題なのだ」(9)。

一方、かつて七〇年代の石油危機に石油輸出国機構（OPEC）を主導し一躍世界に勇名を馳せた、アハメド・ザキ・ヤマニ氏（現在はロンドンの石油シンクタンク「世界エネルギー研究センター」を主宰）は、開戦直後『朝日新聞』記者とのインタビューで、石油の価格・供給の予測を中心に瞠目すべき見解を披露している。

「今回の戦争に至った米国の真の狙いは、石油だと言っていいだろう。……ブッシュ、チェイニイ、ライスとみんな石油ビジネスに関わってきた。米石油企業はすでに、イラクの国営石油企業の民営化を研究している。……サウジに次いで埋蔵量世界第二位のイラクが、目いっぱいに石油を生産することになる。これは国際的供給過剰につながり、油価を引き下げることになるだろう。……長い目で見て、石油の需要は減少し供給は増える。……『石油の時代』は終わる」(10)。

最後に「開発＝投資」の問題は、いうまでもなく、イラクの石油を対象とするイラクを含む諸国の政府と資本をプレイヤーズとする開発＝投資競争の動向に係わる。

歴史的に見れば、イラク石油の開発＝投資は英・仏・独など列強諸資本が主導し、第一次大戦後は独に代って米資本が参入したが、七〇年代にイラクが油田を国有化するに及び外国諸資本は権益を喪失した。湾岸戦争後は、仏・ロ・伊・中の諸資本がイラク政府との間で各地の油田開発の契約締結あるいは交渉中なのに対し、米・英資本はただ傍観するのみというのが、現在の「構図」であるという(11)。かかる石油開発＝投資市場の構図こそ、戦後の見通しを根本的に規定する基本的条件である。

だが、同時に注目すべきは、中国の動向であろう。中国は現在石油輸入の六割を中東に依存しているが、アメリカ・エネルギー省の予測によると、中国の将来の輸入必要量は二〇一五年までに今日の二〇〇万バーレルから八六〇万バーレルへ上昇する。このため、約十年前から同国のエネルギー企業CNPC（石油天然ガス集団公司）が石油投資の意欲に燃え、新規参入者として「グローバルな舞台へ登場してきた」。「イラクの危機」は、中国の石油輸入市場の再編、投資市場開拓の緊急度を促進する機会となりうるだろう(12)。

第三の問題、「大砲とバター」については、『ビジネス・ウイーク』のコラムニスト兼エール大経営学部長のJ・E・ガーテン教授が、「ベトナム時代」の論争の再現を予想しながら、内外経済戦略の見直しを求めている。すなわち、アメリカ財政はイラク戦費抜きでもすでに一〇〇兆ドルの累積赤字が予想され（議会予算局）、しかも戦費についてウォルフォイッツ国防次官が下院予算委員会で明快な答弁を避けている現状では、戦費は今後数年間最低の見積もりでも数千億ドルに達する可能性があり、「すでに深刻化している財政問題をさらに悪化することなしに」これほど巨額な資金を調達することは不可能である。

したがって、ブッシュ政権は今後十年間一五兆ドルという既定の減税提案を事実上取り消した上で、健康・教育・住宅・職業訓練などすでに地方政府レベルで実施中の支出削減に踏み込まざるをえない。そもそも、減税↓成長↓歳入増大という政府の構想が「無謀なギャンブル」であり、また「国家の安全保障は、防衛・出入国・兵器に関しては正当であっても、国の生産能力を消耗するだろう」（「競争力評議会」議長ウィンス・スミス）から、「経済の生産性を増強するための減税・規制緩和以外の、より広範な諸政策」が必要である。

他方、政府は「京都議定書や国際司法裁判所」問題以来続いている「単独主義的傾向」を早急に改め、「過去数十年来存在していた国際経済問題におけるより協調的な精神」を復活させねばならない。

ガーテン教授は、以上のように論述したあと、結論として、歴史家ポール・ケネディ著『大国の興亡』（Paul Kennedy,

The Rise and Fall of the Great Powers, 1989.）から、「帝国の過剰拡張に基づく長期的衰退」の例（スペイン、フランス、イギリス）を引きつつ、アメリカが「世界全体の危機」を前に「同じ過ちを犯すあらゆる徴候」が存在している、と警鐘乱打している(13)。

3　景気循環

景気循環（business cycle）は決して除去されないだろう。なぜなら、それは人間本性の一部であるから。人々は、それはもはや過去の遺物になったと想定するや否や、次ぎの景気後退（recession）の種子をまくことになる。もしも中央銀行が景気後退を延期することに成功したとしても、それはただ、より無鉄砲な行動を刺激し、次ぎの景気下降（downturn）をより悪化させることになるだけだろう（『エコノミスト』）(14)。

二十一世紀初頭の今日、われわれが眼前にする「現実」を構成し推進しつつある基本諸力は、すでに見たように、景気循環（恐慌）、戦争、そして帝国主義、である。しかるに、これら社会科学的な言語を定義する諸概念は、これまで、少なからぬ動揺と変容を繰り返してきた。

まず第一、景気循環の言語や概念について。アメリカではかつて、史上最長の経済拡大を背景にして六〇年代末、景気循環の「存在が疑問視されることさえ」あったが(15)、七〇年代中葉から八〇年代初めにかけて、景気循環への「学問的関心が復活」した(16)。だがその後、九六年以降の「アメリカ史上最大のバブル」の渦中に、「情報技術とグローバリゼーション」という構造変化を理由として、「インフレの死」・「競争の死」・「貨幣の死」など、さらには「経済学の死」といった幻惑的な主題が学界の一部で華々しく喧伝される（〝ニュー・エコノミックス〟）(17)。それにも拘らず、二〇〇〇年には「バブル破綻によるリセッション」の下、「景気循環は人間の本性なり」という過激きわまる表現が経済週刊誌に登場するほど、景気循環への現実的・学問的な関心がふたたび強力に回復した。

したがって、「連合軍のイラク進入のはるか以前」から、「九〇年代バブルの破裂の反響持続と世界的成長の推進者アメリカへの他国の過大な依存」が現存しており、戦争の短期的勝利こそが「世界的リセッションのシナリオ」実現を回避させえたにしても、アメリカの巨額な経常収支赤字は保護主義圧力→ドル崩落をつうじて「世界的沈滞を導くだろう」、と週刊誌が「戦闘がまだ完全には終息もしていない」時点で早くも書く[18]ことができたのも、当然である。歴史への巨視的な視野に立つ限り、「戦争」よりも「景気循環」の方が重視されるべきである。けだし景気循環を前提してこそ戦争は成立し、理解されることも可能となるのだろう。

ところで景気循環は、その経験的研究の先駆者・全米経済研究所の創始者ウエズレイ・ミッチェル、あるいはその後裔の一人と目すべきハワード・シャーマンによれば、上昇期間＝拡張期（expansion period）、減退期間＝収縮期（contraction period）の二つの期間から、あるいは、回復（recovery）、繁栄（prosperity）、恐慌（crisis）、不況（depression：穏やかなものはしばしば、景気後退：recession と呼ばれる）の四つの局面（phase）からなる[19]。

近年、カリフォルニア大学の経済史家ロバート・ブレナー教授は、第二次大戦後のアメリカ景気循環の全期間・全局面を独自な理論的枠組み（特に製造業の世界市場競争）と精密な実証的接近法で分析し、欧米の左派経済学界で異常な注目をあつめつつある。すなわち、論文「世界的騒乱の経済学——不均等発展と長期下降、先進資本主義経済のブームから停滞まで（一九五〇—一九九八）」[20]。

著者は、主要先進資本主義経済（米・独・日）間の「体系的な不均等的発展」という視点を基準として、戦後期全体を「長期ブーム」（一九五〇—六五）、「利潤率下落・ブームから恐慌への転換」（一九六五—七三）、「長期下降」（一九七三—九八）の三つの時期に区分する。その上で、最後の「長期下降（long downturn）」期を、「過剰能力、過剰生産、利潤率の長期的低下を導く資本間競争の激化」という固有の命題を基準として分析する。その結論は、おおむね次の通り。

「本テキストの観点からすれば、長期下降を決定的に超克するための基本条件は、利潤率の体系的回復によって示されるべき、製造業の過剰能力＝過剰生産なる長期的問題の克服である。……本テキストの中心テーマは、国際競争の激化という一般的状況下では、ある主要国経済の競争的利益は他の諸国の損失を意味する傾向があるという点である」。「過去十五年間、世界資本主義が停滞する中で唯一ダイナミックな資本蓄積を遂げていた東南アジア」に九六年「崩壊」が生じ、同地域の「深刻な危機」は、「国内市場収縮・輸出依存という類似のパターンを追求していた日・独・欧・米」に〝負の効果〟をもたらし、製造業の過剰能力＝過剰生産のさらなる悪化・国内需要の沈滞・利潤率低下・輸出増加という諸事態の回避を困難にする。特にアメリカでは、アジア諸国の為替切り下げによる輸出減少＝輸入増加、投資成長＝生産性増大の鈍化、賃金増加による利潤への圧力、証券市場の低落、消費者需要の縮小という「シナリオ」の蓋然性が高まる。かくして、アメリカに期待の「ニュー・ブーム」は訪れず、「市場収縮に直面した世界輸出の加速的供給は、世界経済の新たな下降という危険な方向をもたらすであろう」(21)。

4 戦争

世界資本主義が今日自己を異端から防衛するため、アメリカ軍事力の熱狂的配置を必死に必要としているかどうか、それは定かでない。未来への保障としてペンタゴンの諸能力は重要だが、それに過度に依存することは、証券市場の活性化にも役立たないし、石油価格の安定化、ドルや外国市場の安全確保にもならないだろう。脅迫に屈すると期待されている政権といえども、常にそうだとは限らないだろうし、アメリカが自ら期待も欲求もしない戦争に引きずり込まれることだってありうるだろう（ピーター・ゴーワン）(22)。

二〇〇三年三月の米・イラク戦争には、アメリカ側における国連協議からの単独離脱、対イラク先制攻撃、〝大統領の戦争〟、兵器のロボット化、高度情報操作・統制、等々、いくつもの特異性を指摘できる。しかし、いやしくも歴史的位相の中で「戦争」を考察しようとするとき、「新しい冷戦」や「第三次世界戦争」の可能性という論点（『エコノミスト』一九九九・四・一七、参照）も重要だが、熟考すべきより大きな問題は、大国から小国へのいわゆる〝人道的介入〟、または〝国民主権〟から〝国際主権〟へのいわゆる転換というそれであろうか。

デイヴィド・ヘルド教授（オックスフォード大・政治学、『民主主義と世界秩序、近代国家からコスモポリタン的統治まで』一九九五）が提唱する、今や通説化しつつある「国際秩序」の概念史、すなわち、「国民国家」中心の「ウエストファリア・モデル」（一六四八―一九四五）→「国家間システムの拡大」を重視する「国連憲章モデル」（一九四五―）→「人民・国家の諸力のネットワーク」を強調する「コスモポリタン・モデル」（現代）、という歴史的図式が一応参考になる(23)。

しかしながら、このような学説が「近代国家システムの歴史的登場の仲介者」あるいは「近代国際法の出発点」と称するウエストファリア条約（一六四八）、ウトレヒト条約（一七一三）が対象とした政治主体や社会過程は、ジュスティン・ローゼンバーグ氏（ロンドン大・国際関係論講師）の異説（『市民社会の帝国、国際関係の現実主義的理論への批判』一九九四）によれば、実は国民国家や資本主義といった近代的なものでは全くない。それどころかむしろ、封建的な「商業集団と協力する王朝的・寡頭政的な国家組織」であり、これに対して近代的・資本主義的な主権国家システムは、「市民社会の帝国」として定義されるべきである(24)。この解釈を受け入れるとすれば、一七世紀の三〇年「戦争」終結を目的とした講和条約のウエストファリア体制をもって、近・現代を一貫する国際秩序の主役となるべき国民国家ないし国家主権の範疇的成立と見るような国際関係理論によっては、イラク「戦争」の歴史的性格規定がどこまで可能となりえようか？

ウエストファリア条約の歴史的性格および現代的意義については、デイヴィッド・チャンドラー氏（リーズ・メトロポリタン大・政策研究所講師）の論説（「〝国際的正義〟」二〇〇〇）も、大いに示唆に富む。

「ウエストファリア条約は、ドイツ君主の世俗的権利の方が法王の宗教的権利よりも上位にあると認定し、君主の権力を超えるいかなる外部権力も合法化しなかったために、その後の国際関係の基礎となったが、近代的な意味での国際法は当時不在であったから、主権の権利が大国のみに限定されたばかりでなく、その行使を制限しうる国際共同体の明確な枠組みも完全に欠如していた。植民地主義の時代には、〝経験的な国家性〟を表示しえない植民地に主権を適用することはできない、と論ずることに何ら矛盾はない」(25)。

ところが、主要非ヨーロッパ諸国の近代化と、その世界的な意義の拡大につれて、ウエストファリア体制への批判や攻撃が一八九九年のハーグ会議以降徐々に始動する。すなわち、第一次世界大戦後のパリ講和会議における民族自決に関するウイルソンの言明(一九一九)、国際連盟における委任統治制導入による大国主権の法的制限の開始、連盟憲章に〝民族平等〟を盛り込む日本提案の拒否等々がそれであり、ついには第二次世界大戦後の一九四五年六月、国連憲章が「主権の平等や人民の自己決定の諸原理」を強調するに及び、「ウエストファリア体制転換の決定的瞬間」が訪れる。国際連合という「新しい国際機構の中心に主権平等という概念が成立し」、英帝国の衣鉢を継ぐ米国の政策立案者たちも、「因習的な帝国主義の諸形態は回避」すべきだろうと判断し、「大国の主権が少なくとも文面上は制限される」こととなる。(ただし、「実際上は完全な主権平等は実現せず」、大国の安全保障理事会による拒否権を伴う大国の圧倒的な支配が生まれる(26)。)さらに重要な点は、(国連の同意または自衛以外の)国家主権の参戦権の否定、つまり国連による武力使用の法的独占であり、これは正に「武力使用をつうずる大国支配を合法化したウエストファリア体制の終焉を意味する」(27)。

しかるに、一九九九年春、ユーゴースラヴィアへのNATO空爆が始まるや、国連安保理の承認もなければ、NATO諸国の自衛ですらなく、平和と安全への脅威でもない「国際法への明白な違反行為」が、一躍して「国家主権の伝統的権利に対する〝国際的正義(international justice)〟の勝利」、「〝人道的介入(humanitarian intervention)〟の義務」、「グローバルな〝市民社会の〟倫理的要求」などの諸イデオロギーを伴いつつ、大国の間で歓迎されるようになる。反面、ユーゴースラヴィアのみならず、イラク、キューバ、リビヤ、北朝鮮、ソマリヤ、セルビヤ、スーダンのような「ある種の国々」の主権は制限され、NATO諸列強のような国々の主権は増大することになる(28)。

かくして、チャンドラー氏は、国際関係・国際法・戦争の近代史の全域を視野に収めつつ、結論する。「主権の平等なくして国際法はありえない。ゆえに、〝国際的正義〟の拡大とは、要するに国際法の廃止である」。「中東、アフリカ、バルカンにおける〝国際的正義〟の行使は、外国の要求を阻止するには余りにも無力な国々への公然たる大国支配だったウエストファリア体制への復帰を意味する」(29)。

5 帝国主義

アメリカの歴代諸政府やヨーロッパのさまざまな従属諸国の敵意を引き出してきた要因は、サダム・フセインの極悪非道などではなくして、湾岸地域の帝国的定着とパレスチナの植民地的安定に、フセインが有する潜在的脅威である（ペリ・アンダースン「強制と合意」）(30)。

〝帝国主義〟の言語や概念が、日本のジャーナリズムや一部の学界から敬遠されるか、ほとんど死語化してからすでに久しい。最近忽然として〝帝国主義〟に代って〝帝国〟の文字が独自な意味を帯びて巷間流行しつつあるかに見えるものの、米イ戦争を本来の帝国主義タームに係わらしめ、独占・金融資本・あるいは「石油トラスト」・「世界市場再分割」などの視角から分析しようとする動向は、残念ながらきわめて稀である。

そもそも、帝国主義の概念が日本はともあれ、海外でさえ学術または日常語としてその使用頻度が急落した原因は、もちろん一九六〇年代の相次ぐ植民地「独立」、および先進社会の「福祉社会」への移行という歴史的事実によるにもせよ、他方では理論やイデオロギーの作用も少なくなかったと言わねばなるまい。この点で、英国労働党の戦前以来の政治家・経済学者、ジョン・ストレッチの『帝国の終焉』(John Strachey, *The End of Empire*, 1959.) が初期に果たした役割は、大きいだろう。

「二十世紀半ばの世界が抱えている諸問題への民主社会主義的な接近の解明を意図する」『民主社会主義の諸原理』の初巻、「先進経済」を主題とした『現代資本主義』(一九九五) に接続する第二巻の本書は、「世界的展望」を主題とし、「帝国主義の解体」と「いかなる関係がそれに代替しうるかという問題」に取り組む(31)。全巻共通の基礎理論は、マルクス・ケインズ両経済学の批判的応用といえようが(32)、特筆大書すべきは、著者のレーニン『帝国主義論』一小節をめぐる独自の解釈である。

「資本主義がもしも大衆の生活水準を高めることができるなら、資本過剰など問題にはなりえないだろうが、そのときは資本主義は資本主義でなくなるであろう。資本主義が依然として資本主義である限りは、過剰資本は大衆の生活水準の引き上げに用いられず、後進諸国に資本を輸出することとなるだろう」。『帝国主義論』「資本輸出」章におけるこの仮定法的な言説を、ストレッチ氏はまず理論家として、レーニン体系全体からこれを切り離し、「レーニンの書物の最も重要な」部分とこれを解釈する。次ぎに現状分析家として、「英米経済の現状」はすでに「大衆の生活水準の引き上げ」を実現したと観察する。その上で、マルクス・レーニンは「民主主義の経済的諸結果を見落とした」から、「資本過剰など問題にならない」ような超高度な「大衆の生活水準」が、資本主義的な「英米経済の現状」で実現する可能性など予見できなかった、と想定する。かくして、マルクス流資本主義論もレーニン流資本過剰→帝国主義不可避性論(〝投資帝国主義論〟)も崩壊する! と、民主主義者の氏は結論する。「帝国主義はホブスン・レーニンが記述した諸事情の関連の唯一または必然的な結果ではない」(33)。

英国ニュー・レフト運動の創始者の一人、シェフィールド大学・学外公開講座部講師、若き国際経済学者のマイケル・バラット・ブラウンの大著『帝国主義の後に』(Michael Barratt Brown, *After Imperialism*, 1963.) は、ストレッチ流「帝国(主義)終焉論」のみならず、公式マルクス主義者パーム・ダット流の「資本主義崩壊論」(R. Palme Dutt, *The Crisis of*

Britain and the British Empire, 1953.)、アメリカのマルクス経済学者ポール・バラン流の「資本主義変容論」(Paul Baran, *The Political Economy of Growth*, 1957.) などと全面的に対決した著述である(34)。

全体は三部に分かれ。第一部「過去の帝国主義」は、十六世紀から第二次世界大戦までイギリス帝国主義の歴史を扱うが、略奪・征服・貢納、自由貿易対保護貿易・交易条件・海外投資対国内経済など、レーニンにはない理論的な範疇・視角が積極的に採用される。第二部「今日の帝国主義」は、「植民帝國の終焉(一九四五―六二)」や「遺産」(鉱物会社・石油帝国など)から、「巨大企業による新帝国(海外投資の新段階)」や「帝國以外の資本主義(戦後ブーム・経済成長の停滞)」までを扱い、〝終焉〟したのは植民体制であり、帝国主義は変容しながら強力に持続すると立証する。

第三部「ひとつの国際経済に向かって」は、「貿易ブロックの世界(スターリング地域・ドル地域・共同市場)」、「世界の工業化(土地改革・産業革命・計画経済対資本主義)」、「平等者の世界におけるイギリス」の三章から構成される。著者は、共同市場(=EC→EU)成立により世界経済のブロック化はますます深まり、いわゆる自由化体制(貿易・通貨・投資・分業)も実は帝国主義の諸形式にすぎないと解釈する。こうした観点からすれば、この第三部(Towards An International Economy)における最終章「平等者の世界(A World of Equals)におけるイギリス」が、「帝国主義の後」における英国の役割や課題に触れたのち、最終節を「世界における真の分業に向けて」と題したのも、当然の成り行きである。かくして、「本書は今日の世界経済、特にその内部における富める人々と貧しき人々との相互関係を理解するための試み」であり、「国民的計画化」とその「必然的帰結」としての国連・WTO等による「国際的計画化」をプログラムにもつ「全人類のための長期展望」を提示した書物である(35)。

ニュー・レフトの研究者らしく、帝国や帝国主義は、「富める工業地域とそれに依存する後進地域との間の政治的経済的諸関係の全複合体」として再定義され(36)、しかも単に「資本主義の最高段階」でもなければ「終焉」した制度でもなく、「人々 people」の名においてその「過去」・「今日」・「未来」がすべて表象に浮上させておかれるべき対象となる。たとえば、著者が一八二四―七〇年の「帝国主義」を「自由貿易の成功」と評価し、一八七〇―一九一三年のそれもまた「保護主義の敗北」と規定して、一貫して資本主義・帝国・自由貿易の有機的結合を証明することで、「第一次世界大戦後までの英国の自由貿易堅持」を誤認した「ホブスン・レーニン以降の大混乱」を指摘しえたのも(37)、彼が単なる理論家ではなく同時に優れた歴史家でもあることの徴しに他ならない。

英帝国史の専門家、J・ギャラハ＝R・ロビンスン教授の共同論文「自由貿易の帝国主義」(J. Gallagher and R. Robinson, 'The Imperialism of Free Trade'.)が、植民地をもつ「公式帝国(formal empire)」、植民地なく貿易による「非公式帝国(informal empire)」の区別と共存という視角を採択し、「一九世紀を通ずるイギリスの海外拡大の基本的持続性という仮説」を公表して、従来のホブスン・レーニン的な十九世紀末以降の帝国主義研究に反省を迫ったのは、一九五三年である。以来、〝自由貿易帝国主義〟論と呼ばれるこの学説は、欧米の史学界を中心に広範な反響を生み、多数の支持と批判を招きながら不動な地位をすでに占めつつある(38)。その例証として挙げられるものとして、W. Roger Louis ed. with intro. *Imperialism : The Robinson and Gallagher Controversy*, New Points, New York, 1976 ; C. C. Eldridge ed. *British Imperialism in the Nineteenth Century*, Macmillan, 1984.

さらに、同説を「周辺理論」と批判しつつ英国近代帝国史全体の叙述へ発展させたものとして、P. J. Cain and A. G. Hopkins, *British Imperialism : Innovation and Expansion 1688-1914*, Longman, 1993 ; Ibid., *British Imperialism : Crisis and Deconstruction 1914-1990*, Longman, 1993.(『ジェントルマン資本主義の帝国』I・II、竹内他訳、名古屋大学出版会、一九九七)また、わが国の代表的文献としては、毛利健三『自由貿易帝国主義』(東京大学出版会、一九七八)。

なお、注意すべきは、自由貿易帝国主義というパラダイムは「当然ながら、現代世界を生きる英米歴史家たちの現代的・世界的な関心を反映した」という重要な事実である。たとえば、前記のロビンスン教授(ケンブリッジ大)とルイス教授(テキサス人)は共同論文「脱植民地後の帝国主義」で、次のように言う。

英国はいわゆる冷戦時代に「伝統的な帝国主義的大ゲーム(imperial Grate Game)」に参加し始めた米国と提携し、「帝国間連合(imperial coalition)」の道を選択する。その結果、空軍基地や油田をもつ「英帝国再編の要石」たる中東、鉱物や植物油など潜在資源をもつアフリカで「イギリス帝国は再び活性化した」。ところが、帝国主義の汚名を回避しようと望むアメリカ、帝国の威信が傷つくのを恐れるイギリス双方の共通利害は、この「米英同盟」の事実を公表したがらず、「共産主義の悪魔」という「大義」を必要とした。この間、「ワシントンの冷戦的アプローチ」と「ロンドンの帝国間大ゲーム」はしばしば離反することとなる。だがついに一九五七年、マクミランとアイゼンハウアのバーミュダ・ワシントンの両会談が原「英米契約」を改訂・更新し、英国は「NATOの中核」・「SEATOの重要メンバー」だが「下級のパートナー」であることを公言しつつ、世界情勢全般にわたる米英「共同政策」を宣言する。「より自由な貿易・自由な諸制度による西側の同盟という米国製のデザイン」への両国の完全同意により、アフリカの対英従属諸地域も、可及的速やかな「安定した自治ないし独立」へ向けて、「英国的というよりもますます英米的な非公式帝国」の一部として、ソビエトやアラブ共和国の浸透に対抗して出発することとなる(39)。

かくして、帝国史家による現代史または現状分析的な性格の論文は、現代帝国主義を自由貿易帝国主義の持続・拡大として概念化することに成功する。今や自由貿易帝国主義という社会科学的言語は、帝国主義の「歴史」と「現実」を統一する十分な機能を発揮しつつあると言うべきだろう。

これに対し、近頃話題の大作、マイケル・ハート=アントニオ・ネグリ『帝国（*Empire*）』（水島他訳、以文社、二〇〇三）(40)は、ポスト・モダンの「哲学」（ドゥルーズ＝ガタリ）に基づいて、マルクスの「経済学」体系における未実現の「国家」・「世界市場」プランの具体化を意図する。しかし、「近代からポスト・モダンへの移行」、「国民国家主権から帝国主権への移行」、「帝国主義から帝国への移行」などの諸命題を貫通させる点で、仮にこれを「帝国主義」研究の新種に数えうるとしても、ナショナルとインタナショナルの両契機を統合する伝統的な帝国主義研究とは完全に異質の作品である。他方、米イ戦争前夜に「アメリカの覇権システム」のダイナミズムを、「強制と合意（force and consent）」＝「支配と指導（domination and leadership）」の対概念（グラムシ）を使って分析した、ペリ・アンダースンの論説（「強制と合意」前出）は、その対極に位置する。

1 Goran Therborn, Into the 21st Century, New Left Review 10, July / Aug, 2001, p.89.
スウェーデンの社会学者ゲーレン・サーボンは二十世紀六十年代から二十一世紀初め十年代までの世界政治（「左右間の政治」）を、地政学的空間と社会経済的空間に分け、それぞれの特徴を概説する。前者は、諸国家の軍事的外交的な権力ゲームのパラメーターを提供し、後者は、政治の社会経済的方向性のパラメーター（国家・市場・〝社会的成型〟）を用意する。最後のパラメーターにおいて、彼は「家計・暮らし・宗教・家族制度」を国家・市場と相並ぶ「人格形成」要因として認め、「階級性」・「非階級性」の両者をそこに見ている。この興味ある主張については、ここでは詳細を省く。ただ、左翼が現在掲げる「未来社会のビジョン」には六八年の運動以来「より個人主義的な」要素が含まれるようになったとする見解は、注目に値しよう。

2 The Economist, 28. 9.02, The Warld Economy, p.3.

3 Ibid., p.24.

4 Ibid., 22. 2. 03, p.67.

5 Business Week, 10. 3. 03, pp.47-50.

6 The Economist, 1. 3. 03, pp.34-35.

7 Business Week, 24. 3. 03, p.25-26.

8 Ibid., 31. 3. 03, p.12.

9 Ibid., 17. 3. 03, pp.22, 25.

10 『朝日新聞』二〇〇三・三・一三。
戦争の性格や「本質」を石油に求めるこうした見解は、次ぎのような認識の正に対極に位置する。「対イラク戦争は石油に関するものではなく、フセインならびに彼が近隣や世界の諸国民に与える脅威に関するものである」（ベッカー・シカゴ大教授、ノーベル経済学受賞者、『ビジネス・ウイーク』二〇〇三・三・一七、一二ページ）。

11 同前、二〇〇一・一〇・二七。

12 Business Week, 31. 3. 03, pp.18-19.

13 Ibid., 17. 3. 03. p.38.

14 The Ecomomist, 28. 9. 02, p.30.

15 Andy Mullineux, David G. Dickinson and Wensheng Peng, *Business Cycle*, Blackwell, 1993, p.1.
なお、「〝景気循環は消滅した〟という言明が多数の有名な経済学者によってなされた」（Howard J. Sherman, *The Business Cycle, Growth and Crisis under Capitalism*, Princeton University Press, 1991, p.365.）。

また、「一九六〇年代末、アメリカ史上最長の経済拡大という経験的事実を前提して、二人のノーベル経済学賞受賞者と一人の高名な政府顧問経済学者が次ぎのように揚言した。〝景気循環という古い概念に余り興味はない〟（ソロー）。〝全米経済研究所はその任務の一つである景気循環を完遂しおえた〟（サムエルソン）。新古典派綜合を手にしたすべての政府によって景気後退は〝今や……飛行機事故と同じく阻止可能であるから〟、現代経済の円滑な運行に与える脅威としては経済変動はもはや〝陳腐化した〟（オークン）」（Robert Brenner, The Economics of Global Turbulance, NLR229, May / June1998, p.1.）。

16 Andy Mullineux et al., Business Cycle, op.cit., p.2.

17 The Economist, 28. 9. 96, The World Economy, p.3.
たとえば、「MITの経済学者レスター・サローは著書『資本主義の将来』において、『構造変化は資本主義の古い諸規則をひっくり返している。技術革命は経済学革命まで呼び出すのであろうか？』と立論する。

その後、アメリカ経済は驚異的な展開を示し、一九九九年には平時最長の経済拡大を達成し、失業率は三〇年間の最低水準を記録し、インフレ抑制も好調に推移したが、他方、連銀理事会は前年度三回にわたって利子率引き下げを実施し、「グリーンスパン氏は金融恐慌を阻止するため全力を尽くすというメッセージを市場に送っている。実に、連銀は景気循環を廃絶し永続的な株価上昇を保障するというこの危険な（欠落した）考えは、投資家・企業・消費者たちに欺瞞的な安心感を供与し、彼らが危険きわまる態度をとるよう奨励することとなろう」（The Economist, 22. 5. 99, p.16.）。

18 Ibid., 12. 4. 03, p.10.

19 Howard J. Sherman, *The Business Cycle*, op. cit., p.11.

20 Robert Brenner, The Economics of Global Turbulence, op. cit.

21 Ibid., pp.261-62. この論文をめぐる反響の一例として、Ben Fine, Costas Lapavitas and Dimitris Milonakis, Addressing the World Economy : Two Steps Back, Class and Capital 67, Spring, 1999. ここで論者たちはブレナーの諸説を厳しく批判しているが（スミスや新古典派的な競争・蓄積論、労働価値論の完全な欠如、生産の国際化や信用・金融の完全無視など）、当のブレナー教授は新しい論文「ブームとバブル」（The Boom and the Bubble, NLR 6, Nov./Dec., 2000.）を発表し、アメリカにおける利潤率回復（一九八五—九五）、景気後退（九七—九八）、銀行・証券の好況とバブル形成（一八九五—九八）、「バブルが支えるブーム」（一九九六—）、「ブームは維持できるか?」（二〇〇〇）と順次考察して、先行論文の補強を試みている。その結論は、前論文と同様、次のようなアメリカと世界経済への悲観的な予測である。

「証券価格がもし少しの間でも上昇を止めたなら、どうすればその急落を阻止することができるか、知ることは難しい。そうなると、アメリカ経済の状態はバブル時の終わりの日本経済に似ていなくもないだろう。……アメリカ経済がバブルの終焉に適応するために相当な減速を受け入れざるをえないとすれば、混乱なしにそれを遂行できるかどうかは決して明らかではない。というのは、アメリカが輸入の増加を押さえようと成長を緩慢化すれば、世界経済の他の部分が減速しないですむことができるか知ることは困難だから」（Boom and Bubble, pp.42-43.）。

22 Peter Gowan, Calculus of Power, NLR 16, July/Aug., 2002, p.66.

23 David Held, *Democracy and Global Order, From the Modern State to Cosmopolitan Governance,* Polity Press, 1995, pp.78, 86, 271.

24 Justin Rosenberg, *The Empire of Civil Society, A Critique of the Realist Theory of International Relations,*Verso, 1994, pp.42,131.

25 David Chandler, "Internal Justice", NLR 6, Nov./Dec., 2000, p.45.

26 Ibid., p.58.

27 Ibid., p.59

28 Ibid., pp.60-61.

29 Ibid., pp.63-66. ＮＧＯ代表など「コスモポリタン的諸制度の創設」をつうじて「国際共同体（社会）の民主化（democratization of the international community）」を提唱する、「コスモポリタン的民主主義（cosmopolitical democracy）」、あるいは「民主主義の世界的拡大（Global extension of democracy）」の思想（Daniel Archibugi, Cosmopolitical Democracy, NLR 4, Jul./Aug.）に対して、チャンドラー氏は批判的である。「諸国家間の平等――たとえ司法的なものにせよ――を廃止する実際上の結果は政治的不平等を深めるだけだ、という点を彼は見逃している」（pp.143-44）。

30 Perry Anderson, Force and Consent, NLR 17, Sep./ Oct., 2002, p.29.

31 John Strachey, *The End of Empire*, 1959, pp.7-8.

32 Hugh Thomas, *John Strachey*, Eyre Meshuen, pp.276-77.

33 John Strachey, *The End of Empire*, 1959, pp.111-12.

34 Michael Barratt Brown, *After Imperialism*, Heineman, 1963, p.13.

35 Ibid., pp, 482-84. 本書の概要については次を参照。宮崎「マイケル・バラット・ブラウン――現代と帝国主義――」『変革の経済思想』弘文堂書房、一九七一。

36 Ibid., p.10.

37 Ibid., pp.86-87.

38 J. Gallagher and R. Robinson, The Imperialism of Free Trade, The Economic History Review, Ⅵ, Ⅰ, Aug. 1953. 宮崎犀一「一九世紀英国資本輸出（一）」『政経論叢』（国学院大学）第七巻第四号、一九五九・三。同「自由帝国主義――問題の開拓――」『思想』五一五号、一九六七・五（同『英国経済学史研究』新評論、一九九四、所収）参照。

39 Roger Louis and Ronald Robinson, The Imperialism of decolonization, The Journal of Imperial and Commonwealth History, 22, 3, pp.468, 481, 487. なお、宮崎「植民地独立後の帝国主義」『経商論纂』（中央大学）第三七巻第三・四号（一九九六・三）参照。

40 Michael Hardt and Antonio Negri, *Empire*, Harvard University Press, 2000.
「大西洋というコップのなかの嵐もそう長くは続くまい。〝同盟国間の協力〟から〝アメリカ独自〟への現在の転換は、本来短期的な性格のものであろう」(P. Audeison, Force and Consent, op. cit., p.29.)。

(みやざき・さいいち/元関東学院大学教授)

制度として課された男女平等教育の現場から

●公立中学校の取り組みと担い手としての教師たち

日野玲子

1　男女平等教育のいま

「男女平等」をめざした教育は、人権教育の一環として、教育制度や教育内容における性差別を問い、男女平等をめざす教育づくりとして考えられてきた。しかし、「男女平等教育」と言っても、時代によって、その内容は変化している。

戦後教育改革では男女共学や教育機会の均等が課題になり、一九七〇年代には、家庭科の男女共修が課題となった。そして一九九〇年代、学校教育の日常を問う動きが、男女平等教育として展開されている。それまで問われることのなかった男女別の慣行や、教室における教師と生徒、生徒間における関係など、学校文化において「隠れたカリキュラム」として作用する価値観を問い直し、固定的な性差観を問う教育や自己決定の主体形成を促がす教育実践が、「ジェンダー・フリー教育」として流布することになった(1)。

たとえば学校現場では、ジェンダーという言葉とともに、男女混合名簿を使用する学校が増え(2)、男女別の体操服を見直し、男女同じハーフパンツを採用するなどの取り組みが行われた。また、ある地方自治体では、児童虐待防止プログラム（CAP）を学校教育に導入して、暴力を防止する取り組みがあった。「綜合的な学習の時間が出来るようになれば、男女平等教育の選択科目を開講したい」という教師の声があり、指定校方式での男女平等教育研究の報告もあった。とりわけ一九九〇年代後半、舘かおるは女性学や学校社会学による調査や研究の進展によって、学校教育の場でも教師たちの問い直しの動きが急速に高まっていると伝えている(3)。私もまた、「女性学教育・男女平等教育は、関心のある者が手探りで調べてといった個人的な段階から、制度的に取り組み具体化してゆく第二ステージに入った」(4)と感じていた。

ところが、その後に続く学校現場の動きがなかなか見えてこない。そればかりか、「ジェンダー・フリー教育」が「性別にとらわれず」、性別による制限をなくし自分の可能性を開くことを掲げているのに対して、性差を否定する教育だと、曲解した「ジェンダー・フリー教育」が捏造され、悪意をもって教育現場を攻撃する事態が起きている。そして「ジェンダー・フリー教育」は「男らしさ」「女らしさ」という日本の伝統を破壊するものと烙印をおし、それを争点に、学校現場の教育論としてでなく、政治やメディアの場で教育が論じられている(5)。

こうした動きを知るほど、教育がなすべきことは何なのか。これからどうしていけばよいのかという思いにとらわれるが、批判攻撃に対して何を守り、主張していく必要があるのか。男女平等教育の今後を展望する上では、ここで男女平等教育が現場で何を行ってきたのか検証し、足場固めをする必要があるように思う。

ジェンダーの視点を取り込んだ男女平等教育は、学校の日常を対象に、学校文化を課題とする視点を獲得したけれども、それが学校現場でいかに受け入れられてきたのか。男子優先名簿から男女混合名簿へ、名簿の制度改変が男女平等教育の象徴として取り組まれてきたが、担い手である教師たちはそれをいかに受けとめてきたのか。

個人的な経験であるが、「混合名簿を採用したので、もう男女平等教育は終わった。学校が対応すべき課題は多いので、次のことをしなければ」という、タテ割り発想で男女平等教育を捉えている教師たちがいた。男女平等教育を進めている教師が描く学校現場は、同僚の「教師に『男女共生教育研究』という雰囲気はほとんどない。混合名簿を実施していたものの、自らの教育を男女共生の視点で考えてこなかったし、自分たちの問題として受け入れられないのが実態だった」[6]ようであり、別な公立中学校の教師は、男女平等教育の視点は「なかなか共通理解されにくいという問題がある」[7]という。また、校務分掌で男女平等教育の担当者になったのだが、「何をしてゆけばよいのか」という教師の戸惑いの声を聞いたこともある。これまで関心のある教師が個人的に工夫して実践していた状況と異なり、制度として課された男女平等教育が課題になっているのである。

学校でおこなう男女平等教育は、性別分離を前提にした学校文化の問い直し、文化祭や職業選択などの特別活動の課題として、教師によっては教科の教育課題として、具体化が求められている。ところが「何を、どうすれば、よいのか」というと、担い手である教師たちは「自分の問題」として受け入れにくく、教師集団として「共通理解されにくい」という。つまり男女平等教育の現在は、制度として課された教育課題の具体化が問われ、実践的な意味づけと内容が求められているようである。

男女平等教育が制度として課されたら、それを教師たちがいかに受けとめ、どのような取り組みを行うのか。これからの男女平等教育を展望するには、現場の実践から問い直してみることが有効ではないだろうか。そこで本稿では、制度として学校全体で男女平等教育を行った例を通して、学校現場がいかに受けとめ、具体化を行ったのか、そして男女平等教育がいかに意味づけられているのか、これを検討したい。

具体的には、一九九七年度と一九九八年度の二年間、大阪府内のA市教育センターの研究委嘱を受けた公立中学校の実践なのだが、幸なことに私も助言者として、この実践に関わることができた。本稿で記す「現場」は、この実践が委嘱をうけた中学校の教師たちにとっての現場であると同時に、ともに参加した私にとっての現場の意を込めたものである。この公立中学校の実践に、立ち会うチャンスが与えられたことに、感謝している。校長はじめ教職員の方々のご好意に、この場をかりてお礼を述べておきたい。

2　公立中学校での男女平等教育(8)の取り組み

1　取り組みの背景

学校全体で男女平等教育に取り組むことは、小学校や私立の女子高校での実践報告はあるが、公立中学校で実践した例は極めて少ない。こうした中、この中学校で取り組みが可能だったのは、時代背景とともに、教育づくりに熱心な校長の判断と、それを可能にする知識や情報を持った教師がおり、独自の教育づくりの経験を持っている教師集団がいたこと、これらが重なったことによる。

まず一九九〇年代後半という時代、これが取り組みを具体化する大きな要素であった。一九九五年には第四回世界女性会議が開催され、政府が「男女共同参画二〇〇〇年プラン」を作成するなど、男女平等に関わる動きは、メディアを通じて活発に伝えられていた。また、学習指導要領の改訂にともなって、教科書のない「総合学習」の導入といった教育改革の動きがあり、加えて男女平等教育が、「ジェンダー・フリー教育」という表現で語られ始め、何か「新しい」様相を持って迎えられる状況があった。

一九九五年には、A市でも教育委員会から各中学校長へ、一年生から順次男女混合名簿を採用するよう通知が出され、この中学校では職員会議で議論し、三学年一斉に男女混合名簿を実施する独自の判断を行っている。一九九六年秋の文化祭では、中学二年生が、メディアにおける固定的な性別役割を分析したグループ発表を行って、特別活動の中に男女平等教育が取り入れられていた。この中学校では、男女平等教育を積極的にすすめる教師が影響力を発揮していることがわかる。とりわけ家庭科の教師は、専門性をもつ者として校長が認める存在で、市教育センターの研究委嘱のテーマを男女平等教育にするよう、校長に判断させた重要な要因であった。

結果一九九七年五月教育センターの研究委嘱を受け、年度始めの校務分掌にない「男女共生プロジェクト」チームがつくられた。そして私が助言者として採用されたのである。いわば偶然の重なりあいの中で、公立中学校での、学校全体で取り組む男女平等教育の実践が始まった。

2　取り組みの経緯

⑴一九九七年度の活動――校長の決断で始まった男女平等教育。校長は「あとの責任はもつから、何でもやったらよい」といい、男女平等教育をすすめている教師たちのお手並み拝見というところ。さーて、何ができるか。中核を担うことになった教師は、一学期、男女共生プロジェクトチームを立ち上げた。メンバーは、校長・教頭をはじめ一〇数名で構成されていたが、時はすでに七月。具体的な動きは二学期からとなった。一〇月はじめ、私が「ジェンダーと学校教育」をテーマに校内研修会で話すことから、活動が始まった。

以後月一、二回程度で、男女共生プロジェクト会議が開かれた。ところが中学校の教師たちは忙しく、会議に参加する教師は限られていて、実際は半数程度の参加しかなかった。現場の教師たちが感じていることから課題を見つけ、取り組みをつくっていきたいと考えていたが、果たせなかった。参加できる人だけで会議を開き、何をしていきたいのか、何が出来るのか、話し合った。

学年毎の、特別活動の時間に実践できる、男女平等教育のプログラムをつくりたい。生徒や保護者、教師の男女平等についての実態調査が必要ではないか。そこで初年度は、実態を知るための調査を行うことになった。そこでジェンダーを課題として、生徒・保護者・教師の三者が、どのような意識を持ち行動しているのか、その間にズレはないのかという点に注目した調査を構想した。複合的な意識調査によって、教師が意識している学校と異なる世界を、浮上させることができるのではないかと考えたのである。調査は一九九八年一月末に行い、結果の集計をプロジェクトのメンバーが行うことになった。

その他、国語科教師たちとともに、教科書分析を行ったが、この中学校三八名の教師は、ジェンダーの視点で教科書分析をしたことがないとのことだった。こうした活動の内容や男女共生教育に関する耳より情報を、メンバーが「男女共生教育だより」として教師たちに報告し、日常的な活動への足がかりをつくる努力を続けたのである。

(2) 一九九八年度の活動——二年目。男女共生プロジェクトの形で研究を進めていくのは難しかったため、教科が取り組みを実施するよう、組織変えが行われた。結果として、すべての教師たちが、なんらかの研究に取り組むことになった。教師たちが具体化した内容は、表1にみる通りである。

一学期から二学期の公開授業まで、「男女共生教育研究」として、各教科の教師たちが考えた、教育づくりが行われた。その取り組みには、①生徒の実態を知る、②個人意識とともに社会意識や制度に含まれる性別秩序を問い直す、③新たな価値の創造に向けて、これら三つのものがあった。少し詳しくみておきたい。

①生徒の実態を知る（理科、美術科、保健室）

たとえば理科。三年生になると女子に「理科嫌い」が多くみられる点を課題とした。単元別に好き嫌いを調べ、男女別の平均点と比較すると、いずれの領域でも平均点はほぼ同じだが、好き嫌いについては、地学・生物領域では男女の偏りは小さいけれども、物理・化学領域では「好き」と答える女子は少なく、男子との違いが大きい。理科では、好き嫌いといった学習に対する構えに、ジェンダーの偏りがあることが分かった。

②個人意識とともに社会意識や制度に含まれている性別秩序を問い直す

生徒たちが持っている、「女は家庭、男は仕事」という固定的な性別役割分担意識を相対化する働きかけ（社会科、特別活動）を行い、社会制度や労働慣行について知識を伝えている（社会科、数学科）。また、国語科は、言葉や文化におけるジェンダー・バイヤスへの気づきを促がす取り組みを行った。

③新たな価値の創造に向けて（英語科、保健体育科、家庭科、音楽科、特別活動）

表1

〈授業で実践〉
国語科：教材、教科書における固定的な性差観（ジェンダー・バイヤス）を発見し、表現を考えさせる。
社会科：社会制度（結婚にかかわる法律）におけるジェンダー・バイヤスを知らせる。
江戸時代の家制度における女性の扱われ方と現在の暮らしを比較する。
外国の暮らしと比較し、生き方を相対化させる。
音楽科：混声四部合唱のパートを生徒が自由に選び、音の美しさを知らせる。
数学科：統計を使って、職場における性別の偏りを知らせる。
体育科：ルールを工夫して男女混合での体育授業を実施。体育イメージを変えさせる。
家庭科：ジェンダー・フリーな絵本づくり。男女生徒に保育領域の関心を持たせる。
〈調査〉
理　科：「理科を好きか嫌いか」と成績の関係から、性別による偏りを明らかにする。
美術科：色に対するジェンダー・バイヤスを検討する。
〈特別活動で〉
特別活動：職業選択（ジョブ・ハンテング）。非伝統的職業従事者の話をきく。
英語科：外国における男女共生のあり方を、「インタビューしてみ隊」を募り聞きとり。
〈保健室で〉
生徒の会話：関心領域の違い（女子のダイエット、大きくなりたい男子）。
男子に多いケガ、女子に多い内科的病気。

英語科や特別活動での聞きとりは、生き方モデルとなって、生徒たちに大きな印象を与えている。体育イメージを変える取り組みや、性別による声と声楽上のパートに関連がないことを体験させ、美しい音楽を感じさせた取り組み。家庭科ではジェンダー・フリーな絵本づくりを行ったが、主人公の性別を入れ替えて発想させるなど、生徒がイメージをふくらませ、新たな価値をつくり出している。

三時間の実践がある一方、二四時間を配当した家庭科(9)のように、担当教師の取り組み方によって違いはあったが、すべての教科担当が教育づくりを考えた。これらは相互に関連をもって企画されたというより、教科で考えられることをしたのが実情であった。それでも教師たちは、さまざまなアイデアを出し、実践したのである。一一月に開催された公開授業は、国語科、数学科、保健体育科が行い、その他は一二月校内研修会で報告し、研究冊子がつくられた(10)。調査結果は、学内の「男女共生教育だより」で報告していたが、実践の活動にいかすことはできなかった。ようやく課題が見えはじめた時に、研究委嘱期間は終りを迎えたのである[11]。

3 担い手としての教師たち

制度として課された男女平等教育は、担い手である教師たちにどのような影響を与えたのか。取り組みによって、教師たちの意識は変わったのか。学校現場では、教師集団の共通理解は難しいといわれていたが、どうなのか。教師たちが、男女平等教育をいかに考え、受けとめたのか、この点を検討していくことにしよう。研究の一環として、教師を対象に二回の調査を行った。調査Ⅰ（実施一九九八年一月、回答者三八名）と調査Ⅱ（実施一九九八年一二月、回答者二七名）である。これをもとに考察したい。

1 男女平等教育の推進について

男女平等教育について尋ねた項目では、表2の結果が得られた。

表2

	調査Ⅰ	調査Ⅱ
1、もっとする必要がある	42.1(16)	51,9(14)
2、今の程度でよい	15.8 (6)	37,0(10)
3、する意味がわからない	5.3 (2)	3,7 (1)
4、不必要	0.0 (0)	0,0 (0)
5、どちらともいえない	31.6(12)	3,7 (1)
6、無答（その他含）	5.3 (2)	3,7 (1)
合計	100.0(38)	100,0(27)

注：男女混合の数値 単位は%、（ ）内は実数

男女平等教育について、「もっとする必要がある」と考える教師が調査Ⅰで四二・一％あり、学校の意思決定に影響を及ぼす環境にあったが、調査Ⅱでは、「もっと」と積極的に意思を表明する教師が五一・九％と半数を超え、「今の程度」とあわせると教師の約9割が前向きな回答をよせている。

教師の意識の変化についてみれば、調査Ⅰで「5、どちらともいえない」を選択していた三一・六％の教師が、調査Ⅱでは三・七％と減少し、「1、もっと」「2、今の程度」へ移動していることが分かる。男女平等教育としてどのような取り組みをしていけばよいのか、この課題に向き合った教師たちは、あいまいな「どちらとも」の選択をせず、取り組みをした後での「もっと」や「今の程度」と答えている。「教師の意識に変化はあったか」といえば、この点に変化

があった。

しかし、調査結果にみる前向きな教師の意識が、日常的な学校環境で実現されているのかという点になると、中核メンバーが「男女共生教育研究という雰囲気はほとんどない」と感じるように、異なる次元の問題だろう。男女平等教育が、教師たちが注意を払うべき教育課題として位置づけられ、日常的に学校文化を検討、授業に反映させた教育づくりに関連づけるまでには、取り組みを意味づける情報や具体化のための方法について、もっと踏み込んだ議論が必要だが、今回の研究は充分にそうした過程を経て実践されたものではなかった。ここに取り組みの限界があったように思う。

2　教育づくりの担い手として

さて、調査Ⅱで、男女平等教育研究に取り組んでの感想と次への提言を自由記述で求めたところ、教育づくりの担い手として参考になる意見があった。紹介したい。

男女平等教育は、価値観をともなった生き方に関わる内容を扱うため、授業で取り上げるときには、教師もまた「自分」の生き方と向き合うことになる。

「子どもに話す前に、自分自身のもっているジェンダー・バイヤスを発見することが多く、『先生もまちがっていたんやけどね……』と前置きして話すことが多い。教科書チェック、国語では、漢字、ことわざ、格言など、気になるものが多く、気をつけて使用、指導していく必要がある。国語で気づいて指導していることを、保護者や教師にも伝えていく必要がある。」

「自分の体験に基づく話は、子どもは耳を傾けてくれる。（略）教科書との関連で、入れても自然な部分の時に……。どこかで読んだことでなく、自分の体験から出た話をいっぱい持っていないと、ムリが生じるし、生徒にも入りにくい。」

生き方を扱う授業では、教師は教師であると同時に、生徒と同じ当事者となる。そのため教師は、生徒にとって身近な他者として、自分の生き方を語ることによって、語りの保証を行っている。授業の中で教師が「どこかで読んだことでなく、自分の体験」として意味づけ、いろいろな状況にあわせて伝えると、固定的な性差観（ジェンダー・バイヤス）の枠を問い直すジェンダーの視点は生徒の心に届くと感じている。そして教材の中にジェンダー・バイヤスが含まれている可能性がある、教師がこの認識を持つと、ジェンダーの視点は新たな教育課題として機能する。

また、男女平等教育研究に学校全体で取り組むことは、教師個人の思いとは別に、教師の言動が生徒や同僚の批判的まなざしの下に置かれることを意味する。複数の男性教師が、生徒から批判を受けたことを記していた。「高校見学で、男女に分かれて見学したら、女子の方から『なんで分かれるの？ ジェンダーや』と抗議の声」があったというものと、「『男だったら……』という発言を、一人の男子生徒にしたとき、彼から『ジェンダーに反している』と言われてしまった。ジェンダーという言葉だけでも定着しているのは、すごいと思いませんか……」という声である。

このように男女平等教育を学校全体で取り組むことは、女と男の関係に敏感になることを意味し、それが教師や生徒の共通認識となって、それが教師や生徒のあり方を問い直す視点として働いている。「ジェンダーという言葉だけでも定着しているのは、すごい」という教師の声は、男女平等教育の可能性を示していると思うのである。

このように担い手である教師が教えるために、あるいは批判を受けて自分に向き合い、教育課題として男女平等教育が位置づけられていた。そうなると、「実習など、男女に関係なく隣同士で座っているが、交流や助け合い、手伝いあいなど、少ないことも感じる。もう少し共同学習のような事もできればいいのだが、なかなかむつかしいです」と、自分の場が課題となって浮上し、教育づくりが始まるようである。

3　男女平等教育についての意味づけ

制度として男女平等教育が行われるためには、教育の目標を示し、担い手としての教師たちに共通認識を醸成する必要がある。この学校では、以下の三点を掲げ、「性別によって生き方や行動を制限されない」教育づくりを実践した。

①性による区別、性別役割分業意識をなくす
②男女が自立し、それぞれが主体となる
③男女が共に生き、対等な関係をつくる

しかし、「自立」や「主体」、「対等な関係」をキーワードとする目標が実践的課題となるためには、それらをいかに意味づけるのか、議論して理解を深める作業が必要だが、今回の研究では充分な議論があったとはいいがたい。そのため男女平等教育について、教師たちはそれぞれの受けとめ方で、取り組みを行っている。たとえば、調査Ⅱで、「男女共生教育をもっとする必要がある」と回答したものであっても、男女平等教育について異なるイメージが与えられていた。

第一は、男女を分ける学校文化が性差別を強化しているので、「学校生活の中でも、できる限り性によって分けることをやめて男女混合での生活場面を作り」、「性別役割分業意識を崩すような働きかけ」を行うことが男女共生教育だと考える立場。

「自分でも意識的にできる事として、全員を『さん』で呼ぶ取り組みをしたが、一番意識しなくてはいけないのは、自分自身の変革で、常に意識していないと『くん』と呼んでしまう。自己との戦い。」

「人権問題だという認識をしっかりもって取り組む必要がある。男女を分けることに慣れきっているため、教師にも生徒にも入りにくい部分がある。が、世の中は確実に性差別撤廃の方向に向かっているし、日本の若者たちは、従来の『男らしさ・女らしさ』にこだわらず、『自分らしさ』を探っている。教師は次代の子どもたちの生き方を支援

できるようでありたい。」

この立場は、プライバシーに関することを除き、性別によって分離しない男女共修（混合）をすすめることによって、固定的な性別役割意識を問い、生徒が「自分らしさ」を探す可能性を提供しようとしている。

第二は、第一の立場に違和感を示しながらも、男女平等教育を積極的にすすめていくことを表明する立場。

「男女共生教育の目標は、『人間としての自立』と『個性の尊重』であると思います。男も女も、自分らしく自立していく支援（略）が大切である。『……だから、男はアカン』式の論法では、広がらないと思います。いつも集団として、大人や子どもをみていくことに慣れてしまうと、一人ひとりが育っていかない。もっと一人ひとりが自由な発想と自分らしさを出せる場づくりがこの教育の成果を出すポイントだと思います。」

「加害者・被害者といったことではなく、男も女もだれもが生き生きと生活できることが大切」、「形を整えることよりも、もっと一人ひとりをじっくり見ていく視点」が大切と考える側面を強調して、「男女共生教育」は、「『男女平等』を目指しているのではないと思います。これからの社会は、すべての人とものとも『共生』を問われていくものだと思う」という。性別分離を小さくしようとする「男女平等」に対して、再定義を求める「共生」イメージが語られていた。

第三は、男女平等教育の意味づけられ方や現状に疑義を示し、もっと考えていかなければという立場である。

「①性差を支えているものが、ほんとうに『権力』だけであるのか。②すると、現状の女性としてのあり方に疑問を抱かずに幸せを感じている女性たちは「啓蒙」されるべき対象でしかないのか？　③なぜ女子中学生が男女共生教育にあまり関心を抱かないのか。以上ことをもっと考えていかなければ、上滑りしただけで終わってしまいそうです。」

これは男性教師に見られたもので、「お互いの人権を尊重する教育はとても大切」といいながら、あわせて「疑問に思うことは、女性が本当にジェンダー・フリーの考え方や生き方を望んでいるのだろうか?」と記している。そしてこれから「校務分掌などで、男性だけに偏っている部分」に取り組んでいく必要があるという(12)。

このように「男女共生教育をもっとする必要がある」と回答した教師たちの中で、男女平等教育は異なるイメージで考えられていた。学校現場で、男女平等教育は「なかなか共通理解されにくい」という現状の一端をかいま見る思いである。しかし、制度として課された研究であったことが、取り組みを行うにあたって教師たちに、その意味を考える機会となったことがわかる。そうした中で、次のような教師がいた。

男女混合名簿での学校運営が支障なく、すすんでいる。開始した頃は付随するマイナス面にずいぶん憂慮したものだが、そうでもなかった。学校の中には、そういった大した意味の見出せない文化が多く存在し、教師はその呪縛のもとで教育活動を続けているのかも知れない。思い切って制度を変えてみると、意識も変わる。この意識は教師だけでなく、生徒にもあてはまる。

教師によって、男女平等教育の意味づけ方に違いがあるにしても、思い切って取り組み、制度を変えると、意識が変わるという。制度として課された男女平等教育がもつ可能性が語られていると思うのである。

4　隠れたカリキュラムとしてのジェンダー秩序

これまで検討してきた公立中学校での男女平等教育の試みは、担い手としての教師のあり方、生徒の実態を知るための取り組み、ジェンダーの視点を取り入れた教育内容の開発、そして性別分離にもとづいた学校文化の認識、こうしたものとして展開された。二年間、学校全体で取り組む、制度として課された男女平等教育は、教師たちがそれに向き合い考える契機として意義のあることだった。けれども、ジェンダーで問い直す「隠れたカリキュラム」の視点は、こうした自覚的な活動の領域だけでなく、むしろ自覚的な活動に隠されている、学校文化のジェンダー秩序について考える必要があるのではないだろうか。たとえば、今回の取り組みに対する教師の関与のしかたに、校内での教師間の力関係が現れているという点である。

各教科の取り組みにおける教師の行為をみると、興味深い結果が見られた。表3は、教科別の教師の性別人数と報告者の性別を記したものだが、報告者が女性であるのは、教科担当が女性教師のみの場合で、教師が男女混合である場合は男性が報告者となっている。公開授業の実践者は、国語（男性）、数学（男性）、体育は担当教師全員（混合）である。どの教師が、教科の代表として報告者となるのか。また、どの教師が、学外向けの公開授業を行うのか。各教科の取り組みの決定は、教科担当者による教科会議が行った。今回の研究は学校全体の取り組みとはいうものの、男女平等教育の達成目標や具体化の方法を構想して実施したものではなかった。そのため、各教科の担当者があつまる教科会議が意思決定の場となった。それが、はからずも教科間、そして教師間の力関係を反映する結果になったのではないかと思うのである。

たとえば、公開授業を行った三科について、検討してみたい。

国語科の教師は女性四名に対して男性一名の性別構成であるが、男性教師が公開授業も報告も行っている。報告した男性教師は研究熱心で、学外で朗読の講習をうけ、それを授業にいかしたり、小説の解読にディベートの方法を取り入れ、すべての生徒が参加する授業方法を探るなど、先駆的な取り組みを行う人だった。しかし国語科の女性教師の中には、男女共生プロジェクトのメンバーで、男女平等教育に熱心に力を注ぎ、夫婦別姓の体験談を生徒に伝えるなど、実践をしている人がいた。

今回の研究テーマは他でもない男女平等教育で、学校教育の日常におけるジェンダー・バイヤスを見抜き、固定的な性差観を変えていく取り組みであった。だとすれば女性教師が公開授業や報告の担当者となって、「リーダーシップは男性・脇役で沈黙する女性」の価値観を変える取り組みが実現できたのではないか。ただ、国語科は女性教師の割合が高いので、教科におけるジェンダー・バイヤスがあるため男性教師が担当したという説明も可能だが、そうではなさそうだ。というのは、公開授業でこの男性教師は、他校の参加者から、研究熱心な人と受けとめられていた。つまり、国語科の男性教師は一名だが、この人は教科研究の第一人者として他の教師たちから遇されており、そして今回の男女平等教育研究においても、その位置を維持する活躍が行われたように思えるのである。

次に、数学科の教師は、女性一名、男性三名の性別構成で、男性教師が公開授業も報告も行っている。報告した男性教師は、校長の信任あつく、研究冊子作成にあたっても、独自に男女平等教育についての文章をよせ、かつ道徳科における男女平等教育の学年別カリキュラムを構想するなど、活躍著しい。この教師は学年主任の位置にあり、大学の研究者とも懇意で、教育研究活動について、校内で一目おかれる存在であった。今回の男女平等教育研究においても、その位置を維持している。男女平等教育研究の実践としては、「理系は男性、文系は女性」というジェンダー・バイヤスを変えるために、女性教師が報告する選択も可能であったと思うのだが、そうした配慮がされることはなかったのである。

体育科の教師は、女性一名、男性三名の性別構成で、女性教師は「男の子は男の子らしく、女の子は女の子らしく」という考え方に賛成で、それは個性のひとつだと思っていると研修会で意見を述べるなど、男女混合名簿にもとづく男女共修の体育に違和感を表明している人だった。男性教師のひとりは熱心で、後に学外講師としてこの実践の報告を行い、体育科における男女共修の取り組みとともに、競技体育から健康や共生のための体育へ、体育イメージを転換する新たな意味づけを展開している。体育科の公開授業は学年全体で取り組んだため、複数の教師が関与し男女混合で行ったが、報告は男性教師が行った。

以上のように公開授業を担当した教師は、この学校で研究熱心な人として一目置かれる存在の男性教師たちであった。今回は男女平等教育の取り組みで、女性と男性の関係について問い直すことが課題であるにもかかわらず、これまでにつくられている教師間の力関係が維持されていた。

同様に、表3にみられる校内研修会での報告者も、男女混合の教師集団である場合、男性教師が報告者となっている。女性教師が報告者であった音楽、美術、英語、養護の各科は、いずれも面白い充実した取り組みであったことを見ても、報告者の性別の偏りは、女性教師の能力の問題でなく、教師間の力関係が顕現していると考えることができるのではないか。ただ家庭科については、研究の中核を担っている家庭科教師が報告するものとの前提が働き、家庭科と合わせて考えられている技術科での取り組みが想定されず、報告が行われなかった。ここにも教師間の力関係が働いて、報告者が決定されていると思えるのである。

取り組みとして自覚した男女平等教育の実践の影で、「隠れたカリキュラム」として機能する学校のジェンダー秩序が、公開授業や報告の担当者の性別にはからずも現れている。これは今回、ジェンダーに敏感に学校現場を検討したことによって、ようやく浮き彫りになったもので、課題は隠されているのである。「隠れたカリキュラム」の射程について、議論をもっと深める必要があるのではないだろうか。

表3　教科別の教師の性別人数（単位：人）と報告者の性別

教科	国語	社会	数学	理科	音楽	美術	体育	技術	家庭	英語	養護
女	4	1	1	2	2	2	1	0	2	5	1
男	1	3	3	4	0	0	3	2	0	0	0
報告者	男	男	男	男	女	女	男	／	女	女	女

＊校長・教頭は入れていない。英語科講師１名、家庭科特別委嘱１名含む。
報告者とは、12月、研究報告のために、職員会議が開かれた時の発表者である。技術科からの報告はなかった(13)。

5　おわりに――ジェンダーに敏感になる

男女平等教育で何ができるのかを考えた研究委嘱の二年間、この公立中学校の取り組みは積極的なものであった。性別によって制限されない生徒の生き方を促がすように、非伝統的な仕事をしている人の話を聞くことや外国人にインタビューして男女平等について聞くこと、メディア分析を専門にしている学外講師の講演会を企画し、教科書やメディアにひそむ固定的な性差を課題とした取り組みが行われた。また、主人公の性別を入れかえた絵本づくりや性別にこだわらない混声四部合唱など、生徒たちの創造性を高める取り組みも行われた。制度として課された男女平等教育ではあったが、教師たちのアイデアによって、その可能性はひろがり、私は同じ場にいることに誇りを感じていた。

しかし、こうして何ができたのかを検討していくと、渦中にいたときには見えなかったものに気づくことになった。取り組みが、誰によって構想され、役割分担されたのか。学校の現場がいかにつくられているのか。教師たちの動きに迫ると、別な様相が浮かび上がってきたのである。

さまざまな暮らしのジェンダー・バイヤスに気づくことを目的としてきた男女平等教育の現場が、既につくられている学内のジェンダー秩序のもとで行われ、授業研究に熱心な男性教師が主導権をにぎる結果になっていた。そして男女平等教育については、中核とみなされている家庭科教師が、技術科を含めた代表の位置を占め、「男女平等教育は家庭科ですれば」というゲットー化を助長する結果を招いていた。こうしてみると、学校のジェンダー秩序に接木する形で、今回の研究が行われていたのである。

研究委嘱の最後、「女性が本当にジェンダー・フリーの考え方や生き方を望んでいるのだろうか」「どうしてか、女性教師が男女平等教育に熱心でない」という意見に出会ったとき、これがどういうことか、私にはわからなかった。けれども意思決定が中核の男性教師によって担われているという、学校のジェンダー秩序を射程に入れて考えると、これらの言葉の意味がわかる。すなわち、この学校での教師の性別比率は、女性二一名（五三・八％）、男性一八名（四六・二％）で、女性教師の割合が高い。にもかかわらず男性教師が中核を担っている現実があった。このような学校のジェンダー秩序に着目し、それを変えるような意思決定過程に対する働きかけが必要だったのである。しかし、ここでジェンダー関係を変えることは、単に男性教師と同じ扱いを女性教師に義務づけることではなく、その場がどのような価値観の女性と男性の関係でつくられているのかを検討し、ジェンダー・バイヤスを変更するような働きかけを考えていくことから始まるように思う。

ジェンダーの視点を取り入れた男女平等教育は、「ジェンダーによってもたらされる相互作用について注意深い監視を行」い、「ジェンダー・バイヤスが生起している状況に応じて直接的な介入を行う」、ジェンダー・センシテイブな視点が最良のものと考えられると、バーバラ・ヒューストン(14)がいうように、問題となる状況を浮き彫りにし、その上でいかに対処するのかを判断する、状況定義的な分析が不可欠であった。男女平等教育は、どうするかの結果としてだけでなく、その関係性に敏感につくる過程そのものが課題であったのである。

また、バーバラ・ヒューストンは、教育事象に関して生起するジェンダー格差を抹消することによって、ジェンダーの存在をなくせるとする見解は、ジェンダー・ブラインドネスを生じさせる危険性がある、と指摘している。たとえば、教育現場で好ましいと考えられる行動規範は、男子生徒のジェンダーに基づいて構想されているため、ジェンダー格差をなくすことは、既存の男性中心の価値に女子生徒を適合させていく結果をまねくというのである。基準とされる学校のジェンダー秩序を浮き彫りにし、公平なジェンダー関係をつくっていく教育を構想する取り組みが求められているといえよう。担い手である教師たちには、ジェンダーに敏感になって関係を捉え、状況定義的な判断力を高めることが必要となっている。とりわけ自己責任のもとでの早期の選択制といった、学校教育制度の改変が行われている現在、ジェンダー意識をそのままにした選択は、子どもたちが性別によって可能性を制限する事態を招くおそれもある。これからジェンダーに敏感な視点は、子どもたちの可能性を開く重要な役割を担うことになると思うのである。

1　男女平等教育が「ジェンダー・フリー教育」として新たに意味づけられたのは、舘かおるによれば、一九九五年に刊行されたハンドブック『あなたのクラスはジェンダー・フリー？』だという。それは、東京女性財団の女性問題研修プログラム開発事業の一環として作成され、深谷和子、田中統治、田村毅の三氏による調査研究は、二冊の報告書『ジェンダー・フリーな教育のために（一九九五年）』と『ジェンダー・フリーな教育のためにⅡ（一九九六年）』にまとめられ、作り手の意図を伝えている。

「男女平等」はこれまで制度や待遇面での男女間の不平等の撤廃をテーマにして使用されていたが、「学校のように、おおむね男女平等な扱いが行き渡っている集団」でも、「人々の意識や態度的側面」には「両性の生き方を不自由にしているような文化的側面」（ジェンダー・バイヤス）があり、「性別に関して人々が持っている『心や文化の問題』」を取り上げるために「ジェンダー・フリー教育」の表現を使用したそうだ。

そして日本の学校が「男子、女子」のように、性別を強調した秩序維持を行っている点を上げ、固定的な性差観が「隠れたカリキュラム」となっている学校文化を批判し、「分ける」ことから「混ぜる」ことを提案した。しかし、報告書Ⅱでは、「分ける」ことから「混ぜる」ことへ、という表現を用いたのも、「ただ単に、男女を混合させる場面を学校内で意図的に設けようという意味ではない。（略）潜在的カリキュラムの次元では、学校成員がそのライフ・スタイルとして自発的に「混ざり合う」雰囲気を醸成することが重要なのである。」（一〇四頁）と記している。

2　男女平等教育をすすめる会編『どうして、いつも男が先なの』新評論、一九九七。

国立市では一九八三年ころから男女混合名簿への取り組みを始め、一九九〇年には小学校での実施率は五八％で、九五年には九七％の実施状況である。

3　舘かおる「学校におけるジェンダー・フリー教育と女性学」日本女性学会学会誌六号編集委員会編『女性学 Vol.6』新水社、一九九八。

4　拙稿「『ジェンダー論』の授業をつくる」『ジェンダーと教育』教育学年報第七号、世織書房、一九九九。

5　例えば、読売新聞社説（二〇〇三年七月二三日、朝刊）「ジェンダーフリーの〝呪縛〟を解け」や毎日新聞

「主張　提言　討論の広場」(二〇〇三年七月七日、朝刊)小浜逸郎「生活の多様性を否定」。いずれも「ジェンダー・フリー」教育を、「性差解消、つまり『男らしさ』『女らしさ』を全面的に否定する教育」「性差を否定する」ものとしてとらえ、小浜は「男女更衣室を一緒にしてしまうなどというトンデモ・ジェンダーフリー教育」と表現している。ジェンダーの視点を取り込んだ男女平等教育は、男女の性別を強調し序列づけた価値観で成り立つ固定的な性差観を問うことによって、公平で対等な女と男の関係を考えさせるものだと、私は考えている。

6　森陽子「男女共生教育研究について」高槻市立第三中学校『男女共生教育研究』一九九九。

7　長谷川珠里「ジェンダー『再生産の場』から『是正の場』としての学校へ」日本人権教育研究学会『人権教育研究第2巻』二〇〇二。

8　男女平等教育の表現について。この市では「男女共生教育」を採用しているが、私は同義の言葉として理解している。平等をいかなるものと理解するかによって、男女平等教育もその内容に変化があるのと同じように、人によっては異なる意味を与えている場合がある。本稿では、一般には男女平等教育を使用し、この中学校の実践で必要な場合にのみ「男女共生教育」を使用することとしたい。

9　家庭科の実践は、森陽子「ジェンダー・フリーな絵本作り」(北九州女性センター「ムーブ」『gender1999ジェンダーと教育』)に掲載されている。

10　高槻市立第三中学校『男女共生教育研究』一九九九。

11　二〇〇〇年一月、生徒に向けの追跡調査を行った。結果の詳細は別の機会に譲りたい。

12　関係概念や分析概念としてのジェンダーの観点からみれば、いずれの問いも考えていく必要があると思う。しかしこの意見でみるように、なぜ女性や女子中学生の問題として捉えられるのだろうか。私は、このジェンダー問題の扱いに疑問を感じる。

13　技術科は「技術・家庭科」と合わせて捉えられ、教科としては、家庭科の報告で充当された。ここにもジェンダー・バイヤスが見られる。家庭科の男女共修は一九七〇年代から議論になり問題化されてきたが、技術科の男女共修について同じ程度に議論されてこなかった。それは、男女平等教育が、女性の教育機会を男性と同等にするイメージで考えられてきたことに由来するように思う。技術科の教師は、授業中に、男女共修の意義を伝えている旨、アンケートの自由記述欄に記載があった。

14 バーバラ・ヒューストンの 'Should Public Education Be Gender Free?" について、堀内かおるの指摘を参照した。堀内かおる『教科と教師のジェンダー文化』ドメス出版、二〇〇一。同様の指摘は、坂本辰朗「大学教育におけるジェンダー問題」(日本教育学会『教育学研究　第七〇巻第一号』二〇〇三年三月)の中にも見られる。

(ひの・れいこ/京都教育大学非常勤講師)

「要約の暴力」について――現場を書くことをめぐる断想

志水宏吉

1　はじめに

要約の暴力。

学校のエスノグラフィーを志し、学校現場を対象としたいくつかのフィールドワークに携わってきた私の頭のなかに、いつの頃からか、この言葉が住み着くようになった。「要約の暴力」とは、教育社会学的な観点から「現場を書く」場合に、おそらくはずっとつきまとうであろう、書く者と書かれる者との間に発生する固有の力学を形容するために、私自身が名づけた言葉である。

大学院生として学校社会学をかじりはじめた私は、ほどなく当時隆盛をきわめていた、質問紙法中心のいわゆる実証主義的アプローチにあきたりない思いを抱くようになった。このようなアンケートで、生徒の気持ちがわかるのだろうか。複雑で重層的な学校教育の意味を、紙調査で明らかにすることなどできるのだろうか……。そのような思いから、私は自分自身が納得できるような、別種のアプローチを模索し始めた。「解釈的アプローチ」「新しい教育社会学」「フィールドワーク」「エスノグラフィー」「現象学的社会学」「文化的再生産論」……。次節で見るように、私はやがて、あちこちで頭をぶつけながら、自己流のスクール・エスノグラフィーを産出するための旅に出た。そして結果として、いくつかの出版物を公表するにいたった。その途上、いくつもの困難に出会ったわけであるが、その中心をなすのが、ここでの主題となる「要約の暴力」である。

近年、教育科学における方法的革新の動きにはめざましいものがある。学校づくりに向けてのアクションリサーチの導入、課題解決に向けての臨床的・実践的アプローチの推奨、教室の相互作用を理解するための構築主義的視座の導入、あるいは物語論や言説研究といったジャンルの教育分野への適用、活動理論などによる学習論の見直しなどなど。私が試みてきた、学校研究へのエスノグラフィックな手法の適用は、そうした大きな潮流のなかの一つの流れとみなすことができる。もともと人類学・社会学の分野で発展してきた現地調査（フィールドワーク）、民族誌（エスノグラフィー）という方法は、今日ではさまざまな分野で採用されており、いくつもの興味深い業績を産み出している。しかしながら、それが教育場面に適用された場合に、「要約の暴力」と呼ぶべき問題状況はより顕著なものとなるというのが、私自身の経験に根ざした見立てである。

本論文では、以下のような手順で、この「要約の暴力」というテーマについて、私なりの考えを展開してみたい。まず第一に、私が「要約の暴力」という現象に思いをいたす契機となった一つの体験について述べる。第二に、私がこれまで経験してきた四つのまとまったフィールドワークのなかで、この「要約の暴力」というものがどのような表れ方をしてきたかという問題について振り返ってみたい。そして第三に、エスノグラフィーという方法と「要約の暴力」との内在的な関係について検討し、さらに第四に、他の関連領域におけるその位置づけについて考察してみたい。そのうえで第五に、「要約の暴力」と私が呼ぶ問題状況を、解消するとは言わないまでも、それを緩和するような方向性やスタンスについて、私の個人的な見解を述べることにしたい。本稿を目にした、私より若い世代に属する人々が、「要約の暴力」の力学に気を配りながら、新たなスクール・エスノグラフィーを陸続と産み出してくれることを、私は心から願っている。

2　ひとつの体験から

私が「要約の暴力」というものに気づかされた原体験から、話を始めることにしよう。その概略を、志水（二〇〇二b）から再録する。

大学院生時代に筆者は、指導教官が代表をつとめる歴史社会学的な共同研究プロジェクトに参加したことがある。兵庫県篠山地方の、いくつかの中等教育機関の社会的機能を歴史的にたどることを目的とした研究で、歴史的文書・統計の収集と老人層を中心とした地域住民に対するインテンシブな聴き取り調査を内容とする、数度にわたる現地調査のうえに成果をまとめたものであった。その最終的な成果は、一九九一年に単行本の形にまとめられた（天野　一九九一）。しばらくして指導教官のもとに、ある人からの手紙が届いた。首都圏で大学教員をつとめる、篠山出身のその人物は、調査に積極的に協力してくれた人々のうちの一人であった。しかし、その手紙にしたためられていたのは、われわれのグループの仕事に対する抗議の文章であった。「われわれの生きてきた道は、あなた方が描いたものと異なり、もっと熱く、血の通ったものだった」というのが、その抗議の趣旨である。われわれには、彼らおよび彼らの父母や祖父母の人生を軽くみる気は毛頭なかった。ただ、その人には、われわれのテキストが、血の通わない冷たい学術論文に映ったのであった（三七〇頁）。

当時三〇歳くらいだった私は、その手紙に大きな衝撃を受けた。研究の趣旨に共感し、親身になって世話をしてくれた人が、研究報告を読んだとたんに裏切られたという思いを抱き、私たちに怒りをぶつけてきたのである。私たちは、かなりの時間と労力を費やして、町家の軒先や田んぼの畔でお年寄りの聴き取りを行なった。対象者の数は百をこえただろう。それは何よりも、「学歴社会の成立過程を一般庶民の視点から描きたい」と、私たちが願ったからであった。しかし無情にも、私たちなりのそうした「学問的良心」は、当事者によって明確に拒絶されたのであった。

社会学者たちは、こうした事態に対して、次のように述べている。

語りのリアリティは社会学的データへの変換作業によって統一的な世界像へと構成され、その過程で生の主観的意味は脱色されてしまう危険性がある（桜井 一九九五、二四一頁）。

文化の翻訳は、実にさまざまな人々に「フィールドワーカーに（信頼を）裏切られた」という思いを抱かせる可能性があるのです。何しろ、フィールドワーカーが翻訳しようとしているのは、紙の上に書かれた文字だけではなく、現実にその社会で進行している出来事であり、そこでくらしている生身の人間たちの心情なのです（佐藤郁哉 一九九二、二二七頁）。

これらの言葉に、私が付け加えるものは何もない。まさに私たちは、あたかも「地雷」を踏んでしまうように、ここで述べられている陥穽にはまってしまったのであった。あの手紙を読んだ時の、にがく、つらい気持ちは、今でも私の胸を去らない。

その篠山地方での歴史的な調査を継続している間に、私は、助手として関西の大学に赴任することになった。そしてほどなく、ある公立中学校を対象とした、私にとって最初の、学校でのフィールドワークが始まることになる。それ以降、現在進行中のものを含めて、大きなプロジェクトとして、私はこれまで合わせて四つの、学校におけるフィールド調査に従事してきた。それを一覧表に整理してみたのが表1である。順にみていくことにしよう。

表1　4つのフィールドワーク

年代	対象	場所	地位	アウトプット
1987～89	中学校	尼崎市	助手・講師	『よみがえれ公立中学』(91)
1991～92	CS	英国	客員研究員	『変わりゆくイギリスの学校』(94)
1997～98	小学校	横浜市	助教授	『のぞいてみよう！今の小学校』(00) 『ニューカマーと教育』(01)
2002～03	小学校	松原市	助教授	（継続中）

3　四つのフィールドワーク

まず最初のフィールドワークは、先にも述べたように、八〇年代の後半に、兵庫県尼崎市の公立中学校で行なったものである。このフィールドワークは、中学校の学校文化を明らかにしたいという動機から始めたものであった。当時の私の頭には、日本の学校を対象とした、アメリカ人研究者による二つのエスノグラフィックな著作があった。W・カミングスの『ニッポンの学校』（一九八一、原著一九七七）、T・ローレンの『日本の高校』（一九八八、原著一九八三）の二冊がそれである。それらによって、日本の小学校の「平等性」と日本の高校の「階層性」が描き出されたのであるが、それらをつないでいるはずの中学校の教育については、その実態が詳らかにされているとは言い難い状況にあった。「ヨコのものをタテにする」中学校教育の内実に迫ろうとしたのが、その時の私の企てである。いわば、中学校という、学校社会学におけるミッシング・リンクにチャレンジしようとしたのであった。

その作業の成果は、一九九一年に出版された志水・徳田『よみがえれ公立中学――尼崎市立「南」中学校のエスノグラフィー』に結実することになる。もともと、カミングスとローレンの橋渡しをしたいと考えた私であったが、フィールドワークの途中から、自分一人で中学校のエスノグラフィーをまとめるのは無理であると考えるようになった。アメリカ人研究者が収集したような充実したデータを、若い観察者としての私が手にすることは難しかったからである。そこで、複数の現場教師との共同作業によってエスノグラフィーを書こうと発想転換した。当事者の世界を当事者に書いてもらおうと思ったのである。その時私の仕事は、それらの教師たちの反省的な記述もデータとして利用したうえで、中学校の学校文化を描き出すこととなる。具体的には、「指導」という概念に着目し、その言葉のまわりに組み立てられる教師たちの活動とその背後にある論理を、学校文化の中心的要素として私は描写したのであった。

本書のあとがきで、私は次のように書いている。

> われわれは、本書を作成するにあたり、幾度となく原稿を持ち寄り、時には酒を酌み交わしながらディスカッションを行なった。その過程で何よりも印象深かったのは、議論を積み重ねることによって、最初は遠く隔たっているように思えた現場教師と研究者の現状認識や意見が、オーバーラップしはじめたことだった。ちがった立場からの考え方をぶつけあわせることによって、われわれは新たな視点と地平を獲得できたように思う（志水・徳田 一九九一、二五三―二五四頁）。

今から考えるなら、先に述べた「原体験」がある種のトラウマとなり、私に教師との共同制作によってテキストを産み出すことを決断させたのかもしれない。その共同作業は、きわめて印象深いものだった。それはあたかも、違う言語を話す外国人同士が、片言の英語で相互理解を深めていくプロセスのようであったと思う。当時の私は、「言いたいことの三分の一ぐらいしか書けない」と考えていた。教師たちの承認を得るために、「筆を鈍らせる」努力を傾けたわけである（志水 二〇〇二b、三七〇―三七二頁）。しかし、今になってみれば、こう思う。時間をかけて筆を鈍らせた方が、書きたいことをダイレクトに書くよりも、おそらく現場の真実を把握しうる可能性が高くなるのではないか、と。

＊

私にとっての第二のフィールドワークは、イギリスで行われたものである。当時ある教育大学に勤務していた私は、学術振興会のプログラムで、二年間の在外研究に出かけるチャンスを得た。私は、「コンプリヘンシブ・スクール」と呼ばれるイギリスの公立中等学校を調査するために、家族とともにイギリスに赴いたのである。その時の私の気持ちは、イギリスの教育文化を、わが国の文化的特性との対比の上で理解したいという漠然としたものであった。そうした問題関心は、長い時間をかけたのちに、私の最近の著作『学校文化の比較社会学――日本とイギリスの中等教育』（二〇〇二a）に実を結ぶことになるが、当時の私にとって重要だったのは、サッチャー、メージャー首相のニューライト的な教育改革の奔流のもとで、イギリスの学校現場が大きく揺れ動いているさまをリアルタイムで経験できたことであった。一九九四年に出版した『変わりゆくイギリスの学校』は、コンプリヘンシブ・スクールの文化を中心テーマにしたものだが、その底流に流れているのは「現場が動いている」という驚き・実感である。

「リトルレイク」と名づけたフィールド校で、私は、外国人留学生のようにみなされ、教師や生徒たちにあたたかく迎え入れられた。彼らは、私がへたな英語で問うすべてのことがらに丁寧に答えてくれた。その中に、熱心な労働党員である教頭もいた。彼女は、保守党の教育改革にとりわけ批判的であった。私は、彼女がある時使った「サブヴァージョン」（subversion）という言葉を、先にあげた著作のある章のまとめに使った。政府の考え方には反対だが、学校現場としては改革の施策を所与のものとしてやっていかねばならない。だから、「私たちは、改革の意図を骨抜きにしながら、自分たちの利害に合う形でそれをしたたかに利用するのよ」という文脈で、彼女はその言葉を使った。私もそのように書いた。「サブヴァージョン」とは、実は、「転覆」とか「打倒」を意味する言葉である。当時の私は、この言葉のもつ強いニュアンスがわかっていなかった。草稿を英語に訳して、世話になった何人かの教師たちに見てもらった時に、その教頭が私に強烈に異議を申し立てたのである。「私はそんな言い方をしていない」と。彼女にしてみれば、まさか「サブヴァージョン」という物騒な言葉で、日本人によって自分のことが描かれるとは思ってもみなかったのだろう。結局、話し合いの結果、日本で出版された私の著作にはその言葉が残ることになったが、英語での出版物にその言葉が掲載されるとしたら、彼女が頑強に抵抗したことだろう。これは、私が行使した「要約の暴力」のひとつの典型例である。

＊

九六年に私は東京の大学に移ったが、ほどなく始めたのが、第三のフィールドワークであった。これは、私が研究代表をつとめた、ニューカマー外国人への教育支援をテーマとした共同研究の一環として、私自身がある横浜の公立小学校で行なったものである。五年生のある学級に、週一回のペースで訪問し、そのクラスに三人在籍していた外国人児童（二人が中国人、一人がペルー人）の学校体験の中身とその意味を検討しようというのが、そのフィールドワークの目的であった。私個人のそのフィールド調査の結果は、『のぞいてみよう！今の小学校——変貌する教室のエスノグラフィー』（志水 二〇〇〇）にまとめてある。そしてその後に、研究チーム全体の成果（志水・清水『ニューカマーと教育——学校文化とエスニシティの葛藤をめぐって』二〇〇一）をまとめようとした時に、次に述べるような問題が立ち上がった。

すなわち、私たちが準備した原稿に対して、調査対象となったある小学校からクレームがついたのである。こんな原稿を、公の目にさらしてもらったら困るというのである。特に強硬だったのが、すでにその時点で他小に転出した、当時の校長であった。氏は、「現場と手を携えた研究を行いたい」という私の依頼に共感を覚え、調査グループの参与観察を許可したのに、このような「三流週刊誌の記事」のような原稿を書かれるのは心外である、裏切られた思いだ、と強く私に言った。その原稿は、以前に学会発表をした際には、レジュメとして公表することを認めてもらっていたものであった。私たちは、それで問題ないだろうとタカをくくっていた。しかし、一般書籍として刊行されるとなると話は別であり、全く現実の一面しか見ておらず、われわれ教師の努力を汲み取ろうとしない、ヒドい文章であるというのが、氏の評価であった。内容の一例をあげると、私たちはある箇所で、その学校を「繁華街のなかの聖域」という表現で形容した。それは、その学校が、東京でも有数の名の知れた盛り場を校区とし、さまざまな厳しい状況に取り囲まれた学校であるのにもかかわらず、教師たちの力で、子どもたちにとっての「聖域」とも呼びうる「落ち着いて学習のできる場」が成立していることを、積極的に評価したいがためであった。しかし、その校長には、その表現が、子どもたちにとって少しでもよい環境をつくりたいと努力している地域の人々の苦労を軽んじるものと映ったのであった。その後の何度かのやりとりののち、どうにかこうにか修正した文章を掲載することを許諾してもらった。

主観的に言うなら、その校長先生に目を通してもらった文章は、それほど批判的なものではなかったように思う。もちろん、こちらはあるスタンスから、「のぞましいニューカマーに対する教育支援のあり方」を想定していたのであり、その学校のやり方は、われわれにはいくつかの点で問題性をはらんでいたものに見えた。そしてそれを、できるかぎりバランスよく、一方的な批判にならないような感じで書いたつもりであった。しかしそれが、現場をあずかる責任者としての校長の逆鱗にふれたのである。氏は、私たちの「要約の暴力」を許せなかったのである。

＊

二〇〇三年春に大阪の地に戻ってきた現在、私は第四のフィールドワークを始めている。先のものに続いて、今度も対象は公立小学校（A小）である。今回の研究テーマは、日本的な「効果のある学校」のエスノグラフィーを作成することである。「効果のある学校」(effective schools) とは、簡単に言えば「人種や階層に由来すると考えられる生徒間の学力格差を克服している学校」のことであり、欧米には数十年にわたる研究の蓄積がある。学力低下や学力の階層間格差の拡大が取り沙汰されている今日（苅谷他 二〇〇二）、日本版「効果のある学校」を見つけ出して、その成果を産み出している秘密を描き出そうというのが、今回の調査の趣旨である。そして、A小は、まさにその候補として選定された学校である。ニューカマー外国人児童の教室での体験に焦点をしぼることができた前回のフィールドワークとは異なり、今回の仕事は、学校システムのあり方や組織づくり・集団づくりといった側面のみならず、学校と地域社会、あるいは学校と教育委員会の関係といった側面にまで目を配らなければならない。今回も私の記述の対象になるのは、「小学校の学校文化」に他ならないのであるが、その記述のスコープは、今言ったような意味合いにおいて、ずっと広がりを持ったものになることだろう。

さらに、ここで特筆しておかなければならないのは、今回のフィールドワークの場合、私に期待される役割がこれまでとは比べ物にならないほど大きいものになりそうなことである。すなわち、これまでのように、観察者・傍観者として教室にいることが許されないような雰囲気を、私は現場でひしひしと感じているのである。ひとつには、すでに確立した教育研究者として見られるようになっている私に対して、学校現場が何か有益なアドバイスをほしいという目でみるようになっているという事情がある。第二に、A小および当該自治体の教育委員会が、私に「宣伝効果」のある文章を書いてほしいという期待を有しているように見受けられる。さらに第三には、A小の成功の秘密を知りたいと考える周辺自治体の教育関係者の期待のまなざしがある。これまでのフィールドワークにおいては、そのような「現場サイドからの重圧」を、フィードワーカーとしての私はそれほど気にする必要がなかった。そういう意味で、今回の仕事は、私にとって新しい課題をつきつけるものだと言うことができる。

これまでの私の仕事は、もっぱら「どのように書くか」が主要な関心事項だったように思う。今回の場合もそれは変わらないのであるが、とりわけ今回の仕事の場合には、「誰のために、誰に向けて書くか」ということが重要になってくるような予感がしている。今回のフィールドワークのアウトプットを作成するのはもうしばらく時間が経ってからのことだが、その際に「要約の暴力」という問題が、また新たな相貌をもって私に迫ってくることが予想されるのである。

4　エスノグラフィーと「要約の暴力」

エスノグラフィーとは何かという点に関しては、多様な見解がありうるだろうが、私自身はそれを、「フィールドワークの方法を用いた調査研究のことであり、またその成果としてまとめられた文章・テキストのこと。エスノグラフィーは、『文化の記述』を旨としている」と位置づけてきた（志水 一九九八、六頁）。すなわち、前節で述べてきた私のフィールドワークは、すべてが、フィールドとなった学校がもつ文化を描き出すエスノグラフィーの産出を目指したものだった。

社会学的想像力というテーマについて興味深い議論を展開している厚東（一九九一）は、「文化を描く」エスノグラフイックな研究の目標について次のような言明を残している。

社会の構造全体に関する知識、あるいは文化の全体像は、当事者に質問すれば得られる類のものではない。質問されれば、私たちもなにがしかを答えはする。しかしその解答は、あくまでも自己流の理解を披瀝しただけのことである。文化の全体像とは、研究者がフィールドのなかで得られた証拠や目撃を、文脈を考慮に入れながら批判的な解釈を積み重ね、こうした断片的データを次第次第に統合化していくなかで、その終局で浮かび上がってくる一つの有意味なパターンである。当事者の行う「説明」は、「正解」ではなく、批判的に検討されるべき一つのデータにすぎない。「全体」は当事者の頭のなかにはない。当事者は「全体」のなかに住んでいるにすぎない。全体像は、当事者から聞き出すものではなく、研究者が構成すべきものなのである（一九三―一九四頁）。

「全体像は研究者が構成すべきものなのである」という一文は、近年さまざまな分野で注目を集めている「物語論」の主張とも呼応する言明であり、私には非常にしっくりとくる見方である。

また、文化人類学の領域で、『文化を書く』（一九九六、原著一九八六）という論争的な書物を編集したJ・クリフォードは、エスノグラフィーは「フィクション」であると断言している。

民族誌をフィクションであるというと、経験主義者の怒りをかうだろう。しかし、最近のテキスト理論が一般的に使うこのフィクションという言葉は、「真実に対立するもの」とか「偽り」といった単純な意味ではない。それは、文化的真実や歴史的真実の部分性、つまり、真実といわれているものがじつはいかに故意に整理されていて、また排他的であるかということを意味する。フィクションの語源であるラテン語のフィンゲレ（fingere）は「創られたもの、あるいは、装ったもの」という意味であるが、その意味において民族誌はたしかにフィクションである

といえるのである（クリフォード・マーカス 一九九六、一〇頁）

クリフォードは、右のような意味において、エスノグラフィーは「部分的真実」を伝えるものにすぎないと主張する。前記の厚東の言明と合わせると、「研究者が構成する文化の全体像は、ひとつのフィクションであり、真実を部分的に表現するものにすぎない」ということになるだろう。私は、このような主張を、基本的に支持する。

そもそも研究者の学問的関心は、調査対象者である当事者のそれとは異なっている。日常生活のなかで一喜一憂する生活者としての彼らの機微や心情は、研究者の関心の範囲外に置かれがちである。また、研究者が最も知りたいことが、対象者が最も触れてほしくない箇所であったりすることもままある。いずれにしても、研究者が書き物として表現したい内容が、当事者の「書いてほしいこと」、あるいは「書かれてうれしいこと」と過不足なく一致することはほぼありえない。「『全体』は研究者が構成すべきもの」なのだとすれば、研究者が書くものから当事者が抱く「生の全体性」(totality) が抜け落ちるのは、いわば自然の道理というものである。

そもそも研究者がなしうることは、当事者の実践的諸活動を、研究者なりの観点から「要約」して表現することである。そしてそれは、当事者の関心とは部分的にしか重ならない。研究者自身の都合によって、当事者の生が切り取られ、ある特定の表現が割り当てられるのである。それはまさに一種の「暴力」である。社会学者P・ブルデューは、教育という営みを、教育者による被教育者への「意味の押しつけ」と捉え、それを「象徴的暴力」という言葉で表現した（ブルデュー・パスロン 一九九一、原著一九七七）。全く同様の論理において、書く者による書かれる者への「意味秩序のあてはめ」を「要約の暴力」と呼ぶことができるのである。

私がこれまで従事してきたようなタイプの学校研究、すなわち、フィールドワークにもとづくエスノグラフィックなテキストの作成を主たる目的とするような研究を志向するかぎり、この「要約の暴力」は、私たちにつきまとう影のような存在であり続ける。

5　他のジャンルにおける位置づけ

この「要約の暴力」にどのように対応すべきか、という最後の問いに進む前に、関連する他の領域・ジャンルにおいて、この問題がどのように位置づけられるのかを簡潔にみておくことにしよう。ここで取り上げるジャンルは、「ルポルタージュ」「ライフヒストリー・ライフストーリー」「臨床心理実践」「教育の場におけるアクションリサーチ」の四つである。

まず、エスノグラフィーに近い書きもののジャンルとして、「ルポルタージュ」（以下、「ルポ」）を挙げることができるだろう。『フィールドワーク』（一九九二）という定評のあるテキストを書いた社会学者の佐藤郁哉も、すぐれたエスノグラフィーは、よいルポと共通する性質を有しているという指摘を行なっている。わが国におけるこのジャンルの草分け的存在と言ってよい本多勝一（一九八三）は、「取材力」と「表現力」をルポライターに不可欠な資質としてあげているが、これは、フィールドワーカーにもそのまま適用できる事柄である。また氏は、「その場かぎりの『旅の恥はかきすて』式取材をする人は、一時的な『成果』をあげることはできても、立派なジャーナリストには育たないようです。やはり最後の勝負は誠意だと思います」（四三頁）として、現場の人々に対する「誠意」の重要性を強調している。当事者との「ラポールの形成」を必須事項としてうたうフィールドワークの手法との共通性は明らかである。

しかしながら、本多のテキストには、「要約の暴力」といった側面に対する配慮はほぼなされていないという印象を受ける。その理由として、当面二つの事柄を指摘することができるだろう。第一は、「社会の出来事を報告者の作為を加えずにありのままに叙述するもの」（『広辞苑』第五版、二八二五頁）として出発したルポにおいては、「現場」や「事実」への近さが何より重視されるという点である。「事実を伝える」ことを旨とするルポでは、著者の「要約」作用は焦点化されにくいのではないか。第二に、それとも関連するが、ルポでは、理論的志向性というものがエスノグラフィーほど強くない。当事者の生活をある理論的切り口から「切り取る」ということを必ずしもしなくてもよいのである。したがって、そのかぎりにおいて、ルポライターたちは自分の文章がもつ「暴力」性についても自覚的である必要はあまりない。

次に、「ライフヒストリー」あるいは「ライフストーリー」といった研究ジャンルについて考えてみることにしよう。『生活記録の社会学』(一九九一、原著一九八三)という注目すべきテキストを表しているK・プラマーは、生活記録調査を書き上げるうえでの最も一般的な戦略について、次のように記している。

> 対象自身の言葉をとり上げ、それを内面から本当に把握し、ついで、それを調査者自身が一つの構成をもった一貫した叙述のなかに編入していくこと、そして、こうした叙述においては、ある箇所では対象自身の言葉を用い、別の箇所では社会科学者の言葉を用いながら、それぞれの本質的な意味を失ってはならないということなのである(プラマー 一九九一、一六三—一六四頁)

この言明は、先にあげた厚東の言葉とほとんど重なり合っている。プラマーは、表2に示した「生活記録の改変過程」(contamination)の連続体モデルを提示している。このモデルは、「社会学者が自らの分析装置を対象者に押しつけていく程度、ないしは対象者自身の世界が『改変』される程度」(一六七頁)を表したものである。氏の言う「生活記録研究」は、実質的には表の数字2—4の範囲に入るわけであるが、氏が強調するのは、社会学者はこの「改変」の事実に自覚的でなければならないということである。別の社会学者N・デンジン(一九九二)は、「侵入的記述」という言葉で、「読者が調査者/研究者の解釈や経験を通して人々のライフストーリーを読むように求められる」(桜井 一九九五、二二七頁)という事態に対して警告を発している。

「改変」が、全く研究者のコンテクストからのみなされる時、「侵入的記述」が生じると考えてよいだろう。「侵入的記述」とは、「要約の暴力」のもうひとつの顔である。

「ライフストーリー」研究という現在勃興しつつある分野では、「要約の暴力」を回避する戦略として、ある立場が採用されている。それは、物語の共同構築性を強調する立場である。

表2　生活記録改変の連続体モデル（プラマー 1991, 167頁より）

1	2	3	4	5
対象者の 「純粋な説明」 (生まの材料) 手を加えない日記、自然なやりとりの手紙、自伝、書き手自身が記した書きもの・手記、社会学者自身の体験など	編集を加えた生活史記録	系統的・主題的分析		社会学者の 「純粋な説明」 副次資料による検証(例示)

人生を「物語」とみる見方は、人生を研究する研究者自身も人生の物語と歴史の参与者であるという、実践的な立場をとらせるのです。人生の物語の研究対象は「人びとの人生」ですが、研究者自身も「人びとの人生」を生きる一員であり、物語の共同行為者、共同制作者であることは免れません。これは、物語研究の弱点でしょうか。いや、歴史が動いている現場から離れて、別の場所に立って観想（テオリア）できる、あるいは傍観できると考えてきた学者のほうが幻想を見ていたのではないでしょうか（やまだ 二〇〇〇、三三頁）。

やまだは「現場（フィールド）心理学」を提唱している心理学者であるが、人が自分の人生を語ることは、自己の生の意味を見いだし、自己を変革させていくだけでなく、人と人の共同世界をつくり、世代と世代をつなぐきっかけになると主張する。そして、語りの場に立ちあう研究者の役割を、「物語の共同行為者、共同制作者」と位置づけるのである。「物語の共同制作者」という視点は、本論文の三節で記述した、私自身が中学校で行なったフィールドワークの結果を現場教師たちとまとめていくプロセスを想起させるものである。たしかに『よみがえれ公立中学』という著作は、共同製作によってこそできあがったものであるという実感が、私にはある。ただし、「共同製作」だからといって、「要約の暴力」が雲散霧消するかと言えば、必ずしもそうではないだろう。

そのあたりの微妙な問題について、臨床心理学者の下山は、興味深い論点を提出している（下山 一九九七）。よい臨床家は論文を書かない傾向にあるというのである。氏が長くかかわってきた臨床心理の実践場面とは、まさしく臨床家とクライエントが出会い、共同でクライエントの自己の物語を紡ぎだしていく過程と捉えることができる。なぜ、臨床家は論文を書かないのか。書けないのだろうか。

その疑問に対して私は、臨床心理学研究（ひいては実践型研究）には本質的に実践と研究とを乖離させてしまう何かが潜んでいると考える。（中略）この「本質的な何か」について私は、それは現場の実践における渾沌を言葉あるいは論文という構造にしてしまうこと自体に含まれる矛盾であると考える。それは、渾沌としての実践行為を理論概念という秩序ある構造体にしてしまうことに内在する本質的な矛盾である。

有能な実践家は、現場の渾沌の中で鋭敏で繊細な感覚と巧みな技術で有効な実践を行なっている。その実践活動に於いて実践家は、現場の渾沌を単純に割り切ってしまうのではなく、むしろ、渾沌や複雑性を生かす形で有効な実践的介入を行なっている。そのため、有能な実践家は、有能であればあるほど、それが事例研究という記述的な形態であっても、論文という秩序ある構成体で自らの実践行為を表現することに重大な限界を感じるのではないかと思われる（下山 一九九七、一一七頁）。

この言明のなかで興味深いのは、通常は調査者と被調査者の間に認められる「論文という秩序ある構成体」と「現場の渾沌」という二項対立が、一人の「実践家」のなかで共存し、それが論文を書く際の内在的なジレンマとなる、という事態を指摘していることである。これは、外部からの研究者としてフィールドワークに赴く私などのような者には、うかがい知れぬ境地である。いわば、「要約の暴力」を行使する自分を、行使される側のもう一人の自分が拒絶する構図である。この「苦境」に対して、氏は、「この矛盾やズレと取り組むところに実践型研究の本質があるとも思う」とし、「複雑さや渾沌を含む現場の真実を伝える作業」（一一七頁）が必要であると論じる。

これは、外部者の目から「文化の全体像」を描こうとしてきたエスノグラフィーの伝統とは、異なる場所からなされた問題設定であると言わねばならない。なぜなら、研究者の視点がそもそも内部に設定されているからである。その点で、近年の教育研究の分野で注目を集めているアクションリサーチの動向は、私たちにとって大いに興味をそそられるところである。研究者と実践者の文字通りの共同作業によってなしとげられるアクションリサーチの領域では、研究者の「要約の暴力」は、そもそも問題とならないのであろうか。

教育学の分野におけるアクションリサーチ的業績の代表として、大瀬・佐藤の『学校を創る——茅ケ崎市浜ノ郷小学校の誕生と実践』（二〇〇〇）を挙げるのは的外れなことではない。この著作は、教育学者佐藤学の思想を、大瀬校長を中心とする教師集団が忠実に実践化していった結果として、浜ノ郷というすぐれた小学校が誕生したプロセスとその実践の中身を描き出したものである。同校の教師たちの多くがこの本に原稿を寄せており、研究者の佐藤が書いている部分は、本文の一割未満とわずかな部分を占めるにすぎない。というよりも、佐藤のアイディア（＝言葉）をベースに教師たちの実践が展開していったのだから、ここで起こっているのは、「要約の暴力」のベクトルとは逆向きの事態だと言うこともできよう。研究者の言葉によって、実践がふくらみ、新たな学校文化が生み出されているのである。

私は、学校現場でこうしたプロセスが生じることをすばらしいと思うし、そこで発揮される研究者の力はすごいものであるとも感じる。しかしながら、率直に私が思うのは、この本には徹頭徹尾、学者や教師の意図がうまく実現した部分、学校を創る実践のなかにある「光」の部分だけが集められているということである。文化を書くことを旨としてきた私は、「かげ」の部分がどうなっているのかも知りたい。アクションリサーチが「よいところだけを書く」ものになってしまうなら、その方法がもつ潜在力は半減してしまうのではなかろうか。

また、この事例でも明らかなように、一般に教育学の領域では、研究者が現場の実践を主導する、あるいは触発することがよくある。佐藤は「もっとも多くのことを教わってきたのは私である」（二三三頁）と逆説的に述べているが、明らかに現場は研究者から多くのものを「教わっている」。逆に言えば、研究者は多くのことを「教えている」。これは、社会学的フィールドワーカーが、あくまでも「教わる」というスタンスで現場に接近しようとするのと好対照である。

先に三節において、現在私がある小学校で進行中のフィールドワークにおいて、「現場サイドからの重圧」を強く感じていることを述べたが、それは、現場サイドが私に「教育学者役割」を期待しているからに他ならない。私の現在の戸惑いは、主として「社会学者役割」になじんできた私の身に起こっている役割葛藤に由来するものと考えることができる。教師の実践を導くという役割を抱え込むことになれば、私は傍観者ではいられなくなるのであり、「文化を書く」という営為も、「自分とは関係のうすい世界の、文化の全体像を構成する」といった悠長なスタンスからは行なえなくなってしまうのである。その時研究者は、完全に現場世界の一部となる。そこは、「研究者も自らが探究する社会的世界の一部分となり、自らの営為が探究すべき社会的世界に相応の影響を及ぼす」という「リフレクシビティー（reflexivity）」（志水 一九九八、一九—二二頁）が、万華鏡のように反射しはじめる世界である。

6 「要約の暴力」に対処する

私たちは、少し遠くにまで来すぎたようである。とりあえずは、これ以上アクションリサーチ的世界には踏み込まないようにしよう。本論文の主題は、あくまでもエスノグラフィーという書きものにつきものの「要約の暴力」という問題に、どのように対処すればよいかを考えることにある。

先を急ぐことにしよう。私は当面、「要約の暴力」への対応策として、二つのことを考えている。第一の対応策は、先ほどから何度か指摘した「筆を鈍らせる」という戦略を採る道である。

教育社会学者である清矢は、次のように言う。

調査者が、収集したデータを専門的な用語を駆使して科学的に記述するとき、そのようにして得られた知識は学問的な知識としては承認されるかもしれないが、調査対象となった人々の生き生きとした社会生活に具体的にかかわりをもとうとする場合には、不適切なものになってしまう（清矢 一九九七、一七〇頁）。

これは、私がまだ二〇代だった頃に、自分よりも年上の中学校の教師に、自分が精いっぱい書いた文章を初めて見てもらった時に痛感した事柄である。清矢は、次のように続ける。「調査結果の記述が自分たちの生活を『誤解している』、あるいは『一方的で偏った理解である』、あるいは『無責任な描写である』などとして不満が表明される」（一七一頁）のは、そのような研究者が産み出した知識が、「その集団の歴史を体験として共有していない『異郷集団』（社会学者たち）のなかでのみ合意される性格のものだからである」（同前）。とすれば、次にやるべきことは、自分の書いた草稿に対するコメントを適宜当事者からもらい、その文章の、現場からみた「妥当性」を少しずつでも高めていく工夫を重ねることであろう。

端的に言えば、研究者の「独りよがり」を正すのである。そのことでおのずと筆は鈍ることになるのだが、とがった、切っ先の鋭い文章よりも、時間をかけて熟成させた、節度を備えた文章の方が、現場の真実を捉える度合いは大きくなると考えるのは、私だけではないはずである。

「要約の暴力」に対する二番目の対応策は、「人を書くのではなく、構造を書く」という戦略を意識的に採るということである。これには、若干の説明が必要だろう。まず、ここで言う「人を書く」とは、ある特定の教師なり、その他の当事者なりにスポットをあて、その人物の行為なり、考え方や価値観なりを中心的なトピックとして記述を組み立てていくやり方である。この背後にあるのは、個人をある文化の体現者として捉える見方である。その見方自体は、間違いではない。しかしながら、私自身の経験から言うと、自分が書いたものにクレームがつく時には、必ずと言っていいほどそれは「人を書いた」時のことであった。丹波篠山の「学歴主義」の件しかり、イギリスにおける「サブヴァージョン」の件しかり……。研究者が深く考えることなく、自分の都合で人々の人生を裁断するとき、「要約の暴力」は最もむき出しの形でそれらの人々の目に映ることになる。

それに対して、「構造を書く」スタンスとは、特定の人物に過度に依存することなく、その場の構造や文化のありようを描写するやり方である。「人のせいにしない」書き方とでも言おうか。例えば、「ある教頭が、自分のやっていることはサブヴァージョンだと述べた」と書くのではなく、「今日のイギリスの学校が置かれた状況のもとでは、サブヴァージョンという言葉で語られるような戦略がとられる傾向にある」と表現するといった工夫である。こうした書き方のベースには、「個人は構造的な制約のもとで行為し、その行為によって構造なるものが再構築される」という、P・ブルデュー（一九九二）やA・ギデンズ（一九八九）の「構造化理論」(structuration theory)の発想があることを認めておかねばならない。

ともあれそこでは、ターゲットになるのは、ある組織なり、システムなりの「構造的特性」であって、個々人の個別具体的な行為ではない。そのような書き方をすれば、「要約の暴力」に対する現場からの反発は、相対的に小さなものにとどまると私は考えている。

＊

本稿を締めくくるに当たって、『フィールドワークの物語――エスノグラフィーの文章作法』（一九九九、原著一九八八）という注目すべき著作を発表しているアメリカの社会学者J・ヴァン＝マーネンの印象的な言葉を掲げておくことにしよう。

傲慢にも「書き上げる」と呼ばれている行為に関わる由々しき問題は、（フィールドワーカーと他者の）二つの文化の物語のバランスを取り、調和させ、その媒介となること、あるいは少なくとも両者の合意に向けて話し合いに入ることである。マニングはこれを「一方で唯我論を回避し、他方で実証主義を回避すること」と見事に言い表している。リアリズム的スタンス以外の立場から語られたフィールドの物語を破壊活動的とみなすにしろ、開拓者的とみなすにしろ、二つの文化（あるいは二つの意味体系）の間を互い違いに縫い合わせることは、常にフィールドワーク著述を特徴づける問題であろう（ヴァン＝マーネン 一九九九、二三五頁）。

ヴァン＝マーネンは、先にみたライフストーリー研究に携わる人々と同様に、書く作業は対話的なものであり、同時に自己変革的なものだと捉えている。そして、右の引用において、「文化を書く」営為は、自己の文化に即して相手の文化を解釈・翻訳することなどではなく、「二つの文化（あるいは二つの意味体系）を縫い合わせることである」というきわめて重要な視点を提示している。ことによると、私は、フィールドのなかであくまでも外部者としてのアイデンティティーを保持しようとしてきたために、「要約の暴力」なる現象にしばしば遭遇してきたのかもしれない。教育学者たちが先験的に備えているようにも見受けられる内部者としての視座を獲得することができれば、あるいは「要約の暴力」は、蜃気楼のようにやがては空中に消え去っていくのかもしれない。

私自身にも、私の、この次のエスノグラフィーがどのような性質の書きものになるのか、まだよくわからない。私にとって確かなのは、一人のフィールドワーカーとして、これからも地道に現場とのかかわりを持ち続けていきたい、と考えていることだけである。

〈参考文献〉
天野郁夫 一九九一『学歴主義の社会史――丹波篠山にみる近代教育と生活世界』有信堂。
P・ブルデュー／J・C・パスロン 一九九一『再生産』藤原書店（原著一九七七）。
J・クリフォード／G・マーカス 一九九六『文化を書く』紀伊國屋書店（原著一九八六）。

W・カミングス 一九八一『ニッポンの学校――観察してわかったその優秀性』サイマル出版会（原著一九七七）。
N・デンジン 一九九二『エピファニーの社会学』マグロウヒル（原著一九八九）。
A・ギデンズ 一九八九『社会理論の最前線』ハーベスト社（原著一九七九）。
本多勝一 一九八三『ルポルタージュの方法』朝日新聞社。
苅谷剛彦・志水宏吉・清水睦美・諸田裕子 二〇〇二『調査報告「学力低下」の実態』岩波ブックレット。
厚東洋輔 一九九一『社会認識と想像力』ハーベスト社。
大瀬敏昭・佐藤学 二〇〇〇『学校を創る――茅ケ崎市浜ノ郷小学校の誕生と実践』小学館。
K・プラマー 一九九一『生活記録の社会学』光生館（原著一九八三）。
T・ローレン 一九八八『日本の高校――成功と代償』サイマル出版会（原著一九八三）。
桜井厚 一九九五「生が語られるとき――ライフヒストラーを読み解くために」。
中野卓・桜井厚『ライフヒストリーの社会学』弘文堂、二一九―二四八頁。
佐藤郁哉 一九九二『フィールドワーク――書を持って街に出よう』新曜社。
清矢良崇 一九九七「社会的構成物としての調査――『よそ者』論の視点から」北澤毅・古賀正義『〈社会〉を読み解く技法』福村出版、一六〇―一七六頁。
志水宏吉 一九九四『変わりゆくイギリスの学校――「平等」と「自由」をめぐる教育改革のゆくえ』東洋館出版社。
志水宏吉 一九九八『教育のエスノグラフィー――学校現場のいま』嵯峨野書院。
志水宏吉 二〇〇〇『のぞいてみよう！今の小学校――変貌する教室のエスノグラフィー』有信堂。
志水宏吉 二〇〇二a『学校文化の比較社会学――日本とイギリスの中等教育』東京大学出版会。
志水宏吉 二〇〇二b「研究vs実践――学校の臨床社会学に向けて」『東京大学大学院教育学研究科紀要』第四一巻、三六五―三七八頁。
志水宏吉・徳田耕造 一九九一『よみがえれ公立中学――尼崎市立「南」中学校のエスノグラフィー』有信堂。
志水宏吉・清水睦美 二〇〇一『ニューカマーと教育――学校文化とエスニシティの葛藤をめぐって』明石書店。
下山晴彦 一九九七「臨床心理学の『学』を考える」やまだ『現場心理学の発想』所収、九九―一一九頁。

J・ヴァン＝マーネン　一九九九『フィールドワークの物語――エスノグラフィーの文章作法』現代書館（原著一九八八）。
やまだ・ようこ　一九九七『現場心理学の発想』新曜社。
やまだ・ようこ　二〇〇〇『人生を物語る――生成のライフストーリー』ミネルヴァ書房。

（しみず・こうきち／大阪大学大学院人間科学研究科助教授）

教育目的としての自律性概念の再確立のために

●その展開と現在の課題

岡田敬司

はじめに

子どもの自律性は倫理学的課題であると同時に教育学的課題でもある。つまり自律性は人間の関係的生活、社会的生活の中で、個人が実現すべき、あるいは実現を保証されるべき当為命題である一方で、いかにしてその実現を大人が援助していくか、それによって子どもが本来の人間的生活の主人公になっていけるかという技術的命題でもある。

この教育学、そして教育的関係論の大本をなす自律性の概念が、現今のポストモダンの諸言説によって揺らいでいる。自律性は近代が生み出した「理性的主体」という物語の随伴物に過ぎないというのである。詳論はできないが、私は、この種の批判は概して自律性を自閉性と混同することで成り立っていると考えている。

本稿では、自律概念についての倫理学と教育学の経緯の概略を述べることで、自律性概念の明確化をはかり、次に本論として、いかに自律が実現可能になり、実現されていくかのメカニズムについて、認知システム論の示唆も参考にしながら解明していく。この解明は自律の概念の当為性と技術性の両面をつなぐ一助となることで、自律性が主体への自閉ではなく、経験に、つまり世界、時間、他者への開けを意味しうることを示し、かくして教育学の進展に寄与するものと考える。

1　倫理学的経緯

自律はカント倫理学の中心概念として有名である。それは他律の反対概念である。他律にあっては、行為の法則は神の意志や快を求める自然的衝動などに基づいており、意志を規定する法則は外部から、あるいは意欲の対象の側から与えられている。これに対して自律にあっては、意志は他なるものや意志の対象の性質に依存することなく、それを規定するものは自分で自分に課する法則である。法則は客観的で普遍妥当的でなければならないから、自律の原理はかの有名な「君の意志の格律がいつでも同時に普遍的立法の原理として妥当するように行為せよ」(1)になる。もちろん人間はその意志が感性に触発されもする有限な理性的存在者であるから、完全な理性の自律、純粋意志は追求されるべき理念にとどまるのではあるが……。

ここで注意すべきは、自律の概念の中核が理性的存在者の自由な自己立法として語られるのであるが、その際、それに対立する要素、即ち他律の出所が外的権威として語られると同時に、いやそれ以上に人間にとって内的とも言える感情的衝動、及びその対象によって行為が左右されることとして語られることである。感性的要素は理性的存在者にとっては外的要因であるが、人間的自然にとっては内的要因であるから話が混乱する元になる。

資本主義経済が発展し、自己の欲求の充足が人間の自己実現と同一視されることが多くなってくると、今述べた混乱は明瞭な外観を見せるようになってくる。即ち、感性的要素（欲求の元）はもはや他律の出所であること、つまり理性の対立物であることは認識されず、他律は人間的自然の対立物、即ち外的権威のなせるわざとしてのみ語られるようになってくるのである。

ちなみに、二〇世紀の心理学者ピアジェの語る道徳発達(2)では、他律は子どもが親の権威に従属して行為決定をしている時期、自律は親の権威を離れて、自己の欲求に基づいて、あるいは自己で理由を意識して行為を決定する時期として述べられている。確かにそこでも主体の自己決定という主軸は保たれているのであるが、カントの場合のような「感性的衝動及びその対象の性質に拠ることなく」という側面はずっと背景に退いてしまっているようである。無論、その場合でも自律が無規定な衝動追従と同一視されるわけではなく、例えば、個人的衝動は集団的、社会的幸福の協同による実現という目的によって制御される。つまり行為決定は理性の全く自由な自己立法に従うのではないが、「より遊びを楽しくする為に」といったような上位目的（それ自体は感性に基づく欲求であるが）の為に、「理性的に」個人的衝動を制御する、といった形をとることになる。

このピアジェ流の自律の考え方は、カントの禁欲主義的概念からすれば堕落であり、俗化であるが、その分、有限な理性的存在者たる人間における自律の実態により近いものであろう。この場合、「上位目的の為に下位欲求を制御し、従属させる」理由付けが必要であり、その理由付けは自分を納得させるだけでなく、仲間をも納得させるものでなければならない。つまり一定の普遍性をもつ「理性的」理由付けでなければならない。以下ではこの相対的に普遍であるような理由付けによって、つまり人間的理性によって自律的に行為が決定される条件を考察していく。それは先験的、論理的な考察と経験的、心理的な考察を合わせたものになるだろう。

2　教育学的経緯

近代教育は近代初頭の「子どもの発見」と共に始まり、その理論化は一八世紀以来の啓蒙思想の中で進行していった。その意味でカントの自律概念は理性的存在者たるべき人間の形成の目標点を明示したものだと言えるが、前節で述べた通り、有限な理性的存在者たる人間にとってはそれはあくまでも理念にとどまるものである。とりわけ教育対象たる子どもの場合、自律の不全は自明と言え、もし自律が独力で十全に達成され得るものであれば、教育はそもそも不要である。その自律の不全を補うものとして教育者の他律の働きかけが必要になり、そしてその働きかけこそが教育の営みなのであるが、そこでかの有名な「近代教育のパラドクス」と呼ばれるものが出現することになる。つまり、子どもは教育者の他律の導きに順応する生活の中で、それとは逆の自律の能力を身につけなければならなくなるのである。

ここで問題になっている他律は「外的権威に依存すること」であって「内的衝動に行為決定を左右されること」ではない。外的権威はある意味で、子どもの自律を助けるものとして考えられている。つまり、外的権威のもたらす拘束は子どもが内的衝動に振り回されてしまうことから子どもの自由を守るものと考えられているのである。無論、これは教育者の側の理屈であって、ほとんど理性が発達しておらず、それ故衝動的欲求が意識の中心を占めてしまう子どもにとっては、教育者の教育的拘束は自由の抑圧そのものとして受け取られるのであるが。

事情は少し込み入っている。教育的拘束を自由の抑圧そのものとして受け取る子どもは、教育者の働きかけを権力として感受しており、そこには非自発的な服従しかない。しかし教育者と子どもの間に愛着と信頼の関係が成立している場合は事情が異なる。子どもは教育者の指導の意味が理解できなくても、その人格への信頼の故に服従する。自発的服従である。この場合教育者は権力者でなく権威者である。近代の教育学はこの権威者としての教育者のあり方を、つまり愛と信頼で子どもとつながっている教育者のあり方を前提として概念構成をしてきた(3)。

注意すべきはこのよき教師=権威者の場合でも、その教育的働きかけは子どもにとって他律であることに変わりがない点である。確かに権力的拘束に対するように、それに対して抗うのではない。しかし、なぜ自分がそのように振舞うべきか自分で判断することなく、権威者の指示に従っている以上、そこには自由な理性の働きは認められず、自己立法としての自律は出現しようもないのである。

この構図は近代教育学の元祖的な位置を占めるルソーの『エミール』の中に既に現れている(4)。エミールの家庭教師は子どもの本来的な善性を信じ、自然的な拘束は子どもにも免れ得ないものとして正面からぶつからせるが、社会的、文化的、つまりは人為的なものに過ぎない拘束を子どもに課すことはない。子どもの本来的な善性が妨害されることなく育っていけば、おのずと自律にいたると考えられているのである。

注目すべきは、この過程が教師の全面的な管理の下に置かれていることである。教師は善意の権威者として、隠れた配慮でもって子どもの環境を教育＝学習効果が最大になるように整備する。その配慮が不可視である為に、子どもはあたかも自分が独力で生（なま）の環境に立ち向かっているかのように自主的に振舞い、学習する。その延長線上に子どもの自律能力が出現すると予想するのも無理からぬことである。しかし現実は、すべては教師によって管理されている。上手に調整された環境で、自己立法、自己決定の能力を伸ばしていくか、逆に、教師の善意を全面的に信じてしまっているが故に、意識的にも無意識的にもそれに依存してしまうか、五分五分といったところではなかろうか。

ルソーは近代教育及び近代教育学の発生期において、教師の隠れた配慮を誇張して描き出すことによって、教育的かかわりのもつ根本的なジレンマ、「それははたして子どもの自律性を育むのか、それとも損なうのか」という問題を浮き彫りにした。そしてそれは今日に至るまで根本的な解決を見るに至っていない。良かれ悪しかれ子どもの自律は達成されたりされなかったりしており、有限な理性的存在者たる人間の教育にそれ以上何を望むのか、といったところであろうか。

二〇世紀半ばから、教育的人間関係を教師—生徒の関係だけでなく、子ども同士の集団過程、そこでの相互作用を重視して見ていく流れが出現してきた(5)。これは相互受容や認知葛藤を重視し、教育に対話や討論を取り入れる方法として発展をみている。これは横のかかわりを重視することで、縦のかかわりの代表である権威への依存性から脱却させる画期的な試みであるが、ルソー的な隠れた配慮の問題を完全に拭い去ったわけではない。例えば討論がより活発に、そしてより個人にとって刺激的に展開するようにとの教師の配慮は厳然として存在するし、また、それが存在するからこそ教育と呼べるのである。

配慮という一種の支配を避けてそれをゼロにしたときには教育はない。とすれば我々がなすべきことは自律と他律を背反的に対立させる構図に満足せず、自律を育むような他律のあり方はないのか、という点を追求することであろう。

それのみが建設的であろう。

3　自律の心理的機制

先ずはじめに自律の概念をカント流の「理性的存在者の自己立法による行為決定」という純論理学的な定義から、より心理的なものにずらせておく必要がある。それは有限な理性的存在者たる人間における自律のあり方に、より克明に迫る為である。

自分が何をいかに行うかを自己立法、それも普遍的な自己立法で決することができる為には、いくつかの前提条件がある。先ず自分の環境の特殊な出来事、あるいは事柄の意味がわからなければ、それに対処する行動決定をなしようがないからである。ましてや普遍的に正しい対処の法則など決しようもない。自律が理性の自閉的で独善的な立法であり行為決定であるという非難に抗するには、この条件は欠かせない。

次に意味がわかるということの中味であるが、カントが、理解する、あるいは判断するということを、普遍一般的な法則を個別特殊的な事態や事柄に当てはめる能力、と定義したのに倣って、「ある出来事や事柄をそれに関連する全体構造の中に位置づけること」と定義しよう。この場合、意味とはその関連世界の全体の中での位置価なのである。例えば狸という動物の意味は、生物全体、あるいは動物全体の分類構造の中で犬に接近し、蛇から離れたある位置として示される。人助けという行為は、攻撃行動からは排除され、連帯的行動の中に含まれるような点として、人間の社会的行動の全体構造の中に位置づくことによってその意味が浮かんでくる。

ある事柄をこのように関連世界の全体性の中に位置づけることで意味を知る（理解する）ことは、あくまで関連した全体性に位置づけるにとどまり、普遍的な世界の法則に関連づけて理解するには至っていない。しかし、われわれの考えるところ、有限な理性的存在者たる人間の自律にとっては、関連世界の全体構造に位置づけることができれば、行為の当面の自己決定にとって十分である。

4　自律に至る三つの道

さしあたり頭に浮かぶ自律性獲得の道筋を三つ述べる。

(A)自律的な大人（教育者）をモデル学習する。

これは一番手っ取り早く自律が達成されそうに思える道筋である。子どもは信頼する大人を模倣する傾向があるし、その信頼された大人が自律的に振舞っておれば、すぐにでも自律的な自己決定の能力が身につきそうである。しかしこの道筋には重大な疑念が付きまとう。そもそも自律的な自己決定ということと他者を模倣するということが根本的に対立するのではないかということ。そしてそれに関係することだが、そのように模倣によって習得された自律は、実は自律の外観、自律的行為のスタイルの習得に過ぎず、自律の精神は何ら身についていないのではないかということである。

(B)教育者の他律の干渉に反抗し、それを否定することによって自律に至る。

これは若者の現実の自立のパターンとして数多く見られるものである。しかしこれにもいくつかの問題がある。それは親や教師からの自立、独立ではあっても自律でない可能性がある。どういうことか。前記のモデル学習の場合とは逆に、大人に反発し、距離を獲得することは確かであろう。しかしそれは大人の指図の逆の行動をとるだけになってしまっていないかどうかを考えてみる必要がある。自動的に逆行動をとるのであれば、自動的に同じ行動をとる模倣の場合と同様、そこに自由な自己決定としての自律は存在しない。いわば裏返しのモデル学習に過ぎない。

もう一つ付言するならば、この図式で万一自律が達せられたとしても、それは教育の成果ではなく、教育からの脱出の成果と言わねばならないであろう。

(C)他律の教育で得られた断片的知識が蓄積され、それがある時点で臨界点に達して全体性（一定の構造化を伴う）を立ち上げる。以後、この全体構造に位置づけることで個々の出来事や知識断片に意味を感受することができるようになり、自律的判断が可能になる。

これはわれわれが『教育愛について』第四章二節「自律を可能にする他律」で述べた仮説である。この仮説の中心は「要素の集積が全体構造を立ち上げる」とした点にあるが、それならばなぜ多くの動物や子どもにおいて同等に複雑な構造を持つ全体性が立ち上がらないのか、という反論が直ちに可能である。つまり全体性の立ち上がりは認知主体の（頭脳における）構造化能力を前提としており、その潜勢態にとどまっていた構造化能力を、知識断片の蓄積が顕在化させるのだ、ということを論じ落としていたのだ。

しかし、この断片蓄積による全体性の立ち上がりの仮説は、単純に頭脳における全体構造の存在説に還元されないメリットを持つ。つまり断片蓄積は頭脳の中での表象の蓄積の形で起こるとは限らず、環境世界における道具配備や物理的、制度的構造化によっても支えられているということである。つまり知能は部分的には外部環境にも定位しているのだ(6)。

次に、この仮説の根幹に関わる問題を検討しておかねばならない。それは、全体構造はゼロからでも立ち上がるか、それとも何らかの先在する全体構造の発展として立ち上がるしかないのではないのかの問題である。前者はわれわれが先に仮説として述べたものであるので、次に後者について検討しなければならない。これは生活世界重視の考え方や経験主義の教育論などに見られるものであるが、紙幅の関係で別稿に譲らなければならない。

一つだけ特権的な事例を示しておこう。理論世界的全体性と生活世界的全体性が例外的とも言えるほど密接に関連して構造化されていくものに、道徳的世界、それもコールバーグの言うジャストコミュニティ方式で追求されるところの道徳世界がある(7)。それはそれぞれの生徒の日々の学校生活を土壌としている紛れもない生活世界でありながら、一方ではそこで惹起する諸問題を公共的討論の場に持ち出すことで、その理論化を伴う解決を探っていく。個々の問題は単なる理論的仮構でもなく、かといって丸ごと日常経験の中に埋もれた直感の対象でもない。その両者の緊張関係の中に位置することによって、生活世界の生々しさと具体性が理論世界の論理的整合性と普遍性へと移行、充実していく領域となっているのである。

5　生活世界と理論世界の異質性と同質性——認知システム論の示唆

橋田浩一はサールの「中国語の部屋」の議論、即ちコンピュータのように、いかに正確に「形式的」操作ができたとしても、中国語を知らないアメリカ人やコンピュータは、中国語発話の意味を理解することはできない（意味の理解は形式的操作からは生じない）という議論に反論するのに「木を見ても森は見えない」式の解釈を対案として提出している(8)。これは意味と全体性を関連づける考え方として、われわれの考えと共通するところが多い。

古典的な認知科学の指導原理である「計算主義」はサールの批判する「形式的操作から意味や理解が生じる」とする考え方であるが、橋田はマーやピリシンの研究を引きつつ、知能は三つのレベルから構成されていると論じる。最も高いレベルは信念、欲求、意図などの素朴心理学の用語で記述できるレベルで、これを「意味レベル」と呼ぶ。次は「計算理論のレベル」、換言すれば機能のレベルであり、最も低いレベルは「ハードウエア実装のレベル」、換言すれば物理レベルである。レベルが高いとは巨視的で抽象度が高いことを指し、レベルが低いとは微視的であることを指す。

橋田によれば、「中国語の部屋」の思考実験が示しているのは「意味が形式操作からは生じない」ということではなく、「微視的レベルの認識から、巨視的なレベルの認識は生じない」ということなのである。この解釈を裏付ける考えとして、橋田は主体あるいは認知システムの部分性と世界の複雑性について次のように述べている。

世界は複雑であり、これに対して認知主体は部分的である。この複雑性・部分性の故に認知主体は（物理的）環境の全詳細を行動に反映させることができない。そこで認知主体の行動特性にとって有意味なのは世界の物理的全詳細ではなく、その抽象化された構造（行動に反映させ得るような）だということになる。この構造を得るには、抽出すべきものと捨象すべきものとを物理的全詳細の中から選別する必要がある。そして、この抽象的構造が認知主体にとっての情報である(9)。

以上のような橋田の議論を参照することによって、われわれの「意味と全体性」及び自律性についての解釈をより精密にしたい。

「意味とは全体性の構造での位置価である」という仮説について、先ず、全体性あるいは全体構造という概念の精密化が可能である。(物理的)環境世界は主体にとって過度に複雑であり、そのままでは適応できない。つまり世界内事象の意味を理解できず、意味ある(適応的な)行動もとれない。そこで主体は何らかの方法で世界の複雑さを縮減する。その複雑性が適応可能な程度にまで縮減できた時、われわれの述べたような(関連)世界の全体性、あるいは全体構造が立ち上がる。その全体構造は複雑性が適度に縮小し、かつ全体性を保つ(世界との対応性を保持する)ために抽象化を必要とする。

こうしてある事象は認知主体の理解能力が限られており、部分的であるにもかかわらず、再構成された世界としての全体性の中に位置づけられ得るようになり、意味が把握でき、またその結果として適応的な行動決定ができるようになる。これはとりもなおさず自律が達成されたということである。もちろんそれは完全な意味で普遍的立法とは言えない(世界の全詳細を保持したままの構造化ではないから)が、少なくとも適応的で有意味と見なせるような行為を生み出すだけの全体性を保ち、その全体のあらゆる位置において有効であるような行為決定を行えるようになったのであるから、「普遍」立法の有限主体における事例とは見なせるだろう。

次に、「意味レベルとは最も抽象度の高い、例えば素朴心理学の用語で記述され得る世界だ」という橋田の前半の論についてであるが、世界という用語を認知主体の生存そのものを支える最も基底的で広範なもの、つまり現象学の言う生活世界のようなものと解すれば、それが心理・社会的要素を主とする素朴心理学に近いものだということは了解できる。

しかし、認知主体が適応的行動を行えるのは生活世界においてだけではない。例えばゲームの世界は明らかに生活世界とは異なり、素朴心理学の用語とは程遠い特殊規則群から成り立っている。そしてその特殊規則群の全体を生の形であれ、複雑性を縮減した形であれ、我がものとした認知主体はそこにおいて適応的行動をとれる。つまり事象の意味を知り、「自律的」に行動を決定することができるのである。確かにその知的適応能力が根底において生活世界の安定性に間接的に支えられている可能性は残る。しかしそれはあったとしてもあくまで間接的依存であって、生活世界とゲーム世界とは相互に独立した規則群から成り立つ構造として存在する。理論世界、学問世界についても同様である。この意味で人間の世界は多重世界であり、それぞれの層は相対的に独立している。それ故主体は何通りもの「自律」の仕方を身につけているのである。

これに関連してサールの「中国語の部屋」に関する中心的論点、即ち「形式的操作から意味や意図は生じない」を再点検する必要がある。ゲーム世界や理論世界は明示可能な規則群から成り立っており、意味はそれらの形式的操作から生ずると言わざるを得ない。これは明らかにサールの言明に反する事態である。サールは、意味は認知主体あるいは理論家の頭の中に信念としてしか存在しないと考えているようである。それはおそらく規則の形式的操作運用と当の主体の生活感覚とを、そしてそれが向かっている世界内実物とを結び付けている自然言語の諸観念であろうから、先ほどわれわれが理論世界やゲーム世界と生活世界の間接的依存・支持関係と述べたものと同じである。われわれが「間接的に存在するかも知れない」と考えた関係を、サールは「直接的な生活世界の実物との関係として、観念や信念や意図として主体の頭の中に存在する」と考えたのである。

しかし、「意味」を生活世界に連結したものに限定する必要があるのだろうか。かつてフッサールが主張したように[10]、充実した意味は生活世界との連結からもたらされるとは言えよう。しかし相対的に充実していない意味であれば、ゲーム世界や理論世界の諸規則の形式的操作からでも生じる。例えば囲碁の各着手の意味は、その勝負の結末にいかに有効につながっていくかによって理解されるのであり、その打ち手の、その勝負にかけた意気込みやら、人生観上での意味などと結びつく必要はないのである。要するに形式的操作からでも「それなりの」意味は生じるのである。ゲームや理論の世界での事象の意味はその形式性の故に抽象度が高いと思われがちであるが、生活世界的意味から距離があるだけで、より巨視的というわけではない。それどころか要素規則群が確定している分だけ具体的で微視的であるとさえ言えよう。

ただし計算主義でゲームや理論の世界が成り立っているかどうかについては次のような留保が必要である。即ちゲームや理論の世界と言えども、物理的世界と比較すれば相対的に単純で明示可能な要素から成り立っているというだけで、それ自体として完全な明示性や単純性——その世界の全データが認知主体によって把握され、構造化されつくしている状態——に達しているわけではないということである。これらの世界においても主体は部分的であることを免れない。であればこそ、いかなる達人でも、また、コンピュータでも完璧なゲーム必勝法を知るには至っていないのであり、いかなる天才と言えども、理論のそれ以上の発展が不可能なところまで理論を完成させたということはないのである。

6　世界の全体性が立ち上がる諸条件について

4の(C)でのわれわれの仮説では、どんなやり方であれ、知識断片を子どもに注入していきさえすれば「自動的に」世界の全体性が立ち上がり、従って子どもは事象の意味把握ができるようになり、自律的に行為を決定できるととられかねないところがあった。

もちろん世界の全体性の立ち上がりは、自動的に起こるのではない。もしそんなふうに事が起こるのであれば、教育はなんともたやすい営みになっていただろう。

ある授業で知識の伝達が行われている場面を想定してみよう。仮定により、この知識は子どもにとって未知で新奇なもの、つまりその意味を理解できないものである。しかし子どもはこの知識断片をワロンの言う超・物(11)のような異物として、そのまま自分の世界に取り込む。これが一定量に達した時、関連世界の全体性が立ち上がるというのが仮説だが、その時に、先ず第一に、いかにしてこの未知の要素が異物のまま子どもの世界に取り込まれ得るのかを理解しなければならない。取り込めない場合もあるのだから。

根本的な条件、決定的な条件が何であるかはまだわかっていないが、取り込みを最大限と言えるほどに助長する条件は分かっている。それは教師に対する子どもの信頼であり、この意味で教師が子どもにとっての権威者たることである。この場合、子どもは教師との様々なかかわり群からなる人間関係の世界、生活世界の部分世界を成り立たせており、そのおかげで「教師のかかわり」、「教師の教える振る舞い」の対人関係としての意味は理解できる。しかしその教示内容の学問的、理論的意味は理解できず、それ故、子どもの世界に「教師との関係的生活の要素」としては有意味であるが、学問的、理論的には無意味なものとして付加される。もちろん、この取り込みを可能にするのは前者の有意味性である。

この生活世界（人間関係の世界）的有意味性と理論世界的無意味性という二重構造は単純な説明であるだけに分かりやすいものであるが、両方の世界が異質なものにとどまっているだけに、知識要素がいかにして取り込み可能か、という問題には答えていでも、理論的意味がいかにして分かるようになるかという問には、先の「知識断片の蓄積が全体構造を立ち上げる」という仮説から一歩も進んでいない。それ故、次の問題は、取り込まれ、蓄積可能となった知識断片が、いかにして全体性を立ち上げるのかを説明することである。

橋田の言うように生活世界的（日常対人心理的）世界が最も巨視的で抽象度が高いのであれば、それは比較的情報処理能力の低い認知システムによっても全体構造化が可能である。換言すれば、幼い子どもにも獲得され得る。もっともこの抽象化に必要な（物理的）データの取捨選択が子どもの意識的な表象の操作によって行われたとは考えにくく、無意識的な先天的神経機構の情報処理能力によるものであろう。あるいは子どもの比較的未発達な情報処理能力（意識的あるいは無意識的）でも処理可能なようにデータが生（なま）の物理的詳細ではなく比較的少数の文化的、制度的パターンになっており、先に述べたデータの取捨選択は子ども個人が行うのではなく、種の進化の過程で達成されたり、社会集団の文化形成の歴史の中で達成されているのである。

学問的、理論的世界の全詳細も文化的に形成されたものが大部分であるが、人間関係の日常心理や行動様式ほどには圧縮されたパターン化には至っていない。従って幼い子どもはその世界の全体構造をつかんでいないのだが、要素がある程度蓄積されてくると、少しパターン認識ができるほどの神経機構の成熟を前提としてだが、それらの蓄積されたデータの大部分を貫くようなデータ圧縮パターンの存在に気づく。場合によってはこのような圧縮パターンそのものが知識断片として与えられることもあるだろう。それほど直接的ではなくとも、圧縮パターンの存在に気づかせるようなヒントになる知識断片と出会う確率は高まっていくであろう。

このようなヒントに出会ったとき、それを見逃さずに全体構造構成に生かすことができるのは、何よりも子供が生活世界、特に人間関係的世界のパターン化把握を既に成し得ていたからである。異質な世界であるとは言え、データを圧縮するパターン認識が有用であることは既に知っているのである。ここで得られる圧縮パターンは、とりもなおさず関連世界に「普遍」な法則や規則であり、これらがこの世界の全体を構造化していくのである。このようにして、各事象は限られた数の情報と結びつけられるだけで、関連世界の全体と結びついたことになり、そこでの位置価を得、かくして意味が理解可能になるのである。

7　自由及び自律の概念の再検討

自律が理性的存在者の自己立法として、そしてその法則に則った行為決定として定義される以上、自由を前提とすることは自明である。しかしこの自由の重視は一つ間違うと子どもを放任すること、その恣意に任すことと同一視される危険がある。そしてそれは原理的に教育の働きかけを否定することになる。

この節で示すのは、自由は拘束を前提とするということである。もちろん拘束を与えさえすれば良いというのではないし、どんな拘束でも良いというわけではない。これまで述べてきた「関連世界の全体性の立ち上がり」の考え方が参考になる。結論から言うならば、全体構造を立ち上げるのに資するような拘束が有用なのである。

自律をはじめとする人間の行為決定能力はすべて何らかの規則、法則に従うことを含む。これがなければそれは行為とは言えず、ただの痙攣に過ぎない。行為が世界の中で何らかの目的を実現すべくなされるものである以上、その世界の法則、規則をわきまえてなされねばならない。つまり構造を知り、活用することである。

古典的な区別を持ち出すならば「〜からの自由」ではなく「〜への自由」こそが教育において重要だということである。何への自由か。新たな世界を生きることへの自由であり、その基本は「私はなし得る」である。有効な行為をなし得るためには、関連世界においてその行為を定位させる為に、その全体構造の把握が必要である。

この全体構造が立ち上がる為には、既に述べたように一定量の知識断片の蓄積が必要であるが、それだけでなく、限られた子どもの認知能力でも何とかその全体性を捉えられるようにデータの圧縮が必要である。換言すれば、子どもの認知能力に応じた文化的にパターン化されたデータを与えることが必要である。この点にこそ子どもの自然な学習にすべてをゆだねるのではない、大人の教育的介入の存在意義があるのである。

最も明快と思える例を一つ挙げておこう。幼児が言葉を覚えることは、単語、文法、語用論的規則など、とてつもない数の規則群に縛り付けられることになるが、うまくいけば、その拘束のおかげで豊かな言語世界、コミュニケーション世界、文化世界に開かれることになる。そのためには拘束が無意味な圧迫ではなく、適応できるもの、あるいは適応としての拘束でなくてはならない。このために親や教師はデータに必要な圧縮を施す。ごく限られた単語と対話パターンのみで日常的な意思疎通を可能にし、基本的な人間関係世界の全体性を把握させる。この圧縮度を子どもの発達に応じて、あるいはそれを先取りして調整すること、これが教育者の仕事である。そしてそれこそが子どもの自律能力を育んでいくのである。

8　終わりに

近代教育の目標である自律的な人間の形成にまつわる諸問題を検討してきた。特に「近代教育のジレンマ」あるいはパラドクスと呼ばれてきた他律―自律関係の問題の根本的解決を「世界の全体構造の立ち上がり」の仮説を用いることで達成しようとした。その際、この仮説を橋田とサールの意味理解についての理論を参照することで、ある程度、精密化し得たものと考える。

橋田の「世界の複雑性と主体の部分性」の考え方は、われわれの「世界の全体構造の立ち上がり」という仮説がいかなる事態を指しているのかを示してくれた点で大いに助けになった。このメリットに比べれば、橋田の説が物理世界の素朴実在論の色彩を持っており、それ故、自律概念の出発点として参照したカントの観念論とは容易に折り合いをつけることができないというデメリットは当面のところ無視してよいのではないかと考える。「世界の複雑性」は「指向的世界の潜勢態の多様性」と読み替えることも可能なのだから。

看過できない残存問題がある。それは人間主体が、そして私にとっての他者が「全体性に回収できない何者か」だという考え方である。こうした時、他者を理解することは、われわれの仮説のような「全体性の形成」ではなにも説明していないことになってしまう。例えばレヴィナスが『全体性と無限』(12)で述べているのは、こうした考え方であるが、この点については稿を改めて検討したい。

1　I・カント『実践理性批判』岩波文庫、一九九九年、七二頁。
2　J・ピアジェ『児童道徳判断の発達』同文書院、一九五六年。

3　ルソー、ペスタロッチからシュプランガー、リット、ボルノー、ランゲフェルトに至るまで、この例に漏れない。

4　J・J・ルソー『エミール』河出書房新社、一九六九年。なお、拙著『教育愛について』（ミネルヴァ書房、二〇〇二年）第四章第一節「『エミール』における教師の術策について」も参照されたい。

5　先述のピアジェの子ども同士の協同の重視やグループダイナミクスの流れを汲む教育論、六〇年代から七〇年代にかけての欧米での自治＝改革教育論の多くが該当する。（拙著『コミュニケーションと人間形成』ミネルヴァ書房、一九九八年、第四章「自治教育のコミュニケーション」も参照されたい。）

6　これは近年有力になってきた「状況論的学習論」に通じるところである。

7　C. Power, A. Higgins & L. Kohlberg, *Lawrence Kohlberg's Approach to Moral Education*, Columbia Univ. Press, 1989.

8　橋田浩一「情報の部分性と知能の設計」上野直樹編著『状況のインターフェース』金子書房、二〇〇一年、二四一―二六四頁所収。J. R. Searle, Minds, brains, and programs, *Behavioral and Brain Science*, 3.1980, pp.417～458.

9　橋田、前掲書、二四六頁。

10　E・フッサール「ヨーロッパの学問の危機と先験的現象学」『世界の名著51　ブレンターノ、フッサール』中央公論社、一九七〇年所収。

11　M. Merleau-Ponty à la Sorbonne, *Bulltin de Psychologie*, tome XⅢ, Paris, 1964, p.202. におけるメルロ＝ポンティの指摘からの重引。

12　E・レヴィナス『全体性と無限』国文社、一九九八年。

（おかだ・けいじ／京都大学大学院人間・環境学研究科教授）

ポストヒューマン時代の教育

●終焉、それとも黎明

加藤　潤

1　序章——言説と現実

言説は現実に従属するのだろうか。それとも、現実が言説によって作られるのだろうか。もし、それが「言説」ではなく、科学的パラダイムならば、ある現実に当てはまらなくなった理解枠組みが崩壊し、次のパラダイムによって新しい認識世界が再構築される、と言えるだろう。では、その逆は真だろうか。ボードリアール流に言えば、人びとがモノにとり憑かれていくのは、欲望を拡大する消費言説装置に組み込まれているからにほかならない。ならば、言説は現実を創出する源泉であるとも言えるだろう。つまり、どちらともいえるのだ。それもそのはずである。言説とは、ボール（一九九九）が言うように「安定した純粋な言語『構造』（ラング）のレベルと表層の発話のレベル（パロール）の中間に存在する」のだから(1)。ようするに、言説は、発話主体の価値、感情、意図を含む表出であると同時に、それを集合体としてみれば、個人の外に存在する制度とも言えるということだ。

この性質を教育にあてはめてみると、どうなるだろう。ボール（一九九九）によれば、教育は基本的に言説に従属しているが、それだけでなく言説を増殖させたり、配分したりする場でもある。いわば、言説の社会的要衝なのである。

したがって、その要衝に着目すれば、言説と現実の生滅が明らかになるのではないだろうか。そういう仮説が本論の立場である。

2　有効期限切れの教育言説

教育改革がさけばれて久しいが、今、教育はどのような言説に導かれて変化しようとしているのだろう？　それとも、導かれるべき言説を失いアノミー状況に陥っているのだろうか。

佐藤（一九九八）は、戦後の教育学が提出してきた様々な言説には四つの規範構造があるという(2)。(1)国民教育の枠組み、(2)教育的価値（発達）の自律性、(3)科学主義と教育実践の乖離、(4)教育を個人の人権で正当化するリベラリズム、の四つである。現在、それらが現実の説明枠組みにも、未来へのユートピア論にもならない状態のなかで、教育改革は「ダッチロール」のように揺れ動いている、それが佐藤の認識である(3)。その間、学校現場は不安と混乱によって疲弊しつつある。

しかしながら、我々がどれだけ教育言説を脱構築したとしても、教育現場の不安は解消されないだろう。なぜなら、教育を語る言葉、すなわち、「子どもの発達」や「学校の正統性」といった議論が空を切るようになっているからである。なにゆえ、空を切るのだろう？　ひとつの仮説として、一個の人格をもった教師と、個性と発達性をもった一人の子どもという、自明ともいえる教育行為の主体が曖昧になっていると考えてみよう。先に引用した佐藤の枠組みでいえば、教育言説に貫通している(2)が成立しなくなっているのである。発達とは外部状況から影響を受けず、先験的に開花していく（べき）ものだという人間観が崩れつつあるということだ。たとえカント流の先験概を拒否し、白紙（タブラ・ラサ）としての人間存在を想定しても同じことである。なぜなら、白紙に様々な価値構造を内面化していくプロセスを「発達（社会化）」と定義するとき、そこには、受け手としての統合的な人格が想定されなければならないからである。もし、受け手としての主体性が崩れれば、人権概念に頼って教育の営みを正当化することも危うくなるだろう。

そのことを検討するために、本論では、いったん、教育と市場、教育と国家（政治）といった制度的概念を放棄してみたい。代わりに、教育の行為主体である「人間（ヒューマン）」という概念に着目する。そこでは、近代的自我をもった「人間」という概念ではなく、ポストヒューマン（posthuman）という新たな概念を導入することによって、いま教育の営みが終焉を迎えているのか、それとも新たなる生成の時を迎えているのかを議論してみたい(4)。

まずは、ポストヒューマンなる概念を定義しておこう。

3　ポストヒューマンとは——キメラの再登場

人間は長い歴史の中で、キメラへの憧れをもってきた。それは言い換えれば、神への憧れ、すなわち不死への憧れである。

かつて、神話時代はキメラで満ちていた。ギリシャ神話の中で獅子と大蛇と山羊の怪物キマイラ（キメラ）を退治した英雄イオバテスは人間だとされているが、神話の英雄たちは時に神の子であり、時に神に娶られたのだった。その神とて、抽象的な存在ではなかった。天地創世では、カオスの後に生まれたガイア（大地）は自ら生んだウラノス（天空）の子、すなわち十二神をもうける。末子のクロノスとレイアの子はゼウスであるが、ゼウスはメティス（知恵）を娶る。そこには、インセストタブーもなければ、動物と人間、自然と人間といった区別もなかった。

だが、次第に、人間・神・自然は相容れない存在として、概念的に独立して定義されるようになった。近代的人間（ヒューマン）の定義は、個人を唯一無二の存在として価値付けた。それによって、人間対非人間という二分法が確立され、その亜種（キメラ）は存在してはならないものとされてきた。

ところが、近代テクノロジーは、再びキメラへの誘いを持ちかけた。いうまでもなく、テクノロジーが人間の身体を拡張した、というマクルーハンの言葉がその嚆矢である（McLuhan, 1964）。さらに、電子メディアが登場すると人間の意識に内爆発（implosion）を起こした。そして、テクノロジーが究極的に目指す存在とは、Moravec (1988) が唱えた、人間の意識をコンピュータに移植することであると、Hayles (1998) は考える。それを可能にしているのは、人間は自然発生的（self-origin）ではなく、情報の集合体であるという新しい人間観（ポストヒューマン）である（Waldby, 2000）。啓蒙思想から生まれた近代的人間観では、一貫したアイデンティティを持ち、精神が肉体をコントロールする存在を前提としているが、ポストヒューマンは、精神は情報パターンであり、肉体は付随的現象である。肉体と精神という二元論は、様々なテクノロジーによって解体され、キメラ化していくのである。

テクノロジーはまた、有機物と無機物（人間と機械）の境界も消滅させつつある。それはわざわざ Tiera のような人工生命プログラムを作らなくても、初期の人工知能ロボットと幼児の交流を観察した Turkle (1998) の指摘を見ればよいだろう。Turcleによれば、子どもたちはロボットが生きていると答える。なぜなら、外からの情報刺激なしに内発的に行動するロボットは、すでに生物であると見なされるからである。おそらく、やがてはピアジェのような発生学的な発達段階説は成り立たなくなるだろうと、彼女は予想している。我が国でも、人工知能ロボットを人間との相互行為に使う試みはすでに始まっている。さらに言えば、遺伝子工学におけるヒトゲノム計画や医学におけるVHP（visual human project）、すなわち肉体をすべてコンピュータ上で組み立てるためのプログラム構築も、人間を限りなく情報の塊（ビット）に還元し、時空を越えて仮想現実化（virtual reality）しようという試みだろう（Waldby, 2000）。

ポストヒューマンの概念においては、モノとヒトは等位におかれ、支配文化をヒトが占有するわけではない。あらゆる選択（決定）も人間によってなされるのではなく、部分もしくは全体が人間の外部に委ねられる。そのことはすでに、自動メール配信ソフトや検索ソフトによって我々は経験している。だとすると、人間とは統一された人格をもって、整合性をもった意思決定をする唯一の存在であるという、排他的な近代的自我定義は崩壊することになるだろう。

そういう架空の存在を近未来に描いたのがサイバーパンクと呼ばれるＳＦのジャンルだったが（Gibson, 1984）、実はそれは空想ではなく、現実を丹念になぞり、脚色、誇張して提出された社会描写だということは、現在なら納得できるだろう。

翻って、ここで、教育という領域に議論を戻してみよう。これまでの教育言説では、教育行為者である人間そのものの定義については、啓蒙主義的な解釈を疑ったことがなかった。むしろ、それを疑うことはタブー視されてきたと言ってもよい。そこでポストヒューマン概念を導入してみると、先に佐藤が大別した四つの規範の(2)と(4)については、言説の検討よりも、人間とテクノロジーの関係から再検討する必要があることをが示唆される。もし、主体も発達も一つの個体に統合することが不可能になるなら、教育という営みは根本的に崩れるという黙示録的な議論が出てくることは避けられないだろう。

この再検討を行うために、かつて「サイボーグ」という言葉によって過激に近代社会における性の政治性にメスをいれたD・ハラウェー（Haraway, 1985）の論を再読してみたい。

彼女の分析対象は「性」であるが、その論法は、言葉こそ違え、ポストヒューマン概念そのものであり、教育が枠付けられているすべての二分法を解体する議論に発展させることができる。彼女の論を手がかりに、さらに教育がポストヒューマンの時代を迎えていることを論考していきたい。

4　二元論の終焉——ダナ・ハラウェイのサイボーグ宣言再読

サイバーパンク作家たちが提出したポストヒューマン概念を、プロパガンダに近いメッセージとして世に投げかけたのがHaraway（1985）のサイボーグ宣言（Manifesto for Cyborg）だった。彼女は、あえてSF的な人間観を提示することで、近代社会に内在する「性」についての政治機構を解体しようとした。その後、ハラウェーは時代の寵児となり、フェミニズムの論客と見なされたが、その取り上げ方は偏っていると言わざるを得ない。つまり、彼女の主張した、「女性であること、それは性科学的言説や社会的実践における論争の中で構築された複合的カテゴリーにすぎない」というくだりが誇張されたきらいがある(5)。

いま、ハラウェーの宣言を再読してみると、そこでは、「性」のみならず、近代の二分法的概念構図がことごとく否定されている。さらに、それのみならず、同心円的発達概念も解体されている。肉体と精神、動物と人間、有機体と機械、公私、自然と文明、男女、といったあらゆる二元論は「テクノロジーによって咀嚼されてしまった」というのだ(6)。これまで、近代の対概念は、必ず階層的に価値付けられてきた。たとえば、精神は肉体を、男性は女性を、文明は原始を、全体は部分を、作者は作品を、それぞれ支配する構造になっていた。しかし、サイボーグ世界では、あらゆる概念は情報ネットワーク化する。知性は人工知能（ＡＩ）になり、セックスは遺伝子工学になり、啓蒙主義小説（ビルトゥング・ロマンス）はＳＦになる。そうなれば、有機体としての人間は知的対象ではなく、特殊な情報処理装置になるだろう。自己と他者のキメラ、動物と人間のキメラさえも、情報レベルでは何ら対立することなく合成されるだろう。現に、遺伝子工学とナノテクノロジーは、分子レベルで有機体と機械を同一化している（クローン、分子モーター）。

最終的に人間は、世代を経て再生産（reproduction）されるのではなく、複製（replication）されるのである。複製が可能になれば、本物と偽物、現実と架空（仮想現実）の区別は無効になるだろう。

ハラウェーにしたがって二分法を否定し、情報に一元化される人間像を想定した場合、教育言説はすべて成立しなくなる。そのことを、先に引用した佐藤の四つの規範類型で考えてみよう。

まず、(1)の国民教育規範とは、ある前提、すなわち「法は共同体の共時的な維持機構であり、公教育は通時的なそれである」、という理解の上に成り立っている(7)。ようするに、教育は国家アイデンティティの内面化装置であるという前提のことである。しかし、サイボーグは通時的（世代間）の再生産を必要としない。なぜなら、彼らは複製できるからである。従って、時間をかけた相互行為としての教育はおのずと意味を持たなくなるか、非効率的な複製作業という点で浪費と見なされるだろう。次に、⑵の、発達する人間を想定した教育固有の価値も崩れる。すでにプログラム化された情報のラン（展開）としての行動様式は、時間的に積み重なるものでもなければ、神秘的なブラック・ボックス（心）から出現するものでもない。おそらく、個性という名の属性さえも、遺伝子レベルでの説明がなされ、テクノロジーはそれを情報として操作することを目指すだろう。第⑶の科学主義と教育実践の乖離であるが、教育の営みが科学的還元論に支配されれば、すべての教育過程、教師─生徒関係が、予測可能な情報の流れに置き換えられるだろう。そうなれば、授業プロセスは、教師─生徒による一回性の相互行為ではなく、ネットワーク上のログになるだろう。誰もそれを観察したり、分析したりするつもりはない。サーバーに一定期間残され、やがて削除される通信記録と同等なのである。さて、最後の⑷だが、いうまでもなく、啓蒙主義的なヒューマン概念を放棄したのだから、教育の正統性を一個の人権、人格の尊厳に求めることはできない。

こうして、教育は国家からも個人の人権・主体からも切り離されるのである。実際に、学校現場で教師が直面する危機とは、ヒューマンとポストヒューマンの葛藤と言うこともできる。切れる子ども、学級崩壊、規範崩壊、文字離れ……、これらの現象を示す子ども（ポストヒューマン）を教師（ヒューマン）が理解しようと試みる時、どうしようもない違和感と不安が生じるに違いない。思い切って、病理現象を常態することから再出発したほうが生産的かもしれない。病的─正常という二分法に執着する限り、現実の子ども像は追い水のように遠ざかっていくのではないだろうか。

さらに二元論の限界を明らかにするために、ＭＰＤ（多重人格症：Multi-Personality Disorder）という特異な事例を取り上げて説明してみたい。

5　複数のアイデンティティ

教師が「子どもを理解できない」という時、いったい何が理解できないというのだろう。「切れる子ども」、「嘘をいう子ども」、「引きこもる子ども」、「学びから逃走する子ども」、それらを理解できないという時、教師や親は、子どもの行動と教師自らの行動様式との不一致と、子ども自身が矛盾する複数の性格を示すことに苛立っている。近代の啓蒙主義者たちは、どうしても一人の人間の人格を一つに統合し、矛盾のない行動様式で枠付けたいらしい。だが、複数の人格を持つことが常態化しているとしたら、我々の人間観で理解しようとしても無駄だろう。

アナロジカルかもしれないが、それらの理解できない子どもの行動様式は、どこかMPDのそれと似ていないだろうか。その類似点を明らかにするために、MPDにかかわる一つの犯罪を紹介したい。

ウィスコンシン州、Oshkoshで起きたあるレイプ事件の裁判は異例の注目を集めた。なぜなら、事件の被害者がMPDだとされたからである。この裁判を分析した Stone (1995) は、当時の San Francisco Chronicle に載った記事から、事件の概要を説明している(8)。

一九九〇年七月二三日、Oshkoshno 公園において、車中で二七歳の女性をレイプした罪で、彼女の知人のMark Petersonが告訴された。この女性はかつてMPDとの診断を受けたことがあった。彼女によれば、Peterson は、彼女の中の複数の人格から、彼との性的関係を積極的に受け入れるだろうと思われる一つの人格を意図的に引き出した後、レイプにおよんだという。

裁判は Winnebago 郡の検察官、Joseph Pauls が担当した。裁判の冒頭で、被害者 Sara は宣誓した後、「事件当日のことを覚えているか」と Pauls から尋ねられる。しかし、彼女は何も覚えていないと答える。Pauls は、「当日公園で起きたことをよく知っている人はいるか」と聞く。すると Sara は、「Franny がよく知っている」と言う。Pauls が、「Franny に会えないだろうか」と Sara に頼むと、彼女は静かに「ええ」と答える。法廷のすべての人々が固唾を飲んで見守るなか、Sara は目を閉じ、しばらくして、また目を開けた。Pauls が「Franny かい?」と尋ねると、彼女は「おはよう」

と答えた。

こうして、Franny は事件当日起きた事を詳細に語ったのだが、驚くべきことに、Franny は Peterson の行為を犯罪だとみなしていなかったことが明らかになったのだ。彼女（Franny）の証言では、Franny は Peterson と性的交渉をもった後、ごく普通の会話を交わしている。

いったい、これは犯罪なのか、通常の性関係なのか、もし犯罪とするなら、どのような理由をもって犯罪と断定できるのか、そこに注目が集まった。

最終的に裁判所は、過去に精神的疾患をもったことがあると知りながら、その相手と性的関係をもつことを禁止したウィスコンシン州法を適用し、Peterson に有罪判決を言い渡した。

この事件は、我々に近代の人間観について二つの重要な見直しを迫っている。ひとつは、法律が裁くのは、一つの肉体に宿る一つの人格であるという自明の事実がMPDには当てはまらないということである。一つの肉体が複数の名前と人格を持ち、法廷で二度も宣誓をするという奇妙な現象は、近代的自我を前提として作られている裁判システムにはなじまないのである。さらに重要なもうひとつの示唆は、近代の人間観は、複数の自我が共存する状態を「病」のカテゴリーに入れ、説明のつかない行動をつかさどっている人格を潜在意識の中のトラウマのせいにしてきたという点である。Stone (1995) は、フロイトのヒステリー症研究以来、突如として表われた異質な人格をカウンセリングによって浄化し、一個の人格に再統合しようとしてきたのが精神分析だという。そうした人間観からすれば、主体をもたない分離した人格は統合（治療）すべき精神疾患に陥っているのである。

だが考えてみると、MPDに似た行動様式は、疾患と診断されなくても日常的に見られる。例えば、サイバースペース上の自我交錯がそうである。複数の名前と性別と人格を持ち、サイバーコミュニティーで生きる人々は少なくない。一日に一時間ほどネットサーフィンを楽しむ娯楽的利用者から、ネットワークの中に自らが住んでいると感じている中毒患者まで、程度の差はあれ、自我は肉体から拡張し、分断し始めるのである(9)。我々は、MPDと同じような行動を、ごく普通の人々に見ているはずである。それを正常と異常の二分法によって説明しようとすれば、ほとんどの人が精神疾患に陥っていると言わなければならないだろう。

さて、ここまでMPDについての事例を検討してきたのは、学校教育の営みが、いくつかの点でMPD診断と似ているからである。

(1) 生徒の人格評価は、極めて限られた言葉で表現され、その言葉は二分法的なカテゴリーに分類される（積極的vs消極的、協調的vs逸脱的）。

(2) 生徒に関する属性データは、すべて個人別に管理され、複数の生徒が共有する属性は残さない（成績、体力、性格、行動等の記録）。

(3) 知識と人格のどちらにも階層的に登っていく目標モデルが提示され、それは究極的には「完成された一人」をめざしている（カリキュラム編成、学年、心理的発達課題）。

教師は、学期ごとに書く通知表の所見欄に、短い文章と言葉で、その生徒の人格をトータルに表現しようと苦心する。決して、生徒を複数の人格として表現することはない。また、学習評価は、必ず一人の生徒の業績データが記載される。コラボレーションによる学習成果は、活動としては評価されるものの、属性データにはならない。そのようにして、生徒は一つ一つの階段をのぼるようにして教育課程を進み、発達課題をクリアしながらライフサイクルを終えていくのである。逆戻りは、学習からの逸脱であり、心理的停滞として、指導やカウンセリングの対象になる。

ところが、教師はタテマエとしての教育的営みと同時に、ホンネとして人格の多重性を感じ取っている。ただ、それを表現することは、教育という近代的価値を具現する場ではすべきでないと考えているだけのことである。それが証拠に、年度末に担任教師たちが書く「指導要録」には、一人の生徒を二つ以上の異質な言葉で表現することがままある。例えば、「寛容な生徒であるが、ときに平然と嘘をつくことがある」といった類の表現は、教師が生徒の人格を複合的なものとして観察している表れである。事実を没主観的に認識するとき、教師は知らず知らずのうちに、一人の人間の中にいくつかの分断された自我を見いだすことができる。しかし、近代的イデオロギーとしての教育の定義にあてはめる時、教師は事実認識を放棄し、生徒を近代的人間観にあてはめることに専心するのである。

とはいえ、教師は日常的にも生徒の一見不可解な行動と接している。その時、教師は、生徒の非一貫的な行動やサイバースペースに拡張した意識を、逸脱現象と見なす傾向がある。

「切れる子供」、「自意識の希薄化」、「社会性の欠如」といった批判的な言葉は、教師の描いた近代的自我規範に子供たちを統合しようという欲求が満たされないことへの苛立ちでもある。しかし、その近代的自我とは何かと問われたとき、教師はかなり曖昧な用語によってリアリティのない説明をするだろう。なぜなら、教師自身が、すでにこうした非一貫性が常態化していることに気づいているからである。それでも、教師が近代的学校教育規範に生徒たちを組み込もうとすれば、逸脱と統制のいたちごっこが続くだけだろう。

それでは、ポストヒューマン概念は、近代的人間観を崩壊させ、あらゆる価値を虚無化するブラックホールのような概念なのだろうか。最後に、終焉論から踵を返し、黎明への糸口をさぐっておきたい。

6　黎明――自己のエロスから関係のエロスへ

ポストヒューマン論が黙示録的な教育像を提示しがちなのは、ちょうど、サイバーパンクに描かれた近未来像が、どこか薄気味悪い雰囲気を漂わせているのに似ている。それは、そこには、我々がいま帰属し生活している「共同体」が存在しないことの不気味さではないだろうか。『ニューロマンサー』（ギブスン、一九八六）に登場するキメラ的人物は、いつも無慈悲な物言いをする。読者は、あたかも殺戮者が跋扈する無法地帯に放り込まれたような心細さを感じる。そこで通用するのは、欲望充足の市場原理だけであり、他者への共感はありえない。

おそらく、ポストヒューマンを成員とした社会を想定すると、同じ不気味さに苛まれるだろう。すでに、我々は、そうした不安にさいなまれてはいないだろうか。教師が子どもに対して抱く違和感は、文化的ギャップではなく、一緒に共生社会を築くことができるだろうかという不安から来るものだろう。

こうした状況にポストヒューマンなる概念を導入することは、むしろ、共生関係を人間観から崩していると、誹りを受けるかもしれない。しかしながら、全く逆の発想も可能である。というのは、二つの理由でポストヒューマンは新しい人間関係への出発点になり得るからである。

(1) 我々の価値構造、認識構造の基礎になっている近代の閉鎖的自我論から解放してくれる。

(2) ポストヒューマンはいかなるプログラム（価値）も受け入れる柔軟性と中立性をもっている。

(1)の性質から引き出されるのは、いうまでもなく、近代が「個人」に閉じ込めてきた人間存在の理念型、すなわち、一貫性（consistency）と独自性（uniqness）に特徴づけられたアイデンティティ概念から、我々を解放してくれることである。我々は、男でもなく女でもない、未熟でもなく成熟でもない、Turckle（1995）のいう「曖昧（opaque）」、「非中心的（decentered）」で「非線形（non-linear）」な自我を獲得するのである(10)。ドゥルーズ・ガタリが提出したリゾーム（始めも終りもないぐにゃぐにゃの存在）という概念とも似ている（今田、一九八七）。

これまで、我々は、ライフサイクルごとの危機を乗り越え、完全性にむけて一つ一つの発達課題をクリアするという規範を背負ってきた。エリクソン流のライフサイクル物語は、サイバースペースの物語（ＳＦ）に取って代わられようとしている。これまでの自我規範からは逸脱とみなされていたモラトリアム人間や引きこもり、さらには、学校における落ちこぼれや不登校生徒までが、自分を拘束していた内なる叱責から解放されるだろう。

おそらく、こうした論法には疑問が出されるだろう。なぜなら、ポストヒューマン概念は、近代的二元論とアイデンティティ概念から我々を解放してくれるのと同時に、「他者」の存在をも不要にしていることが明らかだからである。そうだとすれば、個人は閉鎖的自我から解放されるのと同じく、他者を失うことになり、社会的存在としての人間、共生社会を生きる人間、という在り方が不可能になる。そんな虚無的な言説は受け入れられないだろう。しかし、(2)の性質で明らかなように、ポストヒューマンはイデオロギー性を持たないことから、他者を失うのと同時に他者（共同性）を受け入れる用意もあるのだ。つまり、終焉は次の物語に向けたリセットでもあるということである。

ここで振り返ってみたいのだが、自己と他者の関係については哲学的議論の歴史があった。近代的自我は、そのフェティッシュな引力から抜け出ることができず、他者（社会）と関わることを寄生的な自我の形成だとして排除してきた。そうして、すべては個人の意識の中に存在する、という独我論に陥っていったのである。それを超克しようとした哲学者の一人が、自己を対他的存在として再定義したサルトルだろう。竹内（二〇〇〇）によれば、サルトルは、人は他者の存在を意識して初めて自己が自由になると考えた。つまり、自分一人の内的な意識鏡に自己を映しても自己は存在せず、他者に『まなざされる』という《被視体験》によってのみ存在しうるというのである(11)。我々が「主体」と考えていた人間の理想的存在は、実は独我論のスクリーンに映った虚像であり、他者を受け入れた「相互主体性」こそが実像だという仮説は、コペルニクス的転回ともいうべきだろう。

ところが、それを教育議論に照らしてみれば、さして新しい発想ではない。デュルケム以来、人間を組織的に社会化する制度として教育があり、そこを通過することによって、人びとは自己と社会を統合してきたのである。ただ、機能主義では、自己対他者の統合ではなく、自己対集団（国家）という関係に比重がおかれていた。したがって、サルトルがいうような相互的主体のことは、社会・心理学的な分析の視野に入っていなかった。

では、人びとに、そうした「相互的主体」、言い換えれば「共存在」への希求が生まれているのだろうか。それとも、対他的存在への志向など近代社会の幻想にすぎないのだろうか。さらに言えばほんとうに、ポストヒューマンは共生への価値志向を持たず、市場におけるゲーム理論にしたがって行動する情報の塊にすぎない、と断定することはできるだろうか。そこで思い起こしてもらいたいのが、ポストヒューマン社会の不気味さである。他者から全く切り離されることの疎外、ニュートラルな存在になることへの不安、といった心情である。本論ではその心情を説明する議論には立ち入らないが、我が国の近代化の過程でも、「個」が析出する時、同時にその反動のようにして個からの逃走ともいえる共同体回帰運動が起きてきたことは事実である。仏教思想に根ざす「一灯園」運動から、トルストイ主義に影響された有島武郎の「狩太共生農団」や武者小路実篤の「新しい村」、さらには、一九六〇、七〇年代のコミューン運動に見られるように、他者への希求が消滅することはなかった。それは、ポストヒューマンの最適生息環境であるサイバースペース上でも同じことである。ネットビレッジ、サイバーコミュニティー等、新たな共同体が次々に誕生している。サイバースペース上での感情爆発（フレーミング）が問題になると、すぐに、それらを掣肘する「村の掟」ともいうべき自主規制ができてくる（加藤、二〇〇〇）。それを、ニュートラルな自己組織システムの成立と呼ぶか、他者へのまなざしと呼ぶかは立場の別れるところだろう。ただ、ここでもう一度確認しておきたいのは、竹田（一九九六）もいうように、共に在る（生きる）ことが自我に先行するということである。竹田（一九九六）はまた、「エロスを投げ掛け合い、そのことを通じて『関係のエロス』が『自己のエロス』を越え出る場合にのみ、閉じられた『自我』は他者をめがけて自らを乗り越える動機を持つのだ」という(12)。

そうした共生への希求が存在するということは、ポストヒューマンが、独我的自己からも共同体からも離床してしまった故郷喪失者として彷徨する中間体（サイボーグ）だからに他ならない。そこが通過点なのか、中有に永住するのかはまだ結論がでない。

その結論はさておき、他者への、そして、他者からのまなざしに対する希求を実現するのは、学校教育以外にはないだろう。なぜなら、他の社会セクター（家族、地域）には、市場原理が隅々まで浸透するからである。冒頭に提示したように、ポストヒューマンのニュートラルな性質は市場原理を受け入れやすいことを意味する。ポストヒューマンは、理想、イデオロギー、カリスマといった価値に意味を見いださないがゆえに、情報システムである市場メカニズムはセキュリティチェックなしに受け入れるからだ。

市場原理から見れば、学校教育は近代をいまだに背負った非効率的、二元論的な発想から抜け出せない秘密結社ということになるだろう。しかし一方で、パイの限られた現代の市場世界では、生産の場でも消費の場でも他者のまなざしを排除することによって効率化をはかっている。そこに「他者」を持ち込むことは、市場競争における敗北を意味するのだ。だからこそ、他者との相互的自我形成を学校以外に期待することはできないのである。

いま、学校教育現場は市場原理には抗えないという無気力に苛まれているが、むしろ、それは逆だろう。ポストヒューマンを、理解し得ない新人類、異星人と呼ぶより、そのニュートラルな性質が教育に大きな可能性をもたらしてくれると考えるべきだろう。現代の市場原理は、ネオ・リベラリズムや新保守主義のイデオロギーだと考えられているが、ポストヒューマンはそうは受け取らない。自らに快をもたらす情報源として利用しているに過ぎない。もし、別の、しかも自己をより安定させてくれる情報源が提示されれば、ためらうことなく乗り換えるだろう。学校教育がそういう誘因をもたないのは、教育が、例えば先に示した「相互的自我」といった概念を、具体的な快をもたらす情報として提供し、実践していないからである。

かなり政策論に立ち入ってきたので、これ以上は進まない。ただ、ポストヒューマンという概念は、教育の限界も可能性も示唆しているという点だけは確認しておきたい。

7　結語——特効薬

鬱状態だとか、自制の効かない逸脱行動といった問題現象に効く特効薬はないものだろうか。教育はそれに忍耐づよく対処してきた。カウンセリングマインドをもった教師が、とことん対話することで、癒そうとしてきた。時間をかけて癒すプロセス自体を教育行為とみなしてきた。それは、市場原理から見れば確かに非効率的な営みだろう。

だが、いまここに夢の新薬といわれる二種類の薬がある。一つは鬱状態を解消するProzacであり、もうひとつはセルフコントロールできない行動を鎮めるLitalinである。すでに、アメリカでは多くのＡＤＨＤ（attention deficit-hyperactivity disorder）と診断された子どもたちに処方されている。しかし、少なくとも教育現場では、それらは対症療法であり、本当の解決ではないと考えられるだろう。だが、どうだろう。もし、子どもたちをポストヒューマンと見なせば、それは対症療法ではなく、情報の修正（デバック）という最終的解決と見なされるはずである。心の問題は教育学から臨床心理学、そして脳科学、さらには情報科学へと分析パラダイムを移していくに違いない。

たしかにそれらは知の地平を切り開いてくれた。かつて、わけの解らない言葉をとめどなく話しつづける症状を示す患者を、狂気か憑き物の業としか言えなかった我々はいま、それが言語理解を担う脳の一部（ウェルニケ野）が損傷を受けて起きるウェルニケ失語症だと知っている。それは科学の進歩だといわざるを得ないだろう。

だが同時に、我々は時間の中で、前世代から次世代へと価値を再生産していくことの意味を、失いつつある。Fukuyama（2002）は、やがて、社会化は不要になり、子どもたちはオーダーメイドで作られるようになるだろうと予測する。そうした社会では、警察も法律も不要になり、人びとは、葛藤、希望、苦痛、道徳選択といった課題から完全に解放されるという。『ニューロマンサー』の世界そのものだろう。もし、それを幸福な世界と呼ぶなら、教育は他の社会制度と共に不要になる可能性が高い。

もはや、教育言説はこのテクノロジー進歩の流れをせき止めることはできないかもしれない。ならば、むしろ、言説を追い越してしまった現実を先取りして、ポストヒューマン教育論を構築することを提言しておきたい。

1　ボール著、稲垣他訳『フーコーと教育』勁草書房、一九九九、四頁。
2　佐藤学「教育学の反省と課題」『いま教育を問う』岩波講座、現代の教育、第一巻、一九九八、五四―七四頁。
3　同前、五四頁。
4　本論ではあえてポストモダンという社会学的概念を使わなかった。なぜなら、ポストモダンという用語は実体概念ではなく、それを使うことによって、社会変動をすべて説明してしまおうという、隠蔽的な言説になっているからである。同様の批判は富永（一九九〇）にも見られる（富永健一『近代化と社会変動』講談社、一九九〇、二七頁）。

5 Haraway (1985)、小谷真理訳「サイボーグ宣言」『現代思想』Vol.17, No.10. 一九八九、一三五頁。

6 同前論文、一四四頁。

7 神崎繁（一九八五）、一六六頁。

8 以下の引用は、Stone (1995)、一三三—三七頁からのものである。

9 Turckle(1995) の調査では、インターネットにアクセスする大学生は、「まるで自分の心がオンとオフでバラバラになるような気分だ」と表現している（一三頁：筆者訳）。

10 Turckle (1995)、一七頁。

11 竹内芳郎（二〇〇〇）、一三頁。

12 竹田青嗣（一九九六）、三七頁。

《参考引用文献》

Ball. S. (1990) *Foucault and Education*, Routledge.

Fukuyama, F. (2002) *Our Posthuman Future* (FSG).

Gibson, W. (1984) *Neuromancer* (New York, Ace Book).

Haraway, D. J. (1985) A Manifesto for Cyborgs : Science,Technology and Socialist Feminism in the 1980's, *Socialist Review*, No.80.

Hayles, N. K. (1999) *How We Became Posthuman* (University of Chicago Press).

McLuhan, M. (1964) *Understanding Media* (McGrow-Hill Book Company).

Moravec, H. (1988) *Mind Children : The Future of Robot and Human Intelligence* (Harvard University Press).

Stone, R. (1995) Identity in Oshkosh, Halderstam, J. & Livingston, I. (ed), *Post Human Bodies* (Indiana Univ. Press).

Turkle, S. (1995) *Life on the Screen-Identity in the Age of Internet* (Weidenfeld & Nicolson).

Turkle, S. (1998) *Cyborg Babies and Cy-Dough-Plasm-Idea about Self and Life in the Culture of Simulation*, In R.

Davis-Floyd et at (ed). (1998) *Cyborg Babies-From Techo-Sex to Techno-Tots* (New York, Routlege).

Waldby, C. (2000) *The Visible Human Project* (Routledge).

今田高俊（一九八七）『モダンの脱構築』中央公論社。

加藤潤（一九九九）『マルチメディアと教育』玉川大学出版。

加藤潤（二〇〇一）「サイバースペースにおける自我変容についての理論的考察（その1）——学校教育へのインプリケーション」『名古屋女子大学紀要（人文・社会編）』第四七号。

神崎繁（一九八五）「隠喩としてのポリス・隠喩としてのパイディア」『現代思想』vol.13-12. 青土社。

竹内芳郎（二〇〇〇）「『自我の超越』における《近代的自我》超克の試みと現代的意義」J・P・サルトル著、竹内芳郎訳『自我の超越、情動論素描』人文書院、所収、巻頭論文。

竹田青嗣（一九九六）「他者と超越——現象学的他者論の基礎づけのために」岩波講座『現代社会学』第4巻。

ウィリアム・ギブスン（一九八六）、黒丸尚訳『ニューロマンサー』早川書房（原著は一九八四）。

スティーブン・ボール（一九九九）、稲垣他訳『フーコーと教育』勁草書房（原著は一九九〇）。

マーシャル・マクルーハン（一九八七）、栗原裕・川本仲聖訳『メディア論』みすず書房（原著は一九六四）。

（かとう・じゅん／名古屋女子大学文学部助教授）

力としての自己

●フーコーの「諸力の関係」

田中智志

私には、幸福（bonheur）という理念が本当に思考可能なものだとはとても思えないのです。幸福などというものは存在しません。人間の幸福についてはなおさらです（Foucault 1994 = 1998-2002, No.50 : 477-8）。

1　フーコーの切り開いた道は

一九八四年六月、フーコー（Foucault, Michel）は五八歳で急逝した。その早すぎた死は、フーコーが知識人として切り開こうとした道を彼自身が明示的に語る時間を奪いとってしまった。フーコーが切り開こうとした道は、権力に抵抗し「形而上学的ニヒリズム」*を批判することをつうじて、社会をより快適な場所にする道だったが、フーコーがどのように権力への抵抗を実践しようとしていたのか、どのようにして形而上学的ニヒリズムから離脱しようとしたのか、わからなくなったのである。

＊形而上学的ニヒリズムとは、この社会・世界の外部にあるテロス（完全性・絶対善）にくらべるなら、この社会・世

界にあるすべては無意味であるが、この社会・世界の内部はこの社会・世界の外部につながっているから、人びとはエロスを求めて日々邁進し、自分を発達させ社会を発展させることができる、というキリスト教的な考え方である。この社会・世界の内部と外部を媒介するメディアはイエスであり、教会であり、理性である。たとえば、丹生谷（一九九六：一四〇―一五三）を参照されたい。

そのうちに、フーコーは社会を分析してきたが、社会を変革する意思をもっていなかった、と考える人まで現れた。一九九五年一二月、ローティ（Rorty, Richard）は、フーコーとデリダ（Derrida, Jacques）とを比較して、デリダは、「過去のものにも永遠なるものにも依拠することなく創られる人間の未来を予言する、ロマンティックな想像力あふれる社会改良者」であるといえるが、「フーコーは、そのような想像力あふれる社会改良者であると見なすことができない」と述べている（Rorty 1998 = 2000 : 151）。「私は、フーコーが想像力あふれる思考にふけることを拒んだことを賢明な決断であるとは思わない。むしろ、フーコーが想像力あふれる思考にふけることを拒んだのは、フーコーが不幸にも人間が幸福になる可能性を信じることができなかったからである」と（Rorty 1998 = 2000 : 152）。

具体的な変革の方途を語らない者は、「変革の意思すらもっていない」と見なされるのだろうか。しかしフーコーは、一九六〇年代から八〇年代にかけて一貫して権力への抵抗を暗示しつづけ、形而上学的ニヒリズムから離脱する方法を模索してきたのである。フーコーの変革への意思を端的に物語る言葉がある。それは、バタイユ、ブランショに傾いていた彼が六〇年代前半に使った「外の思考」という言葉であり、ニーチェ、ハイデガーに傾いていた彼が七〇年代後半に使った「諸力の関係」という言葉である。「外の思考」のほうは、それなりの注目を集めたが、「諸力の関係」のほうは、「権力の関係」と混同されたせいか、ほとんど無視されてきた。

「諸力の関係」は、フーコーの変革への意思を素描するうえで看過できない重要な概念である。そして、その卑近さ、その猥雑さ、その複雑さが、フーコーが切り開こうとした道の険しさを暗示している。「想像力あふれる思考」にふけらず、社会秩序・自己形象の存立機制を根底からあばくことで人びとを変革へ誘うこと――一言でいうなら、それがフーコーの切り開こうとした道だった。もしかすると、その道は、形而上学的ニヒリズムを避けようとすれば、どうしても行きついてしまう道だったのかもしれない。

フーコーの切り開いた道は、現代の教育批判の隘路を突き抜けるうえで、充分に示唆的である。アルチュセールのイデオロギー装置論、イリイチの学校化論、そしてフーコー自身の規律化論に由来する現代の教育批判が示してきたことは、管理主義的であれ、民主主義的であれ、「善きものとしての教育」がはらんでいる抑圧性（暴力性）である。それは、形而上学的ニヒリズムがもっている抑圧性と同質の抑圧性である。しかし、現代の教育批判は、その根拠を問われると、言葉に窮すしかなかった。「人間性」「道徳性」「幸福」などを根拠に掲げてみたところで、それは、たちまちのうちに「善きものしての教育」と同じ抑圧性を生みだしてしまうからである。これから論じるように、「外の思考」「諸力の関係」といった概念に込められているフーコーの「力」の思想は、規律化論のフーコー、そして現代の教育批判の隘路を突き抜ける道を切り開いているといってよいだろう。

ともあれ、まず「諸力の関係」という概念につながる概念を六〇年代のフーコーの議論からひろい出してみよう。それは「表象」に敵対する概念――「解釈」である。

2　解釈をめぐる闘争

記号学と解釈学

フーコーは、一九六七年に「ニーチェ、フロイト、マルクス」と題した評論を発表した。彼はその結論部分で、「解釈学と記号学とは不倶戴天の敵同士である」と述べている（Foucault 1994 = 1998-2002, No.46 : 415）。それは、制度化された言語の内部にとどまる思考（言語）とその外に開かれた思考（言語）――〈外の思考〉――との敵対関係を意味していた。

確かめておこう。フーコーのいう「記号学」は、バルトが提唱したような新しい記号学ではなく、語り書くことを「真実」を複写する「表象」とみなし、言葉を「ロゴス」（確実なもの・不動のもの）とみなす言説である。そこで生まれるものは、なんらかの超越性（形而上学的なもの）である。「解釈学」も、ディルタイが提唱したような古典的な解釈学ではなく、語り書くことをべつの「真実」を創出する「解釈」とみなし、言葉をたえず自己変容する「レトリック」（流動的なもの・変成的なもの）とみなす言説である。そこで生まれるものは、なんらかの局在的規範だけである*。

*このような記号学的（ロゴス的）な言語と解釈学的（レトリック的）な言語という対立的な言語観は、ニーチェの言語観に近い。ニーチェの言語観についてはベラー（Behler 1991, 1996）を参照されたい。

フーコーが好んだのは、記号学的な表象ではなく解釈学的な解釈である。それは、たえず自己言及し、自分の立っている意味世界の「台座」（socle）を掘りかえすことであり、とどまるところなく偶像（「真実」を名のるもの）を破壊しつづけることである。それは、たとえば、フロイトの精神分析学であり、マルクスの経済学批判であり、ニーチェの系譜学である。「フロイト、ニーチェ、マルクスが、つねに自分自身について反省し解釈するという責務を私たちに教えてくれたからこそ、私たちのまわりには、あの鏡［すなわち無限に解釈を解釈しつづける合わせ鏡］が……しつらえられたのだろう」と、フーコーは考えていた（Foucault 1994 = 1998-2002, No. 46 : 406）。

フーコーにとって、解釈はいつも〈途上にあるもの〉である。解釈は、けっして「真実」（カントのいう「物自体」、ヘーゲルのいう「超越性」、フッサールのいう「根源性」）に到達できないからである。解釈は、隠されている「真実」を暗示するものではなく、すでになんらかの解釈の解釈である。「すでに解釈であるものではなく、はじめて解釈されるものは何一つとしてない。したがって、解釈において確立されるものは、分析とまったく同じくらい暴力的関係である」（Foucault 1994 = 1998-2002, No. 46 : 411. 強調は原文）。新しい解釈は、古い解釈を押しのけ、捨てさるからである。

解釈はまた終わることがない。解釈は、人間に無限に解釈するという義務を、つまり終わりのない再解釈という義務を課していく（Foucault 1994 = 1998-2002, No. 46 : 414）。この義務は、人間の認識能力の有限性が人間の認識行為の無窮性を生みだすという、カントの啓蒙概念につうじる義務である。たしかに人間の認識能力は限られている。だから、わからないこともあれば間違いもおかす。しかし、わからないことがあり間違えるからこそ、人間はかぎりなく認識しつづけることができる。こうした考え方は、屁理屈といえば屁理屈であるが、人に希望を与える可謬主義でもある。

解釈する自己

解釈はまた絶対的な支えを失っている。なるほど、ある人の解釈に多くの人びとが賛成するなら、その解釈はそれなりの妥当性をもつことができる。「私は哲学者である」という解釈も、「世界は一つである」という解釈も、多くの人びとが賛成するなら、妥当な解釈と見なされる。ただし、「多くの人びと」は、何人以上と決まっているわけではない。「多くの人びと」は、語る当人のまわりにいる人びと、ようするに、何らかの集団の構成員である。

何らかの集団が解釈の妥当性を決定するという事態は、さまざまな解釈の闘争という状態を生みだしていく。それは、集団が一様ではなく多様だからである。全世界をおおうようなただ一つの均質的な集団が存在しないからである。したがって、解釈はどこまでも多様化していくという運命にある。多文化主義のように、多くの集団がそれぞれに自分たちの信じる解釈を妥当なものとして宣揚するという状態は、私たちの言語行為が表象ではなく解釈であるかぎり、ごく普通の状態である。

このように、解釈の闘争状態にあるかぎり、言説は正当化される目的となるだけでなく、その手段にもなるだろう。フーコーは『言説の秩序』のなかで次のように述べている。

> 言説は――精神分析学が明らかにしたように――たんに欲望を表現したり（隠蔽したり）するものではなく、それ自身もまた欲望の対象である。すなわち、言説は――歴史学がたえず教えてくれるように――たんに闘争や支配システムを表現するものではなく、人びとが闘争する目的であり、手段であり、人びとが獲得しようとつとめる力

である（Foucault 1971 : 12. 傍点は引用者）。

つまり、どんな言葉も中立的なメディアではなくなる。言葉が表現（シニフィアン：signifian/signifier〈意味するもの〉）でもあれば、対象（シニフィエ：signifie/signified〈意味されるもの〉）でもあるのは、私たちが解釈の闘争状態を生きているからである。それは、私たちが一方で言葉を自分の意思で使っていながら、他方で言葉に囚われつづけ言葉に踊らされていくということである。

しかしそれでも、フーコーは解釈の闘争状態があったほうがいいと考えていた。そこには、差異の抹殺という、「真実」というテロスが生みだすテロルが生まれないからである。「解釈の命は、私たちが存在するものはただいくつもの解釈だけであると信じることである」（Foucault 1994 = 1998-2002, No. 46 : 414）。私たちが、解釈の闘争状態をいやがり、何らかの真実にすがりついてしまえば、解釈は死んでしまう。フーコーが恐れつづけたことは、闘争が喪われ、テロルが広がることである。

このような解釈の闘争状態は、後述するように、七〇年代後半にフーコーが語りはじめた「諸力の関係」のプロトタイプである。しかし、「諸力の関係」を論じるためには、もうすこし遠まわりをしなければならない。というのも、フーコーが、解釈の闘争状態をもっともらしく終息させようとする「装置」（dispositif）が「諸力の関係」とつながっている、と考えていたからである＊。

＊dispositif というフランス語は、ほとんど英語にならない言葉のようで、英語で表記する場合、やむなくこの言葉には、実験器具、体操用具、洗車施設というときの器具・用具・施設を意味する apparatus があてられている。フランス語にも appareil という、ラテン語の apparatus に由来する言葉があるが、なぜフーコーがこの言葉を使わなかったのかはわからない。ちなみに、アルチュセールの有名な「国家のイデオロギー装置」の「装置」は appareil である。

フーコーのいう「装置」は二つに分けられる。一つは「エピステーメ」という言説的な装置であり、もう一つは「権力テクノロジー」という実践的な装置である。

3　エピステーメ——言説的な装置

実定性を創る言説

人びとが言葉を使い言葉に使われる言語的領域において、人びとを規定しているものがある。その一つが「言説」（discours）である。言説は、ごく簡単にいえば、人びとの言語活動の多くを制限し禁止し定型化する規則の総体である（Foucaul 1969 = 1995）。

フーコーは、社会には政治・経済・医療・教育・芸術といった諸領域があり、それぞれの領域にはその領域についての知を枠づける言説規則があると考えていた。たとえば、教育という領域においては、「教育的なクリシェ」——cliché は常套句を意味する——とでもいうべき規則があり、それが教育学（教育論）という言説を支配している。教育の領域でたびたびいわれる「子どもの可能性を信じる」「子どもの心を理解する」「子どもとともに成長する」という決まり文句は、教育の規則に反する行為を禁止し排除していく。そこに〈教育的なもの／非教育的なもの〉という区別が創られ、この区別にもとづいて教育的な言葉・思考で充満した具体的な教育の世界が形成されていく。

何らかの言説が禁止・排除の規則によって形成する具体的な実践の世界。その世界になじんだ人にとっては、その言説があらわす現実が現実である。しかし、その実践の世界になじんでいない人にとっては、その言説があらわす現実は現実とは思えない。教育学的な教育の現実と経済学的な教育の現実のように。フーコーが『知の考古学』において「実定性」（positivité）と呼んだものは、このようになんらかの言説（の規則）にフォーマットされた現実である（Foucault 1969 = 1995）。

言表の多様態

フーコーは、言説の最小単位を「言表」（énoncé）と呼んでいる。言表は、さしあたり、言うこと・書くことといった「営み」（jeu）である＊。したがって、言表は、文法に従う「文」、論理に従う「命題」、文脈に従う「発話行為」に重なることがあっても、これらのいずれにも還元されない（Foucault 1969 : 107-12 = 1972 : 80-4）。言表は、純粋な言語学的・論理学的カテゴリーに属するものではなく、アクチュアルな出来事だからである（Foucault 1971 : 148）。

＊厳密にいえば、énoncé はもともと「神の発する言葉」を意味し、「人間の発話行為」である énonciation（speach act）から区別されてきたが、フーコーはこの言葉を「発話行為」に近い意味で用いている。一九七九年、フーコーは、発話行為論を展開していたサール（Searle, John）にたいして「言表は発話行為ではないと述べたことは間違いだった」と述べている（Dreyfus = Rabinow 1983 = 1996 : 122）。

アクチュアルな出来事としての言表は、先にふれた解釈と同じように「多様態」（multiplicité）である。言表には、言葉を使う人それぞれの置かれた情況・境遇が鮮やかに／密やかに反映されるからであり、また言葉を使う人びと全員を同一の情況・境遇に置き、同一の言表をさせることができないからである。言表は、そのときどきに、それぞれに固有の言表の対象を創りだし、表面上似ているにしても、厳密にいうなら、唯一特異な意味世界を暗示していくのである（Deleuze 1986 = 1987 : 34）。

フーコーは、『知の考古学』のなかで、次のように述べている。

> 言表は［文・命題といった］諸要素の一つというよりも……むしろこれらにたいして垂直的に作用する営みであり、系を成している諸記号について、その系が存在するか否かをいわせるような機能である。……言表の機能は、分析や直観をつうじて……諸記号が〈意味をなす〉かどうかを、決定することである（Foucault 1969 : 115 = 1972 : 86-7）。

つまり、フーコーのいう言表は、敵対する二つの側面をもっている。一つは、定式化された文・命題であり、言説によって馴致されて、おとなしく言説を構成するという側面である。それはいわばまじめでおとなしい優等生という側面である。もう一つは、アクチュアルな発言・発話であり、言説によって馴致されるまえの、思いのままに躍動するという側面である。それは、いわばだれに何をはばかることもなくいいたいことを口走ってしまう無頼漢という側面である。

エピステーメ

言語的領域において、言説とともに、人びとを規定しているものが「エピステーメ」(episteme)である。同じ領域ないし近い領域のなかの言説が寄り集まって生みだす、一ランク上のレベルの規則の総体である(Foucault 1994 = 1998-2002, No.206 : 413)。無理やりたとえるなら、エピステーメは、WINDOWSのようなOS(Operating System)である。

エピステーメは、普遍的で遍在的なものではなく、歴史的で局在的なものである。フーコーにとっては、一六世紀以降の西欧における人文諸科学の場合、エピステーメは大きく三つにわけられる。ルネサンス時代のエピステーメ、古典主義時代のエピステーメ、そして近代のエピステーメである。今、ここでの論脈に引きよせて、フーコーのいう古典主義的なエピステーメの特徴と近代的なエピステーメの特徴を、ほとんど強引に要約するなら、次のようになるだろう。

古典主義時代のエピステーメにおいては、言葉は人間の意思にかかわらず物を忠実に写しとる記号である。言葉はまた物と対応関係にあり、言葉は物を表象する。言葉も物もともに位階的秩序――「タブロー」(「完全性の階梯」)――を構成している。人間の思考は、それぞれの領域において、「完全性」という超越性(形而上的なもの)をめざす受動的・複写的な営みである。

近代のエピステーメにおいては、言葉は人間の用いる道具であり、人間の意思によって限界づけられる記号である。言葉はまた物と排他的な関係にあり、言葉は物を解釈する。言葉も物もともに位階的秩序から不完全ながら、解放されている。そして人間の思考は、それぞれの領域において、真理・実体という超越性（形而上的なもの）を創出していく能動的・操作的な営みである。

形而上学からの解放

このような古典主義的なエピステーメも近代的なエピステーメも、ともに超越性（形而上学的なもの）を蜃気楼のように浮かびあがらせるという点で、同質である。超越性は、たとえば、キリスト教が繰りかえし語りつづけてきた「再生の物語」を支えている「起源」である。それは、人間が知恵の実を食べて楽園から追放されたために喪ったものであり、西欧社会のさまざまな生活実践・学術思想のなかで執拗に求められてきた「完全性」「絶対善」である。

もちろんフーコーは、この「再生の物語」を支えている超越性を受け入れることではなかった。超越性は、個々の存在のかけがえのなさを無視し否定するからである。彼にとって「重要なことは、すべての超越性のナルシシズムから〔私たちの〕思考を引き剝がすことだった」。彼にとって「必要なことは、思考が閉じこめていた繰りかえしから、すなわち起源を喪い再び発見するという物語の繰りかえしから、思考そのものを解放することだった」（Foucault 1971 = 1995 : 306）。

図１　言表・言説・エピステーメ

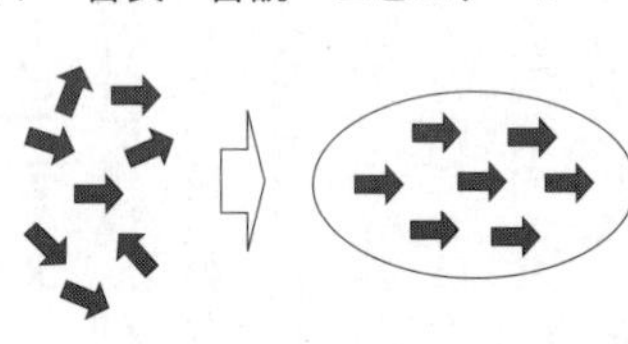

近代（教育）を支配する「発達の物語」「発展の物語」は、フーコーの嫌悪する「再生の物語」の変種である。それは、すべての差異を「発達」「発展」という唯一普遍の右肩あがりの道程に組みこみ、人間・社会をとどまることなく発達・発展する自動機械に仕立てあげる言説である。この「発達の物語」「発展の物語」においては「あらゆる差異が唯一の形態に、一つの世界観の組織化に、一つの価値システムの構築に、さらなる文明化に還元されていく」（Foucault

1971 : 22 = 1995 : 24)。

思考を「再生の物語」から、そして「発達の物語」「発展の物語」から解放するために設定された分析が、フーコーの歴史的存在論（考古学・系譜学）だった。フーコーの目的は、思想を「いかなる目的論にも還元できない一つの非連続性のなかで分析すること、いかなる予備的な地平にも閉じこめられない分散のなかに定位させること、いかなる超越性の構成も主体の形式も適用できない匿名性のなかで展開すること、ようするに、いかなる始まり［再生・発達・発展］も約束しない時間のなかに解放することだった」のである（Foucault 1971 = 1995 : 306)。

4 権力テクノロジー——実践的な装置

実践的な装置

実際に人びとが身体をうごかし課題をこなしていく実践的領域において、さきに述べた言説的領域のエピステーメに相当するものが「権力テクノロジー」(technologies de pouvoir) である。それは、ごく簡単にいえば、人びとの言表・実践を規定し、「権力の関係」(relations de pouvoir) という緊張感に満ちた上下関係を創りだす仕組みである (Foucault 1994 = 1998-2002, No. 238)。

権力テクノロジーは、総体的な場合には「戦略」、局地的な場合には「戦術」、細分的な場合には「技法」と呼ばれている。それらはすべて実践的な問題処理法であり、具体的な問題解決法である。フーコーは『知の考古学』において、権力テクノロジーを理論的に示しただけだったが、教育（社会）学者ならよく知っているように、彼は『監視と処罰』（邦題『監獄の誕生』）において、権力テクノロジーを近代社会を特徴づける「規律化」の営みとして詳細に示している (Foucault 1975 = 1977)。

フーコーは、権力を実体として理解しないで、機能として理解している。フーコーにとっては、言説が対象を生産すること、また実践が対象を生産することが、権力の機能である。何が問題か、それはどのように表現するべきか、どのように処理するべきか――こうした問いを立てるとともに、その問いにたいする答えを用意することの全体が、権力の働き（機能）である。こうした問い・答えの全体は、集団・社会・国家の位階的秩序を、部分的にではあっても、保全するからである。

図式と配置

権力テクノロジーは、図式と配置に分けることができる。図式は、『知の考古学』においては「タブロー」と呼ばれ、『監視と処罰』においては「ダイアグラム」「シェーマ」と呼ばれている（Foucault 1969 : 19, 53 = 1972 : 10, 38 ; 1975 : 206, 207 = 1977 : 207, 208）。こうした図式は、情況によって変わるという意味で可変的であり、物質的ではないという意味で抽象的である。

『監視と処罰』以降、「タブロー」「ダイアグラム」「シェーマ」といった言葉は、ほとんど使われなくなったが、ドゥルーズが指摘しているように（Deleuze 1986 = 1987）、これらは重要な概念である。というのも、図式は、理論でもなければ実践でもなく、人びとの行為を規定する機械的かつ生成的な前提命題を意味しているからである。図式は、「AならばかならずB」という普遍的な因果律を含んでいないが、「AならばBかもしれない」という暫定的な因果案を含んでいるからである（その意味で、図式は、ルーマンがいう「因果プラン」ないし「タクト」にあたるだろう）。

たとえば、パノプティコンは、「一望監視施設」ではなく一望監視という図式である。「パノプティコンは、一般化が可能な一つの権力作用のモデルとして理解されなければならない」。というのも、「パノプティコンは、一つの理念型に縮減された権力のメカニズムを示すダイアグラムだからである。このダイアグラムは、抵抗・摩擦といったすべての障害をまぬがれて、純粋な機械として機能し、ある種の建築様式や視覚効果を生みだす。事実、それは、政治テクノロジーを意味する一つの形象、すなわち、すべての特殊な用法から切り離されうる形象であり、また切り離されるべき形象である」（Foucault 1975 : 207. 傍点は引用者）。それは「どんな営みにも――教育の営み、精神療法の営み、生産の営み、懲罰の営みにも――適用できる」汎用性をもっている（Foucault 1975 : 208）。

こうした図式にもとづいて、さまざまな物・人が配置される。空間がデザインされ、器具が配置され、人員が配置される。図式は配置を生みだしていくが、配置が図式を強化していくこともある。図式と配置との関係は、双方向的な因果関係である。たとえば、同質化という図式が学校の制服を配置し、この制服が、かつての学校のように、同質化という図式を強化していくこともあれば、この制服が、有名私立学校の制服に見られるように、差異化という図式を生みだしていくこともある。

教育を例にとっていえば、権力テクノロジーは校舎・教室・教材・校具・朝礼・訓話・板書・発問・試験・遠足……といった広い意味での教育制度・教育実践である。それらは、教育者の善意・配慮を屈折させるメカニズムである。教育者は、生身の子どもにかかわるかわりに、権力テクノロジーをつうじてのみ、子どもにかかわっていくからである。教育者は、テロスとしての真実を語り教える指導者であるかぎり、権力テクノロジーという媒体を使わずに子どもにかかわることはできないのである。

権力の関係と諸力の関係

こうした権力テクノロジーは、何もない場所にあるのではなく、人と人が織りなす「諸力の関係」（rapports de force(s)）のなかにある。諸力の関係は、ごく簡単にいえば、勝負・反目・共闘などの、人と人との多様な闘争関係である（Foucault 1994 : 124 = 1998-2002, No.187 : 167）＊。こうした諸力の関係がないところには、権力テクノロジーは生まれてこない。権力テクノロジーは、諸力の関係を利用しながら、創られていくものだからである。

＊rapports de forcesの用例は、たとえば、Foucault 1994, No.206 : 300, 307 ; No.238 : 630. に見られる。rapports de forceの用例は、Foucault 1976 : 121 = 1986 : 119. に見られる。

権力の関係も、この諸力の関係と密接にかかわっている。というのも、権力の関係は、権力テクノロジーが無から創りだしたものではなく、権力テクノロジーが諸力の関係を定型化した（飼い慣らした）ものだからである。言表が言説のなかに囚われて躍動力・多様態を喪っていくように、諸力の関係が権力テクノロジーに囚われ飼い慣らされて権力の関係に変わっていくのである。言説と権力との構造的相同性を考えていえば、言説の一部である言表は、権力の関係の下地としての諸力の関係である。

フーコーの権力についての議論は、錯綜しているように見えるが、権力の関係と諸力の関係が地続きであることを知っているなら、かなりすっきり理解できるのではないだろうか。たとえば、一九七六年、『性愛の歴史』の第一巻のなかで、フーコーは次のように述べている。

「権力」（pouvoir）という言葉によってまず理解するべきことは、力の関係の多様態（multiplicité des rapports de force）である。それは、権力が作動する諸領域に伏在するものであり、かつその領域の組織を構成する重要な要素である。またそれは、絶えざる闘争と衝突によってそれらの組織を変形し強化し逆転する営みである。さらにそれは、それらがたがいにささえあって形成する党派ないしシステムであり、逆に、相手を切り離して生みだす反目ないし対立である。加えてそれは、それらが遂行する戦略、すなわち、国家機関、明文法、ヘゲモニーのなかにあらわれるそれらの全体的な配置ないし制度的な結晶である（Foucault 1976 : 121 = 1986 : 119）。

ここでフーコーが述べていることは、権力の関係の原基が諸力の関係であること、諸力の関係が支配的な組織や党派を生みだすこと、しかし組織も党派も諸力の関係によって危機にさらされること、そうした危うい橋を渡っている組織が国家機関であり明文法であるということである。

5　諸力の関係――力としての自己

排他的かつ共鳴的な関係

フーコーは、諸力の関係を闘争状態に限定して語りがちである。フーコーにとって、人間の在りようは基本的に闘争関係だからだろう。一九七八年、フーコーは、現実を弁証法的に捉えようとするロサンゼルスの学生たちと討論しながら、次のように述べている。「私が闘争、戦闘、敵対のメカニズムといったプロセスが存在するとしつこく主張するのは、そうしたプロセスが実際に現実のなかに見出されるからです。しかも、現実のさまざまなプロセスは、弁証法的なプロセスになっていないのです」(Foucault 1994 = 1998-2002, No.221 : 56)。

しかし、闘争状態の効果としての共鳴状態も、諸力の関係にふくまれているというべきだろう。闘いは、ともに闘う仲間(「戦友」)を生みだすこともあれば、敵を好敵手として認めるという態度を生みだすこともあるからである。何かと闘う力は、同じように何かと闘う力と共鳴するからである。フーコー自身、同性愛のなかに見いだせる「友愛」(amitié)という共鳴的関係に強く惹かれていたように(Foucault 1994 = 1998-2002, No.293)、諸力の関係は、競争・無視・疎隔といった排他的関係であるだけではなく、共闘・応答・交接といった共鳴的関係でもあるはずである。

二つの力の共鳴現象は、フーコーが挙げている、命を賭けて闘う味方を助けようとする兵士をおそう高ぶりだけではない。それはまた、懸命に生きる幼い子どもを抱きしめる親の高ぶりでもある。たとえば、一歳になったばかりなのに、保育園に預けられた子どもが、わけもわからずそこで一日を過ごして家に帰ると、「抱っこ抱っこ」といわんばかりに手を伸ばし、親に甘えてくる。翌朝、出かけようとすると、その小さな手と足で力一杯、抱きつき、離れようとしない。なぜ自分が引き離され、置き去りにされるのか、彼にはわからない。彼は、わけがわからないまま嫌なことに耐える力であり、心地よいものから離れまいとする力である。そして、その子どもの力に、仕事に遅れることと闘いながら、応える力がある。フーコーにとっては、愛は諸力の関係の一つなのである。

フーコーが「生」(bio)から区別するところの「命」(vie)は、こうした力である。フーコーは、『性愛の歴史』において、一九世紀以降、権力が「死にたいする権力」として行使されるものから「命にたいする権力」(pouvoir sur la vie)として行使されるものに移行していった、と述べている。この「命にたいする権力」が近代国家の福祉政策・教育政策を特徴づけてきた「生―権力」(bio-pouvoir)であり、この権力が創りあげるものが「生」である(Foucault 1976 : 183-4)。しかし、「命が、あますところなく命を支配し経営する生―権力のテクノロジーに組み込まれたことなど、まったくない。命は、たえず生―権力のテクノロジーから逃れさる」力である(Foucault 1976 : 188)。

「生」は、「命」を前提にしながらも「命」に還元されない。「生」は、たとえば医者が「生命維持装置をつけますよ」というときの「生命」であり、また教師が「望ましい青少年のあり方」や「期待される人間像」というときの「あり方」「人間像」である。それらはすべて、社会的に肯定されている「生」であり、一定の言説的な装置――近代医学・近代教育学・近代経済学など――と、制度的な装置――病院・学校・会社など――が構築する「正常性」(normality)を前提にしている。それは、結局、「命」を定型化し再形成する権力テクノロジーの一部である(Foucault 1983, 1988b)。

力としての自己

諸力の関係は、自己と他者との関係だけに見いだせるものではない。それは、自己と自己との関係にも見いだせる。フーコーにとって、諸力の関係は、社会のなかで「万人が万人と敵対している」ことであるだけでなく「私たちの内部でつねに何かが別の何かと闘っている」ことでもあるからである(Foucault 1994 = 1998-2002, No.206 : 426)。それは、たとえば、私たちが迷い・揺れ・悩むことであり、つまるところ、自分で自分のことを反省することである。

フーコーは一九七〇年代後半から、『性愛の歴史』の一環として「自己」を語り始めるが、丹生谷やドゥルーズが論じているように、フーコーがいう「自己」もまた力である。それは、いわば「野生の自己」であり、「唯物論的な位相にある自己」である（丹生谷 一九九六：一七三）。しばしば誤解されているが、フーコーは古代ギリシアの自己論をつうじて、古代ギリシア的な自己形象を理想像として示そうとしたのではない。そこでフーコーが示そうとしたことは、「力としての自己」が古代ギリシア的な自己形象に絡めとられる瞬間である（Foucault 1994 = 1998-2002, No. 354）＊。

＊一九八四年にフーコーは、ある質問者に次のように応えている。質問者「……そのギリシア人たちのことを感嘆すべき人びとだと思われましたか」。フーコー「いいえ」。質問者「模範的だとも感嘆すべきだとも思われなかったのですか」。フーコー「はい。思いませんでした」。質問者「では、どう思われたのですか」。フーコー「あまりたいしたことはない、と」（Foucault 1994 = 1998-2002, No. 354）。

「力としての自己」は、なんらかの文化・宗教に方向づけられ彩られた自己形象ではない。それは、「けっして到達されることのない自己」（Foucault 1994 = 1998-2002, No. 293 : 374）、すなわち文化・宗教によって形象化されるまえの野生ないし原生の自己であり、いいかえるなら、社会秩序にもとづいて自己制御・自己規律されるまえの、快感（苦痛）に満ちあふれた身体である。それは、ギリシア的な自己、キリスト教的な自己、神道的な自己など、あらゆる形態の自己となりうるという意味で、潜在的な多様態である。「フーコー的な『自己』とは……おそらく端的に所与として与えられた『身体と快楽』をめぐるすべての様相を含んだ潜在性に他ならない」（丹生谷 一九九六：一八四）。

「力としての自己」の主要な部分は、フーコーにとって性愛という装置に侵されるまえの身体（corps）と快感（plaisirs）である。フーコーは、一九七六年に「もしも権力による拘束に抗い、……身体・快感・知に多様性と抵抗の可能性を見いだすためには、私たちは［性愛という装置が創りだした］性的欲望という審級から自由にならなければならない。性愛という装置に対抗し反撃する拠点は、性的欲望ではなく、おそらく身体と快感だろう」と述べている（Foucault 1976 : 208 = 1986 : 199）。

フーコーにとって身体・快感はきわめて重要な拠点である。一九八三年にフーコーは、フランス民主主義労働同盟の

図2　諸力の関係と権力の関係

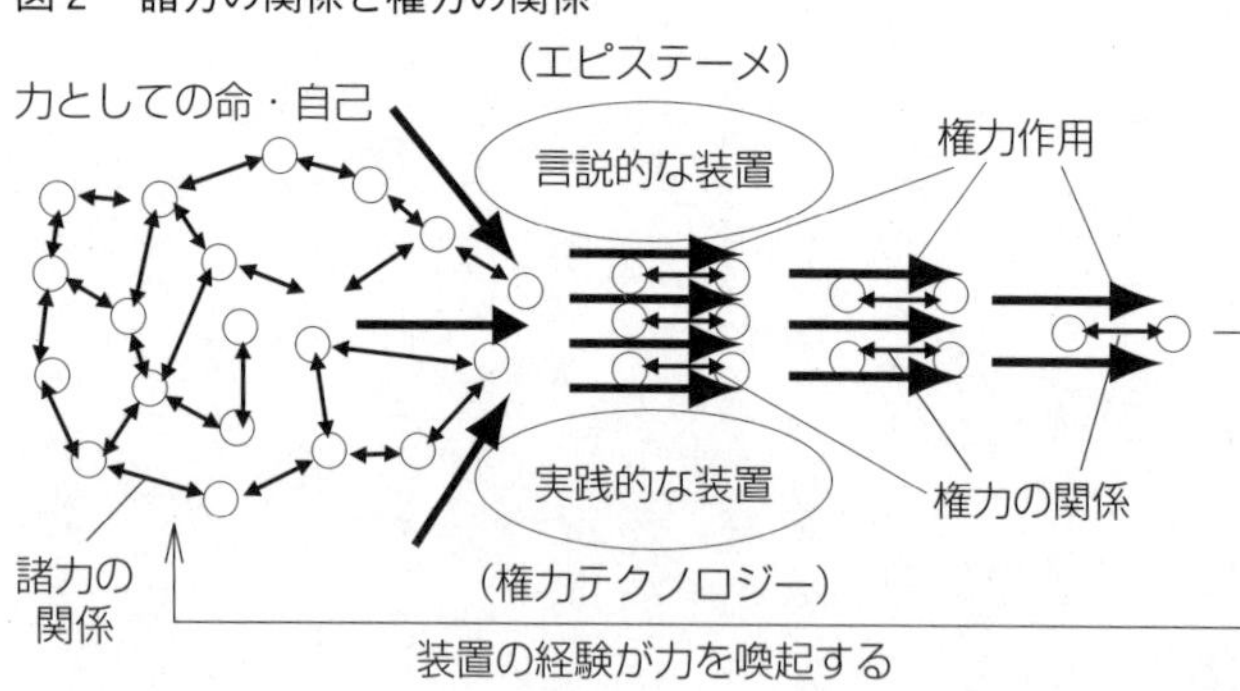

書記長と対談し、「政治行動の意思を何に帰すべきでしょうか。支配されているという意識をもち、闘わなければならないと感じつつも、決心のつかない人びとがいます。人はなぜ政治的に行動し始めるのでしょうか」という書記長の問いに「快感の倫理というものがあります。それを尊重しなければなりません」と応えているくらいである（Foucault 1994 = 1998-2002, No.334 : 401）。

文化・宗教に象られるまえの、身体・快感に裏打ちされた「力としての自己」は、たえない生成（devenir）状態にある。それは、突然変異的な変容をつづけ、歴史的に創りあげられた諸装置を追い越してしまう。たとえば、「美しい日本語」の外へ、「正しい家庭像」の外へと、ためらうことなくはみだしていく。ドゥルーズの言葉を借りるなら、「力は外（dehors）とかかわってる」のである（Deleuze 1986 = 1987 : 134-5, 179, cf. 212）。だからこそ、「命としての人間」「抵抗する力としての人間」にどんなことができるのか、はかり知れないのである（Foucault 1976 : 190 = 1986 : 182）。

このような「力としての自己」は、ドゥルーズのいう形而上学的ニヒリズムから無縁である。ドゥルーズにとって、〈あったものがなくなった〉といって嘆くことからも、〈ほしいものが手に入らない〉と社会を呪うことも、形而上学的ニヒリズムである。〈もっと健康を〉〈もっと発達を〉〈もっと発展を〉と考えているから、そうでない状態を嘆き呪うのである（田中 二〇〇三）。そうしたルサンチマンは、未来のために現在を利用する右肩あがりの時間概念、「再生」の形而上学にとらわれている。しかし、つねに生成的な「力としての自己」は、こうしたニヒリズムから無縁なのである。

6　力としての自己への回帰

さて、私たちの生きているこの時代が、フーコーの切り開いた道を受け入れる余地を充分に残しているかどうか、私にはわからない。私たちは今、有用な知識が、その有用性によって、権力の拒絶、驚異の愉楽、変革の意思を駆逐しかねない時代を生きているように見えるからである。

この時代、教育学には何が求められているのだろうか。あらたな教育技術的・教育制度的な革新によって、学校に満ちている不確実性に終止符をうち、子育てにかかわる不安を一掃することだろうか。ヒューマニズムに満ちあふれた人間形成というイデオロギーの危機を乗りこえるために今必要とされているものは、自己同一性形成や学力形成のテクノロジーなのだろうか……。

すくなくとも、フーコーが切り開いた道は、イデオロギーに替わるテクノロジーを次々に開発するという機能主義的な道ではなかった。いいかえるなら、「みんなを幸福にする」という大袈裟な理念で人びとを虜にするイデオロギーのかわりに、「私をしあわせにする」という個人的な有用性で人びとを虜にするテクノロジーを君臨させる、という道ではなかった。冒頭に引用したローティが述べたように、フーコーにとっては「幸福というものは存在しな」かったからである。

念のために確認しておこう。フーコーのいう「幸福」は、私たちが温泉に入りながら感じるような（ささやかな？）「しあわせ」ではない。「幸福」は、すべての人間がめざすべき完全性であり、逸脱も反抗も敵対も許されない絶対善である。つまり、テロスである。フーコーによれば、人びとがテロスとしての幸福を求めてしまうのは、人びとが「自分の人生を操作する可能性をもっているからである」。フーコーにとっては、人生の操作可能性こそが、絶対的な幸福を約束するイデオロギーやテクノロジーを生みだすのである（Foucault 1994 = 1998-2002, No.50 : 477-8）。

フーコーのしてきた分析は、「幸福」のような超越性が蜃気楼であることを示すという批判であり、自分が正しいと思っている理論を絶対視し、他者の思想を攻撃し悦に入る批判ではなかった。「批判」という名の自己満足を拒否することこそ、フーコーが分析によって達成しようとしたことである。超越性を肥大させ形而上学的ニヒリズムを蔓延させる諸装置をあばくこと、そのなかで諸力の関係を暗示し力としての自己を喚起すること――これがフーコーの分析であり批判である。

おそらく、人びとを踊らせる権力の音楽が終わったあとに人びとの眼前に広がるものは、ただ生きて死んでいく無常無数の諸力のカップリングだろう。『言葉と物』の最後で、フーコーはその光景を「無常の砂浜」と形容している（Foucault 1996 = 1974 : 409）。諸力の関係という無垢なる闘争状態（友愛状態）は、けっして政治（教育）理念として定立することができない。政治（教育）理念にしてしまうなら、諸力の関係は、あの形而上学的ニヒリズムに回収されてしまうからである。

形而上学的ニヒリズムの彼方にある力としての自己は、けっして理想の自己像ではなく野生ないし原生の自己である。それは、ニーチェの描いたツァラトゥストラのように、超越性とみなされて弟子たちに否定されたあとで、ふたたび生成する（NWKG 1967-88, A6-B1）。フーコーのいう力も同じである。それは、権力テクノロジーに変化し否定されたあとで、ふたたびその姿を現すのである。力から権力へ、そして権力から力へ、そしてまた……と、力と権力は往還しつづけるのである。社会秩序の変革、自己形象の変容を可能にするものは、力と権力との往還である。

もはやあきらかだろう。フーコーが切り開こうとした道は、あらゆる価値が相対化される「ポストモダン的な世界」のなかで、古代ギリシアの自己論を手本にしながら、美的な主体を形成するという道などではない。フーコーが切り開こうとした道は、私たちがそれぞれ、社会秩序・自己形象を諸力の関係と諸装置との往還関係から理解するなかで、そして形而上学的ニヒリズムと一体の絶対的な手本などをあてにしないで、よりましな社会秩序・自己形象を自分のローカルな土俵で日々模索するという道である。

なるほど、フーコーの切り開いた道は、社会秩序を形成し自己形象を確立する営みとしての教育が進むべき王道ではないだろう。フーコーが新しい教育のヴィジョンを示しているとはいいがたい。しかし、フーコーが生涯をかけて行った批判的分析は、教育の前提である社会秩序・自己形象の存立機制をその根底から照らし出している。私たち教育研究者は、その功績を忘れてはならないと思う。

〈文献表〉（参照した訳文は適宜、変更させていただいた。）

田中智志 二〇〇三「ケアリングの経験――ドゥルーズの〈一つの生〉」市村尚久ほか編『経験の意味世界をひらく』東信堂。

丹生谷貴志 一九九六『ドゥルーズ・映画・フーコー』青土社。

柳内 隆 二〇〇一『フーコーの思想』ナカニシヤ出版。

＊

Behler, Ernst 1990 *Irony and the Discourse of Modernity.* Seattle : University of Washington Press.

Behler, Ernst 1991 *Confrontations : Derrida-Heidegger-Nietzsche.* Stanford : Stanford University Press.

Behler, Ernst 1996 "Nietzsches Sprachtheorie und der Aussagecharakter seiner Schriften," *Nietzshe Studien 25* : 64 - 86.

Deleuze, Gilles 1986 *Foucault.* Paris : Editions de Minuit. = 一九八七 宇野邦一訳『フーコー』河出書房新社。

Dreyfus, Hubert and Rabinow, Paul 1983 *Michel Foucault : Beyond Structuralism and Hermeneutics,* 2nd edn. Chicago : University of Chicago Press. = 一九九六 山形頼洋・鷲田清一ほか訳『ミシェル・フーコー――構造主義と解釈学を超えて』筑摩書房。

Foucault, Michel 1963 "Preface à la transgression," *Critique.* No.195-6 : 751-70.

Foucault, Michel 1966 *Les Mots et Les Chese : Une Archéologie des sciences humanines.* Paris : Gallimard. = 一九七四 渡辺一民・佐々木明訳『言葉と物――人文科学の考古学』新潮社。

Foucault, Michel 1969 *L'archeologie du savoir.* Paris : Gallimard. = 一九九五 中村雄二郎訳『知の考古学』河出書

房新社。
Foucault, Michel 1971a *L'ordre du discours.* Paris : Gallimard. = 一九八一 中村雄二郎訳『言語表現の秩序』河出書房新社。

Foucault, Michel 1971b "Nietzshe, la généalogie, l'histoire," *Hommage à Jean Hyppolite.* Paris : PUF.

Foucault, Michel 1972 *Histoire de la folie à l'âge classique.* 2nd edn. Paris : Gallimard. = 一九七五 田村俶訳『狂気の歴史――古典主義時代における』新潮社。

Foucault, Michel 1975 *Surveiller et punir : naissance de la prison. Paris* : Gallimard. = 一九七七 田村俶訳『監獄の誕生――監視と処罰』新潮社。

Foucault, Michel 1976 *Histoire de la sexualité, 1 : la volonté de savoir.* Paris : Gallimard. = 一九八六 渡辺守章訳『性の歴史I――知への意志』新潮社。

Foucault, Michel 1979 "On Governmentality," *I & C6 (Aut)* : 5-22.

Foucault, Michel 1983 "The Subject and Power," in Dreyfus, Hubert and Rabinow, Paul, *Michel Foucault : Beyond Structuralism and Hermeneutcs,* 2nd edn. Chicago : University of Chicago Press.

Foucault, Michel 1984a *L'usage des plaisirs : histoire de la sexualité, t.2.* Paris:Gallimard. = 一九八六 田村俶訳『性の歴史II――快楽の活用』新潮社。

Foucault, Michel 1984b *Le souci de soi : histoire de la sexualité, t.3*. Paris : Gallimard. = 一九八六 田村俶訳『性の歴史III――自己への配慮』新潮社。

Foucault, Michel, et al 1985 *Michel Foucault : Une histoire de la verite.* Paris : Syros. = 一九八六 桜井直文訳『ミシェル・フーコー――真理の歴史』新評論。

Foucault, Michel 1988a (1984) "Power, Moral Values, and the Intellectual," *History of the Present Newsletter 4.*

Foucault, Michel 1988b (1979) "Politics and Reason" (="Omnes et Singulatim : Towards a Criticism of Political Reason"), in *Politics, Philosophy, Culture : Interviews and Other Writings,1977-1984.* Lawrence D. Kritzman ed. New York : Routledge.

Foucault, Michel 1994 *Michel Foucault : Dits et Écrits,1954-1988,* 4vols. Paris : Gallimard. = 一九九八―二〇〇二

蓮實重彦・渡辺守章監修『ミシェル・フーコー思考集成』全一〇巻、筑摩書房。

Habermas, Jürgen 1985 *Der philosophische Diskurs der Moderne*. Frankfurt am Main：Suhrkamp Verlag. ＝一九九〇 三島憲一ほか訳『近代の哲学的ディスクルス』Ⅰ・Ⅱ、岩波書店。

NWKG 1967-88 *Nietzsche Werke：Kritische Gesamtausgabe*, 8Abt (20Bde), Hrsg., Colli, Giorgio und Montinari, Mazzino. Berlin：Walter de Gruyter. ＝一九七九―八五 浅井真男・薗田宗人ほか訳『ニーチェ全集』第一期一二巻、第二期一二巻、白水社。

Rorty, Richard 1998 *Achieving Our Country*. Cambridge, MA：Harvard University Press. ＝二〇〇二 小澤照彦訳『アメリカ未完のプロジェクト』晃洋書房。

（たなか・さとし／山梨学院大学大学院社会科学研究科教授）

教育学的メディア分析の可能性

今井康雄

教育の世界では、人と人との直接的接触を表す比喩が多く使われる。しかも、そうした比喩には、必ずと言ってよいほど推奨的な意味がこめられる。教師に求められるのは「子どもとの触れ合い」であり、生徒と「向き合う」ことであり、時には「裸と裸のぶつかり合い」さえが必要なのである。教育の可能性が危機に陥っているように見えたとき、呼び出されるのはきまって直接的接触の比喩である。「他者」との「出会い」が何かしら根源的なものとして語られ、臨床的な「心の触れ合い」が求められるのである。しかし、この種の比喩はどの程度正確に事態を言い当てているのだろうか。それらはむしろ、教育に関する認識を体系的に歪め、教育のコントロールを奇妙な仕方で不可能にしているようなシステムの、一部をなしているのではないだろうか。本稿が明るみに出そうとするのはこのシステムである。そして、このシステムの解明が、教育的作用の間接性を前提にするメディアの分析と結びつき、ひいては、このメディア分析を通路として教育の再定義にまで導かれること、これを示したいと思う。

もっとも、こう言ったからといって、私は教育が全面的に間接的な働きだと考えているわけではない。人への直接的な接触はおそらく教育の可能性の条件の一部をなしているであろう。しかし、教育の可能性の条件としての直接的接触は、すぐ下で見るように、「子どもとの触れ合い」を推奨する人々が想定しているのとはおよそ異なる機能——全面的な受動性の強制——を割り当てられている。このズレはおそらく偶然の誤認の結果ではない。直接的接触の教育学的推奨は、直接的接触に割り当てられた暴力的と言う他ない機能を巧妙に隠蔽している。そしてそのことによって、直接的接触を推奨する人々が想定している教育の機能——たとえば子どもの主体化——は、当の人々の認識やコントロールのとどかない場所に、一貫して押しやられることになるのである。

以下、まず右に予告した直接的接触の原初的な機能について考察し、そうした原初的レベルを越え出ようとするときに必要とされるメディアのメカニズムを明らかにしていきたい。ただ、事柄の性質上、直接的接触についての考察は論証的というよりは例示的に進めざるをえない(1)。一見教育とは無縁な文学的テキストの世界に、まずは入り込むことをお許しいただきたいと思う。

1　「流刑地にて」——直接的接触の原風景

カフカの短編「流刑地にて」は、カフカの他の作品同様、一度読んだら忘れられない苦い後味を残す作品である。物語は、流刑地に学術調査に来た旅行家が公開処刑の場面にいやいや立ちあわされるところから始まる。公開処刑といっても、荒涼とした処刑場に居合わせているのは、処刑される囚人の兵士と見張りの兵士の他、旅行家と、死刑を執行する将校だけである。将校は亡くなった「先(せん)の司令官」の功績だという流刑地の刑罰の仕組みや処刑用の機械について饒舌に旅行家に説明する。この饒舌には理由があるらしい。というのも、現在の司令官は前任者が作り上げた制度に大いに懐疑的であり、外国人である旅行家の意見を改革の口実に使うために彼を処刑の場に送り込んだもののようだからである。「先の司令官」の信奉者である将校は、旅行家から何とか好意的な意見をとりつけようと説明に熱を入れるが、それを聞けば聞くほど旅行家は懐疑的になっていく。ここでは判決の内容も、判決を受けたことさえも当人に知らされないという。これは旅行家がどうにも納得できないことの一つである。

「どのような判決を受けたのか、当人は知っているのでしょうね」

「知っておりません」

いそいで説明しようとするのを旅行家がさえぎった。

「自分が受けた判決を知らないのですか」

「ええ」

なぜそんなことを訊くのか、むしろそれを知りたいとでもいうふうに将校は口をつぐんだ。

「わざわざ告げてやる必要などないのです。当人のからだで知るのですから」［Kafka 1986 : 155=1987 : 60］

「当人のからだで知るのですから」（Er erfährt es ja auf seinem Leib.）――たしかに、将校が微に入り細を穿って説明する処刑機械はそのために作られていると言ってもよい。それは、囚人を横たえる「ベッド」と、鉄の針のついた「馬鍬（まぐわ）」と、それを動かす「製図屋」とからなる全自動の機械である。囚人は裸でベッドにくくりつけられ、その身体に「まぐわ」が判決の文字を刻み込む。この処刑は十二時間続く。止血用の綿、傷口を洗うために水を吹きかける針、汚水排出用の管、等々が細々と工夫されており、「まぐわ」は次第に深く囚人の全身を刻んでいくことができるのである。将校によると、囚人は六時間目までは痛がっているだけだが、六時間目を境におとなしくなり、「悟性がにじみ出て」きて、自分の身体に刻々と刻まれていく判決を読もうとし始める。しかし判決は複雑な書体で書かれているために簡単には読み取ることができない。六時間を要して読み終わったとき、「まぐわ」は囚人の額を刺し貫いて息の根を止め、横に掘られた穴に放り込む。こうして処刑は完了する。

処刑の手口のこの極端な残酷さに旅行家がさほど心を動かされているように見えないというのも、カフカらしい奇妙で不気味なところである。とは言っても、旅行家はそれが「非人間的」だと思うし、「この地のやり方に不満」であることに変りはない。説得が不調に終ったことを悟ると、将校は意外な行動に出る。死刑執行寸前だった囚人の兵士を無罪放免にし、代りに自分が裸で「ベッド」に横たわり、「先の司令官」のシステムと心中でもするかのように自分自身を処刑にかけるのである。しかし、すでにガタのきていた機械は「まぐわ」で将校の身体を滅茶苦茶に突き刺し、将校は通常の囚人のような浄化に至ることもなく息絶える。旅行家は、「まぐわ」に刺し貫かれたままの将校を苦労して地面に下ろしてから町に帰るが、そこで彼は、「先の司令官」が住民から忌み嫌われ、教会に埋葬することさえ拒否されていたことを知る。「必ズ甦ル、時ヲ待テ」云々という碑文を刻んだ彼の墓石は、何と喫茶店のテーブルの下にあった……。

長々と筋を追ってきたが、この短編は、全編にわたって「直接的接触」の寓意画として解読可能だと思えるのである。「まぐわ」による身体への接触。そのようにして、子どももまた「判決」が何であるかを知らぬままに規則や習慣を身体に刻みつけられるのではないか。そのような何としても納得しえぬことこそ、「直接的接触」において起っていることなのではないか。とすれば、このシステムを作り上げた「先の司令官」が人々から忌み嫌われるのは当然である。あの碑文は、いかなる改革をも貫いてシステムを作動させる呪文のようでもある。われわれはこのシステムに不満である。にもかかわらずわれわれは、子どものときに痛みとともに刻まれた文字の、解読に一生を費やすのかもしれない。とすれば、あの処刑の手口は、「非人間的」と呼びたくなるものではあるが、実はわれわれにとってまったく疎遠なものでもない、ということになろう。

以上は、残念ながら私のオリジナルな連想ではなく、リオタールのエッセイに示唆されたものである。リオタールは、その著『インファンス読解』のカフカに関する章で、「流刑地にて」を詳細に分析している。そしてそこに、「子どもの身体」(le corp enfant)〔Lyotard 1991 : 41 = 1995 : 56〕の基本的条件を読み取っている。「身体は、何の前触れもなく、それに応える術もなく、責任もとれないような段階で接触されたこと(d'avoir été *touché*. 強調原文、以下同様)によってつくられるのだから、反省的理性の側から見れば、この前—道徳的、非—道徳的な身体は、むしろ〔カントやアレントが「誕生」や「子ども」に自由な行為を見ていたのとは」逆に取り返しのつかない他律性によって支配されているのである」［Lyotard 1991 : 50 = 1995 : 70］。

もちろん、リオタールが『インファンス読解』で主題にしているのは、人生の一時期としての「子ども」ではない。そこで彼が論じているのは、言葉を欠いた「物言わぬ存在」という意味でのinfantiaであり、そのような存在を言葉で捉えようとする様々な作家の努力である。しかし教育も、作家たちとはまた別の仕方で、言葉を持たぬ存在を捉えようとする努力を含んでしまっているのではないか。もしそうだとすれば、教育における「接触」の問題をカフカ的な光学のもとで見直すことはそれほど不当な試みではあるまい。実際、言葉を持たぬ身体は教育において不断に浮上する可能性を秘めている。それはたとえば身体への文字通り直接的な接触が生じる場合、「体罰」という場合である(2)。「先の司令官」のように忌み嫌われ、喫茶店の墓石のように蔑まれながら、「体罰」はなおわれわれの上に降りかかる呪文であることをやめていない。

2　ロックと体罰——認識はいかに封鎖されるか

寺崎弘昭の『イギリス学校体罰史——「イーストボーンの悲劇」とロック的構図』［寺崎 二〇〇一］は、一八六〇年に起きた体罰事件——寄宿生としてあずかっていた少年をホープリーという教師が体罰によって死に至らしめた「イーストボーンの悲劇」——の再構成を通して、体罰を行った側とそれを断罪する側の双方がその根拠を求めて結局はロックの教育論にたどり着くという、体罰問題の「ロック的構図」を鮮やかに描き出している。寺崎がそこで強調しているのは、この「ロック的構図」では教育の究極的な拠り所が「懲治の権力」（Power of Correction）に置かれており、従って極限的な場合として体罰が容認されているということである。しかしそれはあくまでも極限的な場合であり、そうした直接的な接触は、教育の可能性の条件として、できれば教育の外部から教育を支えることが望まれている（体罰なしで済ますことができれば、もちろんそれが最善なのである）。このために、ホープリーを断罪する側の、たとえば教育学教授ペインは、体罰ができる限り避けられるべきことを強調することで、一方でロックの教えを守りつつ、体罰全面否定論者であるかのような印象を醸し出すことができた。これに対してホープリーは、自分がまさにあの極限的な場合に直面していると考えて律義にロックの教えに従ったがゆえに、断罪される側に回ることになった。ロックが「先の司令官」に、ホープリーが「将校」に、ペインが現在の司令官に、似て見えてきてしまうというのは、これはもちろんカフカを読みすぎた私だけが見る幻影なのであろう。ともあれ、寺崎の指摘する『教育に関する考察』第七八節に示されたロックの教えを以下に示しておこう。

しかし、思うに、そのために子どもが叩かれるのが当然な一つでしかも唯一の過ちがあります。それは、強情、すなわち反抗です。［…］貴下が命じ、彼が拒むというようなことがあって、一度腕くらべという事態、実際貴下がたの間における支配権争いになりますと、もしうなずいたり言葉で言ってうまく行かぬなら、そのためにどれほど殴らねばならぬとしても、かならずそれを実行しなくてはなりません［Locke 1963 : 65f. = 1967 : 106f.］。

ロックはこのように、「強情」や「反抗」という場合、つまり子どものなかに邪悪な意志が認められた場合に限ってではあるが、体罰という直接的な接触を認めているわけである。しかしロックにおいては、「先の司令官」のシステムとは違って、接触は身体のレベルに終始するわけではない（おそらくこれが、ロックが「先の司令官」のようには忌み嫌われていない一つの理由である）。ロックにとって身体への接触は単なる手段にすぎず、身体を媒介として心に働きかけることがめざされているように見えるのである。そこで想定されているのは、ある種の因果的な心身関係、つまり身体的な痛みを媒介として心に作用を及ぼすという可能性であったかもしれない。実際、ロックは次のように述べている。

> 鞭の痛みは、それが必要な最初の機会に、完全に効果があるまで中途で止めずに続け、強められるなら、まず心を屈服させ、両親の権威を確立させるべきもので、それからは威厳はあるが親切味のあることがその後いつも親の権威を維持させるものです［Locke 1963 : 66 = 1967 : 108］。

ここでは、「鞭の痛み」が「心を屈服」させ、「両親の権威を確立」すると想定されている。つまり、身体を媒介として子どもの邪悪な意志を砕き、心に刻印することができると考えられているようである。しかし、体罰の作用がこのような心身の因果関係に解消されるとすれば、体罰はロックの考える目標に決して達しないはずである。実のところ、身体はロックにとって、少なくともこの場合には、手段としてさえ役不足であったように思われる。ロックは次のように述べてもいるからである。

> この場合にもまた、できることなら、鞭打たれるという恥ずかしさが、罰の最大の部分であるべきで、その痛みがそうであってはならぬようにしておきたいものです。間違ったことをして、懲罰に値することを恥じる心が、徳につきものの唯一の真の拘束です。鞭の痛みは、もし恥ずかしさが伴わぬなら、すぐ消失し、忘れられ、慣れると早くその恐ろしさを失います［Locke 1963 : 65 = 1967 : 106f.］。

ロックが本当に求めていたものは、接触による痛みそのものではなく、その痛みとともに生じると期待される恥辱の感情だということになる。寺崎によれば、「ここにおいて、ロックにおける鞭打ちの意味づけは、外面的（身体的）罰から内面的罰へと鮮やかに転回されていた」［寺崎 二〇〇一 : 一七九］という。あるべき体罰は「奴隷的肉体的罰（slavish and corporal punishments）」［Locke 1963 : 38 = 1967 : 65］から区別され、「内面的罰」として意味づけられることになる。事実、ロックが体罰を容認するのはただ一つ、外面的な過誤ではなく「強情」や「反抗」として表れる邪悪な内面にそれが向けられる場合であった。

ところが実際には、教育者が確実に与えていると言えるのは痛みの感覚だけであって、恥辱の感情がそこから自動的に生じるわけではない。だからこそロックは、恥辱の感情を伴わないまま単なる痛みの感覚を与えてしまうことに対して警告を発しているのである（苦痛を与えるだけのそうした行為は教育的効果を持たない所業としてただちに教育の領域から排除されてしまうのだが）。恥辱の感情が生じるためには、自分の身体に刻まれた痛みの感覚の、当人による邪悪ならざる意味づけが必要であろう。痛みを恥辱と感じられるだけの純良な内面に依拠することでロックの考える「内面的罰」ははじめて意味を持つ。右の引用でロックが導入しているのは、体罰のような直接的接触でさえそれが「教育的」であろうとすれば導入せざるをえない間接性なのである。

しかし、体罰をめぐるロックの議論はこの間接性を対象化していない。『教育に関する考察』の読者がロックから手渡されるのは、右に見たように身体を媒介にして心に作用するという因果的な作用図式である。しかし、このような図式によっては本来ロックが作動させようとしている体罰のメカニズムが可視化されることはない。「内面的罰」は、体罰において痛みよりも恥辱を感じるような純良な内面の――つまり当の因果図式が生み出すべき果実の――存在を前提にしてしまっているからである。他方、この「内面的罰」への転回によって、体罰は子どもの邪悪な意志に向けられているはずのものとして意味づけられる。このことによって、教育者の側には、生徒の内面に直接対峙しているかのような錯覚――自分は今生徒の「強情」をこそ打ち砕いているのだという錯覚――が生じることになろう。

以上のような視野の屈折によって、教育者がなしていることと、なしていると思っていることとの間には、構造的なズレが生まれることになる(3)。体罰において教育者がなしていることは身体への直接的な接触であるが、教育者がなしていると思っている（あるいは思うべき）ことは、「強情」や「反抗」として現われている邪悪な意志の打破である。また、教育者がなしていることの成果は生徒の内面という不確かなものに依拠しているのであるが、教育者がなしていると思っていることはその内面への身体を介した因果的な影響行使である。教育者の行為はこの誤認によって支えられているると言うべきであろう。自分が今生徒のなかの邪悪な意志を砕いていると信じることによってはじめて、教育者には「体罰」という行為が許される。また、内面への影響行使として自らの行為を想定することによって、教育者としての自負や責任も生じてくる。しかし同時に、このような構造的誤認に基づく自負や責任ゆえに、教育者の行為は暴走の可能性を抱え込むことにもなる。「強情」を打ち砕くことに熱中して身体を致命的に傷つけてしまうということが——ホープリーの場合のように——常に起りうるわけである。

教育学は、こうした事実誤認を是正するより、むしろその存続に加担してきた。その顕著な現われが、冒頭で述べたような直接的接触の推奨である。教育学教授ペインが体罰の正当性を実は擁護していたことを強調する寺崎も、ペインの議論が「体罰嫌悪の『世論』に擦り寄る」ものであったことを否定していない。体罰否定論の醸成は、「ペインが意図的に予期した巧妙な仕掛けであった」[寺崎 二〇〇一：一三五]。こうして、教育学がそれに加担する形で、ロックにはなお残存していた物言わぬ身体への直接的接触の感触さえが払拭され、内面への直接的作用という想定が、新教育以後、ますます純粋に貫徹していったように思われるのである。直接的な接触は、もはや身体というような身も蓋もない場所においてではなく、教育者と生徒との全体的な、つまり身体的かつ精神的であるような情熱的関わりにおいて、生じるはずなのである(4)。教育学はそうすることで教育者を行為へと鼓舞することができる。しかしそうすることによって、そうした関わりにおいて作動している間接性のメカニズムを教育学は体系的に視野から排除することになる。教育学は、自分が見ているもの（たとえば身体との直接的接触）をコントロールできず、コントロールしようとしているもの（たとえば恥辱を与えるための間接性のメカニズム）を見ることができないという、奇妙に屈折したシステムのなかに教育者を導き入れることになろう。しかも教育学は意識してそうしているのではない。教育学もまた、認識の封鎖によって機能する同じシステムの一部に組み込まれてしまっているのである。

このようなシステムの外に出るための糸口を、われわれはどこに見出すことができるだろうか。以下ではニーチェの教育論にそれを求めてみたい(5)。というのも、ニーチェは、教育を徹頭徹尾人工的・人為的な作用と捉えることによって、一種の「自然」のように認識抜きで運行している教育のシステムに、解剖学的と呼びたくなるような鋭利な視線を向けているからである。

3　烙印をおされる人間、約束をなしうる人間

『道徳の系譜』のなかの、カフカ的な、ほとんど「流刑地にて」の処刑システムの記述を思わせる一節を読むことから始めてみよう(6)。

人間の前史時代をつうじて、記憶術以上に恐ろしく不気味なものは、おそらくなかったろう。「記憶に残るようにするには、それを烙きつけるにかぎる。苦痛をあたえることをやめないものだけが、記憶に残るのである」――これが地上における最古の(そして残念ながら最も持続的な)心理学の根本命題なのだ[5 : 295 = II, 3 : 72]。

ここでは、罰や痛みは外面的・身体的な出来事として捉えられている。ここに描かれているのはカフカの「まぐわ」の場合と同様の直接的な接触であり、それによって身体は烙印をおされる受動的な「肉」の状態に置かれることになる。ロックの場合には、体罰は逆に子どもを主体化するはずのものであった。そのために「外面的(身体的)罰から内面的罰へ」の転回が要請されたが、この転回は当の「内面」を循環論証気味に前提することを必要とした。子どもは、一方で邪悪な内面を打ち砕かれ物言わぬ身体へと還元されていながら、他方ではその身体の痛みを内面的に意味づけることができなければならないのである。これに対して、『道徳の系譜』でニーチェが徹底して暴き出そうとするのは、その

ように「内面」を先取りすることの不当性である。ニーチェによれば、罰とは「意志の自由とか不自由とかいうあらゆる前提とはまったく無関係に、報復として発展したもの」であって、「今でも親が子を罰する場合のように、受けた損害に対する怒りが加害者に対して爆発するというのが刑罰の原因だった」[5:297f. = II, 3:74f.]。その原型が、あの烙印の記憶術なのである。したがって、そこでニーチェが言う「心理学」は、直接的な痛みや不利益が人間のその後の行動に及ぼす効果のようなものであって、「内面」の表示なのではない。「内面」はずっと後に、しかも一種の自家中毒のような形で成立する。

> 外部にはけぐちのないすべての本能は、**内部に向けられる**――これが私の言う人間の**内面化**である。[…] この内面の世界は、もとは二つの皮膚のあいだに張られたように薄いものだったのだが、人間の外部への発散が抑えられるにつれて、しだいに分化拡大し、深さと広さと高さを得るようになった。[…] 敵意・残忍・迫害や襲撃や変革や破壊に対する快感――それがすべて、そのような本能の持ち主自身に向けられた形、**これが**「良心の呵責」の起源なのである [5 : 322f. = II, 3 : 102f.]。

「内面」の系譜学へと向かうニーチェのこうした視線は、この系譜学そのものが歴史的説明として妥当か否かとは別に、教育に関する認識の封鎖を解除してくれる可能性を持つ。彼の視線は教育の可能性の根拠を「内面」に隠匿することを許さず、身体の表面に浮上させるからである。一方で、ニーチェのほとんど唯物論的な視線に従うことによって、われわれは「内面」以前の、「内面」による慰めなしの直接的接触の暴力に直面せざるをえなくなる。他方、この視線は、「内面」以後の、「良心の呵責」から自由になった状態をも、烙印の記憶術に始まる「巨大な過程の終点」に見ている。それが「約束をなしうる人間」である。

人間は、風習の道徳と社会的狭窄衣によって、真に打算しうべき存在に仕立てられたのである。しかしわれわれがこの巨大な過程の終点に立つとき、すなわち木がついにその実を結ぶように、社会性ならびにその風習の道徳が、もともとそれが何のための手段であったかをついに明るみに持ちだす地点に立ってみれば、われわれは社会性という木になった最も熟した果実として優越した至上の個体を見いだすであろう。それはただ自己自身にのみ等しい個体、風習の道徳からふたたび脱却した個体、自律的な、超倫理的な個体である（「自律的」と「倫理的」とはたがいに相容れないからである）。手短かにいえば、独自の、自主的な、長い意志をもった、約束をなしうる人間なのだ［5 : 293 = II, 3 : 69f.］。

「約束をなしうる人間」は、見られるとおりここでは人類の系統発生過程の帰結として描かれている。しかし、このような形で一種の「教育目標」［Löw 1984 : 163］が設定されたことで、ニーチェの教育論は、烙印を押される人間と約束をなしうる人間を個体発生において架橋するという課題を負うことになろう。烙印を免除し、欲望や欲求や興味といった「自然」を解き放つだけではこの課題が果たしえないこと、これは右の引用からも明らかである。「約束をなしうる人間」は、約束を守るために自らを犠牲に供することのできる人間であり、その意味では徹底的に人工的な存在なのである。

この人工的存在は、しかし「内面」の命令によって可能になっているのではない。彼を拘束しているのは、自分が「約束する」という行為によって作り出した、彼の力の所産たる現実である。この意味では、彼は徹底して自らの欲望に従っていると言える。「意志の支配者としての力が大きければ大きいほど、それだけ多大の自由が情熱に与えられる」［13 : 485 (1888 16 [7]) = II, 11 : 394］。「約束をなしうる人間」は、「意志の支配者としての力」が大きいがゆえに「内的自然に対する手綱を安んじて緩められる」［3 : 535 = I, 10 : 271］人間であろう。このように、「約束をなしうる人間」を可能にしているのは解き放たれた自然であって、自然を拘束する「内面」なのではない。とすれば、「内面」を——

循環論証的に先取りするのであれ、身体を媒介にして因果的に形成しようとするのであれ――拠り所にして「約束をなしうる人間」を形成するわけにはいかないであろう。

同時に、烙印をおされる身体が受動的な物言わぬ身体であるということもまた、ニーチェが示そうとしていた事態であった。「自然」の座である身体が出発点であり自由の根拠なのではあるが、身体への直接的接触によっては、約束をなしうる人間の自由を生み出すことはできない。身体に働きかけること、ただし自由への通路を開くような形で働きかけること、これが課題として浮上することになる。この、自由へとつながる形で身体に働きかけうる場所こそ、レトリック的に捉えられた言語だったのではないだろうか(7)。

4　レトリックの力

ニーチェはレトリックを重視し高く評価していたが、これは一九世紀後半としては異例だったと言われる［Goth 1970 : 3］。レトリックへのニーチェの関心はまず、音声の抑揚やテンポのような、言語の外面的・身体的表現形態への注目として現れる。一八七二／七三年冬学期の古代のレトリックについての講義(8)で、ニーチェは、古代の文献は現代人には「何かしら人工的かつレトリック的」に響くと言い、その理由を、「古代に特有の散文は声に出された語り（die laute Rede）の反響に他ならず、そうした語りの法則に即して構成されている」という点に見ている［Nietzsche 1995 : 425］。後の『善悪の彼岸』（一八八六年）でも、「耳を抽斗にしまいこんでしまっている」ドイツ人に対して、「音声のすべての高揚、屈曲、急変とテンポの変化とをこめて読む」［5 : 190 = II, 2 : 268f.］古代人が賞讃されることになる(9)。

レトリックは、このように、たとえば音声の特定の抑揚やテンポを身体に強制するという形で、身体への強制を含んでいる。しかしこの強制は、烙印の場合のように身体を物言わぬ受動性の状態に置くのではない。逆に身体から表現を挑発し引き出そうとするのである。もちろん、引き出された表現にはすでに何らかの形式が刻印されているのであるから、ここでの表現は単なる解放ではない。むしろ、それに刻印するために表現は引き出されるのだと、そう言うべきかもしれない。より深くより自在に刻印するために表現を挑発する、そのための場となるのが言語というメディアだったということになろう。

「約束をなしうる人間」の大前提にある「約束」という言語行為には、こうした言語の機能が典型的に表れているであろう。約束の言葉を漏らすことによって、人はある義務を背負うはめになる。「明日○時にうかがいます」と言っておいて平然とすっぽかす人は、悪くすれば人格を疑われかねない。言葉を発することによって、たとえば「人格」という、物言わぬ身体であれば問われる必要もなかったであろう部分にまで強制が及ぶことになる。表現を引き出すことによって、その引き出した分だけ、刻印可能な部分を広げることができるわけである。しかも、そこでの表現はそれに対応する「内面」を必ずしも前提としない。言語行為論が詳らかにしてくれているように、約束は事実確認的ではなく行為遂行的な言語使用の典型である。約束する言葉において問われるのは、世界の状態の記述でないのはもちろん、心の状態の表明でもない（「昨日はうかがいたい気分だったのでそう言ったまでです」などと言い訳すればますます人格を疑われるだけである）。約束した時の心の状態がどうであれ、約束の言葉を発することによって端的に約束がなされてしまうのである(10)。

このように見れば、「約束をなしうる人間」という形象には、レトリックへのニーチェの関心のもう一つの側面が、つまり表象という機能から言語を放免するという関心が、表れていると言える。レトリックへのニーチェの関心は言語の根源的比喩性への洞察に道を開くことにもなった。レトリック講義のなかで、ニーチェは「言語はレトリックである」［Nietzsche 1995 : 426］と言う。「比喩は［…］言葉の最も固有な本性」であって、「『本来の意味』などおよそ語ることはできない」［427］。とすれば、「言語は、レトリックがそうであるように、真理や事物の本質には結びついてはいない」［425f.］ということになろう。レトリックへの関心によってもたらされた言語観のこうした転回――それが『人間的な、あまりに人間的な』（一九七八年）以後の形而上学批判を準備することになる――の帰結は、一九七三年に書かれた「道徳以外の意味における真理と虚偽」に端的に表れている(11)。一言で言えばそれは、真理そのものがレトリック的性格を持つという主張である。「真理と虚偽」のしばしば引かれる一節でニーチェは次のように言う。

> 真理とは、隠喩、換喩、擬人観などの動的な一群であり、要するに人間的な諸関係の総和であって、それが詩的にまたレトリック的に高められ、転用され、修飾され、そして永い慣用の後に、ある民族にとって確固たるもの、規範をなすもの、拘束力のあるものと思われるようになったものである。すなわち真理とは、それが錯覚であることを忘却されてしまった錯覚[…]なのである[1:880f. = I, 2:476]。

このように真理そのものをレトリックの一つの効果と捉えることによって、言語は世界を表象するという役割を免除され、世界に働きかけ世界を構成するという作用に解消されることになる。そこでの言語は、「内面」であれ「世界」であれ、言語以前に存在する何ものかを単に表象する透明な――「内面」や「世界」を伝達するために自らは消え去ることを理想とするような――メディアではありえない。そのことを申し分なく体現していたのが、「約束をなしうる人間」の約束という言語行為だったであろう。すでに述べたとおり、「約束をなしうる人間」は約束という自らの言葉が作り出した現実に自らの意志で従うのであり、この意味で彼は「優越した至上の個体」なのであった。言語は「世界」を構成する力として現れることになるわけである。表現を挑発することでこの力の場へと人を誘い出し、そのことを通して人を自由へと刻印可能にするメディアが、言語だったと言えるだろう。

教育の場面で、このレトリック的な言語はどのように働くのだろうか。そのことを探るための手がかりとして、ここでは『ツァラトゥストラはこう語った』第一部(一八八三年)の末尾でツァラトゥストラが弟子たちに語る一節を取り上げてみよう。この一節は、後にニーチェが『この人を見よ』(一八八九年)の「序言」で、いかなる「説教」も行わず、いかなる「信仰」も求めない「一個の誘惑者」[6:260 = II, 4:283]としてツァラトゥストラを描くために引用する箇所である。

もう、わたしはひとりで行く、わが弟子たちよ！　君たちも立ち去って、ひとりで行くのだ！　そうして欲しい。まことに、わたしは君たちに進言する。わたしから離れ、ツァラトゥストラを拒むことだ！　いっそツァラトゥストラを恥と思え！　多分彼は君たちを欺いたのだ。

［…］

今私は、君たちにこう命令する。わたしを捨て、君たち自身を見つけよ、と。君たちすべてが、このわたしを否定したとき、そのときはじめて、わたしは君たちの許に帰って来よう［4 : 101 = II, 1 : 117f.］。

矢野智司が指摘するように［矢野 二〇〇〇：六四f.］、〈私を否定せよ〉というこの命令は、従うことが論理的に不可能であるような命令、ダブルバインド状況を強いるような命令である（命令に従ってツァラトゥストラを否定すれば彼を肯定したことになり、命令に反してツァラトゥストラを肯定すれば彼を否定することになる）。また、これも矢野が指摘するように［六〇f.］、ここでのツァラトゥストラのふるまいは、第一部「序説」で「わたしは、あなた方に超人を教えよう」［4 :14 = II, 1 : 20］と群衆に語りかけるツァラトゥストラのふるまいとは異質である。「序説」でのツァラトゥストラは、超人とは何であり人間は何をなすべきかについての彼の考えを語るが、そこで彼は「信仰」を求める「説教」を行っていることになる。そこでのツァラトゥストラの言葉は、彼の信念を表象する言葉になっているのである。これに対して、右に引用した一節では、彼の言葉はその論理的矛盾ゆえにそもそも何ものも表象することができない。われわれはここに、レトリック的言語の教育的な力を、ほぼ純粋な形で見ることができるだろう。それは何ものも表象せず、しかもそれゆえに聞く者をダブルバインド状況に誘い込むような強力な力を発揮するのである。

この力は何のために投入されているのか――生徒自身によって教師を否定させるためであった。ローゼノウはここに『ツァラトゥストラ』の教育観の核心を見ている。ニーチェにとって「教育の本質は［…］抵抗への挑発と刺激」であり、「教育者に対する反乱が［…］ニーチェの教育観の核心をなす」というのである［Rosenow 1992 : 12f.］。これは、自由への教育の極めてラディカルな一構想と言えるが[12]、同時に、生徒を教育によって最も深く刻印しようとする一構想だとも言える。というのも、ツァラトゥストラは弟子たちを単に無罪放免にしようとしているのではない。彼は彼らの自由そのものに刻印し、超人に向けて架けられた単なる「橋」へと自発的に自らを構成するべく仕向けようとしているのである。ここには、表現を挑発することを通して刻印するという、すでに述べたレトリック的言語の作用が極端な形で示されているであろう。

しかも、このレトリックの力はほとんど歯止めを持たない。ふたたびローゼノウを引けば、「意識的な欺瞞」が「教育過程の全体を形作っている」［13］からである。右に引いた一節でも、「多分彼は君たちを欺いたのだ」とツァラトゥストラ自身が語っていた。生徒の自由そのものに刻印するという目的のために、欺瞞さえが利用しつくされることになる。これは真理そのものをレトリック的に捉えるという、「道徳以外の意味における真理と虚偽」で表明された真理観から一直線に出てくる帰結でもある。真理が一種の錯覚にすぎないとすれば、逆に錯覚を引き起こすことで真理を――それが欺瞞であることを十分承知の上で――構成することも当然可能である。教育はまさにその実践の場となる[13]。「嘘と歪曲――すべての教育の手段」［10 : 120 (1882/834 [41]) = II, 5 : 163］。しかも教育者は「こういう変装を人に見やぶられてはならない。人々に自分の誠実さを信じさせることは彼の手腕なのだ」［11 : 580 (1885 37[7]) = II, 8 : 394］。というのも、「真理の言葉をもって影響を与えるのは不可能である。レトリックが必要である」［9 : 160 (18804 [246]) = I, 11 : 207］。このような教育者は、一途な「指導者（Führer）」ではなく、「誘惑者（Verführer）」と呼ぶにふさわしいであろう。

5　メディアの教育メカニズム——ニーチェを越えて

ニーチェの視線に従うことで、われわれの前にはロックの場合とは大いに異なる教育の風景が展開された。教育は、直接的接触によって掌握される——と同時に受動化される——身体的存在としての他者を、身体的存在のままで（身体こそが自由の根拠なのだから）自由な状態に導こうとする努力として現れるのである。これに対してロックにおいては、物言わぬ身体的存在からの離陸を可能にしてくれるはずの「内面」は、物言わぬ身体のなかにあらかじめ想定された(14)。したがって主体化は直接的接触においてすでに可能となるはずなのであった。このように身体の内部に封鎖されていた間接性のメカニズムが、ニーチェにおいては身体の表面に浮上する。単なる受動性の強制であることを越え出ようとするときには常にすでに教育がそのなかに身を置いているはずの間接性のメカニズム、これが可視化されるわけである。ニーチェの場合、このメカニズムはレトリック的言語によって構成されるものとして現れた。力としての言語が、教育の、身体への直接的接触と並ぶもう一つの可能性の条件として現れてくる。このような間接性の導入は、教育が子どもに物言わぬ身体を見るのではなく、何らかの「自由」を見ようとする場合には不可避の帰結である。

教育の可能性の条件としての間接性は、欺瞞の意識的投入においてひときわ明瞭になる。言語の持つ不透明なメディアとしての側面が表面化するからであり、またこのメディアが、意識的に取り扱われるべき何ものかとして対象化されるからである。同時に、われわれはここにニーチェの教育論の極端なまでに近代的な性格を認めることができるだろう。教育という領域は、教育する側の意図によってすみずみまで支配されるべき一領土として現れてくるのである(15)。間接性のメカニズムが浮上し、そのメカニズムを構成・駆動すべきものとして言語というメディアが把握されるが、それは同時に、教育する側がこの言語というメディアを道具的に投入することを意味した。それに刻印するために表現が引き出されたように、それを道具的に投入するために言語というメディアは対象化されている。しかしここでは、つまりこの後者の場合には、ニーチェの教育論は、意図的に欺瞞を利用しているのではなく、逆に意図されざる欺瞞に動かされているのではないだろうか。教育の領域は教育する側の意図によって支配されるはずであり、レトリック的な言語がその従順な道具になるはずだという想定、これは直接的接触に主体化の作用を夢見るのと同じほどに夢想的な教育についての想定だと言わねばなるまい。というのも、言語というメディアは、教育者が自由に利用可能な単なる道具ではなく、むしろ教育者の活動を規定する条件としても働いているように思われるからである。たとえどれほど教育者がレトリックを駆使するとしても、その作用が、たとえば「約束」という言語行為の構造によって制約されているという事実、これはわれわれがすでに確認したとおりである。

教育可能性の条件としてのメディアというニーチェが可視化した存在に端緒を求めつつ、われわれはむしろ、それをいかに投入するかではなく、それがいかに教育の領域を条件づけているかの記述から、言い換えれば教育学的メディア分析から出発すべきなのではないか。そのことによってはじめて、教育をコントロール可能にする道も開けてくると思われるのである。

しかし、教育に関する考察を、教育者の意図から始めるのでも、子どもの欲求、興味、発達等々から始めるのでも、またこの両者の何らかの「関係」から始めるのでもなく、メディアの分析から始めるというのは、何をいったい意味するのだろうか。ここでは、模範的な教育学的メディア分析だと私に思える一つの事例に即してこのことを説明してみたい。その事例とは矢野智司の『動物絵本をめぐる冒険——動物—人間学のレッスン』〔矢野 二〇〇二〕である。

同書で矢野は、親が子どもに最初に与える本がなぜ「うさこちゃん」シリーズであり「ピーター・ラビット」シリーズであり、つまりは動物を主人公にした絵本なのか（子どもはこれから人間たちの世界に生きることになるのに）、というコロンブスの卵的な問いから出発して、実に興味深い考察を繰り広げている。矢野によれば、われわれは様々な形で動物との関わりを求めているが、「動物絵本も、子どもとわたしたちが、この他者としての動物と出会うためのメディアなのである」〔矢野 二〇〇二：二八〕。矢野のこの論が凡百の「他者」論や「出会い」論と異なるのは、「出会い」を成立させ水路づける前提的構造を、絵本というメディアのなかに読み取っているからだ。たとえば、擬人法というほとんどの動物絵本が利用する中心的な技法は、物語を子どもに親しみやすくするための単なる方便ではなく、動物という内在的には経験不可能なものを接近可能にする技法である。

この技法はさらに、動物を人間化するのではなく、人間の側を動物の世界に解消するような「逆擬人法」へと展開することもある。そこでは「人間は自己解体とともに人間中心主義を脱却し、世界の側に置き直されて、世界の存在者たちと相互に結びあいながら生きることを学ぶ」［矢野 二〇〇二：九二］ことになる。この「脱人間化」は、擬人法という技法だけでなく、「ファンタジー」や「ノンセンス」という動物絵本の語りの構造によっても支えられている。動物絵本において、子どもは野生の存在と一体化する瞬間を体験することができるし（ファンタジー）、不条理な世界を適切な強度で体験することもできるのである（ノンセンス）。

考えてみれば不思議な話である。絵本は、現代の出版文化の有力な一分野であり、巨大なマーケットを伴って制度化されたマス・メディアであるが、同時に大人がそれを子どもに贈り子どもに語って聞かせるというごく身近なレベルで、大人と子どもをつなぐメディアでもある。このどちらのレベルにおいても、「脱人間化」が意図されているとは考えにくい。子どもに絵本を贈り語って聞かせるとき、大人は幼い子どもをまずは「人間化」することを意図しているであろう。ところが、その絵本が、「脱人間化」の構造を――脱人間化された世界からの帰還が絵本には同時に描かれているとしても――含んでいるわけである。この背後に、矢野は、人間の文化そのものが、労働に代表されるような自然の人間化に尽きるものではなく、人間化された自然を徹底的に否定する供儀や祝祭の瞬間をも含んで成り立っているという事実を見ている。供儀や祝祭によって初めて、人間は「世界との全体的なコミュニケーションである内奥性の次元をとりもどす」［矢野 二〇〇二：一六］というのである。動物絵本を通して、子どもはこの内奥性の次元に触れることになる。

しかし、それでもまだあの不思議感は残るだろう。前のような説明によって、絵本の持つ社会文化的な機能性・合理性は一応納得できるとしても、子どもに絵本を贈る大人の意図とその絵本の機能との差異は残るからである。もちろん、意図と機能が食い違うのは社会的状況においてはむしろ通常の場合ではある。絵本の場合も、たとえ最初は純然たる「教育的」意図をもって絵本が与えられたとしても、それがすぐれた絵本であれば、子どもと一緒に絵本を読むとき、絵本を読むこと、そして読む自分の声とともに子どもが物語に熱中することは、大人にとっても大きな喜びとなり「遊び」そのものとなるだろう。大人の側の「遊び」は右に触れたファンタジーをさらに活性化させるに違いない。しかし、事態が以上のようであるとすればなおさら、われわれはここに巧妙な文化伝達のメカニズムを認めないわけにはいかない。絵本というメディアは、人間化と脱人間化の微妙なバランスや困難な往還を子どものなかに実現するために、大人の意図をこえて大人自身を巻き込み、彼らを動かしていることになるからである。

ここで問題となっているのが「無意図的教育」ではないことに注意してほしい。絵本作家も、出版社も、親も、当然何らかの意図を持って――子どもへの愛、作家的野心、経済的利益、等々――子どもに絵本を送り届けている。とくに親は、多くの場合、多かれ少なかれ「教育的」な意図を持って絵本を与えているであろう。しかしこの意図は、右に見たように何重にも屈折して作用することになる。そしてその結果、子どもは存分にファンタジーやノンセンスを楽しみ、そしてまさにそのことを通して大人の文化のなかに組み込まれていくことになるのである。結果として出てくるこうした作用を「意図せざる副次効果」と呼ぶわけにはいくまい。意図の屈折自体が精妙にコントロールされており、「教育的」な意図そのものがこのコントロールされた全体のなかにところを得ているのである（これは作家的野心や経済的利益についても――うまくいけば――同様でありうる）。このようなコントロールを可能にしているものこそ、絵本というメディアだったと言うべきであろう。

この絵本というメディアは、言うまでもなく歴史的・文化的・社会的構成物であって「自然」の産物ではない。現在見るような動物絵本は、矢野によれば比較的最近の歴史的産物である（この背後に深遠な「集合的無意識」のようなものを発見することはその筋の専門家に任せておこう）。この人為的な構成物は、右に触れたように様々な意図によって構成され可能になっているわけであるが、それらの意図を屈折させて接続し直し、それぞれの当初の意図とは異なった作用を全体として引き起こすことを可能にするような巧妙な回路を、絵本というメディアはその内部に構築している。矢野のメディア分析が行なっているのは、私なりに理解すれば、この回路とそれが生み出す作用の記述である。文化伝達の機能を担って投入されている様々なメディア——声、文字、映像のような要素的なものから、おもちゃやコンピュータ・ゲームのような子ども向けのメディア、教材・教具や学校建築のような学校空間のメディア、さらには新聞、テレビ、インターネットのような社会空間のなかのメディアに至るまでの——に関して、同様の分析が可能であり、必要でもあろう(16)。

もちろん、人為的な構成物である以上、メディアの回路はそれほど盤石なものではない。その回路はいかなる要因によっていかに変化するのか、この変化がメディアの作用の変化にどのように結びつくのか、またメディアの回路はどの程度恣意的な——たとえば政治的プロパガンダを目的とした——利用を許すのか、といった点は解明を要する問題であろう。しかし、メディア分析なしに教育を行なおうとすることは、経済法則の知識なしに「善き意図」だけを頼りに経済政策を推進するのと同じくらいに向こう見ずなことだと思われるのである。

6 まとめにかえて——メディア分析から教育の再定義へ

本稿でわれわれは、いくつかの事例を経由しながら、教育可能性のレベルに間接性のメカニズムを導入しようと試みてきた。他者への直接的接触の欲望は教育を起動させる一つの要因であるかもしれないが、他者に何らかの「自由」を想定する限り、教育は間接性を導入せざるをえない。この間接性を可能にするのがメディアなのであった。メディアによって間接性の空間が開かれるために、この空間はメディアによって規定されたメカニズムを内蔵することになる。このメカニズムを解明するのが教育学的メディア分析の課題である。

間接性の空間は、もちろんメディアによってすべてがあらかじめ決定されているわけではなく、意図的行為の自由になる余地は大きい。しかし、間接性のメカニズムはあらゆる意図を屈折させずにはいないのであり、意図的行為は絶えず直進を妨げられる。メディア分析はこうした屈折の回路を解明するための重要な手だてを提供しているのである。教育において最終的に問われるのは、意図の善悪ではなく、様々な屈折を経た上で間接性のメカニズムが最終的にいかなる作用を産出するか、ということであろう。この作用をいかに評価し、いかなる改善策を（作用が不十分と評価された場合に）導くかは、理論的に決定できることではなく、おそらくは公共的な議論に委ねる他ない事柄である。しかし評価や改善は、間接性のメカニズムが未解明のままでなされるなら、産出された作用や期待される作用を、結局は意図の善悪に帰着させることになる。こうした主意主義を避けて結果による評価・改善を試みてみても、その結果を生んだメカニズムがブラックボックスのままであれば、実験という名の闇雲の——現状以外であれば何でもよいと言わんばかりの——試行錯誤を繁茂させるだけであろう。教育学的メディア分析は、こうした教育論議・教育政策の不毛性を回避するための重要な通路ともなる。

以上のようなメディア分析の立場から見るとき、「教育」という領域も従来とは違った相貌を見せることになる。たしかに、メディア分析の立場から見ても、教育はまず、他者に作用を及ぼそうとする意図的行為の領域として現れるであろう。しかし、教育する側の意図は、メディアのメカニズムに組み込まれることによってはじめて作用を持つことができるのであった。教育する側の意図が前面に出る、たとえば学校教育のような場面で、学校・教室の空間配置から教材・教具、さらには使用される言語のレトリック（教師の発問の仕方、生徒の応答の仕方、等々）に至るまで、メディアを規制し定型化することに注意が払われているのはこのためでもあろう。教師は、あらかじめ用意された学校特有のレトリックの世界——生徒の前では自分のことを「私」ではなく「先生」と呼ぶ、といった類いの——に、場合によっては多少の居心地の悪さを感じつつ入っていくことになる。その教師はその後こうしたレトリックを通して、それに規定される形で自らの意図を追求することになろう。

子どもに絵本を与えようとして書店に立ち寄ったが手に取る絵本がどれも動物絵本で、特別意識することもなくそのうちの一つを購入する父親の場合を考えてもよい。このようなメディアの先行性に着目すれば、教育に関する考察において主要な関心事となるのは、意図がいかに実現されたか、あるいは意図を首尾よく実現するためには何が必要か、という問いではもはやない。問われるのはむしろメディアのメカニズムであって、それが一方では教育する側の意図をいかに屈折させ、他方では教育される側の「自由」をいかに挑発しているかが問題となるのである。

もちろん、メディアは、教育する側の意図に対しては常に先行するとしても、「自然」の産物ではなく人為的な構成物なのであるから、意図的に変更することが可能である。教師は生徒の前で意識的に「私」と言い続けることができるし、父親は絵本の代わりにカンディンスキー（たとえば）の画集を見せることも、コンピュータ・ゲームを買い与えることもできるだろう。しかし、メディアは変化しても、意図がメディアのメカニズムに組み込まれることではじめて作用するという基本的な構図は変わらない。教育する側の意図によって選択され構成されるメディアのなかで、教育する側の意図と教育される側の自由が言わば「すれちがう」、その過程として「教育」は現れることになろう。教育は、麗しい直接的接触の物語でも、ニーチェが、あるいはまったく逆の方向からルソーが夢見たような、メディアの支配によって若者の意志そのものをとりこにするという物語でも、あるいはこの中間に位置づく様々な「関係」の物語でもない。教育に要請され、また総体としての教育が現実に遂行してもいることは、お互いが適切に「すれちがう」ためのメディアをいかに構成するかについての配慮なのである(17)。他者に作用を及ぼそうとする意図的行為の領域は、そのようにして構成されたメディアに支えられることによって、また支えられる程度に応じて、ようやく水面上に顔を出すことのできる氷山の一角にすぎない。しかもそれは、先の教師や父親の例を想起すればわかるように、メディアを構成しようとする配慮の一部となるかぎりで教育という巨大氷山の一角を占めることができるのである。教育という領域をこのように捉えることによって、われわれは意図的行為としての教育実践から何かを奪うことになるのだろうか。われわれはむしろ屈折した事態をありのままに見ることのできる視界を教育実践のために奪い返すのだと、そう言うべきではないだろうか。

1　ここで主題化されるのはモレンハウアーの言う「教育可能性」（Bildsamkeit）である［モレンハウアー一九八七：九二ff.］。そこでは、「言い表わしえぬ」存在を相互主体性の世界に連れ出すことがなぜ、いかにして可能か、という原理的な問題が問われる。従来もっぱら被教育者の「内」に、教育以前的な事実として想定されていた「教育可能性」が、そこでは教育がなされた後に事後的に被教育者に投射される事実として捉え直され、つまりは「教育可能性」の問題設定自体の変更がなされることにもなる。本稿で私が試みるのは、間接性の想定がこうした意味での「教育可能性」に常にすでに含まれているということ、言い換えれば、そもそも被教育者の「内」に「教育可能性」を投射しようとすれば教育は間接性のメカニズムを想定せざるをえないという事実、の指摘である。これは、教育のなかには直接的ではない間接的な作用（たとえばヘルバルトが「訓練」から区別した「教授」）も存在するという、誰もが知っている事実を想起することとは当然ながら別物である。いずれにしても、「教育可能性」に関わる以上、われわれはここで、経験科学的論証によっては接近困難な「言い表わしえぬ」存在に触れざるをえない。

2　「体罰」よりは心なごませる接触の場合として美的経験がある。これについては今井二〇〇三a参照。美と暴力はともに無言の前‐道徳的・非‐道徳的な身体と関わる。リオタールも身体へのカフカ的な書き込みを「aisthesisへの先行的組み込み」「美的感覚的なものへの従属（la subordination esthétique）」と呼んでいる［Lyotard 1991 : 51=1995 : 71］。ただし、右に挙げた拙論で論じたのは美的経験が単なる直接性にとどまるものではないということであった。この点は、以下に見るように「体罰」の場合も同様である。

3　こうしたズレの問題については、今井一九八七、今井二〇〇二をも参照。

4　たとえばヘルマン・ノールは「一人の成熟した人間と一人の生成しつつある人間との間の情熱的関係（das leidenschaftliche Verhältnis）」に「教育の基盤」を見ている［Nohl 1933 : 22］。もちろん、この「情熱的関係」においては物言わぬ身体との関係がむき出しになれば、これはスキャンダルとなる。高名な学校改革論者であったグスタフ・ヴィネケンが二〇年代初頭に巻き込まれた同性愛事件はそうした場合である。もっともヴィネケンは、身体的接触が自分の教育的行為の一部であると主張するほどにラディカルであった［cf. Wyneken 1922］。

ここにも一端が示されているように、またヴュンシェが的確に指摘するように［Wünsche 1982］、新教育のなかにはたしかに身体への関心の高まりを見ることができる。しかしそこに支配しているのは心身一如の直接性への希求であって、間接性の認識はかえって排除されていったように思われるのである。

5 ニーチェに関する以下の記述は今井二〇〇三bの内容と一部重複する。

6 この一節に、キットラーは伝統的な識字化の構想からの決定的な断絶を読み取っている。一八〇〇年前後に形成された万人の識字化という構想は、文字を声や意味と結びつけることで識字を「自然」な過程として実現しようとするものであった。声や意味に裏打ちされることで、「文字というメディアはその内側に［…］ある種の心理学を形成する」［Kittler 1995 : 140］。人は文字を通して著者の「内面」を読み、文字を通して自らの「内面」を表現するわけである。「文字という冷たく太古的な技術が突然普遍化したのはこの心理学のおかげである」［Kittler 1995 : 140］。キットラーの見るところ、文字というメディアへのニーチェの接近はこれとはまったく異なる。それを象徴するのがこの一節なのである。「焔と痛み、描くことと傷つけることからなるこの文字は、識字の化身であるどころかまさにその対立物である。それはいかなる声にも従属せず、それゆえシニフィエへの飛躍をも禁止する。それは自然から文化への移行を連続性としてではなく出来事のショックにおいて行う」［Kittler 1995 : 248. 強調引用者］。このように見れば、この一節と「流刑地にて」の処刑機械の記述との間に働いている親和力は一層印象的であろう。

7 西洋におけるレトリック的教養の伝統については廣川 一九八四および加藤 二〇〇二 参照。加藤はニーチェをこの伝統のなかに位置づけている。

8 ニーチェは一八七〇年代初めにレトリックに関わる一連の講義を行っており、これがレトリックに対する彼の関心を示す最初のドキュメントとなっている。なかでも、一八七二／七三年冬学期の講義「古代レトリック解説」は、後の言語論・形而上学批判との関連で重要な内容を含む。この講義が行われた時期については、批判版全集は一八七四年夏学期としているが［Nietzsche 1995 : 413］、ベーラーはこれを批判して七二／七三年冬学期とする［Behler 1996 : 74］。ここでは、このベーラー及び Meijers 1988 に従う。

9 こうしたレトリックへの注目はレトリック関連の講義と同時期に書かれた教育論にもおそらく反映している。『反時代的考察』第二篇「生にとっての歴史の功罪」（一八七四年）のなかでニーチェはドイツ人の「内容の感覚」や「内面性」を嘲笑しているが、ゴートによればここにもニーチェのレトリック重視の精神が表れているのである［Goth 1970 : 23］。

10 サールは、発話者が約束を履行する意図を持っていることを約束が成り立つための条件の一つとして挙げている［サール 一九八六：一〇八］。デリダが言語行為論を批判する際に標的にしたのがまさにこの「意図」という前提であった。デリダによれば、「行為遂行的発言に、つまりありうるなかで最も「出来事的な」発言に意図もしくは立ち会いが取り返しようもなく不在である」［デリダ 一九八八：三五］。これに対してサールは、聞き手がコミュニケーションを理解できるのは「その言語行為の遂行における話し手の意図を理解することによってである」［サール 一九八八：八三］とするが、またこの「意図」が必ずしも意識されているとは限らないとも言う。「われわれの意図のうちで意識にもたらされるものはむしろほとんど存在しない」［七六］のである。サールが固執する「意図」でさえ、「心の状態」に必ずしも対応してはいないということになる。なお、注目すべきことに、デリダは言語行為論が言語を真理という価値から一部免除し力という価値で置き換えたことを評価し、この点で言語行為論をニーチェに結びつけている。「まさにこの点［「真理」に代えて「力」を置いたこと］が、いささかもニーチェ的でないこの思想において、ニーチェの方向へ合図しているように私には思われるのである」［デリダ 一九八八：二八］。

11 レトリックへの関心と言語観の転換との関連については Meijers 1988, Behler 1996 を参照。一八六九／七〇年の段階では言語を「本能」に結びつけ、また『悲劇の誕生』（一八七二年）では言語の本来の機能を「根源一者」（das Ur-Eine）の表象能力に見ていたニーチェが、「道徳以外の意味における真理と虚偽」（一八七三年）ではそれとは全く異なる言語観を表明する。この変化の背後に、メージャーズもベーラーも七二／七三年の講義に表れたレトリックへの関心を見ている。なお、この七二／七三年のレトリック講義はゲルバーの言語論（Gustav Gerber, *Die Sprache als Kunst*, 1871）に大きな影響を受けており、文字通りの引用の部分も多く見られる［cf. Meijers/Stingelin 1988］。そのゲルバーに依拠した部分ではあるが、ニーチェが近代におけるレトリック嫌悪の典型としてロックの『人間知性論』の一節を挙げている［Nietzsche 1995 : 415］のは興味深い。

12 ローゼノウによれば、教育者が生徒に教育者の否定を迫るというニーチェのこの要求は、「かつて教育者に対して立てられた最も大胆な要求」であり、「教育理論の歴史において前例を見ないもの」である［Rosenow

1992 : 13］。

13　レーヴは、意識的欺瞞としての教育を、ニーチェの著作活動全体を貫く基本的態度だったと見ている。つまり、ニーチェの著作全体が、何らかの信念や真理の表象であるよりは一種のレトリック的な説得であり誘惑だったというのである［Löw 1984 : 188f.］。

14　カントの倫理学に極まるこうした倫理的かつ自律的な、「内面」によって自らを律する主体の構想こそ、ニーチェが批判の対象としたものであった（先に引用した「約束をなしうる人間」についての一節で、ニーチェが「『自律的』と『倫理的』とはたがいに相容れない」と述べていたことを想起してほしい）。オーウェンによれば、カントが成熟を道徳的自律――「道徳法への自己立法による服従」――と考えるのに対して、ニーチェが構想したのは道徳以外の意味での自律と成熟の可能性であった［Owen 1994 : 31 = 2002 : 51］。ここからもうかがわれるように、本稿でのわれわれの議論は自然科学的な人間研究の知見と直接噛み合うレベルで展開されてはいない。われわれの議論は、自然科学が人間の（たとえば）遺伝子的な被規定性をたとえ完璧に明らかにしたとしても残りうる自由の領域を問題にしているのであり、それをわれわれはメディアの領域に求めようとしているのである。この点については、短い新聞記事であるが 岩井 二〇〇〇 を参照。

15　教育を一種の欺瞞と見ること自体は、たとえばルソーの消極教育の欺瞞がすぐ想起されるように、それほど驚天動地の主張ではない。むしろ、教育が提示（Präsentation）ではなく代表的提示（Repräsentation：表象）として構成されるようになった近代以来［cf.モレンハウアー 一九八七：五七 f.］、欺瞞の要素は教育の核心部分に存在し続けたと見るべきであろう。かすかな欺瞞は、親子の自然な愛情を批判し意識的な対処を求めるモンテーニュの『エセー』にも、子どものプライドを利用して子どもと（一見）理性的な議論をすべきだとするロックの『教育に関する考察』にも、認めることができるはずである。もちろん、私はここでこうした欺瞞を理由にしてニーチェの、あるいは近代の教育論を批判しようとしているのではない。

16　本稿では、「メディア」について、理論的な負荷をできるだけ避ける意味もあって、個人と世界の〈中間にあって作用するもの〉といったごくゆるやかな意味で理解している。こうした意味でのメディアのプロトタイプとなるのは言語であるが、マス・メディアもこの範疇に入ってくる。コミュニケーションのミクロ・レベルとマクロ・レベルを貫通するこうした「メディア」の概念については、今井 一九九八を参照してほしい。

17　ベンヤミンはこれを「子どもの支配」に対置して「世代関係の支配」と呼んだ［Benjamin 1980（1928）: 147 = 1997 : 139］。教育についてのこうした捉え方の教育思想史的な位置づけについては　今井　一九九八、とくに五九 f.、一四一 f.を、「すれちがい」の具体的な記述については　今井　二〇〇三 a　を参照していただければ幸いである。

〈参考文献〉


今井康雄「教育学における〈目的―内容―方法〉図式への不満」『教育哲学研究』第五六号、一九八七年、六一―六四頁。

今井康雄『ヴァルター・ベンヤミンの教育思想　メディアのなかの教育』世織書房、一九九八年。

今井康雄「教育学の暗き側面？　教育実践の不透明性について」『現代思想』二〇〇二年五月号、二〇二―二一九頁。

今井康雄「子どもの美的経験の意味」佐藤学・今井康雄編『子どもたちの想像力を育む　アート教育の思想と実践』東京大学出版会、二〇〇三年 a、二七―五三頁。

今井康雄「ニーチェの言語批判と教養批判」『教育哲学研究』第八七号、二〇〇三年 b、一三―一八頁。

岩井克人「遺伝子解読の不安」『朝日新聞』二〇〇〇年八月二日夕刊。

加藤守通「薬としてのロゴス　西洋教養史におけるレトリック・ヒューマニズム的伝統の再考」『近代教育フォーラム』第一一号、二〇〇二年、四七―五七頁。

サール『言語行為　言語哲学への試論』（坂元百大・土屋俊訳）、勁草書房、一九八六年。

サール「差異ふたたび：デリダへの反論」（土屋俊訳）『現代思想』一九八八年五月臨時増刊号、七二―八三頁。

寺崎弘昭『イギリス学校体罰史　「イーストボーンの悲劇」とロック的構図』東京大学出版会、二〇〇一年。

デリダ「署名・出来事・コンテクスト」（高橋允昭訳）『現代思想』一九八八年五月臨時増刊号、一二―四二頁。

廣川洋一『イソクラテスの修辞学校　西洋的教養の源泉』岩波書店、一九八四年。

モレンハウアー『忘れられた連関　〈教える―学ぶ〉とは何か』（今井康雄訳）、みすず書房、一九八七年。

矢野智司『自己変容という物語　生成・贈与・教育』金子書房、二〇〇〇年。

矢野智司『動物絵本をめぐる冒険　動物-人間学のレッスン』勁草書房、二〇〇二年。

Behler, E : Nietzsches Sprachthorie und der Aussagecharakter seiner Schriften, in : *Nietzsche-Studien*, 25, 1996, S.64-86.

Benjamin, W. : Einbahnstraβe, in : *Gesammelte Schriften*, Bd.4, S. 83-148. =「一方通行路」『ベンヤミン・コレクション』三（浅井健二郎編訳）、ちくま学芸文庫、一九九七年、一七—一四〇頁。

Goth, Joachim : *Nietzsche und die Rhetorik*, Niemeyer 1970.

Kafka, F. : In der Strafkolonie, in : *Erzählungen* (hrsg.v. M. Brod), Fischer1986, S.151-177. =「流刑地にて」『カフカ短編集』（池内紀編訳）、岩波文庫、一九八七年、五〇—一〇二頁。

Kittler, F. : *Aufschreibesystem 1800-1900,* München 1995.

Locke, J. : Some Thoughts concerning Education, in : *Works of John Locke*, Vol.9, Aalen 1963. =『教育に関する考察』（服部知文訳）、岩波文庫、一九六七年。

Löw, R : *Nietzsche. Sophist und Erzieher*, Weinheim : Acta Humaniora 1984.

Lyotard, J.-F. : *Lectures d'enfance*, Galilée 1991. =『インファンス読解』（小林康夫他訳）、未来社、一九九五年。

Meijers, A. : Gustav Gerber und Friedrich Nietzsche. Zum historischen Hintergrund der sprachphilosophischen Auffassungen des frühen Nietzsche, in : *Nietzsche-Studien*, 17, 1988, S. 369-390.

Meijers, A./Stingelin, M. : Konkordanz zu den wörtlichen Abschriften und Übernahmen von Beispielen und Zitaten aus Gustav Gerber : *Die Sprache als Kunst* (Bomberg 1871) in Nietzsches Rhetorik-Vorlesung und in "Über Wahrheit und Lüge in aussermoralischen Sinne", in : *Nietzsche-Studien,* 17, 1988, S.350-368.

Nietzsche, Fr. : *Sämtliche Werke, Kritische Studienausgabe,* 15 Bde., Berlin/New York : de Gruyter 1988. =『ニーチェ全集』第一期一二巻、第二期一二巻、白水社、一九七九-一九八五年（原著の巻：頁=翻訳の期、巻、頁、という形式で引用）。

Nietzsche, Fr. : *Werke, Kritische Gesamtausgabe, II, 4 : Vorlesungsaufzeichnungen(WS1871/72-WS1874-75)*, Berlin/New York : de Gruyter 1995.

Nohl, H. : Theorie der Bildung, in : Nohl, H./Pallat, L. (Hrsg.) : *Handbuch der Pädagogik*, Bd.1, Langensalza 1933, S.3-80.

Owen, D. : *Maturity and Modernity : Nietzsche, Weber, Foucault and the Ambivalence of Reason*, London : Routledge, 1994 =『成熟と近代　ニーチェ・ウェーバー・フーコーの系譜学』（宮原浩二郎・名部圭一訳）、新曜社、二〇〇二年。

Rosenow, E. : Nietsche und das Autoritätsproblem, in : *Zeitschrift für Pädagogik*, 38.Jg., Nr.1, 1992, S.3-16.

Wünsche, K. : Die Muskeln, die Sinne, die Reden : Medien im pädagogischen Bezug, in : Kamper, D. /Wulf, Ch.(Hrsg.) : *Die Wiederkehr des Körpers*, Frankfurt a.M.1982, S.97-108.

Wyneken, G. : *Eros*, Langensalza 1922.

（いまい・やすお／東京大学大学院教育学研究科助教授）

対話的・物語的教育研究の地平

青柳　宏

1　はじめに

私たちは、自分の経験を物語として筋立てながら生きている。そもそも経験を「自分の」と捉えることが、この物語として筋立てしていくことによっている。そして、自己と他者、自己と世界との関わりについて私たちが描くイメージも、やはり物語的である。人との関わり、また空や木、動植物、家や街、学校、役所、政府等との関わりについて私たち一人一人が描く一つ一つのイメージは「物語」をもっていると言えるだろう。

このように、そもそも経験が物語として筋立てられて理解され、様々な関わりのイメージが物語的であるゆえに、私たちは物語のなかを生きているといってもよいかもしれない。それゆえ教育実践は、人（子ども）が物語ることをささえ、また物語を再構築していくことをささえていくという視点から構想することが出来るのではないだろうか。

しかし、教育実践において物語ることをささえ、物語を再構築していくことをささえるとはどういうことだろうか。

私たちはおそらく自分ではそれと意識することなく、成長の過程で物語的な内面を育んでいる。そして例えば心理療法は、その物語的な内面にはたらきかけていく実践である。しかし教育実践はこうした心理療法のはたらきかけとは異なるものである。なぜなら、心理療法がすでに形成された内面にはたらきかけるのに対して、教育実践は人が内面を形成していくその過程にはたらきかけるからである。

心理学者のヴィゴツキーによれば、人の内面（精神機能）はコミュニケーションによって形成される（Vygotsky,1981：163）。彼によれば、「子どもの文化的発達におけるすべての機能」は、「最初は精神間カテゴリーとして人びとの間に、後に精神内カテゴリーとして子どもの内部にあらわれる」。それゆえ、物語る・物語を創造するといった精神内カテゴリーも、精神間カテゴリー（コミュニケーション）によって形成されると言えるだろう。この精神発達の理論をふまえれば、教育実践には、物語る・物語を創造するという精神内カテゴリーが、コミュニケーション（精神間カテゴリー）によって形成されていくその過程にはたらきかけることが要請されていると言えよう。

ところで、私たちがコミュニケーションを通して物語的な内面を形成していくにつれて、逆にそのような内面（物語）がコミュニケーションを疎外しはじめるとは言えないだろうか。そしてそのようなコミュニケーションを疎外する物語を再構築していくためには、やはりコミュニケーションが求められることになるだろう。ここでコミュニケーションを「対話」と呼びかえれば、物語的に経験を理解したり、新たに物語を創造する等の内面性は、対話によって育まれ、また対話によって再構築されると言えよう。

本稿は、このような「対話」と「物語」の関わりについて、アメリカの幼稚園教師ヴィヴィアン・ペイリーが記した二つの教育実践の記録を比較しながら考察を深めていきたい。ペイリーの実践記録は、経験を物語的に理解することの意味、また物語が対話を疎外すること、さらには対話の生成が物語を再構築していくことを記している。そのような実践を、発達心理学、哲学、精神分析学的視点を重ねあわせて読み解きながら、対話的・物語的教育研究の地平を示したい。

2　物語的理解の両義性

まず『ねずみ色のクレヨンをもった少女』と題されたペイリーの実践記録（Paley, 1997）は、子どもたちが物語を通して世界や他者を理解していくありようを示している。その実践において、ペイリーは一貫して子どもたちにレオ・レオニの様々な作品を読み聞かせている。リーニーと呼ばれる一人の少女のレオ・レオニの作品にしめした愛着が、ある意味ではクラスを巻き込み、長期にわたってペイリーと子どもたちはレオ・レオニの作品（物語）を通して、様々なことを学んでいくことになる。リーニーはとりわけ、「フレデリック」という名前をもつ詩人のようなネズミが活躍する物語（『フレデリック』（Lionni, 1967））が大好きだった。

『フレデリック』とは次のような物語である。冬にそなえて、野ねずみたちが一生懸命食べ物を隠れ家にはこんでいる中、一匹だけ他の野ねずみたちにしっぽをむけてじっと座り込んでいるねずみがいた。それがフレデリックである。そして、仲間の野ねずみたちに「どうして君は働かないの?」と聞かれる度に、フレデリックは答える。やがてやって来る暗くて寒い冬のために「光」や「色」や「ことば」を集めているのだと。そして、実際、冬が来て、だんだんと集めた食べ物も少なくなってきた時に、フレデリックは「光」や「色」や「ことば」について語り、仲間のねずみたちの心を暖めるのである。

そして、この『フレデリック』の物語が大好きなリーニーは、「このねずみ色のねずみ（フレデリック）は、まるで私みたい」と語っていた。

ところで、ペイリーのクラスにはまた、いつもウサギの絵ばかり描いているオリヴァーという男の子がいた（1997 : 26-30）。しかもそれはただのウサギの絵ではない。オリヴァーはクラスの他の子どもたちとは遊ばず、「母ウサギ」や「ビリーウサギ」、「リチャードウサギ」と呼ばれるウサギたちが住んでいる一つの世界を描き続けているのである。しかし、同じクラスの中でも特にリーニーは、オリヴァーのことを分かろうとしていた。オリヴァーが「一つの絵に一つの色しか使わないこと」や『『なぜ』という質問には答えないこと」に最初に気づいたのもリーニーだったのである。例えばオリヴァーは、「なぜ、今日はウサギたちは青色ばかりなの?」という質問には答えてくれない。だからリーニーは、その代わりに例えば「すてきなウサギさんは今日は何をしてるの?」といった質問をオリヴァーに投げかける。すると、彼は滔々と彼が描いているウサギの世界の物語を語りだすのである。

また、オリヴァーは、誰かが例えば彼の絵を汚してしまった時には、大変なパニックをおこしてしまう。ある日、同じクラスのブルース(男子)が、うっかり紫色の絵の具をオリヴァーの絵に飛ばしてしまった時も大変だった。彼は、苦しみにもだえるように「ひどい、ひどい、ブルースはぼくのことが嫌いなんだ……」と泣き叫び、走り出す。そして彼には、パニックを起こしたとき逃げ込むお決まりの場所もあった。そして、リーニーは、その場所のことを「オリヴァーのねずみの隠れ家」と呼んでいた。それは、彼女のお気に入りの物語『フレデリック』の中の「ねずみの隠れ家」からとってきたものである。

ところで、オリヴァーが、ブルースに絵を汚され「隠れ家」で泣き叫んでいる時、リーニーは彼の気持ちが落ち着くまで静かに待っていた。するとやがて、オリヴァーは自分が描いていたウサギたちの世界の物語を滔々と語り始めたのである。そしてひとしきり語ると、彼はリーニーの手をとって、(彼が自分で作った)小さな本の上に彼女の手をのせた。よく見ると、その紙の上には小さなネズミが描かれていて、しかも「F」という字も書き込まれている。(もちろん、それは「フレデリック」の「F」である。)リーニーは「オリヴァー、ありがとう」と言いながら、(その日ちょうどクラスを訪問していた彼女自身の母親に向けて)次のように語ったのである。

彼(オリヴァー)は、ウサギ、ウサギ、ウサギばかり描いてきた。……彼は、ウサギのことだけ、彼のウサギのことばかり考えてるけど、今はちがう。っていうのは、フレデリックが彼の心の中にはいりこんで、っていうのも、オリヴァーは、私がどんなにフレデリックのことを好きかってことを分かってるから。

そして、さらにリーニーは次のように言う。

私は、オリヴァーはすごくフレデリックみたいだと思う。そして、(クラスの)他のみんなは仲間のねずみたちで、彼が物語を語ってくれるのを待ちながら、彼のことを見ているわけ。

この事例をみると、『フレデリック』という物語の助けを借りながらリーニーはオリヴァーの存在をいわば「芸術家」として捉え返しているのがよくわかる。ペイリーによれば、オリヴァーは、これまで多くの心理学的レッテルをはられてきた少年であった。この事例は、物語が、存在の意味づけと人間関係を変容させる可能性をもっていることを示していると言えよう。ところで、この事例についてさらに突っ込んだ検討をおこなう前に、やはりリーニーとオリヴァーに関わる事例(1997 : 76-80)をもう一つ紹介しておきたい。

右に紹介した出来事があった後、時にはリーニー自身がレオ・レオニのためにつくっていた大事なプレゼントをオリヴァーによって台無しにされながらも、リーニーはオリヴァーへの愛情を失わず、オリヴァーのために次のような物語をつくってくる。

むかし、すてきな女の子ウサギと、赤ちゃんリチャードウサギがいました。彼はお母さんがいなかったので、すてきな女の子ウサギがお母さんであり、またお姉さんでもありました。そして、彼が疲れて泣きやまないので、彼女は彼を眠らせてくれました。そして朝、彼は王子様になっていました。

この物語をリーニーはオリヴァーに語って聞かせると、今度は、教室でこの物語をいっしょに演じてみないかとオリヴァーをジュウタンの真ん中へ引っ張っていった。そして、彼女は「あなたが王子様になるのだからすてきなお話でしょ」と彼に語りかける。しかし（二人が演じられるようにと）ペイリーがその物語を読み始めたとき、オリヴァーはもぞもぞと何かいいだしたかと思うと、それは高いうなり声へと変わり、さらに彼は耳を覆い、眼をつぶりながら、ほえ始めたのである。

結局、リーニーがつくった物語はオリヴァーには演じられず、彼女は「なぜ、彼は私の物語を演じさせてくれないの？」とペイリーに問いかける。ペイリーは、彼女に「オリヴァーも大きくなったら、変わるわよ」と言ったが、リーニーはその言葉に満足することは出来なかった。そして、その後のお昼ご飯の時、彼女はペイリーに次のように話しかけてきた。

今になると、オリヴァーはあの大きな仮面をかぶったねずみたちの本を思い出させるの。

ここで彼女が言っている「大きな仮面をかぶったねずみたちの本」とは、やはりペイリーのクラスで読み聴かせられていたレオ・レオニの『みどりのしっぽのねずみ』(Lionni, 1973) のことである。それは次のような物語である。ある森の奥に野ねずみたちが平和にくらしていた。しかしある時、町で催されているという「マルデイ・グラ」と呼ばれる祭りの話を聞き、野ねずみたちもさっそく自分たちでマルデイ・グラをやることになる。しかし、マルデイ・グラでは、真夜中におそろしいけだものの仮面をみんながかぶる。そして、仮面をかぶった野ねずみたちは、お互いに相手のことを本当におそろしいけだものだと思いこみ、平和だった野ねずみの村は憎しみと疑いが渦巻くようになっていく。仮面をつけた彼らは、ある日、仮面をかぶっていないねずみがやってきたのを「大きなぞうのようなねずみ」が来たと勘違いをしてしまう。そして、やっとのことで、仮面をはずしてみれば、そのねずみが自分たちと同じねずみであることに気づくのである。

ところで、リーニーにとって、なぜオリヴァーの存在は、この『みどりのしっぽのねずみ』を思い出させるのか？それに対して、リーニーは次のように言う。「そう、彼（オリヴァー）は、彼がこの部屋の中ではただの小さな男の子なんだということを忘れてるの。っていうのは、彼は、自分が別の場所に住んでいると思い続けているからなの。そして、それ（そう思っていること）が、彼を怖がらせているのよ。」

この事例からも、リーニーが物語の助けを借りてオリヴァーの存在を理解しようとしているのがよくわかる。

以上、紹介してきた二つの事例から次のことを指摘できる。すなわち、「心理学的なレッテルをはる」こととはちがって、物語の助けを借りての他者理解は、一人の人間の存在をその回りの人間の存在と切り離さずに意味づけることが出来るということである。オリヴァーを「フレデリック」のような存在として理解することは、彼がクラスの仲間たちにとって実は「芸術家」のように存在しているのだという理解をもたらす。これに対して、心理学的レッテルは、一人の子どもの存在がその回りの子どもにとってどのような意味をもっているのかを語らず、むしろそのような意味づけを疎外する危険性すらもっていると言えよう。

また、二番目の事例にみられるように、オリヴァーを「自分が小さな男の子であることを忘れ、仮面をかぶって仲間を怖れているねずみ」として理解することも、オリヴァーの視点からオリヴァーを理解することに寄与している。リーニーは、物語の助けを借りて「オリヴァーは、自らが仮面をかぶって別の場所にいると信じているために、仮面などかぶっていない他者も『おおきな象』のように見えて怖れている」と理解している。これは、オリヴァーの視点から、オリヴァーと回りの人間の関係を理解しているといってよい。このような意味で、二つの事例はいずれも、物語が子どもに関係論的な存在理解の力を育んでいることを示していると言えよう。

しかしまた、この二つの事例には、次のような問題が潜んでいると言えないだろうか。すなわち、二つの事例ともに、二人（リーニーとオリヴァー）の間に「対話」が欠如していることである。リーニーは、物語の助けを借りてオリヴァーを理解しているが、そこには対話が欠如している。言い換えれば、リーニーは、オリヴァーのことを物語を通して理解しているが、オリヴァーと対話的に関わってはいない。そして特に二番目の事例では、リーニーは、オリヴァーと対話的に関わることが出来ないのを、物語によって補償しているとも言えよう。物語による他者理解は内的理解（精神内カテゴリー）であって、対話（精神間カテゴリー）ではない。そしてさらに言えば、物語を通して他者を理解しようとすること自体が、他者との対話を疎外する危険性をもっていると言えるのではないだろうか。二つの事例は、物語的他者理解の可能性を示すと同時に、物語的理解への志向が対話を疎外している事例としても捉えることが出来る。この意味で、物語的理解は、他者理解と他者疎外という両義性をもっている。

ところで、ペイリーの実践記録は、既に紹介したような物語的理解に関わるものだけでなく、時に物語的理解をこえた対話の生成を記している。次にそのような対話の事例をみることで、物語と対話が関わる地平について考察をすすめたい。

3 「物語」を越える「対話」

『ヘリコプターになりたかった少年』と題された本（Paley, 1990）にまとめられた実践は、『ねずみ色のクレヨンをもった少女』の実践より以前におこなわれたものだが、後者に比して前者の実践は物語と対話の関わりをより豊かに示している記録であると思われる。

『ヘリコプターになりたかった少年』の主人公はジェイソンという名の男の子である。彼は、他の子どもたちが語ったり演じたりする物語には無関心で、「ヘリコプター」と「（ヘリコプターの）折れた羽」のことだけを話す男の子だった。ブロックを「エアポート」に見立てて、「羽が回っています、はやく……はやく」と言いながら一人遊びを続けるジェイソン。サイモンから「アリゲーターになってくれよ、ジェイソン」と誘われても、「だれかが羽をこわしちゃった。ぼくは修理しなければならない」と。さらにジョゼフから「そうだ、君のヘリコプターで、アリゲーターからぼく

タ ー）と他の子どもたちの物語をつなごうとする。

しかし、ペイリーは子どもたちの中にはいって、各々の物語を尊重しながらも、何とかジェイソンの物語（ヘリコプ

たちを助けてくれよ」と言われてもだめ。

ペイリー：サイモン、このお話にヘリコプターは出てくるの？　リス達はヘリコプターを見たの？

サイモン：いや……ううん、そう、彼ら（リス達）は見たよ。……そしてそれ（ヘリコプター）は、この場所に降りるんだ。そう、ここだよ。

このようにペイリーと他の子どもたちがジェイソンに関わる中で、ジェイソンは少しずつ他の子の物語に参加し始める。またこうした参加をきっかけに、ジェイソンは他の子どもの物語の登場人物（ライオン、赤ちゃん）を自分の物語の中に取り入れ始める。

しかしまた、ジェイソンはヘリコプターが登場する物語の中で他の子と遊ぶことが出来ても、彼のヘリコプターが他の子どもに触れられることを受け入れることが出来ずにいた。まさにペイリーが言うように、ヘリコプターは、どうしても彼が他者とは共有できない「私的象徴」だったのである。

こうしたジェイソンが、より深く他者と関わるきっかけになったと思われるのが、サマンサ（同じクラスの女の子）のジェイソンへの関わりである（1990：135-6）。そしてこのサマンサとジェイソンの関わりは、もっとも本質的な意味での対話的関係を示している。

ある時、サマンサはジェイソンに「私を（ヘリコプターの）お母さん運転手にして」と言うが、ジェイソンは受け入れない。そこでサマンサは少し切り口をかえて、「私はお母さん犬、あなたは私の赤ちゃん犬よ」と語りかけるが、ジェイソンは「ファンベルトを見て。壊れちゃったよ。ぼくは修理しなければならない」と話し出してしまう。しかし、

その時、サマンサはジェイソンに次のように語りかける。

いい、あなたは決して本当には赤ちゃん犬ではないわ。ただ、ふりをしてるだけなの。ジェイソン、聞いて……あなたは本当は、本当はヘリコプターなの。でも、あなたは赤ちゃんのふりをしているの。わかった、ジェイソン、わかった。

この後しばしの間があったが、ジェイソンは笑い、犬のまねをし始めたのである。そして、ジェイソンのこの変容の理由についてペイリーは次のように語っている。すなわち、この時ジェイソンは、「ヘリコプター」という仮面（ペルソナ）を自分が受け入れているのと同じようにサマンサが彼の仮面を受け入れてくれているということが分かったからであると。またペイリーが言うように、この時のサマンサとジェイソンの間でなされた短いやりとりは、その後の実践に重要な意味をもっている。それは、サマンサによって主題化された「ふりをする」ということが、この後ジェイソンにとって重要な課題として意識されるようになったからである。

午後、幼稚園が終わって、子どもたちがお迎えを待ちながら並んでいた時、アレックス（男の子）がジェイソンの足の上にうっかり座ってしまった。そこでジェイソンとアレックスの間に次のような興味深いやりとりがおこなわれた。

ジェイソン：おー、彼はぼくの足の上にすわっているふりをしている
アレックス（驚いて）：ちがうよ、ぼくは、ふりなんかしてないよ。ぼくは、本当に君の足の上にすわってるんだ。
ジェイソン：君は本当にすわったの？
アレックス：でも、これはアクシデント（事故）だよ。
ジェイソン：えー。

このようなジェイソンの言葉（思考）は一見奇妙に思われるかもしれない。しかしそれはジェイソンにとって（また私たちにとっても）本質的、普遍的なことがらを開示していると言えよう。ジェイソンにとって、ヘリコプター以外のものになることは耐え難いことだった。しかし、ヘリコプター以外のものになる「ふりをする」ことでそれを乗り越えられることがサマンサによって示唆された。そしてその示唆はさらに、彼の回りで様々な人々が引き起こす（彼にはそのほとんどが耐え難い）出来事は、人々がそれを引き起こす「ふりをする」ことから引き起こされているのだという認識をジェイソンにもたらした。

このようなジェイソンがたどらざるを得なかった思考の道筋を、私たちは実感として理解することができるはずである。ジェイソンには、回りの他者が何者であるのか、どんなことを自分にしかけてくるのかという不安がある（あった）。このような不安を実は私たちも潜在的にもっているとは言えないだろうか。相手は何者で何をしてくるのか。しかし、このような不安を私たちが普段は意識しなくてすむのは、他者を例えば「父親」とか「教師」とか「市民」という「人格（ペルソナ）」として受容しているからである。しかしまた、このような「人格（ペルソナ）」は、各々の他者が「ふりをする」ことから形成されている（坂部、一九七六）。それゆえ、私たちの根元的・実存的不安は互いに「ふりをする」ことによって意識下におしこめられている。

このように考えれば、ジェイソンがたどろうとしている思考の道筋が見えてくる。ジェイソンは、不安を乗り越えるために、「他者は各々ふりをしている」という視点から他者を理解しようとし始めたのである。そしてそのことはさらに、自分自身も「ふりをする」ことが出来れば他者と交流できるという直感を彼にもたらした。

先のアレックスとのエピソードの後、ある時ジェイソンは、（おそらく自分のお気に入りのブロックのコーナーで他の子が何かつくっていたので）クラスメートがつくったビルディングをたおし、涙をうかべながらも、「ぼくは戦う人だよ。ぼくは、ぼくが怒っているふりをしてるんだ」と。このような言葉からは、ジェイソンが、実存的な不安を乗り越えて、クラスの中での場所や遊具の取り合いから起こるそれなりに社会的な怒りの感情を表現するという「学習」を懸命にしている様子がわかる。

そしてこの後、ジェイソンは自ら次のような物語をつくる。それは、ジェイソン自身が「飛行機」で子どもたちを放課後、学校から家まで送りとどけるといった物語である。そこにサマンサは「母親」として、サイモンは「子ども」として参加している。その中でジェイソンは例えばサマンサに「子どもの手を取るふりをしてね」と語っている。

以上、ジェイソンの変容に関わるエピソードを紹介したが、ジェイソンが変容していく重要な契機となったのは、やはりサマンサとの「対話」である。ジェイソンとの対話の中で彼女が語っていた言葉を再度引用しよう。

いい、あなたは決して本当には赤ちゃん犬ではないわ。ただ、ふりをしてるだけなの。……あなたは本当は、本当はヘリコプターなの。でも、あなたは赤ちゃんのふりをしているの。

この言葉を介してのサマンサとジェイソンの関わりは、まさにヴィゴツキーがいう「最近接発達領域 Zone of Proximal Development」を形成していると言えるだろう（Vygotsky, 1978:79-91）。これまで、ジェイソンは「ふりをする」ことができなかった。というよりも、「ふりをする」ことがどういうことなのかわからなかった。しかし、サマンサの言葉は、ジェイソンに「ふりをする」ことがどういうことかを示唆してくれたのである。「最近接発達領域（Z・P・D）」とは、自分だけでは無理でも、他者との関わりによって「発達」が生成される「領域」であり、またそれは精神間カテゴリーが精神内カテゴリーを形成するその関係性を示す概念であると言える。サマンサとジェイソンの関わりはまさにこの「領域」を形成していると言えるだろう。

サマンサは「ふりをする」ことがどういうことかを既に知っているが、ジェイソンは知らない。このような意味で、Z・P・Dは、サマンサとジェイソンのような「非対称的」関係によって形成される。対話が自己あるいは他者に変容をもたらすのは、非対称的な関係がZ・P・Dを形成するからである(1)。逆に言えば、Z・P・Dを形成しない対話は（いくら多くの言葉が費やされても）単なる互いの自己確認に終わる。そのような対話を、本質的な意味での「対話」と呼ぶことは出来ない。サマンサとジェイソンの関わりを「対話」と呼ぶのは、それがZ・P・Dを形成しているからである。

そして、Z・P・Dを形成する非対称的な関わりはサマンサとジェイソンの精神間に形成された後、サマンサ自身の（またジェイソン自身の）「これまでの自己」と「対話の中での自己」の間に（すなわち各々の精神内に）形成されたと言えるだろう。対話の哲学者ミハイル・バフチンは、「対話」において「人間はそこで自分自身を外部に向かって呈示するばかりか、そこで初めて……他者に対してだけではなく自分自身に対しても、彼がそうであるところの存在となるのである」と言う（バフチン、一九九五、五二八）。ペイリーが説明していたように、例えばサマンサは、ジェイソンが「ヘリコプター」という「ペルソナ（仮面）」を受容しているそのあり方を受容しながら、さらにそのあり方を越えていくあり方を示唆していた。このような彼女の存在は、対話の中で（あるいは対話を通して）初めて実現されたと言えるだろう。サマンサは、対話の中において初めて、彼女が「そうであるところの存在」になった。そしてこのことはジェイソンについても同様である。ジェイソンは、サマンサが彼に共感（共苦）してくれたことを感じることで、そのようにサマンサに共感されている自らの存在のあり方を見つめ始めている。言い換えれば、このような過程で、ジェイソンの存在の内部（精神内）に非対称性（「これまでの自己」と「対話の中での自己」の間の非対称性）が生成されたと言えよう。

それゆえ、ヴィゴツキーの発達論とバフチンの哲学を総合すれば、「対話」を次のように定義できるだろう。すなわち対話とは、精神間の非対称性が精神内の非対称性を生み出していく実践であると。そして、このような「対話」をさらに別の視点からみれば、それはケアし・ケアされる関係性をさし示しているといってもよい。ケアとしての関わりとは、相手の存在に心をくだき応答していくことを通して自己をケアし自己実現を志向する関わりである（Noddings,

1984)。

対話は、(例えば「ふりをする」ということがわかっている/わからないという)認識の非対称性がその起点になると言えよう。しかし、サマンサとジェイソンの対話が示しているように、対話の過程で各々の対話者は、このような認識の非対称性を感受することを通して、自他の存在のあり方の差異(非対称性)を感受し合うようになる。そして、このように存在のあり方の差異を感受する過程で、各々の自己の存在の中に非対称性が生成される。言い換えれば、こうした過程で対話者各々の内面(精神内)の「物語」は解体され、再構築をせまられることになる。そして、この存在のあり方の差異を感受し合うことを通して物語を再構築していくような対話的関係とは、まさに前述したケアし・ケアされる関係性を示していると言えよう。またさらに付言すれば、対話の中では認識の差異が存在の差異に還元されて感受されるゆえに、対話的関係とは根本的な意味で対等平等な関係であると言える。

以上、『ヘリコプターになりたかった少年』に記された子ども同士の関わりを「対話」の視点から読み解いてきたが、ここでそれを先に見た『ねずみ色のクレヨンをもった少女』における子ども同士の関わりと対比してみれば、次のことがより明確になるだろう。すなわち、『ねずみ色のクレヨンをもった少女』でリーニーが実践していた物語的理解は他者の存在の関係論的な理解をもたらしているが、それは同時に対話的実践を疎外してしまう危険性がある。それに対して、対話的実践は、(『ヘリコプターになりたかった少年』の最後でジェイソンが新たな人間関係の物語を創っていたように)それまでの物語を解体し、物語を再構築していく可能性を秘めているということである。このことをふまえた上で、次節において改めて、対話的・物語的教育研究をより根本的に再構築していくための地平を示したい。

4　対話的・物語的教育研究にむけて

ところでまず、「なぜサマンサとジェイソンの間に対話的関係が成立したのか?」という問いを改めて問うてみたい。

対話的関係は、言葉を介した関係だが、その基底は身体と身体の関係である。それゆえ、対話的関係が成立するためには、身体的に他者と関わっていくことをイメージできることが重要な条件になると言える。

精神分析家のフランソワーズ・ドルトは、まさに対話（コミュニケーション）の問題を身体的なイメージ（身体像）の形成という視点から考察している。そして、例えば次のようなドルトの指摘は、これまでみてきた二つの事例をさらに読み解いていく手がかりを与えてくれる。

わたしたちが自分だけのファンタジーの中にとどまっているその時、わたしたちは、リビドーのあるレベルにおいて、死の欲動にとらわれているのです（Dolto, 1987 : 122）。

ドルトの言う「リビドー」とは、他者と関わっていこうとする欲望のことをさしている。そして、「自分だけのファンタジーの中にとどまっている」状態というのは、他者と関わっていこうとする欲望が疎外されている状態（レベル）である。オリヴァーやジェイソンがヘリコプターやウサギたちの世界という「自分だけのファンタジー」の中にとどまっていたのは、他者と関わっていこうとする欲望（リビドー）が疎外されていた状態と捉えることが出来る。ドルトによれば、そのような状態は「死の欲動にとらわれている」状態である。

そしてドルトは「リビドーは身体のイメージのなかにあります。これは別の心的存在との出会いをもとめることで形成されます」（1987 : 123）と言う。他者と関わっていこうとする欲望（リビドー）の基底には身体的な関わりのイメージ（身体像）があり、その原形は特に乳児期の母子の全身的なコミュニケーションの中で形成され、さらに乳児期以降も言葉を用いた他者とのやりとりの中で身体像は形成、修正されていくとドルトは言うのである（Dolto, 1985）。

『ヘリコプターになりたかった少年』において、ジェイソンは、特にサマンサとの対話を通して、身体像を新たに形成、修正していると捉えることが出来るのではないだろうか。ジェイソンがサマンサとの対話によって獲得したのは、

「ふりをする」ことによって不安は乗り越えられるという認識だけではない。というより、その認識の獲得は、サマンサとの関わりにおいて、他者と関わっていく身体的イメージを獲得することと同時に行われたと言える。またさらに言えば、「ふりをする」ことで不安を乗り越えられるという認識を獲得できたのは、「ふりをする」という言葉にサマンサとの身体的な交流のイメージが織り込まれたからであろう。

なぜなら、「ふりをする」という言葉そのものが不安を乗り越える意味をもっているわけではない。むしろ、他者が「ふり」をしているのなら、他者の真意は隠されているという意味で不安を乗り越えることはできないと考えることも可能である。にも関わらず、「ふりをする」ことが、ジェイソンに不安の乗り越えを示唆したのは、「ふりをする」という言葉がサマンサとの身体的な交流のイメージによって意味づけられたからであろう。そしてドルトが、言葉を用いたコミュニケーションにこだわるのは、言葉が身体的なイメージによって意味づけられることで、逆に言葉が身体的イメージを喚起するようになるからである。ドルトは「言葉（語）は、肉体が存在しなくても、私たちを他者のまえに現前させ、あるいは他者を私たちの前に現前させる」と語っている（Dolto, 1974 : 204）(2)。

このように、サマンサとジェイソンの対話を、身体的イメージ（身体像）の形成という視点から捉えることで、対話的実践を読み解き、また構想していくための地平をさらに拓いていくことが出来るだろう。先に論じたように、もし物語的理解が対話を疎外しているとすれば、それは物語による内的（反省的）な理解が他者との身体的な交流を疎外しているからである。あるいはまた、物語的理解が対話を疎外してしまうのは、そもそも人と人が関わる場が身体的な交流を疎外するように構造化されてしまっているからであると言えるだろう。

キャロル・ギリガンは、「発達」の途上で私たちの身体的な交流が疎外されていくことを文明論的な視野にたって指摘している（Gilligan, 1995 : 194-208）。ギリガンによれば、その疎外のありようは、男子と女子で異なっている。ギリガンは、少年は児童期において（女子よりも）一層、危機にあるという。なぜなら、男子は女子に比してより早期から自律性を支える自我をもつことが期待され、そのため身体性を色濃くもった関わり（交流）を放棄するようになるからである。そして、この「放棄」が出来ない男子は「お母さん子」などど呼ばれてしまう。それゆえ少年は、関係をもとうとする欲望と、少年世界に参入する要請の間に妥協点を見出さなければならないのだという。

またギリガンによれば、男子に対して女子は一一歳頃に急に快活さを失うという。そして一三歳までには、女子は、人との関係において正直であることを「愚か」と呼ぶようになる。思春期に近づいた女子は、その気持ちを正直に語ろうとし続けたなら、関係を失う危険がある。少女たちは、関係を求めるために関係を放棄する。そしてこうした過程において少女たちは、明かすのには危険な感情をかくすために、声を身体から分離するという。

ギリガンは、感情を明かすのは危険だが、しかしまた彼女たちが身体で感じていることを自分自身から切り離すこともまた危険であるという。なぜなら、彼女たちは、その結果として、気持ちや心を語る力を失ってしまうからである。そしてギリガンは、このように声と身体を分離させ、気持ちを語る力を失っていくプロセスが、これまでの心理学によって「主体性」、「自律性」等の「発達」と見なされてきたという。そして逆に、女子の関係への開放性は、自己、セクシュアリティ、愛する力などの発達にとってマイナスとして解釈されてきたという。しかし、もし心と声が身体から分離されず、その声が言葉のゆたかな資源となり、人々が語り、聞き、理解しあったなら、「彼／彼女は花開くだろう」とギリガンは語っている。

ギリガンは、このように声と身体を分離させている根本的な要因は、父権制を基底としている私たちの文明の質そのものの中にあると捉えている。ギリガンに従うならば、そもそも人と人が関わる場において身体的な交流が疎外される要因は、私たちが生きている文明の質（父権制）にある。しかし私たちは、このような文明の質を、教育実践の中で相対化し、ずらしていくことが出来るのではないだろうか。

本稿では、ペイリーによって異なる時期になされた二つの実践を比較したが、『ねずみ色のクレヨンをもった少女』の実践は『ヘリコプターになりたかった少年』の実践に比して、（実践記録の全体を通して）教師が子どもたち一人一人に物語的理解を求めている度合いが強いように思われる。言い換えれば、前者の実践では、物語を通して自己理解、他者理解を促そうとする教師の「枠組み」が、後者の実践に比してより強く実践を縛っているように思われるのである。逆に言えば、後者の実践ではその縛りがゆるく、先にみたように、子どもたちは自らの物語（物語的理解）へのこだわりを捨て、身体的・対話的交流を実践していたと捉えることができる。いわば、『ヘリコプターになりたかった少年』では「物語」と「対話」の交流（関わり）が生まれていると言えるだろう。

　それゆえ、私たちの文明が声と身体を分離していくような質をもっているとしても、教育実践の枠組みを反省的に再構築していくことで、それ（文明の質）を相対化、ずらしていく可能性はあると言えるのではないだろうか。

「物語」を重視する教育研究は、個人の内的な世界をまず重視する心理療法の研究からこれまで豊かな示唆を受けてきたと思われる。しかし個人の内界を重視するという心理療法の枠組みをそのまま教育実践の枠組みとして活用しようとすると、逆に教育実践の可能性をせばめてしまう危険がある。サマンサとジェイソンの対話が示しているように、教室における実践は個人の物語を再構築するような最近接発達領域を形成する可能性を秘めている。物語を創造する個の内面を再構築していくためには、非対称的な対話の実践が求められていると言えよう。

　また教育学研究の領域において、例えばキーラン・イーガンは「物語」を重視した発達論とそれに基づく教授・カリキュラム論を提起している（Egan, 1979 ; 1989 ; 1997）。イーガンの発達論は、身体的段階（〇～三歳）、神話的段階（四、五歳～六、七、八歳）、ロマン主義的段階（八、九歳～一四、一五歳）、哲学的段階（一六～二〇代）、アイロニー的段階（二〇代以後）という五つの段階によって示されている。そしてこれらの呼称は、各々の発達段階に特有の「思考understanding」の傾向を示している。例えば神話的段階は、神話的思考が優勢をしめる年齢段階である。そして、（身体的段階とアイロニー的段階を除いて）それらの段階に対応している各々の思考は、全て物語的な思考であると言える。例えば神話的思考とは善と悪、愛と憎しみ、恐怖と安全のような二元的思考であり、ロマン主義的思考とは、現実の人間の経験の限界をそれなりに認識しながらも、そうした限界に挑戦し、その限界を乗り越えていく思考である。これらの思考は、各々に質的な違いはあるが、いずれも物語的である。そしてイーガンは、各教科の教育内容を各々の発達段階に特有の物語的思考に合わせてアレンジしていくことを中心とした教授・カリキュラム論を提案しているのである。

このような物語的思考を重視したイーガンの理論は私たちに教育実践を再構築していくための多くの示唆を与えてくれるだろう。しかしまた、イーガンの発達・教授・カリキュラム論には、これまで述べてきたような意味での対話的視点が希薄であると思われる。イーガンの発達論は、各発達段階に特有の各々の思考を「精神の道具 tools of mind」として重視している点でヴィゴツキーの発達論をより具体的に再構築したものであると言える。しかし、各発達段階に特有の各々の思考の様式から教授法・教育内容を演繹的に組織化するその枠組み（理論）は、やはりその授業に参加する子ども相互（あるいは教師と子ども）の対話的関係を疎外する危険性をもっている。一つの年齢段階に属する子どもの思考を一般化し、その一般化された思考に合わせて教授法・教育内容を組織することは、子どもたちの間の思考の差異を無視し、またその差異から生まれる対話的関係を疎外する危険があると言えるだろう。イーガンの理論は、ある意味ではヴィゴツキーの発達論を再構築しながらも、「発達」が最近接発達領域を形成する対話的関係によって生成するという理論の核心を取り落としているように思われる。逆にこの点を反省するならば、イーガンの理論は今後の対話的・物語的教育研究に豊かな示唆を与えてくれるだろう。

以上、物語また物語を重視する教育研究に関して若干批判的検討をおこなってきた。しかし、物語ること、あるいは物語を創造していくことは、私たちが自己と他者を切り離さない形で自己のアイデンティティを形成していく重要な実践である。それゆえ、教育研究において「物語ること」、「物語」を重視することは、例えば学校における授業、生活指導・教育相談等の実践及びその臨床的研究を（これまで以上に）人間形成の視点から再構築していくためには不可欠の条件であると言えるだろう。しかしそれはこれまで論じてきたように、それらの教育実践の領域において「対話」を重視していくこととセットにおこなわれなければならないだろう。この意味で対話的・物語的教育研究が求められているのである(3)。

1　対話的関係を非対称的関係として捉える視点は、柄谷行人（柄谷、一九八六）による。しかし柄谷には、（本稿で論じた）精神間の非対称性が精神内の非対称性を形成するという視点はない。

2　このようなドルトのコミュニケーション論を、〈欲望の教育学〉として読み解く試みとして拙稿（青柳、一九九七a）を参照。

3　筆者自身の対話的・物語的教育研究については、拙稿（青柳、一九九四、一九九五、一九九七b、青柳・五十嵐、一九九八a、青柳・小山田、一九九八b、青柳、二〇〇二）を参照。

参考文献

青柳　宏（一九九四）「『読み書き』における物語性について」（森田尚人ほか編『教育学年報3　教育のなかの政治』世織書房）

青柳　宏（一九九五）「文化のリテラシー――R・ウイリアムズの『知り得る共同体 The knowable community』概念を軸にして」（森田尚人ほか編『教育学年報4　個性という幻想』世織書房）

青柳　宏（一九九七a）「欲望の教育学のために」（『宇都宮大学教育学部紀要』第四七号第一部、八九―一〇四）

青柳　宏（一九九七b）「歴史を、物語として学ぶ」（『宇都宮大学教育学部教育実践研究指導センター紀要』第二〇号、一二一―一三五）

青柳　宏・五十嵐市郎（一九九八a）「五才児の話し合い活動と物語づくり――『かかわり』と『自己』の創造（その一）、（その二）」（『宇都宮大学教育学部教育実践研究指導センター紀要』第二一号、二一一―二三四）

青柳　宏・小山田敦子（一九九八b）「関係の物語をつむぐ――心理劇による道徳授業の創造（その一）、（その二）」（『宇都宮大学教育学部教育実践研究指導センター紀要』第二一号、二三五―二五三）

青柳　宏（二〇〇二）「感じ合うことから、物語ることへ」（『幼稚園じほう』一二月号、一二―一八、全国国公立幼稚園長会）

バフチン、ミハイル（一九九五）『ドストエフスキーの詩学』ちくま学芸文庫

Dolto, F. (1974). *Le Cas Dominique*, Seuil.（小此木敬吾ほか訳『少年ドミニクの場合』平凡社、一九七五年）

Dolto, F. (1985). *L' image inconsciente du corps*, Seuil.（榎本譲訳『無意識的身体像』1、2、言叢社、一九九四年）

Dolto, F. (1987). *Dialogue quebecois*, Seuil.（小川豊昭ほか訳『子どもの無意識』青土社、一九九四年）

Egan, K. (1979). *Educational development*, Oxford U. P.

Egan, K. (1989). *Teaching as story telling*, Univ. of Chicago Press.

Egan, K. (1989). *The educational mind : How cognitive tools shape our understanding*, Univ. of Chicago Press.

Gilligan, C. (1995). The centrality of relationship in psycological development : A puzzle, some evidence, and a theory, In Blair, M. et. al (eds.) *Identity and diversity : gender and the experience of education*, Open U. P.

柄谷行人（一九八六）『探求I』講談社

Lionni, L. (1967). *Frederick*. Pantheon.（谷川俊太郎訳『フレデリック』好学社、一九六九年）

Lionni, L. (1973). *The Greentail Mouse*, Pantheon.（谷川俊太郎訳『みどりの　しっぽの　ねずみ』好学社、一九七三年）

Noddings, N. (1984). *Caring : A feminine approach to ethics*, Univ. of California press.（立山善康ほか訳『ケアリング』晃洋書房、一九九七年）

Paley, V. G. (1990). *The boy who would be a helicopter*, Harvard U. P.

Paley, V. G. (1997). *The Girl with the brown crayon*, Harvard U. P.

坂部　恵（一九七六）『仮面の解釈学』東京大学出版会

Vygotsky, L.S. (1978). *Mind in Society : The development of higher psychological processes*, eds. Cole, M. et. al., Harvard U. P.

Vygotsky, L.S. (1981). The genesis of higher mental functions, In *The concept of activity in Soviet psychology*, ed. J. V. Wertsch. Armonk, J. Y. : M. E. Sharpe.（柴田義松訳『精神発達の理論』明治図書、一九七〇年）

（あおやぎ・ひろし／宇都宮大学教育学部助教授）

「学び」論の抗争
●類型と課題

松下良平

はじめに――どのような学び論か

近年、これまでの教育に対する不信や反感が深く静かに広がりつつある。一部の教育学者が事を構えて騒ぎ立てているということではない。教育行政に携わる者から広く国民一般まで、多くの人々がこれまでの教育を変えていく必要を感じているし、子どもたちもまた、「学習からの逃走」（勉強時間の減少や学習意欲の低下）というかたちで従来の教育を忌避したり嫌悪したりする傾向を強めつつある。わが国における昨今の「学び」論の隆盛の背後にあるのは、つきつめていえば、教育に対するこのような不信や反感であるといえよう(1)。

「教育」が近代以降に登場したことをふまえると、さまざまな学び論が共通に抱えているのは、近代に支配的な教育や、近代化にとって必要とされてきた教育の乗り越えという課題だといってよい。「学習」に代えて「学び」ということばが使われるのも、一つには、「教育」に付随するものとして位置づけられてきた「学習」という用語（たとえば「教授＝学習過程」）をなるべく避けたいとする心性が背後にひそんでいるからであると思われる。有り体にいえば、「学習」には外的操作や強制の気配がつきまとうが、「学び」には自律性や自発性が伴っているというわけである(2)。

しかしながら、諸々の学び論が乗り越えようとしている「教育」の意味も、それがどのような意味で批判されているかも、けっして一様ではない。それゆえ、そこで説かれる「学び」の意味もきわめて多様である。それらは、互いに支え合ったり引きつけ合ったりするときもあれば、互いにぶつかり合ったり反発し合ったりするときもあり、時には根本的に対立することさえある。また、一人の学び論の中で、複数の学び論が分かちがたく結合していることはよくあるし、異種の学び論が反発したり無視し合ったりしながら巧妙に共存していることもめずらしくない。

本論文の課題は、まず第一に、今日のさまざまな学び論を、その各々が要請されてくる知的・社会的な背景の差異を浮き彫りにすることによって、五つの類型に分類し、それぞれの類型間の親和性と対立点を明らかにすることにある。いうなれば、学び論の各類型の特徴と相互関係について一つの見取り図を描きだすことである。第二に、差異や多様性の尊重などと称してそれらの対立を放置するのではなく、それぞれの学び論の問題点を確認することによって、よりよき学びの可能性を追究することである。

今日はもはや「主体的で個性的で自律的な学び」なるものを賞賛したり推進したりすればすむ時期ではない。さまざまな学び論の内実に目を向けることによって、それらの異同や功罪を見定め、学び論の間の論争を活性化させることが、これからは必要になってくるのである。

1　類型1――新自由主義の学び

(a)　まず最初は、一九九〇年代以降のわが国の学校教育で最も影響力をもっている学び論である。この学び論を説く人はたとえば次のように主張する。近代化=物質的に豊かな工業化社会の実現を支えてきた従来型の教育は、その歴史的な役割をもはや終えつつある。これからの社会は、ソフト産業が中心となり、知識や情報を絶え間なく更新していかざるをえない情報資本主義の社会である。いいかえれば、モノが簡単には売れず、売れるモノを自らたえず創造・発見し、世間にアピールしていかなければならない社会であり、立身出世が期待できず、雇用も不安定で、手厚い福祉をもはや期待できない社会である。だとすれば、一定の確固とした知識や情報を画一的に教育することよりも、新たな知識や情報を自ら選択したり創造する方法を個性的に学ぶことの方が重要になる。従来学校で教えられてきたものよりも、自ら主体的に課題を発見する能力、自発的に学ぶ意欲や態度、情報活用能力・情報発信力・自己表現力、自己選択・自己責任の能力、自己コントロール能力や対人関係能力、等々を身につけることの方が大切になる、と。

そこで説かれる学びとは、要するに、経済的‐政治的構造の変化に対応して教育内容と方法を大きく変えることによってもたらされる学びである。このような考え方は一九八〇年代の初頭から喧伝されるようになったが、その後、「個性」「創造性」「生きる力」「体験」「問題解決」「学び方の学習」「学ぶ側のニーズの尊重」といった子ども中心主義の言語とも結びつきながら、「生活科」「新しい学力観」「総合的な学習の時間」「総合学科」等々の中に具体化されている。いうまでもなく、今日、国家に有為な人材の育成を新自由主義（ネオ・リベラリズム）の観点から構想する文部科学省や経済界だけでなく、マスコミや教育産業や教師・国民の多くが真っ先に思い浮かべるであろう学びである。

この学び論は、近代化のために必要とされた教育を批判する。明治以来の学校教育制度の改革を声高に主張することもめずらしくない。けれどもそこには、教育（あるべき人間像や教育目的へ向けての教育）そのものに対する懐疑はない。従来型の教育に対する不信や反感がどれほどはげしくても、教育それ自体への信頼が揺らいでいるわけではない。この学び論はつまるところ、近代学校の正統性の危機に対処する諸政策＝学校教育制度の生き残り政策（教育の私事化、家庭や地域との連携、学校・教員の能力主義的管理等々）や、人材養成のための教育の再編成（生涯学習体系の整備）の一環だからである。

かくしてそこでは、教育そのものへの期待はむしろ高まりつつある。〈教育目標を打ち立て、その達成にとって必要な手段（教材教具や教育技術など）を用意し、それに即して一定の活動（学び）がなされれば教育目標は達成される〉という幻想は、従来の学校の枠組みを超えて、むしろこれまで以上に広く受け入れられつつある（たとえば大学にも急速に及びつつある）。ここでは、教育そのものが批判されたのではなく、教育内容（学力）や方法の中身とその選択主体にいくばくかの変更が加えられたにすぎない。あるいは、教育への信頼は存続しながら、押しつけがましさや一方向的関係を嫌う社会の風潮に合わせて、関心が教育から学習へ、さらにはかたい表現の「学習」からやわらかい表現の「学び」へと移っていっているだけなのである。

だが、このような変化は一つのけっして見過ごすことのできない結果を引き起こす。教育しようという意志が確固たるものとして存続しながら、教育に対して批判的知性が向けられないために、教育についての語りが楽天的で素朴なものへと陥っていくということである。教育論議が、明快でわかりやすいが単純で皮相なものへと下降していくのだ。いうなれば教育論のデフレ・スパイラルである。

(b) この学び論の問題点は、新自由主義の思想が前提としている人間観・社会観・倫理観をはじめとしていくつかあげることができるが、ここでは問題を一つに絞りたい。この学び論が与している教育論はごく単純である。必要な教育目標を並べ上げ、その達成に有効であると思われる手段（教育方法や制度など）を用意し、それを実行したうえで、その有効性をできるだけデータで検証すること、これに尽きる。つまりそこでは、教育目標の倫理的適切性、教育目標間の整合性、教育目標と教育方法の内的連関といったものを問う姿勢がかなり希薄である。一例をあげれば、「近代科学の精神を理解させるためにはどのような方法こそがふさわしいか」などといった問いは（かつてと比べても）かなり後退しているし、「教師によって巧妙にお膳立てされた自己表現は自己表現と呼ぶに値するのか」と問われることも少ない。近代社会に顕著な目標―手段の枠組みが人間の教育に本当にふさわしいのか、といったより本質的な問題が追究されることは、もちろんあるはずもない。所与の目標の達成に有効であると（根拠というよりも期待に基づいて）信じられている見ばえのよい活動（パフォーマンス）（自己表現をしたり自発的に動き回ったりすること等々）が選ばれるか、目標の達成に有効であることがある程度実証された一定の制度化・パッケージ化された教材が選ばれるにすぎない。かくしていずれの場合でも――つまりこのような局所的な視点からながめている限りでは――、教育は基本的に失敗することがない(3)。

だが、単純化された教育への楽観的な期待が高まってくる一方で、子どもたちや社会の現状・将来に人々が不安を抱き、その不安（それを解消したいというニーズ）を文部科学省や教育産業や教育学者や学校が自らの生き残り戦略に利用するようになるにつれて、教育によってコントロールしようとする領域が際限なく広がっていく。新たな教育目標がたえず継ぎ足され、やるべきことがつぎつぎと増えていく。たとえば公教育機関としての学校においては、学習指導（学力形成）および生徒指導という従来担っていた仕事に加えて、「心のケア」などのカウンセラー的役割や、家庭と地域を媒介する役割など、従来なかった新しい役割がつぎつぎに学校に押しつけられていく。広田照幸のいう「〈「教える」の拡散〉」(4)であり、「教育には何ができないか」（広田）と問いたくなるほどに、安っぽい教育万能論や素朴な教育信仰が蔓延するようになるのである。

しかしここからは、さらに重大な問題が生じる。教育の理念や哲学を欠いた皮相な教育論の無批判な受容は多種多様な教育目標―手段関係の無節操で無秩序な並立をもたらすが、その結果としてさまざまな矛盾が発生してくるのだ。たとえば、「主体的に学ぶ力」を育成するための「体験学習」に加えて、「学力低下」をくいとめるための機械的な反復学習が、それぞれの学習が前提にしている学習観の矛盾や齟齬の可能性について検討することもなく安易につけ足される。また、主体的で自発的な学びを促すといいながら、同時にそれを阻害するような事細かな評価＝監視の目が学習者に向けられる。他方、教師や学校に対しては、子どもたちの主体的学びを支え、自らも主体的な探究をすることが求められているにもかかわらず、管理が強化され、教師から考える自由や能力が奪われていく。さらにいえば、「公共心」や「国を愛する心」が説かれる一方で、（子どもと教師双方の）私的欲望がかつてないほどにはげしく焚きつけられていく……。

それはあたかも、だらしなく伸びきった古い皮袋に古い酒を残したまま新しい酒を詰め込んで、どちらの酒も飲めなくするようなものである。まずい酒を無理やり飲まされるうちはまだいい方で、醜く膨れ上がった皮袋はそのうち破れてしまうかもしれない。単純で陳腐なものへと縮退してしまった教育は、同時に無力もしくは有害なものへと堕してしまうのである。

2 類型2——市民派の学び

(a) 進歩、解放、正義、自由等々をめぐる「大きな物語」が崩壊し、「教える側が『教える』という権力を正当化するイデオロギーを喪失している」(5)ことは、従来型の学校教育の失墜を奥深いところで支えている。それと並行して、さまざまな学び論はおしなべて、知の絶対性や普遍妥当性を否定し、生活の歴史的・社会的条件に即して構築されたものとして知を捉えている。知の捉え方の変化はこれまでも学習のあり方を変えてきたが(6)、類型2の学び論は、昨今の知の世界のこのような変化を最もストレートに(わかりやすく)受けとめる。

類型2の学び論は、何らかの活動(体験・エクササイズから社会的活動まで)に参加し、対等な関係にある他の人びとと自由にコミュニケーションをしながら、自分なりの知や物語を紡ぎだすことを学びとみなす。参加と対話を通じて自分にとっての等身大の知や「小さな物語」を探求すること、そしてそれを通じて他者との関係を築き、新たな自己を発見すること(「自分探し」「自分づくり」等々)、これがそこでいわれる学びなのだ。この学びにおけるテーマは、いわゆる〝小状況〟(心や身体等)から〝大状況〟(環境や平和等)までかなり幅広い。だがいずれの場合でも、自己の生活の外側から押しつけられる知に対しては抵抗感が強く、より一般的・普遍的な知も自分にとっての等身大の知や物語のなかに位置づかない限りは受け入れようとしない。

この学び論の登場は、いくつかの新しい社会的条件の出現ともまた深くつながっている。一つは、消費社会の進行の中で「いまを楽しむ(現在の生を充実させる)こと」が称揚されるようになり、それと並行するかたちで「自己」(自分らしさ・自分を変えること)や「関係」(つながりの回復)への関心が高まってきたことである。さらに、グローバル化の進行などに伴って社会がますます複雑化し、予測困難な(コントロール困難な)側面が拡大して、問題解決に決定的な知を見いだしにくくなったこと（従来の「正解」が通用しなくなりつつあること）もあげなければならない。それに伴って、NPOやNGOといった民間非営利組織や、その他の市民活動団体・ボランティア団体の影響力が強まり、非専門家の知の価値が高まる一方で、情報公開などによる内部事情の暴露などによって従来行政や大企業や大学などが独占していた「大きな知」の権威が失墜したこともある。もちろん、インターネット・電子メール・携帯電話などの双方向型・ウェブ型のコミュニケーション・ツールの発達も見逃すことはできない。

こうして新しい世代ほど、実感のできない遠い未来の自己や社会の利益のために、自明の真理や正義なるものや身の丈サイズを超えた知を一方的に教え込まれること（我慢してそれを学習すること）に抵抗を感じるようになる。かくして、その抵抗感の元になっているものをまるごと否定するようなタイプの学びが唱道されるようになる。それがこの類型2の学びにほかならない。

この学びは、典型的には「参加体験型グループ学習」としての「ワークショップ」(7)に見られる。社会的活動への参加や社会経験を通じたこのような学びが、若者の市民としての自立の基礎として期待されることもある(8)。また「構成的グループエンカウンター」などを通じて、学校における「心の教育」や「総合的な学習」にもかなりの影響を与えていると考えられる。いずれにせよこの学び論は、子ども・若者たちの実態や社会の変化にヴィヴィッドに対応した学び論として、学校（小学校から大学まで）の内外を問わず、今日幅広い支持を集めつつある。

(b)　類型1の学びが公教育政策と緊密に結びついているのに対し、類型2の学びは一人ひとりの市民が自らの意志で自発的に行うものである。よって類型2の学びにおいては、学びのテーマも方法も自由で多様でありうるし、既存の経済構造の維持・発展という目的に制約される必要もなければ、既存の権力構造に従属する必要もない。にもかかわらず、この学び論は類型1の学び論と大きな親近性がある。この学びもまた、一定の教育目標を達成するための単なる手段の一つに矮小化されかねないからだ。つまり類型2の学びを、自己コントロールや対人関係の技法を習得したり、新規顧客の獲得や新商品の開発のための戦略を身につけたりするための手段として用いることは容易なのである(9)。だが、そのときそれは、類型1の学び論に包摂され――そのさい子ども中心主義の言語が両者の融合にとっての触媒の役割を演じるであろう――、類型1と同様の問題点を抱え込むことになろう。これが第一の問題点である。

この学び論は、自分を取り巻く社会や世界よりも、むしろ自分自身や自分の人間関係を理解したり変えたりすることに関心を向けがちである。学びのテーマもそのような関心に従って選択されることが多い。いきおい、肌身で感じることのできない世界についての知や、等身大を超えた知が軽視されがちになる。これが第二の問題点である。たとえば科学、歴史、マクロな社会構造や経済構造、哲学・思想といったものに関する知（学知）の多くは実感しにくいし、そのサイズも身の丈をはるかに超えている。もちろん、それらの知も歴史的・社会的に構築されたものであり、見えにくいとはいえ、そこには（リオタールのいう「大きな物語」と対比されるものとしての）〝小さな物語〟や生活者としての人間の関心が反映している。けれども、類型2の学びは、自分なりの知や語りを生みだしにくいとか、（専門家同士でない限りは）双方向型のコミュニケーションが成立しにくいといったことを理由に、そのような学知の学びになかなか目を向けようとしない。その意味で、この学びが通用するテーマや、探求の射程や深度には大きな限界があるといわざるをえないのである。

したがって、この学びを学校で一般化した場合には、結果的に知的能力の低下がもたらされる可能性が高い。だがそのとき、「学力低下」を嘆く声にそのまま応えようとすると、「学力向上」という任務を負った類型1の学びがさらにふくれ上がり、類型1の学び論の問題点の強化につながることになろう。ここでもまた、類型2の学び論は、その補完物として類型1の学び論を簡単に呼び寄せかねないのである。

3　類型3――脱権力の学び

(a)　教育がもっている権力性への自覚は、二〇世紀後半に飛躍的に高まった。それらの権力研究の特徴は、特定の権力者によるあからさまな暴力や抑圧を超えて、権力を行使する主体（その目的や意図）も権力が作用するありさまも特定できないような権力や、自由や解放や自己利益と結びついた権力のはたらきを解き明かしたことにある。周知のように、ブルデュー、B・バーンスタイン、ボウルズ＝ギンタスらは、学校教育が経済的・文化的な権力構造の再生産装置としての側面をもっていることを指摘した。またフーコーやポストモダニストたちは、近代の学校や近代教育を成り立たせている知の枠組みが権力の網の目にからめ取られていることを浮き彫りにした。それらの研究は同時に、学校・教育が伝達しようとする知（学校知あるいは知そのもの）が権力と深い関係にあるとする指摘とも結びついていく。また近年では、ポストコロニアリズムの諸思想が、啓蒙を担う教育の内にひそむ植民地主義（支配―従属の権力構造）を暴きだし、その乗り越えを試みている[10]。

こうして、教育と権力の結びつきを拒否すべきと考えている人びとは、教育が非権力の聖域をもうどこにも残していないことがわかると、教育すること（知識を伝達したり正しい行為について指導したりすること）そのものから撤退しようとする[11]。だが一方で、既存の権力構造の中に閉じ込められないためには、さまざまな文化表象（政治・経済・科学・文学・音楽・娯楽等々）の中にひそむ権力を読み解いたり、組みかえたりしていくことが必要であり、そのためには何らかの学びが欠かせない。ここにおいて、知へのラディカルな懐疑や「子どもを教え導く」ことからの退却を裏返しにしたものとしての学びが成立する。それが類型3の学びである。

類型1（場合によっては類型2）の学びが最終的には教育に包摂される学びであり、類家2の学びが教育の支配的な枠組みのストレートなひっくり返しだとすれば、この類型3は教育と真っ向から対立する学びである。だがいったい、教育ではない学びとはどのようなものなのか。たしかに、人が特定の誰かから教えられなくても学ぶ、ということはよくある。たとえば、隠れたカリキュラムを通じた学びや模倣による学びがそうだ。しかし類型3の学び論が拒否しようとしている教育とは、教えるという意図的行為ではなく、文化伝達システムの全体である。そのため、隠れたカリキュラムを通じた学びも模倣による学びもすでに教育の一部であり、教育から切り離すことはできない。だとすれば、権力としての教育（＝文化伝達）から解放された学びなるものは、はたして存在しうるのだろうか。

なるほど、解放のための教育や批判的教育学・ポストモダン教育学やポストコロニアリズムの教育論などにおいては、文化伝達とは区別されるものとして、「対話」や（力を奪われている者に対する）「エンパワーメント」や「抵抗」や「他者への応答（責任）」のための教育の必要性が説かれることがある。そしてそのような文脈に類型3の学びを位置づけることは可能であろう。しかしながら、そのような学びであっても、伝達された何らかの知識や態度を必要とするし、権力からも完全に自由ではありえない。そうであれば、権力としての教育から解放された学びなるものは、字義通りに解する限りは、単なるフィクションにすぎず、実際にはありえないといわざるをえない。けれども、ある種の実践的なレトリックとして理解すれば、それは重要な意義を有しているといえよう。類型3の学び論は、伝統的な教育論だけでなく、類型1や2の学び論でさえも視野に入れていない、権力をめぐる重要な教育的課題（学びのあり方に関する課題）を提出しているということである。

(b)　類型3の学び論には基本的な難点がある。いま述べたような理由で、教育にとって本質的ともいえる文化伝達をこの学び論は無視または軽視しがちである。そのため、実際には文化伝達から逃れられないにもかかわらず、そこから目を逸らしてしまうと、その反動として批判的吟味を免れた教育の意図せざる跋扈を招いてしまうということである。実際にも、この学び論者が教育の拒否をラディカルに唱えている裏側では、すでに述べたように、教育はいっそう単純化された上で醜く膨れ上がろうとしている。とりもなおさずそれは、権力から逃れようと意図しているにもかかわらず、実際には権力（しばしば露骨な権力）にからめ取られてしまうという逆説に陥ることにほかならない。

そこで、この学び論のより現実的なタイプは、権力としての教育からの完全な解放はありえないことを一旦認めたうえで、既存の権力構造の中に閉じ込められないようにするための学びを企てる。だがこのタイプは、どのような〝よき教育（学び）〟を構想しようと所詮権力からは自由になりえないという理由で、教育や学びの内実を問題にしないことがある。そのときそれは、たとえば類型1の学びが前提にしている単純で皮相な教育論でさえも（抵抗や対話等々の基礎として）甘んじて受け入れる。しかし、その教育論が肥大化していくことの弊害（あるいは権力性の拡大）に気づいたとしても、その教育論に自らも与している限りにおいて、対症療法的な批判（過剰の戒め）しかできない。人間を合理的にコントロールしようとする関心の広がりに応じて、それを実現するための術（＝教育）が肥大化していくという〝自然な〟成りゆきに対抗する論理を、それはもっていないからである。

4　類型4――脱学校型学習の学び

(a)　この学び論が提唱するのは、学校化された学習、すなわち他律的で操作的な学習（およびそれを強制する教育）を乗り越えるものとしての学びである。この学び論の代表的論者といえる佐藤学は、「画一性」「効率性」「国家主義」「産業主義」「官僚主義」等々に基づいた伝統的な「学校化された学び」（たとえば「勉強」）を、ケアリングの理論や「差異化」の原理によって改鋳された「構成主義」（とりわけデューイの「社会的構成主義」）の学び論によって克服することを訴える(12)。佐藤のいう「学び」は、学習者の内的論理や固有の視座を無視した効率性重視の画一的な教え込みや、社会発展（国家の経済成長）のための道具としての学校教育の乗り越えという、子ども中心主義思想の伝統的な課題を引き継ぐものである。だが、それと同時に、子ども中心主義的な言語とも親和的な類型1の学び論に依然として（あるいは以前にも増して）深く侵入している国家主義や競争的個人主義の枠組みを、共同体主義の観点から克服しようとする（「学びの共同体」論）。そのため佐藤の場合、学校型学習への批判は、教育方法だけでなく、カリキュラム、教員や学校のあり方、教育行財政にも及ぶ。このような考え方は、既存の学校の内部での学校改革の試みはもちろんのこと、より本格的な学校改革運動やフリースクール運動などにもさまざまな影響を与えてきた。いいかえれば、この学び論の主導者の一人が佐藤であるとはいえ、他律的で操作的な学習の克服をめざす学び論は、多彩とも雑多ともいえる種々の学び論から成る一つの大きな複合体を成しているのである。

(b)　この学び論は近代学校に特有の学習を批判するが、近代学校をどのようなものとして捉えるかによって、そこで説かれる学びの中身は相当に伸縮自在である。たしかに佐藤の場合は、学校化された学習の中身も、その乗り越えの方向性——国家主義や官僚主義を子ども中心主義によって批判し、市場原理に基づく競争的個人主義や産業主義を共同体主義によって克服するというスタンス——もはっきりしている。しかしながら、学校型学習と対決する佐藤自身の姿勢にどれほど明確な方向性があろうとも、何らかのかたちで学校型学習を乗り越えようとするのがこの学び論だとする限りにおいて、そこで説かれる学びの内実はかなり自由に変えることができる。極端な場合には、佐藤から借用して「学びの共同体」や「活動的で協同的で反省的な学び」を掲げながら、類型1の学び論（たとえば体験型のコミュニケーション・スキルの学び）——佐藤はそれを批判するであろうが——に与することも不可能ではない。さらに類型2との区別になるといっそう困難になる。類型2の学びの中の個人主義的色合いが強いもの（たとえば自己啓発のためのセミナーのようなもの）と、佐藤のいう学びはおそらく相容れないだろうが、それでもそこに「学びの共同体」や「活動的で協同的で反省的な学び」を見いだすことはむずかしくない。そうであれば、類型2の学び論の中の個人主義的側面が抑えられたものになると、類型4の学び論との区別はほとんど困難になろう。

類型4と類型2の学び論の区別が困難だから問題だ、といっているわけではない。類型4の学び論と類型2の学び論が置き換え可能になれば、そのとき前者も後者と同じ問題点を抱え込むことになるから問題なのである。結局のところ、類型4の学び論は、類型1～3との違いに自覚的な一部の理論的言説を除いて、類型1から類型3の学び論の中から適宜つまみ食いし、そうすることによって不幸なことにその問題点までも受け入れてしまう可能性が高いといわざるをえないのである。

もう一つの問題点は、類型5の学び論と関係する。以下で述べるように、近代以前の学びの再評価や近年の状況学習論などと深く結びついた類型5の学び論も、類型4と同様に学校型学習をきびしく批判する。ところが類型4の学び論は、類型5の学び論ほどラディカルな立場に立つとは限らない。類型4は類型5を受容することもできるが、拒否することもできるのである。この両義性については佐藤自身も無縁ではない。というのも佐藤は、類型5の学び論を志向するときもたしかにあるが（たとえば、模倣による学びや「徒弟的な学び」の再評価(13)や目標達成追求型の学習への批判(14)）、他方ではそこから意図的に距離を取ろうとするときもあるからだ（たとえば、「正統的周辺参加」の理論に対する留保(15)）。もちろんそこには類型5の学び論が固有に抱える問題点（後述）が絡んでおり、学校改革を先延ばしにしないというスタンスを取る限りは、現時点では無理からぬところもある。けれども、類型4と類型5の学び論の違いは決定的に重要である。類型5の学び論を拒否すればするほど、類型4の学び論は、類型1～3の学び論と相互乗り入れが容易になり、結果としてそれらがもっている問題点を拒否できなくなる（しばしば積極的に受け入れる）と考えられるからである。

5　類型5――脱教育の学び

(a)　この学び論が乗り越えようとするのは、単なる学校型学習ではなく、学習そのものである。もう少し正確にいえば、近代に特有の「教育」とそれに付随する「学習」こそがこの学び論の克服の対象なのである。もちろん、ここでいう「教育」とは文化伝達としての教育のことではない。類型3のところで述べたように、文化伝達から解放されることは現実にはありえないし、そのような教育は近代に特有のものでもないからだ。類型5の学び論が克服しようとする教育とは、類型1の学び論が自明の前提として受け入れている類の教育である。すなわち、教育目的・目標（めざすべき人間像や習得すべき知識・技能・態度など）とそれを実現する手段＝教育方法の枠組みで語られるものとしての教育のことである。まさに近代に特有の、つまり語の真正な意味での「教育」（education）にほかならない。

したがって、類型5の学び論が試みるのは、近代に特有の「学習」の修正や再構成ではなく、それとは原理的に異なる様式としての「学び」の追究である。類型4との対比でいえば、克服しようとしているのは、他律的で操作的なものに〝堕した〟学習というよりも、学習それ自身に抜き差しがたくつきまとっている――それゆえ他律的で操作的には見えない学習でさえももっている――他律性や操作性である。類型5の学び論は、近代の教育や学習がもっている歴史的な特殊性や人工的で政治的な性格を明らかにするとともに、それらに内在する問題点（暴力性や抑圧性）を克服しようとするのである。

かくしてこの学び論は、近代以前の社会（伝統的社会）でなされていた学びや、学校以外の場所（伝統文化や芸能の伝承の場、仕事の現場、日常生活）での学びに目を向ける(16)。その結果、浮かび上がってくるのは、まず何よりも、共同体実践への参加を通じた学びであり、新参者が親方や古参者をモデルとして行う、模倣と習熟を基本原理とした学びのあり方である。いうなれば、人間以外の霊長類（ボノボやチンパンジーなど）にも基本的なところで共通する学びであり、その意味で「霊長類的基盤」(17)とでもいうべきものに支えられた学びだといってもよい。また状況学習論によれば、人間の学習（＝学び）は個々の行為を通じた自己や社会の絶えざる再編にほかならない。すなわち、道具、知識、コンテキスト、社会組織等々が（矛盾や対立をはらみつつも）相互に構成し合う自己準拠的な自己‐社会システムの内部でなされる即興的な「状況的行為」が人間の行為や実践なのであり、学習とは、そのような行為や実践を通じて、自己‐社会システムを絶えまなく再組織化していく過程なのである(18)。

いずれにせよ、現時点ではこの類型5に属する学び論こそが、教育とそれに伴う学習を最も根源的（ラディカル）に批判し、乗り越えようとしているということができる。「ホモ・エードゥカンドゥス」（教育されるべき人間）という西洋近代人の人間理解に対するイリイチの批判(19)は、類型2～4（類型1も?）のいずれの学び論も受け入れるかもしれない。だが、それらの学び論が教育の枠組みを必ずしも断ち切れていないことや、イリイチ自身が教育や学習の乗り越えを「コモンズのとりもどし」(20)と結びつけていたこと等を考えると、イリイチによる「ホモ・エードゥカンドゥス」批判と最も親近性があるのはこの類型5の学び論だといえよう。

もちろん、類型5の学び論はけっして一枚岩ではない。むしろ、いまだ形の定まらぬ学び論の集合体といった方がよく、そこに属する個々の学び論の間には見過ごせない差異もあれば、小さくない対立点もある（そこには今後解消されるべきものもあれば、解消しない方がよいものもあろう）。とはいえ、そこにはここまで述べてきたこと以上の共通する傾向も見いだすことができる。

まず第一に、教育目的―手段関係を超えた学びを追究する限りにおいて、この学び論は、教育目標の階層構造化の企てや、能力の要素還元主義的理解（実体論的理解）を批判する。第二にそれは、類型1～4の学び論が与している諸々の二元論や二項対立をも乗り越えようとする。つまり、子ども中心主義VS.社会（大人）中心主義、教えVS.学び、強制VS.自発性、能動性VS.受動性、科学主義VS.ロマン主義、権威VS.自由、伝達VS.対話、競争VS.協同、等々の図式において、一方の項のみを重視する説を乗り越えようとする。一例として最初にあげた子ども中心主義VS.社会（大人）中心主義の図式に関していえば、この類型5の学び論は学ぶ者の自主性や自発性を強調するが、しかし同時に文化伝達、権威、善、義務、反復練習、本を読むこと、話を聴くこと、といった子ども中心主義が軽視してきた要素も、そこにこびりついた手垢を洗い落とした上で、同様に重視することになろう。教育の乗り越えは放任の奨励として受け取られることがあるが、類型5の学び論にとってはけっして教えることや他者の介入の拒否ではないのである。

(b)　この学び論の多くは「教育」や「学習」の外部にある「学び」を記述するという段階にとどまっており、その意味でいまだ助走段階にある。そのため、従来の教育や学習との接点を十分に見いだしているとみなすわけにはいかない。そうしたこともあって、この学び論を学習一般の理論とみなしたり、今日の学校教育に応用しようとしたりすることに疑問を投げかける声は少なくない。徒弟制の中の学びや仕事現場での学びは、一定の限られた歴史的段階や課題やテーマにしか通用しないのではないか、あるいは、特定の職業への準備教育を超えるという近代学校の本来的なあり方にそぐわないのではないか、等々(21)。そして研究の現段階では、そのような疑念を払拭することはたしかに容易ではない。

しかし、だからといって、過去あるいは現在のさまざまな領域・場面における非「教育」の学びの現実から、現代社会にも適用可能な「学び」一般の理論を再構成することの可能性があらかじめ閉ざされているわけではない(22)。その理論を学校教育に応用するとなると、さらに険しい道のりが待っているように思えるかもしれないが、これも必ずしもそうとはいいきれない。この学び論から新しい教育実践を構想することはもちろん可能だが(23)、それとは別に、これまでの学校での「教育」の薄い皮膜の裏側に確実に根を張っているこの学びを掘り起こし、そこに新たな光を当てることができれば、この学び論の学校教育への応用可能性にも一定の見通しが立つと考えられるからだ。

いずれにせよ、近代や近代教育・学校の問い直しが随所で起こり、それらを支えてきた社会的条件も急激に変化しつつある現代社会においては、類型5の学びを可能にする客観的条件はむしろ整いつつあるとみなすこともできる。それらは類型1をはじめとする他の学び論を生みだしているが、同時に類型5の学び論の再発見や構築もまた促しているからだ。近代の学習論に対抗できる学び論の構築は、緒についたばかりだということはできても、非現実的な試みであると決めつけてしまうことはできないのである。

むすび——どの学び論か

この小論では、類型1の学び論が一つの重大な問題点(単純化された教育の無節操なまき散らし)を抱えていることをまず指摘した上で、類型2～4の学び論もまたその問題点と地続きであることを(それぞれが固有に抱える問題点とあわせて)明らかにした。一方、類型5の学び論は、近代の教育や学習そのものの乗り越えをめざすことによって、同時に類型1の学び論が抱えるその問題点を克服しようとしているとみなすことができる。紙幅の都合でここでは論じることはできなかったが、近代に発明された教育という他律的な生の強制の様式が固有に抱える問題点(たとえば、主体性や創造性の育成をめざしながらそれが達成できないというパラドクス)まで考慮すると、近年注目されつつある類型5の学び論の優位性を主張することには、一定の説得的な根拠があるといえよう。とはいえ、類型5にはその現実化(グローバルなポスト産業社会で実現可能な理論の構築および学校その他の教育現場への応用)という点で大きな課題を残しており、その意味で類型5の学び論の優位性が不安定であることもまた事実である。これらの問題をめぐっては、今後さらなる議論が必要なことはいうまでもない。

とはいえ、誤解してはならないのだが、類型5の優位性を認めることは、類型1～4の学び論をまるごと否定することではけっしてない。むしろ反対に、類型1～4の学び論の問題点を自覚し、その問題点の克服をめざしながらであれば、それぞれの学び論がもっている積極的な側面は受け継いでいく必要がある。たとえば類型1がめざす創造性・問題解決力を養う学びや、類型2がめざす参加と対話を通じて自己の物語を紡ぎだすこととしての学びや、類型3がめざす権力からの解放の試みとしての学びといった考え方は、現代社会においてはたしかに欠かせないものであり、類型5の学び論の中に積極的に組み込んでいく必要がある。だが、それはいったいどのようにすれば可能になるのか。ここでもまた、問題はほとんど手つかずのまま残されているのである。

1　「学び」を説く際に（従来型の）教育への不信を自覚的に唱えた近年の著作には、たとえば以下のようなものがある（以下で言及するものは除く）。池谷壽夫『〈教育〉からの離脱』青木書店、二〇〇〇年。汐見稔幸『「教育」からの脱皮――二一世紀の教育・人間形成の構図』ひとなる書房、二〇〇〇年。高橋勝『学校のパラダイム転換――〈機能空間〉から〈意味空間〉へ』川島書店、一九九七年。高橋勝『文化変容のなかの子ども――経験・他者・関係性』東信堂、二〇〇二年。田中智志『他者の喪失から感受へ――近代の教育装置を超えて』勁草書房、二〇〇二年。

2　「学習」と「学び」の区別については、近年の「学び」論隆盛の火付け役ともいえる次の二人の文献を参照のこと。佐藤学『学びの快楽――ダイアローグへ』世織書房、一九九九年、三八頁以下、および「あとがき」。佐伯胖『「学ぶ」ということの意味』岩波書店、一九九五年、二頁以下。

3　しかしながら、教育がオートポイエティックなシステムであることを考慮に入れると、目標―手段の枠組みに基づいた教育は実際には成功することがない、ということもできる（今井康雄「教育学の暗き側面?・」『現代思想』第三〇巻五号、二〇〇二年四月号、二一〇頁以下。山名淳「〈因果プラン〉論からみた教育目的の機能——N・ルーマンのシステム理論を中心として」『教育哲学研究』第六九号、一九九四年。N・ルーマン〔今井重孝訳〕「教育メディアとしての子ども」『教育学年報』第四号、一九九五年）。

4 広田照幸『教育に何ができないか——教育神話の解体と再生の試み』春秋社、二〇〇三年、二四九頁。

5 同前書、二五三頁。

6 高橋勝によれば、二〇世紀初頭ドイツで「体験、経験、自己活動、作業」が教育や学校にもたらされた背景には、知の世界の捉え方が「現象学的な見方」へと変化したことがあった（高橋勝「〈教える―学ぶ〉関係の非対称性」『近代教育フォーラム』No.11、二〇〇二年、一三六―一三七頁）。

7 中野民夫『ワークショップ——新しい学びと創造の場』岩波書店、二〇〇一年。

8 宮本みち子『若者が《社会的弱者》に転落する』洋泉社、二〇〇二年、一六八頁以下。

9 たとえば、中野民夫の提唱するワークショップは、精神性（関係の豊かさ）や環境問題を重視する一方で、方法主義（目標―手段関係に基づく効率的な目的追求）やビジネス主義とも親和的である（中野民夫、前掲書、iii頁、八四頁、一四三頁以下、一八三頁、一八七頁以下、一九五頁以下）。

10 丸山恭司「教育という悲劇、教育における他者——教育のコロニアリズムを超えて」（なお同論文には司会・コメント論文も付されている）『近代教育フォーラム』No.11、二〇〇二年。また、『近代教育フォーラム』第12号（二〇〇三年）の「シンポジウム：コロニアリズムとしての教育学」についての諸論文も参照のこと。

11 山本哲士『学ぶ様式——非権力の領域へ』新曜社、一九八六年。ちなみに、この時点で山本も「学習」とは異なる「学び」の可能性を追求していたことは、とりあえず指摘しておく必要があろう（同前書所収の「学びのコミュニカシオン——学ぶ様式」）。

12 佐藤学『学びの快楽』特に三章「学習論の批判」。

13 佐藤学、同前書、特に六八―七一頁。

14 佐藤学『学びの身体技法』太郎次郎社、一九九七年、三五頁以下。

15 佐藤学『学びの快楽』一〇七頁以下。

16 たとえば以下の文献を参照のこと。生田久美子『「わざ」から知る』東京大学出版会、一九八七年。上野直樹『仕事の中での学習――状況論的アプローチ』東京大学出版会、一九九九年。辻本雅史『「学び」の復権――模倣と習熟』角川書店、一九九九年。福島真人編『身体の構築学――社会的学習過程としての身体技法』ひつじ書房、一九九五年。J・レイヴ、E・ウェンガー（佐伯胖訳）『状況に埋め込まれた学習――正統的周辺参加』産業図書、一九九三年。

17 松沢哲郎『進化の隣人――ヒトとチンパンジー』岩波書店、二〇〇二年、一六〇頁。

18 上野直樹、前掲書。

19 I・イリイチ（桜井直文監訳）『生きる思想〈新版〉――反＝教育／技術／生命』藤原書店、一九九九年、特に九二頁以下。

20 同前書、九〇頁以下。

21 福島真人「モラトリアムとしての学校と教師――徒弟制モデルとその限界」『現代の教育・第六巻――教師像の再構築』岩波書店、一九九八年。福島真人『暗黙知の解剖――認知と社会のインターフェイス』金子書房、二〇〇一年。

22 私自身の試みとしては、さしあたり以下を参照していただきたい。松下良平「自生する学び――動機づけを必要としないカリキュラム」グループ・ディダクティカ編『学びのためのカリキュラム論』勁草書房、二〇〇〇年。松下良平「教育的鑑識眼研究序説――自律的な学びのために」天野正輝編『教育評価論の歴史と現代的課題』晃洋書房、二〇〇二年。

23 佐伯胖の紹介する学校での「学び」の事例は、類型5に属する学び論を学校へ応用する試みの一つとみなすこともできよう（佐伯胖『「学ぶ」ということの意味』特に、一二二頁以下、一九七頁以下）。

（まつした・りょうへい／金沢大学教育学部助教授）

世阿弥の稽古論再考

●「稚児の身体」と「型」の問題

西平　直

1　稽古は「型の習得」か

世阿弥自身は「型」という文字を用いたわけではなかったにもかかわらず、「型」をめぐる議論には、しばしば、その名が登場する。例えば、よく知られた源了圓『型』。「世阿弥の能楽論を仔細に検討すると、彼の能楽論は『型』の問題について驚くべき深く、かつ多面的な考察をおこなっているように思える」。のみならず「日本における身体的次元の型の問題についての基本的考えは、ほとんど世阿弥の中に含まれていると言っても過言ではない」。そう述べたうえで、源は、世阿弥における稽古を「型の習得」と定義する。正確には、その定義から考察を開始してしまうことによって、その定義それ自体を問い直すことはない（源了圓『型』七三頁、以下、源『型』と略）(1)。

同様に、日本の芸道を論じた倉沢行洋『藝道の哲学』も、能を「連続した数多の型の集合」と見たうえで、「能の稽古は、そういう型をひとつひとつ習い覚えることから始まる。稽古する者から言えば、型は、『かくあるべし』と示されている姿であり、おのれをそこに嵌め込むべき枠・型木である」と規定する(2)。

ところが、世阿弥の稽古をこのように「型」の問題として（型通りに）理解してしまうことに対しては、深刻な異論がある。例えば、自ら舞台に立ちその経験を言葉に残した観世寿夫は、能の稽古が「ストイックな訓練法とさえいえる」と認めたうえですら、「しかしその修練は、いわゆる『型』という考えにそのまま(ママ)つなげるものではまったくない」と断言する。「型」という名によって能の稽古を「演技の断片の稽古」と理解してはならない。能の「カタ」は「外面的なかたちの様式化したもの」とは無関係である（『観世寿夫著作集・2』、以下『観世寿夫』と略）(3)。

あるいは、フランス演劇論と重ね合わせる仕方で濃密な世阿弥論を展開した渡辺守章は、「形木」として登場する「型」は多くの場合「規範」の意味であり、「〈型〉は〈表現〉へと超えられるべきものとして語られているのであって、〈型〉による習得や伝承……だけが特権視されているわけではない」と言う(4)。

つまり、世阿弥の稽古をめぐって、一方にはそれを「型の習得」とする理解があり、他方には、そうした「型」という理解そのものを問い直す議論がある。では一体、何が問題なのか。例えば、後者の批判的な視点から、あらためて源の考察を読み直す時、何が問題になるのか。問題は、語られた部分ではなく、語られなかった部分、つまり、検討の対象から省かれてしまった部分である。

では、何が省かれたのか。「歌の稽古（音曲習道）」である。世阿弥が「二曲三体」のうち最初に習うべきと強調した「歌（声＝謡＝音曲＝詩歌）」の稽古。

稽古論の検討に先立って、源はこう述べる。

二曲・三体の中でも、演者のからだが整うまでの期間は「二曲」すなわち「舞歌」の稽古が中心となる。このうち「歌」の方は「音曲口伝」（音曲声出口伝）に譲って、「型」の問題と関係の深い「舞」についての世阿弥の考え方を見てみることにする（源『型』八六頁）。

つまり「舞」は型に馴染むが、「歌」は型に馴染まない。よって「歌の稽古」については『音曲口伝』（音曲稽古について詳細に語られた世阿弥五七歳の伝書）に譲り、先を急ぐと言うのである。

しかし、重要なのは、なぜ「歌」が「型」に馴染まないのかという、まさにその点ではなかったか。なぜ「歌の稽古（音曲習道）」は「型」の文脈に納まりが悪いのか。なぜ「歌の稽古」を省いた方が「型」の話としては都合が良いのか。そこにこそ「型」それ自身の理解をめぐる重要な鍵が潜んでいるのではないか。

加えて、その考察では「稚児の身体」が重視されない。世阿弥が少年期の身体を〈独立した価値を備えた理想的身体モデル（「児姿」の「幽風」）〉と捉えたその視点が、議論から抜け落ちている。むしろ、先の引用に見た通り、「演者のからだが整うまでの期間」としてのみ理解されている。しかし〈「まだ整っていないからだ」を型に入れる〉のと、〈「既に独立した価値を備えた理想的身体」を型に入れる〉のでは、同じ「型」でも意味合いが大きく違うはずである。

では、世阿弥自身はどう語っていたのか。以下、考察は、煩を厭わずそのつど世阿弥のテクストに立ち返りながら進められる。本稿にいう「世阿弥テクスト」は、すべて表章・加藤周一『日本思想体系・世阿弥　禅竹』（岩波書店、以下『岩波版』と略）に依拠する(5)。引用に際しては、その頁数を（伝書名と共に）記した。また、現代語訳には、同じく『岩波版』の「頭注・補注」をはじめ、能勢朝次『世阿弥十六部集評釋』（以下『能勢評釈』と略）(6)、山崎正和編『日本の名著・世阿弥』（中央公論社、以下『中公版』と略）(7)に助けられつつ、時に、英訳(8)、独訳(9)を参照したが、最終的には、逐語訳とはせずに、その意味内容を解説的な文章として書き添えることにした。

2　舞歌二曲における「型」——歌の稽古（音曲習道）を中心に

では、歌の稽古（音曲習道）に関して、世阿弥は何を語っていたのか。

まず、この「歌（音曲）」は「音楽」ではない。少なくとも、今日言うところの音楽に限定されることではなく「音楽・舞踏・演劇の総合である能一曲」の全体を流れる「音楽性」の意味である(10)。

したがって、この「音曲」は世阿弥の伝書の中心課題として繰り返し語り直される。例えば、その習道の順序に話を限定して見たとしても、『音曲口伝』『花鏡』『風曲集』『五音』『五音曲条々』という五つの伝書を繙く必要があり、しかも、その内容が微妙に異なっている（この点に関しては既に細かな検討がある『岩波版』四四一頁、補注30）。

さしあたり、初出の『音曲口伝』を見ておけば、音曲を習う順は、一、文字［謡の文句］を覚え、二、節を極め、三、曲を色どり、四、アクセント（「声の位」）を知り、五、音曲に関する根本的理解を持つ（「心根を持つ」）という順であり、そのうえで、すべての過程において拍子を大切にする（『音曲口伝』七五頁）。

この最後の「拍子は初・中・後へわたるべし」は注意を要する。この場合の「拍子」は、単なる音楽上の「リズミカルなリズム」ではない。それは、声の音高も旋律も、歌詞のリズム（詞章の語数規制）も、音楽上のリズムも、それらすべての根底にあって曲の雰囲気を色づける「拍子」である。世阿弥は「音曲の拍子の事、曲の命なり」（『曲付次第』一四八頁）と言い、あるいは「曲と拍と相応する」（『曲付次第』一四九頁）とも言う。

ここで、能に特有の「拍子の開始」を見ておくことが理解の助けとなるかもしれない。能においては、音（ないし声）を発した時が音の開始ではなく「準備をし始めた時から」既にその音が始まる。そして音が外に現れ出た時、その音は終わる。つまり能における拍子は、音が発せられた時から数え始めるのではなく、既にそれを発するまでの準備から始まっており、音として表に現れた時を持って拍子の終わりとなる（したがって能の謡を五線譜に記すことは、この点から見ても不可能である）(11)。

つまり、この「拍子」は、区切りをつけるための明確なリズムではなく、盛り上がり静まってゆく、ゆるやかな波に近い。どの時点で発するかというより、発するまでの準備の方が重要視されていることになる。だからこそ、声を習いつつ拍子を身につけ、節や曲を習う中でこそ拍子を身につける。「拍子」は、声・節・アクセント……と個々の稽古内容に分けることのできない、それらとは質の異なる感覚なのである（『観世寿夫』四三頁）。世阿弥の稽古論を「二曲三体」に即して丹念に読み解いた真壁宏幹は、そうした「拍子」を「音曲における〝律動〟」と呼ぶ。そして、それが音曲と舞に通底する「共感覚」であり、「音曲と舞の間に共約可能性をつくりだすより高次な〝律動〟」（傍点原著者）と言う(12)。

「拍子」は能を構成する諸要素（音楽と舞踏と演劇との諸要素）に対してメタレベルに位置し、あるいは、何らか〈流れ〉の位相にあって、能一曲の全体を通じて流れている（〈流れ〉については後述）。そうした「拍子」が「音曲」の根底にある時、音曲の稽古が「型」に馴染まぬことは十分予想される。〈流れ〉は「型」に収まりにくいからである（これが「型」のひとつの理解にすぎないことも後に見る）。

はたして世阿弥自身、ある伝書の中で「曲」は習うことができないと語る。

まず「節」が「曲」から区別される。「節と曲との分目、能々智べし」（『花鏡』一〇四頁）。もっとも「世阿弥の音曲伝書における『曲』は『ふし』と読むべきか『きよく』と読むべきか判断に苦しむ場合が多い」（『岩波版』四四〇頁、補注29）という指摘もあるのだが、しかし稽古においては明確に区別される。「ふし・きよくと云も同じ文字なれども、謡う時は、習ひ様別なり」（『音曲口伝』七五頁）。

どう違うのか。「節は形木、……曲は心也」（同前）。

この「かたぎ」という言葉に、『能勢評釈』は「型木」の文字を当て、「かたぎは型木で、元来は染め物を捺染する型木をいふ語であったが、ここでは型の意に用いている」と言う（『能勢評釈』下、一一頁）。「形木」については次節で立ち入って見ることになるが、今はこの理解に従えば、音曲稽古における「節」は「型」であるのに対して、「曲は心なり」と、「節」から区別されているからには、「曲」は「型」ではないことになる。

晩年のものと推定される伝書（『五音曲条々』）は、この点を一層明確に、曲には「相伝スベキ形木モナシ」と断言する。

「節」については、師に習い「ソノ形木ニ入フシテ習得スベシ」（『五音曲条々』二〇三頁）と述べた後に、しかし「習道」はここで終わり、そのうえに伝え学ぶことの不可能な「曲」の段階があると言う（「此上ハ不伝ノ曲分也」）。曲は習うことができない。なぜなら、と世阿弥は驚くべきことを言う。

曲ト云ベキモノハ、マコトニハナキ物也（本来、曲は存在しないからである）（『五音曲条々』二〇三頁）。

『岩波版』は、この直後に「秘スベシ」の一言を、「異本にはない」としながら「底本朱筆傍注」として書き加える（『岩波版』四七九頁、補注108）。もしこれが世阿弥自身の朱筆であるとすれば、いかにこの一句が微妙な一線に関わることであるか、その証ということになる。

そして続ける。もし曲が「ある」というなら、それは「節」であって「曲」ではない。曲には、受け継がれるべき型がない（「相伝スベキ形木モナシ」）。曲は、音曲の稽古を極め尽くした境地に定着した演者において、おのずからその声のうちに現れ出てくる「花匂（くわくん、風趣・魅力の香り）」（「ヲノズカラ出タル用音ノ花匂」）である。ところが、曲はこのように習うことができない（「曲ハ習道ニハナキ物ト知ルベシ」）と強調した最後になって、世阿弥は自問する。では、その存在しない「曲」が発現する場所はどこか（「無曲ノ在所ヲバナニトカ云ベキ」）。観客が理解してくれるか、必ずしも耳の利く人ばかりとは限らないではないか。そして、不思議な一文がつけ加わる。

女・童（ワラシベ）ノ心耳（しんに）ニモ感ズル所、是スナワチ曲ニテヤアラン（女性や子どもの耳にも感じとられるのが曲なのではないか）（『岩波版』二〇四頁）。

曲の学習不可能を論じたうえで、その最後に、しかし曲は誰の耳（心耳）にも伝わるもの、習うことはできないが子どもでも知っていると締めくくるのである。

ここで一度整理しておくならば、第一に、曲は型がないから、習うことができない。ということは逆に、習うことが可能なのは「形木」が成り立つ場合のみである。あるいは、この文脈において「師に習う」とは「形木に入りふして習得する」と同じ意味になる。だからこそ「形木」のない「曲」は習うことができない。

第二に、そうした曲は、稽古を極めた境地において、自らその声のうちに現れ出てくる。演者が発するのではなく、声のうちに自ら現れ出てくる。

そして第三に、それほど高度な「趣（花匂）」であるにもかかわらず、子どもでも感じ取る。もしここで、むしろ「子どもの方がより素直に感じ取る」と付け加えたならば、明らかに読み込み過ぎであるのだろうが、しかし、そう読んでみたくなるような語り方である(13)。

同じ『五音曲条々』には「悟々同未子（悟り悟りて未子（未悟）に同じ）」（『岩波版』一九九頁）という言葉も見える。悟り終ってみると、未だ悟らざる境地と同じ。芸を極め、無心の境地に至って、この「曲」が自ら現れ出てくる時は、こうした音曲に関する知識や技巧、つまりは「型」など、まるで知らないような状態に戻ってゆくというのである(14)。

こうして歌の稽古（音曲習道）に関して、〈型（形木）が成り立つレベル＝節〉と、〈型（形木）として成り立ち得ないレベル＝曲〉が峻別され、型として成り立ち得ない「拍子」や「曲」は、何らか〈流れ〉の位相において語られる。〈流れ〉のメタファーは、例えば「声は水、曲は流なるべし」、「凡、音曲の連声は、流水の地体に従ひて行がことし」（『曲付次第』一五三頁）など、世阿弥のテクストにはしばしば登場する。

にもかかわらず（あるいは、だからこそ）、稽古は「型」として成り立つ「節」から始めなければならない。言葉をおぼえ、節を身につけ、アクセントを習得する。決して「曲」から真似てはいけないと世阿弥は繰り返すのである。

では、「舞」については、どうか。

「歌」に比べ、舞は「型」として理解されやすい。例えば「手智、舞智、相曲智、手体智、舞体智」（『花鏡』八七頁）は「五つの型」とされ、それらの型が「三体」に当てはめられる（源『型』八七頁）。

しかし世阿弥は、その舞が、まさに先の「歌（謡＝声）」から生じることを強調していた。『花鏡』「第六条・舞は声を根と為す」の一節。

舞ハ、音声（おんじょう）ヨリ出デズバ感アルベカラズ。一声ノ匂ヒヨリ舞へ移ル境ニテ、妙力アルベシ。又、舞オサムル所モ、音感へオサムル位アリ（『花鏡』八六頁）。

ここは『中公版』の現代語訳をそのまま引用しておく。「舞の美しさは、謡の音楽的な要素を基盤として生まれるのでなくては感動を呼び起こしえない。たとえば舞の直前には『一声』と呼ばれる謡があるものだが、その『一声』の余韻に乗ってまさに舞に移ろうとする境目に、えもいわれぬ舞の魅力があらわれてくるものである。またひとさしの舞を舞い終る場合にも、舞の余韻は謡の音楽的な情趣のなかに融けこむようにしておさまってゆくべきものである」（『中公版（山崎正和訳）』一七一頁）。

つまり舞は、謡の音楽性の上に初めて成り立つ。その音楽性の根拠を示すかのように世阿弥は続けて、舞も歌も「如来蔵より出来せり」と表現する。「如来蔵（煩悩の中に含まれる真如）」とはこの場合、「人間のはたらきを支配する内蔵（五臓）」と理解されるから（『岩波版』八六頁）、舞も歌も、人の内面、心身の最も内側の根源から出てくる。「五蔵ヨリ声ヲ出スニ、五体ヲ動カス人体、コレ、舞トナル初メ也（五蔵から声を出す際には、五体を動かすが、その時の身体の動きが、舞の始まりである）」（同前、八七頁）。体の最も内側から声を出すには、必ず、体全体が動く。その時の自然な動きこそが、舞の始まりである。演じる意志が最初ではない。何かをまねようとする演技の意識から出発するのではない。声を出すに際して体が自然に動く、その動きに乗ることによって、舞が始まると言う。

更に続けて「天道の時」「自然界の時との関係」が語られる。季節や十二時に声の五通りの「五調子」を配当する（「時の調子」）。天上の調べが地上に移り来て地上の調べとなる（「天人の舞歌の時節」）。自然界の時がやって来て、歌が生じ舞が生じる。演じる主体の行為ではない。自然に歌が生じる出来事として語られるのである。

こうしたレトリックの中で語られる舞を「型」と理解してよいか。あるいは、こうした舞も「型である」と理解した場合、その「型」は〈流れ〉を内に含むことになるのではないか。〈流れ〉を妨げるのではない。むしろ、流れを含む「型」。例えば、音楽性を含む「型」であり、音楽性を支える「型」である。

ここに、先に見た〈流れを区切る「型」〉[15]に対して、〈流れを含む「型」〉という理解が姿を現わすことになる。では、世阿弥本人は、この点をどう語っていたのか。「形木」という言葉の用例に焦点を移して、考察を続けることにする。

3 「形木」の用例——三体は「型」か

世阿弥のテクストにおいて「形木」という言葉は（期待に反して）中心的な位置を占めない。それどころか、むしろ、探し当てるのに苦労するほどである。

そうした中で、まず目につくのは、「形木」が芸の成長を止めてしまうという、いわば否定的な意味の用例である。世阿弥六二歳頃の成立とされる『遊楽習道風見』第一条。少年期には小手先の演技を避けよという習道原則を語る箇所。

細にしつける物まねは、幼人体の形木の得手に入ふして、成人の人内には、手詰まり、芸足らで……（こまごまとし慣わしてきた役柄の演戯は、未熟な肉体でやりつけた子供っぽい型にすっかりはまりこんでしまって、おとなの肉体にとっては技芸のふくらみの余地がなく……）（『遊楽習道風見』一六三頁）

「幼人体の形木（子供っぽい型）」を身に付けてしまうと、芸のふくらむ余地が閉ざされてしまうという警告である。

面白いことに、『中公版』の訳は、この箇所にのみ「型」という訳語を当てる。それ以外の「形木」は、例えば「基本的な方針」「基準」などと訳しておいて、まさに、この否定的な用語法のみを「型（子供っぽい型）」と言う。

次の箇所も同様である。

少年期から器用な物まねを身に付けてしまうと、芸に広い魅力がなくなる。「まして、小物にてしつけたらん形木に入詰まりたる身体ならば（子供のときにやりつけた小器用な型にはまりこんだ肉体の場合）、其時（そのとき）の分切（ぶんざい）にて、いつまでも通るべし（その年齢だけの芸の魅力にいつまでも成長がないだろう）」（同前、一六四頁）。

子供の時の器用な「型」は、結局、芸の成長を閉ざしてしまう。その否定的な機能が、この場合も「型」と訳される。むろん、こうした訳語の選定は意図的であり、「型」を「固定された型」と否定的に用いることによって、世阿弥のテクストを安易に「型の習得」と理解することが拒否される(16)。

では、世阿弥は「形木」を常にこうした否定的な意味で用いたのかと言えば、そうではない。「心掛けるとよい基本原則」といった肯定的な用例もある。例えば、『風姿花伝』「別紙口伝」に見える「年寄りの形木」という用例。

老人を演じる場合、老人らしい演技など心がける必要はない。そのかわり、音の拍子より少しずつ遅らせぎみに動く。この工夫が「年寄ノ形木（老人の物真似の基準）」であって、この配慮だけを心に留めておけば（「コノ宛（あて）ガイバカリヲ心中ニ持チテ」）それ以外はただ普通に華やかに演ずるのが良い（『風姿花伝』五八頁）。

動作を音楽の拍子より少し遅らせ、太鼓や謡の拍子より少しずつ遅れて足を動かすこと、それが老人を演じる際に心掛けるべき「年寄りの形木」であると言った後に、「この配慮（『この宛（あて）がい』）」だけを心に留めておけば良いと言う。ということは、この「宛がい」は、内容としては「形木」の言い換えになる（「アテガイ」という言葉には「宛行」「當行」などの文字があてられ、「当てはめる、割りつける、配当する、行きわたらせる」などを意味する）。

こうした言い換えは、他の箇所でも見られる。例えば、晩年の『拾玉得花』における「女体の我意分」を論じた箇所。女の姿は、男が演じる中では最も困難なものであるから、「『体心捨力』と形木を置きて」、女の心身になり切ることが大切である。「その宛がいはなくて（そうした配慮もなしに）」、ただうわべばかり女に似せても「女体の我意分（がいぶん）（女性役に要求される境地・事の本質）」を表わすはずがない（『拾玉得花』一九四頁）。

ここでもまた、内容としては「形木なしには」の言い換えとして「その宛がいはなくて（そうした配慮もなしに）」が使われる。この場合の「形木」は「配慮すべき基本方針」「心に留めておくべき基準」という、肯定的な意味で用いられていることになる。

『拾玉得花』の続く箇所には、更に、「形木の定意なきがゆえに、能に味わひなくなりて」（同前、一九五頁）という用例も見える。「基本的な芸の骨組みがないために能の味わいもなくなって」と理解されるこの用例において、「形木」は「能の味わい」にとって必要不可欠な意味を持つことになる(17)。

では、こうした用語法の違いをどう整理したらよいか。

まず、〈芸の成長を閉ざしてしまう固定的な枠〉という否定的な用例は、〈流れを区切る（固定してしまう）「型」〉と理解される。「型に縛られる」という言い回しに相当する、芸のふくらみを閉ざしてしまう「区切り・固定」としての「型」である。

それに対して、〈心掛けるとよい原則〉という用例は、むしろ〈流れを支える「型」〉である。まして「形木の定意なきがゆえに能に味わひなくなりて」という場合は、それなくしては能の味わいが成り立たない、必要不可欠な「型」ということになる。

ところで、「形木」の用例をめぐるこうした二つの「型」の理解は、拡大された形で、能における「型」の理解の違いとなって現われる。

例えば、（第一節で見た）能を「型の集合」とする見解。「能の上演は、初めから終わりまで型の連続である。能は、連続した数多の型の集合であるともいえる」(18)。

その視点から見れば、能は、個々の行為の単位に分解される。例えば、泣く行為を表わす「シオル」という型。指を伸ばしてそろえ、斜めに顔の前に上げ、顔を伏せぎみに傾ける。それはひとつの「動作パターン」であり、いかなる能においても「泣く」はこの動作で表現される。

確かに「シオル」という型は、演者の内面から盛り上がってきた感情の表現ではなく、まずは外側からの観察によって確定された身体の動きである。物まねのなかで、観察する目にとって「泣く」が再現された身体の様式である。だからこそ、その稽古は、まずもって、こうした「行為の単位（型）」を習得することから開始されるという理解になる。

しかし、能において重要なのは、ひとつの型をどう演じるかではない。むしろ、型と型をいかにつなぐか。型から型への変化をどのように連続させ、流れを作るかという点である。ところが、型から型への〈流れ〉に注目する時、個々の型を独立して理解することはできなくなる。むしろ、型それ自身の内に〈流れ〉が含まれているのでなければ、一曲の大きな流れにならない。だからこそ、能は「演ずる」とは言わず「舞う」と言う。

しかしそう考えると、「型」を「演技の単位」と見た最初の前提こそが批判されることになる。

型の稽古は「演技の断片の稽古ではない」。断片を磨き上げ、それをつなぎ合わせても、能の演技はでき上がらない。能は、瞬間的な演技の型の集合ではない。全体を通じて流れるもの、一曲を通して描きあげるものこそが、個々の型の中に生きているのでなければならない。そうした「全体を通じて流れるもの」を「音楽性」と言うならば、この音楽性が「型」の中に流れているのでなければ、いくら演技の断片をつなぎ合わせても「曲」にはならない（『観世寿夫』二九頁）。

更に、観世は興味深いことを言う。能には多様な舞があるが「不思議なことに作舞法としてはそれらはほとんど同型」である。「それだけに演者は、演奏される音をよほどしっかり腹におさめて、音にのって舞わなければ、各々の舞にならない」。つまり、同じ型の舞が、音楽性の違いによって、はじめて異なる舞として姿を現わす。だからこそ、舞歌二曲の習得は「音楽性を踏まえてからだが自由に動くように」訓練することが何より重要になる。

しかも、それは決して「演技以前の肉体の訓練である。腰の緊張、ハコビのバランス、息のつめ開き、そういうことに気力と体力を、すべて傾けることをまずからだで覚える稽古、そしてそれをある旋律、あるリズムにのせることをからだで知る稽古である」（同前。傍点は引用者。なお、この「のせる」は次節の「品々にわたす」と重なる）。

演者の過剰な演技意識は抑制され、露骨な表現欲は一度否定され、〈音楽と舞踊に還元された身体の様式〉になる。「いかなる抽象的表現にも耐えられる肉体を準備すること」。渡辺守章が「虚構の身体」と呼んだ身体性である(19)。もし、そうした〈音楽と舞踊に還元された身体の様式〉を「型」と呼ぶなら、この「型」は、音楽性（流れ）を妨げない。むしろ流れを含む。それどころか、そうした意味での「型」は、音楽性（流れ）を生じさせることにもなる。「型」こそが（〈音楽と舞踊に還元された身体の様式〉こそが）音楽性を内側から促し、「音楽性を踏まえてからだが自由に動く」ことを可能にする。

しかし、その〈音楽性を踏まえた自由な動き〉は、流れるがままではない。そこには抑制がある。つまり（いかに逆説的に聞こえようとも）「型」は抑制し、そして〈流れ〉を促す。

こうして「型」の三つの異なる機能が区別されたことになる。一、〈流れを区切る「型」〉、二、〈流れを含む「型」〉、三、〈流れを生じさせる「型」〉。

では、あらためて〈流れ〉とは何か。「稚児の身体」という視点から、この〈流れ〉の位相を確認することが次の課題となる。

4 「稚児の身体」――「児姿は幽玄の本風なり」

『風姿花伝』によれば、能の稽古は「大方七歳を以て」始まる。ということは、二曲三体の稽古は、まずは、少年たちの身体を想定して構想されたことになる(20)。

世阿弥は「童形（どうぎょう）」とも「児姿（こし）（あるいは、ちごのすがた）」とも言い換える。そこに「稚児の身体」という名を与えて、稽古の問題を逆照射する視点を提起したのが、松岡心平である。ある時期より世阿弥の「稚児の姿へのまなざし」に変化が生じ、「稚児の身体」が既に独立した価値を持つ理想的身体モデルとして再浮上してきたと言うのである(21)。

さて、二曲三体の稽古が、そうした「稚児の身体」に対する稽古であったとすれば、それは、〈まだ十分整っていない未熟な身体〉に対する働きかけではなく、むしろ、〈既に独立した価値を持った理想的身体〉に対する働きかけということになる。「理想的身体」の上に、何を稽古する必要があるのか。

『花鏡』「第九条・習道を知ること」の出だしは、よく知られた一節である。

「至りたる上手の能をば、師によく習ひては似すべし。習はでは似すべからず」（『花鏡』九三頁）。名人を真似るのは、その下で十分に稽古した後にせよ。稽古もしないで、見た目の表現効果だけをまねるべきではない。

つまり、師匠の下で習うこと、そして、習はぬうちは物まねせぬこと。とりたてて新鮮とも思われないこの二つの点を、世阿弥はしばしば繰り返す。

しかし、もし名人の芸を真似ることが初めから不可能であるならば、これほど「似すべからず」を強調する必要があっただろうか。むしろ逆に、初心者でも表面的に真似ることができる、ということは、一見すると、名人の芸は事もなげに見えてしまうということではなかったか。まして「童形なれば、なにとしたるも幽玄なり」と、少年の優美を知り抜いていた世阿弥である。「似すべからず」は、むしろ、似ているから（〈童形〉と〈名人の芸〉とが似ているから）こそ、繰り返し、強調される必要があったのではないか。

そう考えてみれば、これまた有名な「二曲を習はん程は、三体をば習ふべからず」（同前、九四頁）という一節も、慎重に読む必要が生じてくる。それは単に、稽古の順序の規定ではない。むしろ、物まねの禁止、舞歌二曲を身につけるまでは三体を習ってはならないという禁止条項であったことになる。

この点は、同じ時期の伝書『至花道』第一条が、より詳しく語る。

> 先（まず）、音曲と舞とを、師に付て、よくよく習ひ極めて、十歳ばかりより童形の間は、しばらく三体をば習ふべからず（『至花道』一一二頁）。

十歳前後から「童形（元服前の垂れ髪の稚児姿）」の期間は、物まねを習ってはならない。しかし舞台には立つ。その場合、面はつけない。少年の姿のままで（「児姿を以て」）、老・女・軍などあらゆる曲を舞う。

その後、元服して成人男子になれば様々な人の姿を演じるが、重要なのは、あくまで「三体」である。「……此の三つをよくよく習ひ極めて、さて、童形より習ひ覚えつる舞歌の二曲を、品々にわたして事をなすならでは、別の曲道（きょくだう）の習ひ事あるべからず」（同、一一三頁）。老体、女体、軍体の三体を習得し、子どもの頃より身につけて来た舞と歌との二曲を、三体の個々の物まねに行き及ぼす（「品々にわたして事をなす」）こと、それ以外に能の習道はありえないと言うのである。

そして、『至花道』第一条の最後に、「定本にはなく他本で補われた」という、難解な「擬漢文体崩れ」の一文が来る。

> 最初ノ児姿ノ幽風者（は）三体ニ残リ、三体ノ用風者（は）万曲ノ生景ト成ヲ知ベシ（同、一一三頁）。

少年期の姿（稚児の身体）のうちに最初から備わっている幽玄な趣（「幽風」）。その「幽風」が三体のうちに行き及ぶ時、そうした基本の上になり立つ応用の趣（「用風」）によってこそ、すべての芸が、演者の思い描く芸術的意図を見事に表現した芸（「生景」）になる。

つまり、稚児の身体に幽玄な趣が備わっている。その「幽風」が三体に「残り」、それがすべての演技に行き及び、おのずから芸のうちに現れ出る。ということは、稚児の身体こそが、能の「幽玄」の発達的な起源であり、それどころか、「幽玄」の存在論的な根源ということになる。

はたして、『二曲三体人形図』はこう言い切る。

児姿者(は)幽玄之(の)本風也（稚児の身体が能の「幽玄美」の根源である）（『二曲三体人形図』一二四頁）。

そして続ける。少年が演じるのは舞と歌のみである。しかしその二曲を極めるならば、舞と歌とがひとつに融合し渾然一如となり（「舞歌一心一風になり」）、高度の芸を演じ続ける達人となる。少年期の姿の幽玄を三体の姿の中に移し入れて舞と歌をなせば（「児姿を三体にうつして二曲をなせば」）、自然に、幽玄味あふれる芸が、三体の演技の中にも現れる。

だからこそ、児姿の期間は物まねをひかえ、児姿の幽玄を三体に残すことを、まず第一に心掛けねばならない（「三体ヲ児姿ノ間しばらくなさずして、児姿を三体に残す事、深手立(ふかきてだて)也。……」）（同前、一二四頁）。

児姿（少年の身体）を早く離れて、稽古を先に進めるのではない。むしろ児姿にはそれ自身独立した価値がある。のみならず、その姿の内に含まれる幽玄を「残す」、あるいは「品々にわたす」ことが強調される。

そうした〈稚児の身体〉の独立した価値を象徴するのが、『二曲三体人形図』に見られる「童舞」の絵図である。「童舞・児姿遊舞（子どもの姿での優美な舞）」は、老体、女体、軍体の三体の人形絵図に先立って、ひとつの独立した姿として描かれる。

そして、それに続く「軍体」の説明。「軍体は強い武士の姿で幽玄美とは縁遠く見えるが、しかしその中に美しい優雅な演技が残っているとすれば、児姿の舞歌二曲によって咲きでた花がここに残っていると言えるだろう（「児姿二曲の残花なるべし」）」。まさに世阿弥は、この「童舞（児姿二曲）」が軍体の内にも「残る」ことを、視覚に訴えてまでも具体的に提示していたことになる。

この「児姿の幽玄」を「残す」という発想は、『風姿花伝』（世阿弥三八歳）には見られない[22]。確かに『風姿花伝』も児姿の魅力を強調し「童形なれば、なにとしたるも幽玄なり」と言うのだが、すぐに続けて「それは少年期という好条件においてのみ発現する一過性の魅力（時分の花）であって、常に自在に演じることのできる『まことの花』ではない（「さりながら、この花はまことの花にはあらず、ただ時分の花なり」）」（『風姿花伝』一六頁）と忠告する。

つまり、稚児の身体の魅力を認めはするものの、それは一時的な魅力に過ぎず、年齢と共に必然的に消え去るものであるから、そこに留まってはならないと、稽古の必要に話を進めてゆくのである。それに対して『二曲三体人形図』（五九歳）の時期には、〈稚児の身体〉を残すと言う。一時のあだ花であるどころか、幽玄美の根源として、生涯通じて消えずに残すという理解なのである。

ところで、先にも見たように、稚児は舞台に上がるが、「面」をつけない。二曲のみを稽古すべしと言われた期間は、（仮面をつけない）「直面（ひためん）」なのである。「……面をも着ず、何の物まねも、ただその名のみにて、姿は童形によろしき仕立てなるべし」（『至花道』一一二頁）。

ここで、安易に「面をつける」と言った。その主語は演者である。演者が面をつけて舞う。何の不思議もない。ところが、能においては、主語は演者ではなく、むしろ「面」の方が主語になると言う。和辻哲郎はこう言い当てる。「実際には役者が面をつけて動いているのではあるが、しかし、その効果から言えば面が肢体を獲得したのである」(23)。面が手を獲得する。木製の仮面が、舞台の上で、手を獲得し、足を獲得し、動き始める。

ところが、稚児は、まさに、その面をつけない。ということは、稚児は舞台の上で自分自身を主語にするということか。そうではない。むしろ逆に、稚児は面などつけなくとも、主語を何ものかに譲り渡すことができる。何ものかが、稚児の体を獲得し、その顔までも獲得して、動き出す(24)。

あるいは、こう言い変えた方が分かりやすければ、観客の側から見て、稚児は、面などつけなくとも、神や精霊が乗り移った姿に見える。もしくは、十二三歳の美少年の姿は、そのままで、観客の「口寄せの依頼人がイタコの語り出すのを待つような」期待の中で、観客の願望を身をもって体現してしまう。

もっとも、面をつけないとはいえ、化粧は施していた。髪を結い、眉墨を引き、口紅や白粉をぬり、お歯黒に化粧した。そうした稚児の身体を、松岡心平は「髪下げ（神下げ）といわれるような憑依的身体をその記憶のうちにとどめている」と言う(25)。

「憑依的身体」。観客の願望が乗り移り、神や精霊が取り憑く「神のよりまし」である。ということは、この時、稚児の身体は、もはや「個体」としての境を持たない。身体と宇宙が通底している。その身体は、宇宙から区切られ独立した個体なのではなく、宇宙と、〈流れ〉の位相において、響き合っている。いわば、身体の流れと宇宙の流れが響き合い、宇宙の流れが、そのまま身体によって表現されてゆく。まさに、こうした〈流れ〉の位相が、世阿弥をして、稚児の身体を理想的と言わしめたことになる(26)。

さて、そうであれば、これまで語られてきた〈流れ〉とは、まずは、この「稚児の憑依的身体」と理解されてよい。では世阿弥は、そうした〈憑依的身体の流れ〉を、そのまま表現することを勧めたのか。

然り。しかし否。芸を極めた「無心の感」の境地においては、その通り、流れのままに舞う。しかし、それは、修行を重ね芸を極めた「名人の更にその先」の話であって、稽古の最初からその境地を求めるわけではない。それどころか、奇妙なことに、稽古はその目標とは逆方向に向かい始める。まずその〈流れ〉を堰き止め、一定の「型」に入れるように見えるのである(27)。

この逆説をどう考えたらよいか。例えば、こう考えてみたらどうか。「型」は〈流れ〉に水路を与える。型という水路を通して〈流れ〉が身体の上に現われ出る。あるいは、〈流れ〉が身体の中に表現されるために（稚児の憑依的身体の流れを「残す」ために）最も適しているると、先人たちから受け継がれてきた身体の振舞いが「型」である。

それだけではない。この水路に入ることによって、むしろ〈流れ〉に勢いがつく。型に入ると流れが生じ、「型」が〈流れ〉を促す。そうした意味において、流れを〈堰き止める〉とは逆に、（正確には一度堰き止めることによって逆説的に）流れを呼び起こす身体の振舞い、それが「型」と呼ばれてきたことになる。

5 暫定的な結び――あるいは「むすびとひらき」

能の舞台(28)。そこに立つ時、人は、「前後左右上下といったあらゆる方向から目に見えない力で無限に引っ張られていて、その力の均衡の中に立つ」感覚になるという。

言い換えれば、前後左右上下のすべてに対して「無限に気迫を発して立つ」ということである(『観世寿夫』二二三頁)。あるいは、見えないものにぶつかり「押し返している」感覚。そうした外からの力と「せめぎあう輪郭」が舞になる(29)。

外からの力とせめぎ合うからこそ可能になる、押し返してゆく無限の動き。それは、動きが一度抑制されることによって、まさに、その抑制とのせめぎあいの中で生じてくる内側からの動きである。

世阿弥の稽古論における「型」は、そうした逆説的なダイナミズムの中で初めて理解される。その逆説を見損なう時、理解は一面的になる。

型は流れを抑制する（流れを区切る「型」）。

しかし、その抑制する「型」とのせめぎ合いには、内側から押し返す動きが含まれる。もしくは、「型」がなくては内側から押し返す動きが成り立たないという意味において、「型」が、押し返す動きを支える（流れを支える「型」）。

あるいは、この抑制する「型」こそが、押し返す動きを生じさせる。「型」は流れを押し止めることによって、むしろ、内側から押し返す力を呼び起こしてゆく（流れを生じさせる「型」）。しかし、だからといって、この「型」が〈流れ〉を抑制する機能を失うわけではない(30)。

そうした逆説的なダイナミズムを理解した時、初めて世阿弥の稽古論を「型の習得」として読み解く出発点に立てたことになる(31)。

1 源了圓『型』（創文社、一九八九）。また、源了圓編『型と日本文化』（創文社、一九九二）及び、源了圓「世阿弥の能楽論における宗教と芸術——禅との関わりを中心として（特集宗教と芸術）」『季刊日本思想史52』一九九八。

2 倉沢行洋『増補・藝道の哲学』（東方出版、一九八七）三九一頁。

3 観世寿夫『仮面の演技』（観世寿夫著作集2）平凡社、一九八〇。本稿は多くの着想をこの示唆的な著作集から得た。

4 渡辺守章「美しきものの系譜——花と幽玄」『講座・日本思想・5』東京大学出版会、一九八四、二七八頁。

5 表章、加藤周一校注『世阿彌、禪竹』（日本思想大系24）、岩波書店、一九七四・四。

6 能勢朝次『世阿彌十六部集評釋』岩波書店、一九四〇—一九四四。

7 山崎正和責任編集『世阿弥』（日本の名著10）、中央公論社、一九六九。

8 英訳は、On the art of the no drama : the major treatises of Zeami/translated by J. Thomas Rimer, Yamazaki Masakazu, - Princeton, N. J. : Princeton University Press, c1984. - (Princeton library of Asian translations). この英訳には山崎正和氏が加わっていることからして当然ながら、前掲山崎正和責任編集『世阿弥』の理解と重なり、明快である。なお『風姿花伝』については、別訳が（かなり旧いが）ある。Seami's Sixteen Treatises/translate by W. Whitehouse, - Monumenta Nipponica, Vol.4-5, Sophia Univ., 1941-2. この二つの英訳の際立った違いが、世阿弥の言葉を解きほぐす助けとなった。

9 ドイツ語訳は、Die geheime Uberlieferung des No/aufgezeichnet von Meister Seami ; aus dem Japanischen ubertragen und erlautert von Oscar Benl, - Frankfurt am Main : Insel, 1961.

10 「マラルメが、〈詩句〉が〈交響楽〉から取り返すべきだとしたあの〈音楽〉であり、『万物の間に存在する関係の総体』としての〈音楽〉」と渡辺守章は言う。前掲、渡辺守章「美しきものの系譜——花と幽玄」三〇七頁。

11 五線譜に置き換える試みもないことはない。Zeami's style : the Noh plays of Zeami Motokiyo/Thomas Blenman

Hare, - Stanford, Calif. : Stanford University Press, 1986, Chap. 2.

12 真壁宏幹「世阿弥の稽古論における〝能的身体〟の形成について」『哲学』84、一九八七。

13 この問題については、拙稿「『無の思想』と子ども——『無の思想』を『教育の問い』の前に連れ出す試み」（『近代教育フォーラム』12、二〇〇三）。

14 芸位論に関しては、「無心」の問題と共に、紙幅の都合上、一切割愛せざるを得なかった。〈芸の境位をめぐる理解の深まり〉と〈稚児の身体へのまなざしの深まり〉との間に相関関係が認められるように思われるが、今は指摘にとどめ、別稿を用意する。

15 「区切る」という表現は、「分節（区切り）」「無分節（流れ）」の理論枠組みに基づく（註30の拙論参照）。本稿は、まず「型＝分節」「流れ＝無分節」と理解したうえで、実は、その理解が〈流れを区切る「型」〉に過ぎないことを確認し、〈無分節を内に含む「型」〉、〈無分節の流れを生じさせる「型」〉を想定していることになる。

16 『中公版』の責任編集である山崎正和氏を始め、本稿にしばしばその名を見る渡辺守章、松岡心平といった方々が、皆、故観世寿夫と深いつながりを持っていたことは偶然ではない。その意味で、「型」を問い直す本稿の視点が、ある立場からの提起である点については新たな検討が必要になる。

17 本文で検討した以外にも、例えば「大なる形木」「小さき形木」という用例がある。大まかな基本型（「大なる形木」）から開始すると、繊細さを持つこともできるが、小さくまとまった基本型（「小さき形木」）から始めてしまうと、大らかな芸風に進むことができないという文脈である（『花鏡』九六頁）。ちなみに、英訳（p.92）は、「大なる形木」を'an art that is based on general and flexible principle's'、「小さき形木」を'merely meticulous in conception'と訳し分け、「形木」をひとつの術語とはみなさない。独訳も同様である（S.104）。

18 前掲書、倉沢行洋『増補・藝道の哲学』三九〇頁。

19 渡辺守章「劇場の身体　身体の劇場」『叢書・文化の現在・2』岩波書店、一九八二。

20 稽古は初心者だけの問題ではない。名人もまた稽古を重ねる。世阿弥における「修証一如」については、禅からの影響を含め、課題とする。と同時に、そこから逆に、そもそも「稽古」とは何かという問いが生じる。例えば、英語訳は、伝書における「稽古」を幾通りにも訳し分ける。『風姿花伝』だけ見ても、名詞形は

rehearsal、training と表現され、動詞形は practice、be rehearsed が用いられる。（ドイツ語訳は名詞 Übung、動詞 üben で一貫し、フランス語訳も名詞は exercice、動詞は exercer、s'exercer で統一する。）「『稽古』はもともと『照今』に対する言葉」という指摘（小西甚一『能楽論研究』塙書房、昭和三六年、十五頁）を含め、教育論・継承論としてみた時の「古（既に存在しているもの）」を「稽（元来は「考える」の意）」の検討は課題である。

21 松岡心平「世阿弥の身体」『文学』1（1）、一九九〇。

22 世阿弥の思想的展開の時期区分に関しては、小西甚一『能楽論研究』塙書房、一九六一などに依る。

23 和辻哲郎「面とペルソナ」『和辻哲郎全集』17巻、所収。

24 吉村均「世阿弥能芸論における『心』と『態』――『花鏡』『至花道』を中心に」『倫理学年報』38、一九八九、の示唆による。

25 前掲、松岡心平「世阿弥の身体」。なお「稚児」は中世の大寺院に多く抱えられていた「寺院の稚児」のイメージであり、それは「表面的な容姿のレベルにとどまらない、寺院の稚児という社会的身体まるごとの引用」であったという。また、松岡心平『宴の身体：バサラから世阿弥へ』岩波書店、一九九一も示唆的である。

26 むろん、こうした「稚児」理解のうちにも、「稚児を舞台の即戦力として生かす」という世阿弥の戦略を見てとることは可能である。世阿弥の伝書の魅力は、こうした「戦略性（作為性）」のベクトルと、「無心の感」「妙」と語られる作為的な計らいの消え去った「成就（現成）」のベクトルとの共存、あるいは、せめぎ合いにあると思われる。「無心」に関しては、門脇佳吉「世阿弥の超・美学（メタ・エスティカ）」『哲学論集25』一九九六、また、筒井佐和子「世阿弥伝書における『無心』――『花鏡』『拾玉得花』を中心として」『美学』39（4）一九八九など参照。

27 「遂行すべき行為とは正反対の行動から始める」という表現を、渡辺守章「劇場の身体 身体の劇場」は紹介している。一七七頁。

28 能の理解に関しては、金関猛『能と精神分析』（平凡社、一九九九）から多くを教えられた。能の舞台をフロイト精神分析の理論枠組みを通して読み解くというこの試みは、「無分節」を鍵概念として「無意識」「母子一体感」「原初への回帰」といった問題群を検討する今後の研究にとって、極めて示唆的である。同様に、能と唯識思想との関連も、岡野守也の考察（『能と唯識』青土社、一九九四年）を手がかりとして、今後の課題とする。

29 土屋恵一郎『能』新曜社、一九八九、七頁。

30 「かたち（形）＝かた（型）＋ち（霊・気）」という理解に倣えば、本稿にいう〈流れ〉は「ち（霊・気）」に当たる（青木孝夫「能楽の〈型〉について」『日本の美学』13）。「ち（霊・気）」は一種の「生命性」と理解されるから、「〈流れ（生命性）〉」と「型」の逆説的なダイナミズムが、稽古における「形（かたち）」として現われることになる。

31 本稿は、拙稿「東洋思想と人間形成——井筒俊彦の理論地平から」（『教育哲学研究』84、二〇〇一年）の展開として構想されながら、結果的には「型」の問題に終始し、前稿の構図全体を世阿弥の思想において検討するという当初の目的は果たせなかった。別稿を用意する。

（にしひら・ただし／東京大学大学院教育学研究科助教授）

学校経営学の再構成

木岡一明

1 問題の所在

言うまでもなく、学校経営学の創生は近年のことではない。戦後教育期にアメリカの機能主義的な教育行政理論が移入され、ＩＦＥＬ（教育長等指導講習、後に教育指導者講習会）を通じてその学習と普及が図られるなか、戦前の「学校管理法」からの脱皮が目指され、校長や指導主事の養成に資する大学における「学」として位置づけられることになった(1)。その後、校長免許状・指導主事免許状が廃止されてもなお、「地方教育行政の組織及び運営に関する法律」に規定された学校管理の指向性と対抗しうる学校の相対的自律性を前提にした学校経営の追究がなされてきた(2)。

そして、今日、「学校経営」が注目されている。学校への不信感を背景に、学校評議員制の導入や、学校の自己点検・自己評価の実施を求める動きが加速してくるにつれ、企業経営やマネジメント手法への関心が高まってきたからである(3)。しかし、学校経営が確立していないのは今に始まったことではない。学校経営論や学校経営学が提唱されて半世紀以上が経過した今日、その必要性や重要性が、なぜこれほどに強調されているのか。

規制緩和の流れにそって、学校がなしうる範囲が拡大し、「経営」が成立しやすくなったという説明もなしえよう。

しかし、それは状況の説明であって、経営が成立することを保証するものではないし、これまでの学校経営理論やその指導者たちが有効に機能することを示すものでもない。学校経営に関する研修や講演、啓蒙書の公刊はおびただしいぐらいになされてきた。教員養成系の大学院修士課程にも学校経営講座が置かれて、「スクールリーダーの養成」が標榜されてきた。それらがあって、なぜ今日の事態なのかが問題である。

にもかかわらず、校長養成を中心とした専門職大学院設立に向けた取り組みが「学校経営講座」を軸に構想されてきている(4)。筆者には、そうした構想を具体化する前提として、これまでの学校経営学を総括し、なぜ今、ことさらに学校経営を「新しく」論じなければならないのか、これまでの学校経営学に欠落してきたものは何か、を明らかにすることが必要だと思われる。さもなければ、学校経営学がある種の制度的慣性をまとい、自省的契機を失っているか、もしくはその慣性に身を委ね、時代の要請に応えることでかろうじて存在を担保しようとしていることを意味するからである。

本稿では、この問題認識によって、従来の学校経営学が依拠してきた認識枠組みを批判的に総括し、新たに組み込まれるべき視点を提起することにしたい。

2　学校経営学の前提を疑う

1　学校は組織体なのか

学校が「法律に基づく物的、人的要件を備え、教育目的達成のために組織的、継続的に教育活動を行なう組織体である」という捉え方は、かなり広範に支持されてきた。吉本二郎氏は、こうした学校規定に基づいて、学校経営を「一つの学校組織体（協力体系）の維持と発展をはかり、学校教育本来の目的を効果的に達成させる統括作用である」と定義した。そこには、相対的にではあれ教育行政から自律した学校のあり方、「教育はかくあることを宣する行動を支配する法則の主体」「学校の教育意思を表明する解釈と判断の主体」である学校が前提とされていた(5)。

では、果たして、学校教育目標は組織を方向づけうるほどに教職員に共有されているだろうか。学校は、「人格の完成」という遠大な教育目的にそぐうべく一般的、包括的な目標（たとえば「たくましく心豊かな子どもの育成」）を掲げる傾向にある。しかし、それでは、組織目標としては曖昧で目標達成のための技術が一様には決まらない。そのため、実際の内容や方法は学年や教科、学級や授業の単位に個別化され、その実践は個々の教師の解釈と判断に委ねられる。そして、多様な教育現実が生み出され、依拠する基準が個々の教師の内に置かれているために、果たして目標が達成されているのかいないのか、そのことを他の者が認めることをできなくするのである。

ここには、学校の全体経営が不在の事態が表れている。学校全体としての教育の目標を見失わせ、学年や学級という組織単位、そして個々の教職員を分断・孤立化してしまっているのである。実際の学校での人々の動きを見ていても、組織的な活動場面よりも、個々人が自立（個業）的に活動している場面が多くあることに気づく。むしろ慣行や慣習、会議や申し合わせが全体の歩調を整える働きをしている。だから変化しにくい。

経営学においては、組織は一般に少なくとも次の特長を有すると理解されている。すなわち、①社会の中に位置づく、②目的を持ち目標によって駆動する、③コミュニケーションを通じた協働作用が働く、④意図的に構成され調整される活動システムを有する、⑤外部の環境と結びついたオープンシステムである、という点である(6)。

学校の場合は、②③④についてはあやしい。学校は、せいぜい社会的な存在としての意味と外部環境との繋がりを有するに留まり、区切られた世界において、その主要（主導権を有した）構成員である教職員各自が、包括的な職務理解のもとで自らの解釈と判断に基づいた活動を個々に展開していると捉えたほうが実際（現実）的であろう。

生物は、環境変化に対して敏感に反応し、自己組織化を重ね、発達や進化を遂げてきた。環境変化に追いつけなかった者は、淘汰されてきた。企業などの組織も同様に理解されている。ところが学校は、「不易」を重んじてきた。それでも存続してきたのは、公教育制度として国や自治体から手厚く保護されてきたからである。

したがって、学校は、現実にそこで学んでいる子どもたちの存在を与件としてリスクを回避しようとし、現状肯定に陥る傾向にある。そもそも学校は間違いの起きないところとして観念されており、正しい振る舞いによって構成されるという「正当性」神話がある。そのためまた、計画の遵守・予測の確実性が重視される。つまり学校では、完全なる計画とそれに基づく完全なる成果が建て前になっており、その建て前が成り立たない現実をカッコに入れて少なくとも外向きには「完全を装う」。それだけに、クライシスやリスクに対する認識が甘くなる。そして、「改善を図る」というテーマが正面には位置づけられにくく、学校改善のための「学校評価」が浸透しにくい。

学校は組織体になっていない。今日、「協働性の再構築」が課題となるように、「学校」の現実は、吉本氏が前提にした「協力体系」ではない。吉本氏は「自律的・知性的な判断と行動の主体としての学校の役割」(7)を強調するあまり、実体認識と価値前提を混同していたと捉えられる。確かに吉本氏も、「教職員のそれぞれにどれほどの自主性と服従性を認むべきか、両者の調和において能率はいかに保持されるか」という問題を示し、「この点をふまえた経営組織の樹立と不断の革新の中に、緊張や矛盾を解消する過程の中に、学校経営は成長する」(8)との仮定を掲げて、「学校経営」の発展過程を展望していた。しかし、その展望は前提が崩れているため、リアリティを欠如させていたといわねばならない。そのため、吉本氏の説く学校経営理論もまた、行動理論の体系であるよりも意識改革に重点を置いたものとなり、氏自らが批判した当為論的性格を帯びていたといわねばならない。

2　保護者・地域住民は経営参加の主体なのか

吉本氏の学校経営の考え方に対し、堀内孜氏は、持田栄一氏の「学校論」に依拠しつつ、「公教育における行政的意思と教育的意思の対立矛盾を、前者の現実肯定の上における後者の主体性強調という形で解決せんとする方向性は、結果的には現状肯定の論にならざるをえない」、「学校経営において、更には直接的な教育過程の側から、行政的措置、政策的措置を問い直す契機はあらかじめ放棄されている」と批判した。そして、吉本説の前提にある「公」が形式的であるとし、だからこそ「公」的な意思を実現する（はず）の学校と「公」の実体である子ども―父母あるいは地域住民との対立が現実化する、と説いた(9)。

後に、堀内氏は「学校経営制度」改革を指向していく。その指向は、中教審委員として今日の地方教育行政―学校経営制度改革ときり結び、学校評議員制度の導入や学校（校長）裁量権限の拡大、そして学校評価の制度化を促していったと解される。その堀内氏が設定した課題の一つが「父母及び地域代表者の学校経営参加制度」であり、自らの課題設定が『単位学校経営論』から『学校の自律性』への展開を問うことにおいて必然であり、……吉本学校経営学において看過されていた問題領域であった」と指摘している(10)。その課題設定は吉本氏批判を行った当時の認識と符合し、その根底にある「私」認識には、近代市民革命における「市民」性が色濃く反映しているように受け止められる。

しかし、ここには論理的に未整理の問題がある。堀内孜氏が「学校経営＝組織の自律性」について、吉本二郎氏の「学校の相対的自律性」論に依拠しながら、「学校という組織体がどれだけ社会的にその責任を果たしうるかによって認められることから、その責任要求、教育要求によって相対的にならざるをえない」と述べているように(11)、「学校経営の自律性」は、教育要求の主体たる「父母及び地域代表者」による他律性と向きあうことによって現実のものとなる。したがって、学校と「父母及び地域代表者」がいかに向き合えるかが問題となる。その点で「父母等に責任の分担を求める参加制度」の主張は問題を有する。その参加制度は、受益者たる人々を学校経営過程に取り込むことを意味し、取り込まれた時点で、父母等が有していた「他律」的契機は失われ、学校の「自律性」の中に組み込まれてしまうことになる。しかも、その内部的な関係においては厳しい緊張関係ではなく、責任分担という発想に示されるように整序された関係が生じているに過ぎず、相対性が見いだせなくなる。相対性を失した「自律性」は弛緩し独善的になる危険性を抱える。

学校経営の自律性を高める観点からすれば、参加制度は、学校経営過程に組み入れられてはいけないのである。学校経営の外にあって学校経営に向きあう仕組みであることによって学校経営の自律性を担保し、その内実を豊かにする。

保護者や地域住民等への教育責任は、公共性の論議や「学校のガバナンス」に帰属させるべき問題であろう。

3 学校にとって地域とは何か

永岡順氏は、学校経営を単位学校に限定して捉える考え方から脱し、「地域学校経営」として再構成することを提起してきた。永岡氏のいう「地域学校経営」とは、「国民・住民の教育要求に基づいて、学校教育に関する各種の活動を、学校および教育行政機関が個別に、あるいは協働して地域単位の計画に基づいて、管理運営していく組織と運営および改善の活動」(12)をさす。では、その「地域」とは何をさすのであろうか。

教育委員会からみた場合、「地域」とは行政区をさす。その単位で「地域学校経営」を具体的に考えると、教育行政との違いがどれほどあるのかとの疑問をぬぐえない。また、学校からみた場合、通常、「地域」と呼ばれているところはほぼ通学区域である。では、高等学校や大学、あるいは私立学校の場合にはどう考えたらいいのか、広すぎて実体を想定できないのではないか。小学校や中学校の場合にも、本当に通学区域を「地域」と考えていいのか。その「地域」には学校と無関係に生活している人たちもいる。そうした人たちにまで経営の単位を被せていいのか。そもそも学習者の生活圏こそが、「地域学校経営」において問題とされるべきなのではないか。

しかし、その生活圏は流動的な社会状況にあって境界線ははっきりしない。ただ少なくとも、多くの人々にとって行政上の決まりでしかない居住区域や通学区域の内に生活圏があるのではないことは確かである。要は、日常生活において関係する圏域の総体が子どもたちの実際の生活圏であり、一人ひとり異なった生活圏を有しているといえる。それを学校からみると、児童生徒の有する生活圏の総和が問題となろう。

だとすると、「地域学校経営」の相手とする対象範囲は、そもそも物理的に「地域」として囲えるものではなく、まさにネットとして捉えるべき広がりと要素間の隔たりをもち、しかも形のないものであるといえる。しかも、それは経営の対象としてのまとまりを初めからもっているのではなく、しだいにネットの中に包含されていくことになる要素の集合体である。にもかかわらず、これまで「地域」の存在を疑ってこなかったのではないだろうか。むしろ、「学校と地域との連携」が課題とされてきたように、「地域」を実体視し、しかも「学校」と対等な位置関係に置いてきたのではないだろうか。

4　学校経営研究の理論遅滞

かつて吉本二郎氏は、「（学校の）経営は広く教育活動の全体に関する活動であり、問題の焦点は技術的事項に先立って、秩序ある人間の協力組織たるところに焦点がおかれなければならないのに、経営そのものの基礎哲学ともいうべき分野では、問題はあまり深められてこなかった」(13)と指摘した。

学校が組織になりきれていない状況は、まさに「経営そのものの基礎哲学」の欠如を示唆している。その状況を生みだしたのは、その事態を克服する哲学を浸透させられなかった学校経営研究（者）の問題である。真摯に問わねばならないのは、にもかかわらず量産されてきた学校経営理論の問題である。

学校経営について、常に「改善」「改革」が問われてきた。その立論には、現状に問題があり、それに気づいていないから「問題発見」「原因追究」「問題解決」を図っていかねばならないという認識が措定されている。しかし、問題のある現状において一応の学校経営が成り立っているがゆえに、たとえば学校評価を十分に位置づけず改善策をあまり採り入れないでも、総体的にそれなりの成果をあげてきた、子どもたちのおおかたに一定の学力や社会性を身につけさせ社会や上級学校へそれなりに送り出してきた、というのが受け止める側の現状認識ではないだろうか。

多くの学校経営理論は、その「問題のある現状」に理想型を対置して教育実践の場に努力目標を示してきたにすぎず、現状を理想型に引きあげる努力を教育実践に委ねる、という言い方の責任転嫁を重ねてきたのではないか。

危機に対しては、対症療法的に、校内暴力が吹き荒れれば管理体制の強化を求め、いじめや画一化が問題となれば校則の自由化を求めてきた。しかし、校内暴力鎮静化の状況にはやがて「いじめ」を生み出す構造が、高学歴化の背景には知識偏重に対する心の不安定さが、科学技術の高度化には超科学への畏怖が内在化していたのではないか。弛緩した認識によって見過ごされた問題が嵩じて事態の悪化を招き、あるいは「平時」を想定した予測が危機的事態の認識を遅らせる。

学校教育の当事者に、やれたらやるに越したことはないが現状ではとうていできそうにない、というかたちでやり過ごされる「平時」の理論ではなく、必要なのは、やらねば済まされない、やってはならない行動を体系化した「危機」の理論であると強く思う。

しかし、学校経営が抱える問題に対して、たとえば従来の学校評価研究は、問題解決を他の領域の研究に委ね、学校評価論の枠組みの中で合理性・民主性を追究し、評価基準の開発や評価手続きの設定に取り組んできた。筆者自身によるものも含めて、学校評価研究が問題としてきたのは、民主的で合理的な「あるべき学校経営」を展開する上で必要とされる「あるべき学校評価」であった。そして、そうした「あるべき学校評価」の阻害要因が何で、それを克服するための課題は何かを示してきた。これらは研究成果として論理的には矛盾なく構成され、そこでは、阻害要因が解決されたことを前提に、いかに「あるべき学校評価」を実施するかが論じられてきた。その結果、種々のチェック・リストが開発されてきたし、評価項目の構造化の必要性、評価組織の重要性などが指摘されてきた。

しかし、実際にはそう簡単に阻害要因が解消されるはずはなく、したがって、それらの必要性や重要性が説かれ幾度となく試案が示されても、なお「学校評価」の定着は阻まれてきたのである。

高野桂一氏が、「学校改革─改善論と戦後台頭した学校評価論や学校経営評価論とは、今日、なお体系的に関連づけられていない」(14)と述べたように、従来の学校評価論は「あるべき学校評価」の普及・定着を阻む要因が錯綜している情況で、それらの要因をいかに除去(解決)させながら、同時進行的に「よりよい学校評価」をいかに普及・定着させうるか、どうすれば学校が全体としてよくなるのかについては明示しえてこなかった。

岡東壽隆氏もまた、「学校に焦点を当てた経営学的研究」のこれまでのパラダイムを批判して、「教師の抱く経営観念において、教師間で教育理念の『意味共有』を図り、学校の教育目標としてそれを措定し、目標達成に向けた協働の推進やそのシステム化という自律的な計画・統制過程を経営の本質とみなすスキーマすら存在しない」ことを問題としている(15)。

ここに、学校において「教育」と「経営」が対立的に捉えられ、管理職の仕事としてのみ「経営」を位置づけ、一般教員にとっては自らの専門領域を脅かす作用として受け止められてしまう問題の根元的な理由がある。

3　教育と経営の統合

この「教育と経営の統合」という主題は、長く学校経営学において掲げられてきた。その主題に応える思惟が、一面で「教育経営」概念を導いた。しかしなお、今日においてもその思惟は現実を導いていない。

吉本二郎氏は、「学校組織体は子どもの教育を目的として、体系的に組織された社会組織」であり、「物的条件を背景としながら、一定の目的活動に向けて体系化された学校集団」であって、「学校集団というとき、学校の教職員集団と児童集団が主体であり、学校の周辺に位置する地域社会の人びとや親たち、あるいは組織体成立に深く関連する教育行政機関とその構成員たちは、一応除外して考えるのがふつう」とした(16)。そして、学校経営組織を、「教育組織」「学校事務組織」「学校運営組織」の三領域に区分した(17)。

さらに教育組織を、「子ども自体の組織編成の例からみた」学級組織と、「教育活動をいかに機能的に分担するか」という問題にたつ教授組織、研修組織に区分している。そして、「上記のように区分される学校経営組織は、それぞれ独自の機能を果たしながら、相互に深く関連しあっており、特に学校では組織構成員がほとんど三領域のすべてに関係が認められる」(18)と述べているように、教育組織、とりわけ子どもや学級組織もまた学校内部組織体系において位置づけ、子どもや教職員という各主体を組織構成員として捉え、その各主体が学校経営の諸側面に関係づいていると捉えていたのである。

しかも「教育組織」は、「学校教育活動そのものの組織であり、学校のなすべき業務の中心部を形成する意味で、学校経営において最も重視されなければならない」(19)とし、「学級は学校教育の基礎単位として、最も重視されるべき教育組織である」(20)と述べていた。学級組織を学校経営組織の中核に位置づけていたのである。他方、教授組織を「さきの学級組織と結合して、学校経営組織の最も中心的な事項」(21)とし、加えて「教育方法と結合する教授組織は、当然に学校の創意と責任によって研究され、開拓され、独自の姿に発展させられるべき教育的事項」(22)と述べていた。このような叙述は、単位学校経営観の根幹を占める問題事項として学級やそこでの教育が認識されていたことを示す。

しかし、その吉本学校経営学には「学級経営論」がない。確かに従来から「学級経営」という言葉が用いられてきた。しかし、この場合の「学級」は、「学校経営」という場合の「学校」と同じ次元で捉えられる「組織」ではない。「学校経営」が前提としている「組織」は「二人以上の人々の意識的に調整された活動や諸力の体系」(23)として捉えられるのに対し、「学級」はそうした「組織」ではなく、その意味で、学級経営は学校経営の一環に位置づくサブシステムではないと説明されてきた。

この点に関して、堀内孜氏は、「学校における経営行為が教師の教授活動の組織化までは包含しても、その受容、更にはそれとの相互行為としての子どもの学習を直接的な領域として排除してきた」という問題をあげている。そして、「すぐれて学校における子どもの位置付けのあいまいさ、そして教育活動を軸とする経営活動が、自立的活動としてその目的を具体化し、その結果を明らかにすることに十分でなかったことを意味している」と指摘している(24)。

以上の問題は、学校経営においていかに子どもを位置づけるのかに帰着する。この問題について、筆者はかつて、「子どもに実現される教育的価値を学校経営の射程に置くためには、まずもって、学校経営における子どもの位置づけを客体から主体へと転換していかねばならない。即ち、子どもを主体的な学習意思を持った存在として、その意思に基づいて学習権の保障を要請していく存在として、学校経営の過程に組み入れていかねばならない。それは、機能的には学校の意思決定過程への子どもの参加を保障していくことである。構造的には教師と子どもの互恵的な関係に基づく授業経営を確立し、教育の平等性を保障するための公的な規制を踏まえつつ、その授業経営を基盤とした学校経営を展開していくことを意味する」と書いた(25)。

それに対して、水本徳明氏は、「子ども＝学習者＝学校経営の主体という見解は、現実的な根拠を持つのであろうか」と問い、「子どもは定義上学習者」なので、「教師―生徒関係は非対称であり、互恵的ではありえない」と批判した(26)。

水本氏の観点は、「学校組織のルースネス」が「学校組織にとって本質的な性格」で、そのことが、「自らの責任に基づく意思決定によって学習者として学校の成員になるのではない」子どもを、学校組織は成員とせざるをえないことに由来する、という点にあり、「学校組織は、不完全で不安定な組織である」ことを論証するものである。

筆者は、この「学校組織は、不完全で不安定な組織である」という指摘には首肯する。そして、「学校組織は明確な役割関係のシステムとしては捉えられない」のであって、「学校においては組織システムと相互作用システムとが相互に複雑性を循環させる関係を形成している」との認識も共有する(27)。だからこそ、過剰な複雑性を縮減する統制作用が、学校の営みを通じて発生すると理解しているし、その作用自体が、さらに複雑性を増幅させる可能性があると捉えている。

しかし、そのことと、子どもを学習主体として位置づけ、その学習意思を学校の経営・教育に反映させていく仕組みを求めることとは次元が異なる。そもそも、水本氏は、「学校の教育意図と子どもの関係における複雑性に対処する一つの方法は、学校における教育活動に子どもの意思をとりこんでいくこと――具体的には何らかの学校参加の仕組みを作ることである」と述べている(28)。しかも、氏は、教師と生徒は互恵的ではない、というが、それぞれのメンタリティに着目してみると、教えることを通じた自己の学びへの喜びと、学ぶことを通じた自己効力感や自己の学習行為が教師や同級生に影響して授業が創られていく喜びが、授業評価において浮かび上がっている。もちろん、その関係は非対称であり、等価な恵みではなく、複雑性を帯びている。しかし、関係は互恵的である。水本氏による前述の批判は、氏自らが「役割関係システム」で学校組織が捉えられないと述べながら、役割論によって関係を規定したことから導かれている。

むしろ確認すべきは、水本氏が「ここで強調しておきたいのは、学校経営が学校組織のパラドクシカルな構造の上にあり、それゆえのダイナミズムを有していることである。こうした構造への視点を欠いた学校経営言説は安直なものにならざるを得ず、学校経営実践に対して有益なものとはなり得ないであろう」と述べている点である(29)。まさにこの視点を備えた学校経営学の構築が求められるのである。

ところが、従来の学校経営学にはこの視点が十分に備わっておらず、それゆえに「組織」や「参加」、「地域」について、予定調和的な前提を被せてきたといわねばならない。

4 研究アプローチの再構築

学校経営が、組織のルースネスを抱え複雑性を帯びるということは、個別の現象として出現することを意味する。それゆえに、学校経営のケースを追跡することが重要となる。

確かに筆者も、もっと事例研究を行わねばと強く思う。学校の生態は多様であり、その生態に即するには、実態を知ることが必要である。しかし、ただ実態を知っても、その実態の意味づけや解釈を下すには、全体を俯瞰できる認知図が不可欠であるとも思う。それを欠いた「研究」は、「実態」の生み出すカオスや個別性に惑わされることになってしまう。

この三年間、日本教育経営学会の研究推進委員会は、「学校経営研究における臨床的アプローチの構築」を課題とした研究に取り組んできた。ただし、その問題意識は、「学校経営をめぐる研究と実践との協働関係をいかに構築するか」にあった(30)。

それゆえに、この課題研究を担当したグループによれば、「第一年次（二〇〇一年度）では学校経営をめぐる研究＝実践関係の現状と課題を検討し、第二年次（二〇〇二年度）では学校経営改善に関する具体的な研究事例を提示し、臨床的アプローチの輪郭を見出そうとした。そこで確認されたことは、(1)臨床的アプローチとは『研究者自身が学校現場に入り込んで、『私はこの学校の改善のために何ができるのか』を考えて積極的に対話や働きかけを行いながら、その学校を理解・認識し、改善のための具体的な手立てに関する知識を創造しようとする研究のあり方』であること、(2)『臨床的アプローチ』とは、狭義の研究方法論だけでなく学校経営実践（現場）と学校経営研究（大学・学会）の間の新しい関係性を探ろうとする動き全体を包括する用語であること、(3)このアプローチの形態は多様であること、である」とされ、最終年度となる第三年次では、学会大会において、学校経営研究における臨床的アプローチの独自性と有用性、今後の課題について論議されている。

この課題研究グループは、「研究者自身（研究者としての実践家を含む）が学校現場に参入」するという次元に留めず、まず「学校改善のための実践・働きかけ」を行い、次いで、それを通して「学校組織の現実を認識」し、さらに「改善の視点や手立てに関する知識を創造しようとする」、ということを研究の要素と考えている。

このような指向は、学校組織が抱える複雑性やルースネスに向かう上で、有効なものと考えられる。ただし、研究者の働きかけが「学校改善のため」とは限らない。そもそも複雑な関係のもとにインプットされる働きかけの結果は、期待こそあるにしても、あらかじめ予期しうるものではない。組織を認識するとは、組織のダイナミズムを認識することであり、それは動きが生まれてこそ可能となる。この場合の研究者の働きかけは、その動きを生み出す手段であり、自らが想定した認知図を下敷きに「動き」を読むためである。その読み取られた「組織の現実」から、さらに引き出されてくる知識は、多義的ないしは多用的であり、その現実を変えることになるかどうかは不確定ならざるをえない。たとえば、ある特定教員の行動が突出したもので他の教職員との協働関係を阻害しているという実態は、学校組織の複雑な関係のなかで、かえって他の教職員の結束を強化していることもありうるし、その突出した行動が、他の教職員の願望を代償する（たとえば言いたいことを代弁する）こともありうる。少なくとも、このような知識は、直接に「学校改善の視点や手立て」を引き出すものではなく、その事態を前提に、何が学校経営上の課題かをさらに探っていくことも、またその突出した人物への介入を通じて「新たなる動き」を生み出すことも考えられる。いずれにしても、「改善の視点や手立てについての知識」を創造する局面とは異なる知識創造、働きかけの局面として捉えられる。

つまり、「臨床的アプローチ」それ自体には改善指向は含まれていないのではないか。ただし、臨床知であるゆえに学校組織にとってリアリティを備え、その学校にとって知の有効活用がありうる。しかし、実際に有効かどうかは使ってみないと判らない。使う前に判るのは、そのポイントが組織の現実に照らして着手点にせざるを得ないということである。いわば、試行錯誤を繰り返しつつ有効打を探っていく営みが学校経営の実際であり、その実際に研究者が付き合っていくことを「臨床的アプローチ」と呼ぶ方が妥当であろう。その際、自らの認識の妥当性を検証する視点を欠落させると、水本氏のいう「安直な学校経営言説」を持って学校に指導的立場で介入してきた研究者との違いを喪失させることになる。

5　学校経営学の再構成に向けて

筆者は、これまで学校を観ることに専心してきた。その観察によって、少なくとも以下の点について見えてきたように思う。

①学校経営とは

学校のように個々の自律的な判断（決定）が活動を方向づける緩やかなネット組織の経営とは、諸力の「統括」という一つに収斂する指向ではなく、多元的で多方向な指向の総体からなる働きである。このようなエネルギー運動が許容範囲を逸脱しないように、それぞれが望ましい方向に進んでいくようにモニターしながら、運動場を整備すること、エネルギー運動の現状を把握し進む方向に対して常に支持や制止や警告、助言を当事者に発していくこと、そして現地点や進む方向が当事者にわかるようにチャートを示していくこと、を主たる機能とし、それぞれの向きを包含するネット（繋がり）を張って協働性を生成する働きである。

②マネジメントの力動的な過程（崩壊と秩序形成の繰り返し）

学校組織内部の、各構成員が積極的に、あるいは消極的に展開している諸活動から派生する力と力の衝突、融合、変性というエネルギー運動が、学校のあちこちでうごめいている。そのエネルギー運動が経営の作用によって協働性の性質を強く具えていくことによって秩序が生成され、従来言われてきた学校経営が一時的に成立する。しかしまた、新たなエネルギーの動きによって秩序は崩れ同じ過程を繰り返す。

以上の点を踏まえるならば、学校経営学は、このような力動的な過程に参入しうる理論形成を課題とする。しかし、そのためには、こうような過程に参入していかねばならない。ここに学校経営学のジレンマがある。

曽余田浩史氏は、その参入を阻む問題として、学校経営研究の存在が知られていないこととともに、学校経営研究（者）への信頼の無さを挙げている(31)。天笠茂氏は、それでも参入の機会があることを自らの経験（校長からの依頼や教育委員会の派遣事業）をもとに示唆している(32)。この両者の違いは何に由来するのかが問題である。

端的にいえば、両者の実績の違いである。政府関係の委員を歴任してきた天笠氏には容易なことでも、そうでない者にとってはそれが叶わないことが伺えよう。筆者自身が、今のポジションにおいて天笠氏と同じ状況にあるだけに、その功罪がよく理解できる。このこと自体が、学校経営の問題であるばかりでなく、管理職や教育委員会関係者に知遇を得た者の特権としてしか学校経営の現実にコミットできない学校経営学の問題である。

このことを問題とするならば、天笠氏の「クライエントとの出会いは十分にはたせる」(33)という認識に胡座することなく、それをはたせる仕組みづくりが、学校経営学の課題として措定されていかねばならない。さもなければ、特定の者にしか研究の機会が保障されないということだけではなく、参入を受容する主体から一般の組織構成員（ここには保護者や学校支援ボランティアなど、学校に関わってくる人々も含みうる）を疎外し、そうした人々の発意が押し込められてしまうからである。学校にコミットした先人たちを超えて、さらなる知識創造をはたしていくためには、この未開拓の領域や問題認識に向き合っていく必要がある。

では、いかに仕組みづくりを進めていくのか。一つには教員養成において学校経営学の位置づけを明確にしていくことである。それとともに、教育系大学・学部が、学校をフィールドとした研究に組織的に取り組んでいくことである。さらに、その研究から得られた知見を学校にフィードバックする仕組みを、大学院や公開セミナー、あるいは種々のメディアを通じて構築していくことである。その点で、大阪教育大学や宮城教育大学、広島大学が教育委員会と提携して進めている事業は有効であろう(34)。

ただし、そのような仕組みづくりの前提となるのは、TEES研究会が取り上げてきた「教育学部」の問題が乗り越えられていかねばならない(35)。

1 こうした動きについては、高橋寛人『戦後教育改革と指導主事制度』風間書房、一九九五年、参照。
2 日本教育経営学会が創設されたのは、一九五八年のことであった。
3 文部科学省初等中等教育局は、こうした関心の高まりを背景に、教職員課を事務局にして、昨年度、「マネジメント研修カリキュラム等開発会議」（座長、牧昌見氏）を設置し、今年五月、主として校長・教頭・主任を対象とした『組織マネジメント研修（平成十五年度版）』と題するカリキュラムとテキストを公表した。
4 日本教育経営学会は、二〇〇一年度、「スクールリーダーの資格任用に関する検討特別委員会」を設置し、今年六月、「提言―学校管理職の養成・研修システムづくりに向けて」をまとめた。そこでは、「大学院での学修によって企業のマネジメントモデルを超えて、より学校の実態や教育の論理に即した力量形成が可能になる」との見通しを示しつつも、大学や大学教員に対して「養成・研修プログラムに関する理論とモデルの研究開発」などの取り組みを求めており、見通しを支える根拠が希薄な内容となっている。

5 吉本二郎『学校経営学』国土社、一九六五年、五一〜八八頁。

6 こうした特徴理解は、右記の『組織マネジメント研修（平成十五年度版）』において取り上げられている。なお、組織についての詳細な整理は、たとえば、田尾雅夫『組織の心理学』有斐閣、一九九一年、参照。

7 吉本二郎「学校組織の基本問題」吉本編著『学校組織論』第一法規、一九七六年、一七頁。

8 吉本二郎、前掲（五）、一六九頁。

9 堀内孜「『学校経営論』と『公教育論』――その位置関係と課題性――」大塚学校経営研究会編『学校経営研究』第三巻、一九七八年、三四〜三九頁。

10 堀内孜「単位学校経営論と学校の自律性――吉本学校経営学の基本構造――」大塚学校経営研究会編『学校経営研究』第一七巻、一九九二年、九頁。

11 堀内孜「教育行政と学校経営の関係構造」大塚学校経営研究会編『学校経営研究』第一四巻、一九八九年、四三頁。

12 永岡順「教育経営組織再編の課題」永岡編『現代教育経営学』教育開発研究所、一九九二年、二八三頁。

13 吉本二郎『現代学校経営論』理想社、一九五九年、一頁。

14 高野桂一「学校経営診断はなぜ重要か」同編著『実践学校経営診断①学校改革・改善と経営診断』ぎょうせい、一九八八年、三二〜三三頁。

15 岡東壽隆「教育経営学の対象と方法」青木薫編『教育経営学』福村出版、平成二年、二九頁。

16 吉本二郎「学校組織の基本問題」吉本編著『学校組織論』第一法規 一九七六年、二〇頁。

17 吉本二郎『学校経営学』国土社、一九六五年、一四二〜一四三頁。

18 同前、一七二頁。

19 同前、一七二頁。

20 同前、一七四頁。
21 同前、一八二頁。
22 同前、一八四頁。
23 C・I・バーナード（山本安次郎他訳）『新訳・経営者の役割』ダイヤモンド社、一九八〇年、七六頁。
24 堀内孜「学校教育と子どもの学校生活」永岡順編著『現代学校の探究』第二章、第一法規、一九七九年、二四～二五頁。
25 拙稿「授業を基礎とした学校経営の課題」堀内孜編『教師と学校経営』第一法規、一九九三年、九七頁。
26 水本徳明「学校の組織・運営の原理と構造」日本教育経営学会編『自律的学校経営と教育経営（シリーズ教育の経営二）』玉川大学出版部、二〇〇〇年、二三四頁。なお、筆者（木岡）には、この書名に用いられている「自律的学校経営」という言葉が理解できない。そもそも「学校経営」は自律的であるはずで、その言葉の吟味を専門学会としてどこまでなしたのか疑問である。「安直」に翻訳語を用いたとしか思えない。
27 同前、一三五頁。
28 同前、一四三頁。
29 同前、一四五頁。
30 詳細は、『日本教育経営学会紀要』第四四号～第四六号に掲載されている課題研究の項を参照されたい（ただし、第四六号は二〇〇四年六月刊行予定）。
31 曽余田浩史「学校経営研究における臨床的アプローチの構成要件」（日本教育経営学会第四三回大会発表資料）。
32 天笠茂「臨床的アプローチの研究事例――カリキュラムマネジメントに関わる三つの事例――」（日本教育経営学会第四三回大会発表資料）。
33 天笠茂、同前、一八頁。
34 たとえば大阪教育大学は大阪府教育委員会と、昨年七月末に「連携協力に関する協定書」を結んだ。その協定書によれば、「教職員の資質の向上及び教員養成の充実を図るとともに、教育上の諸課題等に適切に対応することにより、大阪府の教育及び大学における教育・研究の充実、発展に資する」ことを目的としている。この協定に基づいて、両機関は教員研修事業や学生のスクール・インターンシップ事業、そして高大連携などに取り組んできている。そして、そうした取り組みを足場として、連携事業の一環に「スクールサポート・プロジェクト」を位置づけた。このプロジェクトのミッションは、学校が自律性を高めるための戦略と具体的方策を獲得することに定められ、中・長期的には、スクールリーダー養成のためのカリキュラム開発と組織づくりが目指されている。

35 詳細は、ＴＥＥＳ研究会『「大学における教員養成」の歴史的研究——戦後「教育学部」史研究——』学文社、二〇〇一年、を参照されたい。

（きおか・かずあき／国立教育政策研究所高等教育研究部総括研究官）

教育の場における記録（インスクリプション）への問い

●その展開と現在の課題

秋田喜代美

1　なぜ記録か

文部科学省による全国的な学力調査、行政や民間業者による独自の学力調査が数多く実施されてきている。標準テストという一つの科学的客観性をもった道具によって、学習結果のある部分が学力として可視化される記録が作られ、教育についての説明責任が学校や教師に問われる。それが、学校選択による学校の統廃合や指導力による教師の選別とランク付けという競争事態と習熟度別指導という生徒のランク付けによる層化を生み出す管理統制装置、官僚的経営構造を作り出していく。一つの「基準（standard）」を明確にしその観点から何が欠落しているかをとらえ、不足を穴埋めする反復練習や基準内容だけをこなしていく轍の跡を残すだけの教育が強化される危険性が英米でも指摘され叫ばれている（米国学術研究推進会議、2002, Hargreaves, 2003）。この動きは教師の自律性と個性を奪い、生徒の学ぶ意欲と知識を喪失させていく。「基準（standard）」「説明責任（accountability）」という支配的（dominant）な声が教師や子どもが自らの学びの地図をもつ機会を抑制していく。

しかしこの傾向が強まる一方で、子どもが学び追求していく過程を捉え、子どもたちの学びの要求に応えようと、日常の教育実践を記録しそこから見出した子ども達の学びの豊かさと教材がもつ価値に新たな可能性を見つけ、教育のあり方について持っていた囚われから自らを解放し専門性を高めようとする教師もまた、数多くいる。記録を通して子ども達の多様な声を見出し、教師同士が相互の語りを交わし、多声的な公共空間形成の構造を作り出す方向への動き（Dalberg, Moss & Pence, 1999）も、脈々と存在しその環をひろげてきている。記録は子どもの発達、子ども達の学び、そして教師の学びのストーリーという三つの窓を開き、その各々の窓は異なる学びの視座を広げていく（Helm, Beneke & Steinheimer, 1998）。

テストやアンケート調査、指導要録や指導案、年間指導計画による記録と、子どもたちの学びの過程や結果に基づく教育実践の記録、学びの軌跡として作り上げられた記録としてのカリキュラム。また学習面だけではなく健康面、生活面でもさまざまな記録がある。それらはカルテにもアルバムにも帳簿にもなる。いずれも記録の一種であり、教師の「書く」行為から生み出される。作られる記録が何に対して責任を負い、どの声に応えていく記録であるのか、それらの記録の生成と活用がどのような人と人の関係や新たな出会いを作りだしていく記録であるのかは、記録のあり方によっている。学校や幼稚園で教師は子どもたちと交わり教育実践を作り出すと共に、年間を通じて数多くの「書く」行為を行っている。制度の中で働く公僕として、行政や管理職、社会一般という外に向けて行う一方で、反省的な実践を行う専門家として生徒や同僚教師、保護者そして自らの内面に向けて行っている。誰が何を見てどのような様式によって記録を表し、それらがいかに利用されるのか、さまざまな記録のうち何が重視されるのか、記録作成と活用の流れが、教育の場で教師たちによっていかに作られていくか、書きこまれていくものとしてのインスクリプション（inscription）の生成過程を見ることは、学校（園）の教育活動システムがどのように働いているか、教師の専門性は何か、どのように捉えられ作り出されているか、仕事場としての学校がどのように機能しているかという学校（園）文化、中でも教師文化を見る一つの切り口になると考えられる。

教育の場の記録は、教師によってのみ行われるのではない。教育実践の場に立会い、関わりあおうとする研究者もまた、フィールドノーツやビデオをとり、あるいは面接をするという形で記録を行う。保護者もまた行事等においては映像という形で記録に参加することもある。教育が生まれる場の記録は、教育を見る人々が出会う結節点、学級の内と外、学校の内と外の人間が制度や役割による境界を越えた出会いの場を形成する契機となりうる。実践者が研究者になり、研究者が実践の場に身をおく交差のあり方は、教育実践研究のあり方を問う視座にもなる（秋田、二〇〇三）。

この問題意識から、本稿では教育における記録、実践に関わって「書く」ことのあり方について、何が問われてきたのかあるいは何は問われていないのかという問いの視座を、特に幼児教育の場における保育記録に絞って整理し考察する。

幼児教育に特に焦点をあてるのは、子ども達の「今ここ」の活動を理解しそこから発達や学習の道筋をみとることから次の教育をデザインすることが、幼児教育では教師の専門性として特に強くもとめられるという学校種の特徴からである。現在進行中の文部科学省の全国的かつ総合的な学力調査においても、幼児教育（と芸術系教科）だけは、学力テストやチェックリストを用いた評定による学力査定の様式ではなく、保育者が担当の子どもの様子を書きとめた日々の記録から、子どもの学びを読み取り子どもの学ぶ力と現行の教育課程を評価する評価法を実施している。これは教育内容による明確な教科区分や達成すべき基準が明示された学習内容のカリキュラムではなく、創発的（emergent）なカリキュラムに基づき、遊びという総合的な活動から子どもの学びをとらえる幼児教育では、教師がいかに見とり、いかに関わり、それをいかに心にとどめ、次に活かすかが教育の生命線となる。教師間での子どもの遊びと学びの課題の共有が園での次の教育のビジョンを作り出すからである。一時間単位の授業ではなく個々のペースで実現される活動からは、教師自身が頭の中のカリキュラムにそって長期的な見通しを持ち、個々の発達の道筋を読み解くことが求められる。

幼児教育の場は、学級や教科の壁が小中高等学校に比べ低く、ゆるやかな組織とゆるやかなカリキュラムによる「見えない教育方法」の場として存在しているという特色（バーンスティン、一九七八）がある。その特徴が教師たちに記録への意識を強く促してきた面がある。幼児教育では、書かれた保育記録だけではなく、記録のとり方、あり方についての議論が実践者と研究者によって繰り返し行われてきている。

まず保育において記録の中心となる実践記録に焦点をあて誰が何を見るか、いかなる形で表わし使うかという記録過程についてなされてきた問いと見解を整理し、それから活動システムとして記録することがどのように仕事場で行われるのかという点からの問いを順に考えていきたい。

2　実践記録の過程――観る・表す・物語る・つなぐ

1　実践を見る――「ありのまま」を超えて観ること

何を見て記録するのか。この問いに対して自然科学・社会科学が行ってきた客観的な行動観察と実践研究における観察の主張には大きな違いがある。おそらくこの点が実践の場に入る研究者が、「教育実践を通しての研究」をするのか、「実践についての研究」をするのかの大きな違いとなるだろう（秋田・市川、二〇〇一）。後者は「行動」や事実を客観的に見ることを求めるのに対して、前者の実践研究では主観的かつ関わりつつ「観ること」が求められる（Dalberg, Moss & Pence, 1999）。Le Compte & Pressle（1993）は教育研究における知と探究のあり方として、研究者が客観的である実証主義アプローチでは観察しうる行動を測定し量化すること、散らばりやバイアスを統制することが焦点になるのに対して、主観的に関与する解釈的アプローチでは観察された行動から引き出された意味と相互主観的理解、散らばりやバイアスの説明が焦点になること、そして変容を求める批判的アプローチでは隠された意味や前提、抑圧されたパタンに自覚的になり、散らばりやバイアスを明るみに出すことが焦点になるとしている。実証主義的アプローチは「実践についての研究」であるのに対し、解釈的、あるいは批判的アプローチは「実践を通しての研究」である。実践者の記録は後者である。

けれども保育者であった河邉（一九八二）は「ほとんどの保育者は記録の必要感を抱いている。にもかかわらず、やはりほとんどの保育者がどのような記録をとればよいのか悩んでいる。多くの記録は慣例で書かれ、具体性に欠けたり、幼児の姿の羅列に終わっていて、そこから読み取れることが少ないように思える」（二六―二七ページ）と述べている。つまり、保育者が保育を見てそのまま書いても、使える記録にならないという事態が生じる。「ありのままの姿」を捉えるといっても、それは幼児と保育者の相互作用の中で保育者が捉えた姿であり、背後にその子の遊び課題（幼児がどのような動機で遊びを始め、何に面白さを感じ、何を遊びの目当てにしているのかといった幼児自身の遊びの課題の所在）を読み取ることの重要性を河邉は指摘する。園内研修に長年関与して来た小川（一九八八）も、保育者が課題性を持って実践を見ることが記録する上で重要であると述べている。

　ではこの課題性はいかにして生まれるのか。課題性は、あらかじめ外で作った関心をもちこむのではなく、常に保育の中で見る者に対して立ち現れてきて、それを振り返ることで課題となるという関係にある（津守、一九七六）。自然科学では観察場面を選択することが言われる。しかし実践研究の観察では見る場面は選択するのではなく、ある場面が迫ってくる出会いがあり、そこから課題が生まれる。その子どもの経験と課題を読み解くことが教師の「タクト（技巧）、教育的眼識」であるとヴァン・マーネン（二〇〇三）は述べる。

> 教師は子どもを見る人である。子どもを教育学的に見なければならない。子どもの発達の現在と将来、近くと遠くの両方を同時に見ている。すなわち、一方で教師は目の前の子どもと関わりながら最大限の主観性を持って見なければならない。他方で教師はその子全分野の可能性と限界を保留したり、距離を置きながら見なければならない（五三ページ）。
>
> 教師が特別な教育学的に見る人になるためには、距離が必要である。「この」子を知ることで、教師はその子についての表面的な判断を保留する（五五ページ）。
>
> 真の教師は子どもの見方を知っている、一人の子どもを見るということは、その子に特別な時間と空間の中に自

分の場所を与えることである（六二ページ）。

客観的に言動を「見る」ことから、現実として見えるものを手がかりとして見えないものを観ていくこと、教育学的に観る事の大切さが実践における技として唱えられる。発達心理学者として津守式発達検査を作成した津守真（一九七四）は、観察者として実践に立ち会っていく中で、発達心理学者から保育研究者への自らの観察の転回を次のように述べる。

発達を行動の発達としてだけ考えないで、体験の世界を含めて考えると観察の方法もかわってくる。そして、保育という、生きた人間同士のふれあいにおいては、おのずから感じ、そこから行為する人間の体験の世界をぬきにして考えることはできない。発達は生きた感動をもった体験の世界のできごとである。このことに気づいた時、わたくしの観察法は大きく転回した。眼に入れた行動がすべてではなく、それを通して、その背後にある世界の中で動いているものを、観察によってとらえることができてこそ、保育の観察となるのである（一一ページ）。

このおのずから感じ、背後にある世界で動いているものは、さまざまな関係性の網の目を捉えることで始めてみえてくる。「デザイン（Design）、記録（Documentation）、対話（Dialogue）」の「三つのD」に保育者の専門性の中核を置く北イタリアのレッジョ・エミリアの幼児教育アプローチにおいては、記録をとる基本に「聴くことの教育学（pedagogy of listening）」が置かれている（秋田、二〇〇三）。「聴くことは　私達と他者とをつなぐパタン、つなぐものへの感受性をもつこと。聴くとは歴史的な時間の外にある時間や沈黙、長い停止、内なる時間を聴くこと。他者が自分に与えてくれているものを聴くこと。聴くとは文脈を聴くこと」（Project Zero & Reggio Children, 2001）と述べる。何を保育で見るのか。見ることから見えないものを観て察知することへ、聞くことから聞こえない声や世界を傾聴することへと、保育の記録に関わった者たちは語る。保育者と子ども達との新たな出会い、日々の保育とは異なる地平での子どもたちとの出会い直しができていく。記録する行為を通して記録する者とされる者の関係は新たな地平へ向かうことができる。

2　実践を表わす――詩的経験と文学のことば

一次的なフィールドノーツから何を選び出して記録に表すかが問われる。小川（一九八八）は「観察できる幼児の外面的行動を示す文、保育者がとった外面的行動を示す文、保育者の心に映った幼児の心の状態」を記し、単なる感動の記録や成功物語の報告ではなく、保育者の課題追求のための資料となる記述でなければならないとする。河辺（一九九九）も「日々の実践にスポットをあて、あるまとまりをもたせた記録であること、そのまとまりのもたせかたについて記録者が自覚的であること、それを読む人にその場の状況が事実に基づいてイメージできるようなものであること、保育者のかかわりをふくむような場面の場合、保育者の言動の背景にあった「子ども理解」を書き込んでいることと具体的なイメージがもてること」を挙げる。レッジョ・エミリアアプローチにおいても「A　子ども達が意味ある経験にどのように関与しているのか、彼らが解こうとしている問題や追及している疑問などの意図がわかるよう書くこと、B　記録の読み手、書き手を意識していること、C　観た文脈を記述すること、D　子どもが行っていることについての現在形での詳細な記録や子どもの逐語的な対話を含むこと」等を挙げ、よい記録は保育者の発達に対する視点や声が現れていることを挙げる（Goldharber, Smith & Sortino, 1997. 秋田、二〇〇〇）。具体的にイメージができることと同時に、記録者のスタンスによってまとまりがつけられてその声や課題が現れている記録という事になる。

その言葉の様式として、津守・本田・松井（一九七四）は体験（感情体験・感情的性質）の言語化には「科学のことば」よりも「文学のことば」の方がよりふさわしいとする。

保育担当者や訓練をうけた観察者達が同じ状況の中でとらえる「何か」にはかなりの共通性があり、一致度が高い。その何かをことばで表現しようとするとき、比喩的表現が用いられる。保育担当者や観察者にとって確かな真実としてたち現れながら、どのようにことばを加えても論理的実証的に証明する事の困難な世界、それは詩的真実の世界と呼ぶことが出来るかもしれない。科学が発達し、科学的言語が支配的になって、世界を実証的に指示し説明しようとする精神が旺盛になるにつれて（詩的真実の世界は孤立し）、人間の実生活からは遠いものとなりつつある。しかしこの詩的世界における詩的経験は保育の世界を支える重要なファクターなのである（七四ページ）。

保育者が身体で感じ取った実践感覚は科学のことばでは表しにくい。また一つのまとまりをもつことで詩という形式にまで昇華されうると言える。

けれども実践者の記録として日記の形式、詩の形式、子どもの行動を書き留める形式、一日の流れとともに記録する形式等さまざまな形式の記録を試みた安井（一九九八）は、詩の形式は状況が目に浮かぶというよさをあげると同時に、見方によっては都合のよい部分を取り出し酔っているようにもみえ、保育者にとっての意味は記述からわかりにくい点を指摘している。見た者の身体感覚の共有と同時に他者の吟味にかけられることばであることが、一つの物語や詩としての記録から、記録を通して物語ることへの転換を生み出していくだろう。

3　第三者が実践を見て記録すること――見るから居るの記録へ

保育者は日々子どもとの関係性の中で生きている。では、実践者でない者は実践の場をどのように見ることができるだろうか。お茶の水女子大学付属幼稚園で津守真と共に保育記録をとり続けた本田和子（一九七六）は「見る―見られる」関係をやめて「居る」事で「見えてくる」という指摘をする。

「みるとみられる」と「いる」

子どもをみにいく　保育をみてくる　幼稚園をみてきた。

なんだかおかしなことではないでしょうか。

「みる」極があるから「みられる」極ができて「みられよう」とする動きが出てくる。時として「みせよう」とする動きまで誘い出してしまうのではないでしょうか。

「みたり、みられたり」するのではなく、「子どもがいて、そこにせんせいでないおとなのわたくしがいて……」そこに生まれてくるのは何でしょうか。それをつかまえてみたいものです。

これからしばらくの水曜日、「子どもがいて、そのそばにわたしもいる」という一番当たり前でいちばん大切なことのなかに、どっぷりひたってみることにいたしましょう（四五ページ）。

本田は「今、目の前に起こっている幼児の行動をどうみるかは『幼児の行動をどのようなものとして私がひきうけるか』ということである。そこにはわたしの全存在が投入される。視力・聴力・触感覚など、感覚器官を通じて受け止めるもののすべて、感受性やそれらをことばとしてとらえなおす場合の傾向、わたしの過去の体験や既得の知識・教養のすべて、それらをひっくるめてわたしがそこに投げ出されているのである。『人が人を観る』とは、相手を単なる被写体としてみなし、カメラのレンズのように物体としての対象をうつしだすことではない」（六四ページ）と述べる。

このとき、保育の場に居る者としての子どもの行動を引き受ける（respond）こと、応えることで保育者と外部研究者は実践のビジョンを共有し新たな関係を築くことができる。鯨岡（一九九九）は観察者のこの関係を「なりこみ」という言葉で表現する。協働的なアクションリサーチが可能となるのは、この次元において教師の問いが実践の場にいる者にも問いとなった時である。Lampert（1999）は、教師は実践についての問題を解決することを通して知識を創造し、実践を通して学んでいるのであるならば、傍らにいても実践者でない者にはその知識はわからないし、実践的知識の多くは暗黙知として身体化された知となっているのであれば外部者に対して表現することはできないというパラドクスを指摘している。しかし、同じ実践の場に居て応えることを通して、記録し読み取り対話するという関係ができる中で、「する者—される者」から「共に関わり、記録し語る者」として同じ位相に立った時にその場に居る者の実践知が対話を通して共有されていくと考えられる。Tobin（1989）は、「記述する者—記述される者」の権力関係の非対称性を超える方法として、記述された者が記述する者の記述方法やそこから導き出された判断を吟味する方法を考え、観察者である研究者自身がもつバイアスをチェックし判断の妥当性を吟味していくことを提案し、〝多声的（multi-vocal）エスノグラフィー〟と呼んでいる。「する者—される者」の関係が一方向に固定化せず、そこから共に居る関係、共に吟味にかけられる関係として記録が書かれ利用されることが、外部者の保育記録が実践において有用になるために必要である。

第三者記録は当時者記録だけでは見えなかった面を補うものとして一般に位置づけられる。しかしそれは、河邉（一九九九）や田代（一九九九）が指摘するように、担任が持つ保育の課題に位置づけられ、子どもの見方を広げ共有できるものであることが求められる。それは保育の場にどのように居たか、何を引き受けたかの質によって規定されていると考えられる。これはことばによる記録でも映像による記録でも同様であるだろう。

したがって第三者記録が自分の課題性や視点から書かれた場合に、実践者と課題が共有できているならばその記録は有効に使用されるが、異なる課題性をもった記録は実践者と共有が必ずしも可能となるとは限らない。ビデオ映像が実践者にとっても有用であるのは、観察者のアングルには限定されているが、全体が写されそこに情報の冗長性、余剰部分が含まれていることによって課題の共有が可能になった場合と解釈できるだろう。ビデオ観察による記録を用いたカンファレンスについて、記録をとられた側の実践者である松浦（一九九九）は「ビデオの強さ」ということを述べる。

一つのフレームにとどまってその子どもの筋を追っている観察者はその場をわかっているのに対し、部分的にしかその場に入れなかった保育者は萎縮してフレーム自体に強さを感じる点を指摘している。これは第三者の観察のアングルが保育者自身の課題を共有できていない場合に生じるといえるだろう。ある一つのビデオ映像が共に作っていこうと温かく見守っているスタンスなのか否かを撮られた側は感じる。ネガティブなことがおこっているフレームには写された者は入り込めず、研究者側に強みを感じ焦りがでることを指摘している。西原（一九九六）はビデオという機会が持つ他者性や保育者がビデオの視線を避けようとすることを指摘し、どう切り取られるのかという問題を指摘する。問題を暴くスタンスなのか、共に居るスタンスからの記録かによって、映し出される情報の活用が変わってくる。

しかし一方で、松浦も西原も雰囲気や体が語る言葉を読み取り、語り合う中で一見無意味（枝葉）に思われた背景が意味を持ったものとしてみられたり、自分の見ていない意外な面に出会える点をビデオの意義として述べている。ビデオという一次的記録自体は物語を生み出さないし、保育者の実践的思考を生み出すわけではない。斉藤（二〇〇一）はビデオを共同視聴し映像をことばでなぞり二重表象すること、視聴の補完行為の重要性を指摘する。物語るのは見えていることを補足するのではなく、見えない部分の補償となる。「役割の未決定や変化の可能性は意味の未決定状態をもたらすことで、逆に多くの発見を可能にする。ビデオ映像に映っているために文字通り実際に見えることが観察可能性を意味するのではなく、映っていないために見えないことが視聴者に観察できないことを発見させ、そのこと自体が観察可能性の一種として意味づけられ、むしろ補償のための推論による多様な見えを可能にする」（一四九ページ）。

映像か言語かによらず、この記録をなぞり語り合って多重の表象を作り出していく場において、観察された者、観察する者が共に保育におけるあらたな気づきを生み出していく。

映像でも言語でも、短期的な記録もあれば記録をつなげて編集することで多重な表象がみえてくることもある。秋田ら（一九九八）は一年の保育日誌やメモ記録を一人の子どもに絞ってみていった時、その子どもの発達についてその時と一年後のふり返りとでは異なる意味解釈が生成されてくることを示している。記録をいかに活用するか、それは記録そのものから情報を獲得することよりも記録を通して語ること、記録をつなぎながらで語ることによってどのような意味を見出し表象を重ね合わせていけるのかにかかっている。個人の中での自己内対話、他者との対話の契機として、記録は位置づけられるだろう。

3　多層的格子としての記録システム

実践記録を作り検討することで、子どもの発達、学び、教師の学びの多重の表象を作り出していく。ただし保育実践を支える記録や書く仕事は一種類ではない。幼児教育の場では記録とその活用の重要性が言われる（例えば関、一九九七）。教育課程、年間指導計画、月案、週日案や園務日誌、保育日誌、個人記録としての実践記録、観察記録簿、指導要録、家庭との連絡のための園便り、学級便り、連絡ノート、職員会議の記録や研修の記録などを担任で、学年で、園で作成することになる。保育における記録の問題は、二節で述べたように保育者個人の書き方の問題として記録をどのようにそって書けばよいのかがこれまで問題とされ、教師個々人の力量形成の視点から論じられてきた。つまり、場のシステムの観点から論じられた研究はない。現実には実践にかかわり多様なデザインの記録と軌跡の記録が分散して、仕事の中にちりばめられている。それらが多重の表象を作り出している。この点をいかなる視点で見るのかということは検討されるべき課題である。仕事場のインスクリプション研究はその視座を与えてくれる。

1　仕事場における記録（インスクリプション）

Latour（1990）は文書、記録、リスト、地図、グラフなどあらゆる書かれたもの（inscribeされたもの）、インスクリプションの重要な特徴は、書かれたものが人と世界、人と人をリンクする社会―道具的ネットワークの構成要素であり、かつそのネットワークのあり方を可視化する道具として機能する点にあるとしている。実践の場の記録への関心は、いかに知が分散協働して生成―所有され、新たな関係性を創出していくかを分析する仕事場（ワークプレイス）研究、道具と人、組織の関係を問うテクノサイエンス研究、活動や媒介する道具へ注目するヴィゴツキーやエンゲストローム活動理論研究、シカゴ学派の社会学者によるエスノメソドロジーや会話分析研究の領域の接点において現在研究が進んできている（Goodwin, 2000）。川床（二〇〇〇）は、これまでインスクリプションは個人の能力にどのような影響を及ぼすか、つまり書くことが認知能力をいかに増幅させるかという認知主義的、心理主義的アプローチからしか論じられてこなかった問題点を指摘している。書けない人と書ける人では認知能力に違いがあり、書くことで物の見方が変わるという個人の認知過程の問題としてしか論じられてこなかったことに対して、人と人、人と世界がどのような関係を取り結ぶのかによって様々な記録が生み出され、また反対に記録が人と人、人と世界のリンクのあり方、どのような活動が展開されるかを方向付けており、記録の生産・使用は社会組織の再編と関係と深く結びついたものであることを指摘している。

そして冷凍海産物の流通という仕事場でのフィールドワークを通して、品物の流通を可視化し組織化するために様々な文書や記録が存在していること、それら文書や記録、荷札のような記されたものは時間的、空間的、社会的関係の網の目の中に荷物を位置づけ、荷物の動きを見えるようにするグリッド（格子）の役割をしており、荷物流通に携わる作業者にとっては、そのままでは捉えようのない荷の動きを観察可能にする道具の役割を果たしていることを示している。このグリッドは一つではなく、多層的なインスクリプションを重ね合わせることで、状況的にそのつど事態を可視化していること、ある記述が過去と未来、そして作業者間をリンクする境界的グリッドになり、この可視化されるグリッドによって新たな活動が組織されていくことを示している。つまり記録によって自分がそこに存在することができない場での他者の活動を読み、他者を管理すること、あるいは相互に相互の活動が可視化できるようになることでメンバー同志の新たな協力や信頼関係、共同性を作り出すことができることを論じている。

またUeno（2000）は「インスクリプションの生態学」と題した論文の中で、インスクリプション研究を概括し、社会やコミュニティはすでに存在するのではなく、相互に人的な資源となりあい、インスクリプションや様々な人工物のような道具によって理解し合えることによって創出されていくこと、組織は経営管理者への「官僚的な説明責任」と顧客というフィールドへ「応答していく説明責任」という異なる多層的な説明責任をもち、それぞれに応じた形のインスクリプションを作り出していること、記録が規範の境界を越えることを可能にしたり、関係を切断することを指摘している。そしてセブン・イレブンの成功を一例にあげ、マクロな商品流通構造を可視化するだけではなく、ボトムアップな顧客のニーズを可視化し、センターがその多層化された記述の格子を読み取り商品や情報の分配のネットワークを構成し、人と人のネットワークや人とものののネットワークを作り出していることを示している。

仕事場研究は多様な仕事場での人の協働と道具やインスクリプションの関連を明らかにしてミクロな相互作用プロセスから組織の構成というマクロな構造を捉えようとしている。学校や幼稚園という教育の場についてはまだ仕事場として分析された研究はない。

2　保育の場におけるインスクリプションの試み

では幼児教育の場でのインスクリプションは、どのようにとらえることができるだろうか。秋田（準備中）は継続的に園内研修に関与してきた二私立幼稚園で行ったフィールドワークから、園長の信念と保育者の経験年数や園の規模によって記録する内容の重点が異なることを見出している。省ける記録や書く仕事はすべて省き、保育者の専門性にだけ焦点をあてられるようにという信念をもつ園長がベテラン保育者と保育を行っている園では、学年会を中心にして保育者が子どものエピソードをとり親や同僚と語ることやその記録作りだけを行っていた。一方、新任保育者が多く、保育者が自ら動けるようにするには重要な点を繰り返しなぞって書くことが重要であるという信念をもった園長のもとでは、教師の自覚や意識を高めるために記録形式を年々工夫し改良しながら様々な書くことと記録の読み取りやその指導が実施されていた。園長が何に目を通し判を押すのかも園により異なっている。何を管理し何を保育者達に任せるのかは園長の職員会議等への関与や信念によっている。そこで記録するものによって多重格子が何を可視化するかは異なっている。

レッジョ・エミリア市の保育においては、個の時系列の記録としてのポートフォリオ、ある主題について子ども達が追求していく学びの軌跡を記録したドキュメンテーションが、パネルや本という形になって可視化されることで、同僚同士だけではなく、保護者や地域の人々、園の間の新たな結びつきを作り出している（秋田、二〇〇〇、二〇〇三）。そこで重視されるのは計画の記録ではなく、軌跡としての記録である。

記録の多重格子がどれだけ多様な子どもの育ちと学びを可視化しうるのか、そこに子どもへ応えるという責任をどのように引き受けるのかの園文化が見えてくる。保育記録は、日々声を発見していく大人が行う営みと言えるだろう。システムとしてどのように布置されているかは、今後の記録への新たな視座であると考えられる。

引用文献

秋田喜代美・安見克夫・小林美樹・鳥井亜紀子・寺田清美、一九九八「一年間の保育記録の省察過程――一人の子どもの育ちをめぐるカンファレンス」『立教大学心理学科年報』四〇、五九―七二ページ。

秋田喜代美、二〇〇〇「レッジョ・エミリアのドキュメンテーションから考える保育記録のあり方」日本乳幼児教育学会第十回大会研究発表論文集、八六―八七ページ。

秋田喜代美・市川伸一、二〇〇一「教育・発達における実践研究」南風原朝和・市川伸一・下山晴彦（編）『心理学研究法入門』東京大学出版会、一五三―一七八ページ。

秋田喜代美、二〇〇三「レッジョ・エミリアの教育学」佐藤学・今井康雄（編）『子ども達の想像力を育む――アート教育の思想と実践』東京大学出版会、七三―九二ページ。

秋田喜代美、二〇〇三「学校教育における「臨床」研究を問い直す――教師との協働生成の試みの中で」日本教育方法学会（編）『新しい学びと知の創造』図書文化、一一四―一二七ページ。

秋田喜代美（準備中）「保育におけるインスクリプション――記録に見る園文化」日本乳幼児教育学会第十一回大会研究発表論文集。

米国学術研究推進会議―アン・ブラウン、ジョン・ブランスフォード、ロドニー・コッキング（著）、森敏昭・秋田喜代美（監訳）、二〇〇二『授業を変える』北大路書房。

バジール・バーンスティン、萩原元昭（訳）、一九七八『教育伝達の社会学』明治図書。

Dahlberg, G, Moss, P. & Pence, A. 1999 *Beyond quality in early childhood education and care : Postmodern perspectives.* London : Routledge.

Goldhaber, J., Smith, D. & Sortino, S. 1996 Observing, recording, understanding : The role of documentation in early childhood teacher education. In J. Hendrick (Ed.) *First steps toward teaching the Reggio way.* Englewood Cliffs, NJ : Prentice Hall. pp.198-209.

Goodwin, C. 2000 Vision and inscription in practice. *Mind, Culture and Activity,* 7 (1&2), 1-3.

Hargreaves, A. 2003 *Teaching in the knowledge society : Education in the age of insecurity.* Maidenhead : Open University.

Helm, J. H., Beneke, S. & Steinheimer, K. 1998 *Windows on learning : Documenting young children's work.* New York : Teachers College.

川床靖子、二〇〇〇「人、もの、世界の関係を可視化するインスクリプション」心理学評論、四三（一）、八―二三ページ。

河邉貴子、一九八二「保育に生きる記録の在り方」保育研究、一三（三）、二六―三五ページ。

河邉貴子、一九九九「記録のとり方・生かし方」河邉貴子・柴崎正行・戸田雅美（著）『実践者のための保育研究ハンドブック』生活ジャーナル。

鯨岡峻、一九九九『関係発達論の展開』ミネルヴァ書房。

Latour, B. 1990 Drawing things together. In M. Lynch & S. Woolgar (Eds.) *Representation in scientific practice.* Cambridge, MA : MIT Press. pp.19-68.

Le Compte, M.D. & Pressley, J. 1993 *Ethnography and qualitative design in educational research.* 2nd Ed. New York :

Academic press.

西原彰宏、一九九六「ビデオ・実践・研究」保育の実践と研究、一（四）、二六―三五ページ。

小川博久、一九八八「保育記録を考える」小川博久・戸田雅美・戸田瑞江（著）『保育実践に学ぶ』健昂社、二五六―二九一ページ。

Project Zero & Reggio Children. 2001 *Making learning visible : Children as individual and group learners.* Reggio Emilia : Reggio Children.

斉藤こずえ、二〇〇一「実践のための研究　研究のための実践――実践者と研究者の共同研究を可能にする媒介手段としてのＡＶ機器」石黒広昭（編）、二〇〇一『ＡＶ機器をもってフィールドへ――保育・教育・社会的実践の理解と研究のために』新曜社、一四五―一七二ページ。

関　章信（編著）『保育記録の取り方生かし方』鈴木出版。

田代幸代、一九九九「当時者記録の特色とその限界――第三者記録との対比において」保育の実践と研究、四（一）、二七―三九ページ。

Tobin, J. 1989 Visual anthropology and multivocal ethnography : A dialogical approach to Japanese preschool class size. *Dialectical anthropology,* 13, 178-187.

津守真・本田和子・松井とし、一九七四『人間現象としての保育研究』光生館。

Ueno, N. 2000 Ecologies of Inscription : Technologies of making the social oranization of work and mass production of machine parts visible in collaborative activity, *Mind, Culture, and Activity,* 7 (1&2), 59-80.

Van Manen, M.（著）、岡崎美智子・大池美也子・中野和光（訳）、二〇〇三『教育のトーン』ゆみる出版。

Van Manen, M. 1996 *Researching lived experience ; Human science for an action sensitive pedagogy.* 2nd Edition. The Althouse Press.

安井素子、一九八八「保育に生きる記録について考える」保育の実践と研究、三（一）、二六―三八ページ。

（あきた・きよみ／東京大学大学院教育学研究科助教授）

教育行政改革と教育行政研究

大桃敏行

はじめに

戦後の日本の教育には、大きな前提があった。国や地方公共団体が行政機構を通じて学校を設置維持し、教育の専門家である教師を雇用して、国民に等しいあるいは共通の教育を保障する、という前提である。今、この前提が、「国から地方へ」とともに「官から民へ」をスローガンに進められている改革によって、大きく揺らいでいる。この前提の揺らぎは、そのうえに成立してきた教育行政のあり方を大きく変えるとともに、教育行政研究にも変動をもたらそうとしている。

小論はこの動向を取りあげる。まず、「官から民へ」、つまり「公共性の空間」を官の独占から解放し、公共サービスの供給主体の多様化を目指す国の改革動向をたどる。次に、この改革に伴う教育行政並びに教育行政研究の変動を見る。そして、それに基づき、集権的縦割り構造のなかで守られてきた教育行政の独立性のさらなる弱まりあるいは消失の契機と、公私の境界をまたいだ組織主体間の問題が重要性を増すなかでの教育行政研究の課題を検討する。

1　公共サービスの供給主体の多様化

1　「官から民へ」とＮＰＭの導入

「官から民へ」あるいは公共サービスの供給主体の多様化の要請は、一九九〇年代後半以降の政府文書の多くに示されているが、ここでは次の三つの文書でたどりたい。一つは中央省庁等改革基本法につながる行政改革会議の最終報告（一九九七年一二月三日）であり、二つ目は経済財政諮問会議においてまとめられ閣議決定された「今後の経済財政運営及び経済社会の構造改革に関する基本方針」（二〇〇一年六月二六日）いわゆる「骨太の方針」であり、三つ目は構造改革特区制度の適切な実施と早期改善を打ち出した総合規制改革会議の「規制改革の推進に関する第二次答申――経済活性化のために重点的に推進すべき規制改革――」（二〇〇二年一二月一二日）である。それぞれの文書は国の政策形成においていずれも重要な位置を占めているが、それとともに行政改革会議の最終報告は「公共性の空間」の中央の「官」の独占からの解放を、経済財政諮問会議の「骨太の方針」はニュー・パブリック・マネジメント（New Public Management：以下、「ＮＰＭ」と略記）の導入を、総合規制改革会議の第二次答申は教育の領域への株式会社やＮＰＯ等の参入を打ち出している点で興味深い。

まず、行政改革会議の最終報告は、「制度疲労のおびただしい戦後型行政システムを改め、自律的な個人を基礎としつつ、より自由かつ公正な社会を形成するにふさわしい二一世紀型行政システムへと転換すること」を「行政改革の基本理念」とすべきことを示した。同報告によれば、その際、まず何よりも必要なことは「国民の統治客体意識、行政への依存体質を背景に、行政が国民生活の様々な分野に過剰に介入していなかったかに、根本的反省を加える」ことであり、「徹底的な規制の撤廃と緩和を断行し、民間にゆだねるべきはゆだね、また、地方公共団体の行う地方自治への国の関与を減らさなければならない」とされた。同報告は、続けて次のように記している。

「公共性の空間」は、決して中央の「官」の独占物ではないということを、改革の最も基本的な前提として再認識しなければならない(1)。

「二一世紀の日本にふさわしい行政組織を構築する」上で、最終報告が基本原則とするのが「官から民へ」と「国から地方へ」であり、「規制緩和や地方分権、官民の役割分担を徹底し、民間や地方にゆだねられるものは可能な限りこれにゆだね、行政のスリム化・重点化を積極的に進める必要がある」とされた。「今日、公共性の空間は、もはや中央の官の独占物ではなく、地域社会や市場も含め、広く社会全体がその機能を分担していくとの価値観への転換が求められている」のであり、官民の役割分担については「民間でできるものは民間にゆだねる、市場原理と自己責任原則にのっとり、民間活動の補完に徹底する、との基本的な考え方をとるべき」とされたのである(2)。

この「官から民へ」「国から地方へ」は、経済財政諮問会議の「骨太の方針」においても、「民営化・規制改革プログラム」「地方自立・活性化プログラム」として構造改革のための七つの改革プログラムに入れられ、前者においては『民間でできることは、できるだけ民間に委ねる』という原則」の下での改革が、後者においては「『行政サービスの権限を住民に近い場に』を基本原則」とした改革が求められた(3)。それとともに、「骨太の方針」は「新しい行政手法」としてNPMの導入を打ち出している。同「方針」によれば、国民は「納税者として公共サービスの費用を負担しており、公共サービスを提供する行政にとってのいわば顧客である」。国民は「納税の対価として最も価値のある公共サービスを受ける権利を有し」ているのであって、行政は「顧客である国民の満足度の最大化を追求する必要がある」。NPMは「そのための新たな行政手法」であり、「世界的に大きな流れとなっている」とされる(4)。

イギリス、ニュージーランドなどの諸国を中心に展開をみている(5)NPMについては様々な定義が試みられ、また行政改革会議の最終報告にも「政策の企画立案機能と実施機能の分離」(6)などNPMの特徴としてあげられているものが含まれているが、「骨太の方針」はＮＰＭを「公共部門においても企業経営的な手法を導入し、より効率的で質の高い行政サービスの提供を目指すという革新的な行政運営の考え方」と位置づけ、その理論は三つの概念に基づいているとする。つまり「徹底した競争原理の導入」「業績／成果による評価」「政策の企画立案と実施執行の分離」である。そして、「公共サービスの提供について」は「市場メカニズムをできるだけ活用していく」ために、先の「民間でできることは、できるだけ民間に委ねる」という原則の下に、「公共サービスの属性に応じて、民営化、民間委託、ＰＦＩの活用、独立行政法人化等の方策の活用に関する検討を進める」こととされた(7)。公共部門における「企業経営的な手法」の導入とともに、公共サービスの提供における民間セクターの活用である。

2　教育における事前規制の緩和、供給主体の多様化、事後チェック

行政改革会議の最終報告においても、「骨太の方針」においても、教育や保育の分野での競争原理の導入や民営化、独立行政法人化、サービスの供給主体の多様化の論点をとらえることができるが(8)、二〇〇二年一二月に出された総合規制改革会議の第二次答申においては、事前規制の緩和による学校の設置主体の多様化がより具体的に示されている。同答申は、「教育・研究」領域における改革の問題意識を次のようにまとめている。

グローバル化、価値観の多様化、少子高齢化など経済、社会の大幅な変化に対応してこれまでの事前規制による全国一律の画一的な教育システムを変換し、消費者の多様な価値観、ニーズに応え得る豊富な教育サービスを提供し得る事後チェック型のシステムの構築が急務である。
そのために教育の主体について、既存の公立学校や学校法人の改革を進めるとともに、外部からの新規参入者の拡大を通じて、主体の多様化を促進し、消費者の選択肢の拡大と主体間の競争的環境を通じた質的向上を図る必要がある。

また同時に、教育の質と適正な競争を担保する客観的な仕組みとして情報開示や第三者評価など、事後チェックを支えるシステムを早急に構築する必要がある。

さらに、初等中等教育については指導要領など全国一律の規制の弾力化と教員の質的向上、高等教育については大学設置規制の弾力化と大学教員の活性化・産学連携の促進を通じて、消費者、地域社会の様々なニーズに応じた質の高い教育提供を可能とすべきである(9)。

公立学校については、地元代表や保護者の代表を含む「地域学校協議会(仮称)」の設置など、「コミュニティ・スクール」の導入に向けた制度整備が打ち出され、「社会や地域住民・需要者のニーズに応じた多様で機動的な学校運営を可能とし、独創性と創造性に富んだ人材の育成に資する」ものとされた。私立学校については、学校法人の設立要件自体の緩和とともに、「私立学校の設置を促進するため」の「私立学校設置認可審査基準等の見直し」や「私立学校審査会の見直し」が提起された。そして、民間セクターとの関係については、株式会社などの学校設置への参入とともに、「民間企業やNPO等など学校以外の主体が保有する教育資源の有効活用等の観点」から「ガイドラインの策定や体制の整備等を図るべき」こと、「学校運営のアウトソーシング促進の観点」から「PFIによる学校施設運営が可能である範囲について明確化を図るべき」ことが示されている(10)。

文部科学省は、当初、公共サービスの供給への「民」の参入、「株式会社等による学校経営の解禁」に難色を示していた。『「公の性質」を有する学校の設置・運営は極めて公共性の高いものであり、また学校教育の非代替性から、学校経営には安定性、継続性が不可欠である」というのがその理由であり、「これらを担保する観点から、学校法人以外の者に学校の設置を認めることは、たとえ特区に限った場合であっても不適切である」とされたのである(11)。しかし、文部科学省も改革の波に押されていく。教育特区における株式会社やNPOの学校経営への参入を認めるとともに、二〇〇三年五月の中央教育審議会への諮問事項に「新しい時代にふさわしい学校の管理運営の在り方」の検討を盛り込んだ。それは、「株式会社等による学校設置、公立学校の民間委託、地域が学校運営などに参画するいわゆる『コミュニティ・スクール』の導入など様々な指摘」がなされており、こうした指摘も含めての検討というものであった(12)。

また、この間、事前規制の緩和と事後チェック・システムの構築に向けた整備も進められた。積年の課題とされてきた小学校設置基準と中学校設置基準が二〇〇二年三月にようやく制定をみるが、その内容は極めて簡素で、それぞれ第一条第二項で「最低の基準」としての性格づけを自ら行っている。学習指導要領については、一連の「学力」論争のなかで、文部科学省は「学習指導要領に示す各教科等の内容は」「最低基準としての性格を有」するとの見解を示し、「学習指導要領の内容のみにとどまらず、理解をより深めるなどの発展的な学習に取り組ませ、さらに力を伸ばしていくことが求められ」るとした(13)。その一方で、事後チェックについては、「自己評価」と「情報の積極的な提供」が小学校設置基準にも中学校設置基準にもそれぞれ第二、第三条で規定され、あわせて高等学校設置基準にも同様の規定が設けられた(第四条、第四条の二)。高等教育段階では、設置基準の緩和と自己評価・自己点検は初等中等教育段階に先駆けて進められ、「外部評価」「第三者評価」の段階に入っている。

2　教育行政と教育行政学の変動

1　行政と行政学の変動

今村都南雄は「問われる日本の行政学」と題する論文において、行政改革会議の最終報告の「公共性の空間」に関する提言を取り上げ、それをどう受けとめるかについては「論議があるのは必定」としながらも、「行政学が『公共の管理』を対象とするディシップリンとしてあるのであれば、その対象範囲について今あらためて考えをめぐらすべき時機に逢着しているではないだろうか」と問うている。今村が注目するのは第二次臨調に先立って登場した「行政の守備範囲」をめぐる議論であり、「そのころすでに公共サービスの供給主体の多様化・多元化は顕著なものとなっており、それに伴って、『行政の守備範囲』をどのように設定したらよいのかという問題関心が相当程度まで強くなってきていた」。今村によれば、この「行政の守備範囲」の問い直しを機に、「行政のみならず『行政学の守備範囲』の点検が必要」だったのであり、「『行政学の守備範囲』に関する自己点検を怠り、その結果として、公私の境界をまたいだ組織主体間の複合的な管理問題をとらえることができないまま今日まできてしまった」。日本の行政学は「国から地方へ」に関しては「敏感であった」一方で、「それにくらべると、公共部門の再編に伴う政策・制度変更の動向に関して、十分な関心を払ってきたとは言えない」とされたのである(14)。

この今村の論文は、二〇〇一年の日本行政学会の『年報行政研究』に掲載されたものであり、創設五〇周年を迎えた同学会が『日本の行政学――過去、現在、未来――』と題して編んだものである。この『年報』で、NPMの「挑戦」の観点から行政学の転換を論じているのが田辺国昭である。田辺によれば、「二〇世紀に生まれ育った学問としての行政学」は、「国家形成(State Building)と国家能力(State Capacity)の向上を経験分析においても、また、制度設計の方向性としても正統的なものとして前提してきた」。そして、この二〇世紀の行政学は制度、管理、政策の三つの次元を戦略的に取り込んでいく。つまり、「国家形成の基盤として、その活動を担う公務員集団を育成し、これを制度的に定着」させていく「制度の次元」、「制度的に分離された集団としての公務員をいかに効率的に機能させてゆくのか」という「管理の次元」、そして、「政府機能の拡大とともに、公務員集団は変革の主体としての位置付けを得る」ようになるが、「社会経済の変化に対して、政府機能を的確に適応させてゆく」作業が「公務員集団に対して要請される」という「政策の次元」である。しかし、田辺によれば、NPMつまり「新しい公共管理論」によって、「二〇世紀初頭に確立し展開を続けた行政学を支えた言説は揺さぶられ、再構成を余儀なくされている」とされる(15)。

NPMについては前述のように様々な分析が行われているが、田辺はイギリスを事例としながらNPMによる制度構築の特徴を次の三点にまとめている。第一は「執行機能の別組織による切り出し」であり、執行機能を担う組織に多くの裁量が付与され、企画立案を行う組織との間で「業績の達成度の目標値の設定と事後的な評価とを組み合わすことによって、裁量と業績とを交換」しようとする。第二は「競争入札を通じた、執行組織の選別」であり、この執行組織の選別においては「特定の機能を担う組織が民間企業であろうが、公的な組織であろうが、もはや原理的には区別されない」。第三は「目標設定と消費者への応答」であり、「政府組織と国会との間のチャネルを通じて、アカウンタビリティーを確保するのではなく、組織とそのサービスの享受者との間のチャネルを通じて、直接にアカウンタビリティーを確保しようとする」。ここにおいて、アカウンタビリティの対象となる国民は、「政治空間における主権者ではなく、市場における消費者へと、その主体としての位置を変える」ことになる(16)。

このNPMを支える行政の原理は、従来の行政学が前提としてきたものとは異なってくる。まず、従来の行政学は公的セクターと民間セクターの二領域を切り離し、「民間セクターは、利益追求を基盤とするものであるため、公的な価値に対する一定のコミットメントを基盤とする公的セクターへとその原理を移植することには抵抗を示した」。これに対して、NPMでは「二つの領域は融合」し、民間セクターの「管理手法や制度設計の指針」が公的セクターに積極的に導入される。また、従来の行政においては公的組織の統合にプライオリティーが置かれたが、NPMでは「組織の分離」が進められ、「組織の統合や一元化は、非効率を拡大する」とされる。さらに、従来の行政が「組織に付与する資源のインプット統制や手続き的な統制を中心として組織管理を構成」してきたのに対して、NPMは「目標設定と実績指標とを武器として、アウトプット統制を機軸として管理体系を組み立ててゆこうとする」(17)。ここに田辺の指摘する、公共セクター＝公的価値への貢献と民間セクター＝利益追求とする二分論的フレームからの離脱、組織の分離による効率性の追求、インプット・手続き統制からアウトプット統制への転換は、前節で検討したように今日の日本の改革提案にも見て取ることができるものである。

田辺によれば、以上のようなNPMは、「基盤制度を確立することによって行政の領域を統合し、社会に対する国家の対応能力を高めてゆくという二〇世紀の行政のあり方に対する挑戦」であるとともに、「この行政の展開を肯定的に支えてきた既存の行政学の前提に対する挑戦」ともされたのである(18)。

2　教育行政と教育行政学の変動

今村のとらえる「行政」のみならず「行政学」の「守備範囲」の問題と、田辺のとらえるＮＰＭによる従来の「行政」のみならず「行政学」への「挑戦」の問題は、戦後日本の教育行政や教育行政学を考えるうえでも示唆的である。

「国から地方へ」はまさに戦後教育行政改革の基本理念の一つであり、この理念を具体化するものとして教育委員会制度が導入された。教育委員会制度の制度原理は民主性と専門性であり、民主性は教育委員の公選制に、専門性は教育長や指導主事の免許制度によって、支えられるべきものとされた。しかし、制度導入後まもなく、一九五四年の教育職員免許法の改正によって教育長・指導主事免許状は廃止され、一九五六年の地方教育行政の組織及び運営に関する法律（以下、「地教行法」と略記）の制定によって教育委員の公選制が廃止される。そして、同法においては、教育長の任命に際しての文部大臣の承認権や、地方教育行政の是正や改善のための措置を求める文部大臣の措置要求権などの規定が設けられた。さらに、その二年後には、学習指導要領が文部省告示として示され、法的拘束力を持つものとされていく。これを戦後改革の理念である「国から地方へ」の「逆コース」ととらえ、それを批判する人たちと、国の責任を唱える人たちの間で、厳しい論争が展開されていくことになる。

教育行政の研究も、中央と地方との権限配分の問題、民主性と専門性の問題、教育行政の一般行政からの独立の問題といった制度形成に関わるものがテーマとなる一方で、行政権限の拡大に対して内外事項区分論や教育指導行政論が提起され、行政のありように関する研究が進められた。この内外事項区分論や教育指導行政論は行政管理学の領域、先の田辺の分類によれば「公務員をいかに効率的に機能させてゆくのか」という「管理の次元」に属する研究としてとらえることができよう。

もっとも、教育行政の現実においても、教育行政活動を支える理論面においても、厳しい論議が展開されたが、そこには共通の前提が存在していたと見ることができる。つまり、小論の冒頭で示した、国や地方公共団体が行政機構を通じて学校を設置維持し、教育の専門家である教師を雇用して、国民に等しいあるいは共通の教育を保障する、という前提である。内的外的両事項にわたって国の責任を説く論者はもちろんのこと、教育内容・方法への行政権限の介入の排除を求めた論者にあっても、外的条件の整備における行政の役割は認めていた(19)。また、教育作用の「本質」を「自主性、創造性」に見出し、権力的統制ではなく「指導助言、助成」に教育行政の特質をとらえようとする論者にあっても、国家による教育保障は基本的前提であって、その前提の上での行政権限の振る舞い方に関する議論であった(20)。

もちろん、戦後日本の学校教育において、公共セクター＝公的目的への貢献、民間セクター＝利益追求という、単純な二分論的フレームは成立しない。私立学校は設置が認められ、憲法第二六条の教育を受ける権利の保障において重要な役割を担ってきた。しかし、その設置は基本的に学校法人に限定され、学校法人は必要な資産の保持（私立学校法第二五条）が求められるとともに、役員の親族数の限定（同第三八条）や評議員会の設置（同第四一条）など安定性、公共性の確保の観点から多くの規制を受け、私立学校の設置認可においても、その教育に関しても、法令や所轄庁の規制を受けてきた。営利企業による「一条校」の設置運営などは論外で、「一条校」の外にある塾さえも受験競争を煽るものとして厳しい批判を受けた。したがって、戦後の学校教育においては単純な「官」「民」二分論は成り立たないとしても、民間企業も含めて、今村の言う「公私の境界をまたいだ組織主体間の複合的な管理問題をとらえる」ことは、教育行政の研究においてもほとんど埒外に置かれていたと言えよう。そして、行政機関と行政機関に雇用された教師集団との対立、つまり教育における五五年体制が崩れた後は、文部省が「教育の自由化」「民営化」に対抗し、国家によって支えられた公教育制度の防衛を訴えることになるのである。

この教育行政の領域において、公共サービスの供給主体の多様化に伴って、行政の守備範囲が本格的に問われるようになるのは、一九八〇年代の生涯学習の推進の政策課題化と、その後の事業展開においてであったと筆者は考えている。一九八〇年代は「政府の失敗」が指摘され、政府機能の縮小に向けた見直しが進む時代でもあり、この政府機能の縮小要請と、生涯にわたる学習機会の保障という政策対象領域の拡大要請とが交差するなかで、行政はそれ自身だけでは課題解決が困難となり、多様な主体と関係を結んでいく。自治体出資法人（地方公社）の設立とそれへの生涯学習施設の管理や生涯学習事業の委託、市民ボランティアの育成とそのボランティア組織への生涯学習プログラムの企画運営の委託であり、営利を目的とする民間教育事業者も「敵対」から「連携」「協力」の対象になっていく。この「国家と社会の相互浸透」が進むなかで、行政には従来のような事業実施主体としての責任、つまり公共サービスの供給主体としての責任だけでなく、学習機会の多様な供給主体間のコーディネイト責任が求められていくことになる(21)。そして、それとともに、「公私の境界をまたいだ組織主体間の複合的な管理問題」が、教育行政研究の課題ともなっていくのである。前述の今村の表現を借りるなら、「教育行政の守備範囲」の問い直しが、「教育行政学の守備範囲」の点検を求めることになったのである。

そして、この公共サービスの供給主体の多様化の波は、学校教育の場面にも及んでいく。学校の「民営化」を含めた供給主体の多様化の観点は、すでに一九八〇年代の臨時教育審議会の論議に見ることができるが、一九九〇年代後半以降にあっては、より具体的な像となって示されてくる。第一節で検討したように、「新しいタイプの公立学校」としてのコミュニティ・スクールの導入であり、学校法人の設立要件の緩和であり、株式会社やＮＰＯの学校の設置運営への参入である。生涯学習の推進において示された自治体出資法人やボランティア組織への施設管理委託や事業委託は、行政サービスの属性に応じたアウトソーシングの一形態とみなすことができようし、民間営利事業者も含めた地方公共団体の県民あるいは市民カレッジ構想においては、行政機関も公共サービスの一供給主体としての位置づけを受けることになる。それが今次の一九九〇年代後半以降の改革においては、インプット・プロセス規制の緩和、それによる公共サービスの供給主体の多様化、供給主体間の競争とアウトプット規制による公共サービスのクオリティ・コントロールという、新しい公共管理の構図が明確化してくるのである。

3　教育行政研究の課題

1　教育行政の独立性の弱まり

この改革動向を受けて、教育行政の研究も「公私の境界をまたいだ組織主体間」の研究が進んでいく。例えば、宮腰英一はイギリスにおけるNPM改革を取り上げ、「全体として公的部門の縮減と私的部門の拡大を基本としながら、公私部門の境界領域の不明瞭化とハイブリッドな領域の増殖に特徴がある」(22)とし、この宮腰を代表とする共同研究では諸外国におけるNPM改革の動向の分析とともに、日本における教育の場面でのPFI方式の導入や学校評価事業、民間人校長の登用などに関する調査研究が進められている(23)。民間人校長を例にとれば、任用資格の緩和＝インプット規制の緩和、それによる多様な人材の登用であり、民間人校長の登用自体が「官」「民」連携の一つの形態となるとともに、それによって「民」の経営手法の導入、さらに学校を取り囲む多様な「民」との連携のなかでの経営が期待されているのであり、学校評価などによってその成果が判断されることになる。

しかし、ここで注意しなければならないのは、この「官から民へ」あるいは公共セクターと民間セクターとの新たな関係設定を求める今日の改革を、もう一つの改革指針である「国から地方へ」と重ねてとらえるとき、教育行政の独立性が崩れていく契機が透けて見えてくることである。

「国から地方へ」、つまり地方分権の推進に関わる今次の改革の注目点は、なんと言っても機関委任事務制度の廃止であった。地方公共団体の執行機関を主務大臣の包括的な指揮監督下に置く機関委任事務制度は、地方分権推進委員会において「わが国の中央集権型行政システムの中核的部分を形づくる制度」とされ、「国と地方公共団体とを上下・主従の関係に置いている」と批判されたものである(24)。新藤宗幸によれば、この制度の下で「同一行政庁内の上級機関と下級機関間関係が、戦後憲法体制のもとで増殖し、法令のみならず通達・通知・告示なる行政規則によって自治体行政が規制されてきた」のであり、同時に「この行政統制構造の存在ゆえに、戦後地方自治改革が予定した自治体政治・行政における二元的代表制も、機能条件を十分に備えることができなかった」のである(25)。加えて、教育行政の領域では、「極めて異例の制度」(26)とされた先述の教育長の任命の際の承認権や、措置要求権が存在した。そして、文部大臣―都道府県教育委員会―市町村教育委員会の「縦割りの序列」にそって、「指導行政」という「非権力的」な関与が「指導」「助言」「援助」といった多様な行政手段を通じて機能していくのである。荻原克男が「特殊な〈分権・融合〉型」と呼んだ教育行政における中央―地方間関係である(27)。

しかし、観点を変えれば、地方自治の実現の障壁とされた機関委任事務制度によって、あるいは「逆コース」として厳しく批判された教育行政の独自の集権システムの構築によって、教育行政の一定の独立性が保持されてきたと見ることができよう。戦後の日本の教育行政学は、教育長・指導主事免許状の廃止により、教育指導職の養成という当初の重要な任務を失うことになる。しかし、多くの教育行政学者が厳しく批判した集権的縦割り構造のなかで、皮肉にも、教育行政の一般行政からの一定の独立が担保され、教育行政学はその固有の研究対象領域を保持し得たのである。

今次の改革によって、機関委任事務制度が廃止され、教育長任命承認制も廃止された。もっとも、措置要求権は地方自治法に一般ルール化され、「指導」「助言」「援助」については「行うものとする」から「行うことができる」に改められたが、地教行法に規定そのものは残り、荻原の指摘するように、教育行政における地方分権の実質化は簡単には判断できないところがある(28)。しかし、学校設置基準・学習指導要領の最低基準化が進み、それに伴い中央からの規制のタガが緩むとき、そして、教育行政の集権的縦割り性を財政面から支えてきた国庫負担金・補助金制度が大幅に縮小され、国からの教育費補助の一般財源化が進むことになれば、地方レベルにおける教育行政の独立性の基盤が一挙に消失しかねない。

地方公共団体の一般行政部局の責任者には教育委員会の縮小・廃止論が依然として根強くあり(29)、今次の地方分権改革においては行政学者からも教育委員会の廃止を求める意見が出されていた。前出の新藤は「文部省の地方行政機関であり、その意味で首長の統制の及ばない『独立性』を有」する教育委員会の実態を批判するとともに、「教育委員直接公選の復活による『教育行政孤島』を作る」ことにも反対する。新藤が求めるのは「教育行政を直接公選の首長の下に置く」ことであり、「教育委員会を廃止して首長の補助機構としての部局に改編する」ことである。「教育行政の地域ごとの独自性を強化する道」は、「地域ごとに他の事業との関連性を常に図ることのできるシステムを作ること」とされたのである(30)。

インプット規制が緩和され、教育機会の供給主体の多様化が進み、この供給主体の多様化を前提に、民間諸アクターとの多様な連携を含めた地域教育経営が求められるなかで、教育行政の専門性や独自性はいかなる意味を持ちうるのか。あえて、一般行政から独立してやることの意味は何か。地方公共団体における生涯学習の推進に際しては、首長を本部長に庁内横断的組織が設けられ、全庁的取り組みが求められる一方で、多様なセクターとの連携のなかでの推進体制の整備が目指された(31)。学校行政も含めて、あらためて、独立の行政委員会を設けて教育行政を行うことの意味が問われてこよう。すでに地教行法の制定の時点で、教育委員会は財政上の権限をほとんど失い、委員の任命自体も首長の手に委ねられた。事務局職員は、教職からの者を除けば、一般行政部局の人事の一環に位置づけられている。縦割り行政の規制力の弱まり、教育委員会の「文部省の地方行政機関」としての性格の弱まりは、地方教育行政の独立性の壁の弱体化を加速することになりかねないのである。

2 「二一世紀型」システムの自明性の問い直し

この縦割り性の弱まり、縦割り性によって守られてきた地方教育行政の独立性の弱まりは、それを前提に組み立てられてきた教育行政研究の意味自体を問うことになる一方で、先の「公私の境界をまたいだ組織主体間の複合的な管理問題」は、研究課題としてますます重要性を高めていくことになろう。その際、まずもって課題となるのは、「二一世紀型」行政システムの教育場面における有効性の吟味であろう。

たとえば、筆者は、旧稿で、地方分権の推進を教育と関わって論じる場合、サービスの供給の決定者と受給者の相違、そして意思決定レベルでの参加と参加能力を備えた市民の育成との相違を考慮すべきことを指摘した。教育においては「公共サービスの質と量の決定者（＝大人）」と「その受け手（＝子ども）」とが異なり、自己決定・自己責任論一般に還元できない点があること、同様に、教育の意思決定場面での「大人たちの間での参加民主主義の実現」と「参加能力を備えた次世代の育成」とは異なり、それをふまえない「参加賛美論は危うい」ということであった。歴史的に見れば、それゆえにこそ、教育サービスの供給において国家の役割が求められ、インプット・プロセス規制が敷かれ、すべての子どもたちに共通の等しい教育の保障が目指されてきたのである(32)。

このインプット・プロセス規制の緩和、公共サービスの供給主体の多様化、競争とアウトプット規制によるクオリティ・コントロール、そして自己決定・自己責任の強調という改革が、地方分権の推進とともに進められていくとき、同様の課題の吟味が必要となる。自治体レベルでの参政権の行使においても、参加型のコミュニティ・スクールでの意思決定においても、供給主体の多様化と選択の自由においても、おそらくその実質的役割を担うのは大人であり、その意思決定の結果を背負わされるのは子どもたちである。そこにおびただしい不平等や質の低下が生じないようにアウトプット規制がかけられるとしても、競争による質の維持あるいは向上を予定調和的に措定できない限り、アウトプット規制は事前の目標設定とセットにならざるを得ず、一定の質を確保しようとすれば、目標の設定と成果の評価との連結は強まっていく。アメリカのスタンダード／アセスメントによる縛りはその例である。

ここにおいて、サービスの供給主体は自律性を保障されているように見えながら、事前の目標設定と事後評価による政府の規制、そして競争を通じてもたらされる市場の規制の両方を受けることになる(33)。他方、親や子どもたちは、多様な選択肢のなかから選択の自由が保障されているように見えながら、実際には規制された枠内での選択の自由となり、さらには第二、第三の選択肢を選択させられる自由へと追い込まれていくことにもなる。そうかと言って、目標の設定と成果の評価の縛りを弱めれば、公共サービスに「玉」「石」が混じり、意思決定に加わらない子どもたちに不平等が降りかかるという、一種のジレンマ状況が現出する。さらに、そもそも目標の設定は、だれがいかなる手続きで行うのか、という問題が残る。

この改革の有効性への問いは、その改革の基底にある前提への問いへとつながっていく。先に引用した総合規制改革会議の第二次答申は、「グローバル化、価値観の多様化、少子高齢化など経済、社会の大幅な変化に対応してこれまでの事前規制による全国一律の画一的な教育システムを変換し、消費者の多様な価値観、ニーズに応え得る豊富な教育サービスを提供し得る事後チェック型のシステムの構築が急務である」としていた。「多様な価値観」の承認は譲れないところとしても、教育において「消費者の多様な価値観」に応えることは、自明の前提となりうるのか。「消費者の多様な価値観」とはだれの価値観か。それが実質的には親の価値観であるなら、親の価値観をもって子どもの未来が縛られてよいのか。あるいは、消費者のバラバラの選好やニーズの総和に、未来の市民の育成を託しうるのか。さらには、実際に制度の多様化が進み、多様な教育サービスが供給されるとしても、選択行為は選好による子どもたちの分断化を進め、個別場面では多様性が制約されることになりはしないか。むしろ、「事前規制による全国一律の画一的な教育システム」によって、個々の場面では多様な子どもたちの出会いと、多様な内容の学習が、保障されてきたのではないか、等々である(34)。

「二一世紀型」行政の教育における有効性の吟味、その前提の自明性の問い直しは、したがって、これまでの公教育を支えてきた前提、つまり、国や地方公共団体が行政機構を通じて学校を設置維持し、教育の専門家である教師を雇用して、国民に等しいあるいは共通の教育を保障するという前提を、崩していくことの意味の問い返しにほかならない。この前提が崩れていくとき、いかなる管理の仕組みが新たに立ち上がり、どのような市民が育っていくことになるのか。教育における「公私の境界をまたいだ組織主体間の複合的な管理問題」、再び今村の表現を借りるなら、教育における「公共の管理」の問題を対象とする教育行政研究は、ここに前線を設けなければならない。

1　行政改革会議「最終報告」（平成九年一二月三日）行政改革会議事務局ＯＢ会編『二一世紀の日本の行政――行政改革会議活動記録――』行政管理研究センター、一九九八年、三七頁。
2　同前、五五頁。
3　経済財政諮問会議「今後の経済財政運営及び経済社会の構造改革に関する基本方針」（平成一三年六月二六日）、二―五頁。
4　同前、二九頁。
5　大住莊四郎によれば、ＮＰＭは「一九八〇年代半ば以降、イギリス、ニュージーランド、カナダを始めとしたアングロ・サクソン系諸国を中心に行政実務の現場が主導したかたちで形成され」「一九九〇年頃から体系化の試みが始められた」とされる。大住莊四郎『ニュー・パブリック・マネジメント――理念・ビジョン・戦略――』日本評論社、一九九九年、三六頁、同『ＮＰＭによる行政革命――経営改革モデルの構築と実践――』日本評論社、二〇〇三年、iii頁。大住には同様にＮＰＭを扱ったものに、『パブリック・マネジメント――戦略行政への理論と実践――』日本評論社、二〇〇二年、がある。
6　行政改革会議、前掲、五六頁。
7　経済財政諮問会議、前掲、二九頁。
8　行政改革会議、前掲、一〇一、一〇五―一〇六頁など、経済財政諮問会議、前掲、三、一九頁など。
9　総合規制改革会議「規制改革の推進に関する第二次答申――経済活性化のために重点的に推進すべき規制改革――」（平成一四年一二月一二日）、一〇二頁。
10　同前、一〇二―一〇四頁。
11　同前、「（別紙）５『構造改革特区』制度の適切な実施と早期改善に向けて」一頁。
12　文部科学省「今後の初等中等教育改革の推進方策について」（平成一五年五月一五日）http://www.mext.go.jp/b_menu/shingi/chukyo/chukyo0/toushin/03051501.htm
13　文部科学省『確かな学力の向上のための二〇〇二アピール「学びのすすめ」』（平成一四年一月一七日）。
14　今村都南夫「問われる日本の行政学」日本行政学会『日本の行政学――過去、現在、未来――（年報行政研究三六)』二〇〇一年、六四—六六頁。

15 田辺国昭「二〇世紀の学問としての行政学?——『新しい公共管理論(New Public Management)』の投げかけるもの——」日本行政学会、前掲、一三四—一三八頁。

16 同前、一三八—一三九頁。

17 同前、一四〇—一四一頁。

18 同前、一四二頁。

19 たとえば、宗像誠也『教育行政学序説(増補版)』有斐閣、一九六九年、一—一二頁。戦後の内外事項区分論をめぐる論議については、黒崎勲「アンチ教育行政学の神話と教育行政理論の課題」日本教育学会『教育学研究』第六三巻第三号、一九九六年、二五五—二六二頁、を参照。

20 岩下新太郎「教育行政の成立」岩下新太郎・榊田久雄編著『要説教育行政・制度』金港堂、平成八年、六頁。

21 大桃敏行「生涯学習の推進における行政裁量と住民意向の反映」地方教育行政研究会『生涯学習の推進に関わる地方自治体の責任領域と事業展開』(平成六・七年度科研費報告書)一九九六年、三一—三九頁、大桃敏行・背戸博史「生涯学習推進体制における住民意向の反映と行政の責任——地方公共団体の実態調査を通じて——」日本教育制度学会『教育制度学研究』第五号、一九九八年、一四〇—一五二頁。

22 宮腰英一「イギリスのニュー・パブリック・マネジメントと教育行財政改革」『日本教育行政学会年報』第二六号、二〇〇〇年、四一頁。

23 宮腰英一(研究代表者)『教育行財政におけるニュー・パブリック・マネジメントの理論と実践に関する比較研究(中間報告書)』(平成一三~一五年度科研費報告書)二〇〇三年。

24 地方分権推進委員会「中間報告——分権型社会の創造——」(平成八年三月二九日)地方自治制度研究会編『地方分権推進委員会中間報告関係資料集』ぎょうせい、平成八年、二九頁。

25 新藤宗幸「行政改革の焦点と行政研究の焦点」日本行政学会、前掲、七九—八〇頁。

26 地方分権推進委員会事務局「中間報告関係資料」(平成八年三月二九日)地方自治制度研究会編、前掲、二一八頁。

27 荻原克男「中央—地方関係からみた戦後文部行政の特質」『日本教育行政学会年報』第二一号、一九九五年、二〇九―二三二頁。

28 荻原克男「教育行政における地方分権改革と政府間関係」『日本教育行政学会年報』第二五号、一九九九年、三―一九頁。

29 三上昭彦「教育自治・分権と教育委員会」日本教育法学会『自治・分権と教育法（講座現代教育法三）』三省堂、二〇〇一年、一一八―一一九頁。

30 新藤宗幸「教育委員会は必要なのか」岩波書店編集部『教育をどうする』岩波書店、一九九七年、二五八―二五九頁。

31 大桃・背戸、前掲、一四一―一四二頁、大桃敏行「『生涯学習行政』の事務内容」松井一麿編著『地方教育行政の研究――教育委員会の動態分析――』多賀出版、一九九七年、三五三―三六五頁。

32 大桃敏行「地方分権の推進と公教育概念の変容」日本教育学会『教育学研究』第六七巻第三号、二〇〇〇年、二九一―三〇一頁。

33 大学レベルでの政府と市場の規制については、次の拙稿を参照。大桃敏行「大学改革と多様な公共性の交差」藤田英典他編『大学改革（教育学年報九）』世織書房、二〇〇二年、一八一―二〇二頁。

34 この点については、次の拙稿を参照。大桃敏行「参加型学校改革――親子間の距離の縮小と多様性の承認――」日本教育制度学会『教育制度学研究』第八号、二〇〇一年、二四―三三頁。

（おおもも・としゆき／東北大学大学院教育学研究科教授）

市民社会における教育の品質保証メカニズムの歴史（序論）

●ベンサムの国家公務員採用試験制度案

大田直子

はじめに

イギリス教育の特徴は、外部試験制度にあるといってよいだろう。外部試験制度は、教育修了一般証書（GCE）のOレベル、Aレベル、そして中等教育修了証書（CSE）に代表されるものであったが、一九八八年からはGCEのOレベルとCSEが統一された中等教育修了一般証書（GCSE）が実施されている。従来は中等教育段階で発達してきた外部試験制度だが、一九八八年教育改革法によってナショナルカリキュラムと外部試験委員会（examining board）(1)によるアチーブメントテストが導入されたことにより、義務制をも対象とする普遍的な制度となった。一九八八年教育改革法ではそれと同時に、公教育の供給者の多様化が図られ、それによって筆者が主張する品質保証国家が登場してくるわけであるが、福祉国家から品質保証国家への移行が現実になったその背景にはすでに一八世紀から存在し続けた外部試験制度があったことは否定できない。

イギリスの場合、ごく普通の意味での試験制度は、記録に残っているかぎりでは、大学の学位授与に関わるものであり、一七〇二年のケンブリッジ大学のトリニティカレッジが最初であった（Dyke = Acland Report, p.6）。そして数学の

「優等卒業試験（Tripos）」が一七三〇年に導入されている。一七四〇年代にはケンブリッジ大学のセネトハウス試験が開発された。それは「英語で書かれた筆記試験で、内容は数学であった。内容的には数学というよりは、論理的思考を強めるための訓練といった要素が強かった」（Roach, p.13）。一七八六年になるとケンブリッジ大学ではトリニティカレッジのフェローシップが公開試験で行われた。このようなケンブリッジ大学の試験制度の導入と平行して、オックスフォード大学でも一八〇〇年頃より試験制度が導入されはじめる。「人文学課程学位取得試験（Greats）」として、文法、修辞学、論理学、道徳哲学、基礎数学と基礎物理、ラテン語とギリシャ語が試験科目として規定された。さらに「最大の改革は、優秀な学生に対して特別学位が準備され、業績に応じて一二人の最有力候補、次候補などのリストが公表された」（Dyke = Acland Report, p.6）。一八〇二年には学位試験制度改革が始まり、一八〇七年には人文あるいは数学物理で名誉学士号が設置された。これは普通の学士号取得条件を満足させたのちに優秀なものに与えられるものであったが、一八三〇年になってようやく制度が定着し始めている（Montgomery, p.7）。これまでの研究が明らかにした限りでは、大学での試験制度がイギリスにとっての初めての試験制度であったことになる(2)。

しかしながら試験制度への注目は、大学での学位授与のみ関わってあっただけではなかった。すなわち、国家公務員の採用に関わっては一八二〇年代から、基礎教育学校の教師と教員見習生（女王奨学生を含む）の資格に関わっては当時の政府枢密院教育委員会教育局（ケイ・シャトルワースが局長）によって一八四〇年代から試験制度が具体化され、そしてさらには大学進学者の選抜に関わっては一八五〇年代から制度化が始まっている。またこれと平行して、いわゆる職業的スキルに関わる資格試験もソサエティ・オブ・アーツ（ロイヤル・ソサエティ・オブ・アーツの前身）によって一八五三年から行われるようになった。政府の学芸局もまた、科学技術や工芸に関する試験の結果に対する出来高払い制度での補助金支出を開始していた。一八六二年改正教育令の基礎教育における「出来高払い制度」はいうまでもない。つまり、試験制度は、教育あるいは資格制度、さらには公務員の採用方法として一般的に注目され、導入されてきたことがわかる。

上級国家公務員の採用方法として試験制度を活用することを政府に提言したのは、一八五四年のノースコート＝トレベリアン報告であるが、すでに一八五三年、当時一番の花形省であったインド省の採用試験に競争試験が導入されていた。しかしながら国家公務員の採用について、従来のパトロネージ（縁故採用）を批判し、競争試験を導入すべきであるという主張は、ローチによれば一八一三年のグランビル卿の発言にまで遡ることが可能である（Roach, p.24）。具体的な提案としては、管見の限り、一八二二年から執筆が始まり、一八二七年まで書き続けられ、最終的には未完に終わったベンサムの『憲法典 Constitutional Code』がある。

ベンサムのパノプティコンやクレストマティアが、フーコーによって近代の一望監視システムの典型として取り上げられたことが日本に紹介されて以来、〔もちろんそれ以前にも宮沢康人による興味深い論文（宮沢、一九六二）があるが〕、教育学においてもベンサムに関する関心が高まり、小松佳代子の研究を始め、いくつか興味深い論文がすでに登場している。近代法治国家を構想したベンサムの教育学への影響はしかしながらこの一望監視システムだけに留まるものではない。社会学者マイケル・ヤングが造ったメリトクラシーという用語は、今では世界中で流布しているが、この本、『メリトクラシーの興隆』のサブタイトルが一八七〇年から二〇三四年となっていることに注目する必要がある。ヤングも述べているように、一八七〇年はイギリスで初めての基礎教育法が成立した年でもあるが、上級国家公務員の採用方法として公開の競争試験が全面的に導入されることが決まった年でもあった(3)。効率的な官僚制度を実現するために、その適性を測る手段として、それまでのパトロネージ（縁故採用）を否定する代わりに導入された公開競争試験。メリットによる採用に道を開いたからこそ、メリトクラシーが台頭してくることになったからである。ベンサムのアイデアを見てみると中国の科挙制度を連想せざるを得ない。しかしながら、執筆当時のベンサムがどれほど科挙制度に精通していたかどうかを調べることはひとまずおいて、本稿ではまずはベンサムのアイデアの大要を訳出し、その構想を明らかにすることを目的とする。

2 『憲法典』における公開試験制度のアイデア

『憲法典』は第九章からなるもので、一八二四年から一八二七年に書かれたものといわれており、出版されたのは一八三〇年であった。一八三〇年といえば、後に「改革の時代」と呼ばれる自由党政権が誕生する前夜である。「改革の時代」には、一八三二年の第一次選挙法改正と救貧法改正が行われ、公教育制度成立に向けて教育法案が提出されたもののこれには失敗し、かわりに国庫補助金が支出されることになったというように、台頭してきたブルジョア階級の政治権力獲得とその結果として導入された多様な政策によって、時代を画すものであった。ベンサムもまた、イギリスを近代的法治国家にするため、直接的には、ポルトガル、スペイン、そしてギリシアといった国民国家成立に向けての動きを念頭にこの憲法典を記したといわれている。またベンサムは一八三二年に没しているので、最後の労作ということもいえるであろう。今回参考としているものは、ローゼンとバーンズによってベンサム・プロジェクト(4)の一環として編集されたもの(これについては東京都立大学の深貝保則氏に多大なる援助をいただいた)に依拠しているが、従来からのボーリングによる版も参照している(5)。

『憲法典』全体を構成する各章の題名を紹介すると、第一章、選挙区、名前、場所、境界線、区分、第二章、目的と手段、第三章、最高主権は誰に帰属するか、第四章、当局、第五章、選挙民、第六章、立法府、第七章、国会議員の就任宣言、第八章、首相、第九章、各大臣となっており、その他に追加、索引となっている。この中には、三権分立、直接選挙(但し女性と二一歳以下の男子は除く)と代議制、政教分離、下院優先制などの他に、世論裁判所の設置などが盛り込まれている。今回の検討対象である国家公務員の具体的な採用方法については第九章第一五節から第一七節において展開されている。ちなみに第九章の各節は以下の通りである。(1)目的、(2)大臣と下位省庁、(3)人数、(4)機能、(5)職階、(6)自己支援機能、(7)統計的機能、(8)必須の機能、(9)監督機能、(10)公的情報機能、(11)情報収集機能、(12)改善示唆機能、

⒀任期、⒁出勤、⒂報酬、⒃採用、補足、⒄配置、補足、⒅配置転換、⒆部下、⒇適切な態度の保証となっている。なお本書は『憲法典』と題されるだけあって、基本的に法律（案）である。そのため、各条文それぞれが非常に詳しく具体的に書かれてあるうえ、条文それぞれに目的があげられてあるが、いくつかの事項はそれが取り扱われる局面によって様々な条文にくり返し現れており、法文に慣れていないものにとっては読みづらいものであった。また非常にボリュームのある本なので、今回は必要なところだけを拾い読みしたという点ではなはだ未完成の論文ではあるが、今後長期にわたって行う予定の研究の第一歩ということでお許し願いたい。

『憲法典』全体を通じて、ベンサムが大原則としたことは、善を最大化し、支出を最小化するということである。サドラーは「ベンサムの一般的目的は、関係省庁における業務において、（個人の）適性の『最大化』と費用の『最少化』を図るというものであった。彼は（おそらくフランス革命の理論家達の影響を受けて）最低限の給与で決まった仕事をするという契約を喜んで結び、かつ最大限の適性を持っていることがわかっている人々のリストから、中央省庁の各部門の職員の任命を行なうことに責任を持つような人を配置するような計画を立てた。彼の計画には、それゆえ⑴志願者に対する予備的な指導、⑵志願者を結果順に分類することを可能とする試験、⑶志願者が任命者のところにいって、彼が取り扱う業務に対して最低幾ら欲しいか明らかにしながら、実際宣誓書を提出するために呼ばれるような場を設定することなどが含まれていた」と要約している（Sadler, p.64）。この観点から、効率的な行政サービスの提供のシステムが提案されることになる。そして行政を担当するものは、強靱な精神力、魅力ある容姿、道徳観、知的（認識的）、知的（法律に精通）、常に役に立つとか威厳のある行動をとること、趣味もあって、会話が上手く、社交的で、金持ちで、名誉と尊厳を尊び、意志があり、理解力のある人物（第四節第四項、第五節第一二項）とされる。

行政府には、まず首相のもとに、選挙大臣、立法府大臣、陸軍大臣、海軍大臣、予防・防止サービス大臣、国内コミュニケーション大臣、貧困救済大臣、教育大臣、内務大臣、保健大臣、外務大臣、通商大臣、財務大臣が任命される（第二節）。

各大臣のもとに、首相によって任命される官僚が配置されるが、一級としては首席次官、首席次官の下に二級の次席次官、次席次官の下に第三席次官（三級）が配置（第五節第八項）されるというようにピラミッド型の位階制が導入される。外務省の場合は例外的に、第一ランクは、特別大使、その下に大使、第二ランクには、エンヴォイ、その下に全権大使、第三ランクに大臣、その下にレジデント、その下にチャージド・アフェアが配される。こういった官僚の人数、ランクなどについては幾つかの省で例があげられている。また報酬についてであるが、先に述べたように、給与は最小限の支払いをし、仕事は最大限働かせたいという哲学がここでも貫徹している。そのため、あまりにも高額な給料を支払うと仕事をしなくなるので、問題は採用の時に工夫がなされると同時に、名誉を与えることを重んじ、仕事の勤務状況なども細かく記録を取ることが提案されている（第一五節）。そしてこういった官僚の採用については、候補者の才能と信頼が明らかにされるような方法で行われなければならないとする（第一六節）。

採用と配置の中心をなすのは、まず試験合格者の中からの選択であり、任命は一人の人物によってなされなければならない。つまり首相が行う。これは任命の責任を個人に明確に帰すことができるようにと考えられた（第16節第3項）。首相は道徳に則って任命をすることが期待され、世論裁判所の目を気にすることで規制がかけられることが期待された（同）。また。費用を最小限にするためには公開競争によって喜んで最も安い給料で働く人を採用することが可能であるとされた（同）。

官僚の採用は二期に分けられる。最初は準備期間であり、次が実際に仕事につく期間である（第四項、第五項）。準備期間には学習を行う。その最後に試験を受け、それに合格することが要求された。公務員に必要な才能とは、知識と判断力と実行力からなり、学問知識を追求することによって形成される（第一二項）。また信頼とは、職務遂行に関わっての金銭の取扱、文書の取り扱いなどにおいて必要とされるものであり（第一三項）、複雑な職務を遂行するものにはこの才能と信頼の双方が必要であるとされている（第一四項）。またある特定の職には特定の知識が必要とされるとされ、その一覧が以下のものである（第一五項）。

1　陸軍大臣および上級官吏、エンジニア部門の長、会計担当、医療担当、軍法判事に対しては、機械と化学関係。数学、増強、戦略、医学関係、軍法関係。
2　海軍大臣および上級官吏に対しては、機械、化学、医学関係。天文学、数学、海洋建築、海洋戦略、軍法関係。
3　国内コミュニケーション大臣と上級官吏に対しては機械と化学関係。とくに液体物理学。数学その他。
4　貧困救済大臣に対しては政治経済学。
5　内務大臣に対しては農業、地学、鉱物、その他関連する機械、化学関係。
6　健康大臣に対しては医学関係、化学関係、機械関係、自然化学、地理など。
7　外務大臣と上級官吏、大使、公使に対しては、外国語、政治経済学、歴史と地理、統計、国際法。
8　財務大臣と上級官吏に対しては製造業や企業に関するもの、課税対象となりそうなもの、禁止と強制に関連するもの。歴史、地理、統計、国際法。

残念ながら教育大臣に対しての示唆はなされていない。

また、判定者としては、資格判定委員会または試験判定委員会（Examination Judicatory）が設置される（第一七項）。この委員会は、首席判事（司法省の大臣）とその他の判事、その他の判定者として首相と複数の大臣と副大臣、準判事、準判定者として候補者が教育を受けた教師で構成される（第一八項）。

試験に先立つ学習期間には教師が必要となる。これについては首相の命令により教師募集の公告が教育機関に対して出される（第四二項）。その際、教師に対する質問も発表される。例えば、何年教育をしてきたか、候補者は何歳か、寄宿制か、授業料はいくらか、どのような教科を教えたいのか（第四三項）などについて明確にし、これらが受け入れられれば教師は政府に登録されることになる。公告の目的は、「（授業料を受け取ることができるかどうかという意味で）教師自身のリスクで生徒にとって適切な授業が受けられるかどうか見定めるため」であるし、また、「経費のどの部分を政府が負担すべきかということを見定めるため」である。また登録した教師に対して経費のどの部分を政府が負担すべきかということについては、資本の形で与えることには反対し（但しどうしても教室などを借りなければならない場合を除いて）、運営費の一部を負担するとした（第四四項から第四七項）。その理由はこの方法であればいつでも交付をとめることができるからである。立法府は可能な限り生徒数とは別の形で教師に支払われるような補助金は回避すべきである。教師の努力の継続と奮闘を維持するために、政府からの援助は、なされる場合には、そこで教えられている生徒の数に依存すべきであるとした（第四八項）。

公告が出されて教師が登録され、その後一年以内に第一回の試験が開催される。その際、どのような試験分野となるかが発表される。準備期間は七年間で、各年のおわりに試験がある。合格者は毎年、採用候補者リスト（Locable List）に掲載される。試験は試験問題集から出される。教科書はテストの中身を想定したもので質問と模範解答から構成される。受験生はすべて暗記することが期待される。試験用知識とはある限定された知識でよい。どの質問が出されるかは籤で決められる。籤が入れられた箱はよくシャッフルされたのち、子供が箱から質問がかかれた紙をとり、これに受験生は答える。受験生は出題順に答えるか、あらたに籤を引くか決めることができる（追補第一六節第六一項）。

試験は『試験判定委員会』の手により行われ、これは司法大臣か副大臣によって最終判断がなされる。これに首相や大臣が参加してもいいだろうし、候補者を教育した教師も参加可能である。受験生は他の受験生から出された要求について答えることもできる。受験者の名前と結果が公表される時には教師の名前及び教育期間も明示される。純粋に知識を問う試験。しかし道徳観を問うようないくつかのトピックを聞くこともできる。これらは受験生の性格に関する記録として残される。結果は公表されるが、性格的に問題ありとされるのは大多数の判定者が合意した時のみである。しかし記録には残されているので、任命の時にこれを考慮することができる。

判定方法は秘密投票と公開投票とに分けられる。

(1) 秘密投票方法

①それぞれに巻き紙が用意される、②受験科目が書かれてある、③その下に候補者の氏名がアルファベット順に書

かれてある、④判定者は候補者数×受験科目数分のチケットを持つ、⑤候補者が相応しいと判定した場合、氏名のところにチケットを貼っていく、⑥各巻き紙が一ヶ所に集められ、シャッフルされた後箱に入れられて封印され、保管される。⑦レジストラーのアシスタントが二ないし三人任命される。⑧公表。例えば候補者二〇〇人で判定者一二人、受験科目四科目の場合、必要とされるチケットは各八〇〇枚となる。例—候補者Aが一二票受け取ったとするとAは最高ランクとなる。

(2)　公開投票方法

秘密投票とほとんど同じであるが、判定者の名前がチケットに明確に書かれる。この投票は秘密投票が開票される前に行われる。

(3)　結果の公表——ランキング表として公刊

経験が積まれれば、立法府が最終的に投票方法を決定する。ランキング表には教師・教育機関名をつける。道徳上の問題のために採用しない権限を留保する。これに関しては候補者の性格に関する記録を作成する。最終的に採用猶予候補者リストと採用候補者リストが作成される。採用猶予のリストにある者で成績の悪い者は落される。その結果も公表される。

合格者は採用候補者リストに掲載される。その後実際に職につくわけであるがベンサムはその年齢を二一歳としている（第一七節第一六項）。

首相は公告によって、どの候補者がどの省庁のどの仕事を望んでいるかを、事前に入手する。「これらの申し出は、省庁間の競争プロセスにおけるせりのようなものだ」（第一七節第一項）。各候補者は、自己申告した給与が任命された職の給与より低い場合にのみ、受け入れられる。したがって差額も公表される。各省庁に付与される給与は立法府の命令によって決定される。候補者は彼が申告した額との差額に応じて、採用順位が決定される。候補者は採用が決まれば差額をもらうことができる。あるいは提案された職務よりも少ない内容をこなせばよいし、あるいはそれを行なうことに対する金銭上の特権をえることもできる。ベンサムはこの金銭的競争原理をかなり詳しく丹念に描いている。彼はいう。「イングランドでは、少数の支配階級のトップの間で、近年、次のような流行が見られる。労働の価格（いかなる形態のものであっても）のみならず、一般的な消費財の価格として、そして特にすべての他の消費財をいっしょくたにしたのと同じくらいの価値がある生活手段の価格は、もっと切り詰められるべきであるという考えの流行。そしてまた、削減の唯一の手段として、競争原理が統一的に安定して採用されるべきだという考えの流行」（第一七節第四五項）。ベンサムはそれゆえ、競争原理を公的サービスに採用することを提案した。「報酬が少なくなれば（換言すれば職場にもっと貢献すれば）、仕事に対する彼の嗜好というものをより証明することになる。何も貢献することができないものにとっては、これは嫌悪の対象となる」。彼は以下のことを示した。「節約のために無報酬の水準に近いところまで公的経費を削減する手段としては、競争原理それ自体には力がない。それにも拘わらず、候補者は、彼に権力、名声と高位をもたらす機能を果たす職に対し、安い給料で喜んで就こうとするだろう」（追補第一七節第四九項）。

公開競争試験制度は、数年後、インド省と内務省の公務員試験として採用された。しかしながら一八五四年のノースコート＝トレベリアン報告においても、一八七〇年の上級国家公務員公開試験制度においても、その実態は、ベンサムが想定していたようなものではなく、事実上オックスフォード大学やケンブリッジ大学の卒業生のみを対象とするものであった。とくに一八七〇年の制度は、オックスフォード大学ベイリオル・カレッジのカレッジ長ジョゥイットと大蔵大臣であったロバート・ロウによって積極的に導入がはかられたものであるが、それはベイリオル出身の学士の就職先を確保するためにジョゥイットがロウに提案したともいわれている(6)。そのため試験科目はオックスフォード大学での勉学を反映させるものとなった。そういった意味では、ベンサムが意図したものとは大きく異なるものとなったといえるかもしれない。

3 『憲法典』の意義

イギリスの国家公務員は、それまではパトロネージ（縁故）によって採用されてきた。しかしながら産業革命以降、効率を判断基準とする新興中産階級の台頭は、市場を補完するための国家介入についてはそれを受け入れる姿勢を徐々に示しだしていた。アダム・スミスの『国富論』においても、国家による青少年の教育の必要性が述べられていた。

アダム・スミスよりもやや遅れて近代的法治国家を志向したベンサムは、国家の行政機能においても、適材適所を最小限のコストで実現することを創案した。そしてそれは一方における必要な知識と徳性を調べるための競争試験と他方における名誉の強調（精神的報酬）を通じて効率的にかつ安価に達成されることが見込まれたのである。なお本論では詳しく紹介できなかったが、ベンサムのアイデアには「世論裁判所（The Public Opinion Tribunal）」というもうひとつ重要なものがある。これはアメリカと違って三権分立が明確ではないイギリスの議会政治において、行政を一般人の常識によって監督するために世論を制度化しようとするものである。それはまた逆に、これによって世論の教育水準を上げるという効果も期待されていたと予想できる。さらにサドラーは、ベンサムは公開試験制度案のなかに受験準備のための教育課程をいれることで、国民全体の教育水準かつ道徳的水準の上昇も盛り込もうとしたと指摘している（Sadler, pp.65-66.）。

また二一歳での採用ということから考えれば、一三〜一四歳からの七年間という特別な教育をベンサムが想定していたことは明らかであった。つまり、オックスフォード大学やケンブリッジ大学に限定されることのない新たな国家官僚養成機関を、市民社会内部に教師の自発性（公募）に基づいて造り上げるという意図があったことになる。この場合、教師の査定条件は認定する国家が規定できるものとしているが、翻っていえば、この条件に合致するものは誰でもよいということになる。つまり供給主体は一元的ではない。他方、試験で問われるものは、事前に内容が国家によって特定化され、候補者によって純粋に暗記される知識と徳性であったことも指摘しておかねばならない。これはあくまでも国家公務員の資質として必要とされる知識と徳性であるが、公務員の養成機関の認定とカリキュラムを国家が規定できるものとしたことがわかる。そしてそれは翻っていえば、教師の教育活動を全て縛るものである必要もないということである(但し、ベンサムがどのような徳性を試験の際に試すことができると考えていたのかについては明確ではない)。つまり、国家は必要とされる部分を規定するのみで、供給主体の教育の自由は国家の関与するべき領域ではないとされていたことがわかる。

すでに見たように、現実に導入された国家公務員採用試験はベンサムのアイデアとは異なる部分もあった。それでもここでいわゆる古典人文中心の学術的エリートと上級国家公務員制度が繋がったことは重要である。しかしながら、日本の場合などとは違って、国家公務員がエリートとしては見なされていないというイギリス文化の存在を見落とすと、全体の性格を過って判断することになる。イギリスでは彼等は国民に奉仕するために有能であるべきなのだ。つまり国家公務員の採用制度と大学のカリキュラムが関連性を持つようになったからといって、それは日本のように国家官僚を一般市民の上に位置するエリートと見なし、東京大学法学部などをエリート生産機構とし、大学の頂点と見なすといった、国民全体を巻き込むようなイデオロギーが成立したわけではないのである。したがってイギリスでの国家公務員採用制度としての外部試験制度の適用は、あくまでも国家公務員としての適正(能力)を効率的に判断する手段に過ぎない。こういった外部試験制度を職に応じて多種多様に成立させてきたイギリス市民社会では、国家公務員制度における外部試験制度の成立は、国家もまたひとりの雇用者として、市民社会の品質保証のメカニズムを利用したということに過ぎないのである。

まとめ

最近の日本の教育改革では、教育内容の多様化（特色ある学校）を根幹とする学校選択制度の導入と教育の供給主体の多元化が論争の中心となっている。学校選択と供給主体の多元化に反対するものは、市場原理が学校間格差を拡大する上、従来の単一の公的機関によって通学区域を指定され、供給される教育こそが民主的なものであるという信念がある。しかしながら、これまでの国家による教育内容の統制を批判してきたものからすれば、また、現代の学校教育を巡る問題がこれまでの制度をたんに擁護するだけではもはや十分解決できないことが明らかであることを考えれば、単純にこの信念に同意するわけにはいかない。一方学校選択を提唱するものも、結局は、進学校をつくり出したり、チャータースクールやホームスクーリングを通じて、一部の親が排他的な特別な思想で子供の教育をすることを認めることになるのではないかといった懸念を払拭するまでには到達してはいないようにみえる（Apple, 2002）。この問題は、子供の権利を認めるようになった現代では、子供の教育は親の権利であるとする自然法的発想、さらには親を子供の権利の代理人と見なす前提を鋭く問うものへと発展していく（石川・森田、一九九五／大田、二〇〇二）。これは白人成年男子を普遍的な基準とし、基本的人権の主体と見なすことによって成立している近代社会の家父長制的性格を批判するフェミニズムによってすでに一九七〇年代から問題とされてきたことでもある。この問題はまた、「良き教育」の判定者は親か専門家かといった二者択一の問題としてすでに一九世紀イギリスで問題となっていたものでもある（大田、二〇〇三）。

学校選択（供給主体の多様化）を分析するもののなかには、ナショナルカリキュラムの存在を指摘することによって（Walford, 1994）、あるいは地方教育当局といった中間団体の存在価値を高めることによって（たとえば清田、二〇〇二）、親の恣意性と国家の専制を十分統制できるとする主張がある。また、実際に学校選択あるいはチャータースクールなどの試みは義務教育段階で行われるもので、中等教育さらには高等教育の分野では必然的に異集団との混合が行われるのであり、結果的に社会の平等化をすすめるという分離主義を擁護する側からの主張もある(7)。

筆者は別稿で市民社会内部における品質保証メカニズムの意義について触れたが(大田、二〇〇三)、それは、市民社会内部のメカニズムを利用した間接統治が十分機能すれば、学校選択に伴うこういった危険性を制御する可能性があるのではないかということを示唆しようとするものである。また、そこには親と子供のときには対立する利害関係についても新たな展望が見出せるようなヒントがあるように思われる(8)。

＊

教育学年報第一号の筆者の論文は、歴史的研究の文脈を離れてのサッチャリズムの教育政策の分析であった。それはまだサッチャリズムが体系として表れてくる途中の段階での分析でもあった。一〇年たった今、外部試験制度の歴史的分析を行うことで、サッチャリズムの全体像が明確化され、親と専門家の問題、親と子供の問題という複雑に入り組んだ問題をひも解く新たな公教育像の展望が、市民社会内部での品質保証メカニズムの分析を通じて開かれるのではないかと期待している(9)。

(追補) ベンサム『憲法典』の執筆と並んでほぼ同時期に『クレストマティア』の執筆を行っていたことを、小松佳代子さんにご指導頂いた。小松さんのベンサム研究に触発されて、近代秩序の創出という観点からこの二冊を重ねて読むという作業は次の課題としたい。小松さんの最も最近の研究成果は、「J・ベンサム立法論における統治と教育」(『日英教育研究フォーラム』第七号、二〇〇三年)、"Jeremy Bentham's Educational Thought"(『流通経路大学論集』第一四一号、二〇〇三年) を参照されたい。

1 一九八八年以前にはイングランドで六つ、ウェールズで一つの計七つの試験委員会があった。この委員会はもともと大学の入試部門が独立発展したものである。現在は合併が進み、イングランドに三つ(Edexcel, Oxford Cambridge and RAS Examinations, AQA)、北アイルランドに一つ、ウェールズに一つ存在する。受験料が基本的な財源である。またGCSE、GCEのA、ASレベルの評価についての異義申し立てを取り扱う独立機関Examinations Appeals Board (EAB) も一九九九年に設立されている。

2　但し奨学金制度というものに即して考えれば、選抜それ自体は中世まで遡ることが可能である。それでも公開試験という方法がグラマースクールに採用されるのは一八四四年のイートンが最初であった（Sadler, p.49 note5)。

3　Young（1958 : 19962nd ed. : p.9. ヤング、一九八二年、一四頁）

4　ベンサムプロジェクトはロンドン大学ユニバーシティカレッジ歴史学科と法学科を拠点に、ベンサムの著作の復刻、功利主義関連の研究会を主催するものである。詳しくはwww.ucl.ac.uk/Bentham-Project／参照。

5　文献については文献リストを参照。

6　このジョウィットは、ベイリオルを近代的官僚養成機関とし、政府の行政機関の近代化を図るため、国家公務員の公開試験による採用を提唱。後のノースコート＝トレベリアン報告の影の功労者であり、一八七〇年に同制度を全般的に導入したロバート・ロウとも早くから接近している（Winter, p.74)。大学教育の改革と国家官僚任用の試験制度の導入に関しては、ジョウィットは無視できない重要人物であろう。また、ジョウィットがベイリオル・カレッジを国家官僚養成機関としようとした背景には、一方におけるパブリック・スクールの復活による大学卒業者の増大と他方における深刻な学士の就職難があった。

7　たとえば一部のマルクス主義フェミニズムにおいては、男女の別学教育は容認されている。筆者が訪問したロンドンのイスラミア小学校（イスラム系公立学校）においても同様の指摘がなされていた（インタビュー、二〇〇二年一一月六日)。とくにイスラムでは女子教育に反対する親が多いため、公立学校に組み込まれた方が女子の教育を保障するという側面もある。またナショナルカリキュラムが導入された結果、バランスのとれたカリキュラムを与えることが可能となったという指摘もある（Young, 2001)。

8　もちろん当時のイギリスは国家として一般大衆の教育に関心を払うその程度が異様に低かったことや、現代のように白人の「他者」への脅威と不満の高まりと新自由主義と新保守主義の台頭がまだ見られなかったことがこのことを可能とした重要な要因でもある。

9　それでもなお市民社会内部のメカニズムを利用するということは、両刃の刃であることも自覚しなければならない。なぜならばアップルが指摘するように、アメリカではもともとは民主的な運動から発展した学校選択と供給主体の多元化の要求が、最近では新自由主義者、新保守主義者やキリスト教原理主義者に乗っ取られているというのも事実であるからである（Apple.2001. 日本教育行政学会第三七回大会実行委員会、二〇〇三）。そしてそれはアップルが指摘するように、民主派を標榜する理論家が親達の声に耳を傾けず、専門家の側にたつこと、あるいは理論的な精緻度を高めることだけに奔走した結果でもあった。この問題状況は日本も同じである。

参考・引用文献リスト

石川稔・森田明編（一九九五）『児童の権利条約――その内容・課題と対応――』一粒社。

大田直子（一九九二）「サッチャー政権下の教育改革」『教育学年報1』世織書房。

大田直子（二〇〇二）「イギリス新労働党の教育政策――装置としての「品質保証国家」」『教育学年報9』世織書房。

大田直子（二〇〇三）「評価の政策史――イギリスの事例」『教育社会学会紀要』第72号、日本教育社会学会。

小松佳世子（一九九五）「Educationの場としての学校――近代学校の性格規定についての試論――」東京大学大学院教育学研究科教育学研究室『研究室紀要』第21号。

清田夏代（二〇〇三）「多元化社会における国家と地方教育当局――イギリス新労働党LEA政策を対象として――」『日英教育研究フォーラム』第7号、日英教育研究フォーラム。

日本教育行政学会第三七回大会実行委員会（二〇〇三）『国際シンポジウム　多元化社会の公教育』同時代社＝日日教育文庫。

宮沢康人（一九六一）「ベンタミズムの『公教育』概念――その政治的背景――」『教育学研究』第28巻第1号。

Apple, M. (2001) *Educating the 'Right' Way : Markets, Standards, God, and Inequality*, New York : Routledge.

Bentham, J., Constitutional Code, in *The Collected Works of Jeremy Bentham*, F. Rosen and J. H. Burns (eds.) Clarendon Press, Oxford University Press, 1983.（ＣＤ－ＲＯＭ版）および *The Works of Jeremy Bentham*, Vol.IX, J.Bowring (ed.), Edinburugh, 1843.

The Report of the Consultative Committee on Examinations in Secondary Schools. HMSO,1911（通称 Dyke = Acland Report).

Montgomery, R. J. (1965) *Examinations : An account of their evolution as administrative devices in England*, Longmans.

Roach, J. (1971) *Public Examinations in England1850-1900*, Cambridge University Press.

Sadler, M. (1936) The Scholarship System in England to1890 and Some of its Developments, in *Essays on Examinations, International Institute Examinations Enquiry*, Macmillan.

Young, M. (1996) *The Rise of the Meritcrasy 1870-2034,* Transaction Publishers. マイケル・ヤング著、窪田・山元訳『メリトクラシー』（一九八二）至誠堂。

Young, M. F. D. (1998) *The Curriculum of the Future—From the 'New Sociology of Education' to a Critical Theory of Learning*, Falmer Press. 大田直子監訳『過去のカリキュラム・未来のカリキュラム』（二〇〇二）東京都立大学出版会。

Walford, Geoffrey. (1994) *Choice and Equity in Education,* Cassell.

Winter, J. (1976) *Robert Lowe*, Tront University Press.

（おおた・なおこ／東京都立大学人文学部助教授）

デュルケム理論における近代・国家・多元主義

●その限界と可能性

清田夏代

1　デュルケム理論と多元主義

1　個人主義と多元主義

マーク・クラディスは、多元主義とデュルケム理論との関係を論じる論考の書き出しに、「多くの人びとは、デュルケムを道徳的多元主義と関係づけようとはしないだろう」（Cladis 1998 = 2003 : 37）と述べている。確かに、デュルケムについての一般的な理解は多元主義に関わるデュルケムの社会理論を積極的に評価するものではなかった。しかし、主としてデュルケムの個人主義者としての側面を強調することになった一九七〇年代のデュルケム・ルネサンスにおいては、主としてデュルケムの個人主義者としての側面が再強調されることになった。しかし、この時点においても、当時十分にその意義を伝えることはできなかったとはいえ、デュルケム理論における多元主義的要素に注目するいく人かの論者が存在していた。一九七八年の論文において佐々木交賢氏は、以下のニスベットの言及を、「デュルケームの主張の真意をよく我々に伝えているもの」として紹介している。

デュルケームの政治社会学は、かれの時代の仏英両国で多元主義と呼ばれたものである。かれは、人類の長い歴史に根ざしていた、あらゆる社会の不可避的多様性を見た。そして、この多様性を見ることによって、それに基づいてかれの本質的な政治理論を展開した。デュルケームは近代的国家の集中的権力が、伝統的社会からの個人の解放をもたらしたこと、専制権を有する首長から、社会的大衆性からの離脱が始まったことを認めた。しかしM・ウェーバー以上にすら——M・ウェーバーもまた集権化した、官僚制化した国家を信用しなかった——原子化した大衆に根ざした国家主義的集団主義との選択肢を詳細に記述した。そして、その選択肢とは、国家に常に増大する要求からの個人の緩衝器的保護の最上の指標たる能力をもつ新しい職業的結社、中間的紐帯をもつ社会であった（佐々木一九七八：二九七）。

それでは、デュルケムの多元主義の主張とは一体どのようなものであったのであろうか。デュルケムにとって、社会が多元的であるということは、第一に、近代化が進むにつれて個人が多様化してゆく結果であった。近代化に伴って、それまで歴然としていた地域差というものは徐々に消失していった。フランス革命によってなしとげられた一大変化とは、相互の地域的な境界の曖昧化、昔の風習や風俗の個性の消失によって生じた全国的平準化が、それまで起こっていなかったようなところにまで拡大したことであったと、デュルケムは述べている（Durkheim 1893 = 1989I : 499-500）。これはフランス一国内レベルにとどまらず、当時のヨーロッパ社会のほぼ全域で観察可能なことでもあった（Durkheim 1893 =1989 I : 226）。こうして互に異なる社会がますます類似していく一方、個人に関しては全く事情は異なるとデュルケムは述べる。「かつて存在したようないくつかの地方別の人間類型は、互に消滅する傾向にあるとしても、その代りに個人類型が数多く増大してゆく」（Durkheim 1893 = 1989 I : 226-7）のである。地域の差異の消失は、個人の数だけ相違をもたらしたのである。

文明が諸集合類型を一様化してゆく傾向にあることは議論の余地がない。だが、文明がまた個人類型にもこれと同一の結果をおこし、この一様性が一般的になると結論するのは誤りである。これらの二種の類型は同様に変化するどころか……一方の消滅は他方の出現の必要条件なのである（Durkheim 1893 = 1989 I : 227）。

近代化が進み、各地域差が平準化してゆくことは、一方の個人の多様化と並行して進む。近代化によって「諸個人は無限に多様なものとなりうる」（Durkheim 1893 = 1989 I : 228）のである。ここからデュルケムの多元主義の議論が始まる。デュルケムの多元主義の議論は、この諸個人の多様化、そして多様化した個人を結びつけるものとしての分業の道徳的意義に関わるものであった。社会の近代化とともに、自然に個人の個人としての特徴は際立たせられてゆく。これまで一つの地域的な特徴の中に包摂され、認識されることのなかった個人の特性というものが生存権を獲得したのである。近代が促進してきた人々の「個人としての解放」の運動は、個人主義と呼ばれる新たな存在様式をつくり上げた。デュルケムにとってこの個人主義的な価値は、近代国家が伝統の軛から個人を解放した結果としてもたらされたものであり、先に述べた個人の多様化の擁護とは、この個人主義の擁護に他ならない。「個人主義が永遠の真理というよりは歴史を通じての生成発展だということ、それが社会の中で創られた価値だということ」は、デュルケムにとって社会学と歴史学が解明すべき課題であった（Logue 1983 = 1998 : 260）。

しかし、個人主義の確立が近代の必然的な生成物である一方で、特にフランスにおいては、ルソーが唱道した、中間集団を介さない国家―個人関係モデルがフランス革命後の政府の実際的な制度構造の中に反映され、その現実的な影響が憂慮され始めていた。個人主義に対するトクヴィルの有名な警句も、「無数の類似した平等な人々の群集が、その魂を満たしている、小さな卑俗な快楽を手に入れようとして、あくせくとひとりびとりで活動している状態が、現在のヨーロッパの民主的諸国民には、見出される。これらの人々のうちのひとりびとりは、別々に離れあっていて、他のすべての人々の運命には、全く赤の他人のようなものであり、そして彼の子供たちと特別の友たちだけが、彼にとっては全人類を形成しているのである……」（Tocqueville 1840 = 1987 : 599）と述べている。デュルケムもまた、個人主義を擁護すべき近代の所産としながらも、一方で無制約な個人主義の進行については決して賛成してはいない。「極端な個人主義」の主張は社会の紐帯を解体し、結局は個人の生活上の不幸をもたらすことになる。デュルケムが『自殺論』において明らかにしたものは、個人が個人を越える社会的な目的を放棄したことによって、個人が「自己自身のなかにみずからの行為の唯一の目的をもとめる」（Durkheim 1897 = 1985 : 478）状態の恒常化の様相であった。デュルケムの主張はこのような動機において、極端な個人主義の主張に対して異を唱えるものであった(1)。

2 同業組合と民主的統制

デュルケム、さらにトクヴィルにとって、こうした極端な個人主義に対する批判的主張は、ときに彼ら自身の政治制度に対する批判であった。トクヴィルはこの「別々に離れあっていて」互に無関心な人々の上に「人々の運命を監視する、巨大な後見的な権力がそびえ立っている」（Tocqueville 1940 = 1987 : 599）と続け、行政的独裁権に対する原子化された個人の無力さを警告している。デュルケムにとってもまた、個人主義の出現そのものは擁護すべきものであったが、個人を無力化する個人主義の消極的な側面は、何としても解決されるべき問題であった。「不可欠な政治改革はそれゆえ、国家と原子化された諸個人の群れとの間にさまざまな中間団体を作りだすことであった」（Logue 1983 = 1998 : 267）。この立場に立って、デュルケムが、近代社会おいて唯一有効な二次的集団としたものが、同業組合（corporation）である。

この同業組合そのものの実現可能性については、今日では殆ど信じられてはいない。ギデンズもまたこれについて「実現不可能な夢」（Giddens 1994 = 2002 : 160）と論じている。しかし、デュルケムのこの構想の実現不可能性はその理論の持つ示唆の重要性を減じるものではない。ギデンズもまた、「同業組合」あるいはコルポラシオンの創出の擁護という文脈において、デュルケムがその独特の民主主義論を展開したと記している（Giddens 1978 : 59）。

ウィリアム・ローグは、デュルケムが同時代の自由主義者たちが共通して抱いていた官僚制の発達についての懸念を共有していなかったということについて指摘している（Logue 1983 = 1998 : 265）。そして、「デュルケムはひとつの可能性としてこのことを認める」（Giddens 1974 = 1974 : 119）とギデンズも述べている。もし、個人と国家との間に介在する二次的集団が、強力な力を持つまでに発展していなければ、国家は市民社会における抑圧機関となってしまうだろう。しかし、逆に言えば、二次的集団が国家に対抗し得るための十分な力を形成している場合は、国家から個人の権利を守ることができる。ギデンズはこの文脈において、「デュルケムの国家理論と彼の民主主義とを結びつけているものは多元主義の要求という主張であり、ここから彼の職業団体の再生という要請が生まれてくるのである」（Giddens 1974 = 1974 : 119）と述べている。デュルケムのこの同業組合論＝二次的集団論は、国家権力と下位集団の力の均衡について述べるものであったが、それは個人の権利が、拮抗しあう社会的諸力のなかで保障されるということを企図するものであった。「モンテスキューの弟子として……デュルケームは、近代産業文明に応じた権力均衡を構想しようとした」（Logue 1983 = 1999 : 278）のである。

そうした彼は、多元主義と普通呼ばれている自由主義のあの形態……を唱道することになったのである。多元主義は、自由を守るための権力に権力を対置させる必要がしばしばあると認めつつ、自由主義者たちが政治権力のさまざまな現実に対決しようとした一つの方途であった（Logue 1983 = 1998 : 278）（補注）。

こうして、デュルケムにとっては伝統的社会の軛から解放され、ばらばらになった個人を道徳的に、さらには近代的に再統合することを可能にする二次的集団として職業集団をが構想されたのであり、この二次的集団はまた、近代においては職業別に特殊化する諸集団の要求を吸いあげ、中央の政策に反映することを可能にするものであった。二次的集団と国家との力の均衡を図るというデュルケムの構図は、多元主義を主張するものと理解されるのである。

3 国家機能の制限

こうした文脈にしたがえば、デュルケムの国家＝政府論についてはその定義の特殊さがこれまでもしばしば指摘されてきた。しかしその中でも、中久郎氏がデュルケムの国家概念と多元主義について以下のように論じていることは重要である。

その国家概念に殊に特色を与えているのは、市民道徳の格率を主に意図した彼の政治分析に固有な、制度化された権威の重視ということにある。国家の定義において規準となるのは、物理的強制力ではなくて、むしろ権威である。しかもそれは、一七、八世紀の政治理論の多くがそうであったように、社会の多元化した集団的構成との関連において強調される。つまり国家とは、社会（体）を構成する要素的な、あるいは第二次的な諸器官（＝集団）が、それぞれ相対的に自律的な権威をもちながら、全体として服する最上位の権威（authorité supérieure）であり、さらにこの権威を代表することを任務とする特別の公務員集団のことである。国家のこの特別の権威、つまり主権（authorité souveraine）は、要素的諸器官のもつ多元的権威に基づいて承認されなければならない。この見方は、これまで多元的国家論——特に社会学的国家論として広く知られてきたものに包摂されるものである（中 一九七八：四七一—二）。

この議論に付随して、中氏は「国家を厳密に、社会のために、また社会に代わって思惟し、決定を下す『社会的思惟の器官』とみて、それが執行の器官、特に行政府から区別されていること」、さらに分析の第一次的焦点が、「その思惟器官の『複雑で精巧な機構』よりも、むしろ、それが社会の他の諸器官との関係においてもつ機能に専ら求められていること」（中 一九七五：四七三）は独特であると述べている。デュルケムの国家＝政府論についてはその定義の特殊さがこれまでもしばしば指摘されてきた。また、佐々木交賢氏も執行機関は二次的集団であって国家そのものではなく、国家は思惟器官であるとするデュルケムの国家理論を「前代未聞」のものとしている。佐々木氏にとってそれは「世論指導者としての国家論、国家のアクティブな役割を強調する一種の計画的民主主義的国家論」（佐々木 一九七八：二〇九）として評価されるべきものとなる。ではあるが、いずれにしても、デュルケムが描きだす国家論とは、その著しい限定性にその特徴を持つものである。例えば、「それを欠如しては社会が存在しえない共通の観念と感情とを創造することは実際には国家の権限には属していない。これは社会みずからが形成すべきである」（Durkheim 1922 = 1976:7011）というデュルケム自身の叙述からも明らかなように、デュルケムは国家と社会を厳然と区別していた。このことは、デュルケムが国家が社会に対して一部しかその役割を担わない、あるいは担えないということを想定していたということをうかがわせる。

デュルケム理論が国家の役割の強調と、国家機能の制限の両方を内包している背景には、デュルケム自身の国家に対する両義的な価値観が存在している。ローグも、デュルケムが決して全能国家の信奉者ではなかったと述べている（Logue 1983 = 1998 : 266）。中央政府は「解放的役割、つまり伝統や生得的なものの軛から個人を解き放つ役割」を担うものであったが（Tiryakian 1978 = 1986 : 39-40）、その無制約な肥大化は同時に個人の自由を束縛する危険を大いにはらむものでもあった。国家の肥大化は国家の下位に組織される多様な利益集団によって抑制される必要がある。ティリアキアンは、この点についてデュルケムの見解を以下のように述べている。

デュルケムはトクヴィルの徒でもあった。すなわち、健全で民主的な社会をつくり出すには、諸個人と国家との間に多様な活力ある中間集団が必要であるとみていた。社会生活が組織化され安定性を得るには、あるがままの諸個人がいるだけでは十分ではなく、集権化された政治組織としての国家が日常的な社会生活から一定切り離されている必要があり、かくて国家が制定するものは、ある意味で、社会にとって外的賦課物である（Tiryakian 1978 = 1986 : 40）。

国家は二次的集団によって抑制され、その十全な機能を個人を害することなく果たさなければならない(2)。その主張は第一に国家と中間集団が互いに抑制と均衡の関係に置かれることによって、個人の自由を侵害することを防ぐことに強調が置かれている。社会生活に対する国家の基本的な機能の制限は、国家一元的な価値による支配をデュルケムが決して肯定していないということを意味している。佐々木氏は述べる。

国家の種々の機能は、デュルケームにあっては二次的集団を通して実現されていく。ただ、国家や民主主義の現状診断とかかわらせてデュルケームがこれにどういう機能を期待していたかを想起しておくなら、それは政府・議会に対する世論的支配をチェックすることとならんで、国家の画一的支配を抑えて個々人の要求や利害を組織化し媒介することにも求められていたことがわかる(佐々木 一九七八:二六三)。

これがデュルケム・ルネサンスにおいても注目されていたデュルケムの多元主義の主張であった。この、二次的集団を媒介にして多様な価値を組織するデュルケムの民主主義の概念は、個人主義的民主主義が主張していた社会の多数者の意思の支配という前提を、もはや決定的な要素とするものでもない(佐々木 一九七八:二六三)。多数者による専制という事態は、トクヴィルの時代から民主主義の持ちうる負の傾向として憂慮されてきたものである。ギデンズは、デュルケムが「民主主義的な政府における一つの不可欠の要素は権力の共有である」(Giddens 1986 : 29) ということを十分に明らかにしたと述べているが、二次的集団の政治的組織化という構想は、国家と二次的集団、あるいは二次的集団間で権力を分有するという、一つの民主主義的な解決の仕方であったと見なすことができよう。

2　デュルケム理論の文脈の歴史的限定性

1　近代的二次的集団

クラディスは、デュルケムが二つの種類の多元主義について記述していると述べている。それは彼が「道徳的多元主義」と称するものと、「道徳の多元性」の二つのものである。道徳の多元性とは「多様な目的と価値、家族、職場、市民社会、あるいは国際的な領域の中で集団を特徴づける同質性の様々なレベル」に関係するものであり、道徳的分業、あるいは道徳的個別主義（moral particularism）と称するようなものである。他方、道徳的多元主義とは、政治的コミュニティの信条および実践と、教会やシナゴーグ、クラブなどを含む、家族に至るまでのあらゆる組織の団体的な信条、実践との関係に関わるものである（Cladis 1998 = 2003 : 55-6）。現代の多元化状況にとって示唆的であるのは、後者の見解である。

しかし、デュルケムはが私たちが直面している、宗教的、文化的な諸価値の混交と、それらの間の葛藤の状況を予想していたというわけではない。デュルケムの議論を詳細に検討するならば、デュルケム理論の含意と強調は、現在の状況と必ずしも重なるものではない。デュルケム理論を現代社会の有効な参照理論と認める場合においても、こうした歴史的文脈の相違については自覚されていなくてはならないだろう。

すでに述べたようにデュルケムの想定した集団の価値の多元化状況とは、同業組合という形で集約された個別の利害の集合であった。デュルケム自身の社会的背景は個人と国家との間に立つ諸々の集団の排除を政策として打ち出してきたフランスという国であって、その中でデュルケムは個人の真の自由の保証のために二次的集団の復権を訴えてきたのである。そこで想定されていた二次的集団は、近代的で合理的な新たな二次的集団であった。それは、前近代的な非反省的な過去の二次的集団とは異なる原理で組織されるべきものである。それゆえに、デュルケムの二次的集団の理論においては、集団間の価値の衝突、あるいはそれらと近代国家の価値との衝突については殆ど想定されていないのである。デュルケムの眼前には既存の代表的な二次的集団として、家族、ギルドのようなかつての同業組合、宗教コミュニティ、地域があった。デュルケムからみれば、近代家族は私的領域にのみ関わり、個人と社会を媒介するものとはいえないものとなっている。また、旧同業組合制度は、近代の経済生活の枠組と結合するという条件を充たしえなくなってしまったために、消滅した（Durkheim 1897 =1985: 57）。宗教的コミュニティは個人を結びつける影響力の強さゆえに、近代社会の病弊をもっとも抑制するものであるが、それは超人間的な権威から発し、人間の反省作用を抑圧する（Durkheim 1897 = 1985 : 479-80）。また、決定的に統一された国における生活様式の普遍化は、生活様式の地域的分散化に抵抗するため、地域的コミュニティはかつてのような大きな力を個人に対してはふるいえない（Durkheim 1897 = 1985 : 501-2）。

このように、伝統的な二次的集団の社会的紐帯としての有効性が失われつつある中、共同体をある程度まで再建することが可能であり、他の領域で欠けている社会的連帯性の源泉となりうるものが職業の領域、すなわち同業組合であった（Giddens 1994 = 2002 : 160）。デュルケムにとって個人の多様化だけではなく、集団の価値の多様化もまた、近代的・合理的な二次的集団の再編の結果もたらされるものであり、故にこれらの集団は本質的に近代国家的な価値と調和するものと想定されているのである。

2　原理主義の台頭

デュルケムにとって近代化の過程とは、伝統的価値から人間が解放され、合理的、反省的な存在へと移行する過程であった。近代化としての多元主義化の問題はまた、デュルケムにとっては前近代、あるいは非近代性と近代性との対立という文脈において捉えられているのではなかった。それというのも、デュルケムの時代の近代ヨーロッパにおいては、そうした前近代性は徐々に克服される対象としてしか、存在していなかったからである。デュルケムがアノミーと称した「社会的病態」は、近代化への過渡期に近代化が不完全な形で行なわれ、個人主義が十分に道徳的なものとなっていないために生ずるものであった。

同氏（宮島喬氏）によるとデュルケームが照準を合わせていた問題（とりわけ政治社会学的問題）はデモクラシーの機能化の現代的条件の問題であり、とくに巨大化（官僚制化）の一途を辿る国家と、他方で伝統的集団的紐帯の崩壊によって析出される個人の「不安定な集群」との関係、そして両者の媒介をなしうるとみた中間的諸集団の政治的機能の考察であった（佐々木 一九七八：二〇〇）。

デュルケムにとっては、再編成された近代的な二次的集団はこのような近代化の過程で起こる個人のアノミーを緩和する有効な解決の手段としての側面のみが強調されているるべきものであった。

しかし、現代、価値の多様化の問題で私たちが直面しているのは、近代国家の価値と対立葛藤するデュルケムの想定をはるかに超える、原理主義(3)の台頭という事態である。そして、重要なのは、この原理主義の台頭が、単に伝統的なものが残存し、その勢力を取り戻したということを意味しているのではないということである。それはデュルケムの想定をはるかに超えたものであった。

ギデンズによれば、本来、原理主義とは、一九世紀末、アメリカのプロテスタント宗派の信念、なかんずくダーウィンの進化論を受け容れない思想的立場を呼称するものであったという（Giddens 1999 = 2001:100）。この「fundamental-ism」という用語は、一九五〇年代になっても『オックスフォード英語大辞典』には登場していない。この言葉が頻繁に使用されるようになるのは、一九六〇年代に入ってからのことである（Giddens 1994 = 2002:17）。これは「新たな観念の登場」であり、「新たな社会的勢力の出現を間接的に示（す）」ものと把握されるべき事態であった（Giddens 1994 = 2002:17）。

「原理主義」の台頭は、ポスト伝統的社会の出現を背景幕に見ていく必要がある、とギデンズはいう。近代の個人主義の発達がもたらした個人の自主性は、それが生ずる不安に根ざす「中毒」＝「凍結した自主性」という症状をもたらした（Giddens 1999 = 2001 : 98）。ギデンズによれば、この自主性と中毒のせめぎあいは、グローバリゼーションをかたどる一方の座標軸である。そして、もうひとつの座標軸こそが、コスモポリタニズムと原理主義を両極に据えるものであった（Giddens 1999 = 2001 : 100）。これらの出現の背景となったものは、伝統の役割の変化である。

> 伝統の役割が変わるに伴い、私たちの人生に新しいダイナミズムが仕込まれるようになる。それは、人間行動における自主と強制を両極とする縦軸と、コスモポリタニズムとファンダメンタリズム（原理主義）を両極とする横軸の上でくり広げられるダイナミズムと要約することができる（Giddens 1999 = 2001 : 96）。

原理主義は狂信ではないし、権威主義でもないとギデンズはいう。宗教的には、「それが発するメッセージは、聖書にかえること、すなわち聖書を逐語的に解釈することのすすめであり、聖書の説く教義を、社会、経済、政治に適用することがファンダメンタリズムの目指すところである」（Giddens 1999 = 2001 : 101）。しかし、この原理主義の存在は必ずしも宗教の領域に止まるものではない。ギデンズはいう。

> 原理主義とは、実際には伝統的な仕方で――しかし、グローバル・コミュニケーションという新たな状況にたいする応答として――擁護された伝統に《他ならない》、と私は主張したい。したがって、原理主義は宗教の領域だけに限定されない。原理主義は、伝統が脅かされているか、蝕まれはじめているところではどこにでも生ずる可能性がある（Giddens 1994 = 2002 : 638-9）。

原理主義とは、「グローバリゼーションに適応しつつ、それに寄生するという意味で、グローバリゼーションを生みの親とする子どものようなものである」（Giddens 1999 = 2001 : 103）。ギデンズは、原理主義を「包囲された伝統」と称している。すなわちそれは、グローバル化の進む世界でその存在理由が問われるようになった伝統なのであった（Giddens 1999 = 2001 : 102）。「その存亡は、信条の正当性をいかにして擁護し説得するかにかかってくる」（Giddens 1999 = 2001 : 102）。原理主義とは、グローバリゼーションの進行と並行して進むコスモポリタニズムに対する反動勢力として台頭した一つの現代的な政治勢力と解釈されるべきものなのである。

3 家族・国家・人類

「人間は、今日いくつもの集団に同時に属しながら生活している」（Durkheim 1925 = 1964 I : 109）とデュルケムは述べる。そのうちでももっとも重要なものとして「人間が生まれ落ちた家族、国家ないし政治的集団および人類」などが数えられている。そして、この家族、国家、人類という三つの集団にたいする各々の感情は決して矛盾するものではない（Durkheim 1925 = 1964 I : 109）というのが、デュルケムの基本的立場である。

個人は、家族を離れなければ国家に属しえないものではなく、また、国民としての義務を忘れなければ、人間としての義務を全うしえないものでもない。家族、国家、人類は、われわれの社会的、道徳的発展の三つの異なった局面を、それぞれ代表するものであり、しかも、この三局面は互いに他を準備し合うものであって、それゆえ、各々に対応する三つの集団は、互いに排斥することなく、重なり合うことができるのである。歴史の発展の跡をたどるとき、これら三つの集団は、それぞれ固有の役割を果たしてきたように、現在においても、同様にして、それらは相互に補い合っており、各々は固有の機能をもっているのである。家族は国家と全く異なる仕方で個人を包み、国家とは異なる道徳的要請に応えるものだ。家族と国家の間に二者択一の必要はない。そして、人間は、この三重の作用に、同時に服しないかぎり、道徳的には完成されえないのである（Durkheim 1925 = 1964 I : 109）。

しかし、たとえこれらの三つの集団が共存することが可能であり、また共存すべきであるとしても、「これらにはおのずから上下の序列が存在している」（傍点引用者）とデュルケムは述べる。すなわち、「国家は序列のより上位に位する社会集団であるがゆえに、家族的目的は国家的目的に従属しており、また従属しなければならない」（Durkheim 1925 = 1964 I : 109）のである。デュルケムは、家族生活の役割は、近代化の進行と共に相対的、絶対的に減退せざるを得ないものとみていた。「かつて家族の中で息づいていた道徳生活の重心は、今やますます他所に移動しつつあり、家族は、国家の二次的機関と化してしまった」（Durkheim 1925 = 1964 I : 110）とされているのである。

デュルケムは「家族と国家の価値序列に関しては、あらためて検証するまでもない」（Durkheim 1925 = 1964 I:110）とする一方で、人類が国家に従属すべきか否か、あるいは、世界主義（コスモポリタニズム）が国家主義（ナショナリズム）に従属すべきか否かという問題ほど、今日重大な問題はほかにはないと述べている（Durkheim 1925 = 1964 I : 110）。デュルケムにとって、人間の社会的枠組の所在は、国家あるいは人類かというレベルで存在するものであり、それこそが近代的個人の到達点であった。この問題についてデュルケムは、「国家に比べて、人類は、構成化された社会をもたないという点で劣っている」（Durkheim 1925 = 1964 I:111）という。

> 人類とは、国家や、国民や、種族などが合して形成するところの、人間に関するひとつの範疇を表わす抽象的な言葉にすぎない。国家こそ、現実に、この世のうちでもっとも高度な組織構造を有する人間集団であ（る）（Durkheim 1925 = 1964 I : 111）。

しかし、私たちはしばしば道徳的目的を国家的目的よりも上位に位置づける。ここで矛盾に陥ることになるが、これを解決する唯一の手段が存在する。それは「人類とは異なるが、それにもっとも接近しているところの集団である個々の具体的な国家に、人間理想の実現を求めること」（Durkheim 1925 = 1964 I：112）である。しかし、この三者の間に現実に生じている価値の葛藤は、デュルケムの想定の範囲を超えていたと言わざるを得ないだろう。第一に、このようなカテゴリーにおいて捉えられる「家族」の政治的な重要性がデュルケムの予想を超えるような形で生起していること、第二に、この「家族」に属する価値と「国家」のそれとの対立が、民主政治上の困難を引き起こしていることである。

個人の自由を保障する制度構造における二次的集団をあれほど重視しながら、個人を包摂する家族、国家、人類をめぐるデュルケムの議論の中に、二次的集団についての言及がないということは奇異に思われよう。経験的には、二次的集団の価値は第一に家族の上に大きな影響を及ぼすものである。それゆえ、このデュルケムの想定する「家族」の擁護する価値の中には、一般的には二次的集団の擁護する価値が含まれねばならないだろう。しかし、前述したように、デュルケムの想定する近代的な二次的集団とは、個人あるいは家族を取り巻く伝統的な価値体系ではなく、政治レベルで合理的に再構成された職業の領域での二次的集団であった。二次的集団に対するデュルケムの期待は余りにも近代的理想に偏りすぎていたというべきであろう。現実社会の進行のなかでは、人々はグローバリゼーション、そしてコスモポリタニズムへの動向に対して、近代国家の価値ではなく、伝統的価値を新たな価値として対抗させようとする原理主義の観念を拠点にして反動を形成した。そして、その伝統的価値はそれを奉じる二次的集団を通して顕在化し、デュルケムが予想もしなかったような新たな二次的集団――優越性を国家と争う――が出現したのである。現在、国家の正統性を揺るがしているのは、デュルケムが予想したようなコスモポリタニズムではない。それはデュルケムにとって「あらためて検証する必要もない」として、とうに決着していたはずの国家と家族の価値的な葛藤の再現であった。

もとより、こうした非欧米圏からの移民の流入と非キリスト教的宗教信条との価値の混交、あるいは欧米圏に存在していたキリスト教の原理主義化、またはより一般的な伝統的価値への固執などが実際に生じるのは二十世紀後半のことであり、これらを予測できなかったという理由でデュルケムを非難することは正当なことではない。現在私たちの目前で現象化している様々な原理主義と近代的価値との葛藤の問題は、多元化社会の課題として理論的な解明の方策が求められているものであり、この課題の解明にとっておそらく多元主義についてのデュルケムの考察は今後も大いにどのように示唆的なものかが問われなければならないものであり続けるだろう。そのためにも、デュルケム自身が描いていた文脈と私たち自身の社会的な文脈の相違が、認識されている必要がある。

現在、近代に生起した原理主義と近代国家の価値的な合意点が模索されている。ギデンズはこの原理主義の台頭に対してこそ、民主主義のあり方が問われていると論じている。「勃興する民主主義は、すでに述べたコスモポリタニズムとファンダメンタリズムの対立の最前線に位置している」のである（Giddens 1994 = 2002 : 131）。

終章——多元主義と民主主義の再構築：デュルケムからギデンズへ

原理主義の台頭に対して、社会民主主義の再構築を掲げるギデンズのネオリベラル批判は興味深い。ギデンズは保守、ネオリベラル、新保守主義を厳密に区別しているのであるが、ギデンズによればサッチャー主義はネオリベラルに属し、それはニューライトと同義であるとする（Giddens 1994 = 2002 : 50-1）。それは、一方で伝統にたいして反感を抱き、実際に市場力と攻撃的個人主義の結果として伝統を一掃する主要勢力の一つとなっている。彼らは経済的個人主義を賞賛し、最小国家という脈絡のなかでそれを民主制が成功するための鍵とみなしている（Giddens 1994 = 2002 : 51）。彼らにとって政府の主たる目的は、「市民が消費するための特定の財なりサーヴィスを生産する」ことではなく、「財やサービスの生産を調整するメカニズムが正常な作動状態にあるよう見守る」（Giddens 1994 = 2002 : 52）ことであった。

しかし、ニューライトの論者にとって、最小国家はまた、強い国家でなければならない。というのも、「自由競争が拠りどころにする法律を施行し、外敵から保護し、ナショナリズムという統合的感情を育む」（Giddens 1994 = 2002 : 54）必要があるからである。彼らのこの「強い国家」の議論は、彼らの伝統回帰志向とは理論的にはほとんど関係がない。「市場経済は、法と秩序の維持、国民的理想の育成、それに防衛能力に関して国家の強い管理を積極的に要求（する）」

(Giddens 1994 = 2002 : 57) のであると、ギデンズはレットウィンを引用しながら説明している。

一方、ネオリベラルはもう一つの要素として、市場主義の擁護、個人主義の擁護とは全く矛盾する形で、伝統的価値への回帰を主張する。近代における原理主義の生起に対するギデンズの鋭い分析からは、このネオリベラルによる伝統の擁護の仕方こそが原理主義的であるとの批判が導き出されるのである。


……ネオリベラリズムは――国民社会や、宗教、ジェンダー、家族の領域で――その正統性のために、また保守主義にたいする愛着ゆえに、伝統に《依存》していく。これらの領域でのネオリベラリズムによる伝統の擁護は、適切な理論的根拠や説明を何も備えていないため、通常、原理主義のかたちをとる (Giddens 1994 = 2002 : 21)。


伝統に対する原理主義という要素をもつネオリベラルの著述家や政治家の言説には、「外国人嫌いの傾向がはっきりと見て取れる」(Giddens 1998 = 1999 : 33)。市場原理を積極的に導入した保守党の教育政策の中には、多様性に道を開くことが可能であると解釈される立法も含まれている(4)。しかし、その可能性は保守党の政治理念の中に内包されていた伝統原理主義とでも言うべきイデオロギーによって、決して開かれることはなかった。なぜなら、「多文化主義を最も手厳しく非難するのも彼ら(だった)」(Giddens 1998 = 1999 : 33) からである。

ギデンズにとって、原理主義の台頭とはグローバル化の進む現代の負の、しかし必然的な所産であった。そして、ネオリベラルの伝統回帰志向を「原理主義」と分析するギデンズの見解は、宗教的な原理主義のみを問題とする認識をさらに超越して、現代の政治状況が抱えている本質的な問題を明らかにするものであった。

現代社会におけるニューライトの原理主義的要素に対する批判的見解に立つギデンズは、社会民主主義の再構築を提唱している新労働党の政治的企図に強い期待を表明している。それは政府を時代に合わせて再構築するということを意味し (Giddens 1998 = 1999 : 97)、それゆえギデンズのこの社会理論は具体的な政治改革へと向かうのである。

「一九九七年以来、新労働党の教育政策についての学術的な結論は、それがサッチャリズムと連続したものであるということであった」（Paterson 2003 : 165）とリンゼイ・パターソンは述べる。確かに、新労働党と保守党の政策の間には表面的な類似性が存在するということは否定できない。しかし、パターソンが断言しているように、この結論は不適切である。

パターソンは、次のように論じている。

……それはマーガレット・サッチャーの教育政策における権威主義的傾向よりも、イデオロギー的により首尾一貫した（そして歴史的にみると十分に見識のある）国家の直接的な介入の様式である。特にスコットランド、さらにウェールズにおいて、そしてイングランドの政策のいくつかの側面において、それは新たな社会民主主義の登場である（Paterson 2003 : 180）。

詳細に分析するならばそれぞれの政策を貫徹している政治理念は大きく異なっている。新労働党の政策綱領とギデンズを直接的に結びつける証拠はほとんど存在していない。しかし、それにもかかわらず、例えば著書『第三の道』に表現されているようはギデンズ自身の政治的な見解は、新労働党の政策理念の上に大いに影響を及ぼしていると一般的に認識されている。ニューライトの中の原理主義的要素、そしてそれに基づく多文化への不寛容に対して自覚的であるギデンズの社会理論は新労働党の政策にどのように反映されているのか、それは十全に機能しているのか、これらの諸問題を考察することによって、イギリスの新労働党の政治制度が多元化社会に相応しいものであるかどうかを検証することが可能となろう。今後、これらの作業を通して、新労働党が実践している新たな社会民主主義の多元化社会における可能性と限界を明らかにすることが課題となる。

補注

エミール・デュルケムを自由主義思想の系譜の中に位置づけるものがある。アンソニー・ギデンズもデュルケムを「進歩的リベラリスト」(Giddens 1994 = 2002 : 41) と呼んでいるが、より詳細にはウィリアム・ローグが自由主義的哲学との理論的関係の中でその立場を解明している。周知のように、デュルケムはいかなる政党にも直接的には加わらず、その一般的な政治的立場は知られてはこなかった。そのため、「保守主義者とか自由主義者という具合に」(Logue 1983 = 1998 : 245)、あるいは国家主義者、極端な場合には社会主義者に至るまで、実に様々な呼び方をされてきた。しかし、ローグは、「デュルケム社会学の出現と勝利こそ」は、社会学に基礎づけられた自由主義の決定的勝利を印すものであると主張し、デュルケムは自由主義者と見なされるべきであると述べる (Logue 1983 = 1998 : 20)。ローグによれば、第三共和政初期という新しい時代における、自由主義に科学的土台を与えようとする数多くの重要な努力のうち、最大のものがデュルケムの社会理論研究であった(Logue 1983 = 1998 : 155)。

デュルケムの思考の大半を占めていた問題は、「いかにして適度な社会的統合を個人の自由と結びつけるかといった問題」であり、彼の社会学が提供したものは、「自由主義的な諸価値を支えうるような社会科学であった」(Logue 1983 = 1998 : 245)。ローグはこのデュルケム理論における自由主義の理論的展開を、「社会学的自由主義」と称して、「哲学的自由主義」と区別している。ローグのこの区別は、それぞれの理論的立場における国家の位置づけの違いに基づいている。個人の自由に対するいかなる制約をも否定する哲学的自由主義に対して、デュルケムの自由主義の立場とは、個人の自由の制度的な保障のために、国家の役割を積極的に規定するものである。直接的には国家介入を正統化するのが社会学的自由主義の立場であるといえる。国家の役割に対するデュルケムのこうした肯定的な期待が、特にわが国における国家主義者デュルケムといった誤った理解の原因となったものであろう。

理論的にはデュルケムのこの社会学的自由主義の立場は、「個人主義の勃興と近代国家の勃興とが西洋社会において同時に生じたということ、そして自由主義理論はこれを二十世紀になっても妥当する事態として説明する」(Logue 1983 = 1998 : 262) 必要から生じたものである。デュルケムは個人主義と近代国家とは実際には対立的な契機なのではなく、近代国家の成立こそが個人主義の発達を可能なさしめたものであるということを解明し、近代国家は近代の諸価値の母胎として不可欠ものであったということを示してきたのである。

1　デュルケムのこの立場は、道徳的個人主義と称されている。

2　二次的集団もまた、国家によって抑制される。二次的集団からの個人の自由を保証することは国家の役割である（清田夏代「デュルケム教育＝社会理論の一考察」『教育学年報』第9号、二〇〇二、参照）。

3　fandamentalismは松尾精文・立松隆介訳『左派右派を超えて』においては、「原理主義」、佐和隆光訳『暴走する世界』においては、ファンダメンタリズムと訳されている。本稿の地の文においては、「原理主義」を使用する。

4　清田夏代「多元化社会と学校選択」『日本教育行政学会年報28』二〇〇二、参照。

引用文献

佐々木交賢『デュルケーム社会学研究』恒星社厚生閣、一九七八。

中久郎『デュルケームの社会理論』創文社、一九七九。

Cladis, Mark S., 'Emile Durkheim and moral education in a pluralistic society', Geoffrey Walford and W.S.F. Pickering (eds), *Durkheim and Modern Education*, Routledge, 1998.（黒崎勲・清田夏代訳『デュルケムと現代教育』同時代社／日日教育文庫、二〇〇三）

Durkheim, Emile., *De la division du travail social*, Quadrige/ Presses Universitaires de France, 1983.（井伊玄太郎訳『社会分業論（上）』講談社、一九八九）

Durkheim, Emile., *Le Suicide*, Quadrige/ Presses Universitaires de France, 1897.（宮島喬訳『自殺論』中央公論社、一九八五）

Durkheim, Emile., *Education et sociologie*, Quadrige/ Presses Universitaires de France, 1922.（佐々木交賢訳『教育と社会学』誠信書房、一九七六）

Durkheim, Emile., *L'éducation morale*, Quadrige/ Presses Universitaires de France, 1925.（麻生誠・山村健訳『デュル

ケム道徳教育論（1）』明治図書出版、一九六四）

Giddens, Anthony., *Beyond Left and Right: The Future of Radical Politics*, Policy Press, 1994.（松尾精文・立松隆介訳『左派右派を超えて――ラディカルな政治の未来像――』而立書房、二〇〇二）

Giddens, Anthony., *Runaway World*, Profile Books, 1999.（佐和隆光訳『暴走する世界――グローバリゼーションは何をどう変えるのか』ダイヤモンド社、二〇〇一）

Giddens, Anthony., *The Third Way*, Policy Press, 1998.（佐和隆光訳『第三の道――効率と公正の新たな同盟――』日本経済新聞社、一九九九）

Giddens, Anthony., *Durkheim*, Fontana Press, 1978.

Giddens, Anthony., *Capitalism and Modern Social Theory*, Cambridge University Press, 1974.（犬塚先訳『資本主義と近代社会理論――マルクス、デュルケム、ウェーバーの研究』研究社、一九七四）

Giddens, Anthony., *Durkheim on Politics & the State*, Policy Press, 1986.

Logue, William., *From Philosophy to Sociology*, Northern Illinois University Press, 1983.（南充彦・堀口良一・山本周次・野田裕久訳『フランス自由主義の展開一八七〇～一九一四――哲学から社会学へ――』ミネルヴァ書房、一九九八）

Tiryakian, Edward A., "Emile Durkheim" (Chapter6), Tom Bottomore and Robert Nisbet (eds), *A History of Sociological Analysis*, Basic Books, 1978.（高沢淳夫訳『社会学的分析の歴史6 デュルケムの社会学』アカデミア出版会、一九八六）

Paterson, Lindsay., 'The Three Educational Ideologies of the British Labour Party, 1997-2001', *Oxford Review of Education*, Vol.29, No.2, 2003.

de Tocqueville, Alexis., De la Démocratie en Amérique, 1840.（井伊玄太郎訳『アメリカの民主政治（下）』講談社一九八七）

（せいだ・なつよ／東京都立大学大学院人文科学研究科博士課程）

教育学研究における社会との連携及び協力について

藤田健一

1　はじめに——教育学の研究評価

二〇〇三年四月一九日付の『日本経済新聞』は、大学評価・学位授与機構が二〇〇一年度着手分の国立大学の評価結果を公表したことを報じた。詳細については同機構が自らのＨＰ(1)でも公開しているので、これも参照しつつ、記事の内容を振り返ってみよう。

評価は原則的に全ての国立大学・大学共同利用機関を対象とした全学評価と、文部科学省において対象大学を絞った分野別評価とに分かれ、全学評価では「教養教育」と「研究活動面における社会との連携及び協力」という二つのテーマが取り上げられ、分野別評価は更に教育評価と研究評価に分かたれた後、その各々の評価が法学系・教育学系・工学系という三つの分野について行われた。

そのうち「研究活動面における社会との連携及び協力」についての評価結果は、全体の「三六％が五段階中の最高の評価を得るなど高評価が相次いだ」。実際これに次ぐ評価を得た五四％を併せると、実に全体の九〇％の大学・大学共同利用機関が社会との連携及び協力については満足すべき成果を達成しつつあると評価されたことになる。

この評価結果については、日常的な生活感覚との乖離を覚えた読者も少なくなかったのではないだろうか？　しかしながら、分野別研究評価の教育学系における「研究の社会（社会・経済・文化）的効果」となると評価は逆転する。即ち、四段階中の最高の評価である「極めて高い」を受けたものは若干であり、次の「高い」が一〇％、下から二番目の「相応」が五〇％であり、そのような評価に「該当しない」ものが四〇％もあるのである。そしてこの結果は我々の実感とも一致するように思われる。

この一見矛盾するかのように見えるこの二つの評価の種明かしをすれば、全学評価における「研究活動面における社会との連携及び協力」の高評価は、各大学が自ら設定した目標への到達度を測定した結果得られたものだということである。即ち、研究に「相応」の目標を設定し、それに到達していれば、高評価が得られる仕組みだったのである。ところが一方、分野別評価となると、社会的効果としてもう少し明確なアウトプットが求められるから、勢い評価は低下することになる。

さて、『教育学年報』に一つの区切りをつける本号は「教育学の最前線」をテーマにするという。その教育学の最前線を論じるに当たって、これを社会的効果というコンテクストから論じようとすることは、それ自体 academic freedom への挑戦と誤解されかねず、「曲学阿世の徒」との誹りを受けることになるかもしれない。しかしながら、事態は全く逆である。個々人の研究にあっては社会的効果という評価項目からの評価に「該当しない」ものがあっても構わないし、そのような研究を行う academic freedom が保障されるべきことは言うまでもない。しかしながら、総体としての教育学の中で「高い」社会的効果を持つ部分がなければ、教育学に明日はない、と思う。その理由はあとで本題として述べるとして、教育学における社会的効果とは何か？　ということについてもう少し、前記大学評価・学位授与機構の『平成一三年度着手の大学評価の評価結果について』により見てみよう。

これによれば、「研究活動面における社会との連携及び協力の取組」として「教育相談・心理相談」や「審議会や調査活動への参画」が挙げられ、「地元自治体、教育委員会等との協議会や懇談会等を設置し、連携活動を推進している点」は「特に優れた点」として評価されている。

これを教育学研究に即してもう少し詳しく見るために、教育学系の研究評価を受けた六大学機関のうち、メディア教育開発センターを除く、弘前・筑波・東京学芸・信州・鳴門教育の五大学の評価報告書を見てみよう。

そうすると、弘前大学や信州大学のように、「地域の教育課題への寄与」に貢献し、政策形成については、国レベルについてまでは参画せず、県レベルについてもいっそうの努力の必要性を認めている大学群と、筑波大学や東京学芸大学のように、「自治体への実践的な貢献は必ずしも十分とはいえないが、国の教育行政施策……などの面で貢献をしてい」(筑波)たり、「審議会等を通しての政策形成への寄与」(東京学芸)をしている大学群とに大別できる。

ここからが本題であるが、国レベルの教育政策形成の最前線の一角に身をおく者にとって、気になるのは、前者の地方の教育政策にかかる教育学の貢献度もさることながら、やはり、後者の国レベルの政策形成にかかる教育学の貢献度である。

一概に政策形成といっても、文字通り白紙の状態から、政策を練り上げて法案としてまとめあげることも政策形成であり、審議会への参加というのは、そのようなプロセスの中核に参画することになるであろう。しかしながら、そのような審議会等で出てきた、いわば基本構想を、政策として取り上げ法案化できるか否かをチェックすることも重要な政策形成の一面である。即ちアイデアの実現可能性の多角的な検討ということが政策形成には欠かすことができない。この検討のための資料の提供(貸出・複写・発掘・収集・作成)を求めて、筆者の勤務先である国立国会図書館の調査局にも年に数万件の依頼が国会関係者から寄せられる。このような政策形成について、教育学は十分に貢献しているのであろうか？　即ち教育学は、自らもその作成に関係した教育政策の基本構想について、多角的な検討のための文献を生産しているのであろうか？

この点に関して、筆者の少ない経験に照らす限り、否と言わざるをえない。具体例を三つ挙げて説明しよう。

2　教育学の社会との連携・協力――三つの事例の検討

1　英語第二公用語化問題

事の発端は、二一世紀における日本のあるべき姿を検討することを目的に、時の総理大臣小渕恵三のもとに、一九九九年三月三〇日に設けられた懇談会「二一世紀日本の構想」懇談会（座長：河合隼雄・国際日本文化研究センター所長）が翌二〇〇〇年一月一八日に提出した最終報告書『日本のフロンティアは日本の中にある――自立と協治で築く新世紀――』の中で「英語を第二公用語とすることも視野に入」れると提言したことである。このような議論は明治維新以来何度か行われたものであり、一度も実現したことが無かったこともあってか、教育学からの反応は鈍いものであった。

しかし国会議員の中には真剣かつ真摯にその構想の実現可能性を検討して人々もいたのである。英語公用語化についての賛否両論と海外で複数の公用語を持つ国々の実例が求められた。

その中でわれわれが教育学的な視点から一番問題視したのは、言語にかかる学習障害児増加の危険性であった。学習障害は日本語では単に「学習障害」と呼ばれるが、英語ではその前に「specific（特定の）」という語が冠せられている通り、学習の全領域に同時に発現する障害でないことは周知の通りである。そして、米国では個別障害者教育法（IDEA）対象児童・生徒総数六〇〇万人のうちほぼ半数近くの三〇〇万人までが学習障害児であり、その主たる学習障害の領域が言語習得にあることが気にかかったのである。しかも学習書隅外の発現率は女子の三%に対して男子はその倍以上の七%であった。ちなみにこれは米国連邦教育省の一九九六年の教育統計（*The Condition of Education*, 1996）で既に明らかにされていたことである。

そしてそのような言語習得に当たって困難を抱える児童生徒の存在は、四つの「公用語」を持つ東洋の先進国シンガポールでも夙に指摘されていたことである。即ち、シンガポールは国語としてのマレー語のほか、英語・中国語・タミール語を公用語としているのであるが、国民の多くが中国系であるため、中国人社会の文化的伝統保持のため、家庭では英語を用いている子供たちにも学校で中国語を教えている。ところが、一九九九年一月二〇日、副首相LEE HSIEN LOONG は国会でこう認めざるを得なかった。

中国語で格段の問題を抱えている生徒は少数です。しかし、われわれはこの問題を看過することは出来ません。……中国語の特に苦手な生徒の大部分は男子だということは重要な点です。このことはこの集団の問題が、意欲が欠如しているとか努力が足りないということではないということを示しています。これは言語の習得にかかる脳の機能や適性が男子と女子では異なることを反映しているのです(2)。

このように海外の事例は、第二公用語政策の導入は、日本の障害児教育対象者数を倍化させ、男子生徒を窮地に追いやる可能性を示唆していたのである。

その他さまざまの面からこの問題は検討され、結局は五％の英語エリートを養成すればよいといった古典的な議論が見直されたりして、程なく議論は終息していった。

大事なことは、教育学の側から、前述のような海外の事例を踏まえた分析が公表されなかったことである。そして今年の四月に完了したゲノムの塩基配列の解読が、この二〇〇〇年には九五％まで終了した旨が宣言され、世はポストゲノム、即ち遺伝子機能の解明等を目指して動き始めていた時期である。にも拘らず、学習障害と遺伝子の関係（少なくとも学習障害の出現率に男女差があるということは、伴性遺伝子の関与が強く示唆される）についての研究が教育学の側から始まったという話は聞かなかった。教育学の総合科学としての性格を雑学と評する人もいるが、ともかく総合科学としての教育学が、そのような生命科学の進展の外野であり続けていたのは寂しい限りでもある。

2　構造改革特別区域における学校教育への株式会社の参入問題

二〇〇三年六月六日構造改革特別区域法の一部を改正する法律が成立し、構造改革特別区域（以下「特区」と略す）内での株式会社による学校の設立・経営が認められるところとなった。しかしながら、特区内での株式会社の学校教育参入については、参入自体に意義が見出されているかのようにも見え、その目的とするところが必ずしも明確ではない。無論規制改革の大きなうねりの中にあって、総合規制改革会議の答申に言うように「民間参入の拡大は、消費者の多様なニーズに対応した良質で安価なサービスの提供を図ることを主眼とするものであるが、それに加え、行政の簡素化、効率化に資するとともに、新たなマーケットの創出による我が国経済の活性化にも貢献する」(3)という確信の下、学習者の多様なニーズに対応した良質な学校教育の提供を期待しての導入であることは話として理解できないことではない。しかしながら、日本の学校制度は、学校選択制度を徹底した英国の場合などと比べると、その導入を不可避とするような事態にはまだ立ち至っていないように思われる。そして少なくともこの意味において、目的意識は希薄なのではないだろうか？

英国の場合は、サッチャー改革によって導入された学校選択制＝通学区域の撤廃（open enrollment）によって各学校はその施設的限界（定員）まで生徒を受け入れることが可能となり、その受け入れた生徒数に応じて、地方教育当局から予算の配分を受けることになった。すると、生徒数が減少し、十分な予算を確保できない学校は当然のことながら経営不振に陥ることになる。

サッチャーの後を受けたメジャーが学校選択にプライオリティーを与えたのは、出来る生徒にふさわしい教育を授けることを主眼としたもので、必ずしも生徒全体のレベルアップ（底上げ）を目指したものでく、選択されなかった学校は閉鎖を待つのみだった。これに対しブレアは、そのような市場原理・競争原理の導入はともすれば少数者にのみ有利に働くことを戒めて、不振者を切り捨てるのではなく、到達すべき水準に向かっての機能回復に重点を置いて、そこに民間部門の参入を図ったのである。選択されなかった学校が教育改善のための資金を得るには、地方教育当局からの配分が期待できない以上、民間から資金を調達する他はないからである。

無論、既にサッチャーの保守党政権時代からPFIという形で〔現ブレア政権ではPPP（Public Private Partnership）という形で引き継がれている〕、公教育への民間企業の投資が誘導されてきたが、ブレア政権になって、公立学校の経営そのものに民間企業の参画を認めるようになった。

Surrey 県 Guildford 市の Kings College が、その最初の例とされている。これは、生徒数が減少し、その成績も芳しくなかった公立学校 Kings' Manor School を閉鎖して、同じ場所に、3E'sという商社を経営のパートナーとして二〇〇〇年九月に、同地の地方教育当局である Surrey County Council が開校した中等教育学校で、芸術とITとに教育の重点を置くという教育理念を明確に打出し、校舎も教育理念に応じて改修したため、生徒の成績は大幅に改善され、二〇〇一年九月の新学期には定員一杯にまで新入生を迎えることが出来た。また3E'sは株式会社でありながら、学校の経営に当たっては非営利で、利潤は全てさらなる教育計画に再投資されている。これは学校教育基準担当大臣 Estelle Morris の「民間参入への道は開くが利潤を追求しないことが条件だ」(4)という言明とよく対応していた。

しかし、二〇〇一年五月に同じ Surrey 県 Addlestone 市の Abbeylands comprehensive という公立学校の経営に営利企業である Nord Anglia 社が参入するということで、多くの関心が呼び起こされた。詳しい契約内容は秘密とされたが、Nord Anglia 社の公立校への経営参加の条件の中で、同校生徒の成績が改善されれば、地方教育当局は同社に対して特別手当てを支給することを約束したと報じられた。これは正に同社の利潤となるわけで、全英校長会は、教員への配分を要求するに至ったのである。しかし同社としては、教員は未だに地方教育当局に雇用されており、同社の社員ではないから、そのような配分は出来ないと拒否し、また実際のところ、生徒の成績が契約条件を満たすまでに向上しておらず、議論は中断したようである。しかしこういうこともあって、現時点では学校経営権は営利企業へは「委譲」されておらず、営利企業はコンサルタントとしての参入に止まっていると位置づけられている。

ただ誤解のないようにしたいのは、この英国の事例は公立学校経営への民間企業の参画ということであって、民間企業による学校の設立ということとは少し話が違うということである。英国では日本のような、学校教育法の一条校・専修学校・各種学校といった区別はなく、私立学校は日本の各種学校並みかそれ以上に簡単に設立できる。

即ち、英国における私立学校は、法的には"Independent school"として定義され、その名の通り、公的助成は一切ないものの、教育省への登録（registration）さえ認められれば、設立可能である。設立者は、個人・団体、営利・非営利を問われないから、株式会社が私立学校を設立することも勿論可能である。仮登録をすれば、取り敢えず授業を始めることが出来る。仮登録の要件は義務教育年齢の児童・生徒を五人以上受け入れていれば、設置者及び教職員の犯罪歴についてのチェックはあるものの、設置者名、所在地、生徒数等を申請するだけの簡単なものである。本登録は教育評価局（OFSTED）と消防署の査察を受ける厳しいものとも言われるが、学校施設についても公立学校のような法的規制はなく、それに準拠して査察が行われるだけで、不備が指摘されても改善のための猶予期間は二年以上あるので、直ちに学校が閉鎖されてしまうという心配もないようである。

英国の学校教育への株式会社の参入ということについて、公立学校経営への参入と私立学校の設立という二面から見てきた。日本で言う規制改革路線から見るべき面は前者ではないかと思われるが、日本での議論はどうも後者に流れがちであるようにも見える。

英国の教育行政を専門にする方々の目から見れば、以上のようなことは論じるに値しないことであるのかもしれない。しかしながら、学校教育への株式会社の参入についての政策的検討に際してまず求められたのが、このような海外の事例紹介であったことは指摘しておきたい。しかも文部科学省が作成する資料以外の複数の資料が求められたのである。これについても教育学の側から適当な資料は作成されていなかったし、海外の事例を踏まえての日本における学校教育への株式会社の参入についての論考も、少なくともタイムリーには公刊されていなかったのである。

3　学力問題との関連で

以上二つの例とは異なり、学力問題については教育学の側からも積極的な発言があった。しかしながら、その発言の趣旨が理解できなかったのが『論座』二〇〇二年一月号、苅谷剛彦ほか「現地レポート・県教委は『生きる力』をこう読み替えた」である。何故ならば取り上げられている県の名前が「X県」として匿名にされており、そこで紹介されている文献名も『基礎学力：現状の分析と今後の課題』（仮名）として伏せられていたからである。これではその文献を参照し、論文を検証することも容易ではない。そしてそのような制約を読者に与えてまでこの県名を匿名としなければならなかった理由についても十分に説明されているとは言い難い。これは広い意味で教育学が自己完結を目指し、社会との連携及び協力を拒んでいる実例とは言えないだろうか。

「X県」に該当する可能性がある県をいくつかピックアップして欲しい、という調査依頼が来たことは言うまでもない。

当該論文一八頁の、「通塾率を見ると、小学生についても、中学生についても、全国平均よりもかなり低い」という記述から、文部省の『学習塾等に関する実態調査報告書』の「都道府県別に見た学習塾、家庭教師、通信添削及び『けいこごと』の学習者の比率」を参照すれば、候補は一六道県に絞ることが出来る。

さらに同頁の「大学短大進学率は全国平均より低い」や「大学進学者のうち国公立大学への進学者の占める比率は、全国平均より高い」という記述から、『学校基本調査報告書　高等教育機関編』を用いれば候補を一三に減らすことが出来る。あとは、その候補一三道県の教育委員会の出版物で、当該論文二六頁にある「九九年六月までには、高校入試の結果分析や、小・中・高校の基礎学力やその定着に向けた指導の実施状況などの分析を行い、冊子『基礎学力：現状の分析と今後の課題』（仮名）を刊行した」という記述に合致する出版物を、書誌検索で探し出せば、それでよいことになる。幸い該当する文献『基礎学力をめぐる現状と課題』は簡単に見出すことが出来た。

以上のような作業を大学図書館や大きな国公立図書館で行うのが数年前までの定石であったことは確かである。そしてそうである限り、そのような作業ができるのは研究者など時間的に余裕のある人間に限られたから、公表された論文における対象地域等の匿名化にはそれなりの意味があったと言えよう。

しかしながら、現在のようにインターネットが普及した状況下では、そのような匿名性は殆ど意味が無いのである。当該論文について言えば、やはり一八頁に引用されている「X県教育課程委員会（仮名）」への同県教育長からの「基礎学力の揺らぎは全国的に、また、本県でも懸念されております。厳選された基礎・基本の徹底を求める新学習指導要領の実施に向けて、最低限必要な知識・技能などの内容を吟味するとともに、その確実な定着を図る施策の在り方を検討していただきたい」という諮問文の一節に着目すればよい。この中の適当な語句をインターネットのサーチエンジンに投入して検索をかければそれで十分なのである。この作業は確実に検索者を鹿児島県教育委員会の Web site に導いてくれる筈である。そしてこの引用が鹿児島県の新世紀カリキュラム審議会が平成一一年七月一四日に出した『諮問文及び諮問理由』(5)の一節であることが判るのである。

このように容易に判るから匿名にしても読者が困らないと判断されたのであろうか？　しかしながら、容易にわかることをわざと遠まわしに言うことは時としては嫌みに受け取られかねない。少なくとも膨大な調査依頼を抱え、一時間でも惜しんでいる人間にとっては、政策形成の検討材料となるような資料に匿名性を持ち込まれることは些か迷惑な話なのである。

3　結語

以上のような、教育学の社会との連携及び協力を、政策形成という局面において実例に即して考えるという試みは、原稿を「教育学の論文」と評されることが、政策形成には役に立たないと批判されていることに等しい、筆者の職場環境を反映した、愚痴にも似た辛口のものになってしまったかもしれない。非礼は敢えてお許しいただくとして、今一度今後の教育学に期待することを列挙しておきたい。

(1)海外の教育制度、教育政策の研究者層を厚くすること。

(2)日常公にされる教育構想に対する、事実を踏まえた批判を、遅滞無く公表すること。

(3)事実関係は、検証の便を考え、匿名性は極力回避すること。

(4)公表のためのチャンネルを確保すること。従前のような学術雑誌のみに依存することなく、マスコミとの連携、インターネットの活用等を図ること。

(5)総合科学としての特性を生かし、最新の科学技術の成果をも踏まえつつ、新しい研究分野を開拓すること。

(6)教育行政学の研究者層を厚くし、勤務先として高等教育機関ばかりでなく、政策形成に関わる諸機関をも考慮の対象とすること。またそのような諸機関への大学院修士課程修了者の就職にも配慮すること。

一〇年余り前、黒崎勲先生の、米国教育行政の成果、特に学校選択制にかかる論文を『教育学年報』の創刊号で拝読して、新鮮な知的興奮を覚えたことを昨日のことのように思い出す。その論文には、米国においては十数年の間に教育行政上注目すべき取り組みが為されてきたにも拘らず、日本の教育行政は殆どそれに注目することがなかったという批判が込められていたように思う。そして今、当時の黒崎先生の年齢になって思うことは、一に外国（の教育政策）、二に外国（の教育制度）、三に外国（の教育法制）である。これが日本の教育政策形成の検討に当たって、真っ先に参照されている事柄であるから。

1　http : //www.niad.ac.jp/hyouka/houkoku/contents.htm

2　MINISTERIAL STATEMENT BY DPM BG LEE HSIEN LOONG ON CHINESE LANGUAGE IN SCHOOLS IN

PARLIAMENT ON 20 JAN 99 §17, 19 http : //www1.moe.edu.sg/speeches/1999/200199.htm 但し、一九九九年、このSTATEMENTが release された当初は http : //www.gov.sg/mita/pressrelease/99012002.htm において公開されていた。インターネットは便利であるがこのように絶えず情報の移動・消滅があるところが難点である。

3 総合規制改革会議「規制改革の推進に関する第二次答申——経済活性化のために重点的に推進すべき規制改革——」（平成一四年一二月一二日）の「2．民間参入の拡大による官製市場の見直し」http : //www.kantei.go.jp/jp/singi/kisei/tousin/021212/index.html

4 Private firms could run more schools, BBC News Wednesday, 22 March, 2000. http : //news.bbc. co. uk/l/low/education/686954.stm

5 http : //chukakunet.pref.kagoshima.jp/home/gakkyoka/shimonbun.htm

（ふじた・けんいち／国立国会図書館調査局文教科学技術課）

Ⅱ

研究論文

（上「旧京城帝国大学本館」　下「旧京城帝国大学医学部附属病院本館」うしろはソウル大学病院）

京城帝国大学

片桐芳雄

第6号から、韓国の、書堂（ソダン）、郷校（ヒャンギョ）、書院（ソウォン）、成均館（ソンギュングァン）について紹介してきた。その締め括りとして、京城帝国大学をとりあげよう。

ソウルに大学路（テハンノ）というところがある。観光ガイドブックには、必ず出てくるから、知っている人も多いであろう。ライブハウス、大小の劇場、ギャラリーが並ぶ、韓国の新しい芸術・文化の発信地である。

マロニエの大樹に囲まれた「マロニエ公園」が、大学路のシンボルである。若いカップルの恰好のデイトスポットであるが、公園の正面には、警察署に爆弾を投じて、独立運動に殉じた「金相玉烈士」の銅像があり、中心に「ソウル大学校遺趾記念碑」の大きなモニュメントがある。

この場所こそ、解放後創設されたソウル大学が、一九七二年にソウル市南郊冠岳の現在地に移転するまで、大学正門があったところであり、京城帝国大学の正門があったところでもある。そして、大学路側の入口から見て公園右手にある三階建ての建物が、いまは、韓国芸術文化振興院として使われている旧京城帝国大学本館にほかならない。

マロニエ公園と大学路の大路をへだてて向かい合うのが、旧京城帝国大学医学部（現ソウル大学校医科大学）本館であり、その先にソウル大学病院がある。その前に建つ時計台のある赤レンガ二階建ての建物が、旧京城帝国大学医学部附属病院の本館である。まさに、その背後を圧するように、あるいは抱えるかのように、巨大なソウル大学病院の白亜の建物が建っているのであり、これを見る私たちは、大韓帝国の皇居・景福宮の前部に立ちはだかるように建てられ、金泳三大統領の時に取り壊しが決定されて、今やその跡形もなくなった大理石造りの旧朝鮮総督府庁と対比して、さまざまの感慨に恥ることになるのである。この本館は、今は医学博物館として保存され、韓国医学の歴史を伝えてが、京城帝国大学時代の資料は、展示されてはいるものの、その説明はほとんど略されている。る。建物わきには、韓国近代医学の祖として尊敬を集める池錫泳の韓服を着た姿が、銅像として建っている

さて京城帝国大学について、その数少ない本格的研究を収める、馬越徹氏の『韓国近代大学の成立と展開』に拠りながら、述べていこう。

京城帝国大学は、一九二四（大正一三）年五月二日に公布、即日施行された「京城帝国大学官制」によって設立された。「教育ハ時勢及民度ニ適合セシムルコトヲ期ス」（朝鮮教育令第三条）という方針のもとで、朝鮮における、特に中等・高等教育の普及に一貫して消極的であった朝鮮総督府が、大阪、名古屋の帝国大学に先駆けて、「かなり唐突とも思える」大学設立に踏みきったのはなぜか。馬越徹氏によればその理由は、次の四つ、一に一九一九年に起こった三・一独立運動を契機とするいわゆる「武断政治」から「文化政治」への転換、二に日本本国における臨時教育会議設置を契機とする高等教育諸機関拡大計画への呼応、三に朝鮮における民立大学設立運動の盛り上がりに対する対応、四に在朝鮮日本人の高等教育機関設立要求、であるが、最も重要なのは第一の理由であった。内外の時期尚早論や反対論を押し切って、総督府に帝国大学設立を推進させたのは、これを「文化政治」転換へのシンボルとしようとする「計算」であり、民立大学設立運動の先手を取ってこれを抑え込もうとする「戦術」であった。

京城帝国大学は二四年に、本国より一年限短い二年制の予科を開設し、二年後の二六年からは法文学部と医学部を開設した。二学部構成であったが、東京、京都、東北、九州、北海道に次ぎ、大阪、名古屋に先立つ新設時の帝国大学として、この構成は、必ずしも貧弱であったとは言えない。また、法文学部という形態は、東京、京都以外に文科系学部のあった東北と九州と同じであった。講座数においても、医学部では、一九四一年時点で同時期の九州帝国大学と同数の二七講座であり、法文学部は四九講座で、九州よりも五講座多かった。予科は一九三四年からは三年制となり、一九四一年には理工学部も設置された。

すなわち、京城帝国大学は、植民地朝鮮に設立された帝国大学として、決して、日本本国の帝国大学に遜色のないものであった。教授陣も、本国の帝国大学に劣らぬ、最高水準の学術大学にしようとの意気込みを持っていた。法文学部教授安倍能成は、「研究本位」であることこそが帝大の使命であると再三強調し、京城帝国大学の設立が「断じて半島の子弟を喜ばすに大学の空名を以ってするにあったのではない」と述べたという。

「研究本位」の最高水準の大学をめざして「まったく平等公平」におこなわれた第一回予科入学試験の合格率は、文科で日本人四七・七％に対して朝鮮人二四・四％、理科で日本人二九・四％に対して朝鮮人一七・六％、合格者内訳は日本人一二五人（七三・五％）に対して朝鮮人四五人（二六・五％）であった。受験前の中等教育段階における修業年限一年の格差に加えて、何よりも日本語のハンディキャップは、当然にも朝鮮人には圧倒的に不利であった。しかし、入学した朝鮮人学生の成績は優秀であり、予科（文科）二年間の席次は、上位三位まで朝鮮人学生が独占したと言われる。彼らの入学比率は次第に増加し、一九三〇年代半ばには、法文学部では四割を超えた。

他方、教授、助教授のポストは、一貫して日本人によって独占され、朝鮮人は、わずかに助手や時間講師に任命されるにすぎなかった。創刊から一九四二年までの医学部の紀要に、朝鮮人研究者をファースト・オーサーとして書かれた論文は約二二％、セカンド・オーサーを含めれば約二八％に達し、一九三二年九月から一九四二年九月までに、医学部が授与した医学博士の学位数の九・八％が朝鮮人に対するものであったが、法文学部の論集に掲載された朝鮮人研究者の論文は一篇もなかった。

馬越氏の言うように「結局のところ、当時の京城帝大における研究活動は、朝鮮社会から隔絶した『帝大』という聖域において行われていたのであり、大学外の朝鮮人研究者との交流（接点）もほとんどなかったのである」。これは日本本国の帝国大学を、より純化して典型化した姿にほかならない。

〈参考文献〉

馬越徹『韓国近代大学の成立と展開』（名古屋大学出版会、一九九五年）

修身教科書の孝行譚

●近代の〈親孝行〉試論

広井多鶴子

はじめに

「親孝行」などということばは、もはや死語のように思える。戦後、親孝行が封建的な儒教道徳として批判されてきたことが、その大きな要因の一つだろう。しかし、おそらく今でも多くの人は親孝行を悪いこととは考えていない。むしろ、望ましいことである。だからこそ、「父母ニ孝ニ、兄弟ニ友ニ、夫婦相和シ」という一節をもって、「教育勅語」復活論が繰り返され、親孝行は「普遍道徳」だと言われたりする。しかし、次の孝行譚はどうだろう。

下総の一農家に二人の子どもがいた。兄は一三歳、弟は八歳。その継母は里人と姦通し、姦夫と一緒に夫を酔わせて刺殺した。ことの次第を知った兄は弟とともに父の仇を討とうと図る。二人は姦夫のくつを隠しておき、姦夫がくつを探しているすきに脇と背を真刀で刺した。

この話は、明治八(一八七五)年に出された教科書『近世孝子伝』に記載された例話「下総二童」の要約である。江戸時代の実話を元にしたものだが、今日の感覚からすれば、親孝行というにはあまりに凄惨である。しかし、著者の城井壽章は兄弟の仇討ちを「知略」にとみ、有名な阿新丸(くまわか)の仇討ち譚と「美を千載の上に」ならぶと絶賛している。今日では歴史的な逸話としてしか読みようがないが、明治初年においては、なおも美談としてのリアリティがあったのだろう。

仇討ちは極端な例であるとしても、この話は何を親孝行と考えるかが、どれほど歴史的に変化するかをよく表している。親孝行を単純に普遍道徳と見なすことはできないということである。和辻哲郎の言うように、「ある国民において、歴史的に作り出された特有の道徳が、そのまま現在の実践の場合に規準として役立つなどということは、非常な嘘である」（和辻、四五二頁）。とすれば、古き時代の遺物のように思える戦前の親孝行譚もまた、明治以降の時代の変化を反映しているということになる。明治以降の近代化の過程で、親孝行はどんな変化をたどってきたのか。戦前の小学校修身教科書に記載された孝行譚を中心に、その変化を分析するのが本稿の目的である。

1　視点と方法

分析に入る前に、先行研究の到達点を踏まえつつ、本稿の視点を明らかにしておきたい。教育勅語や家族国家観に関する膨大な研究に比して、明治以降の親孝行の変遷について具体的に分析した研究はあまりない。だが、儒教道徳である「孝」が戦前を通じて家制度や天皇制国家を支える支配道徳だったと指摘するものは多い。たとえば、儒教研究者の下見隆雄は、「日本の近代」を「儒教主義を背景とする『教育勅語』時代」と捉え、教育勅語の忠・孝が、「中国古来の儒教主義に依拠していることは明らかである」と指摘する（下見、二〇〇二年、一八八、二〇〇頁）。白川蓉子は、封建時代の「君につくす忠義と子たる義務をはたす孝行が一本化され、忠孝が道徳の柱となり、戦前までこの道徳がゆきわたっていた」と述べる（白川、一四九頁）(1)。

しかし、他方、川島武宜は、教育勅語は「儒教との系譜的つながりを明らかに保持しながらも、同時に抽象的な項目の列挙となっており、万古不易の『自然法』としてあらわれる側面を持っていた」。国民学校の教科書も、「国家的統一の要求」が強まった結果、「家を越えた横の・人間相互のあいだでの規範が強調されざるを得なかったし、また、他方、いわゆる親の恩の説教も孝に対する対価・条件という色彩をはなはだしく失い、『人類の自然の情』として、親への子の愛情を説き養うという方向に向かっていた」と指摘している（川島、一二三―一二四頁）(2)。

中世から近代までの膨大な孝子説話集を分析した徳田進は、明治以降の修身や国語教科書の孝子説話について、「封建時代のものも、近代の市民社会に適合するよう意図されるところ」があり、「合理主義的見地のもとに、架空的分子や反人権の要素の強いものは避けられ孝道事実に立つ史譚が重んじられるようになった」と述べている（徳田、九頁）。

牟田和恵もまた、明治二〇年前後から二〇年代後半にかけて、修身教科書の孝行の例話が「合理化」「適正化」され、「全生活をなげうつかのような親への奉仕ではなく」「単に敬親の心が強かったことのみが讃えられるべき徳として描かれるように」なり、さらには、孝行が「親子の対等の情愛と家族の幸福に関わるものとして出現する」と分析する（牟田、八九―九〇頁）。

これらの研究によれば、儒教で言われる孝や近世の親孝行譚は、そのまま明治以降の学校で一貫して教えられていたわけではない。明治以降、孝行のあり方や意味づけは、かなり変化していくのである。

こうした先行研究に対して、本稿で新たな視点を加えうる点があるとすれば、それは、一つには、国家の関与・介入が儒教的な孝行譚をどのように変えたかということである。「忠孝一致」言説によって、国家が孝よりも忠を上位に位置づけたことは多々指摘されてきたが(3)、忠孝一致は単に儒教的な忠を国家への忠にすり替え、それに儒教的な孝を接合したということではない。忠孝一致は、親子関係よりも国家や社会を優先することによって、親に対する儒教的・近世的な子の一体感や忠誠心を壊し、相対化するものだったのである(4)。また、国家の関与はこのような国家主義を強めただけではない。明治一〇年代半ば以降、教科書への統制が行われる中で、「普通教育」あるいは「国民道徳」として不適切な孝行譚が排除されていく。牟田や徳田の指摘した孝行の「合理化」や「適正化」は、多分にこうした国家の関与によって実現したものと考えられる。

もう一つは、親の行為や任務がどのように描かれてきたかということである。近年の社会史的な家族研究では、家族員相互の情緒的な紐帯が「近代家族」の特徴の一つとして注目されてきた。牟田の分析もそうした研究の成果であり、「情愛」「親密さ」「心性」「団欒」などが分析の視点となっている。だが、近代家族は家族の情愛という心的側面を強めただけでなく、子どもを養い育てることを親の責務として位置づけ（落合、沢山、広井）、かつ、家族の情愛と家族としての責務の遂行とを同一視するものとされる(5)。とすれば、孝行が行為規範や任務を表すものである以上、親孝行論としては、親子の心的な側面だけでなく、任務に注目する必要がある。仮説的にいえば、一方的な子の献身のみを讃えてきた孝行譚が、親としての役割や任務をも書き加えざるを得なくなっていく点に、〈近代の孝〉の特質を求めることができると考えている。

なお、本稿では、海後宗臣・仲新編『日本教科書大系近代編』第一・二巻（講談社、一九六一、六四年。「教科書大系」と略）と宮田丈夫編『道徳教育資料集成』第一・二巻（第一法規出版、一九五九年）に収録された小学校修身教科書を分析対象とした(6)。もちろん、他にも数多くの教科書が発行されたが、ここでは同書に収録された代表的な教科書の分析から、基本的な傾向を明らかにしていきたい。

2　国家の権限

さて、表は本稿で使用した教科書に書かれた例話の一覧表である(7)。この表でゴチックにしたものは、明らかに明治三〇年代以後は見られなくなる内容の孝行譚である。この内、次のような例話が国家の権限に触れるものとして教科書から消えていく。

まずは、仇討ち譚。明治六年の『勧孝邇言』の「阿新丸」と、先に紹介した『近世孝子伝』の「下総二童」では、父を殺した者を息子が殺害することが、親への孝行と見なされている。阿新丸は有名な逸話であり、教育勅語の衍義

本稿で参照した検定期までの修身教科書に掲載された例話 (中)は中国の説話

教科書	主人公
童蒙をしえ草 福沢諭吉 明治5年	**あなぴあす**
	あれきさんどる
	ふれでりっき
勧孝邇言 上羽勝衛 明治6年	松平好房
	丈部祖父麻呂
	樵夫清七
	京都の僧某
	阿新丸
	福依賣
	周の僧参(中)
	漢の江革(中)
	宋の朱寿昌(中)
近世孝子伝 城井壽章 明治8年	長吉
	伝蔵
	万吉
	亀松
	西欧の孝子
	留松
	一太郎
	政太郎
	勝浦屋太郎兵衛の5子
	岩次
	下総二童
	幕府同心の娘
本朝列女伝 疋田尚昌 明治8年	**源渡妻袈裟**
訓蒙勧懲雑話 和田順吉訳 明治9年	ルウキズ
	士官ジャック
	ポール、マルグリット
小学修身書 木戸　麟 明治14年	松平好房
	樵夫清七
	宅兵衛
	亀松
幼学綱要 元田永孚 明治15年	神武天応
	仁明天皇
	養老の瀑
	丈部路祖父麻呂

教科書	主人公
	橘逸勢の女
	京都の僧某
	平重盛
	弥作
	舜（中）
	閔損（中）
	曹娥（中）
	王延（中）
	李密（中）
	徐積（中）
	帰鉞（中）
普通小学修身談 丹所啓行 前川一郎 明治19年	松平好房
	黄香（中）
	藤岡喜一郎
	蘆田七左衛門
	王祥（中）
	布袋屋与左衛門
	みせ女
	樵夫清七
	太郎八・万亀
	矢田部黒麻呂
	赤染衛門母子
	孫次郎
	甚助
小学修身訓 末松謙澄 明治25年	楠木正成・正行
	花に泣く稚児
	中根東里
	福依賣
	新之助
	紙屑買の子
	広瀬組かめ
高等小学修身訓 末松謙澄 明治25年	清八
	随身公助
	正助
尋常小学修身書 東久世通禧 明治25年	松平好房
	福依賣
	美志
	惣十郎・市助

教科書	主人公
高等小学修身書 東久世通禧 明治25年	長吉
	かね
尋常小学修身 重野安繹 明治25年	亀次
	橘逸勢の女
	亀田窮楽
	松山天姥
	甚助
高等小学修身 重野安繹 明治25年	喜左衛門
	弥三郎
	子路（中）
	新之介
	伊達治左衛門
	楽正子春(中)
	三郎右衛門
	池田光政
	トリ女
修身女訓 末松謙澄 明治26年	七郎・すゑ女
	橘逸勢の娘
	きそ
	だい
新編修身教典 尋常小学校用 普及社 明治33年	二宮尊徳
	渡辺崋山
	伊藤仁斎
	白川楽翁
新編修身教典 高等小学校用 普及社 明治33年	楠正行
	二宮尊徳
	中江藤樹
修身教本 小山左文二 高等小学校用 古山栄三郎 明治34年	二宮尊徳
	渡辺崋山
	伊藤仁斎
修身教本 高等小学校用 小山左文二 古山栄三郎 明治34年	楠木正行
	二宮尊徳
	中江藤樹
	上杉鷹山
	徳川光圀

注：ゴチックで表わしたのは、①国家の権限に反するもの、②多大な子の犠牲や横暴な親への献身を説くもの、③架空的、神秘的、宗教的な例話である。ただし、③に関する分析は省略した。

書(7)でもたびたび取り上げられている(8)。

『近世孝子伝』には母を殺そうとする話もある。母と姦夫が父を殺す企てをしているのを知った同心の娘は、「父重くして母軽し寧ろ不義の母を殺さん」と父に話し、怒った父は二人を殺す。この話について著者は、娘の「果断は天地神明の暗賛冥助(カゲデタスク)して以て此一雙美を成さしむる」と絶賛する。

罪を犯した父への献身を描いたものも少なくない。「丈部祖父麻呂」「一太郎」「政太郎」「勝浦屋太郎兵衛の五子」は、いずれも幼い子どもらが罪を犯した父の代わりに自ら罪を償うと訴え、その熱意によって、罪が軽減されたり、流罪地で奉養することが認められたりする。教科書や衍義書で繰り返し語られた「橘逸勢の女(たちばなのはやなりむすめ)」は、罪を犯した父に流罪地で献身し、父の死後、尼になって法要する。その後、娘の孝行ぶりが伝わって、父の罪が解かれ、娘は父の遺骨を持って上京する。

このように、親の罪の身代わりを訴えたり、罪を犯した親に献身する子の孝心の強さは、法や刑よりも重いと見なされていたのだろう。だからこそ子の孝行によって親の罪が解かれることになる。孝を刑よりも重いと見る点では、「京都の僧某」も同様である。僧某は、母が生魚以外に食べずに衰弱していくのを見かね、法を破って生魚を取る。僧は捕らえられるが、その孝行ぶりに刑が免除される。

これらの例話のうち、仇討ち譚は江戸時代でも非常の孝と見なされていたようで、幕府が各地で表彰された事例を収集した『官刻孝義録』(一八〇一年)でも、仇討ちは別項目に列挙されていた(菅野、六頁)。仇討ちは通常の孝行ではないが、それゆえに、得難く貴重な孝行譚だったのだろう。

だが、明治六(一八七三)年二月の太政官布告第三七号「復習ヲ厳禁ス」は、「古来ヨリ父兄ノ為ニ讐ヲ復スルヲ子孫ノ義務トナスノ風習」があるが、それは「畢竟私憤ヲ以テ大禁ヲ破リ私義ヲ以テ公権ヲ犯ス者」であるとして仇討ちを禁止した。人を殺すことは「国家ノ大禁」であり、人を殺した者を罰するのは「政府ノ公権」であるという(外岡、一六〇頁)。これによって、かつて得難い孝として賛美された仇討ちは、「私憤」「私議」に過ぎないばかりか、「公権ヲ犯ス」行為と見なされるようになる。実際、明治八年の『近世孝子伝』を最後に、仇討ち譚を載せる教科書はなくなる。また、『幼学綱要』（明治一五年）の編纂に際し、右大臣岩倉具視から復讐や仇討ちの話は省いて欲しいという要請がなされ（矢治、四〇頁）、『幼学綱要』から仇討ち譚が削除される。

明治一五年の文部省訓示は、「其志忠孝ニ出ツト雖モ法令ニ背キ君父ノ為ニ復讐ノ挙ヲ為シ或ハ父母ニ供養スルカ為メニスルモ其所行ノ法令ニ反觸スルカ如キハ以テ教トナスヘカラス」とする（発達史二巻、五〇〇頁）。これにより、仇討ちだけでなく、親の罪の身代りや法を破って親に尽すことも、「法令ニ反觸スル」行為として否定されたものと思われる。明治二五年まで残った橘逸勢の女を除けば、『幼学綱要』を最後に国家の権限に反するような孝行譚は見られなくなる。

こうして、まず国家の権限や法令に反する孝行譚が教科書から排除された。親のために仇を討ったり、親の罪の身代わりすら訴える子の強い心情は、国家の権限を確立するために、「私憤」「私議」と位置づけられ、かつ、「公権」を犯すものとして否定されたのである。

その後、仇討ちを否定する理由として、さらに別の解釈が加わる。時代はだいぶ下るが、国民学校の教科書『ヨイコドモ上』の教師用書（昭和一六年）は、次のように述べる。「国民的自覚の希薄であった時代の道徳」は、「たとへそれが我が国民特有の道徳であったとはいひ得るにしても、なお皇国臣民としての道徳とはなし難いものがある」「子どもが親の敵討ちのために一生を犠牲にするとかいふやうなことがらは、未だ国民全体をかへりみての行為とはいひ難い」（仲、四五八頁）。ここでは、仇討ちは子に多大な犠牲を強いるものとして捉えられている。しかも、そうした行為は「国民道徳」としてふさわしくないというのである(9)。次章で見るように、明治初年、子どもの自己犠牲は多大であればあるほど讃えられるべきものだった。だが、そうした発想はもはやここにはない。この半世紀ほどの間に大きな変化があったのである。

3　子の自己犠牲

1　明治二〇年代半ばまでの孝行譚

明治二〇年代半ばまでの教科書には、死をも厭わない子の献身や、無慈悲な親への献身といった、今日では異様にすら見える孝行譚がかなりある。

まずは、子の多大な自己犠牲や献身を讃える例話から。『近世孝子伝』の「亀松」（一一歳）は、父に噛みついた狼に立ち向かい、最後は狼の両眼をえぐり出して父を救う。同書には、子どもが親を救うためにワニに食われて死んでしまうという「西欧の孝子」の話もある。『幼学綱要』の「曹娥」は、溺れた父を探して水に飛び込み、三日後に父の屍を抱いて水中から浮ぶ。曹娥は死してもなお父の身体を離さなかったのである。また、衍義書にたびたび登場する「袈裟」は、夫への貞操と母への孝の狭間で悩み、ついには自ら仕組んで殺される。これらの話では、身を挺して親を守ったり、親のために命すら犠牲にすることが孝行として讃えられている。

また、これほどの犠牲とは言えないが、「弥作」はいよいよ暮らしが窮する中、妻を離縁して母を養う。親を養うために妻を離縁する話は、江戸時代の孝節書ではめずらしくない（菅野、四一—四九頁）。

子を鞭打つ親も登場する。「周の僧参」は父に鞭打たれて一時息絶え、「随身公助」は、矢試しに出て負けたことで父に鞭打たれる。僧参が鞭打たれる理由は何も書かれておらず、公助の父は、「人におくれを取ることの甲斐なさよ」と人中をもはばからず、「怒りにまかせて散々に」打つ。だが、子の方はどちらも自分よりも父の体の方を気遣う。

翻訳教科書の『童蒙をしえ草』には、「性質姦しくして温順」ならざる母が登場する。「ませどにや国の大王あれきさんどる」は、母の慢心が「国家の大害を為さん」とする時でも、母の涙の一滴の方が大事だと思う。これは「父母の心宜しからずして無理をいふとも子たる者はこれに堪へ忍びて尚も孝行を盡さざるべからず」と説くための例話である(10)。

子を憎む親さえいる。中国の古い「二十四孝」系説話(11)には、そうした親がたくさん登場する。『幼学綱要』の「虞舜」「閔損」「王延」「帰鉞」と『普通小学修身談』の有名な「王祥」は、いずれも継母あるいは父と継母の両方に憎まれたり、無茶な要求をされる。中でも、虞舜の父と継母は子を殺そうとすらする。それでも、子はみな親に尽し続けるのである。

これらの例話では、親の子に対する思いや親としての役割はほとんど描かれていない。親の無慈悲さや横暴さは、この当時、子の孝心の強さを際立たせるために必要ですらあったのだろう。

その前提には、「身体髪膚之ヲ父母ニ受ク」(孝経)、「身ハ父母ノ遺体ナリ」(曾参)という発想がある。明治二五年重野『高等小学修身』の「楽正子春」は、階段で足を傷つけ、数ヶ月一室にこもった。子春はその理由を問われて、「我は、父母より、全き身体を、もらひ受けたれば、亦、傷つけずして、帰すを、孝行なりとす。然るに、我、之を犯したれば、傷は、はや、癒えたれども、其の罪を憂へて、斯く、外に出でざるなり」と答える。今となっては不可解で非現実的な話だが、この例話は、自分の身体は「父母ノ遺体」である以上、それを傷つけること自体が不孝だと説くためのものである。こうした親への一体感が前提にあるがゆえに、どんな親であれ、どんな親の言いつけであれ、子は身をうち捨てても献身しなくてはならなかったのだろう。

2　文部省の教科書政策

だが、以上のような孝行譚もまた、『幼学綱要』以後減少し、明治二〇年代半ばの教科書ではあまり見られなくなる。それは、次のような文部省の政策によるところが大きかったものと思われる。明治一五(一八八二)年の「小学修身書編纂方大意」は、儒教を道徳の基本に据えるとしつつも、「古人ノ善行著明ニシテ典籍ニ存スルモノ或ハ偏倚スル所アリテ往々中庸ニ適ハサル者アリ」と述べる。それゆえに、教科書には「専ラ聖賢ノ嘉言ヲ挙ケ」て生徒に暗誦させ、

「善行」は「別録」にするとしている（宮田、一巻、一三頁）。さらに、同年の文部省訓示は、「温良着実」の徳育を涵養するために、「詭激ノ言論及ヒ奇僻激烈ニシテ中道ヲ過クル行為ノ如キ事実ノ猥褻ニ渉リ主義ノ放縦ニ属スルカ如キ」ものを記載する書籍を修身教科書から「斥除」すると言う（発達史二巻、五〇〇―五〇一頁）。

こうした文部省の方針に沿って、例話を排除し、嘉言や格言で構成した文部省『小学修身書』（明治一六年）が作成される。唐沢富太郎はこの文部省『小学修身書』によって、修身教科書は「儒教主義教科書時代」へと切り替えられたと指摘しているが（唐沢、一〇七頁）、文部省の教科書は、儒教の言葉を生徒に暗誦させることを主眼とする一方で、古人の善行が「中庸ニ適ハサル」ものであるという認識に基づいて作成されたものでもあった。その意味では、同じ儒教主義とは言いながら、文部省の『小学修身書』と、例話がほとんどを占める『幼学綱要』とでは、「古人ノ善行」に関して全く異なる認識を持っていたと言えるだろう。

その後、修身は教科書を用いるかどうかで揺れるものの(12)、「内外古今人士ノ善良ノ言行」を教えることとなり、教科書は例話中心に戻る。しかし、その内容は「児童ニ適切ニシテ且理会シ易キ簡易ナル事柄」とされ、子どもの理解力に配慮することが求められるようになる(13)。明治二六（一八九三）年の文部省訓令九号もまた、「古今ノ人ノ善行」は「或ハ矯激ニ流レ中庸ヲ失ヒ又ハ変ニ処スルノ権道（ごんどう）ニシテ歴史上ノ美談ト為スヘキモ以テ教育上ノ常経ト為スヘカラサル者アリ」、各教員は「普通教育ノ適当ナル範囲」に注意して教授するようにと述べている（発達史三巻、七三七頁）。復活した例話からも「矯激」なもの、「中庸」を欠くものは排除され、教えるべき内容は「普通教育ノ適当ナル範囲」に限定されたのである。

明治二〇年代半ばは、教育勅語に基づいて修身教科書が作られるようになる時期であった(14)。だが、同時に、子どもの発達に見合った修身教科書が本格的に作られるようになる時期でもあった。教科書の例話は、「普通教育」にふさわしい「中庸」で「温良着実」なものへと限定され、さらに子どもの理解力が考慮されることによって、この時期変化していったのだろう。文部省による教科書への介入は、国家主義を強めただけでなく、身勝手な親や多大な犠牲を払う子どもを教科書から除外することにもつながったのである。

このように見てくると、『幼学綱要』の位置づけがこれまでとは違って見える。確かに『幼学綱要』は儒教主義的な孝行譚を多く採用したが、『幼学綱要』が採りあげたような孝行譚がその後の教科書に継承されたわけではない。その意味で、『幼学綱要』は儒教主義を復活させたというよりも、近世的・儒教主義的教科書の最後に位置するものと言えるだろう(15)。

かくして、明治三〇年代(一九〇〇年前後)以降の教科書に描かれた例話は、かなり温厚で無難なものとなり、その例話の多くは国定教科書に引き継がれる。その意味で、戦前の修身教育の基本的な枠組みは、明治三〇年代前半にほぼ固まったものと考えられる。だが、国定期になるとさらに描き方が変化する。以下では、代表的な孝行譚をテーマごとにわけて、その変遷を見ていきたい。

4　忠孝一致

まずは忠孝一致に関する楠木正行(まさつら)と平重盛の例話を見てみよう。両者とも有名な説話であり、明治初年から国定期まで用いられている。とくに、楠木正行は、孝に関わる例話としては、戦前を通じて一貫して取り上げられた唯一のものと言っていいだろう。楠木正行は朝敵を倒せという亡き父正成(まさしげ)の命に従って戦い、最後は兄弟で差し違えて自害する。前述のように、子の命を犠牲にする例話が削除される一方で、天皇や国家への忠だけは例外なのである。

楠木正成・正行父子の話は、明治一五年の『幼学綱要』では「忠節」の課に置かれ、親子二代にわたる天皇への忠節として位置づけられていた。それに対し、国定教科書では「忠孝一致」を象徴する例話として位置づけられている。忠孝一致は親への私的敬虔心を国家への忠誠心に接合するものと言われるが、忠孝一致を説く国定教科書よりも、むしろ『幼学綱要』の方が親への無条件の敬虔心を前提とするもののように思える。

『幼学綱要』では、父正成は足利尊氏との戦いに際し、死を覚悟して、一一歳の正行に次のように語る。「身ヲ以テ国ニ殉シ。死有テ他無シ。汝我ニ報ズル所以。此ヨリ大ナルハナシ」。正成のこのことばの前提には、子に死を命じうるほどの父の権限とその命に従って死を決意する子の忠誠心がある。一方、国定教科書では、「我死すとも汝は我が志をつぎて必ず君に忠義を盡し奉れ。これ汝が我に盡す第一の孝行なり」(二期、明治四三年)といった記述で一貫する。国定教科書も父への強い忠誠を子に求めるものではあるが、ここには死を共有するような父子一体のメンタリティはない。国定教科書の正成のことばは、死を以て自分に報いることではなく、天皇への忠義を尽すことこそ重視することばへと変化していると言えるだろう。

一方、平重盛は、後白河法皇を幽閉するために出兵しようとする父清盛に対して、それならば自分の首をはねてからにしてほしいと涙ながらに訴える。父に従うことは天皇への忠を否定するものである以上、重盛は父に従うわけにはいかない。楠木正行の話と違って、重盛の話は忠のためにいかに親を諌め、親の誤りを正すかを説く例話なのである。

平重盛は『幼学綱要』と国定三期(大正二年)、四期(昭和五年)の高等小巻一児童用で採用されているが、『幼学綱要』と国定三期の記述は実はかなり違う。『幼学綱要』では、まさに出兵しようとする父清盛に対し、重盛は「忠ナラムコトヲ欲スレバ孝ナラズ。孝ナラムコトヲ欲トスレバ忠ナラズ。重盛ノ進退此ニ窮ル」と言う。だが、こうしたことばは国定教科書にはない。

また、『幼学綱要』にある次のエピソードも国定教科書では削除されている。重盛は父の元から帰って、自ら二万の兵を集めた後、法皇が重盛に父を討てと命じたと清盛に伝えさせる。清盛はそれを聞いて惶惑(こうわく)する。他方、重盛は「我父ノ過ヲ救ヒテ。反テ其心ヲ傷フ。吾罪大ナリ」と泣く。重盛は父を過ちから救ったと思いつつも、自ら父を傷つけたことに対して、罪の意識が拭えないのである。『幼学綱要』で、重盛は「世ニ四恩有リ。皇恩ヲ最ナリトス」と述べるが、同書が書かれたこの当時は、父への忠誠心の強さから、孝と忠との間になお葛藤や矛盾があったのだろう。それゆえに、重盛の話は単なる英雄譚ではなく、悲劇として心を打つ物語でもあった。

ところが、国定教科書の重盛からはこれほどの葛藤も切迫感も伝わってこない。国定教科書は父に従わず父を傷つけたことに対する重盛の罪の意識を全く描かないまま、「是に於て重盛は忠と孝とを全うすることを得て美名を後世に遺せり」とまとめている。

教育勅語の衍義書でも同様の変化が見られる。とくに先のエピソードについては、変化が著しい。明治二五年の日下部三之介『教育典範』では、重盛は父を傷つけたことを嘆いたあと、兵に向かって言う。「今日のことはまことに誤りに出でたり、これより速かに解き帰るべし」(日本大学一巻、二〇九頁)。明治二六年の松本貢『修身宝典』でも、重盛は「我が罪大なりと、泣きて止まざりき」。そして、兵を労して、「今日の事は、誤聞に属すれば、宜しく速に罷め帰るべし」と言う(同五巻、三三三頁)。この時期までは、父の命に従わなかった罪を涙ながらに嘆く重盛の姿が描かれている。重盛の嘆きや罪の念こそが親への孝を表すものだったのである。

だが、大正三年に書かれ、昭和一一年に発行された杉浦重剛の『倫理御進講案』では、兵を集めた後の重盛の嘆きは総て省かれる。重盛は兵に向かって言う。「此度の挙は父の無道を止めんが為めなり。今後も若し召さば、此度の如く馳せ集まる可し」(同一四巻、一六頁)(16)。同書の重盛は父の「無道」を兵に堂々と公言し、父に兵を向けることに一寸の迷いも抱かない。

国定教科書と衍義書がこのように話を変えたのは、重盛の先のことばやエピソードが、忠孝一致という点から問題とされたからである。教育学術会編『文検受験用教育勅語及戊申詔書解義』(大正七年)は、忠か孝かという重盛の葛藤は、「未だ真に忠と孝とを弁(わきま)へざりし結果なり。何となれば吾が国の道徳に在りては」「忠孝は一本にして、其の間に何等之を妨ぐるもの無ければなり」と述べる。そればかりか、重盛は父に対して「決然」として「大義滅親」の挙に出るべきであり、この「大義滅親」の挙は決して「不孝」ではなく、あたかも生命を保護するために「病毒に腐敗せる一指を切断すると等しきもの」とすら言う(同一四巻、一五二—一五三頁)。重盛はもはや忠と孝との葛藤に苦しむことも、父を傷つけたことの罪悪感に嘆き悲しむことも許されないばかりか、天皇のために決然と親に兵を向けなくてはならない。天皇の前で父は「病毒に腐敗せる一指」にすぎないのである。

重盛の話に関連して、国定教科書は「万一父母の言行の道理に合はざることあるときは顔を和らげ言を穏かにして之を諫め、父母をして悪に陥ることなからしむべし」と説く（宮田二巻、四一五頁）。封建道徳が「事理に違ふこと明白」な場合以外は、親の命令を子が自分の判断で取捨選択するようなことは間違いであり、間違った命令でも撤回を求めるだけであるとすれば（木下、九八―九九頁）、国定教科書が求めるのはこのような孝ではない。むしろ逆に、国定教科書は天皇への忠のために父への忠誠を断ち切ることを求めるのである。その意味で、国定教科書の説く忠孝一致は、孝に対する国家の優位を確定するために、明治二〇年代半ばの衍義書まで見られたような親への子の一体感や忠誠心を否定するものだったと言えるだろう。

5　親の看病・介護と弔い

親の看病・介護とその死を悼む話は、明治三〇年代前半までは孝行譚の中心的テーマである。親のために仕事を辞した中江藤樹や伊藤仁斎の例話のように、親の看病や介護は、何よりも優先すべきこととされる。彼らのようにそれほど生活の心配がない場合はもちろん、貧しい暮らしの中でも、『小学修身書』（明治一四年）の宅兵衛は、七〇歳の母が行こうとするところは「用事を止めても伴ひ行き」、末松『高等小学修身訓』（明治二五年）の正助は「農業公役の外、他出する事もなく、常に母の側に侍養」する。可能な限り親の側にいることが孝行として強調されているのである。

だが、『修身女訓』（明治二六年）に登場する七郎・すゑ女は違う。父の死後、一人家にいる母のために奉公の暇を取って孝養すべきだと言う者に対して、兄妹は「幼きより主人の恵みにて人と成り、親を養ひしものを暇取らんは本位ならず」と否める。親のために側にいることよりも、働き続けることを優先するのである。

こうした変化をよく表していると思われるのは、福依賣（さちよりめ）の話である。明治六年『勧孝邇言』では、福依賣は父が病気になったため、「常に側を離れず介抱遺ることなく余暇を以て傭力し」と書かれている。だが、明治二五年末松『小学修身訓』では看病の記述はなく、父が病のため「つねに人にやとはれて、わづかの物をえて、父母をやしなへり」。明治二五年『尋常小学修身書』も同様である。明治二五年ごろの教科書から、常に病気や老いた親の側にいて世話をすることが孝行だという発想が減じていくように思える。

同時に、看病や介護をテーマとする孝行譚自体が減少していく。とりわけ国定教科書ではその傾向が顕著である。明治二〇年代半ばに登場し（唐沢、一八一―一八二頁）、三〇年代に定着する二宮金次郎の話は、朝早くから夜遅くまで父の看病に心を尽す話だが、国定期になると金次郎の例話から父の看病は消える。先の伊藤仁斎は国定教科書の孝を説く課には登場せず、中江藤樹（近江聖人）は五期（昭和一八年）で採用されるが、この例話の主眼はいかに学問に励んで「徳の高い学者」になったかということである。

親の死を悼む例話についても同様な変化が見られる。明治三三年の普及舎編の教科書は、渡辺登（華山）の父の死の場面について次のように書いている。渡辺登は大いに父の死を嘆き、「みづから、筆をとりて、なみだながらに、父のなきがらにむかひて、其のすがたを写しとられき。かくて、手あつくはうむりし後は、つねに、父君のすがたを、わがゐまにかけて、あさゆふ、をがまれ」た。

ところで、親の死を悼む例話は、これ以前には次のようなものがある。前出の橘逸勢の女は、尼となって一〇年もの間朝夕父の死を嘆き弔う。徐積は母の死後、水漿口に入らぬこと七日。慟哭して血を嘔き、墓側に三年伏す。布袋屋与左衛門は父の死後家事を妻子に託して一室に閉じこもり、父母合わせて四年間喪に服す。矢田部黒麻呂は父母の死後、斎食を一六年続ける。徳川光圀は、父の死後三日湯水も飲まず、忌中は一室にこもって霊位を拝し、霊廟を建てて毎月の忌日に追善を営む。孝はそもそもは祖先崇拝や慰霊のためのものであるとされるが（加地、池澤）、これらの話でも親の死をどれほど深く悼むかが孝のメルクマールとなっている。

渡辺登の例話は、今日からすればかなり大仰な印象を受けるが、それでも前記のものと比べると、死を悼む行為も心情もかなり脱宗教化し、簡略化している。渡辺登は、橘逸勢の女や徐積、布袋屋与左衛門のように、親の死の弔いに我が身を捧げるようなことはなく、嘆き悲しんで閉じこもり、自らの職務や生活を顧みないということもない。

死を悼む例話もまた、国定教科書では急減する。次章で見る上杉鷹山の話は親の死を悼む話でもあるが、国定一期では父の看病や死の弔いはすべて削除される。二宮金次郎も同様である。その結果、国定教科書では渡辺登が親の死を悼むほとんど唯一の例話となる。国定教科書は祖先祭祀を説きつつも、他方で、慰霊としての孝、葬としての孝を衰退させていったのである。

看病・介護、死を悼む例話のこのような変化は、親と子の関係の変化を表していると思われる。前述のように、かつては自分の身体を「父母ノ遺体」とする親への一体感と忠誠が前提にあったがゆえに、子にとって父母の看病や介護は何よりも優先すべきものであり、親の死は身をうち捨てて弔うに値するものだった。しかし、明治二〇年代半ばになると、七郎とする女の言葉のように、おそらく仕事は親の看病や死のためになげ捨ててもいいものではなくなるのだろう。親を最優先することを讃える孝から、親子関係以外の生活や仕事、社会をも重視する孝へと変化していくのである。

とすれば、これらの例話の変化は、親への子の一方的な一体感が徐々に弱まり、子を社会の中に位置づけていく過程とも思える。だがこのことは、親子関係を疎遠にするものではない。むしろ、逆である。次に見るように、国定期に入ると、親の看病や死を悼む例話が減少することによって、親と子の睦ましい日常の関係をいかに作るかが孝の中心的なテーマとなっていく。

6 親子の情愛と役割

1 親を喜ばす

上流階層の孝行を描いた上杉鷹山の話は、明治三〇年代の教科書に登場し、国定教科書でも採用される。小山・古山編の教科書では、次のように書かれている。養父重定は能楽を好んだが、鷹山はあまり好まなかった。ある時、鷹山は「父君のかくまでに好ませらるるものを、われ好まずば、心をおき給はん。かくては、不孝に陥るべし」と思い、能楽を学んだ。そして、折々能楽の催しを行い、自身も演じて「父君の心をなぐさめられけり」。父が病気になった時には昼夜看病し、亡くなった時は睡眠も食事もほとんど取らなかった。

この鷹山の話は、調べた教科書の範囲ではあるが、明治前期の教科書の孝を説く課には登場しない。上層階級の孝行譚として明治前期に最も用いられたのは松平良房である。『勧孝邇言』（明治六年）の松平良房は、幼い時から父母のいる方には足を伸ばさず、父母の言には敬して違わず、側のものと話をしていて父母に話が及ぶと必ず正座したというように、父母に礼を尽くすことと父母の言に忠実に従ったことが重視されている。だが、良房は明治前期の教科書にたびたび登場したにもかかわらず、明治二五年の東久世『小学修身書』を最後に、孝行譚としては姿を消す。

一方、明治二五年の重野編教科書には、老いた母の同じ質問に何度も丁寧に答える亀田窮楽、父と母の命じた二様の料理を用意して「父母の心を、楽ましむる」よう務めた伊達治左衛門、母のために自ら庭に松を植えた池田光政が登場する。上流階層の孝は、この頃から、父母に対する儀礼的な尊敬と忠実さから、いかに父母を喜ばせるかという方向に向かっていくように見える。

国定教科書一期（明治三七年）では、こうした傾向がより顕著となる。鷹山の話は、国定一期では、父の看病と弔いが総て削除され、代わって常に父の所に行って安否を尋ねたことと、父の好むように庭を造らせたことが書き加えられる。二期（明治四三年）では、能楽の話が削除され、父に自ら料理を給仕した話が加えられる。このように国定教科書では、死の場面が削除されることによって、日常生活でいかに親を楽しませ、喜ばせたかに孝が限定されていく。しかも、父に給仕するなど、自ら労を取ることによって、父と子の距離が縮められるのである。

2 子どもの労働と親の労働

子どもが働いて貧しい暮らしを支える話は、一貫して孝行譚の定番である。だが、幼い子どもに関しては、孝の内容や役割がかなり変化していく。

明治二五年までの教科書には、幼くして一家を背負って働く子どもが数多く登場する。長吉、万吉、留松、岩次、藤岡喜一郎、太郎八・万亀兄妹、新之助は、いずれも一〇歳に満たないが、親の病気や死によって餓死を待つばかりの中、一家の暮らしをほとんど子どもだけで支える。

ところが、明治三〇年代に定番となる二宮金次郎は、これらの孝行譚とは異なる。金次郎は、大水の後、父を助けて働くが、親を養うわけではない。また、父が病気になった後、わらぢをつくって売るが、そのお金で親を養うのではなく、父の好きな酒を買う。金次郎は弟を養うものの、親を養う訳ではないのである。もっとも、国定教科書では、一二歳の時から父に代わって川普請に出るなど、金次郎がいかによく働いたかが強調されている。だが、それは「しごとにはげめ」(三・四期)の課で書かれていることに示されるように、勤労を説くためである。働くことは単に親を助けるためだけではなく、社会的、国家的な意味を持つものとして位置づけられているのである。かくして、国定教科書の孝行譚では、幼くして一家を支える子どもの姿はほとんど見られなくなる。幼い時から子どもは一所懸命親の手助けをすべきだが、幼い子どもが親を養うのではなく、親が子どもを養うものであるという発想が前提になるのだろう。

それとともに、孝行の内容も変化していく。このことをよく表しているのは「おふさ」の例話である。国定一期の教科書では、おふさは八歳の時から親の暮らしを助け、一一歳で奉公に出、主人からいただいたものは父母におくったと書かれている。しかし、二期になると、最後に「ひまがあれば主人のゆるしを受けて家にかへり、ねんごろに両親をなぐさめいたはりました」という文が付け加えられる。働いて暮らしを助けただけでなく、時々帰って両親をいたわったことが孝行とされているのである。三期では、主人からいただいたものを親におくったという文が削除され、第四期では、父が芝刈りに行って、日が暮れるまで帰らないのを心配するおふさの姿が描かれる。おふさの孝行のみを語ってきたこれまでの話からすれば、父の働く様子を書き加えることによって、子を養い育てる父の立場・役割を明瞭にしたと言えるだろう。つまり、子を養う親の役割が前提となることによって、幼い子の孝行は、親を養う話から、親を助ける話へ、さらには、親をいたわり慰める話へと変化していくのである。

3　親としての役割と心情

国定三期高等小一年女子用（大正六年）に登場する「そよ」は、酒好きの父善六が、酔って人の庭などに寝てしまうと、一つしかない蚊帳を持ってきて父の身を覆い、自分は蚊に刺されるのも気にせず、夜中傍らで父を守る。この話は、一見、身勝手な親への一方的な献身を描く古くさい話のように見える。だが、この話も明治前期の孝行譚とはかなり描き方が異なる。

そよの話は明治二五年の末松『小学修身訓』にある中根東里の話によく似ている。東里の父は「身の行ひよからぬ人」で、東里が酔った父を迎えに行くと、「わが子なることをもわきまへず、さんざんに東里をののしり」、はては木のかげで寝てしまう。東里は家から蚊帳を持ってきて木に吊り、父を守る。このように中根東里の話では父の横暴さが強調され、父の心情は全く描かれない。この話では身勝手な親に一方的に献身することこそが、讃えられるべき孝行なのである。

他方、そよの父は「もとより心まがれる者」ではない。だからこそ、後に善六は改心して、行状を慎むようになる。しかも、父の改心の情は期を追うごとに深まる。三期では、善六は「そよの孝心に感じて」行状を慎む。それが四期（昭和五年）では、「そよが父の酔って体を損ふことを気づかひ、又、人に迷惑をかけてはならないと心配してくれる孝心の厚いのに感じて」行状を慎み、「娘の親切を深く喜ぶ余り、近所の人にも涙を流して」娘のことを話す。五期（昭和一九年）では、「父の善六は、親」であるから、「そよ女の孝心は、おのづからこの父を感動させ」る。子の献身を当然のごとく受け止めていたかつての親と違い、そよの父は、親であるからこそ、娘の孝行を自分への「親切」として受け止め、喜びのあまり涙するのである(17)。

加えて、四期では、善六が乳飲み子を育てた話が冒頭に挿入される。そよは生まれた翌年に母と別れ、以後、父は乳をもらい歩き、自ら米汁を作って飲ませた。乳を慕って泣くときは、色々あやしてやっと眠らせた。このように四期の教科書がわざわざ乳飲み子を育てる父の苦労を加筆したのは、父の改心の情の深さからすれば、子が報いるべき親の恩を強調するためではない。この当時、親としての心情と役割を描かないわけにはいかなくなっていたのだろう(18)。

二宮金次郎の話も同様である。国定一期は、働いて父母を助けることが孝の主な内容だった。だが、二期巻二(明治四三年)では、話が大きく変わる。「ハハハシンルヰニアヅケタスエノ子ノコトヲシンパイシテ、ヨルモヨクネマセンデシタ。キンジラウハハハニネガツテ、オトウトヲヨビモドシテモラヒマシタ」。これは国定一期の教師用書や明治三三年普及舎編の「友愛」の課で書かれていた内容だが、以後、この話が孝行譚として定着する。

孝行の内容が変わるとともに、母の子に対する思いが詳細に書かれるようになる。明治三三年の普及舎編教科書と国定一期の教師用書では、母は子を預けた後、「乳はり、いたさ、たへがたくて」眠れなかった。だが、国定二、三期になると、前記のように母はあずけた子が心配で眠れないという話に変わる。そして四期(昭和一一年)では、「母は、その日から、あづけた子のことが気にかかって、夜もよく眠れません。『今ごろは、目をさまして、ちちをさがして泣いてゐるであらう。』と思ふと、かはいさうでならなくなり、いつも、こっそり泣いてゐました」と、かなり詳しい記述となる。また、どうして寝ないのかと金次郎が聞くと、「しんぱいしないでおやすみ」と答えるなど、金次郎に対する親としての気遣いも描かれる。金次郎も母の心を推し量って、「弟をうちへ連れてかへりませう」「私が一生けんめいにはたらきますから」と言うのである。

こうして金次郎の話では、子以上に母の思いが大きく描かれ、そうした母の思いに応えることが、孝行として位置づけられるようになる。それゆえ、この話は金次郎の孝行譚というよりも、母の物語であるかのような印象すら受ける。金次郎の例話は、どんなに貧しくとも、親が子を手放さずに育てていくことの大切さと喜びを説く話でもあるだろう。

このように、親への子の献身のみを描いてきた孝行譚が、とりわけ国定期に入ると、親の子に対する心情と子を養い育てる親の役割を描くようになる。それは、親と子の「人情の自然」と親の「本務」が孝行の前提に据えられたからだろう。明治四三（一九一〇）年度から使用された『高等小学修身書新制第三学年用』は「家族国家」観を興隆させた教科書と言われるが（石田、七―八頁）、同時にはじめて「子として親を敬愛し親として子を愛護するは人情の自然なり」「親の子を愛護するは親たるものの本務なり」と説いた教科書でもある（宮田二巻、四九七頁）。そして、以後、もっぱら親子の「人情の自然」が孝の根拠とされる(19)。古い史談を題材にした孝行譚も、親と子の「自然」の任務を前提としたものへと変化せざるをえなかったのである。

おわりに

明治初期、修身教科書には、仇討ちや親の罪の身代わり、死をも厭わない子の献身、横暴な親、無慈悲な親に尽す話など、今日の感覚からすれば、異様とも思える孝行譚が少なからず見られた。だが、これらは『幼学綱要』以後減少し、明治三〇年代には姿を消す。それは一つには、これらの孝行譚が国家の権限に触れるからであり、もう一つは、普通教育、国民道徳としてふさわしくないと考えられるようになったからである。近代の国民国家は家族に介入し、家族を国家の基礎単位として制度化するものである以上（西川）、孝もまた国家の介入と制限を受けるものとなったのである。

明治初期のこうした孝行譚は、どんな親に対しても、どんな犠牲を払っても、子は孝を尽さなくてはならないと説くためのものである。そうした規範が近世の儒教道徳であるとすれば、これらの孝行譚の消滅は、封建的儒教道徳の否定と新たな〈近代の孝〉の創造を意味する。それはすなわち、親への子の一方的な忠誠や一体感を壊し、相対化することであった。明治初期の孝行譚は、「親ある事をしつて、我ある事を知らぬ」（柴田鳩翁、芳賀、一六六―一六七頁）ことを讃え、我が身よりも何よりも親を最優先することを讃美した。だが、こうした明治初期の孝行譚は、国家への忠によって否定され、それとともに、仕事や生活といった社会関係が親子関係に介入する。

〈近代の孝〉はまた、親の任務やあり方を道徳的に問うものでもあった。無慈悲な親や身勝手な親は否定され、一方的な子の献身を当然のごとく受け止めていた親が、子の孝行に感謝するようになる。同時に、子を「愛護」する親の任務が前提になることによって、幼くして一家を背負って働く子の姿が消え、孝行譚の中心テーマは、親を思いやり、安心させ、楽しませることへと変化する。国定教科書において顕著となるこのような変化こそが、親孝行を子の「自然」の情に基づく「普遍道徳」と見なす没歴史的な孝行論を生み出してきたのだろう。

もちろん、〈近代の孝〉もまた、親に対する子の服従や尊敬を否定するものではない。子の親に対する服従は、翻訳教科書が説くように、近代の道徳においても守られるべき価値である。だが、このことは親の任務を等閑視するものではない。〈近代の孝〉は一方的な子の服従を否定し、子を育て、教育する親の任務に対応するものとして、子の服従を位置づけたのである(20)。

1　深谷昌志も「教学大旨」(明治一二年)以後、儒教道徳が復活し、義務教育では儒学的な徳育を大事にする気運が高まったとする(深谷、一〇一―一〇三頁)。

2　だが、川島は、「意識の側面では、儒教的=武士的イデオロギーが一応観念的にせよ絶対化されて教え説かれてきた」とも指摘している(川島、一二五頁)。

3　山住正巳は、教育勅語によって、日常の規矩(きく)と化した儒教が国家の緊急時に身命を捧げるための手段として位置づけられたと言う(山住、一三〇頁)。山住の指摘のように、孝に関する分析はこれまで国家や忠との関係に関心が集中してきた。それは、教育勅語の個々の徳目はすべて「皇運扶翼」に直結したものであり、「個々の徳目をつまみ食いすることはできない」という認識に基づくものであっただろう(藤田、一二一頁)。こうした視点は孝と国家の関係を明らかにする上で大きな成果をもたらしたが、反面、個々の徳目に関する分析を抑止してきたものと思われる。

4　堀尾輝久は、家族国家観について次のように分析する。「儒教的家族主義が、家族に対する私的敬虔心である孝と、公的な忠誠心である忠との『連続性』をその特徴とするものであるならば『帝国』イデオロギーとしての『家族国家観』は、その両者の関係の断絶の自覚のうえに、公的なものの優位を説く『公徳論』と結びついていた」（堀尾、九六頁）。

5　山田昌弘は、「家族責任を負担すること＝愛情表現」というイデオロギーが、近代家族を支える装置の一つであると指摘している（山田、六五―六六頁）。

6　孝行譚の引用ページは省略。原本のルビはカタカナ、筆者が付けたルビはひらがなで表した。

7　国定教科書の孝行譚に関する一覧表は省略した。国定教科書は、明治三七（一九〇四）年から用いられる。第二期は明治四三年、第三期は大正七年（ただし尋常用全巻が揃うのは大正一一年）、第四期は昭和九年（同、昭和一四年）、第五期国民小学校用は昭和一六年（同、昭和一八年）から使用される。ただし、高等小学校用教科書の編纂時期は、尋常小学校用とずれる。ここでは、便宜上、宮田編前掲書が設けた期に合わせたが、本文中に使用開始年度を入れるようにした。

8　本稿で「衍義書」というのは、日本大学精神文化研究所『教育勅語関係資料集』に収録されたものを指す。

9　このことは、国民道徳が「我が国民特有の道徳」を改変しつつ、新たに作り上げられてきたものであることを露見している（吉田）。

10　こうした教えは福沢諭吉訳『童蒙をしえ草』（英チェンバース著）に限らない。箕作麟祥訳『泰西勧善訓蒙』後編（米ウヰンスロウ著）もまた、「父母ノ性質如何ニ不善ナルヲ問ハス」、子は己の務めを果たさなくてはいけない、父母が「子ヲ傷ケ或ハ苛酷残忍ノ処置ヲ為シ或ハ其身不善ニ陥イリ賤（いやし）ム可キノ行ヲ為スト雖トモ」、子は「父母ヲ愛慕セサル可カラス」（教科書体系一巻、一五〇―一五一頁）と述べている。確かに、翻訳教科書は日本の教科書と違って、親の愛や任務を明記したが、「苛酷残忍」な親や子を傷つける親に対しても子の献身を求めるという点では、当時の日本の教科書と同様だったのである。

11　江戸時代に広く流布した「二十四孝」系説話の中には、さらに凄惨な話がある。たとえば、有名な「郭巨」の話は、老母を養うために三歳の息子を埋めようとする話である。実際に子を埋めた話や、病気の親に自分の肉を食べさせる話も残されているという（下見、一九九七年、四七―五三頁）。

12　明治一九年「小学校ノ学科及其程度」は、修身は教師が「談話」するとした。明治二四年文部省訓令五号は教科書を使用するとしたが、明治二六年文部省訓令九号は、「口授法」も認めた。

13　明治一九年「小学校ノ学科及其程度」（発達史三巻、四〇頁）。なお、明治一九年の小学校令により導入された検定制度は、「学年段階と児童の発達に応じた近代教科書を全国に普及させるうえに大きな役割」を果たしたとされる（海後、七八頁）。

14　明治二三年「小学校教則大綱」（発達史三巻、九五頁）。

15　久木幸男は、「国体の尊信」を儒教の論理から導き出すことは不可能であり、それゆえに、一八八〇年代に元田永孚が儒教と国体の尊信を結合させようとした企てはことごとく挫折したと分析する（久木）。とすると、「国体の尊信」の導入は、一八八〇年代には失敗したものの、一八九〇（明治二三）年の教育勅語において実現したことになる。元田の「功績」は、儒教を復活させたことにあるのではなく、儒教とは無関係の「国体の尊信」や「天皇崇拝」を教科書に導入したことにあるだろう（牟田、一〇四頁）。このことは、例話の変遷からも言える。『幼学綱要』が採用した例話で、国定教科書の孝行譚として残るのは、楠木正成と平重盛だけである。

16　同書は昭和天皇への進講の草案。この記述は、頼山陽『日本外史』からの引用のように読めるが、『日本外史』の記述に最も忠実なのは、先の『修身宝典』である（頼、四九頁）。

17　甚介（国定期以前は「甚助」）の母も、国定期（四期、昭和六年）になると、甚介の行為を自分への「親切」として捉え、だから自分は「しあはせ者」だと語るようになる。

18　そよの話は『官刻孝義録』に載っているが、同書にはこうした記述はないため（菅野校閲、六九―七〇頁）、この部分は国定教科書の執筆者が書き加えたものだろう。

19　かつて孝は「天命」や「天道」に基づくものと捉えられてきた。それは天＝父への服従を説くためのものであった。「天」から「自然」への変化は、子の一方的な服従を否定し、子の愛護を親の「本務」として位置づけるものだったと考えられる。この点については稿を改めたい。

20　その後、むしろ親の教育責任の方が強調されるようになり、それとともに、子の従順さ（＝言うことを聞く）は、孝行のコンテキストを離れ、しつけや教育の言説へと変化していくものと思われる。

《引用・参照文献》

池澤優『「孝」思想の宗教学的研究』東京大学出版会、二〇〇二年。

石田雄『明治政治思想史研究』未来社、一九五四年。

落合恵美子『近代家族とフェミニズム』勁草書房、一九八九年。

海後宗臣他『教科書で見る近現代日本の教育』改訂版、東京書籍、一九九九年。

加地伸行『儒教とは何か』中公新書、一九九〇年。

唐沢富太郎『教科書の歴史』創文社、一九五六年。

川島武宜『イデオロギーとしての家族制度』岩波書店、一九五七年。

木下明「親子思想の諸問題」中川善之助他『家族問題と家族法Ⅳ　親子』酒井書店、一九五七年。

沢山美果子「日本近代化と家族」『叢書〈産む育てる教える〉一〈教育〉』藤原書店、一九九〇年。

下見隆雄『孝と母性のメカニズム』研文出版、一九九七年。

下見隆雄『母性依存の思想』研文出版、二〇〇二年。

白川蓉子「親を乗りこえ生きること」松永伍一編『「親孝行」再考』明治図書、一九八〇年。

菅野則子『江戸時代の孝行者』吉川弘文館、一九九九年。

菅野則子校訂『官刻孝義録』上巻、東京堂出版、一九九九年。

徳田進『孝子説話集の研究　近代篇』井上書房、一九六四年。

外岡茂十郎編『明治前期家族法資料第一巻第一冊』早稲田大学、一九六七年。

仲新他編『近代日本教科書教授法資料集成』第五巻、東京書籍、一九八三年。

西川祐子『近代国家と家族モデル』吉川弘文館、二〇〇〇年。

日本大学精神文化研究所『教育勅語関係資料集』第一集―第一五集、一九七四年―一九九一年。

芳賀登監修『日本道徳教育叢書』第二巻、日本図書センター、二〇〇一年。

久木幸男「明治儒教と教育」『横浜国立大学教育紀要』二八集、一九八八年。

広井多鶴子「〈親権〉の成立」『日本教育政策学会年報』一号、八千代出版、一九九四年。

深谷昌志『親孝行の終焉』黎明書房、一九九五年。

藤田昌士『道徳教育』エイデル出版、一九八五年。

堀尾輝久『天皇制国家と教育』青木書店、一九八七年。

牟田和恵『戦略としての家族』新曜社、一九九六年。

文部省『明治以降教育制度発達史』龍吟社、復刻版、一九九七年。発達史と略。

矢治佑起「『幼学綱要』に関する研究」教育史学会『日本の教育史学』三三集、一九九〇年。

山住正巳『教育勅語』朝日新聞社、一九八〇年。

山田昌弘『近代家族のゆくえ』新曜社、一九九四年。

吉田熊次『国民道徳と其の教養』弘道館、一九二八年。

和辻哲郎『和辻哲郎全集第一三巻日本倫理思想史下』岩波書店、一九六二年。

頼成一訳『日本外史二』岩波文庫、一九三八年。

＊本稿は文部科学省科学研究費補助金基盤研究(C)による研究成果の一部である。

（ひろい・たづこ／高崎健康福祉大学健康福祉学部助教授）

戦後教育科学論争とデュルケム教育学説

●同時代社＝日日教育文庫刊『デュルケムと現代教育』／『多元化社会の公教育』の紹介

黒崎　勲

筆者（黒崎）は、さきに日日（にちにち）教育文庫を創設した。

われわれは価値の多元化を特徴とする現代社会のなかで、公教育の新しい姿を見いだすという課題に迫られている。公教育の根幹とされてきた諸制度が解体され、新しい教育の意思形成の道筋が求められる状況にあって、日日教育文庫は、教育学の既存の枠組みを問い直す、内外の有為の研究成果を刊行することを目的として創刊される。「教育的」発想に自閉する傾向を打破し、教育への理論的関心を社会諸科学の展開の中に積極的に位置づける教育研究の発展を期待する。

これが日日教育文庫発刊の辞である。この言葉のなかには教育学年報に参加した筆者の思いがそのままこめられている。ジェフリー・ウォルフォード&W・S・F・ピカリング編著（黒崎勲・清田夏代共訳）『デュルケムと現代教育』を日日教育文庫の創刊を記念する図書としたのは偶然のことではない。それは、戦後教育学と総称するのがふさわしい現代の教育学の系譜に対する筆者の理論的問題意識を表現するものである。筆者は、わが国のデュルケム教育学説に対する関心が従来の類型的批判を超えて、その現代的意義の究明に向かうことを願って本書の翻訳にあたった。

教育学年報の創刊号では「戦後教育学の推進力となってきた『教育の内側から教育を問題にできるような理論をつくりあげる』という、教育学にとっては自然で常識的とも思える要請も、今日においては教育への理論的関心を社会諸科学の展開のなかに積極的に位置づけるよりも、教育の研究に自閉的な傾向をもたらすものになっている」（創刊号「まえがき」）と述べているが、筆者は、そのような事態が、戦後教育科学論争においてデュルケム教育学説の意義が十分に検討されず、またいわゆるデュルケム・ルネサンスの時期にも、およそ教育学研究はその影響圏の外側におかれたままであったことの結果なのではないかと考えている。教育学年報の創刊号が扉にデュルケムの写真を掲げたのは共同編集委員の間での深い論議に基づくものではなかったが、もとより偶然のことでもなかったと考えている。

本稿では『デュルケムと現代教育』の「訳者あとがき」を要約して、前記の経緯についての筆者の見解を述べることとしたい。

『デュルケムと現代教育』の編者によれば、エミール・デュルケムの教育に関する講義と著作はこれまで無視されてきた研究領域に属するものであるとされる。デュルケムの教育に関する理論が、それが有する意義に照らして必ずしも十分な注目を集めていないということは日本の教育学研究においても同様であろう。

しかし、「戦後教育学」として再出発したわが国の教育学のなかで、デュルケムは必ずしも「シンデレラのように継子扱いされてきた」わけではない。一九五〇年代に著された代表的な教育学の研究法を論じた著作において、デュルケムは先行する教育学研究のひとつの代表的なモデルとして言及されていたのである。宗像誠也は一九五〇年に刊行した『教育研究法』において、教育科学論の諸類型を論じた際に、「教育の科学という言葉を最初にはっきりと定義して用いたのはデュルケムであろう」とし、デュルケムの教育学説についての紹介を行っている。「デュルケムから、私は、教育学が単なる主観的教説であってはならないという教訓を受け取る。これは従来の日本の教育学にとっては軽視することのできぬ教訓である」というのは、宗像のデュルケム教育学説に対する第一の評価であった。宗像の教育研究法を独自の立場から批判した勝田守一も、一九五六年の論文「教育の科学と価値について」において、「理論的な教育の科学を求めたもので、私たちに影響を与えたと思われるものは、デュルケムとクリークである」とし、特にデュルケムの著作を「『教育の科学』の古典的提唱といってよい」と記していた。

だが、戦後教育学の出発時点における指導的研究者によるデュルケム教育学説への注目にもかかわらず、たしかにわが国においても、一部の優れた例外を除けば、デュルケムの教育学説は、本書の編者が指摘するように、その意義は無視あるいは不当なほど軽視されてきたといってもよいであろう。何故であろうか。前記の著述のなかにも窺えることであるが、デュルケムの教育学説を扱うわが国の戦後の教育科学論においては、科学的であることと価値的であることとの関係を軸に研究方法上の論争が展開され、その主流は、広い意味ではあるが、マルクス主義の立場によって「階級的立場と真理への接近性の関係を明確化」しうるとする方向性をもつものとなった。こうした文脈においては、教育の科学と教育学とを厳密に理論的に区別するデュルケムの教育学説は「デュルケムの実証主義の立場は誤謬であるとはいえないまでも明瞭な限界を持っている」（宗像）とされることになる。このようにデュルケムを把握する宗像は「（デュルケムの説くように）没価値的、純客観的な認識というものが、社会科学の領域で成立するか否かということについては、私は否定的ならざるを得ない」と結論した。宗像の教育研究法を解説した伊ヶ崎暁生は「（宗像の）結論と、マルクス主義の理論と実践との統一の命題は接近する」（『宗像誠也教育学著作集』第一巻、青木書店、一九七四年）と評価している。勝田守一も、前記の著作において、「デュルケムは民主主義、進歩、階級闘争というような観念は、科学的、客観的ではなく、神話的な教義的なものだといっている。しかし、このような価値づけを含んだ観念や態度は、科学的検証を受けたものではないにしても、科学研究の成果と矛盾し、あるいはそれと少なくとも矛盾しない、あるいはさらに、科学的研究を促進する諸要素をもつものとに分れるだろう」と述べている。ここにも、同じ問題状況が現れている。勝田はデュルケムの教育学説を念頭において「客観的になることによって、じつは暗黙のうちに、『政府の理論』になるという陥穽がある。現実を重んじる客観的科学が現実以上の現実を自らのうちに支えとしないならば没価値的な客観的なかまえだけでは、現実という権力にひざまずく結果を招かないとは保証しがたい」と論じた。

「教育学と教育社会学との境界確定」論争と総括された一九五〇年代の教育科学論争（藤田英典「教育社会学研究の半世紀」『教育社会学研究』五〇、一九九二年）においては、デュルケムの教育学説はその真価を理解されないまま、学説上の祖としての地位にのみ祭り上げられてしまったといえよう。この論争の渦中で、マルクス主義教育学理論の側からは、つぎのような評価がデュルケムの教育学説に対して与えられることになる。

デュルケムはこういっている。「一つの社会に、それが所与の一時期に自己の構造中に有たせられているのと別な一つの教育体系を有しめることは、人間にできることではない。それは一つの活きた有機体に、その構成中に有たせられてゐるのと別な諸器官及び諸機能を有たせることができないのと同じである」。デュルケムがここで「人間にできることではない」といっているばあいの「人間に」は「支配階級に」であるべきところであろう。この一事でさえ、彼の教育学は支配階級に奉仕するものであることをしめしている（矢川徳光『国民教育学』一九五七年）。

こうしたデュルケム教育学説に対する批判を継承して、堀尾輝久もまた、次のように論じていた。

デュルケームは、国家が道徳的権威として、諸集団のインタレストに対立しつつ、個人を直接的な古い社会集団（家父長的家族・封建的諸集団・ギルドなど）の圧力から解放する役割をもつと考えている。したがって、国家は公教育の普遍的・共通的価値の監視者であるだけでなく、「理性・科学・民主的道徳の基礎をなす諸観念および諸感情等に対する尊重」という「本質的原則」を支持する地位に立つことになる。国家が公教育の道徳的指導者の位置に立つことが正当化されるのである（堀尾輝久『現代教育の思想と構造』一九七一年、四〇二頁。文中のデュルケムの言葉の引用は『教育と社会学』からのものである）。

ここには戦後教育学が定着させたデュルケム教育学説の像が明瞭に浮かび上がっている。そこでは、国家を「道徳の教師」と位置づけ、現実の教師の行為を国家の統制の下におくことが学校教育の原理となるとされている。

しかし、デュルケムの教育学説は、そのように理解されるべきものではない。デュルケムは国家が道徳の内容を決定することを容認してはいない。堀尾が引用した同じ文献のなかで、デュルケムは明瞭に「それを欠如しては社会が存在しえない共通の観念と感情を創造することは実際には国家の権限には属していない」（Durkheim 1922 : 60 = 70-71）と述べている。こうしたことはすでにいくつかの優れたデュルケム研究が明らかにしているところである。

堀尾は「デュルケムは、国家を『道徳的規律（秩序）』の『最高の器官』であり（E. Durkheim, *Lecon de Sociologie*, 1902, p.82）集団の特殊的インタレストの中和者であることによって個人の解放者であるとした（*ibid*, pp.78-79）。こうして国家は道徳的権威の保持者（p.73）として、異端に対する不偏（中正）を要求する主体となったのである」（堀尾、前掲書、六六頁。引用文献についての誤記と思われる部分を含めて原文のママ）としているが、デュルケムが同じ文献において「国家による抑圧は、小集団から生じるそれよりも人為的であるがゆえに、いっそう耐えがたいものである」（Durkheim 1950 : 97 = 98）とも述べていることには関心をしめさない。デュルケムは「国家の本質的機能は、個人の解放にあるということになる。国家はそれが内包する要素社会を抑制することによって、それだけですでに、そうでもしなければ後者がふるっていたはずの抑圧的な力が個人に対して行使されることをさまたげる」（Durkheim 1950 : 98 = 98）と考えていたが、同時にまた「肥大症国家がだきかかえてとどめておこうと努めている無数の無組織的諸個人から構成される社会があるとすれば、それは社会学上まったくの怪物である」（1893 : XXXIIII = 63）とも指摘していたのである。重要なのは、国家と二次的集団が同時に存在することであるというのがデュルケムの繰り返し説くところであった。

国家の活動は、それを分化させていく二次的な機関の体系が存在しないかぎり、有効に行使されることはできない（Durkheim 1897 : 441 = 493）。

堀尾の公教育論は既成のデュルケム学説の評価を無批判に受け入れることによって、個人の自由を現実化させるために国家と二次的集団を相互に抑制と均衡の関係に置くことを目指したデュルケムの社会理論の可能性にはまったく目をつぶるものとなっている。

こうした状況にあって、一貫してデュルケム教育学説に対して深い洞察を加えていたのは原田彰の業績である。原田は、デュルケムが教育科学と教育学を峻別したことはよく知られているが、デュルケムが「大学で『教育学』の講義に打ち込んだことは、あまり顧みられていない」と指摘している。これは『デュルケムと現代教育』の編者が注目するのとまったく同じ観点である。原田はルークスによる「その時代と国の偉大な道徳理念の注釈者としての教師の権威による社会化という非常に狭い教育概念に依拠している」というデュルケム教育学説に対する評価に異議を唱え、そうした評価においては「デュルケムがあれほどまでに重視した学校規則の聖性の問題は、ほとんど検討の対象とされることもなく、忘れ去られている」と批判的にコメントしている（「聖なる物語としての公教育」藤田・志水編『変動社会のなかの教育・知識・権力』新曜社、二〇〇〇年）。

ここで提起されている「学校規則の聖性」の問題は、まさに『デュルケムと現代教育』の多くの論文が主題とするものである。デュルケムの教育学説を論じる場合、「教育とは、社会を映す像であり、またその反映にほかならない。教育は、社会を模倣し、それを縮図的に再現しているのであって、社会を創造するものではない」という『自殺論』のなかの一節は、しばしば否定的に引き合いに出されるものである。しかし、『デュルケムと現代教育』の編者が述べるように、この立場は教育学が主観的な願望から離れて、教育の理論化を試みる場合、前提となる事実として承認されるべきことではないだろうか。

学校は常にそれが置かれるコミュニティを反映しなければならないということは、デュルケムの権威主義と社会秩序の感覚を反映しているように思われるかもしれない。……しかし、初等学校あるいは中等学校においてさえも学校は社会変革の主体ではなく、社会の理想に従うべきものであるということは、真実なのではないだろうか。誰でも、社会が擁する伝統から出発しなければならない。継続的な変革が起きるためにも、伝統の上に立つことが必要である。学校の主要な目的はこの伝統を伝達することである。学校は革命の温床ではありえない！（同書、一四頁）

ここでは、一九六〇年代のわが国の民間教育運動のなかでの、次のような発言が想起されるのである。

資本主義体制下の教育は必然的に階級的でもある、という公式めいた意見をのべる人は少なくないが、もしそうだとしたら、そういう社会に住んでいる人間はどうしたらいいのかということについては何も教えてくれない（遠山啓「政治と教育について」『教育』一九六六年九月号）。

教育を社会の縮図的再現とするリアルな認識こそが、逆にその社会における教育の能動的役割を明らかにしていくということは、遠山啓の「教育の現代化」運動によっても鮮やかに示されたことではなかっただろうか。遠山は、戦後教育運動が「社会改造主義」という姿勢をもっていたことに言及して、次のように論じていた。

《教育による社会改造主義》が社会の持続に奉仕すべき教育の、もう一つの任務をおおい隠してしまった（「戦後教育運動の反省」〈一九五五年〉『遠山啓著作集』一、太郎次郎社、一九八〇年、八九頁）。

権威主義あるいは保守主義者としてではなく「道徳的個人主義を称揚する個人主義者デュルケム」というのは、すでにギデンズに先導された一九七〇年代の、いわゆる「デュルケム・ルネッサンス」によって明らかにされたデュルケム像である。「教育とは、社会生活においてまだ成熟していない世代に対して成人世代によって行使される作用である」とする有名な教育の機能についてのデュルケムの定義は、「教育の本来的な機能は、何よりもまず、ひとりひとりの人間の心を耕し、わたしたち自身の内面に存在している全人類的な価値の萌芽を発達せしめることである」という同じデュルケムの言葉とともに理解されなくてはならないであろう（デュルケムの教育学説の理解に関しては清田夏代「デュルケム教育＝社会理論の一考察」『教育学年報』九、世織書房、二〇〇二年に負うところが大きい）。

『デュルケムと現代教育』はオックスフォード大学デュルケム研究イギリスセンター主催の「デュルケムと現代教育」研究集会の記録を元としたものであるが、同研究集会および本書について古川淳は、次のように紹介している。「（同研究集会の）主たる様子が *Durkheim and Modern Education*（本書）に再現されている。しかも、同書は、『教育システムの再構造化』が喫緊の課題となっている欧米先進社会の状況に鑑み、現代教育思想におけるデュルケムの位置どりを、教育哲学の側からの再評価の動向をも考慮しながら探求する、との意図に貫かれたものであり、今日的な文脈に即してデュルケムの業績をトータルに問い直す、はじめての本格的な試みであるとしても、決して過言ではない」（フィユー編『デュルケムの教育学』行路社、二〇〇一年の訳者解説）。

＊

日日教育文庫では続いて日本教育行政学会第三七回大会実行委員会編『多元化社会の公教育』を刊行している。これは昨年度東京都立大学で開催された日本教育行政学会第三七回大会の国際シンポジウムの記録である。報告者にはオックスフォード大学のジェフリー・ウォルフォード教授とウィスコンシン大学のマイケル・アップル教授を迎えた。

学校教育の新しい供給主体を認めることがわが国の教育改革の目下の課題となっている。政府の機関である教育改革国民会議によるコミュニティスクールの提言は、教育委員会が設置、管理してきたこれまでの公立学校とは別に、地方公共団体が新しいタイプの公費による学校を創設することを奨励するものであった。また、これとは別に民主党議員金田誠一を中心に議員立法の準備が進んでいる日本型チャータースクール法案は極めて簡易な認可基準によるNPO法人にも学校教育の供給主体となりうる道を開こうとしている。この法案が日本型チャータースクールと呼ばれていることにも明らかなように、こうした学校教育の供給主体の多元化の要求はチャータースクールあるいはホームスクーリングといったアメリカ合衆国の教育改革の動向に影響を受けるものである。また、一九九八年にブレア労働党政権がイスラム学校を公費援助の対象としたように、イギリスにおいてもまた、同様の動向が存在していると思われる。こうした新しい学校教育の供給主体の参入に道を開く場合、公教育制度はどのような新しい問題を抱えることになるのか。伝統的な公教育の概念が学校教育を官僚化させ、専門職主義が教育を専門家の独善性と閉鎖性のもとに閉じ込めていることを批判し、学校教育を親、子ども、地域社会などに対して応答的なものとするために供給主体の多元化を承認するといっても、直ちに公教育の概念が失われ、あるいは学校教育に対する公共的な規制が一切廃止されるべきであるということではないであろう。こうした新しい供給主体の活動に対する規制はどのようなものであるべきか。新しい公教育概念のもとで、国家の役割はどのように再定義されるべきか。そして、そもそも公教育とはどのように概念化されるべきなのであろうか。

ウォルフォード教授は、一九八八年法以来のイギリス教育改革がそれまではたされてきた公共機関による教育を維持する責任を著しく損なうものであることを厳しく批判してきた。しかし、一九九三年法が学校教育を供給する主体を多元化する道を開いたことに注目して、この間のイギリス教育改革の動向を独自の視点から深く考察している。もう一人の報告者、アップル教授は、既存の公教育制度が官僚制と専門主義と密接に結合して、閉鎖的、独善的、非応答的なものとなっていることを批判し、公教育の現状に対する鋭い問題提起をつづけてきた。バウチャー制度の提案などについても、早い時期から、これを資本蓄積と正統性の維持との間での支配階級のジレンマを反映するものと理解し、そうした提案に対して社会改革に自覚的に取り組む主体的活動の余地を見いだそうと努めてきた。そのうえでアップル教授は、今日のホームスクーリングの動向には公共性そのものに対する敵意と攻撃が潜んでいることを指摘して、その危険について詳述している。

それぞれ立脚する社会の文脈の違いがあるとはいえ、いずれも官僚制からの解放と価値の多元化を特徴とする現代社会における教育の複雑さと困難さを直視しながら、新しい公教育の概念を構築する論究であるように感じられる。これらの報告者の鋭い問題提起にリードされて、本書におさめられた国際シンポジウムは、多元化社会と特徴づけられる現代社会における公教育のあり方について、あるいは、新しいタイプの公立学校の創設が提起する教育の公共性をめぐる理論問題について、独自の視野に立った豊かな理論アイデアの交換の場となった。一読をお奨めしたいと思う。

●

ウォルフォード&ピッカリング編著(黒崎勲・清田夏代共訳)『デュルケムと現代教育』同時代社=日日教育文庫、二〇〇三年四月

日本教育行政学会第三七回大会実行委員会編(マイケル・アップル/ジェフリー・ウォルフォード/大田直子/黒崎勲他)『多元化社会の公教育』同時代社=日日教育文庫、二〇〇三年五月

あとがき

片桐芳雄

ついに、第一〇号のあとがきを、書くことになった。一九九二年九月に創刊号を刊行してから現在まで、ちょうど一一年になる。この一〇年余を振り返って、多少の感慨無きを得ない。

まえがきに黒崎勲が述べたように、すべての編集委員にとって、教育学年報と共にあった一〇年は、「失われた一〇年」どころか、「最も得ることの多かった一〇年」であったと言い得る。私自身にとっても、創刊号に書いた一文が、寺崎昌男氏の「失望」をかってしまうという、予期せぬ出来事があったけれども、教育学年報と共にあった一〇年は、苦しくもあったが、充実した一〇年であった。

編集委員会は年に数度開かれ、初期には箱根、信州、吉良温泉などでしばしば合宿研究会も行った。これらの機会は、私にとって、自らの非力と日本教育史研究の「貧困」とを思い知らされる時であり、毎年、特集のテーマに即して執筆する論文は（一度の翻訳を含めて）、文字どおり粒粒辛苦の難業であったが、成稿の後は、性懲りもなく、また、新たな課題に取り組む意欲が湧いてくるのであった。このような想いは、大なり小なり、すべての編集委員が共有したものであったと思う。

私たちをそのように駆り立てていたのは、教育学内の個別の小さな分野に閉じこもるのではなく、広く、教育学外の他の領域、あるいは諸外国との交流を求めて、ここに新たな清新の場を創造し提供したいという願望であった。そして私たちは、その場にふさわしい論稿を、自らもまた紡ぎ出したいという、取りようによっては、傲慢ともいえる欲求に依頼した論文、投稿のなかから選ばせていただいた論文ともども、これらの論文の成果が、如何許りのものであったか、またこれらの論文のアンサンブルの場としての教育学年報が果たし得た意義と役割は、どの程度のものであったか、あらためて読者諸賢の厳しいご批判を仰ぎたい。

一〇年は、決して、短くはない

わたし自身は、主として前半は、国際教育史学会（ISCHE）への参加にかこつけて、毎夏のようにヨーロッパを旅し、後半は、九六年秋から一年間の滞在を契機に何度か韓国を訪れ、またアジアを旅することが増えた。こうした経験は、わたしに、「日本」を相対化する視点を深めさせた。

他方、第六号で、私の創刊号の論文をきびしく批判された佐藤秀夫氏、第九号中扉の福沢諭吉の写真解説を書いてくださった山住正己氏、私の韓国・朝鮮への関心を導いてくれた小沢有作氏、私自身に限っても、ごく親しくしていただいた貴重な先輩たちが次々と亡くなられた。寂寞の感を禁じ得ない。

教育学年報をめぐっては、創刊の提唱者であった森田尚人氏が、第五号を最後に編集委員の任を降りた。第六号からは編集委員の一人が責任を持ってその衝に当たり、必ずしもすべての編集委員が特集の主題に即した論文を書かなくてもよいという方針に改めた。この方針は実際上、編集委員の負担を幾分なりとも軽減することになったが、それにもかかわらずその後の第七号と第八号は、その刊行に二年を要してしまった。新方針は、かえって編集委員の求心力を弱めることになったのかもしれない。この間、各編集委員に降りかかる仕事量は、創刊当初とは比べられないほどに増え、さらに編集委員の勤務するそれぞれの大学が直面した状況は、全国の大学がそうであったように極めてきびしく、これに各編集委員がそれぞれの立場で忙殺されざるを得なかった。こうした理由が遅刊理由の一半ではあったが、これを言うことは弁解に過ぎないだろう。

第一〇号で、新たな編集委員の面々にバトンを渡す。潮時なのである。

しかし、いずれにせよこの一〇年、投稿論文に対しては、極めて真摯に対応したと、私たちは自信を持って言うことができる。全編集委員がすべての投稿論文を読み、私たちは一堂に会して、すべての投稿論文についてすべての委員が意見を述べ合うかたちで掲載の採否を決定した。ときに評価が分かれたときは長時間論議し、また投稿者に修正を求めたこともあったが、これらの措置に編集委員相互で最終的に合意が得られなかったことはなかった。ただ、後半、年一回定期的に刊行することができなかったことが、投稿者の意欲をそいだ、と批判されたのは痛かった。

＊

次号から、新たな顔ぶれの編集委員のもとで教育学年報は継続する。教育学内の個別の分野を超えて、教育学外の領域と交流しつつ、教育学の革新を求めつづけようとした私たちの素志が、新たな体制の下でも継承されることを、私たちは願っている。そして、教育学年報が、若い世代の、清新な挑戦と実験の場であり続けることをも。

●お知らせ

次号（11号）より編集委員がかわります。新しい編集委員は次の五名の方々です。矢野智司（京都大学）、今井康雄（東京大学）、秋田喜代美（東京大学）、佐藤学（東京大学）、廣田照幸（東京大学）

●公募論文執筆・送付要領

(1) 論文応募の資格制限はありません。どなたでも応募できます。また、論文は自由ですが、次号（二〇〇四年十二月刊行）の特集テーマ「変貌する教育学」（仮題）にそうものも募集します。

(2) 論文原稿は未発表のものに限りますが、既発表の論文が部分的に組み込まれていてもかまいません。ただし、その旨を明示して下さい。

(3) 枚数は原則として、四〇〇字詰原稿用紙換算で五〇枚以内とします。掲載分には所定の印税を支払います。

(4) 締切日は、二〇〇四年七月末日。送付先は、世織書房気付「教育学年報」編集委員会です。

〈教育学年報10〉
教育学の最前線

2004年３月30日　第１刷発行©

編　者　藤田英典・黒崎　勲
　　　　片桐芳雄・佐藤　学
発行者　伊藤晶宣
発行所　(株)世織書房
印刷所　(株)マチダ印刷
製本所　協栄製本(株)

〒240-0003　神奈川県横浜市保土ヶ谷区天王町1丁目12番地12
電話045(334)5554　振替00250-2-18694

落丁本・乱丁本はお取替いたします　Printed in Japan
ISBN4-902163-06-3